VERÖFFENTLICHUNG DES
LATEINAMERIKANISCHEN INSTITUTS AN DER HOCHSCHULE ST. GALLEN
FÜR WIRTSCHAFTS- UND SOZIALWISSENSCHAFTEN

PETER A. HENGGELER

DIE INDUSTRIELLE ENTWICKLUNG ARGENTINIENS

Stand und Zukunftsperspektiven

VERLAG PAUL HAUPT BERN UND STUTTGART

ISBN 3-258-01288-1

Alle Rechte vorbehalten
Copyright © 1974 by Paul Haupt Berne

Meinen Eltern

Für Regina

Vorwort von Dr. Roberto T. Alemann

Der Titel der vorliegenden Arbeit stellt sich nach der Lektüre als unzureichend heraus. Die Dissertation betrifft nicht nur die industrielle Entwicklung Argentiniens, ihren Stand und ihre Zukunftsperspektiven, sondern sie umfasst eine Analyse der argentinischen Wirtschaft schlechthin.

Dem nordamerikanischen Nationalökonomen Paul Samuelson wird das Bonmot zugesprochen, nach dem sich die Länder der Welt in entwickelte Staaten, Entwicklungsstaaten, Japan und Argentinien einteilen lassen. Diese pointierte Bemerkung des Nobelpreisträgers für Wirtschaftswissenschaften, der Argentinien nur vom Hörensagen kennt, ist insofern zutreffend, als sie darauf hinweist, dass sich die argentinische Wirtschaft nicht in die üblichen Schablonen einreihen lässt, die zwischen hoch industrialisierten Ländern und Entwicklungsstaaten unterscheiden.

Argentinien wird zwar als Entwicklungsland eingestuft, aber aufmerksame Beobachter, namentlich Besucher des an natürlichen Ressourcen besonders reichen Landes in Südamerika, nehmen an dieser Einstufung Anstoss. Fachkundige Nationalökonomen zählen viele Indikatoren auf, die Argentinien in die Gruppe der Industriestaaten eingliedern, so dass dieses Land der ausgeprägten wirtschaftlichen Widersprüche nur für politische Zwecke als unterentwickelt betrachtet werden kann.

Gerade der Stand und die Entwicklung der Industrie, wie sie sich in den letzten vier Jahrzehnten herausgebildet hat, strafen die Verallgemeinerung Lügen, dass Argentinien ein Entwicklungsland sei, dem genügend natürliche Hilfsmittel sowie ausreichende Ersparnisse und Exporterlöse fehlten, um sich zu ernähren und seinen Einwohnern die Möglichkeit eines Fortkommens zu gestatten. Unterentwickelte Völker kranken bekanntlich daran, dass die Einwohnerzahl mit 3% oder mehr im Jahr explosionsartig zunimmt, was bei Argentinien nicht zutrifft, wächst die Bevölkerung doch mit knapp 1,3% im Jahr kaum mehr als in Westeuropa oder Nordamerika. Rassische Spannungen gibt es in Argentinien nicht, wo die südeuropäische Einwanderung der Bevölkerung ihren Stempel als Abkömmlinge von Italienern und Spaniern aufgedrückt hat, deren aus Europa ererbte Spargewohnheiten auch die dreissigjährige Inflation überstanden haben, was sogar dem volkswirtschaftlichen Satz widerspricht, dass die Inflation bei 20% bis 35% und in den letzten Jahren sogar vorübergehend über 70% Jahressteuerung die Ersparnisse zerstöre und das Banksparen zum Erliegen bringe.

Eine Wirtschaft mit derartigen Widersprüchen und zudem mit einem immer wieder unerwarteten Ablauf, der sogar kurzfristiges Planen und Disponieren zu einem Hasardspiel ohnegleichen gestaltet, mag für einen Volkswirtschaftler ein fündiges Objekt darstellen. Peter A. Henggeler hat es gewagt, sich an dieses Objekt heranzumachen und dabei eine Arbeit geschaffen, die es mit den besten Beschreibungen der argentinischen Wirtschaft aufnehmen kann. Im deutschen Sprachkreis dürfte sie jedenfalls an Vollständigkeit und tiefschürfender Analyse einmalig dastehen.

Nur jemand, der in Argentinien gelebt und in der praktischen Wirtschaft gestanden hat wie Henggeler, konnte so viel Material erforschen und so viele Quellen ansprechen, wobei die Auswertung eben die persönliche Erfahrung voraussetzt, damit nicht falsche Schlüsse sich zu sonst gültigen Verallgemeinerungen gesellen.

Henggeler ist dieses Kunststück gelungen. Mit peinlich genauer wissenschaftlicher Methode ging er an die einzelnen Aspekte der argentinischen Wirtschaft heran, analysierte kritisch und hielt mit eigenen Meinungen nicht zurück. Seine Aufzählung der wichtigsten Bereiche der Industrie ist leider unvollständig. Traditionelle Branchen wie die Nahrungsmittel, in der es über 100jährige Unternehmen gibt, und die Leder- und Schuhwaren oder die Konfektion, die bereits in der Kolonialzeit begann, werden ebenso übergangen wie die modernsten Branchen der Elektronik und des Maschinenbaus, in denen im letzten Jahrzehnt beachtliche Fortschritte erzielt wurden.

Auch diese geringfügigen Unterlassungen beweisen die eingangs erwähnte These, dass die vorliegende Arbeit weit über den Rahmen einer Studie der argentinischen Industrie hinausgeht, indem dieses Hauptobjekt nicht

in allen Sparten, dafür aber von den Bestimmungsfaktoren her erforscht
wird. Diese Methode erlaubt es dem Verfasser, die eigentliche
Problematik der argentinischen Industrie blosszulegen, die in der
qualitativ verzerrten Industriestruktur besteht. An argentinischen
Preisen gemessen, umfasst die Industrie etwa 37% des Sozialprodukts.
Legt man indessen internationale Preise zur Messung an, so dürfte der
Anteil unter 30% sinken, wogegen die Landwirtschaft wesentlich zunimmt, weil ihre Produkte zu den gedrückten argentinischen Preisen
weit unter den internationalen Werten berechnet werden.

Eine sukzessive Annäherung der Preisrelation zwischen Industrie und
Landwirtschaft an internationale Grössenordnungen kann indessen nur
verwirklicht werden, wenn die Leistungsfähigkeit der Industrie wesentlich steigt, während gleichzeitig die Landwirtschaft kapitalintensiver
betrieben wird, was bekanntlich mit höheren Kosten und Endpreisen verbunden ist. Mit einer solchen Strukturpolitik kann Argentinien dem
seit wenigen Jahren gesteigerten Weltbedarf nach Nahrungsmitteln, insbesondere Rindfleisch, auf lange Sicht genügen und mittels einer
spezialisierten Industrie den Anschluss an den weltweiten technologischen Fortschritt auf industriellem Gebiet gewinnen. Wie Henggeler in
seiner Arbeit immer wieder betont, gehört dazu auch die Lösung des
leidigen Budgetdefizits, das die dreissigjährige Inflation als Haupt-
quelle immer wieder speist. Diese Aufgabe ist rein politischer Natur
und bleibt der Nationalregierung vorbehalten.

                              Buenos Aires, im November 1973

Die vorliegende Arbeit ist in ihren Grundzügen während eines mehr als dreijährigen Aufenthaltes in Argentinien entstanden. Sie beruht auf einer Anregung des Lateinamerikanischen Instituts an der Hochschule St. Gallen, welches sich das Ziel gesetzt hat, die Industrialisierung der Länder Lateinamerikas systematisch zu untersuchen. Den bereits erschienenen Werken über Mexiko und Brasilien folgt nun eine Abhandlung über Argentinien. Allen jenen, welche mir mit ihren Anregungen und kritischen Hinweisen wertvolle Hilfe zukommen liessen, sei an dieser Stelle herzlich gedankt. Ganz speziell bedanke ich mich bei Herrn Dr. Roberto T. Alemann (ehemaliger Wirtschaftsminister und Botschafter Argentiniens in den Vereinigten Staaten) für sein Vorwort zu diesem Buch.

Basel, im Dezember 1973   P.A.H.

DIE INDUSTRIELLE ENTWICKLUNG ARGENTINIENS
STAND UND ZUKUNFTSPERSPEKTIVEN

Inhaltsverzeichnis	I
Abkürzungsverzeichnis	VII
Literatur- und Quellenverzeichnis	XII
Verzeichnis der Abbildungen	XLVII
Tabellenverzeichnis	XLVIII
Einleitung: Das "Phänomen" Argentinien	1
Aufbau der Arbeit	4

1. Kapitel: Grundlagen — 6

I. Zum Begriff der Industrialisierung	6
A. Abgrenzung zu den Begriffen "wirtschaftliche Entwicklung und "wirtschaftliches Wachstum"	6
B. Kennzeichen eines industrialisierten Landes	7
1. Quantitative Merkmale	8
a) Anteil des sekundären Sektors am Bruttoinlandprodukt	8
b) Anteil der Industrie und des Handwerks an der Produktion des sekundären Sektors	8
c) Anteil der Beschäftigten im sekundären Sektor an der Gesamtbevölkerung	8
2. Qualitative Merkmale	10
a) Infrastruktur	10
b) Technischer Fortschritt	11
II. Zur Problematik der Industrialisierung in Lateinamerika	12
A. Einleitung	12
B. Die Industrialisierung Lateinamerikas aus historischer Sicht	12
1. Erste Phase: Exportinduzierte Industrialisierung	12

　　　　2. Zweite Phase: Industrialisierung mittels Import-
　　　　　 substitution											13
　　C. Wirtschaftliche und institutionelle Grenzen der
　　　 Industrialisierung										14
　　　　1. Der Staat										14
　　　　2. Die Einkommensverteilung							18
　　　　3. Die Kapitalbildung								20
　　　　4. Die Beschäftigung									22
　　　　5. Die Vernachlässigung der Landwirtschaft			23
　　　　6. Die Schwächen des Aussenhandels					24
　　D. Schema über die wirtschaftlich relevanten Grössen
　　　 im Industrialisierungsprozess Argentiniens			25

## 2. Kapitel: Wirtschaftsgeschichtlicher Rückblick			29

I.　Uebersicht												29
II.　Die koloniale Periode (1516 - 1810)					31
　　　A. Politik											31
　　　B. Wirtschaft											33
III. Staatswerdung (1810 - 1880)							36
　　　A. Politik											36
　　　B. Wirtschaft											39
IV.　Industrialisierung durch Exportausweitung (1880 - 1930)	44
　　　A. Politik											44
　　　B. Wirtschaft											48
V.　 Industrialisierung durch Importsubstitution (1930 - 1955)	53
　　　A. Politik											53
　　　B. Wirtschaft											57
VI.　Versuch der Konsolidierung (1955 - 1972)				62
　　　A. Politik											62
　　　B. Wirtschaft											68

3. Kapitel: Aufbau der argentinischen Volkswirtschaft — 74

I. Bevölkerungsstruktur — 74

   A. Quantitative Merkmale — 74

   B. Qualitative Merkmale — 80

      1. Herkunft der Einwanderer — 80

      2. Ländliche Sozialstruktur und Landflucht — 82

      3. Städtische Sozialstruktur, Verstädterung und Industrialisierung — 84

      4. Ernährungsstand — 85

II. Die volkswirtschaftlichen Sektoren — 87

   A. Konsumsektor — 87

      1. Bestimmungsfaktoren — 87

      2. Einkommensverteilung — 88

      3. Marktpotential — 96

   B. Investitionssektor — 98

   C. Staatswirtschaftlicher Sektor — 109

      1. Rolle des Staates im Industrialisierungsprozess — 109

      2. Finanzhaushalt des Bundes, der Provinzen und der Gemeinden — 110

         a) Einnahmen — 110

         b) Ausgaben — 111

      3. Staatsschuld — 115

      4. Staatsbetriebe: Der Staat als Unternehmer — 118

   D. Aussenwirtschaftlicher Sektor — 123

      1. Uebersicht — 123

      2. Exporte — 124

      3. Importe — 129

      4. Geographische Verteilung des Aussenhandels — 130

      5. Der schweizerisch-argentinische Warenverkehr — 135

III. Der Produktionssektor im besonderen — 137

   A. Ueberblick — 137

   B. Primärer Sektor — 139

      1. Landwirtschaft — 139

         a) Einleitung: Die Landwirtschaft als Hypothek der industriellen Entwicklung? — 139

	b) Struktur des landwirtschaftlichen Grundbesitzes		142
	c) Produktivität und Beschäftigung		146
	d) Rindfleisch: Schlüssel zum Durchbruch des Aussenhandelsteufelskreises?		152
	e) Zusammenfassung: Perspektiven der Landwirtschaft		158
2. Forstwirtschaft			160
3. Fischerei			
C. Sekundärer Sektor			166
1. Ueberblick			166
2. Wichtige Bereiche des sekundären Sektors			168
	a) Fleischverarbeitende Industrie		168
	b) Textilindustrie		176
	c) Bergbau und Erdölindustrie		181
	d) Elektrizitätswirtschaft		184
	e) Hüttenindustrie		188
	f) Chemische Industrie		195
	g) Automobilindustrie		200
3. Industrielle Ballung			207
D. Tertiärer Sektor			213
1. Uebersicht			213
2. Stand des Tourismus in Argentinien			213
3. Probleme und Perspektiven			215
IV. Zusammenfassung			218

4. Kapitel: Bestimmungsfaktoren der Industrialisierung Argentiniens

I. Natürliche Gegebenheiten		221
A. Uebersicht		221
B. Pampa		221
C. Klima		224
D. Mineralische Rohstofflager		228
II. Materielle Infrastruktur		231
A. Transportwesen		231
1. Uebersicht		231
2. Eisenbahnen		231

	3. Strassentransport	235
	4. Luftverkehr	237
	5. Entwicklungspotential des Transportsystems	237
B.	Energiewesen	238
	1. Elektrizität	238
	2. Erdöl	243

III. Immaterielle Infrastruktur 247

    A. Politik und Gesetzgebung 247

        1. Politische Verhältnisse 247

        2. Gesetzgebung 252

            a) Einleitung: Zum Problem der Verfassungsmässigkeit rechtssetzender Akte einer de-facto-Regierung 252

            b) Wirtschaftsrechtliche Bestimmungen in der Verfassung 255

            c) Industrieförderung 258

            d) Rechtliche Regelung der ausländischen Investitionen 266

            e) Rechtliche Regelung der Marken-, Patent- und Lizenzübertragung 271

    B. Erziehungswesen und Berufsbildung 273

        1. Uebersicht 273

        2. Mängel des argentinischen Erziehungssystems 275

            a) Quantitative Aspekte 275

            b) Qualitative Aspekte 277

        3. Forschung und Entwicklung 280

IV. Geld- und Kapitalmarkt 283

    A. Uebersicht 283

    B. Institutionen des argentinischen Kreditmarktes 284

        1. Bankwesen 284

        2. Financieras 286

        3. Börse 287

    C. Hauptprobleme des argentinischen Kreditmarktes 289

    D. Kapitalimporte 293

        1. Rolle des privaten Auslandskapitals in der industriellen Entwicklung Argentiniens 293

            a) Begriff, Sinn und Zweck ausländischer Investitionen 293

         b) Entwicklung und Stand der Auslandsinvestitionen 297
         c) Einflüsse des Auslandskapitals auf die industrielle Entwicklung 299
         d) Ergebnis 302
      2. Internationale Organisationen 303

V. Aussenhandelspolitik 307

   A. Protektionismus 307

   B. Exportförderung 311

      1. Uebersicht 311
      2. Exporthindernisse 311
         a) Traditionelle Güter 311
         b) Nichttraditionelle Güter 312
      3. Vergünstigungen für nichttraditionelle Exporte 313
         a) Vergünstigungen fiskalischer Art 313
         b) Vergünstigungen finanzieller Art 314
      4. Perspektiven des Aussenhandels 315

   C. Argentiniens Stellung in der ALALC 317

   D. Bedeutung Europas, speziell der Europäischen Gemeinschaften (EG) 321

VI. Sozialpsychologische Einflüsse: zum argentinischen Nationalcharakter 324

VII. Zusammenfassung und Ausblick 327

   A. Zusammenfassung 327

   B. Ausblick 329

Anhang

Abkürzungsverzeichnis

a.a.O.	am angeführten Ort
Abb.	Abbildung
ACIEL	Acción Coordinadora de las Instituciones Empresarias Libres (Unternehmerdachorganisation)
A y EE	Agua y Energía Eléctrica (staatliche Bewässerungs- und Elektrizitätsunternehmung)
AEA	Asociación de Economistas Argentinos (Verband argentinischer Volkswirtschafter)
AID	Agency for International Development
ALALC	Asociación Latinoamericana de Libre Comercio (Lateinamerikanische Freihandelszone)
argBV	Verfassung der Republik Argentinien von 1853 (Constitución de la Nación Argentina)
ARPEL	Asistencia Recíproca Petrolera Estatal Latinoamericana (Organismus gegenseitiger Unterstützung der staatlichen Erdölgesellschaften Lateinamerikas)
AT	Argentinisches Tageblatt, Wirtschaftsübersicht
AW	Aussenwirtschaft (Zürich/St.Gallen)
BA	Buenos Aires
BCRA	Banco Central de la República Argentina (Zentralbank, Noteninstitut)
BID	Banco Interamericano de Desarrollo (Interamerikanische Entwicklungsbank)
BIP	Bruttoinlandprodukt
BIRF	Banco Internacional de Reconstrucción y Fomento (Weltbank)
BN	Banco de la Nación Argentina (staatliche Handelsbank)
BND	Banco Nacional de Desarrollo (staatliche Entwicklungsbank)
BOLSA	Bank of London and South America Ltd.
BRD	Bundesrepublik Deutschland
BSP	Bruttosozialprodukt
bzw.	beziehungsweise
CAP	Corporación Argentina de Productores de Carnes (staatliches Kühlhaus)
CARBAP	Confederación de Asociaciones Rurales de Buenos Aires y La Pampa (Verband der landwirtschaftlichen Vereinigungen der Provinzen Buenos Aires und La Pampa)
CATAC	Confederación Argentina de Transportistas de Cargas (Verband argentinischer Transportunternehmer)
CECA	Comunidad Europea del Carbón y del Acero (Europäische Gemeinschaft für Kohle und Stahl, Montanunion)
CEPAL	Comisión Económica para América Latina (Wirtschaftskommission für Lateinamerika der Vereinten Nationen)
CFI	Consejo Federal de Inversiones (Investitionsrat)

CGE	Confederación General Económica (dem Peronismus nahestehende Unternehmerorganisation)
CGT	Confederación General de Trabajo (nationaler Gewerkschaftsbund)
CIAE	Compañía Italo-Argentina de Electricidad (private Elektrizitätsgesellschaft)
CIAP	Comité Interamericano de la Alianza para el Progreso (Interamerikanisches Komitee der Allianz für den Fortschritt)
CICYP	Consejo Interamericano de Comercio y Producción (Interamerikanischer Rat für Handel und Produktion)
CIDA	Comité Interamericano de Desarrollo Agrícola (Interamerikanisches Komitee für landwirtschaftliche Entwicklung)
CIDIE	Centro Internacional de Información Económica (Internationales Zentrum für Wirtschaftsinformation)
CIES	Consejo Interamericano Económico y Social (Interamerikanischer Wirtschafts- und Sozialrat)
CIS	Centro de Industriales Siderúrgicos (Verband der argentinischen Eisen- und Stahlindustrie)
CNEA	Comisión Nacional de Energía Atómica (Nationale Atomenergiekommission)
CONACYT	Consejo Nacional de Ciencia y Técnica (Nationaler Forschungsrat)
CONADE	Consejo Nacional de Desarrollo (Nationaler Entwicklungsrat)
CONASE	Consejo Nacional de Seguridad (Nationaler Sicherheitsrat)
DGFM	Dirección General de Fabricaciones Militares (Generaldirektion der Militärfabriken)
d.h.	das heisst
DNT	Dirección Nacional de Turismo (staatliche Fremdenverkehrsbehörde)
ECLA	Economic Commission for Latin America (siehe CEPAL)
ECOSOC	Economic and Social Council (siehe CIES)
EFTA	European Free Trade Association (Europäische Freihandelsassoziation)
EG	Europäische Gemeinschaft
ELMA	Empresa de Líneas Marítimas Argentinas (Staatliche Hochseeschiffahrtsunternehmung)
ERP	Ejército Revolucionario del Pueblo (Revolutionäre Volksarmee, Guerillaorganisation)

FA	Ferrocarriles Argentinos (staatliche Eisenbahngesellschaft)
FADEFA	Fundación Argentina de Erradicación de la Fiebre Aftosa (Argentinische Stiftung zur Ausrottung der Maul- und Klauenseuche)
FAO	Food and Agricultural Organization (Organisation für Ernährung und Landwirtschaft der Vereinten Nationen, Rom)
FITA	Federación de Industrias Textiles Argentinas (Verband argentinischer Textilindustrien)
FM	Fabricaciones Militares (Militärfabriken)
FMI	Fondo Monetario Internacional (Internationaler Währungsfonds)
GATT	General Agreement on Tariffs and Trade (Allgemeines Zoll- und Handelsabkommen)
Hb.	Handbuch
HdSW	Handwörterbuch der Sozialwissenschaften
IAPI	Instituto Argentino de Promoción del Intercambio (Argentinisches Aussenhandelsinstitut)
IBRD	International Bank for Reconstruction and Development (siehe BIRF)
ICAP	Inter-American Committee on the Alliance for Progress (siehe CIAP)
ILO	International Labour Organization (Internationale Arbeitsorganisation, Genf)
IMF	International Monetary Fund (siehe FMI, IWF)
INDEC	Instituto Nacional de Estadísticas y Censo (Nationales Institut für Statistik und Zensus)
INTA	Instituto Nacional de Tecnología Agropecuaria (Nationales Institut für Landwirtschaftstechnologie)
INTAL	Instituto para la Integración de América Latina (Institut für die Integration Lateinamerikas, Buenos Aires)
INTI	Instituto Nacional de Tecnología Industrial (Nationales Institut für industrielle Technologie)
IWF	Internationaler Währungsfonds

J.	Journal
Jato	Jahrestonnen
Jb.	Jahrbuch
Jg.	Jahrgang
JNC	Junta Nacional de Carnes (Nationale Fleischkommission)
JNG	Junta Nacional de Granos (Nationale Getreidekommission)
KW	Kilowatt
KWh	Kilowattstunde
LAI	Lateinamerikanisches Institut an der Hochschule St. Gallen
Lit.	Literatur
m.a.W.	mit andern Worten
Mio.	Millionen
Mrd.	Milliarden
MW	Megawatt
NZZ	Neue Zürcher Zeitung
OAS	Organization of American States (siehe OEA)
OEA	Organización de Estados Americanos (Organisation amerikanischer Staaten)
OECD	Organization for Economic Cooperation and Development (Organisation für wirtschaftliche Zusammenarbeit und Entwicklung, Paris)
OECEI	Oficina de Estudios para la Colaboración Económica Internacional (Büro für Studien in internationaler wirtschaftlicher Zusammenarbeit der FIAT, Buenos Aires)
OIT	Organisation International de Travail (siehe ILO)
o.J.	ohne Jahrgang
o.O.	ohne Ortsangabe
o.S.	ohne Seitenangabe
o.V.	ohne Verfasser

p.a.	per annum (pro Jahr)
p.c.	per capita (pro Kopf)

SEGBA	Servicios Eléctricos del Gran Buenos Aires (staatliche Elektrizitätsunternehmung für Gross-Buenos Aires)
SELSA	Servicio de Luchas Sanitarias (Dienststelle zur Schädlings- und Seuchenbekämpfung)

u.a.	unter anderem
UIA	Unión Industrial Argentina (Argentinischer Industrieverband)
UNCTAD	United Nations Conference on Trade and Development (Handels- und Entwicklungskonferenz der Vereinten Nationen)
UNESCO	United Nations Educational, Scientific and Cultural Organisation (Organisation für Erziehung, Wissenschaft und Kultur der Vereinten Nationen)

WHO	World Health Organisation (Weltgesundheitsorganisation)
WWA	Weltwirtschaftliches Archiv

YCF	Yacimientos Carboníferos Fiscales (staatliche Kohleförderungsgesellschaft)
YPF	Yacimientos Petrolíferos Fiscales (staatliche Erdölgesellschaft)

Zs.	Zeitschrift

Literatur- und Quellenverzeichnis

ADEFA, La indústria automotriz argentina, informe económico 1969, Buenos Aires 1969

AEA, Nuestra opinión sobre reforma agraria, Buenos Aires 1964

Aftalión, Enrique, Monopolios y sociedades multinacionales, Buenos Aires 1970

Agarwala, N. Amar und Singh, Sampat P. (Hrsg.), Accelerating Investment in Developing Economies, Oxford 1969

Agulla, Juan Carlos, Soziale Strukturen und soziale Wandlungen in Argentinien, Berlin 1967

Alemann, Juan E., Kommentar zu Guido Di Tella, Criterios para una política de desarrollo industrial, in: Brodersohn, Estrategias,1970, S. 466-473

Alemann, Juan E., La industrialización en la Argentina, in: Revista de la Unión Industrial, Enero-Marzo 1967, No. 32, S. 65-72

Alemann, Juan E., La intervención estatal en la economía del azúcar, in: Pinedo, La Argentina, 1971, S. 29-38

Alemann, Juan E., Los tres enfoques de la estabilización, in: Política y Economía, No. 21, Diciembre 1972, S. 22-26

Alemann, Juan E., Reflexiones sobre la Revolución Argentina, Buenos Aires 1971

Alemann, Juan E., Una política de ingresos para la Argentina, Buenos Aires 1969

Alemann, Roberto T., Curso de política económica, Buenos Aires 1970

Alemann, Roberto T., El capitalismo estatal argentino, in: Política y Economía (Buenos Aires), No. 7, Octubre 1971, S. 7-10

Alemann, Roberto T., Goldunze, Silberpeso und Papiergeld, 150 Jahre argentinische Währungen, Buenos Aires 1966

Alemann, Roberto T., La reforma arancelaria en la República Argentina, in: BID-INTAL, Hacia una tarifa externa común en América Latina, Buenos Aires 1969, S. 185-214

Alemann, Roberto T., Las inversiones extranjeras, in: Visión (México), Vol. 39, No. 22, 6.11.1971, S. 38 f.

Alemann, Roberto T., Reflexiones sobre el gasto público, Buenos Aires 1970

Alemann, Roberto T., Vom Kleingewerbe zur Schwerindustrie, Kurzgeschichte der argentinischen Industrialisierung, in: LAI (Hrsg.), Argentinien heute - Wirtschaft und Kultur, Zürich 1970, S. 123-138

Alsogaray, Alvaro C., Política y economía en Latinoamérica, Buenos Aires 1969

Alumni, Carlos A., Arrendamiento y aparcería agrarios, in: Boletín de la Facultad de Derecho y Ciencias Sociales, Universidad Nacional de Córdoba, año XXVII, Oct.-Dic. 1963, S. 301-320

Amadeo, Mario, El sistema de la Cuenca del Plata, in: Revista de la Unión Industrial, Oct.-Dic. 1970, No. 47, S. 3-14

Andrés de Oteyza, José, Políticas de fomento en los mercados de capitales, México 1971

Arana, Guillermo, La situación ganadera, in: La Chacra, (Buenos Aires) Julio 1972, año XLI, No. 500, S. 18-23

Aranovich, Manuel A., La República Argentina y el Mercado Común Europeo, problemática actual, in: Política y Economía, No. 8, Nov. 1971, S. 24 - 28

Aráoz, Alberto, Investigación y desarrollo industrial en la Argentina, in: Estudios sobre la economía argentina de la Confederación General Económica, Nov. 1968, No. 3, S. 57-76

Aráoz, Alberto, Los recursos humanos en la industria argentina, Documento de trabajo, Instituto Torcuato Di Tella, Buenos Aires, 2.A., 1969

Argentato, Nicolás, Tasa de ahorro y capital en la Argentina, in: Revista de Economía (Buenos Aires), año 1, 1969, No. 1, S. 18-31

Arlia, Juan, La ALALC, necesidad de un cambio, in: Política y Economía, No. 14, Mayo 1972, S. 27-30

Arnaudo, Aldo A., Productividad, tributación y reforma agraria, in: Revista de Economía y Estadística (Universidad Nacional de Córdoba), año IX, No. 1-4, 1965

Avila, Fernando Bastos de, La inmigración en América Latina, Washington 1964

Ayarragaray, Carlos A., La constitución, símbolo de libertad, in: La Ley (Buenos Aires), Enero-Marzo 1971, Tomo 141, S. 903-910

Bachmann, Hans, Sinn und Widersinn ausländischer Privatinvestitionen in Lateinamerika, in: Aussenwirtschaft (Zürich/St.Gallen), 24. Jg., Heft III, 1969, S. 221 ff.

Baer, Werner, The Economics of Prebisch and the ECLA, in: I. Livingstone, Economic Policy, 1971, S. 178-196

Baer, Werner und Kerstenetzky, Isaac (Hrsg.), Inflation and Growth in Latin America, 2.A., New Haven/London 1970

Baily, Samuel L., Labor, Nationalism and Politics in Argentina, New Brunnswick N.J. 1967

Bairoch, Paúl, Desarrollo agrícola y desarrollo industrial, in: Desarrollo Económico, (Buenos Aires), Vol. 7, No. 25, 1967, S. 749-780

Balassa, Bela, Integración económica y asignación de recursos en América Latina, in: Brodersohn, Estrategias, 1970, S. 39-80

Baldinelli, Elvio, Arancel externo, tipos de cambio y estabilidad monetaria, in: BID-INTAL, Hacía una tarifa externa común en América Latina, Buenos Aires 1969, S. 149-183

Baldwin, G.B., Industrialization: A Standard Pattern, in: Finance and Development, The Fund and Bank Review (Washington), Vol. III, 1966, S. 274-282

Ball, R.J. and Doyle, Peter, (Hrsg.), Inflation, 2.A., London 1970

Balogh, Thomas, Obstáculos al desarrollo económico, México 1963

Banco Ganadero Argentino, Mercados y precios del ganado vacuno, Buenos Aires 1966

Banco Ganadero Argentino, Mercados y precios de la lana, Buenos Aires 1969

Bank of London and South America, Argentina and the Beef Trade, London 1968

Baquero, Jenaro, El atraso económico y su medición, in: Desarrollo Económico (Buenos Aires), Vol. 2, No. 1, 1962, S. 127-152

Barager, Joseph R. (Hrsg.), Why Perón Came to Power, The Background to Peronism in Argentina, New York 1968

Baranson, Jack, Automotive Industry in Developing Countries, Washington 1969

Baranson, Jack, Es posible integrar la industria automovilística en la América Latina?, in: Finanzas y Desarrollo (Washington), Tomo 5, 1968, No. 4, S. 28 ff.

Baranson, Jack, Industrial Technologies for Developing Economies, New York/Washington/London 1969

Barreiro, Telma, El anacronismo de nuestra escuela media y la solución tecnológica, in: Revista de Ciencias de la Educación (Buenos Aires), año II, No. 4, Marzo 1971, S. 3-13

Basch, Antonín und Milic, Kybal, Capital Markets in Latin America, A General Survey and Six Country Studies, New York/Washington/London 1970

Bauer, Peter T., Entwicklungsländer, (II) Oekonomische Problematik, in: Handwörterbuch der Sozialwissenschaften, 3. Bd., Stuttgart/Tübingen/ Göttingen 1961, S. 242 ff.

Baumberger, Heinz B., Möglichkeiten eines inflationsfreien Wachstums in Entwicklungsländern, Diss. Zürich/St.Gallen 1968

Baumberger, Heinz B., Zur strukturalistischen These über das Inflationsproblem in den Entwicklungsländern, in: Aussenwirtschaft (Zürich/St.Gallen), 24. Jg., Heft IV, Dezember 1969, S. 399 ff.

Baumgartner, Jean-Pierre und Santiago Palazzo, Pascual, Estructura económica del transporte de carga automotor y ferroviario en la Argentina, in: El Trimestre Económico (México), Vol. XXXVI, No. 143, Julio-Sept. 1969, S. 381-394

BCRA, Evolución, situación actual y perspectivas del sector eléctrico en la Argentina, Buenos Aires, Enero 1970

BCRA, Flujo global de fondos del sistema financiero institucionalizado argentino, período 1967-1971 (versión preliminar), Buenos Aires 1972 (Vervielfältigung)

BCRA, Ingreso y egreso de viajeros en la Argentina, Buenos Aires 1972

BCRA, Origen del producto y distribución del ingreso, años 1950-69, Suplemento al Boletín estadístico No. 1, Enero 1971

BCRA, Boletín estadístico, verschiedene Jahrgänge

BCRA, Memoria anual, verschiedene Jahrgänge

Beck-Bernard, Karl, Die Argentinische Republik als Auswanderungsziel. Ein kleines Handbuch für Auswanderer und Kolonisten, Bern 1868

Behrendt, Richard F., Gesellschaftliche Aspekte der Entwicklungsförderung, in: Fritsch, Entwicklungsländer, 1968, S. 95-118

Behrman, Jack N., Is there a Better Way for Latin America?, in: Columbia Journal of World Business, Nov.-Dec. 1971, S. 61 ff.

Behrman, Jack N., The Role of International Companies in Latin American Integration, Lexington (Mass.)/Toronto/London 1971

Belgrano, Carlos A., Un año de contradicciones en la política agraria, in: Política y Economía, No. 15, Junio 1972, S. 22-26

Beltrán, Virgilio R. (Hrsg.), El papel político de las Fuerzas Armadas en América Latina, Carácas 1970

Berenbaum, Mario, El desarrollo de la agricultura argentina, in: Desarrollo Económico (Buenos Aires), Vol. I, No. 1, 1961, S. 115-136

Besters, Hans und Boesch, Ernst E. (Hrsg.), Entwicklungspolitik, Handbuch und Lexikon, Stuttgart/Berlin/Mainz 1966

Beyhaut, Gustavo u.a., Los inmigrantes en el sistema ocupacional argentino, in: Torcuato S. Di Tella, Argentina: Sociedad de masas, Buenos Aires 1965, S. 85-123

BID-INTAL, El proceso de integración en América Latina 1968/1971, Buenos Aires 1972

BID-INTAL, Hacia el desarrollo integral de la Cuenca del Plata, Buenos Aires 1967

BID-INTAL, Hacia una tarifa externa común en América Latina, Buenos Aires 1969

BID-INTAL, La integración económica en América Latina; realizaciones, problemas y perspectivas, Buenos Aires 1968

BID, El mercado de capitales en Argentina, México 1968

BID, El proceso de industrialización en América Latina, Guatemala 1969

BID, La movilización de recursos financieros internos en América Latina, Lima 1971

BID, Las inversiones multinacionales en el desarrollo y la integración de América Latina, Bogotá 1968

BID, Programa BID-Cuenca del Plata, Informe preliminar regional, Buenos Aires 1969

Bidart Campos, Germán J., Derecho Constitucional, Buenos Aires 1964

Bielsa, Rafael, Principios de derecho administrativo, 3.A., Buenos Aires 1963

BIRF, Transportes argentinos, plan de largo alcance, (informe) Buenos Aires 1959

Bollinger, Armin, Spielball der Mächtigen, Geschichte Lateinamerikas, Stuttgart 1972

Boas, Ernest A., Die eisenschaffende Industrie Latein-Amerikas, Aufbau und Entwicklung, Berlin 1966

Bohrisch, Alexander und Minkner, Mechthild, Investitionsklima und Auslandskapital in Argentinien, Hamburg 1970

Bombach, G., Bildungsökonomie, Bildungspolitik und wirtschaftliche Entwicklung, in: Bildungswesen und wirtschaftliche Entwicklung, Heidelberg 1964, S. 10 ff.

Bomchil, M.M., Foreign Investments: Law 19.151, in: Comments (Buenos Aires), No. 3, Vol. 51, Oct. 1971, S. 29-35

Brandenburg, Frank, The Development of Latin American Private Enterprise, Washington 1964

Broder, Pablo u.a., Desarrollo y estancamiento en el progreso económico argentino, Buenos Aires 1972

Brodersohn, Mario S., Financiamento de empresas privadas y mercados de capital, Buenos Aires 1972 (Vervielfältigung)

Brodersohn, Mario S. (Hrsg.), Estrategias de industrialización para la Argentina, Buenos Aires 1970

Brodersohn, Mario S. Estrategias de estabilización y expansión en la Argentina, 1959-1967, in: Aldo Ferrer u.a., Los planes de estabilización en la Argentina, Buenos Aires 1969, S. 31-63

Brodersohn, Mario S., Regional Development and Industrial Location Policy in Argentina, Documento de trabajo s.n., Instituto Torcuato Di Tella, Buenos Aires 1967

Brodersohn, Mario S., Incentivos fiscales y estímulos a la inversión privada, Buenos Aires o.J. (Vervielfältigung)

Burck, Gilbert, Union Power and the New Inflation, in: Fortune, February 1971, S. 65 ff.

Bunge, César A., El mundialismo, Buenos Aires 1972

Busey, James L., Latin America, Political Institutions and Processes, New York 1965

Cadenas Madariaga, Mario A., Las tres culturas, in: Política y Economía, No. 4, Julio 1971, S. 5-8

Canton, Darío, La política de los militares argentinos 1900-1971, Buenos Aires 1971

Caprile, Alberto J.B., El intervencionismo en materia de carnes, in: La Nación (Buenos Aires), 8.7.72, 2a. sección, S. 1

Carranza, Carlos P., Inflación y descapitalización en Argentina, in: Cuadernos, No. 36, 1959, Marzo-Abril, S. 93-96

Carrier, Enrique, Inversiones financieras reajustables, in: Política y Economía, Mayo 1972, S. 13-15

Castagno, Antonio, Tendencias y grupos políticos en la realidad argentina, Buenos Aires 1971

Castro Corbat, Marcelo J., Salvar la década del 70, Buenos Aires 1972

Cecchin, Aldo N., Comercio exterior y desarrollo económico, in: Revista de la Unión Industrial Argentina, Abril-Junio 1971, No. 49, S. 21-26

CEPAL, Apreciaciones sobre la producción y el consumo de energía entre 1970 y 1979, in: Notas sobre la economía y el desarrollo de América Latina, preparadas por los Servicios Informativos de la CEPAL, No. 31, 1.12.1969

CEPAL, Aspectos generales de la estructura de la distribución del ingreso, in: Técnicas Financieras (México), año IX, No. 6, Julio-Agosto 1970, S. 651 ff., año X, No. 1, Sept.-Oct. 1970, S. 29 ff.

CEPAL, Educación, recursos humanos y desarrollo en América Latina, Nueva York 1968

CEPAL, Economías de escala en las hilanderías y tejedurías de algodón, Nueva York 1966

CEPAL, El cambio social y la política de desarrollo social en América Latina, Nueva York 1969

CEPAL, El empresario industrial en América Latina, o.O. 1963

CEPAL, La distribución del ingreso en América Latina, Nueva York 1970

CEPAL, Los fletes marítimos en el comercio exterior de América Latina, Nueva York 1969

CEPAL/CFI, Los recursos hidraulicos de Argentina, Buenos Aires 1969

CEPAL, Problemas de administración pública en los países de desarrollo en la América Latina, San José de Costa Rica, Junio 1967

Chadwick, Clifton B., Planning for the Use of Educational Tecnology in a Developing Country: The Case of Argentina, Unpublished Doctoral Dissertation, The Florida State University, Tallahassee 1972

Chenery, Hollis B., Crecimiento y cambios estructurales, in: Finanzas y Desarrollo (Washington), No. 3, 1971, S. 18-31

Chenery, Hollis B., Komparativer Vorteil und Entwicklungspolitik, in: Fritsch, Entwicklungsländer, 1968, S. 317-351

Ciboti, Ricardo und Weffort, Francisco, La planificación del sector público: una perspectiva sociológica, in: Desarrollo Económico, Vol. 7, No. 26, Buenos Aires 1967, S. 37-58

CIDA, Tenencia de la tierra y desarrollo socio-económico del sector agrícola: Argentina, Washington 1965

CIDA, Inventario de la información básica para la programación del desarrollo agrícola en la América Latina, Tomo II: Argentina, Washington 1963

CIES, Cooperativismo agrario en la Argentina, Washington 1953

Ciria, Alberto, La doctrina peronista y sus fuentes, in: Nuevo Mundo, Revista de América Latina, No. 47, Mayo 1970, S. 16-29

Cirigliano, Gustavo F., La educación en la Argentina, hoy, in: Qué es la Argentina? Buenos Aires 1970, S. 145-207

CIS, La siderurgia argentina en 1968, Buenos Aires o.J.

Cochran, Thomas C. und Reina, Ruben E., Entrepreneurship in Argentine Culture, Philadelphia 1962

Colome, Rinaldo und Palmieri, Horacio, La industria manufacturera en la ciudad de Córdoba, in: Desarrollo Económico, Vol. 5, Tomo II, No. 17-19, Buenos Aires 1965, S. 231-271

CONADE, Distribución del ingreso y cuentas nacionales en la Argentina, Buenos Aires 1965

CONADE, Educación, recursos humanos y desarrollo económico-social, Bd. I, Buenos Aires 1968

CONADE, Política y estrategias, sector educación, Buenos Aires, Septiembre 1968 (Vervielfältigung)

CONADE, Plan Nacional de Desarrollo y Seguridad 1971-1975, Buenos Aires 1971

CONADE, Resumen del diagnóstico del sector agropecuario, Buenos Aires 1968 (Vervielfältigung)

CONADE, Síntesis de las principales disposiciones legales de Argentina sobre promoción industrial y radicación de capitales, años 1958-1967, Buenos Aires 1968 (Vervielfältigung)

CONADE, Plan Nacional de Desarrollo 1970-74, Proyecto de la Secretaría, Vol. 3, Sector Agropecuario, Buenos Aires 1970

Consejo Técnico de Inversiones S.A., La economía argentina, Buenos Aires, Ausgabe 1970 (1971) und 1971 (1972)

Cooper, R.F., Education as a Limiting Factor in Agricultural Development, in: The Review of The River Plate, Vol. CXLIII, 1968, No. 3673, S. 632

Corbett, Charles D., The Latin American Military as a Socio-Political Force, Case Studies of Bolivia and Argentina, Miami 1972

Cornblit, Oscar, Inmigrantes y empresarios en la política argentina, in: Desarrollo Económico, Vol. 6, No. 24, Buenos Aires 1967, S. 641-691

Cornblit, Oscar u.a., La generación del 80 y su proyecto, in: Torcuato S. Di Tella, Argentina, sociedad de masas, Buenos Aires 1965, S. 18-58

Cortes Conde, Roberto, Cambios históricos en la estructura de la producción agropecuaria en la Argentina, utilización de los recursos, in: Desarrollo Económico, Vol. 5, No. 20, Buenos Aires 1966, S. 493-510

Cortes Conde, Roberto und Gallo, Ezequiel, La formación de la Argentina moderna, Buenos Aires 1967

Crespo Montes, Raúl M., La presión demográfica en nuestras fronteras, in: Revista de la Unión Industrial Argentina, Enero-Marzo 1970, No. 44, S. 3-16

Cresta, Aldo, Energía eléctrica nuclear para la Argentina, in: Técnica e Industria, año XLV, Mayo 1968, No. 639, S. 114

Crompton de Calvo, Doreen E., Tourism in Latin America, in: BOLSA Review, Vol. 3, April 1969, No. 28, S. 200-212

Cucorrese, Horacio J., Historia económica financiera argentina 1862-1930, Buenos Aires 1966

Dagnino Pastore, José María, El sistema financiero argentino, in: Política y Economía, No. 16, Julio 1972, S. 10-12

Dagum, Camilo, A New Approach to Inflation Through the Joint Analysis of Economic Efficiency and Social Welfare. A Case Study: Argentina, Econometric Research Program, Paper No. 19, Princeton N.J., January 1968

Datas-Panero, José A., La sustitución de las importaciones, in: Finanzas y Desarrollo (Washington), No. 3, 1971

Daus, Federico A., El desarrollo argentino, 2.A., Buenos Aires 1970

de Arratia, Juan, Qué quiere decir: La inflación?, in: Política y Economía, No. 13, Abril 1972, S. 30-33

de Imaz, José Luis, Los hombres del confín del mundo: Tierra del Fuego, Buenos Aires 1972

de Imaz, José Luis, Los que mandan, Buenos Aires 1964

de Janvry, Alain, Empirical Analysis of Consumer Behavior, an Application to Argentina, Buenos Aires 1968

de las Carreras, Alberto E., La industrialización de carnes, in: Política y Economía, No. 5, Agosto 1971, S. 25-30

Dell, Sydney, Postwar Experience of Inflation in the Industrial Countries, in: Baer/Kerstenetzky, 1970, S. 189-215

de Obschatko, Edith S. und de Janvry, Alain, Factores limitantes al cambio tecnológico en el sector agropecuario, in: Desarrollo Económico, Vol. 11, No. 42-44, Buenos Aires, Julio 1971/Marzo 1972, S. 263-286

de Pablo, Juan C., Causas de moderado crecimiento de la economía argentina, in: Política y Economía, No. 3, Junio 1971, S. 32-37

de Pablo, Juan C., Desocupación, salario real y políticas de reactivación, in: Desarrollo Económico, Vol. 11, No. 42-44, Buenos Aires Julio 1971 - Marzo 1972, S. 249-262

de Pablo, Juan C., La relación entre la tasa de interés bancaria y la extrabancaria, in: IDEA, Revista de Administración y Economía (Buenos Aires) No. 1, 1970, S. 23-30

de Pablo, Juan C., Por qué automotores en Tucumán?, in: Análisis (Buenos Aires), año XII, No. 591, 14.7.1972, S. 18

de Pablo, Juan C., Una estimación de la fuga de capitales en la Argentina, in: Análisis (Buenos Aires), No. 587, 16.6.1972, S. 15

Diamand, Marcelo, La estructura productiva desequilibrada argentina y el tipo de cambio, in: Desarrollo Económico, No. 45, Abril-Junio 1972, S. 25-47

Díaz Alejandro, Carlos F., Essays on the Economy of Argentina, New Haven/London 1970

Díaz Alejandro, Carlos F., Direct Foreign Investment in Latin America, New Haven 1970

Díaz, Ralph A., The Andean Common Market: Challenge to Foreign Investors, in: Columbia Journal of World Business, July-August 1971, S. 22 ff.

Diéguez, Héctor L., Argentina y Australia, algunos aspectos de su desarrollo económico comparado, in: Desarrollo Económico, Vol. 8, No. 32, Buenos Aires Enero-Marzo 1969, S. 543-563

Dirección Nacional de Estudios Industriales, Análisis tentativo sobre los regimenes de promoción industrial en la República Argentina, Buenos Aires 1970

Di Tella, Guido, Criterios para una política de desarrollo industrial, in: Brodersohn, Estrategias, 1970, S. 433-465

Di Tella, Guido und Zymelman, Manuel, Etapas del desarrollo económico argentino, in: Torcuato S. Di Tella u.a., Argentina, sociedad de masas, Buenos Aires 1965, S. 177-195

Di Tella, Torcuato S. u.a., Argentina, sociedad de masas, Buenos Aires 1965

Di Tella, Torcuato S., Los procesos políticos y sociales de la industrialización, in: Desarrollo Económico, Vol. 2, No. 3, Buenos Aires Oct.-Dic. 1962, S. 19-48

Di Tella, Torcuato S., The Argentine Elections and Coup of 1962, in: Political Power in Latin America, Seven Confrontations, Englewood Cliffs N.J. 1970

Doerig, Johann A., Entscheidende Aspekte der Geschichte Lateinamerikas, in: LAI (Hrsg.), Lateinamerika - Wirtschaft und Kultur, Zürich 1964, S. 9 ff.

Dorfman, Adolfo, Historia de la industria argentina, Buenos Aires 1970

Dorfman, Adolfo, Evolución industrial argentina, Buenos Aires 1942

Dorrance, Graeme S., Función de los bancos centrales en países menos desarrollados, in: Finanzas y Desarrollo (Washington), Vol. 6, No. 4, Diciembre 1969, S. 25-30

Dorrance, Graeme S., Inflation and Growth, in: Finance and Development, The Fund and Bank Review (Washington), Vol. I, 1964, S. 32-38

Dorrance, Graeme S., The Effect of Inflation on Economic Development, in: Baer/Kerstenetzky, 1970, S. 37-88

Drosdorf, Daniel, El gobierno de las vacas (1933-1956), tratado Roca-Runciman, Buenos Aires 1972

Drucker, Peter F., Die Zukunft bewältigen, Aufgaben und Chancen im Zeitalter der Ungewissheit, Düsseldorf/Wien 1969

Dupriez, Léon H. (Hrsg.), Economic Progress, Louvain 1955

Eckenstein, Christoph, Das Problem der wirtschaftlichen Integration von Lateinamerika als Gesamtheit, in: LAI (Hrsg.), Integration in Lateinamerika, Zürich 1965, S. 77 ff.

Eckenstein, Christoph, Die wirtschaftliche Zusammenarbeit und regionale Integration zwischen Entwicklungsländern: Probleme und Möglichkeiten, in: Aussenwirtschaft (Zürich/St.Gallen), 27. Jg., Heft I, März 1972, S. 28-41

Eggenberger, W., Weinbau und Traubenverwertung in Argentinien, in: Separatdruck aus der "Schweiz. Zeitschrift für Obst- und Weinbau", 107. (80.) Jg., 1971, S. 264-272

Ellis, Howard S., Accelerated Investment as a Force in Economic Development, in: Agarwala/Singh, 1969, S. 104-115

Engelbeen, Carlos H., La pesca marítima en la Argentina, Buenos Aires 1955

Escobar C., Luis, El futuro de las empresas multinacionales en la América Latina, in: El Trimestre Económico (México), Vol. XL (1), No. 157, Enero-Marzo 1973

Eshag, Eprime und Thorp, Rosemary, Las políticas económicas ortodoxas de Perón a Guido (1953-1963) - consecuencias económicas y sociales, in: Aldo Ferrer u.a., Los planes de estabilización en la Argentina, Buenos Aires 1969, S. 64-132

Fagen, Richard A. und Cornelius jr., Wayne A. (Hrsg.), Political Power in Latin America, Seven Confrontations, Englewood Cliffs N.J. 1970

Favelevic, Roberto, Protección, promoción y desarrollo industrial, in: Política y Economía, No. 12, Marzo 1972, S. 9-13

Federación de Industrias Textiles Argentinas, Resumen, Buenos Aires 1967 (Vervielfältigung)

Felix, David, Did Import Substituting Industrialization in Argentina Save Foreign Exchange in 1953-1960? A Report on Some Findings, Buenos Aires 1965

Felix, David, Industrialización sustitutiva de importaciones y exportación industrial en la Argentina, Documento de Trabajo No. 22, Instituto Torcuato Di Tella, 2.A., Buenos Aires 1968

Felix, David, Monetarists, Structuralists and Import Substituting Industrialization, a Critical Appraisal, in: Baer/Kerstenetzky, 1970, S. 370-401

Fels, Gerhard, The Choice of Industry Mix in the Division of Labour between Developed and Developing Countries, in: Weltwirtschaftliches Archiv (Tübingen), Bd. 108, 1972, Heft 1, S. 71-108

Fernández, Julio A., The Nationalism Syndrome in Argentina, in: Journal of Interamerican Studies, Vol. VIII, No. 4, Oct. 1966, S. 551-564

Ferns, H.S., Argentina, London 1969

Ferrer, Aldo, El desarrollo de las industrias básicas y la sustitución de importaciones, in: Brodersohn, Estrategias, 1970, S. 475-495

Ferrer, Aldo, La economía argentina - las etapas de su desarrollo y problemas actuales, México 1965

Ferrer, Aldo u.a., Los planes de estabilización en la Argentina, Buenos Aires 1969

Ferrer, Aldo, Modernización, desarrollo industrial e integración latinoamericana, in: Desarrollo Económico, Vol. 4, No. 14-15, Buenos Aires 1964, S. 195-206

FIEL, Análisis de la producción y comercialización de la hacienda y carne vacuna en la Argentina en la década del 60, 5 tomos, Buenos Aires 1972

FIEL, Experiencia empresaria en la promoción industrial, in: Revista de la Cámara Argentina de Comercio, No. 386, 3er Trim. 1971, S. 75-86

FIEL, Las inversiones extranjeras en la Argentina, Buenos Aires 1971

FIEL, Las relaciones capital - producto en la Argentina, Buenos Aires 1966

Fienup, Darrel F., Brannon, Russel H. und Fender, Frank A., El desarrollo agropecuario argentino y sus perspectivas, Buenos Aires 1972

Fillol, Tomás R., Social Factors in Economic Development, the Argentine Case, Cambridge (Mass.)/London 1961

Fischer, Peter W., Der Einfluss des Auslandskapitals auf die wirtschaftliche Entwicklung Argentiniens 1880-1964, Göttingen 1970

Flanders, M. June, Prebisch on Protectionism: An Evaluation, in: The Economic Journal, Vol. LXXIV, June 1964, S. 305-326

Forino, Sabatino A., Las empresas del Estado en la República Argentina, Buenos Aires 1970

Fritsch, Bruno (Hrsg.), Entwicklungsländer, Köln/Berlin 1968

Furtado, Celso, Economic Development of Latin America, Cambridge 1970

Gandolfo, Mercedes, La iglesia, factor de poder en la Argentina, Montevideo 1968

Gannon, Thomas A., Doing Business in Latin America, New York 1968

García, Ramón und Dennis, María E., La industria química argentina, su evolución dentro del panorama económico del país - período 1870-1970, in: Industria y Química (Buenos Aires), Vol. 28, No. 1-2, 1970, S. 41-84

García Belsunce, Horacio A., La situación económica, sus causas y efectos, in: La Nación (Buenos Aires), 23.6.1972, S. 8; 25.6.1972, S. 8

García Belsunce, Horacio A., Política fiscal para la estabilidad monetaria, in: Pinedo, La Argentina, 1971, S. 111-125

García Martínez, Carlos, Bases económicas del desarrollo industrial, in: Política y Economía, No. 13, Abril 1972, S. 23-29

García Martínez, Carlos, Consecuencias de los precios máximos de una economía inflacionaria, in: Política y Economía, No. 2, Mayo 1971, S. 23-28

García Martínez, Carlos, Estabilidad y desarrollo en América Latina, Buenos Aires 1969

García Martínez, Carlos, La inflación argentina, Buenos Aires 1965

García Martínez, Carlos, La telaraña argentina, 4.A., Buenos Aires 1970

García Martínez, Carlos, Política para la industrialización regional, in: Política y Economía, No. 7, Oct. 1971, S. 23-28

García Martínez, Carlos und Olarra Jiménez, Rafael, Una nueva política para la exportación de carnes, Buenos Aires 1970

García Martínez, Luis, Condiciones previas para un reajuste del modelo de crecimiento de la Argentina, in: Política y Economía, No. 13, Abril 1972, S. 9-14

García Martínez, Luis, Fundamentos y sugerencias para una reforma de la Ley de Carnes, in: Política y Economía, No. 2, Mayo 1971, S. 8-12

García Martínez, Luis, La Revolución Argentina y las contradicciones nacionales, Buenos Aires 1970

García Vazquez, Enrique, An Argentine View, in: R. Vernon (Hrsg.), How Latin America Views the U.S., New York 1966, S. 49-66

Gastiazoro, Eugenio, Crítica del desarrollismo, Buenos Aires 1970

Gebhardt, Hermann, Guerillas: Schicksalsfrage für den Westen. Die lateinamerikanische Revolutionsbewegung, Stuttgart 1971

Gerassi, John, The Great Fear in Latin America, New York/London 1965

Germani, Gino, Estrategia para estimular la movilidad social, in: Desarrollo Económico, Vol. 1, No. 3, Buenos Aires 1962, S. 59-96

Germani, Gino, Hacia una democracia de masas, in: Torcuato S. Di Tella, Argentina, sociedad de masas, Buenos Aires 1965, S. 206-227

Germani, Gino, Política y sociedad en una época de transición, 4.A., Buenos Aires 1971

Ghaussy, A. Ghanie, Kapitalbildung, in: Besters/Boesch, Handbuch,1966, Sp. 1285 ff.

Giberti, Horacio C., El desarrollo agrario argentino, 2.A., Buenos Aires 1970

Giberti, Horacio C., Historia económica de la ganadería argentina, Buenos Aires 1954

Giberti, Horacio C. u.a., Sociedad, economía y reforma agraria, Buenos Aires 1965

Giersch, H., Inflation, in: Handwörterbuch der Sozialwissenschaften, Stuttgart/Tübingen/Göttingen 1956, S. 281 ff.

Ginor, Fanny, The Impact of Capital Imports on the Structure of Developing Countries, in: Kyklos (Basel), Vol. XXII, 1969, Fasc. I, S. 104-123

Glogauer, Günter, Das Verhältnis von direkten zu indirekten Steuern, in: Argentinisches Tageblatt, 3.5.1972

Goldwert, Marvin, Democracy, Militarism and Nationalism in Argentina 1930-1966, Austin (Texas)/London 1972

González Calderón, Juan, Derecho constitucional argentino, Buenos Aires 1931

Gordillo, Agustin A., Derecho administrativo de la economía, Buenos Aires 1967

Gotelli, Luis M., Algunas consideraciones sobre la política petrolera argentina, in: Pinedo, La Argentina, 1971, S. 133-143

Gotelli, Luis M., Neue Ausrichtung der Energiepolitik Argentiniens, in: LAI (Hrsg.), Argentinien heute - Wirtschaft und Kultur, Zürich 1970, S. 59-75

Grabendorff, Wolf, Lateinamerika - wohin? Informationen und Analysen, 2.A., München 1971

Graham-Yooll, Andrew, Tiempo de tragédia, cronología de la Revolución Argentina, Buenos Aires 1972

Grondona, Mariano, El proceso político, comprender 1955 para realizar 1972, in: Mercado (Buenos Aires), año IV, No. 157, 13.7.1972, S. 13 ff.

Grondona, Mariano, La Argentina en el tiempo y en el mundo, Buenos Aires 1967

Grondona, Mariano, La estructura cívico-militar del nuevo Estado argentino, in: Virgilio R. Beltrán, El papel político social de las Fuerzas Armadas en América Latina, Carácas 1970, S. 117-130

Grunwald, Joseph, Invisible Hands in Inflation and Growth, in: Baer/Kerstenetzky, 1970, S. 290-318

Guadagni, Alieto und Petrecolla, Alberto, La función de la demanda de carne vacuna en la Argentina en el período 1935-1961, in: El Trimestre Económico (México), Vol. XXXII (2), 1965, No. 126, Abril-Junio, S. 261-290

Gugliada, Pedro V., Cuarenta años de inflación en el mundo, Buenos Aires 1969

Gunther, John, Inside South America, London 1967

Guth, Wilfried, Zum Rückzahlungsproblem der Entwicklungsländer, Ansatzpunkte für eine realistische Entwicklungspolitik, in: Fritsch, Entwicklungsländer, 1968, S. 400-410

Haberler, Gottfried, Incomes policies and Inflation, Washington 1971

Haberler, Gottfried, International Trade and Economic Development, in: James D. Theberge (Hrsg.), Economics of Trade and Development, New York/London/Sydney 1968, S. 103-112

Hartmann, Heinz, Hochschulen und Entwicklungsländer, in: Grundzüge des lateinamerikanischen Hochschulwesens, Baden-Baden 1965, S. 253-276

Hastedt, Pedro, Die deutschen Direktinvestitionen in Lateinamerika, ihre Entwicklung seit dem I. Weltkrieg und ihre Bedeutung für die Industrialisierung des Subkontinents, Diss. Göttingen 1970

Haumer, Hans, Die Stabilisierungspolitik des Internationalen Währungsfonds unter besonderer Berücksichtigung Lateinamerikas, in: Aussenwirtschaft (Zürich/St.Gallen), 26. Jg. Heft IV, 1971, S. 393-427

Helbling, Carlos C., Una advertencia respecto a nuestras finanzas externas, in: La Nación (Buenos Aires), 3.5.1972, S. 8

Hemmer, Hans-Rimbert, Die Bedeutung ausländischer Direktinvestitionen für die wirtschaftliche Entwicklung der Dritten Welt, in: Zs. für Wirtschafts- und Sozialwissenschaften (Schmollers Jahrbuch), 92. Jg., 2. Heft, 1972, S. 155-167

Herschel, Federico J., Política fiscal y desarrollo económico de la República Argentina, in: Revista de la Universidad de Buenos Aires, época 5, año 7, 1962, No. 1, Enero-Marzo, S. 54-98

Hesse, Helmut, Der Aussenhandel in der Entwicklung unterentwickelter Länder unter besonderer Berücksichtigung Lateinamerikas, Tübingen 1961

Hesse, Kurt, Entwicklungsländer und Entwicklungshilfen an der Wende des Kolonialzeitalters, Berlin 1962

Hesse, Kurt, Das System der Entwicklungshilfen, Berlin 1969

Higgins, Benjamin, Economic Development, Problems, Principles and Policies, 2.A., New York 1968

Higgins, Benjamin, Urbanization, Industrialization and Economic Development, in: The Urban Explosion in Latin America, a Continent in Process of Modernization, Ithaca N.Y. 1967

Hillekamps, Carl W., Die Aera Frondizi in Argentinien, in: Aussenpolitik, Dezember 1959, S. 815-824

Hirschman, Albert O., The Strategy of Economic Development, 15.A., New Haven/London 1972

Hirschman, Albert O., La economía política de la industrialización a través de la sustitución de importaciones en América Latina, in: El Trimestre Económico (México), No. 140, Vol. XXXV, Oct.-Dic. 1968, S. 625-658

Hirsch-Weber, Wolfgang, Lateinamerika: Abhängigkeit und Selbstbestimmung, Opladen 1972

Hofer, Hermann, Der Handelsverkehr zwischen der Schweiz und Argentinien, in: LAI (Hrsg.), Argentinien heute - Wirtschaft und Kultur, Zürich 1970, S. 13-24

Hoffmann, Lutz, Importsubstitution und wirtschaftliches Wachstum in Entwicklungsländern, unter besonderer Berücksichtigung von Argentinien, Brasilien, Chile und Kolumbien, Tübingen 1970

Hoffmann, Walter G., Wachstumsnotwendige Wandlungen in der Sozialstruktur der Entwicklungsländer, in: Fritsch, Entwicklungsländer, 1968, S. 83-94

Horowitz, D., Inflationskontrolle bei schnellem wirtschaftlichem Wachstum, in: Fritsch, Entwicklungsländer, 1968, S. 302-313

Horowitz, Irving L., The Military Elites, in: Seymour M. Lipset und Aldo Solari (Hrsg.), Elites in Latin America, London/Oxford/New York 1967, S. 146-189

Høst-Madsen, Paul, How Much Capital Flight from Developing Countries, in: Finance and Development, The Fund and Bank Review (Washington), Vol. II, 1965, S. 25-33

Ibarra, Fernando A., La industria en la Provincia de Córdoba, in: Revista de la Unión Industrial Argentina, Enero-Marzo 1968, S. 51-60

INDEC, Boletín de Estadística, verschiedene Ausgaben

INDEC, Censo nacional de poblaciones, Familias y viviendas 1970, resultados provisionales, Buenos Aires o.J.

INDEC, Comercio exterior 1971, Buenos Aires 1972

Instituto de Estudios Económicos de la Sociedad Rural Argentina, El tipo de cambio neto agropecuario, el caso del maíz, in: Anales de la Sociedad Rural Argentina, año CVI, Marzo-Abril 1972, No. 3-4, S. 8-13

Instituto de Estudios Económicos de la Sociedad Rural Argentina, Exportaciones y desarrollo económico, in: Anales de la Sociedad Rural Argentina, año CVI, Marzo-Abril 1972, No. 3-4, S. 8-13

Instituto de Investigaciones Económicas y Financieras de la Confederación General Económica Argentina, Industria vitivinícola, in: Estudios sobre la economía argentina, Mayo 1970, No. 6, S. 35-52

INTA, Long Run Projections of the Supply and Demand for Selected Agricultural Products in Argentina through 1980, Draft Manuscript, Buenos Aires 1969

Itzcovich, Samuel, Análisis de la estructura financiera argentina 1955-1965, in: Desarrollo Económico, Vol. 8, Enero-Marzo 1969, No. 32, S. 487-509

Jaime, José C., La banca comercial argentina, evolución y perspectivas, Buenos Aires 1967

Jochimsen, Reimut, Dualismus als Problem der wirtschaftlichen Entwicklung, in: Fritsch, Entwicklungsländer, 1968, S. 65-80

Johnson, Harry G., Economic Policies toward Less Developped Countries, Washington 1967

Junta Nacional de Carnes, Reseña, verschiedene Jahrgänge

Junta Nacional de Granos, Boletín mensual, verschiedene Jahrgänge

Kapp, William K., Wirtschaftliche Entwicklung, nationale Planung und öffentliche Verwaltung, in: Fritsch, Entwicklungsländer,1968, S. 197-223

Kaplan, Marcos, El Estado empresario en la Argentina, in: El Trimestre Económico (México), Vol. XXXVI, No. 141, Enero-Marzo 1969, S. 69-111

Katz, Jorge, Características estructurales del crecimiento industrial argentino, in: Desarrollo Económico, Vol. 7, No. 26, Buenos Aires Junio-Sept. 1967, S. 59-76

Katz, Jorge, Importación de tecnología, aprendizaje local e industrialización dependiente, Documento de Trabajo No. 59, Instituto Torcuato Di Tella, Buenos Aires 1972

Katz, Jorge, Production Functions, Foreign Investment and Growth, a Study Based on the Argentine Manufacturing Sector 1946-1961, Amsterdam/London 1969

Katzman, Rúben, Estratificación educacional en las provincias argentinas, in: Desarrollo Económico, Vol. 7, No. 28, Enero-Marzo 1968, S. 495-530

Keller, Ernst, La movilización de recursos financieros externos para industrias nacionales y empresas multinacionales, in: BID, El proceso de industrialización en América Latina, Guatemala 1969, S. 128-154

Kenworthy, Eldon, The Politics of Late Industrialization, in: Foreign Affairs (New York), Vol. 45, No. 3, April 1967, S. 463-476

Kindleberger, Charles P., Economic Development, 2nd Ed., New York/Toronto/London/Sydney 1965

Klatt, Sigurd, Industrialisierung, in: Besters/Boesch, Handbuch, 1966, Sp. 1250 ff.

Klein, Erwin, Struktur der industriellen Produktion und des Aussenhandels in Argentinien unter dem Gesichtspunkt des Wirtschaftswachstums, eine ökonometrische Untersuchung, Diss. Hamburg 1966

Klein, Guillermo Walter, La protección aduanera y el desarrollo, in: Pinedo, La Argentina, 1971, S. 163-189

Kneschaurek, Francesco, Wachstumsprobleme der Wirtschaft im allgemeinen und mit Blick auf Lateinamerika, in: LAI (Hrsg.), Lateinamerika, Wirtschaft und Kultur, Zürich 1964, S. 106 ff.

Kneschaurek, Francesco, Langfristige Marktprognosen in der Unternehmungsplanung exportorientierter Industrien, in: Aussenwirtschaft (Zürich/St.Gallen), 21. Jg., Heft II, 1966, S. 129 ff.

Koenig, Wolfgang und Bohrisch, Alexander, Empresas mixtas en México y Argentina, un análisis comparativo, in: Foro Internacional, Vol. X, No. 4, Abril-Junio 1970, S. 363-381

Koenig, Wolfgang, Der Internationale Währungsfonds und die Politik der multiplen Wechselkurse in Lateinamerika, in: Aussenwirtschaft (Zürich/St.Gallen), 22. Jg., Heft IV, 1967, S. 381 ff.

Koenig, Wolfgang, Devisenpolitik in Lateinamerika, Hamburg 1969

Kohn, Michael, Die Compañía Italo-Argentina de Electricidad (CIA) - Ausdruck schweizerisch-argentinischer Kooperation, in: LAI (Hrsg.), Argentinien heute - Wirtschaft und Kultur, Zürich 1970, S. 79-96

Kohout, José C., A Price and Allocation Decision Model for the Beef Economy in Argentina, Ph.D. Dissertation, University of Illinois, Urbana 1969

Köllner, Lutz, Grundfragen der Finanzpolitik in Entwicklungsländern, in: Fritsch, Entwicklungsländer, 1968, S. 272-301

Köllner, Lutz, Gesellschaftsstruktur und Finanzierung des wirtschaftlichen Fortschritts in Entwicklungsländern, typologische Bemerkungen, in: Schmollers Jahrbuch, 84. Jg., 1964, S. 403 ff.

Körner, Heiko, Industrie und Landwirtschaft im Prozess der wirtschaftlichen Entwicklung, in: Fritsch, Entwicklungsländer, 1968, S. 262-271

Kramer, G., Die Geldnachfrage in Entwicklungsländern mit Inflation, Diss. Zürich 1967

Krebschull, Dietrich, Motive für deutsche Direktinvestitionen in Entwicklungsländern, in: Zs. für angewandte Konjunkturforschung, Heft 19: Probleme der Arbeitsteilung zwischen Industrie- und Entwicklungsländern, Berlin 1972, S. 11-23

Krieger Vasena, Adalbert, Plan argentino contra las causas de la inflación, in: CEMLA, Boletín mensual, Vol. XIII, No. 4, Abril 1967, S. 167-171

Krieger, Ronald A., Inflation and Growth: The Case of Latin America, in: Columbia Journal of World Business, No. 6, 1970, S. 46 ff.

Küng, Emil, Agricultural vs. Industrial Development in LDCs, in: Inter Economics, Monthly Review of International Trade and Development (Hamburg), No. 6, June 1972, S. 177-180

Küng, Emil, Importsubstitution in Entwicklungsländern, in: NZZ, 20.3.1971, No. 77, S. 13

Küng, Emil, Subsidies to Exports in Developing Countries, in: Inter Economics, Monthly Review of International Trade and Development (Hamburg), No. 11, November 1967, S. 295-297

Künzler, M., Zur Lage der Energiewirtschaft im Hinblick auf den Bau des Atomkraftwerkes Atucha, Sonderdruck der Schweiz. Bauzeitung, Heft 19, Zürich 1969

Lagos, Gustavo, El desafío norteamericano, la experiencia europea y la oportunidad latinoamericana, Buenos Aires 1968

Lagos, Gustavo, Empresas multinacionales: Aspectos socioeconómicos, jurídicos e institucionales, in: BID, Las inversiones multinacionales en el desarrollo y la integración de América Latina, Bogotá 1968, S. 203 ff.

Lambert, Francis J.D., Planning for Administrative Reform in Latin America: The Argentine and Brazilian Case, Institute of Latin American Studies, University of Glasgow, Occasional Papers No. 3, 1971

Lascano, Marcelo R., El crecimiento económico, condición de la estabilidad monetaria en la Argentina, Buenos Aires 1970

Lascano, Marcelo R., Presupuesto y dinero, Buenos Aires 1972

Leiserson, Alcira, Notes on the Process of Industrialization in Argentina, Berkeley 1966

Leutwiler, Fritz, Wirtschaftliche und gesellschaftliche Folgen der Inflation, in: NZZ, 9.5.1971, No. 125, S. 37

Lewin, Boleslao, Rousseau y la independencia argentina y americana, Buenos Aires 1967

Link, Max, Die Ursachen des industriellen Aufstiegs Mexikos, Zürich 1970

Link, Max, Stand und Zukunftsperspektiven der Industrialisierung Brasiliens, Bern/Stuttgart 1972

Little, Ian, Scitovsky, Tibor und Scott, Maurice, Industry and Trade in Some Developing Countries, London/New York/Toronto 1970

Linowitz, Sol M., Why Invest in Latin America?, in: Harvard Business Review, Jan.-Febr. 1971, S. 120-130

Lipset, Seymour M. und Solari, Aldo (Hrsg.), Elites in Latin America, London/Oxford/New York 1967

Livingstone, I. (Hrsg.), Economic Policy for Development, London 1971

Llosas, Hernán P., La política de promoción industrial y de desarrollo regional en la Argentina 1959-1966, in: Económica (La Plata), año XV, Enero-Abril 1969, S. 39-91

López, Alberto T., La evasión fiscal argentina: sus origenes y desarrollo, in: Política y Economía, No. 5, Agosto 1971, S. 21-24

López, Alberto T., Thoughts on the Land Tax, in: The Review of The River Plate, Vol. CXLV, 1969, No. 3701, S. 181

Lorenz, Detlef, Zur Typologie der Entwicklungsländer, in: Fritsch, Entwicklungsländer, 1968, S. 38-64

Loser, Claudio M., The Intensity of Trade Restrictions in Argentina 1939-68, Doctoral Dissertation (unpublished, mimeo.) of The University of Chicago, June 1971

Luegmayer, Rodolfo, El Grupo Andino, in: Derecho Aduanero (Buenos Aires), año III, No. 28, Abril 1971, S. 292 ff.

Luegmayer, Rodolfo, Estado actual y perspectivas del proceso de integración latinoamericana. Alocución pronunciada en la Asamblea General de la Cámara Latinoamericana de Comercio en Suiza el 11 de Abril de 1973 en Berna, o.O.o.J.

Lurié, Samuel, El papel de las exportaciones de bienes manufacturados en la estructura y crecimiento del proceso de industrialización de los países en desarrollo, in: Revista de Economía Latinoamericana (Cáracas), año VIII, No. 29, 1970, S. 69-83

Lütge, Wilhelm, Argentinien im Aufstieg. Geschichte und Ringen einer jungen Nation, Buenos Aires 1952

Lütolf, Franz A., Die argentinische Wirtschaftspolitik nach dem zweiten Weltkrieg, Zürich/St.Gallen 1957

Macario, Santiago, Proteccionismo e industrialización en América Latina, in: BID-INTAL, Hacia una tarifa externa común en América Latina, Buenos Aires 1969, S.1-103

Mafud, Julio, Psigología de la viveza criolla, 4.A., Buenos Aires 1971

Mairal, Héctor A., La inseguridad jurídica en la Argentina, in: Revista de la Unión Industrial Argentina, Abril-Junio 1971, No. 49, S. 9-20

Malaret, Antonio E., Qué es el boom pesquero? in: IDEA, Revista de Administración y Economía (Buenos Aires), No. 2, 1970, S. 19-28

Malaret, Antonio E., Argentina y el mercado mundial de harina de pescado, in: Revista de Economía (Buenos Aires), 2° Trim. 1969, S. 51-61

Mararet, Antonio E., Hacia 100 millones de dólares de exportaciones pesqueras, in: Panorama de la Economía (Buenos Aires), Vol. VI, No. 43, 2° Trim. 1970, S. 267-271

Mallon, Richard D., La industrialización y la sustitución de importaciones en la Argentina, in: Brodersohn, Estrategias, 1970, S. 369-386

Manwoo, Lee, Argentine Political Instability, a Crisis of Simultaneous Quest for Authority and Equality, in: Journal of Interamerican Studies, Vol. XI, Oct. 1969, S. 558-570

Margulis, Mario, Análisis de un proceso migrario rural-urbano en Argentina, in: Aportes, No. 3, Enero 1967, S. 73-128

Margulis, Mario, Migración y marginalidad en la sociedad argentina, 2.A., Buenos Aires 1971

Martínez, José Heriberto, La banca privada argentina en la economía nacional, Buenos Aires 1970

Martínez de Hoz (h), José A., La agricultura y la ganadería argentina en el período 1930-1960, Buenos Aires 1967

Martínez de Hoz (h), José A., Panorama de la siderurgia argentina, in: Revista de la Cámara Argentina de Comercio, No. 386, 3. Trim. 1971, S. 43-72

Marzorati (h), O.J. u.a., Tratamiento de inversiones extranjeras en la legislación latinoamericana. El caso argentino, in: Revista de Legislación Argentina, Marzo 1972, S. 43-46

Masson, Francis und Theberge, James, Necesidades de capital externo y desarrollo económico: el caso de Argentina, in: El Trimestre Económico (México), Vol. XXXIV, No. 136, Oct.-Dic. 1967, S. 639-387

Matter, Konrad, Die Bestimmungen des Andenpakts über die gemeinsame Behandlung des Auslandskapitals, in: Aussenwirtschaft (Zürich/St.Gallen), 27. Jg., Heft I, März 1972, S. 56-65

Maynard, Geoffrey und van Rijckeghem, Willy, Stabilization Policy in an Inflationary Economy: Argentina, Development Advisory Service, Harvard University, Report No. 34, June 1966

Mazulla, Jorge, Análisis de la situación actual de la industria de harina de pescado en nuestro país, La Plata, Febrero 1968

McGann, Thomas F., Argentina: The Divided Land, New York/Toronto/London/Melbourne 1966

Meier, Franz, Die wechselseitigen Beziehungen zwischen Industrialisierung und Aussenhandel Argentiniens, Diss. Freiburg i.Ue. 1947

Meier, Henri B., Der Kapitalmarkt in der Wirtschaftsentwicklung Venezuelas, Diss. St.Gallen/Zürich 1969

Merkx, Gilbert W., Choques sectoriales y cambio político, la experiencia argentina, in: Foro Internacional, Vol. X, No. 2, Oct.-Dic. 1969, S. 149-176

Meyer, Arturo C., Los flujos financieros del sector hogares en la Argentina, Buenos Aires 1972

Mikesell, Raymond F., Inflation in Latin America, in: Nisbet, Latin America, Problems, 1969, S. 143-189

Millington, Thomas M., President Arturo Illia and the Argentine Military, in: Journal of Interamerican Studies, 1965, Vol. 7, No. 2, S. 405-424

Miniati, Gino, Producir, in: La Nación (Buenos Aires), 24.8.1972, S. 8

Ministerio de Agricultura y Ganadería, Campaña 1970/71 del buque alemán de investigación pesquera "Walter Herwig", informe provisional, Octubre 1971

Montuschi, Luisa, Distribución del ingreso y crecimiento económico, análisis neoclásico del caso argentino, in: El Trimestre Económico, (México), Vol. XXXVI, No. 142, Abril-Junio 1969, S. 287-300

Muro de Nadal, Francisco, La Argentina y el turismo, in: Revista de Legislación Argentina, (Buenos Aires), No. 40-45, 1970, S. 8 ff.

Musich, Arnaldo T., La siderurgia en la Argentina, in: Política y Economía, No. 2, Mayo 1971, S. 13-17

Musich, Arnaldo T., The Argentine Steel Industry, in: BOLSA Review, Vol. 2, No. 22, October 1968, S. 552-555

Naciones Unidas, Educación, recursos humanos y desarrollo en América Latina, Nueva York 1968

Naciones Unidas, El desarrollo económico y la distribución del ingreso en la Argentina, Nueva York 1968

Naciones Unidas, El proceso de industrialización en América Latina, Nueva York 1965

Naciones Unidas, Educación, recursos humanos y desarrollo en América Latina, Nueva York 1968

Naciones Unidas, La distribución del ingreso en América Latina, Nueva York 1970

Naciones Unidas, La industria textil en América Latina, Tomo VIII: Argentina, Nueva York 1965

Nef, Ernst, Textilindustrie und Dritte Welt, in: NZZ, 25.9.1971, Nr. 262, S. 14

Nisbet, Charles T. (Hrsg.), Latin America, Problems in Economic Development, New York/London 1969

Nores, Gustavo A., An Econometric Model of the Argentine Beef Cattle Economy, M.S. Thesis, Purdue University, Lafayette (Ind.) 1969

Novaro, Héctor, Consideraciones acerca del mercado financiero argentino, in: Revista de Economía (Buenos Aires), 2° Trim. 1970, S. 55-69

Noya, Andres, El sistema financiero argentino, 1.A., Buenos Aires 1970

Nurkse, Ragnar, Problems of Capital Formation in Underdeveloped Countries, 2.A., Oxford 1966

OEA, América en cifras, Washington 1971

OECD, Education, Human Resources and Development in Argentina, Paris 1967

OECEI, Argentina económica y financiera, Buenos Aires 1966

OECEI, Economía agropecuaria argentina, Buenos Aires 1964

OECEI, La economía agropecuaria argentina: Problemas y soluciones, in: Desarrollo Económico, Vol. 5, Tomo I, No. 17-19, Buenos Aires 1965, S. 47-72

OECEI, Mercado ALALC, fundamentos macroeconómicos para su evaluación, Buenos Aires 1971

OECEI, Nivel de la economía argentina, Síntesis de 1971 - perspectivas para 1972, Buenos Aires 1972

Ondarts, Raúl A., La eficiencia de la inversión en la República Argentina y las obras de El Chocón-Cerros Colorados, in: Organización Techint, Boletín informativo No. 166, Julio-Agosto 1968, S. 2-9

Olarra Jiménez, Rafael, Balance de la inversión extranjera, in: Política y Economía, No. 10/11, Enero-Febrero 1972, S. 9-13

Olarra Jiménez, Rafael, Efectos sobre el nivel general de precios de tasas de interés más realistas, in: Política y Economía, No. 12, Marzo 1972, S. 4-7

Olarra Jiménez, Rafael, La inversión extranjera en la economía contemporanea, in: Política y Economía, No. 2, Mayo 1971, S. 18-22

Olarra Jiménez, Rafael, Tasas de interés positivas y ahorro, in: Política y Economía, No. 13, Abril 1972, S. 15-18

Olarra Jiménez, Rafael, Una estrategia de desarrollo para las industrias básicas, in: Política y Economía, No. 14, Mayo 1972, S. 17-18

Ortíz, Ricardo M., Historia económica de la Argentina, 1850-1930, 2.A., Buenos Aires 1964, 2 Bände

Ortiz Mena, Antonio, Proyecto internacional para el financiamiento de la educación, Cartagena (Colombia) 1973

Oteiza, Enrique, Emigración de profesionales, técnicos y obreros calificados argentinos a los Estados Unidos, in: Desarrollo Económico, Vol. 10, No. 39-40, Buenos Aires Oct.-Dic. 1970/Enero-Marzo 1971, S. 429-454

Oteiza, Enrique, La emigración de personal altamente calificado de la Argentina. Un caso de "Brain Drain" latinoamericano, Documento de Trabajo No. 41, Instituto Torcuato Di Tella, Buenos Aires 1969

Otremba, Erich, Die Natur der Entwicklungsländer, in: Besters/Boesch, Handbuch, Sp. 29 ff.

Otrera, Wylian R., An Econometric Model for Analyzing Argentine Beef Export Potential, Ph.D. Thesis, Texas A & M University, College Station 1966

Ott, A.E., Technischer Fortschritt, in: Handwörterbuch der Sozialwissenschaften, Bd. 10, Stuttgart/Tübingen/Göttingen 1959, S. 302 ff.

Oyhanarte, Julio, Poder político y cambio estructural en la Argentina, Buenos Aires 1969

Paine, Roberto, Constitución de la Nación Argentina y Estatuto de la Revolución Argentina, 5.A., Buenos Aires 1972

Palazzo, Pascual S., und Boneo, Horacio M.J., Estudio de mercado y estructura de la industria siderúrgica, in: Revista de la Unión Industrial Argentina, Julio-Sept. 1967, S. 73-90

Panettieri, José, Síntesis histórico del desarrollo industrial argentino, Buenos Aires 1969

Paquien, Jorge L., La industria automotriz en la ALALC, Buenos Aires 1969

Pastor, G.A., La inflación al alcance de todos, Buenos Aires 1959

Pearson, Lester, Partners in Development, London 1969

Pedreiro, Manuel und Santana, Pablo, Argentina, fracaso y empate militar, in: Mundo Nuevo, Revista para América Latina, No. 53, Noviembre 1970, S. 10-17

Peña, Federico A., Rol del mercado bursatil en la industrialización de América Latina, in: BID, El proceso de industrialización en América Latina, Guatemala 1969, S. 98-118

Pendle, George, Argentina, 3.A., London/New York/Toronto 1965

Pérez Companc, Carlos, La actividad bancaria en la República Argentina, Buenos Aires 1970

Pérez, Felipe S., La constitución nacional y la Corte Suprema, Buenos Aires 1962

Perloff, Harvey S., Governmental Organization for Growth and Stability, in: Baer/Kerstenetzky, 1970, S. 158-176

Petersen, Howard C., ANCOM - An Andean Paradox, in: Columbia Journal of World Business, July-August 1971, S. 29 ff.

Petrei, Amalio H., Regimen de tenencia de la tierra y productividad en Argentina, in: El Trimestre Económico (México), Vol. XXXIII, No. 131, Julio-Sept. 1966, S. 393-401

Pfeffer, Louise E., Foot-and-Mouth Disease in United States Policy, Standford (Calif.) 1962

Piñeiro, Martín E. und McCalla, Alex F., Programming for Argentine Agricultural Price Policy Analysis, in: The Review of Economics and Statistics (Cambridge, Mass.), Vol. LIII, February 1971, No. 1, S.59-66

Prebisch, Raúl, Change and Development - Latin America's Great Task, New York/Washington/London 1971

Prebisch, Raúl, Economic Development or Monetary Stability: The False Dilemma, in: Livingstone, Economic Policy, 1971, S. 345-384

Presidencia de la Nación, Información sobre vitivinicultura, Buenos Aires 1970

Pinedo, Federico, La Argentina, su posición y rango en el mundo, Buenos Aires 1971

Quargnolo, Jorge, Atlas del potencial argentino, Buenos Aires 1972

Raggio, Lorenzo A., Producción de maíz y política de ingresos, in:
La Nación (Buenos Aires), 7./8.7.1972, S. 8

Ranis, Peter, Peronism Without Perón, Ten Years after the Fall, in:
Journal of Interamerican Studies, Vol. VIII, January 1966, No. 1,
S. 113-128

Real, Pedro E., Experiencia argentina en materia de estabilización, in:
CEMLA, Boletín mensual, Vol. XIV, No.

Real, Pedro E., La evolución de la banca en el país durante los últimos
30 años, Buenos Aires 1968

Reca, Lucio G., The Price and Production Duality Within Argentine
Agriculture 1923-65, University of Chicago 1967

Ribas, Armando, La institucionalización de la estabilidad, in: Política
y Economía, No. 3, Junio 1971, S. 25-30

Ribas, Armando u.a., La capitalización en los distintos sectores de la
actividad económica argentina. Análisis del proceso en la Argentina y
sus perspectivas, in: FIEL, Publicación No. 2, Dic. 1967, S. 133-193

Ribas, Armando, La inflación, in: Revista de la Unión Industrial Argentina, Enero-Marzo 1967, No. 32, S. 57-64

Richter, Martin, Die Industrialisierung Argentiniens, Diss. Frankfurt
a.M. 1931

Ringer, Karlernst, Zur Begriffsbestimmung der Entwicklungsländer, in:
Besters/Boesch, Handbuch, Sp. 1 ff.

Rodriguez y Rodriguez, Jesús, Importancia económica del turismo, in:
El Trimestre Económico (México), Vol. XXXVI, Abril-Junio 1969, No. 142,
S. 273 ff.

Romero, José Luis, Las ideas políticas en Argentina, Buenos Aires 1969

Rostow, Walter W., Stadien wirtschaftlichen Wachstums, eine Alternative
zur marxistischen Entwicklungstheorie, Göttingen 1960

Rottin, Luciano, Buenos Aires, Ciudad - Patria - Mundo, Buenos Aires
1949

Rubinstein, Juan C., Desarrollo y discontinuidad política en Argentina,
México 1968

Rudbeck, James, Grain Production and Marketing in Argentina, U.S.
Department of Agriculture, FAS-M-222, Washington 1970

Ruíz Guiñazu, Alejandro, Fuentes de riqueza nacional inexplotadas: el
turismo, in: Revista de la Unión Industrial Argentina, Enero-Marzo 1967,
No. 32, S. 79-82

Sakamoto, Jorge, El sector externo y el proceso de industrialización argentino; una estimación de la brecha comercial, Santiago de Chile 1968

Sakamoto, Jorge, Medición de las repercusiones del proceso de industrialización sobre la economía, un análisis crítico del modelo Baer/Kerstenetzky, in: El Trimestre Económico (México), Vol. XXXVI, Abril-Junio 1969, No. 142, S. 247 ff.

Salin, Edgar, Unterentwickelte Länder; Begriff und Wirklichkeit, in: Fritsch, Entwicklungsländer, 1968, S. 21-37

Sánchez Crespo, Alberto, La importancia cuantitativa de la repetición y la deserción escolar y su costo financiero en la República Argentina, in: Revista de Ciencias de la Educación, año II, No. 5, Julio 1971, S. 35-44

Sánchez Viamonte, Carlos, Caesarism in Constitutional Theory and in Practice, in: Joseph R. Barager, Why Perón Came to Power, New York 1968, S. 151-160

Sanjurjo, María E., La educación y la oferta de mano de obra en Argentina, in: Desarrollo Económico, Vol. 2, No. 3, Buenos Aires 1962, S. 99-117

San Martín, Salvador, Argentina, geografía difícil, in: Organización Techint, Boletín informativo No. 167, Sept.-Oct. 1968, S. 3-14

Saper, Jacob und Sweeny, Timothy, The Fiscal Problems of Less Developed Countries, in: Finance and Development, The Fund and Bank Review (Washington), Vol. II, 1965, S. 230-235

Sauer, Claude, Tourism Development of the Northwest of Argentina, Buenos Aires 1971 (Vervielfältigung)

Sautter, Hermann, Konsequenzen der Agrarpolitik der europäischen Industrieländer für Argentinien, Göttingen 1971

Scalabrini Ortíz, Raúl, Historia de los ferrocarriles argentinos, 2.A., Buenos Aires 1958

Scharrer, Hans-Eckart, Wirtschaftspolitische Probleme der Förderung deutscher Direktinvestitionen im Ausland, in: Zs. für angewandte Konjunkturforschung, Heft 19: Probleme der Arbeitsteilung zwischen Industrie- und Entwicklungsländern, Berlin 1972, S. 67-85

Schluep, Heinz, Der Aussenhandelsprotektionismus und die Entwicklungsländer, St.Galler Diss. 1963, Winterthur 1964

Schnittger, Lübbe, Staatshaushalt und Finanzierung in Entwicklungsländern. Der öffentliche Haushalt im wirtschaftlichen Wachstum der Entwicklungsländer, Darmstadt 1963

Schobinger, Juan, Inmigración y colonización suizas en la República Argentina en el siglo XIX, Buenos Aires 1957

Schumacher, Dieter, Auswirkungen ausländischer Direktinvestitionen auf die Wirtschaft von Entwicklungsländern als Beispiel US-amerikanischer Direktinvestitionen in Lateinamerika, in: Zs. für angewandte Konjunktur-

forschung, Heft 19: Probleme der Arbeitsteilung zwischen Industrie-
und Entwicklungsländern, Berlin 1972, S. 24-41

Schwartz, Hugh H., The Argentine Experience with Industrial Credit
and Protection Incentives, 1943-1958, in: Yale Economic Essays, Fall
1968, S. 259-327

Schweizerischer Bankverein, Inflation und Wirtschaftswachstum, in:
Bulletin Nr. 3/1968, Basel 1968

Schweizerischer Bankverein, Die Spielarten der Inflation, in:
Bulletin Nr. 2/1969, Basel 1969

Scobie, James R., Argentina, a City and a Nation, 2.A., New York 1971

Scobie, James R., Significación del trigo en el desarrollo argentino,
in: Revista de Ciencias Económicas (Buenos Aires), año XLVIII, Oct.-
Dic. 1960, S. 399-412

Scobie, James R., Una revolución agrícola en la Argentina, in: Desarrollo Económico, Vol. 3, No. 1-2, Buenos Aires 1963, S. 111-142

Scornik, Fernando A., El impuesto a la tierra, Buenos Aires 1971

Scott, Robert E., Political Elites and Political Modernization: The
Crisis of Transition, in: Seymour M. Lipset und Aldo Solari (Hrsg.),
Elites in Latin America, London/Oxford/New York 1967, S. 117-145

Seers, Dudley, Inflation and Growth: The Heart of the Controversy, in:
Baer/Kerstenetzky, 1970, S. 89-103

Senti, Richard, Präferenzzölle und Entwicklungspolitik, in: Aussenwirtschaft (Zürich/St.Gallen), 23. Jg., Heft IV, 1968, S. 416 ff.

Sigaut, Lorenzo J., Desarrollo agropecuario y proceso de industrialización en la economía argentina, Buenos Aires 1964

Sigaut, Lorenzo J., Las exportaciones y el modelo económico nacional,
in: La Nación (Buenos Aires), 2.8.1972, S. 8

Sigaut, Lorenzo J., Argentina - Brasil, prejuicios y realidad, Buenos
Aires 1972

Siebenmann, Gustav, Das Bildungswesen in Lateinamerika, in: LAI (Hrsg.),
Lateinamerika - Wirtschaft und Kultur, Zürich 1964, S. 42 ff.

Sieber, Hans, Die realen Austauschverhältnisse zwischen Entwicklungsländern und Industriestaaten. Eine Verifizierung der These Prebischs,
Tübingen/Zürich 1968

Silvert, Kalman H., Liderazgo político y debilidad institucional en la
Argentina, in: Desarrollo Económico, Vol. 1, No. 3, Oct.-Dic. 1961,
S. 155-182

Singer, Hans W., Education and Economic Development, in: Livingstone,
Economic Policy, 1971, S. 53-63

Singer, Hans W., Deficit Financing of Public Capital Formation, in:
Agarwala/Singh, Investment, 1969, S. 335-350

Singer, Hans W., Probleme der Industrialisierung in unterentwickelten Ländern, in: Zs. für Nationalökonomie, Bd. 15, 1956, S. 90 ff.

Slemenson, Marta u.a., Emigración de científicos argentinos: Organización de un éxodo a América Latina. Historia y consecuencias de una crisis política-universitaria, Documento de Trabajo No. 5, Instituto Torcuato Di Tella, Buenos Aires 1970

Smith, Peter H., Carne y política en la Argentina, Buenos Aires 1968

Snow, Peter G., El sistema de los partidos políticos en la Argentina, in: Ciencias Políticas y Sociales (Buenos Aires), 11 (42), Oct.-Dic. 1965, S. 495-515

Solari, Aldo E., Sociología rural latinoamericana, 2.A., Buenos Aires 1971

Solari, Aldo, E., Distribución de la propiedad y regimen de tenencia de la tierra, in: Horacio Giberti u.a., Sociedad, economía y reforma agraria, Buenos Aires 1965, S. 57-68

Sunkel, Osvaldo, The Structural Background of Development in Latin America, in: Nisbet, Latin America, Problems, 1969, S. 3-37

Sutcliffe, R.B., Industry and Underdevelopment, London/Menlo Park (Calif.)/Sydney/Manila 1971

Szankay, Zoltan, Die argentinische Gewerkschaftsbewegung, Göttingen 1968

Tannenbaum,Frank, Ten Keys to Latin America, New York 1961/1962

Taylor, Carl C., Rural Life in Argentina, Baton Rouge 1948

Tettamanti, Leopoldo, Les relations de la République Argentine avec la Communauté économique européenne et l'Association européenne de libre échange, in: LAI (Hrsg.), Argentinien heute - Wirtschaft und Kultur, Zürich 1970, S. 107-122

Teubal, Miguel, El fracaso de la integración económica latinoamericana, in: Desarrollo Económico, Vol. 8, No. 29, Buenos Aires 1968, S. 61-94

Thompson, John, Argentine Economic Policy Under the Onganía Regime, in: Inter-American Economic Affairs, (Washington), Vol. 24, 1970, No. 1, S. 51-75

Tinbergen, Jan, Der Beitrag der Wirtschaftswissenschaften zum Aufstieg der Enwicklungsländer, in: Fritsch, Entwicklungsländer, 1968, S. 413-421

Tinbergen, Jan, Heavy Industry in the Latin American Common Market, in: o.V., Latin American Economic Integration, New York/London 1966, S.170-176

Tomasek, Robert D., Latin American Politics, Studies of the Contemporary Scene, New York 1966

Tow, Fernando V., Sobre la evasión al impuesto a los réditos en la Argentina, in: IDEA, Revista de Administración y Economía, No. 3, 1970, S. 28-37

Treber, Salvador, La empresa estatal argentina, Buenos Aires 1968

Uhrenbacher, Werner J., Argentinien, seine Entwicklung zum Industriestaat, Braunau am Inn 1952

UNESCO, La política científica en América Latina, 2, Paris 1971

U.S. Department of Agriculture, Argentina: Growth Potential of the Grain and Livestock Sectors, Washington May 1972

U.S. Department of Agriculture, Argentina's Livestock and Meat Industry, Washington June 1967

Valiente Noailles, Carlos, Manual de jurisprudencia de la Corte Suprema de la Nación, Tomo I: Derecho Constitucional, Buenos Aires 1970

Véliz, Claudio, Latin America and the Caribbean, a Handbook, London 1968

Videla, Ludovico, Estimación del PBI (año 1969) a precios internacionales, in: Política y Economía, No. 14, Mayo 1972, S. 21-23

Villafañe, Alfredo E., Regimen legal de inversiones extranjeras, in: Revista de la Unión Industrial Argentina, Enero-Marzo 1968, No. 36, S. 73-86

Villafañe, Alfredo E., El nuevo regimen de inversión externa, in: Revista de la Unión Industrial Argentina, Julio-Sept. 1971, No. 50, S. 33-36

Villanueva, Javier, Notas sobre el desarrollo industrial dependiente, in: IDEA, Revista de Administración y Economía, Buenos Aires 1970, No. 3, S. 11-18

Wagley, Charles, The Latin American Tradition. Essays on the Unity and the Diversity of Latin American Culture, New York/London 1968

Waterston, Albert, Was wissen wir über Planung?, in: Fritsch, Entwicklungsländer, 1968, S. 224-239

Westphalen, Jürgen, Atomstrom vom Río Paraná, Energieerzeugung und Wirtschaftsentwicklung in Argentinien, in: Ueberseerundschau, 22. Jg., Heft 5, Mai 1970, S. 54-56

Westphalen, Jürgen, Wirtschaftspartner Lateinamerika, Hamburg 1971

Wilhelmy, Herbert, und Rohmeder, Wilhelm, Die La Plata-Länder, Berlin/Hamburg/München 1963

Williams, Charles E., The Immorality of Inflation, New York 1970

Wipplinger, Günter, Empresas industriales con participación de capital alemán en la Argentina - Condiciones y actitudes en lo que se refiere a la exportación de productos manufacturados, Hamburg 1972

Wittman, W., Wirtschaftliches Wachstum in reichen und armen Ländern, einige kritische Bemerkungen zu verschiedenen Thesen, in: Jahrbücher für Nationalökonomie und Statistik, Bd. 177, 1965, S. 97 ff.

Whitaker, Arthur P., Nationalism and Religion in Argentina and Uruguay, in: Religion, Revolution and Reform - New Forces for Change in Latin America, London 1964, S. 74-90

Whitaker, Arthur P., The Argentine Paradox, in: Annals of the American Academy of Political and Social Sciences, 334, March 1961, S. 103-112

Wylie, Frank V.H., Forestry: An Insurance Policy for the Land?, in: The Review of The River Plate, Vol. CL, No. 3795, 22.9.1971, S. 465 ff.

Wylie, Frank V.H., Another Look at Fisheries, in: The Review of the River Plate, Vol. CLII, No. 3828, 23.8.1972, S. 261 ff.

Zaldívar, Enrique, Régimen de las empresas extranjeras en la República Argentina, Buenos Aires 1972

Zárate, Carlos C., Desarrollo de la industria petroquímica argentina, Buenos Aires 1969 (Vervielfältigung)

Zubarán, Guillermo O., Las tarifas electricas, un enfoque económico, in: Política y Economía, No. 15, Junio 1972, S. 16-19

Ohne Verfasser
―――――――――――

Argentina: A Ten Year Perspective, in: BOLSA Review, Vol. 3, No. 31, July 1969, S. 418-424

Argentina - The Petroleum and Petrochemical Industries, in: BOLSA Review, Vol. 3, No. 36, December 1969, S. 737-740

A Report on the Railways of Colombia and Argentina, in: Andean Air Mail and Peruvian Times, Vol. XXIX, No. 1464, Jan. 10, 1969, S. 9-10

Das Seilziehen um die argentinische Stahlindustrie, in: NZZ, 11.8.1971, No. 218, S. 15

Der Andenpakt - ein Bündnis gegen die Unterentwicklung, in: NZZ, 8.8.1971, No. 215, S. 15

Die Problematik des wirtschaftlichen Wachstums, in: NZZ, 13.6.1971, No. 159, S. 17

Distribución del crédito bancario, in: Política y Economía, No. 21, Diciembre 1972, S. 20 ff.

Dónde y cómo gastan los turistas argentinas?, in: La Nación (Buenos Aires), 12.6.1972, S. 7

Economía de mercado y dirigismo, in: Organización Techint, Boletín informativo No. 182, Abril-Junio 1971, S. 10 ff.

Estructura de la industria frigorífica argentina, in: Anales de la Sociedad Rural Argentina, año CVI, Marzo-Abril 1972, No. 3-4, S. 14-22

Exportaciones no tradicionales, in: Organización Techint, Boletín informativo No. 175, Enero-Febrero 1970, S. 2-34

Exportaciones y desarrollo económico, in: Anales de la Sociedad Rural Argentina, año CVI, Enero-Febrero 1972, No. 1-2, S. 9-13

El endeudamiento exterior de la América Latina desde 1961, in: Estudios económicos del Banco Francés e Italiano para la América del Sur, II-1971 (México)

El grado de estatización de la economía argentina, in: Política y Economía, No. 3, Junio 1971, S. 21 f.

El mercado de la carne bovina entre la CEE y la América del Sur, in: Estudios económicos del Banco Francés e Italiano para la América del Sur, III-1969 (México)

El pensamiento de la CEPAL, Santiago de Chile 1969

El pensamiento económico del General Savio, in: Política y Economía, No. 3, Junio 1971, S. 16-20; No. 5, Agosto 1971, S. 15 f.

En los tres últimos años disminuyó la participación de los frigoríficos exportadores, in: El Cronista Comercial (Buenos Aires), 10.6.1972

Ferrocarriles: La crisis continua, in: CATAC, Revista de la Confederación Argentina del Transporte Automotor de Cargas, año VII, Diciembre 1969, No. 86, S. 16

Foreign Investment Promotion in Argentina, Ministerio de Economía y Trabajo, Buenos Aires 1967

Historia socio-política de la Argentina, cincuenta años de vida del país, in: Veritas, año XXXIX, No. 396, Buenos Aires 15.4.1970, S. 9-38

Inflation der Ansprüche, in: NZZ, 21.4.1972, No. 109, S. 21

Investment Opportunities in Argentina, hrsg. von The Economist Intelligence Unit, London 1970

Intensivierter Ausbau der Eisen- und Stahlproduktion in Argentinien, in: NZZ, 14.11.1969, Nr. 313, S. 14

La evolución de la electrificación en Argentina, in: Organización Techint, Boletín informativo No. 164, Marzo-Abril 1968, S. 2-23

La evolución del salario real, in: La Nación, 2.5.1972, S. 7

La energía en América Latina, in: Boletín Económico de América Latina (CEPAL), Vol. XV, No. 2, Nueva York 1970

La fabricación de maquinaria textil en la ALALC, in: ALALC (Montevideo), Síntesis mensual No. 72, Junio 1971, S. 264-275

La imagen argentina en el exterior, in: Competencia (Buenos Aires), 4.7.1969, No. 55, S. 22 ff.

La industria petroquímica en la América Latina, in: Estudios económicos del Banco Francés e Italiano para la América del Sur, IV-1969 (México)

La industria textil nacional, pilar de la estructura industrial argentina, está en crisis?, in: Veritas, año XL, No. 407, Buenos Aires 15.3.1970, S. 13-17

La movilización de recursos internos, in: Boletín Económico de América Latina (CEPAL), Vol. XV, No. 2, Nueva York 1970

La política monetaria argentina en la última década, in: Organización Techint, Boletín informativo No. 181, Enero-Marzo 1971, S. 45 ff.

Las empresas públicas: su significación actual en el proceso de desarrollo, in: Boletín Económico de América Latina (CEPAL), Vol. XVI, No. 1, Nueva York 1971, S. 1 ff.

Las exportaciones latinoamericanas de productos primarios durante la última década, in: Estudios económicos del Banco Francés e Italiano para la América del Sur, I-1971 (México)

La tijera agraria, in: Organización Techint, Boletín informativo No. 171, Mayo-Junio 1969, S. 26-37

Los cambios estructurales habidos en el comercio exterior de carnes, in: Política y Economía, No. 16, Julio 1972, S. 17/18

Los mercados externos para la carne vacuna, in: La Nación (Buenos Aires), 15.6.1972

Nuestra historia social y económica en los últimos 50 años, in: Veritas, año XXXIX, No. 396, Buenos Aires 15.4.1969, S. 137-150

Ofensiva contra las empresas extranjeras, in: The Review of The River Plate, Vol. CL, No. 3792, August 21, 1971, S. 253 f.

Oferta en el mercado de carnes, in: Organización Techint, Boletín informativo No. 167, Sept.-Oct. 1968, S. 31-44

Panorama energético argentino, un análisis de la presente década, in: Política y Economía, No. 21, Diciembre 1972, S. 30-35

Principios y prosperidad, in: The Review of The River Plate, Vol. CLII, No. 3825, July 21, 1972, S. 69-71

Progreso en la ALALC, in: Visión (México), Vol. 40, No. 13, 1.7.1972, S. 42 ff.

Qué quiere decir "crawling peg"?, in: Política y Economía, No. 2, Mayo 1971, S. 29-32

Qué quiere decir "Tarifa efectiva de protección"?, in: Política y Economía, No. 21, Diciembre 1972, S. 36-38

Stabile "Terms of Trade" in den Entwicklungsländern, in: NZZ, 1.8.1970, No. 209, S. 16

The World Meat Trade, in: BOLSA Review, Vol. 6, No. 66, June 1972, S. 311-320

Vinos argentinos, in: Argentina exportadora, Revista para el comercio exterior, No. 1, Junio-Julio 1969, S. 22 ff.

Verzeichnis der Abbildungen

1	Schematische Darstellung der Industrialisierung Argentiniens	27
2	Demographische Wachstumsraten 1920 - 1970	75
3	Altersmässiger Aufbau der Bevölkerung 1960	76
4	Bevölkerungsdichte	79
5	Nationalität der Einwanderer 1857 - 1958	81
6	Jährliches Pro-Kopf-Einkommen nach Einkommensgruppen in Argentinien, Brasilien und Mexiko	90
7	Entwicklungsregionen	102
7a	Bruttoinvestition und politische Ereignisse 1960 - 1971	104
8	Entwicklung des Aussenhandels 1933 - 1971	126
9	Veränderung der Exportstruktur seit 1966	128
10	Zuwachsraten der Industrieproduktion und der Importe 1961 - 1971	131
11	Geographische Verteilung des Aussenhandels 1970	132
12	Verwendung des landwirtschaftlich nutzbaren Bodens 1960	148
13	Polarisationssystem der argentinischen Wirtschaft in den Sechzigerjahren	209
14	Weizengürtel am La Plata	225
15	Mais-Lein-Gebiet der nördlichen Pampa	225
16	Hauptzonen der Rindviehproduktion	226
17	Eisenbahnnetz	233

Tabellenverzeichnis

1	Lateinamerika: Bevölkerung, Pro-Kopf-Einkommen und durchschnittliche jährliche Wachstumsraten des BIP 1960-1970
2	Lateinamerika: Indikatoren der Industrialisierung
3	Entwicklung des BIP ab 1900
3a	Anteil der Provinzen am BIP
4	Regionale Verteilung des BIP pro Kopf der Bevölkerung
4a	Entwicklung des BIP pro Kopf der Bevölkerung 1900-1970
4b	Entwicklung des BIP pro Kopf der Bevölkerung 1960-1972, in Dollar
5	Prozentuale Verwendung des Volkseinkommens 1950-1971
6	Durchschnittliche Arbeitsleistung pro Arbeitskraft 1960-1970
7	Zusammensetzung des BIP, Kreislaufgrössen, 1965-1972
8	Entwicklung des BIP zu konstanten Preisen (1960) 1961-1972, nach Produktionszweigen
8a	Prozentuale Zusammensetzung des BIP nach Produktionszweigen 1961-1972
9	Zahlungsbilanz 1966-1971
9a	Entwicklung der Währungsreserven 1961-1971
10	Marktpotential Lateinamerikas
10a	Indikatoren des Lebensstandards in Argentinien, Brasilien und Mexiko
10b	Einkommenselastizitäten verschiedener Güter
11	Wachstumsraten des Reallohnes im Vergleich zum BIP 1948-1970
12	Lateinamerika: Einkommensverteilung
12a	Verteilung der persönlichen Einkommen der Haushalte 1961
12b	Jahreseinkommen der Bevölkerung in städtischen Verhältnissen 1963
12c	Verteilung der persönlichen Jahreseinkommen der Haushalte 1961 nach Einkommensgruppen (Zehntel)
12d	Einkommensbezüger in % jeder Gruppe, nach Wirtschaftszweigen sowie Lohnempfänger und Unternehmer 1961
12e	Entwicklung der Haushalteinkommen nach Wirtschaftszweigen und Empfänger 1949-1965
12f	Verwendung der persönlichen Jahreseinkommen der Haushalte nach Einkommensschichten (Pesos) 1963 und in % der Totalausgaben
13	Verteilung der Sparsumme und der Ausgaben für dauerhafte Konsumgüter 1969
14	Bruttoinvestition 1950-1972
14a	Bruttoinvestition und Nettoinvestition 1967-1969
14b	Entwicklung des Kapitalkoeffizienten 1960-1970

15	Struktur der Kapitalimporte 1880-1970
15a	Offiziell registrierte Kapitalimporte 1958-1971
16	Oeffentlicher Finanzhaushalt 1963-1969
16a	Prozentuale Zusammensetzung des Voranschlages der Zentralverwaltung 1968-1972
16b	Zweck der Staatsausgaben gemäss Voranschlag 1968-1973
17	Entwicklung der Zahlungen des Staates an öffentliche Unternehmungen 1965-1970
18	Externe Verschuldung der öffentlichen Hand am 30.4.1971
19	Aussenhandel nach Gütergruppen 1963-1970
20	Aussenhandel: Wichtigste Exportgüter 1963-1970
20a	Aussenhandel: Wichtigste Importgüter 1963-1970
21	Exporte traditioneller und nichttraditioneller Art 1966-1970
22	Geographische Verteilung des Aussenhandels 1963-1970
23	Die zehn wichtigsten Handelspartner Argentiniens 1970
24	Lateinamerika: Intrazonaler Handel der ALALC-Länder 1969
25	Aussenhandel mit der nichterweiterten EG 1962-1971
26	Der schweizerisch-argentinische Aussenhandel 1967-1971
27	Struktur des landwirtschaftlichen Grundbesitzes: Fläche
27a	Struktur des landwirtschaftlichen Grundbesitzes: Anzahl Betriebe
27b	Struktur des landwirtschaftlichen Grundbesitzes: Betriebsformen
28	Verwendung des landwirtschaftlich nutzbaren Bodens.
28a	Verwendung des landwirtschaftlich nutzbaren Bodens nach Entwicklungsregionen und Provinzen
29	Durchschnittliche Hektarerträge einiger landwirtschaftlicher Güter in verschiedenen Ländern
29a	Produktion, Konsum und Export von Mais 1950/51-1972/73
29b	Produktion, Konsum und Export von Weizen 1950/51-1972/73
30	Produktion, Konsum und Export von Rindfleisch 1950-1972
31	Verbrauch von Agrochemikalien 1960-1970
31a	Geschätzter Düngerverbrauch 1968
31b	Kosten für Dünger in verschiedenen Ländern
31c	Kapazität und Auslastung der Landwirtschaftsmaschinenindustrie 1968
31d	Anschaffungspreis für einen Traktor in verschiedenen Ländern.
32	Terms of Trade für die Landwirtschaft 1959-1969
33	Entwicklung des Produktionsvolumens der Wirtschaft 1961-1970
33a	Entwicklung des Wertzuwachses im industriellen Sektor 1960-1970
33b	Struktur des Wertzuwachses im industriellen Sektor 1960-1970
33c	Die 100 umsatzgrössten Konzerne und Unternehmungen 1971
34	Transportvolumen 1950-1969

35	Erdölproduktion 1930-1972
35a	Mineralienproduktion 1960-1969
36	Produktion von Naturgas 1960-1972
37	Entwicklung der Kapazität zur Erzeugung elektrischer Energie 1950-1971
37a	Produktion von elektrischer Energie 1960-1971
38	Textilproduktion 1950-1970
38a	Lateinamerika: Produktivitätsindex für Baumwollgewebe
38b	Lateinamerika: Auslastungsgrad der installierten Kapazitäten in der Textilindustrie
39	Produktion der Hüttenindustrie 1956-1972
39a	Aussenhandel der Hüttenindustrie 1960-1971
39b	Kapazität für Stahlproduktion 1971 und 1975
39c	Kapazität der Walzwerke 1971 und 1975
40	Produktionsmengen der wichtigsten Chemikalien 1960-1970
41	Verhältnis zwischen Betriebsgrösse und geschätzten Produktionskosten einiger petrochemischer Produkte
42	ALALC: Produktion der Automobilindustrie
42a	Durchschnittliche jährliche Wachstumsraten der Automobilindustrie in Argentinien, Brasilien und Mexiko 1959-1971
42b	Produktionsergebnisse der argentinischen Automobilfabriken 1968-1972
43	Produktion von dauerhaften Konsumgütern
44	Industrielle Ballung
45	Herkunft der Touristen 1960-1970
45a	Tourismus und Zahlungsbilanz 1960-1970
46	Bankdarlehen nach Sektoren 1965-1971
46a	Verteilung der Bankkredite nach Sektoren in der Bundeshauptstadt und einigen wichtigen Provinzen 1971
46b	Monetäre Entwicklung 1960-1971
46c	Umsätze der Börse von Buenos Aires 1961-1972
46d	Spar- bzw. Investitionsüberhang nach Sektoren 1961-1971
47	Wachstum der Bevölkerung 1914-1970
47a	Räumliche Verteilung der Bevölkerung
47b	Bevölkerungsstruktur 1960
47c	Mutmassliche Bevölkerungsentwicklung 1975-2000
48	Anteil der Ausländer an der Bevölkerung 1914-1970
49	Ethnische Zusammensetzung der Einwanderer 1857-1940
49a	Berufsstand der Einwanderer 1857-1941
50	Verstädterung 1960
50a	Mutmassliche Entwicklung der Verstädterung bis 1980
51	Alphabetisierungsgrad der Bevölkerung

51a Erziehungsstand der Bevölkerung, Primar- und Mittelschule 1967
51b Erziehungsstand der Bevölkerung, Hochschulstufe 1967
52   Beschäftigungsstruktur 1950-1969
52a Entwicklung der Beschäftigung im sekundären Sektor 1960-1969
53   Personalbestand der öffentlichen Verwaltung 1965-1969
54   Entwicklung des Dollarkurses 1947-1971
55   Jährliche prozentuale Veränderung der Lebenshaltungskosten und des Wechselkurses in einigen Ländern Lateinamerikas 1951-1967
55a Entwicklung des offiziellen Lebenskostenindex für die Bundeshauptstadt und Umgebung 1940-1971
55b Zusammensetzung des Warenkorbs verschiedener Lebenskostenindices

"La satisfacción de los deseos superficiales de un pueblo es la burla de sus ambiciones profundas."

                                  MARIANO GRONDONA

Einleitung: Das "Phänomen" Argentinien

Hauptzweck dieser Arbeit ist, den Stand der industriellen Entwicklung Argentiniens zu Beginn der Dritten Entwicklungsdekade zu beleuchten und zu versuchen, die Industrialisierungsmöglichkeiten der Zukunft abzuschätzen. Nur wer mit dem politischen und wirtschaftlichen Werdegang dieses zweitgrössten Landes Lateinamerikas einigermassen vertraut ist, wird die Komplexität der Aufgabe ermessen können. Argentinien gibt denn auch zahlreichen Historikern, Soziologen, Psychologen, Volkswirtschaftern und andern Fachleuten immer neue Rätsel auf[1]: Trotz scheinbarer Prosperität will es dem Land nicht gelingen, sich politisch und wirtschaftlich in stabilen Verhältnissen zu entwickeln. Diese permanente Krise scheint mannigfache Ursachen zu haben; den wichtigsten soll in dieser Arbeit nachgegangen werden, und zwar unter Berücksichtigung nicht nur wirtschaftlicher, sondern auch geschichtlicher, kultureller, rechtlicher, soziologischer und politisch-institutioneller Aspekte. Argentiniens industrieller Aufstieg unterscheidet sich in verschiedener Hinsicht von der Entwicklung im übrigen Lateinamerika. So waren, wie noch darzulegen sein wird, insbesondere die Voraussetzungen für einen mehr oder weniger reibungslosen Uebergang von der Agrar- zur Industriewirtschaft ursprünglich wesentlich günstiger.

Argentinien ist zunächst ein _kulturelles_ und _politisches Phänomen_. Wenn von der Annahme ausgegangen wird, dass Argentinien ähnliche volkswirtschaftliche Startbedingungen für die Industrialisierung aufwies wie etwa Kanada oder Australien, so liegt die Vermutung nahe, dass die dauerhafte Krise ihre Wurzeln im sozio-politischen Bereich haben könnte. In der Tat sind es denn auch zu einem grossen Teil ausserökonomische Faktoren, welche bislang eine geordnete industrielle Entwicklung beeinträchtigt haben. Die wichtigsten seien stichwortartig erwähnt:

---

1) vgl. z.B. H.S. **Ferns**, Argentina, London 1969; George **Pendle**, Argentina, London/New York/Toronto 1965, 3. A.; James R. **Scobie**, Argentina, A City and a Nation, 2nd. Ed., New York/London/Toronto 1971; Arthur P. **Whitaker**, The Argentine Paradox, in: Annals of the American Academy of Political and Social Sciences, No. 334, March 1961, S. 103 ff.; Torcuato S. **Di Tella**, Argentina, sociedad de masas, Buenos Aires 1965; Julio **Mafud**, Psigología de la viveza criolla, 4.A., Buenos Aires 1971; Aldo **Ferrer**, La economía argentina - las etapas de su desarrollo y problemas actuales, México 1965; etc.

- der historisch zu begründende <u>Dualismus</u> zwischen Stadt und Land[2];

- ein <u>politisches System</u>, errichtet nach dem Muster der Vereinigten Staaten, welches jedoch aufgrund schwacher und zersplitterter Parteien, mächtiger nicht-parteilicher Interessengruppen (z.B. Gewerkschaften, Landwirtschaft) und der sich selbst verliehenen "Wächterrolle" der Streitkräfte <u>funktionsunfähig</u> ist;

- die noch nicht abgeschlossene <u>Verschmelzung</u> indianischen, spanischen und europäischen <u>Kulturgutes</u>[3] als Folge der Einwanderung;

- eine ideologisch als <u>nationalistisch</u> zu bezeichnende <u>Denkweise</u> einflussreicher Kreise, vorab der Streitkräfte, welche sich auf die Verherrlichung geschichtlicher Ereignisse stützt, aber wenig zukunftsbezogen ist;

- das <u>Fehlen</u> jeglichen <u>staatsbürgerlichen Verantwortungsbewusstseins</u> in der Bevölkerungsmehrheit[4].

Diese Faktoren, deren Aufzählung keineswegs Anspruch auf Vollständigkeit erheben will, bilden wesentliche Ursachen für die politische Instabilität. Sie sollen im Verlaufe dieser Arbeit eingehender analysiert werden, um das allgemeine Verständnis für die Probleme der argentinischen Industrialisierung zu fördern.

Argentinien stellt aber auch ein <u>wirtschaftliches Phänomen</u> dar. Positiv hervorzuheben ist die Tatsache, dass Argentinien den <u>höchsten Lebensstandard</u> ganz Lateinamerikas aufweist: Das jährliche Pro-Kopf-Einkommen der Bevölkerung liegt gegenwärtig bei über 1000 Dollar (Brasilien: 420 Dollar; Mexiko: 670 Dollar)[5]. Die <u>Bevölkerung</u>, welche anfänglich dank massiver Einwanderung stark wuchs, weist heute eine bescheidene Zuwachsrate auf. Sie wird auf dem Subkontinent nur noch von Uruguay unterboten: zwischen 1960 und 1970 betrug sie im Durchschnitt jährlich lediglich

---

2) vgl. Thomas C. <u>Cochran</u> und Ruben E. <u>Reina</u>, Capitalism in Argentine Culture, Philadelphia 1962, S. 1; Thomas F. <u>McGann</u>, Argentina, The Divided Land, New York/Toronto/London/Melbourne 1966; vgl. ferner S. 23.
3) vgl. Mario A. <u>Cadenas Madariaga</u>, Las tres culturas, in: Política y Economía, No. 4, Julio 1971, S. 5 ff.
4) vgl. <u>Whitaker</u>, a.a.O., S. 103; ferner Tomás R. <u>Fillol</u>, Social Factors in Economic Development - The Argentine Case, Cambridge (Mass.) 1961.
5) vgl. Tabelle 1 im Anhang.

1,5 % (Brasilien: 2,9 %; Mexiko: 3,5 %)[6], was etwa dem Bevölkerungszuwachs der Industrieländer entspricht. Die Bewohner Argentiniens sind zum überwiegenden Teil europäischer Herkunft: das in andern Ländern Südamerikas dominierende indianische Element ist unbedeutend. Die soziale Struktur weist ferner stark mittelständische Merkmale auf; die Kaufkraft dieser Schichten ist beachtlich[7]. Gemäss der Volkszählung von 1960 gab es in Argentinien lediglich 8,5 % Analphabeten[8], was sich vom lateinamerikanischen Durchschnitt ebenfalls positiv abhebt. Mit 23,4 Mio. Einwohnern, welche sich statistisch auf 2,8 Mio. km^2 verteilen[9], ist Argentinien ein dünnbesiedeltes und unterbevölkertes Land, das dank seiner natürlichen Ressourcen ohne weiteres 150 Mio. Menschen ernähren könnte. Die verkehrsmässige Integration des Landes ist im Laufe ihrer Entwicklung auf keine nennenswerten topographischen Hindernisse gestossen, im Gegensatz etwa zu den Andenstaaten, wo diese Voraussetzung für eine rasche wirtschaftliche Erschliessung eines Landes fehlt[10].

Die industrielle Entwicklung Argentiniens verlief jedoch, hauptsächlich nach der Weltwirtschaftskrise der Dreissigerjahre, alles andere als in geordneten und stabilen Verhältnissen. Perioden raschen wirtschaftlichen Wachstums folgten mit beständiger Regelmässigkeit Zeiten der Stagnation, ja sogar negativen Wachstums[11]. Die wirtschaftlichen Krisen gingen in der Regel mit politischen Schwierigkeiten einher. Häufige Zahlungsbilanzengpässe, eine institutionalisierte Inflation, eine übermässige externe Verschuldung, eine protektionistische Aussenhandelspolitik, welche die einheimische Industrie wirkungsvoll gegen die internationale Konkur-

---

6) World Bank Atlas, Washington D.C. 1972.
7) vgl. S. 96 ff.
8) vgl. Tabelle 51 im Anhang. Die Zahl der Analphabeten dürfte weiter zurückgegangen sein. Leider stehen die entsprechenden Daten der Volkszählung von 1970 noch nicht zur Verfügung. In der Publikation des BID, Progreso socio-económico en América Latina, Informe anual 1971, Washington o.J., S. 127, wird die Zahl der Analphabeten auf weniger als 6 % der über 15jährigen geschätzt.
9) vgl. Tabelle 47 und 47a im Anhang. Unter Berücksichtigung der Bevölkerungskonzentration in der Bundeshauptstadt und Umgebung, den Provinzen Buenos Aires, Santa Fé und Córdoba wird die niedrige Bevölkerungsdichte noch deutlicher.
10) vgl. Alexander Bohrisch und Mechthild Minkner, Investitionsklima und Auslandskapital in Argentinien, Hamburg 1970, S. 7 f.
11) vgl. Tabelle 3 im Anhang.

renz zu schützen vermochte, eine unverkennbare Tendenz zum Staatskapitalismus - das sind einige der hervorstechendsten Merkmale, welche die Industrialisierung kennzeichnen. Wenn Ferns in etwas verallgemeinerter Form sagt, dass im Unterschied zu andern lateinamerikanischen Ländern in Argentinien nicht die Armut, sondern der Reichtum das zentrale Problem sei, so trifft er den Kern der Sache[12]: Noch zu Beginn des 20. Jahrhunderts wurde Argentinien mit Recht als Kornkammer der Welt bezeichnet, und der Reichtum der ganz auf den Export von landwirtschaftlichen Gütern ausgerichteten Wirtschaft war sprichwörtlich[13]. Die Frage, weshalb Argentinien seiner einstigen wirtschaftlichen Vormachtstellung[14] in Lateinamerika verlustig gegangen ist, hängt eng mit dem Industrialisierungsprozess zusammen und verdient deshalb besondere Beachtung[15].

Aufbau der Arbeit

Im ersten Kapitel werden die Grundlagen für die vorliegende Schrift erarbeitet. Es handelt sich um eine kurze Einführung in die Problematik der Industrialisierung Lateinamerikas. Anhand eines einfachen Schemas wird sodann versucht, die für die Industrialisierung relevanten Einflussgrössen der argentinischen Volkswirtschaft darzustellen. Das zweite Kapitel vermittelt einen wirtschaftshistorischen Rückblick, soweit er für das allgemeine Verständnis der Problematik notwendig ist.

Dem Aufbau der argentinischen Volkswirtschaft ist das dritte Kapitel gewidmet. Gemäss dem im ersten Kapitel aufgestellten Schema werden die den Industrialisierungsprozess beeinflussenden Kreislaufgrössen erörtert.

---

12) **Ferns**, a.a.O., S. 20.
13) vgl. ders., a.a.O., S. 120.
14) Zu Beginn der Dreissigerjahre wurde allen Ernstes gefragt, ob die Industrialisierung Argentiniens für Europa eine Gefahr bedeute: vgl. Martin **Richter**, Die Industrialisierung Argentiniens, Diss. Frankfurt a.M. 1931, S. 189. Der Verfasser verneinte die Frage, weil er die Zukunft der Industrialisierung in Richtung des Ausbaus und der Förderung vorwiegend arbeitsintensiver Zweige des Lebensmittelsektors sah. Die tatsächliche Entwicklung verlief jedoch nicht in diesem Rahmen; vgl. S. 57 ff., ferner S. 166 ff.
15) vgl. S. 137 ff.

Schwerpunkt bildet naturgemäss der Produktionsbereich des sekundären Sektors, wobei allerdings dem Primärbereich, d.h. der Landwirtschaft, nicht weniger Beachtung geschenkt werden darf, da er den Verlauf der argentinischen Industrialisierung stark beeinflusst hat. Im vierten Kapitel werden sodann die verschiedenen Bestimmungsfaktoren der Industrialisierung analysiert. Nebst den natürlichen Gegebenheiten gilt es, die materielle und immaterielle Infrastruktur, den Geld- und Kapitalmarkt sowie wesentliche wirtschaftspolitische Massnahmen darzulegen. Ein besonderes Augenmerk wird der Lateinamerikanischen Freihandelsassoziation (ALALC) geschenkt, in der Meinung, dass eine Intensivierung der Integrationsbestrebungen in Lateinamerika die Industrialisierung beschleunigen könnte.

Abschliessend erfolgt als Ausblick eine kurze zusammenfassende Darstellung jener Massnahmen, welche als geeignet erscheinen, die industrielle Weiterentwicklung zu fördern.

---

16) Die vorliegende Arbeit berücksichtigt das bis Ende 1972 verfügbar gewesene Material. Auf die neueste Entwicklung, insbesondere seit den Wahlen vom März 1973, konnte nicht mehr eingetreten werden.

1. Kapitel: Grundlagen
========================

I. Zum Begriff der Industrialisierung[1]

A. Abgrenzung zu den Begriffen "wirtschaftliche Entwicklung" und "wirtschaftliches Wachstum"

In der Umgangssprache werden die Bezeichnungen "Industrialisierung", "wirtschaftliche Entwicklung" und "wirtschaftliches Wachstum" vielfach synonym verwendet, obwohl die Theorie gewichtige Unterscheidungskriterien erarbeitet hat[2]: Die Wachstumstheorie ist nach Besters eine Modelltheorie mit funktionalen Kennzeichen. Die ihr zugrunde liegenden hypothetischen Annahmen bilden ein System interdependenter Grössen, wobei diese voneinander derartig abhängig sind, "dass die Veränderung jeder einzelnen eine Anpassung aller andern nach sich zieht"[3]. Wirtschaftliches Wachstum kann als die Zunahme des Sozialprodukts definiert werden[4].

Im Unterschied zur Wachstumstheorie handelt es sich bei der Entwicklungstheorie um eine empirische, welche nicht nur von rein hypothetischen Annahmen ausgeht, sondern auch induktiv wahrnehmbare Tatsachen in den Entwicklungsländern zum Ausgangspunkt der Betrachtungen macht. M.a.W. geht es um die Ergründung der Verursachungsfaktoren; die Entwicklungstheorie ist demnach eine Kausaltheorie[5]. Wirtschaftliche Entwicklung bedeutet mehr als lediglich Wachstum; hinzu tritt in der Regel ein tiefgreifender Wandel innerhalb der Sozial- und Wirtschaftsstruktur eines Landes, und zwar in quantitativer wie qualitativer Hinsicht[6]: Wachstum bezieht sich nur auf den Güteranfall, während Ent-

---

1) "Industrialisierung" und "industrielle Entwicklung" werden in der vorliegenden Arbeit synonym verwendet.
2) vgl. Hans Besters, Wirtschaftliche Entwicklung und wirtschaftliches Wachstum, in: Hans Besters und Ernst E. Boesch, Entwicklungspolitik, Handbuch und Lexikon, Stuttgart/Berlin/Mainz 1966, Sp. 1672 ff.
3) Besters, a.a.O., Sp. 1674.
4) vgl. Francesco Kneschaurek, Wachstumsprobleme der schweizerischen Volkswirtschaft, Zürich 1962, S. 16. Zur Auseinandersetzung über die Begriffsbestimmung im volkswirtschaftlichen Schrifttum in bezug auf Wirtschaftswachstum, wirtschaftlicher Fortschritt und wirtschaftliche Entwicklung vgl. Max Link, Die Ursachen des industriellen Aufstiegs Mexikos, Zürich/St.Gallen 1970, S. 37, insbesondere Anmerkung 23.
5) Besters, a.a.O., Sp. 1674.
6) vgl. Link, Mexiko, S. 38.

wicklung strukturelle Veränderungen im Einsatz der Produktionsfaktoren einschliesst[7]. Damit inhaltlich eng verbunden ist der Begriff "Industrialisierung". Er umschreibt einen Wachstums- und Strukturveränderungsprozess, der allmählich, aber zwangsläufig auf lange Sicht die gesamte Wirtschafts- und Sozialstruktur eines Landes wandelt[8], wobei dieser Prozess seinen Anfang[9] im sekundären Sektor[10] nimmt. Wirtschaftliche Entwicklung hat stets Industrialisierung zur Folge, allerdings mit einer von Fall zu Fall verschiedenen Intensität, und, was noch wichtiger ist, mit unterschiedlichen Schwerpunkten. Der Industrialisierungsprozess ist ein weltweites Phänomen, es hat selbst die rückständigsten Gebiete erfasst[11]. Die Art und Weise jedoch, wie dieser Prozess in Gang gesetzt und unterhalten wird, ist entscheidend für Erfolg oder Scheitern der industriellen Entwicklung.

B. Kennzeichen eines industrialisierten Landes

Sowohl in der Literatur als auch im täglichen Sprachgebrauch wird meistens von den sogenannten Industrieländern der westlichen Welt einerseits und den Entwicklungsländern anderseits gesprochen[12]. Industrieländern werden dabei stillschweigend gewisse Merkmale zugeordnet, die in Entwicklungsländern in der Regel fehlen bzw. nur unvollständig ausgebildet sind. So unterscheidet man quantitative und qualitative Kennzeichen[13].

---

7) vgl. Victor L. Urquidi, An Overview of Mexican Economic Development, in: Weltwirtschaftliches Archiv, 101. Band, Hamburg 1968, 1. Heft, S. 2, zit. bei Link, Mexiko, S. 38.
8) vgl. Link, Mexiko, S. 42.
9) vgl. Sigurd Klatt, Industrialisierung, in: Besters und Boesch, Entwicklungspolitik, Sp. 1250.
10) Beim sekundären Sektor handelt es sich um die Bereiche "Industrie und Handwerk" einer Volkswirtschaft (englisch "manufacturing industries", spanisch "industrias manufactureras"). Der primäre Sektor umfasst die sogenannte Urproduktion, d.h. Land-, Forstwirtschaft und Fischerei, der tertiäre Sektor die Produktion von Dienstleistungen. Vgl. dazu Link, Mexiko, S. 22 ff., der eine ausführliche Begriffsbestimmung vornimmt.
11) vgl. Link, Mexiko, S. 42.
12) zum Begriff "Entwicklungsland" und dessen typologische Interpretation vgl. Link, Mexiko, S. 42 ff., insbesondere auch die dort zit.Quellen.
13) Die nachfolgenden Ausführungen basieren zur Hauptsache auf R.B. Sutcliffe, Industry and Underdevelopment, London/Reading (Mass.)/Sydney/Manila 1971, S. 16 ff.

1. Quantitative Merkmale

Obwohl quantitativen Merkmalen vielfach beträchtliche Mängel anhaften[14], sind sie insofern trotzdem nützlich, als sie gewisse Tendenzen anzeigen. In Anlehnung an Sutcliffe kann ein Land als industrialisiert gelten, wenn es die folgenden Bedingungen erfüllt:

a) <u>Anteil des sekundären Sektors[15] am Bruttoinlandprodukt</u>

Der sekundäre Sektor muss ein Minimum von 25 % an der volkswirtschaftlichen Gesamtleistung erbringen. Dieses Kriterium erscheint jedoch als alleiniger Gradmesser der Industrialisierung ungenügend, wenn beachtet wird, dass unter diesen Umständen Länder mit einem dominierenden Bergbausektor (im Falle Lateinamerikas z.B. Venezuela) und einer relativ unbedeutenden Manufakturindustrie als industrialisiert zu gelten hätten. Es sind demnach weitere Unterscheidungsmerkmale heranzuziehen.

b) <u>Anteil der Industrie und des Handwerks an der Produktion des sekundären Sektors</u>

Um dem unter a) gemachten Einwand Genüge zu tun, kann verlangt werden, dass mindestens 60% der Produktion des sekundären Sektors aus dem Bereich der "manufacturing industries" stammen muss. Dagegen ist einzuwenden, dass prinzipiell eine Volkswirtschaft vorstellbar wäre, welche die beiden erwähnten Anforderungen erfüllen würde, in der aber die Mehrheit der Bevölkerung ausserhalb des sekundären Sektors tätig ist. In diesem Fall scheint der sekundäre Sektor nur deshalb so wichtig zu sein, weil die Produktion und die Produktivität in den übrigen Sektoren unverhältnismässig niedrig sind. Zur Beantwortung der Frage, wann ein Land als industrialisiert gelten kann, muss deshalb das Kriterium der Beschäftigung zugezogen werden.

c) <u>Anteil der Beschäftigten des sekundären Sektors an der Gesamtbevölkerung</u>

Sutcliffe erachtet einen 10 %igen Anteil der Beschäftigten im sekundären

---

14) zum Problem der Unzuverlässigkeit statistischer Daten in Entwicklungsländern vgl. Roger <u>Messy</u> und Hans <u>Pedersen</u>, Statistics for Economic Development, in: Werner <u>Baer</u> und Isaac <u>Kerstenetzky</u>, Inflation and Growth in Latin America, 2nd Ed., New Haven/London 1970, S. 112 ff.

15) Sutcliffe benützt die Definition der International Standard Industrial Classification (ISIC). Der sekundäre Sektor umfasst demnach die Bereiche Bergbau, Industrie und Handwerk, Bau- und Energiewirtschaft, Wasser- und Abwasserversorgung, vgl. <u>Sutcliffe</u>, a.a.O., S. 17.

Sektor an der Gesamtbevölkerung als notwendig[16].

Wenn nun ein Land die erwähnten drei Bedingungen nicht erfüllt, so gilt es nicht als voll-, sondern nur als teilweise industrialisiert. Selbstverständlich handelt es sich dabei nicht um die einzig möglichen quantitativen Kennzeichen. Sie besitzen hingegen den Vorteil, dass sie nebst ihrer rein mengenmässigen Aussagekraft auch noch qualitativ-strukturelle Aenderungen zum Ausdruck bringen. Andere Kennzeichen quantitativer Art sind das jährliche Pro-Kopf-Einkommen und die jährliche Industrieproduktion pro Kopf der Bevölkerung: Länder, welche die Suttcliff'schen Anforderungen erfüllen, weisen in der Regel auch ein bedeutend höheres Pro-Kopf-Einkommen auf. Ausnahmen bilden jene Länder, deren Einkommen zur Hauptsache aus Erdöl oder andern Bodenschätzen stammen.

Aus Tabelle 2 im Anhang wird ersichtlich, dass im Falle von Lateinamerika lediglich Argentinien alle drei Bedingungen erfüllt. Chile und Uruguay sind insofern Grenzfälle, als sie Bedingung c) knapp oder nur teilweise erfüllen. Als teilweise industrialisiert gelten Brasilien, Kolumbien, Ecuador, Mexiko und Peru; sie genügen den Anforderungen gemäss a) und b) und verfügen über einen relativ bedeutenden sekundären Sektor, von dem aber noch verhältnismässig wenig Beschäftigte abhängen. Venezuela wird keine der Anforderungen gerecht; hingegen verfügt es über ein hohes Pro-Kopf-Einkommen[17], vorab das Ergebnis seines Erdölreichtums.

Auch wenn aufgrund des vorhandenen statistischen Materials ein Zusammenhang zwischen beispielsweise dem Pro-Kopf-Einkommen und dem Industrialisierungsgrad besteht, ist damit über die tatsächliche Beschäftigung im sekundären Sektor noch nichts ausgesagt: Von den im Sektor Industrie und Handwerk beschäftigten Arbeitskräften waren 1960 noch rund die Hälfte in Handwerksbetrieben tätig[18]. Strukturelle, d.h. qualitative Merkmale sind daher für eine zuverlässige Beurteilung der industriellen Entwicklung unerlässlich.

---

16) vgl. Sutcliffe, a.a.O., S. 23 ff. sowie Tabelle 2 im Anhang.
17) 980 Dollar pro Jahr, vgl. World Bank Atlas, Washington 1972.
18) ECLA, The Process of Industrial Development in Latin America, New York 1966, S. 75, zit.bei Sutcliffe, a.a.O., S. 31.

2. Qualitative Merkmale

Für die Beurteilung qualitativer Merkmale scheint die bislang verwendete klassifikatorische Betrachtungsweise zu versagen, denn sie verhindert durch ihre Begrenztheit das Entstehen eines aussagekräftigen Gesamtbildes. Unter Zuhilfenahme der typologischen Betrachtungsweise kann dieser Mangel behoben werden[19].

a) Infrastruktur

Eine gut ausgebaute und leistungsfähige Infrastruktur[20] ist ein typisches Merkmal eines industrialisierten Landes. Dazu gehören in der Kategorie der materiellen Infrastruktur insbesondere das Transport- und Kommunikationswesen, die Energieversorgung, das Erziehungs- und Forschungswesen, ferner von weittragender Bedeutung die Einrichtungen zur Hebung der sozialen Wohlfahrt (Gesundheitswesen, Wohnungsbau, Altersvorsorge). Nicht minder ausschlaggebend ist ein der industriellen Entwicklung förderlicher Geld- und Kapitalmarkt. Industrialisierte Länder können auf eine immaterielle Infrastruktur zählen, welche den durch die Industrialisierung verursachten allgemeinen Wandel in der Gesellschaft unterstützt. Es handelt sich hierbei um die "Gesamtheit der gewachsenen und gesetzten Normen, Verhaltensweisen und organisatorischen Einrichtungen einer Wirtschaft, ...um die rechtlich-soziale Ordnung einschliesslich der Sitten und Gebräuche, Traditionen und Verhaltensweisen der Menschen"[21]. Dem Industrialisierungsprozess ist nur dann ein Erfolg beschieden, wenn der politisch-institutionelle Rahmen Sicherheit und Gewähr bietet für eine geordnete Entfaltung der dynamischen Kräfte einer Volkswirtschaft[22].

---

19) Entscheidend bei der typologischen Betrachtungsweise ist nicht, ob ein Land einzelne Merkmale genau erfüllt, sondern welchen Eindruck das Gesamtbild erweckt: "Dieses kann selbst dann schlüssig sein, wenn ein typischer Zug fehlt. Im Unterschied zur Klasse, die durch die Aufzählung ihrer Kennzeichen definiert werden kann, ist es beim Typus nur möglich, ihm Einzelerscheinungen auf Grund des nicht so scharf trennenden "mehr oder weniger" zuzuordnen." Vgl. Link, Mexiko, S. 33 und die dort zit. Lit.
20) vgl. Reimut Jochimsen, Infrastruktur, in: Besters und Boesch, Entwicklungspolitik, Sp. 1266 ff.
21) ders., a.a.O., Sp. 1267.
22) Im Falle Lateinamerikas, insbesondere aber Argentiniens, scheint das Fehlen einer politisch-institutionell stabilen Umwelt eines der Haupthindernisse einer raschen industriellen Entwicklung zu sein, vgl. weiter hinten S. 247 ff.

b) Technischer Fortschritt

Die industrielle Entwicklung hängt in entscheidendem Masse von den Möglichkeiten der Anwendung von "Know-how" ab. Die laufende Neu- und Weiterentwicklung von technologischen Verfahren führt über die Verbilligung der Produktionskosten zur Kapitalbildung und wirkt derart als eigentlicher Motor der Industrialisierung[23]. Er führt einerseits zu Verbesserungen bestehender Strukturen, anderseits verursacht er aber auch strukturelle Veränderungen im Einsatz der Produktionsfaktoren[24]. Es hat sich herausgestellt, dass in Industrieländern Produktivitätssteigerungen zu einem wesentlichen Teil durch den technologischen Innovationsprozess verursacht worden sind[25]. Ungeachtet der Tatsache, dass ihm in Entwicklungsländern oft nur schwer zu überwindende Hindernisse im Wege stehen, gilt er trotzdem als gesamtwirtschaftlich bedeutendes Qualitätsmerkmal der Industrialisierung.

---

23) vgl. Heinz B. Baumberger, Möglichkeiten eines inflationsfreien Wachstums in Entwicklungsländern, Zürich/St.Gallen 1968, S. 76 ff.
24) Hans W. Singer, Problems of Industrialization in Underdeveloped Countries, in: Leon H. Dupriez, Economic Progress, Louvain 1955, S.174.
25) Baumberger, a.a.O., S. 79 und die dort zit. Lit.

II. Zur Problematik der Industrialisierung in Lateinamerika

A. Einleitung

Aus den Darlegungen des vorangegangenen Abschnittes lassen sich unschwer jene Bereiche in Wirtschaft und Gesellschaft ermitteln, welche der Industrialisierung in Entwicklungsländern besondere Schwierigkeiten bereiten. Allein schon die Tatsache, dass nach dem Willen der Entwicklungsländer die Industrialisierung nicht evolutiv, sondern möglichst rasch und tiefgreifend, d.h. "revolutionär" ablaufen soll, lassen die Grenzen dieses Prozesses erkennen: Es wird zumeist vergessen, dass der Uebergang von der Agrar- zur Industriewirtschaft in den heutigen Industrieländern die Anstrengungen vieler Generationen erforderte und dass ihm ganz andere politische, kulturelle, ethnische, klimatische etc. Voraussetzungen zugrunde lagen. Bei aller Beachtung der unbestrittenen Notwendigkeit, die Lebensbedingungen ihrer Bevölkerung zu verbessern, bleibt den Entwicklungsländern der Vorwurf nicht erspart, dass ihre heutigen Schwierigkeiten zu einem beachtlichen Teil auf eine unrealistische Einschätzung ihrer wirtschaftlichen Möglichkeiten zurückzuführen sind. Umgekehrt scheinen Industrieländer und ihnen nahe stehende Organisationen aufgrund ihrer eigenen Erfahrungen geneigt zu sein, wirtschaftspolitische Empfehlungen bzw. Modellvorstellungen anzupreisen, welche den spezifischen Gegebenheiten und Anforderungen des einzelnen Entwicklungslandes nicht unbedingt gerecht zu werden vermögen[26].

B. Die Industrialisierung Lateinamerikas aus historischer Sicht

1. Erste Phase: Exportinduzierte Industrialisierung

Bis zur Weltwirtschaftskrise Ende der Zwanzigerjahre war es die Offenheit, welche Lateinamerikas Wirtschaft kennzeichnete: Dank einer konstanten Zunahme der Nachfrage nach Primärgütern war es der Region möglich, die durch die ebenfalls gestiegene Kaufkraft verursachte Zunahme

---

[26] vgl. etwa Bruno <u>Fritsch</u>, Entwicklungsländer, Einleitung des Herausgebers, Köln/Berlin 1968, S. 11.

der Inlandsnachfrage nach Konsum- und Investitionsgütern zu einem wesentlichen Teil über den Import zu befriedigen. Die Industrialisierung konzentrierte sich deshalb zur Hauptsache in den dem Export nahestehenden Bereichen. Typische Beispiele hiefür sind Argentinien und Uruguay, wo die Nachfrage nach landwirtschaftlichen Exportgütern die Basis für das Entstehen industrieller Betriebe im Lebensmittelsektor bildete. Die Dynamik des Aussenhandels beschleunigte ihrerseits den Ausbau der Infrastruktur, und die von der wachsenden wirtschaftlichen Tätigkeit ausgehenden Einkommenseffekte förderten die Bildung von Grossagglomerationen. Charakteristisch für den Beginn der Industrialisierung ist, dass die Exportdynamik in erster Linie sogenannte "final touches" - Industrien bzw. Produktionsstätten für die Herstellung nichtdauerhafter Konsumgüter entstehen liess; erst später begann sich der Prozess über die Produktion von Halbfabrikaten zur Basisindustrie rückwärts zu integrieren[27].

2. Zweite Phase: Industrialisierung mittels Importsubstitution

Mit dem durch die weltweite Depression verursachten Zusammenbruch der Nachfrage nach Primärgütern, verstärkt durch einen wachsenden Protektionismus der Industrieländer, wurde den Ländern Lateinamerikas das System der Importsubstitution praktisch aufgezwungen, wollten sie nicht auf wirtschaftliches Wachstum verzichten[28]. Typisch ist in dieser Beziehung die Entwicklung Argentiniens in den Sektoren Maschinen und Fahrzeuge, elektrische Ausrüstungen, Gummiprodukte, Metalle und Textilien in der Periode 1925/29-1939, deren Wachstum fast ausschliesslich der Importsubstitution zu verdanken war[29]. Die Erfahrungen der Dreissigerjahre bewirkten in der Folge, dass das System der Importsubstitution zum eigentlichen Credo der lateinamerikanischen Industrialisierungspolitik geworden ist. Einen Hinweis dafür mögen die niedrigen Importkoeffizienten der drei am

---

27) vgl. Albert O. <u>Hirschman</u>, The Strategy of Economic Development, New Haven/London 1958, S. 112.
28) Schon vor der Weltwirtschaftskrise begann man in einzelnen Ländern, gewisse bisherige Importe durch lokale Produktion zu ersetzen, allerdings auf freiwilliger Basis und ohne der ausländischen Konkurrenz den Zutritt zum Markt zu verwehren, vgl. <u>United Nations</u>, The Process of Industrial Development in Latin America, New York 1966, S. 19.
29) vgl. Lutz <u>Hoffmann</u>, Importsubstitution und wirtschaftliches Wachstum in Entwicklungsländern unter besonderer Berücksichtigung von Argentinien, Brasilien, Chile und Kolumbien, Tübingen 1970, S. 206 f.

stärksten industrialisierten Länder des Subkontinents, nämlich Argentinien, Brasilien und Mexiko, geben[30]. Unter teilweise bewusster Vernachlässigung der Exporte verursachte die sich vollständig auf den Inlandmarkt konzentrierende Industrialisierungspolitik in den lateinamerikanischen Volkswirtschaften strukturelle Ungleichgewichte, welche sich hauptsächlich in Zahlungsbilanzschwierigkeiten, Inflation, Arbeitslosigkeit, massiven Abwertungen, Kapitalmangel, fehlender Konkurrenz und damit globaler Ineffizienz äusserten. Diese strukturellen Mängel sind nebst sozialen und institutionellen Hindernissen auch heute noch kennzeichnend für die wirtschaftliche Lage Lateinamerikas. Allerdings äussern sie sich in einer von Land zu Land unterschiedlichen Intensität.

C. Wirtschaftliche und institutionelle Grenzen der Industrialisierung[31]

1. Der Staat

Der Staat als eigentlicher Motor der wirtschaftlichen Entwicklung spielt in allen Ländern Lateinamerikas eine erstrangige Rolle, die weit über das hinausgeht, was man in dieser Beziehung etwa von europäischen Verhältnissen her kennt. Die lateinamerikanischen Volkswirtschaften können ohne staatliche Eingriffs- und Lenkungsmöglichkeiten die wichtigsten Ziele, nämlich Hebung des Lebensstandards der Masse der Bevölkerung, Industrialisierung und gleichmässigere Einkommensverteilung kaum verwirklichen. Zwar stellt sich dabei die Frage, ob administrative Eingriffe, Kontrollen aller Art und das oftmals virtuelle Ausserkraftsetzen von wichtigen Marktmechanismen die erwähnten Ziele rascher erreichbar machen als weniger drastische Massnahmen, welche sich hingegen vielfach erst längerfristig positiv auszuwirken pflegen. Hier spielt ohne Zweifel das lateinamerikanische Temperament eine grosse Rolle, welches sich in der Ungeduld der meisten Regierungen zeigt, möglichst bald Erfolge ihrer

---

30) vgl. UN, Industrial Development, S. 22 f., ferner Raúl Prebisch, Change and Development - Latin America's Great Task, New York/Washington/London 1971, S. 59 ff.
31) vgl. für das folgende insbesondere Ian Little, Tibor Scitovsky und Maurice Scott, Industry and Trade in Some Developing Countries, London/New York/Toronto 1970, und Raúl Prebisch, a.a.O.

Wirtschaftspolitik aufweisen zu können[32]. In einem Land, wo Regierung
und Wirtschaftspolitik häufigen Wechseln unterliegen, können sich die
Erwartungen auf Aenderung derselben lähmend auf die Privatwirtschaft aus-
wirken. Diese Erwartungen und die daraus resultierende allgemeine Unsicherheit beeinflussen vor allem die Investitionstätigkeit und damit die
wirtschaftliche Entwicklung. Sie führen überdies dazu, dass der einzelne
Unternehmer sich immer mehr auf die Initiative des Staates verlässt, der
so eindeutig überfordert wird. Unter Ausklammerung der Möglichkeit häufiger Regierungswechsel ist überdies die Natur, der Grad und die Wirkung einer Intervention als solcher im Wirtschaftsablauf von ausschlag-
gebender Bedeutung: Der Eingriff kann mithin in die falsche Richtung
zielen; er kann richtig konzipiert, in seinen Auswirkungen jedoch zu
schwach oder zu stark sein.

Eine wichtige Kategorie von Hindernissen stellt die Vielfalt von
Verzögerungen dar, welche durch staatliche Eingriffe in die Wirtschaft verursacht werden. Sie gelten als Gradmesser der Ineffizienz, weil sie die Grenzproduktivität des Kapitaleinsatzes vermindern.
Als Paradebeispiel sei die Devisenbewirtschaftung erwähnt, aufgrund
welcher meistens die Lagerhaltung an importierten Gütern übermässig ausgedehnt und der Auslastungsgrad der Produktionsmittel infolge Verzögerung der notwendigen Importe vermindert wird[33]. Wenn beachtet wird,
dass die wirtschaftliche Entwicklung u.a. von der Qualität jener Entscheidungen abhängt, welche strukturelle Verbesserungen im Produktionssektor herbeiführen können, dann lässt sich einigermassen die Bedeutung
des Staates ermessen, von dessen langwierigen Bewilligungsverfahren Privatinvestitionen in den meisten Ländern abhängen. Für den Unternehmer
wirken sich aber nicht nur administrative Verzögerungen aller Art
kostenerhöhend aus, sondern ebenso der damit verbundene personelle

---

32) Prebisch nennt diesen vielfach verhängnisvollen Drang nach rasch
sichtbaren Erfolgen "Immediatism", vgl. <u>Prebisch</u>, a.a.O., S. 196 f.
33) Unternehmungen, die es sich dank ihrer Grösse und Marktstellung
leisten können, pflegen je nach dem einen mehr oder weniger umfangreichen Stab an Personen zu beschäftigen, deren ausschliessliche
Aufgabe es ist, die sogenannten "Governmental Relations", d.h. die
Beziehungen zu staatlichen Institutionen zu pflegen. In der Praxis
heisst das, dass oftmals finanziell weittragende Entscheide (z.B.
Investitionen) unter Umgehung des "ordentlichen" administrativen
Weges beschleunigt werden können, was u.U. die Ertragslage der fraglichen Unternehmung massgebend zu beeinflussen vermag.

Mehraufwand und die übermässige Beanspruchung der Führungskräfte aller Stufen mit unproduktiven Aufgaben.

Der Staat pflegt immer dann in die Marktmechanismen einzugreifen, wenn er in einem bestimmten Sektor ein Ungleichgewicht erwartet. So verleitet eine überbewertete Währung zu einer hohen Importneigung, welche vom Staat zwecks Wiederherstellung des Gleichgewichts zwischen Importen und verfügbaren Devisen zum Beispiel mit Einfuhrlizenzen korrigiert werden kann. In gleicher Weise schreitet er stets dann zur Investitionskontrolle, wenn zu erwarten ist, dass in einzelnen Bereichen aufgrund grosszügiger Förderungsmassnahmen (z.B. Zollschutz, Steuerfreiheit, beschleunigte Abschreibung, günstige Kreditraten) zuviel investiert werden könnte. Eine überbewertete Währung, verbunden mit Förderungsmassnahmen, verursacht nicht nur eine überdurchschnittliche Investitionsnachfrage, sondern auch den Hang zu kapitalintensiven Ausrüstungen; die Kontrollen können daher wohl das Volumen, nicht aber die Art der Investitionen begrenzen. Aehnlich liegt der Fall der Importlizenzen: Eine überbewertete Währung vergrössert nicht nur die Importneigung, sondern ändert zudem die Gewinnstruktur der Unternehmungen, indem sich ein Trend zu stark importabhängigen und Kapitalintensiven Produktionsverfahren entwickelt. Auch hier erlauben Importlizenzen wohl eine Kontrolle des gesamten Importvolumens; sie vermögen hingegen die Produktionsstruktur nicht zu beeinflussen. Dass unter derartigen Umständen der Korruption Vorschub geleistet wird und sich die Beziehungen zwischen Staat und Privatwirtschaft zu polarisieren pflegen, braucht kaum näher erläutert zu werden. Ganz besonders gravierend wirkt sich dies auf die in der Regel einer staatlichen Institution obliegenden Entwicklungsplanung aus.

In diesem Zusammenhang ist darauf hinzuweisen, dass die staatliche Entwicklungsplanung die wirtschaftliche Entwicklung zuweilen mehr behindert als fördert. Dabei sind zwei verschiedene Aspekte zu unterscheiden, nämlich einerseits der eigentliche Planungsprozess und anderseits die konkreten Realisierungsmöglichkeiten der verschiedenen Planungsziele. Das Erarbeiten von kurz- und mittelfristigen Wirtschaftsplänen liegt oft in den Händen von höneren Beamten und Technokraten, welche die tatsächlichen Wirtschaftsgeschehen und die Verhaltensweise der einzelnen Wirtschaftssubjekte ignorieren. Dies verstärkt die Polarisierung zwischen Wirtschaft und Planungsbehörde. Die Qualität der Entwicklungsplanung hängt wesentlich davon ab, wieviel Zeit aufgewendet wird, um die Planungsgrundlagen zu erarbeiten, damit möglichst frühzeitig eine breite Harmonisierung der einzelnen Ziele erreicht wird. Wirtschaftspläne von Entwicklungsländern sind vielfach bereits auf der niedrigsten Planungsstufe zum Scheitern verurteilt, weil es nicht gelingt, von Anfang an die gesamte Wirtschaft einzubeziehen[34]. Zugegebenermassen stossen die Planungsbehörden immer wieder auf einen beträchtlichen Widerstand in dem Sinne, als eine staatliche Intervention nur dann begrüsst wird, wenn sie keine Strukturveränderungen herbeiführt. Gerade diese wären jedoch für eine geordnete Entwicklung notwendig.

Wirtschaftspläne mögen qualitativ noch so hochstehend und grundsätzlich realistisch konzipiert erscheinen, sie bleiben reine Stabsübung, wenn es einer Regierung nicht gelingt, ihre Pläne in vernünftiger Zeit zu verwirklichen. Hier dürften mithin die Hauptschwierigkeiten der Wirtschaftsplanung in Entwicklungsländern überhaupt liegen. Die Struktur der staatlichen Verwaltung ist meistens das zentrale Hindernis, sei es, weil ihre Spitze mit der politischen Instabilität häufigen Wechseln unterliegt, sei es, weil sie organisatorisch und personell den Anforderungen der Entwicklungsplanung nicht genügt. Hinzu kommt, dass es der Planungsbehörde aufgrund der Kurzlebigkeit der Regierung oft kaum gelingt, zu einem integrierten Bestandteil der Verwaltung zu werden, m. a.W. aus ihrer anfänglichen ad-hoc-Situation mögliche verwaltungsinterne Widerstände abzubauen.

Abgesehen von diesen institutionellen Schwächen ist es in manchen Ländern die Inflation, welche die Planverwirklichung verhindert. Die kurzfristigen Massnahmen zur Inflationsbekämpfung stimmen meistens mit den längerfristigen Anforderungen des Planes nicht überein. Dies entmutigt die Planung stets dann, wenn sie für die Beseitigung der dringendsten wirtschaftlichen und sozialen Probleme am nötigsten wäre.

---

[34] Der wirtschaftliche Aufstieg Brasiliens in den letzten Jahren ist nicht zuletzt der Ueberzeugungskraft der gegenwärtigen Regierung zu verdanken, welche es verstanden hat, die Mitarbeit der Privatwirtschaft für die Entwicklungsplanung zu gewinnen. Ein anderes Beispiel ist die unter dem Begriff "Japan Inc." zusammengefasste Denkweise Japans, wo die Zusammenarbeit zwischen Wirtschaft und Staat zu einem wirtschaftlichen Aufstieg geführt hat, der einmalig dasteht.

2. Die Einkommensverteilung[35]

Eine weitere Voraussetzung für eine geordnete wirtschaftliche Entwicklung ist eine sozial gerechte Einkommensverteilung, bei welcher die Unterschiede zwischen den einzelnen, am Volkseinkommen beteiligten Bevölkerungsschichten nicht allzu gross sind. Dieses Postulat ist nicht einmal in den Industrieländern verwirklicht; umso mehr erscheint die Einkommensverteilung in Lateinamerika noch weit von einem Optimum entfernt zu sein[36].

Auffallend ist vor allen Dingen die erhebliche Einkommenskonzentration der obersten 5 % der Einkommensbezüger: Sie beträgt rund das Dreifache jener Schicht, welche die untere Hälfte des obersten Dezils ausmacht. Diese markante Einkommenskonzentration beginnt ungefähr beim 7. Dezil, während die Zunahme in den unteren und mittleren Einkommensschichten etwa mit derjenigen der industrialisierten Länder zu vergleichen ist.

Derartige Unterschiede in der Einkommensverteilung ziehen bedeutende soziale, politische und wirtschaftliche Konsequenzen nach sich. Vergleicht man die untersten Einkommensgruppen, so wird ersichtlich, dass diese sich in industrialisierten Ländern zur Hauptsache aus Rentnern, vorübergehend Arbeitslosen, sehr jungen Arbeitnehmern etc. zusammensetzen, d.h. dass diese Gruppen nicht zur eigentlichen werktätigen Bevölkerung gezählt werden können. In Lateinamerika hingegen machen diese Gruppen einen namhaften Teil der aktiven Bevölkerung aus, sowohl auf dem Lande wie auch in städtischen Verhältnissen. Während in Industrieländern der Verbleib in der untersten Einkommensschicht in der Regel nur eine vorübergehende Erscheinung ist, stellt er in Lateinamerika zumeist einen Dauerzustand dar. Dieser wiederum ist kaum individuell zu überwinden, was die Bestrebungen der Entwicklungsländer, ihren Bewohnern mit zum Teil beträchtlichen Anstrengungen zur "sozialen Wohlfahrt" zu verhelfen, verständlich macht.

---

35) vgl. für das folgende insbesondere **Naciones Unidas**, La distribución del ingreso en América Latina, Nueva York 1970, S. 16 ff.
36) vgl. Tabelle 12 im Anhang. Selbstverständlich bestehen von Land zu Land zum Teil beträchtliche Unterschiede. Eine Verallgemeinerung im Sinne des Versuchs einer Typisierung erscheint jedoch durchaus zulässig.

Die mittleren Einkommensschichten, zu welchen der Hauptteil der lateinamerikanischen Bevölkerung zu zählen ist, weisen zwei Merkmale auf. Einerseits nehmen ihre Einkommen im Vergleich mit entsprechenden Vergleichsgruppen in den Industrieländern viel langsamer zu, und anderseits sind diese Gruppen mit einem geringeren Anteil am Gesamteinkommen beteiligt als in Industrieländern. Es sind dies die wichtigsten das Marktpotential begrenzenden Faktoren.

Die auffällige Einkommenskonzentration an der Spitze der Verteilungsskala ist, abgesehen von historischen Ursachen, der Hauptgrund für das Weiterbestehen sichtbarer sozialer Klassenunterschiede. Das ins Auge stechende Nebeneinander von unbeschreibbarer Armut und märchenhaftem Reichtum nährt im politischen Bereich die bekannte Ausbeutungsthese und damit den Kampf gegen "feudalherrschaftliche Strukturen".

Welches sind die wichtigsten Ursachen dieser ungleichen Einkommensverteilung? Einmal ist hier die heterogene Wirtschaftsstruktur Lateinamerikas zu erwähnen. Obwohl moderne Techniken je länger desto mehr auch in Lateinamerika Verwendung finden, werden in den verschiedensten Sektoren immer noch bzw. weiterhin veraltete Produktionsmethoden angewandt. Die bis anhin zu verzeichnende wirtschaftliche Entwicklung konnte lediglich einen Teil der vorhandenen Arbeitskräfte absorbieren. Die andern bleiben weiterhin in Tätigkeiten beschäftigt, welche sich durch niedrige Produktivität kennzeichnen. Vorläufigen Schätzungen der CEPAL zufolge waren 1960 noch rund 40 % der werktätigen Bevölkerung in "primitiven" Produktionsbereichen tätig. Diese 40 % erbrachten weniger als 10 % der volkswirtschaftlichen Gesamtleistung, während die rund 20 % im modernen Sektor Beschäftigten fast 50 % derselben auf sich vereinigten. Das Ueberangebot an Arbeitskräften in gewissen Sektoren hilft, die Einkommen bzw. die Löhne niedrig zu halten. In dieser Beziehung verstärkend wirkt der zunehmende Bevölkerungsdruck, dem die einzelnen Volkswirtschaften ausgesetzt sind: Die bislang erzielten Wachstumsraten des Bruttoinlandprodukts reichten nicht aus, jene jährliche Anzahl arbeitsfähiger Personen in den Arbeitsprozess einzugliedern, welche notwendig wäre, um den Druck auf die Löhne von dieser Seite her zu vermindern.

Zum andern ist das Vorhandensein hoher Einkommen aufs engste mit dem kapitalistischen Wirtschaftssystem an sich verbunden, in welchem das private Eigentum an den Produktionsmitteln vorherrscht. Charakteristisch

für die Region ist dabei die Verteilung des Grundeigentums, aus
welchem ein namhafter Teil der Einkommen fliesst. Aber auch in Handel,
Finanzen und Industrie ist die Einkommenskonzentration bedeutend. Damit eng im Zusammenhang stehen die Macht und der politische Führungsanspruch der obersten Einkommensschichten, eine Tatsache, welche in
manchen Ländern Lateinamerikas von verschiedenen Richtungen her in Frage gestellt und zuweilen offen bekämpft wird. Eine gleichmässigere
Einkommensverteilung zu erreichen, ist denn auch das erklärte Ziel jeder "sozial" denkenden Regierung.

3. Die Kapitalbildung[37]

Rasches wirtschaftliches Wachstum setzt eine hohe Investitionsrate
voraus, welche ihrerseits von der Sparrate eines Landes abhängig ist.
Dieser sogenannten Realkapitalbildung[38] sind in Lateinamerika, ebenso
wie in andern Entwicklungsregionen, aufgrund der geringen Sparrate
enge Grenzen gesetzt. Im wesentlichen können dafür die folgenden Ursachen verantwortlich gemacht werden:

Das geringe Pro-Kopf-Einkommen lässt auf freiwilliger Basis kein Sparen
zu, da die verfügbaren Mittel praktisch gänzlich für die Befriedigung
der notwendigsten Konsumbedürfnisse verbraucht werden. Die die Entwicklungsländer kennzeichnende hohe Konsumneigung verhindert die Kapitalbildung. Jene Bevölkerungsschicht, der ein Sparen aufgrund ihrer Einkommensverhältnisse möglich wäre, trägt oft ebenfalls wenig zur Kapitalbildung bei, weil sie ihre Ersparnisse unproduktiv hortet und dem
Luxuskonsum zuwendet. Der in dieser Beziehung von den Industrieländern
ausgehende Demonstrationseffekt spielt dabei eine massgebende Rolle.

Der Staat als Träger der Investitionspolitik kann die Kapitalbildung
durch Zwangssparen fördern. Dabei wird oft der Weg über die Geld-

---

[37] vgl. für das folgende insbesondere: A. Ghanie Ghaussy, Kapitalbildung, in: Besters/Boesch, a.a.O., Sp. 1285 ff.; Baumberger, a.a.O., S. 67 ff.; Raúl Prebisch, Change and Development - Latin America's Great Task, New York/Washington/London 1971, S. 138 ff.
[38] Unter Realkapitalbildung ist die Zunahme der Investitionen für Ersatz bzw. Erweiterung der Produktionskapazitäten zu verstehen, vgl. Baumberger, a.a.O., S. 67.

schöpfung gewählt, was bereits bestehende Inflationstendenzen zu verstärken pflegt: Fehlende Produktionskapazitäten und die damit verbundene geringe Angebotselastizität beschleunigen Preissteigerungen. Ebenso hemmend auf die Kapitalbildung wirkt sich die in den meisten Ländern des Subkontinents verfolgte Fiskalpolitik aus. Die starke Progression der Einkommenssteuern in einigen Ländern beeinträchtigt die private Ersparnisbildung und fördert zudem die Kapitalflucht.

Ein weiterer Grund für die ungenügende Kapitalbildung ist das Fehlen eines leistungsfähigen Kapitalmarktes, der in der Lage wäre, nicht nur kurzfristige, sondern vor allem längerfristige Finanzierungen vorzunehmen. Entwicklungspolitisch bedeutsame Investitionen müssen somit in vielen Fällen durch Kapitalimport finanziert werden, da die einheimische Kapitalbildung nicht ausreicht. Derartige Kapitalimporte tragen jedoch nur dann zur Kapitalakkumulation bei, wenn sie eine umfassende Investitionstätigkeit zur Folge haben, d.h. wenn damit eine optimale Ausnützung der Ressourcen angestrebt wird.

Ein in diesem Zusammenhang besonders schwerwiegendes Problem stellt die oft geringe Produktivität des Realkapitals dar[39]. Wird der Versuch unternommen, die Kapitalkoeffizienten in Entwicklungsländern zu berechnen und sie mit denjenigen der Industrieländer zu vergleichen, so fällt zunächst überraschend auf, dass keine wesentlichen Unterschiede zu verzeichnen sind: Ungeachtet statistischer Unzulänglichkeiten müsste sich eine geringe Kapitalproduktivität in einem hohen Kapitalkoeffizienten zeigen. Dass auch bei niedrigem marginalem Kapitalkoeffizient eine geringe Kapitalproduktivität bestehen kann, zeigt erst der Vergleich zwischen Kapitalkoeffizient und dem mit diesem Kapitaleinsatz erzielten Wachstum des BIP. Wenn bei niedrigem marginalem Kapitalkoeffizienten lediglich ein bescheidenes Wachstum erzielt worden ist, deutet dies auf Kapitalverschwendung hin.

Ein rationeller Kapitaleinsatz, d.h. eine hohe Produktivität des Realkapitals und damit die Möglichkeit zur Kapitalakkumulation lässt sich ohne Ausnützung des technischen Fortschritts nicht verwirklichen. Darunter fällt insbesondere die Rationalisierung von Produktionsverfahren, aber

---

39) Als Massstab dient der sogenannte Kapitalkoeffizient (capital output relation), der aus dem Verhältnis des gesamten Kapitalstocks zu dem damit erzeugten Sozialprodukt gebildet wird; vgl. Baumberger, a.a.O., S. 71.

auch die Verbesserung der Organisation der Unternehmungen[40]. Die optimale Ausnützung technischer Neuerungen ist in den Ländern Lateinamerikas jedoch nicht immer gewährleistet. Haupthindernis bildet eine vielfach ausländerfeindliche Investitionspolitik und die Unfähigkeit der entscheidenden Regierungsstellen, sich für jene Technologie zu entschliessen, welche dem Land langfristig den grössten Fortschritt bringt. Ebenso nachteilig wirkt sich die Vernachlässigung eigener Forschungs- und Entwicklungstätigkeit aus, welche neue kapitalsparende Faktorkombinationen hervorbringen könnte.

4. Die Beschäftigung[41]

Die Industrialisierung hat das Beschäftigungsproblem in Lateinamerika verschärft. Obwohl unbestritten ist, dass dank der Industrialisierung zusätzliche Arbeitsplätze geschaffen werden konnten, muss gleichzeitig auch auf einen negativen Aspekt hingewiesen werden: Sie förderte die Wanderungsbewegungen vom Land in die Städte, wobei die Zunahme der Urbanisierung nicht mit der industriellen Entwicklung Schritt gehalten hat. Die Arbeitslosigkeit in Gross-Agglomerationen ist deshalb ein viel grösseres soziales Problem als etwa die weitverbreitete Unterbeschäftigung auf dem Land. Zudem bewirkten die Förderungsmassnahmen im industriellen Sektor, insbesondere die Aussenhandelsprotektion, eine zunehmende Bedeutung der Gewinne gegenüber den Löhnen. Die Folge davon war das Entstehen kapitalintensiver Industriezweige und die Vernachlässigung traditioneller, in der Regel arbeitsintensiver Exportindustrien. Aehnliche Auswirkungen auf die Beschäftigung kann der ständige Druck der Gewerkschaften auf das Lohnniveau haben: Hohe Löhne fördern den Wechsel von arbeitsintensiven zu kapitalintensiven Technologien. Die Behauptung, dass die Industrialisierung unter gewissen Voraussetzungen vor allem in städtischen Verhältnissen die Arbeitslosigkeit fördere, ist eine kaum widerlegbare Tatsache. Sie entbehrt im übrigen nicht einer gewissen schicksalshaften Ironie: Die industrielle Entwicklung führt, jedenfalls in Entwicklungsländern, wohl zu einer globalen Verbesserung des Lebensstandards der Bevölkerung, verschärft aber anderseits in manchen Berei-

---

40) vgl. S. 11.
41) vgl. für das folgende insbesondere <u>Little</u>/<u>Scitovsky</u>/<u>Scott</u>, a.a.O., S. 80 ff.

chen bestehende soziale Ungerechtigkeiten und Probleme. Dies vor allem
dann, wenn versucht wird, um jeden Preis und so rasch als möglich in den
Genuss des Fortschritts zu gelangen.

5. Die Vernachlässigung der Landwirtschaft

Die unerfreuliche Entwicklung der Produktivität der lateinamerikanischen
Landwirtschaft ist eine direkte Folge der Bestrebungen dieser Länder,
sich möglichst rasch zu industrialisieren. 1969 waren im ALALC-Raum 41
% der Beschäftigten in der Landwirtschaft tätig, welche 20 % des BIP
erbrachten. Im Sektor Industrie und Handwerk waren rund nur 14 % beschäftigt; deren Anteil am BIP der Region betrug jedoch 25 %[42]. Die
massive Protektion, welche der sekundäre Sektor geniesst, bewirkt einen
Rückgang der Investitionen in der Landwirtschaft. Den gleichen Effekt
zeitigt ein überbewerteter Wechselkurs, verbunden mit Höchstpreisen für
Primärgüter. Derart soll in erster Linie eine Einkommensumverteilung vom
sekundären in den primären Sektor verhindert werden. M.a.W. ist eine Verbesserung der Austauschverhältnisse der Agrarproduktion zulasten des
industriellen Sektors nicht erwünscht.

Damit wird ein zentrales Problem Lateinamerikas angedeutet, nämlich dasjenige der dualistischen Wirtschaftsstruktur[43]. Die Ueberwindung dieses
Dualismus' bzw. der Auseinanderentwicklung zwischen Industrie und Landwirtschaft gehört zu den schwierigsten Aufgaben der lateinamerikanischen
Entwicklungspolitik. Fundamentale Modernisierungsaktionen (Mechanisierung, Verbreitung neuer Produktionsmethoden, Krediterleichterung, Exportförderung etc.) dürften allein nicht ausreichen, diesen Dualismus
zu überwinden. Zur Landwirtschaft gehört in der Regel die traditions-

---

42) vgl. OECEI, Mercado ALALC, fundamentos macroeconómicos para su
evaluación, Buenos Aires 1971, S. 23, 30. 33.
43) "Unter wirtschaftlichem Dualismus wird im Kern der ökonomische
Tatbestand zusammengefasst, dass sich innerhalb einer Volkswirtschaft verschiedene Wirtschaftssektoren (und manchmal auch entsprechend die Wirtschaftsregionen) im Zuge des Wachstumsprozesses
in der Weise auseinander entwickeln, dass die Entgelte für gleiche
Güter und Leistungen sektoral beziehungsweise regional bedeutend
voneinander abweichen. Dies gilt besonders für die Arbeitskraft,
aber auch für das Kapital." Reimut Jochimsen, Dualismus als Problem der wirtschaftlichen Entwicklung, in: Fritsch,a.a.O., S. 66.

reichste Schicht eines Landes, welche sich mehr oder weniger erfolgreich an das Ueberlieferte zu klammern pflegt. Die Modernisierung der Landwirtschaft als bedingungslose Voraussetzung für eine erfolgreiche Industrialisierung ist eine Aktion, welche in ihrem Kern auf eine Veränderung des bestehenden Zustandes der Gesellschaft und ihrer Institutionen ausgerichtet ist[44]. Es sei nur an den gesellschaftspolitischen Gehalt einer Landreform, wie sie beispielsweise in Mexiko, Chile oder Peru durchgeführt worden ist, erinnert. "Notwendiger als jede Verbesserung der materiellen Lebensbedingungen durch die Einführung moderner Institutionen und Agrartechniken ist die Aenderung der Lebensgewohnheiten, der wirtschaftlichen Grundhaltungen und die Weckung von Selbstverantwortung und Selbstinteresse."[45]

6. Die Schwächen des Aussenhandels[46]

Die Bemühungen, die Industrialisierung möglichst rasch voranzutreiben, werden immer wieder durch Zahlungsbilanzschwierigkeiten in Frage gestellt. Dass die Substitutionspolitik anfänglich einen Druck auf die Zahlungsbilanz ausüben würde, war zwar vorauszusehen. Die Erwartung, der Druck würde nach einer gewissen Anlaufzeit der Substitutionsindustrien von selbst nachlassen, hat sich in den meisten Fällen aber nicht bestätigt. Statt Devisen zu sparen, stiegen die Importe wert- und mengenmässig an; es fand lediglich eine Verlagerung von Konsumgütern zu Rohstoffen und Halbfabrikaten statt. Der massive Zollschutz gegen ausländische Konkurrenz förderte das Entstehen kapitalintensiver Industrien ungeachtet des vorhandenen Marktpotentials und der längerfristigen Entwicklungsmöglichkeiten.

Anderseits erfuhren die Exporte nicht die gewünschte Ausweitung. Da es sich dabei mehrheitlich um Rohstoffe und Primärgüter handelt, mag die ungünstige Preisentwicklung auf dem Weltrohstoffmärkten eine gewisse

---

44) vgl. Heiko Körner, Industrie und Landwirtschaft im Prozess der wirtschaftlichen Entwicklung, in: Fritsch, a.a.O., S. 268.
45) ders., a.a.O., S. 269.
46) vgl. für das folgende insbesondere: Little/Scitovsky/Scott, a.a.O., S. 10 f., 59 ff.; Prebisch, a.a.O., S. 48 ff.

Rolle gespielt haben[47]. Entscheidend ist jedoch, dass die massive Protektion erstens die Diversifizierung der Exporte in industriell hergestellte Produkte aus Kostengründen verunmöglichte, und dass zweitens die mit der Protektion verbundene Ueberbewertung der Währung auch den Export von Primärgütern uninteressant machte. Die hohe Importneigung sah sich in der Folge einem akuten Devisenmangel gegenüber, der die Versorgung der Industrie mit lebenswichtigen Rohstoffen und Halbfabrikaten in Frage stellte. Damit wurde die wirtschaftliche Entwicklung bzw. die Industrialisierung empfindlich gedämpft.

Der hier dargelegte "Teufelskreis" ist typisch für die Volkswirtschaften Lateinamerikas. Er ist einer der wichtigsten Kräfte, die der Industrialisierung entgegenstehen. Ziel jeder Entwicklungsstrategie muss deshalb sein, die Importkapazität durch geeignete Massnahmen zu erhöhen. Dabei kann gleichzeitig die binnenwirtschaftliche Realkapitalbildung ergänzt werden[48]. Angesichts der Tatsache, dass sich die Möglichkeiten zur Importsubstitution in Ländern wie Argentinien, Mexiko und selbst Brasilien zu erschöpfen drohen, müssen die entscheidenden Wachstumsimpulse vom Aussenhandel kommen, damit die Industrialisierung fortschreiten kann.

D. Schema über die wirtschaftlich relevanten Grössen im Industrialisierungsprozess Argentiniens

Nachdem die Problematik der Industrialisierung in Lateinamerika in groben Zügen geschildert worden ist, gilt es nun, die einzelnen den Industrialisierungsprozess bestimmenden Grössen Argentiniens zu

---

[47] Die in Entwicklungsländern weit verbreitete These, wonach sich die Austauschverhältnisse (Terms of Trade) ständig zu ihren Ungunsten entwickelt hätten, ist jedenfalls in dieser verallgemeinerten Form nicht haltbar; vgl. Hans Sieber, Die realen Austauschverhältnisse zwischen Entwicklungsländern und Industriestaaten. Eine Verifizierung der These Prebischs, Tübingen/Zürich 1968.
[48] vgl. Baumberger, a.a.O., S. 268.

analysieren. Zur Veranschaulichung des Vorgehens dient nebenstehendes Schema[49] (Abb. 1).

Zunächst gilt es, sich über den Aufbau der argentinischen Volkswirtschaft Klarheit zu verschaffen. Darüber geben die im dritten Kapitel beschriebenen Einflussgrössen Auskunft, welche im wesentlichen den Stand der Industrialisierung wiedergeben. Es sind dies im einzelnen:

- die Bevölkerungsstruktur (Wachstumsrate, altersmässige und geographische Verteilung, soziale Schichtung etc.)

- der Konsumsektor (Lebensstandard, Einkommensverteilung, Konsumquote, Marktpotential)

- der Investitionssektor (Realkapitalbildung, Kapitalkoeffizient, regionale Verteilung der privaten und öffentlichen Investitionen)

- der staatswirtschaftliche Sektor (Finanzhaushalt der Zentralregierung und der Provinzen, Verschuldung, Staatsbetriebe)

- der aussenwirtschaftliche Sektor (Struktur des Aussenhandels, geographische Verteilung)

- der Produktionssektor im besonderen (Rolle der Landwirtschaft, Struktur des Grundeigentums, Produktivität; traditionelle und dynamische Bereiche des industriellen Sektors; Entwicklungsmöglichkeiten im Fremdenverkehr; das Problem der industriellen Ballungszentren).

---

[49] Der Uebersichtlichkeit halber ist auf die graphische Darstellung sämtlicher möglichen Abhängigkeiten zwischen den verschiedenen Einflussgrössen verzichtet worden. Es ist jedoch klar, dass jeder Faktor mit allen übrigen Faktoren in Beziehung steht.

Abb. 1 SCHEMA ZUM INDUSTRIALISIERUNGSPROZESS ARGENTINIENS

Quelle: Verfasser

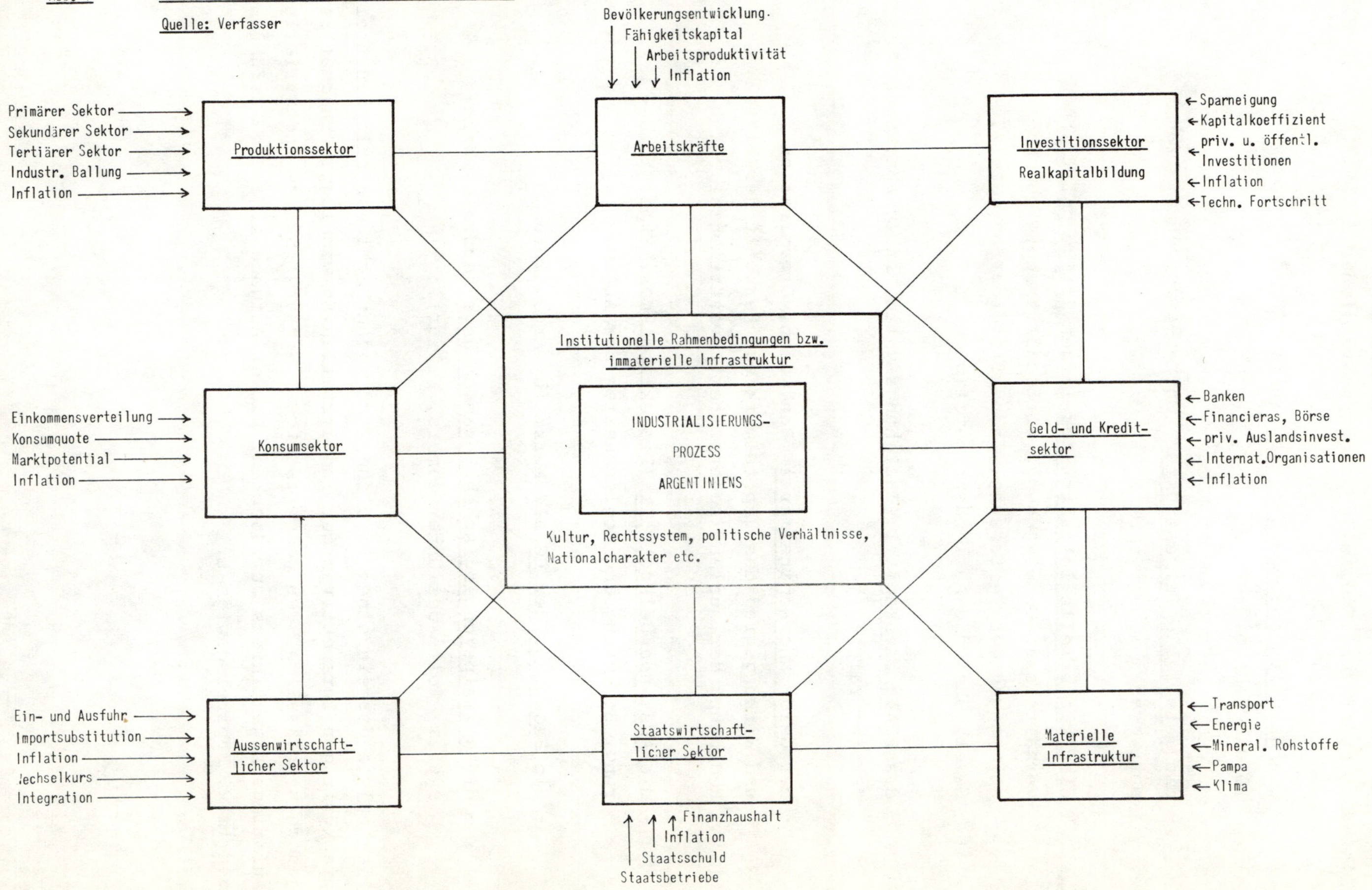

Investitionssektor — Realkapitalbildung
→ Sparneigung
→ Kapitalkoeffizient
→ priv. u. öffentl. Investitionen
→ Inflation
→ Techn. Fortschritt

Geld- und Kreditsektor
← Banken
← Financieras, Börse
← priv. Auslandsinvest.
← Internat. Organisationen
← Inflation

Materielle Infrastruktur
← Transport
← Energie
← Mineral. Rohstoffe
← Pampa
← Klima

Arbeitskräfte
→ Bevölkerungsentwicklung
→ Fähigkeitskapital
↓ Arbeitsproduktivität
↓ Inflation

INDUSTRIALISIERUNGS-
PROZESS
ARGENTINIENS

Institutionelle Rahmenbedingungen bzw. immaterielle Infrastruktur

Kultur, Rechtssystem, politische Verhältnisse, Nationalcharakter etc.

Staatswirtschaftlicher Sektor
← Finanzhaushalt
← Inflation
← Staatsschuld
← Staatsbetriebe

Produktionssektor
Primärer Sektor →
Sekundärer Sektor →
Tertiärer Sektor →
Industr. Ballung →
Inflation →

Konsumsektor
Einkommensverteilung →
Konsumquote →
Marktpotential →
Inflation →

Aussenwirtschaftlicher Sektor
Ein- und Ausfuhr →
Importsubstitution →
Inflation →
Wechselkurs →
Integration →

Hernach ist im 4. Kapitel nach den <u>Bestimmungsfaktoren</u> der Industrialisierung zu fragen. Spezielle Beachtung verdienen dabei:

- die <u>natürlichen Gegebenheiten</u> (Klima, Pampa, mineralische Rohstofflager)

- die <u>materielle Infrastruktur</u> (Energieversorgung, Transportwesen)

- die <u>immaterielle Infrastruktur</u> (gegenwärtige politische Verhältnisse, Gesetzgebung, wirtschaftsrechtliche Bestimmungen der Verfassung, Industrieförderungsgesetz, Gesetz über die Auslandsinvestitionen)

- das <u>Fähigkeitskapital</u> (Erziehungssystem, Analphabetismus, "Brain-drain")

- der <u>Geld- und Kapitalmarkt</u> (Bankwesen, Organisation und Wirkungsgrad des Kapitalmarktes, Herkunft der Mittel, Bedeutung der ausländischen Direktinvestitionen)

- die <u>Aussenhandelspolitik</u> (Protektionismus, Exportförderung, Bedeutung und Möglichkeiten der ALALC)

- die <u>Bedeutung der EG</u> als Markt für Argentinien

- die <u>sozialpsychologischen Zusammenhänge</u> (soziales Wertsystem, Rolle des Unternehmers, Kultur).

Die Analyse der einzelnen Bereiche wird sodann Schlüsse zulassen über die künftigen Perspektiven der industriellen Entwicklung. Zunächst ist jedoch unerlässlich, den geschichtlichen Hintergrund des industriellen Aufstiegs Argentiniens aufzudecken. Dieser Aufgabe sind die Ausführungen im 2. Kapitel gewidmet.

2. Kapitel: Wirtschaftsgeschichtlicher Rückblick
==

I. Uebersicht
─────────────

Die wirtschaftshistorische Entwicklung Argentiniens zum Industriestaat
ist in mehreren Etappen verlaufen. Aus dem umfangreichen Schrifttum zu
diesem Thema wird ersichtlich, dass die meisten Autoren die Eintei-
lung der Entwicklung nach der Verschiebung des Anteils der einzelnen
Wirtschaftssektoren am Bruttoinlandprodukt vornehmen: Während der primäre Sektor 1900 - 1904 im Durchschnitt noch mit 33,2 % an der volkswirtschaftlichen Gesamtleistung beteiligt war, sank sein Anteil auf
12 % im Jahre 1965. Umgekehrt wuchs der Anteil der verarbeitenden Industrie in der gleichen Zeitspanne von 13,8 % auf 34,6 %[1]. Diese
sektorale Verschiebung in der Produktionsstruktur tritt bei Ferrer[2]
in der Unterteilung in zwei für die Industrialisierung wesentliche Abschnitte klar zu Tage, nämlich die Zeit von 1860 - 1930, die er als
"exportorientierte Primärwirtschaft" (economía primaria exportadora)
bezeichnet, sowie die Periode ab 1930, welche mit "nichtintegrierte
Industriewirtschaft" (economía industrial no integrada) benannt wird.
Díaz Alejandro[3] unterscheidet unter ausschliesslicher Berücksichtigung des industriellen Sektors zwei Etappen, nämlich jene vor und jene
nach 1930. Di Tella und Zymelman[4] setzen sich mit den Entwicklungs-
phasen Rostows auseinander, wobei sich ihrer Meinung nach die Basis
für den industriellen Take-off in der Zeit von 1880-1914 bildet, dieser
sich aber verzögert und erst zwischen 1933 und 1952 eintritt. Die Phase ab
1952 bis Mitte der Sechzigerjahre bezeichnen sie als "Anpassung". Einen
andern Ansatzpunkt verwendet R.T. Alemann[5], der seine Ausführungen
wirtschaftspolitischen Betrachtungen unterstellt, ebenso Lascano[6], der
die einzelnen entwicklungsrelevanten Etappen anhand von monetären Ein-

───────────────
1) OECEI, Argentina económica y financiera, Buenos Aires 1966, S. 61.
2) Aldo Ferrer, La economía argentina, México 1963, S. 91 ff. und
   S. 155 ff.
3) Carlos F. Díaz Alejandro, Essays on the Economic History of the
   Argentine Republic, New Haven/London 1970, S. 208 ff.
4) Guido Di Tella und Manuel Zymelman, Etapas del desarrollo económico
   argentino, in: Torcuato S. Di Tella, u.a., Argentina, sociedad de
   masas, Buenos Aires 1965, S. 177 ff.
5) Roberto T. Alemann, Curso de política económica, Buenos Aires 1970,
   S. 93 ff.
6) Marcelo R. Lascano, El crecimiento económico, condiciones de la
   estabilidad monetaria en la Argentina, Buenos Aires 1970.

flussgrössen beurteilt.

Die vorliegende Arbeit stützt sich teilweise auf die Erkenntnisse der genannten Autoren, allerdings unter zusätzlicher Berücksichtigung der politischen Entwicklung jeder Phase; für das Verständnis des industriellen Aufstiegs Argentiniens ist dies unerlässlich. Der erste Abschnitt ist der kolonialen Epoche gewidmet, während der zweite die Probleme im Zusammenhang mit der Staatswerdung erörtert. In den nachfolgenden Abschnitten erfährt der Industrialisierungsprozess eine dreifache zeitliche Unterteilung, nämlich 1880 - 1930 (Zeit des Freihandels und des "Laissez-faire"), 1930 - 1955 (Industrialisierung durch Importsubstitution) sowie die entscheidende Phase nach dem Sturz Peróns bis zur Gegenwart (1955 - 1972), in welcher Argentinien versuchte, eine Konsolidierung der wirtschaftlichen Entwicklung zu erreichen.

II. Die koloniale Periode (1516 - 1810)

A. Politik[7]

Obwohl das moderne Argentinien[8] ein Produkt des späten 19. sowie des 20. Jahrhunderts ist, lassen sich die eigentlichen Wurzeln des Nationalcharakters dieses Landes bis in die koloniale Epoche zurückverfolgen. Anfänglich war das Gebiet am Río de la Plata vollständig abhängig vom Vizekönigreich Nueva Granada, dessen Zentrum sich in Lima, der heutigen Hauptstadt Perus, befand.

Argentinien ist aus zwei Richtungen erobert worden. Der Hauptstoss erfolgte nicht etwa vom Atlantik, sondern von der Pazifikküste her über die alte Inkastrasse der Anden. So entstanden am Fusse der "Cordillera andina" lange vor Buenos Aires wirtschaftlich-kulturelle Zentren der Spanier: Santiago del Estero (1553), Corrientes und Paraná (1558), Mendoza (1561), San Juan (1562), Tucumán (1563) sowie Córdoba und Santa Fé (1573). Der Eroberung vom Atlantik her war zunächst kein Erfolg beschieden. Schon 1516 landete eine erste Expedition unter Juan Díaz de Solís in der Gegend des heutigen Buenos Aires. Im Unterschied zu seinen Landsleuten Pizarro und Cortés fand er jedoch kein Volk mit hochentwickelter Kultur vor, sondern eine Horde wilder und kannibalischer Indianer, welche ihn umbrachten. Zehn Jahre später segelte Sebastián Cabot den Río de la Plata hinauf und baute eine Festung, die aber bald von den Indianern eingeäschert wurde. Im Jahre 1536 versuchte Spanien ein weiteres Mal, das Land am La Plata vom Atlantik her zu besiedeln. Unter Pedro de Mendoza gelang ihm dies teilweise; er nannte den Ort der Landung Puerto de Santa María del Buen Aire[9]. Doch erwies sich das

---

7) Vgl. für das folgende insbesondere H.S. Ferns, Argentina, London 1969; Thomas F. McGann, Argentina - The Divided Land, New York/Toronto/London/Melbourne 1966; George Pendle, Argentina, London/New York/Toronto 1963 (3rd Ed.); James R. Scobie, Argentina, A City and a Nation, New York/London/Toronto 1971.
8) Der Name "Argentinien" ist aus dem spanischen Wort "argentina" abgeleitet, was "silbern" bedeutet. Es war ein Wunschtraum der spanischen Eroberer des 16. Jahrhunderts, ähnlich wie in Mexiko und Peru, am Río de la Plata, "Silberfluss", und weiter landeinwärts Edelmetalle, vorab Silber, zu finden.
9) Der Name von Buenos Aires hatte schon damals nichts zu tun mit "guten Lüften". Vielmehr ist er der Schutzpatronin der Mittelmeerseefahrer, "Nuestra Señora Santa María del Buen Aire" zu verdanken. Vgl. Scobie, a.a.O., S. 43.

Land als eine grosse Enttäuschung: Nicht nur fanden die Eroberer nichts von dem erwarteten Silber, die Indianer waren zudem noch genau so kriegerisch und gefährlich wie zuvor. Mendoza zog deshalb stromaufwärts und gründete 1537 am Oberlauf des Paraná Asunción, die heutige Hauptstadt Paraguays. Erst 1580 gelang es Juan de Garay, endgültig am Río de la Plata Fuss zu fassen. So entstand ein Gegenpol zum bereits aufstrebenden Landesinnern, ein Vorposten, der ständig Angriffen seitens der Indianer, später dann auch der Portugiesen und Engländer, ausgesetzt war. Dank dieser peripheren und exponierten Lage entwickelte die Bevölkerung am Río de la Plata einen selbstsicheren und unabhängigen Geist, der den Criollos[10] im allgemeinen, speziell aber den Porteños[11] eigen ist. Die derart begründete Gegensätzlichkeit zwischen Buenos Aires (liberal, weltoffen) und dem Landesinnern (konservativ, autark) war, wie später noch ersichtlich sein wird, das Haupthindernis einer politischen und wirtschaftlichen Integration des Landes.

Zunächst aber führte Buenos Aires ein Schattendasein. Das Land unterstand dem Vizekönig in Peru, und sämtlicher Handel wurde aufgrund obrigkeitlichen Befehls des Mutterlandes über Lima abgewickelt[12]. Der direkte und billigere Seeweg war verboten. Es war jedoch Spanien aufgrund der vorteilhaften Lage Buenos Aires' nicht möglich, diese Bestimmung auf längere Sicht durchzusetzen. Schon früh entwickelte sich deshalb am Río de la Plata ein reger und einträglicher Schmuggel, der seine Anziehungskraft, wenn auch aus wechselnden Gründen, bis in die Gegenwart bewahrte. Erst mit der Schaffung eines selbständigen Vizekönigreiches Río de la Plata im Jahre 1776, das die heutigen Staaten Argentinien, Bolivien, Paraguay und Uruguay umfasste, wurde das Verbot des direkten Handels mit den übrigen spanischen Kolonien aufgehoben. Die Errichtung einer neuen Verwaltungseinheit lag nicht nur im bislang ständig sinkenden Handel Buenos Aires' mit der Krone begründet; vielmehr sollte dieses Vizekönigreich vor allem die spanische Position gegenüber Portugal und England stärken.

---

10) Als Criollos (deutsch: Kreolen) bezeichnet man die in Argentinien Geborenen spanischer Abstammung. Heute hat das Wort den Sinn von "typisch argentinisch".
11) Bewohner der Hafenstadt Buenos Aires (von spanisch: el puerto = der Hafen).
12) vgl. Max Link, Die Ursachen des industriellen Aufstiegs Mexikos, Zürich 1970, S. 103 ff. und die dort zit. Quellen.

Mit dem Aufblühen der Hafenstadt Buenos Aires entwickelte sich am Río de la Plata eine weltoffene und freiheitsbewusste Gesellschaft, deren Gedankengut demjenigen des kolonialen Spaniens diametral entgegengesetzt war. Der Vizekönig als Repräsentant des Mutterlandes galt als "erster Bürokrat" einer höchst autoritären Verwaltungshierarchie, welche dem Porteño zutiefst zuwider war. Die soziale Distanz, der Antagonismus der Interessen und - als direkte Folge davon - der fehlende "community sense" bildeten den Kern der späteren Unabhängigkeitsbewegung. Die weltpolitische Lage gegen Ende des 18. Jahrhunderts förderte diese Bestrebungen. Den geistigen Anstoss zur Unabhängigkeitsbewegung in Argentinien bildete die Französische Revolution von 1789. Der Krieg zwischen Spanien und England, welcher mit einer Niederlage der Bourbonen und einer Wirtschaftsblockade am Río de la Plata endete, offenbarte aufs deutlichste die Verletzlichkeit der argentinischen Wirtschaft, welche sich noch ganz auf den Handel mit Spanien konzentrierte. Zweimal, nämlich 1806 und 1807, versuchten die Engländer, dem geschwächten Spanien die Kolonie am Río de la Plata zu entreissen. Dies gelang ihnen nur deshalb nicht, weil die Bewohner von Buenos Aires angesichts der Unfähigkeit der spanischen Krone, ihre Besitztümer zu verteidigen, zu erfolgreichen Selbsthilfemassnahmen schritten. Nach der Invasion Spaniens durch die napoleonischen Truppen und der Absetzung König Ferdinands VII entschlossen sich die Porteños unter der geistigen Führung von Mariano Moreno am 25. Mai 1810, den spanischen Vizekönig abzusetzen und die Verwaltungs- und Regierungsgeschäfte einer selbstgewählten Junta zu übertragen. Die eigentliche <u>Unabhängigkeitserklärung</u> erfolgte jedoch erst sechs Jahre später, am <u>9. Juli 1816.</u>

B. Wirtschaft

Wie erwähnt, suchten die Spanier auf ihren Entdeckungsreisen Gold und Silber. Eine eigentliche wirtschaftliche Tätigkeit in den Kolonien im Sinne der Güterproduktion war indessen nicht beabsichtigt, denn Landwirtschaft, Handel und Gewerbe bildeten lediglich zweitrangige Ziele ihrer Wirtschaftspolitik[13]. Südlich der im heutigen Bolivien gelegenen

---

13) vgl. Roberto T. <u>Alemann</u>, Kurzgeschichte der argentinischen Industrialisierung. Vom Kleingewerbe zur Schwerindustrie, in: <u>LAI</u> (Hrsg.), Argentinien heute, Wirtschaft und Kultur, Zürich 1970, S. 123.

Silberstadt Potosí fanden sich jedoch keine Edelmetalle. Infolgedessen mussten sich die Spanier, welche sich im heutigen Nordwesten[14] Argentiniens niederliessen, den weniger erträglichen Tätigkeiten wie Viehzucht, Ackerbau, Handel und Gewerbe widmen, um leben zu können. Die frühe koloniale Zeit weist wirtschaftlich zwei Merkmale auf: Die regionale Subsistenzwirtschaft[15] und die monopolistische Handels- und Industriepolitik Spaniens.

Das Gewerbe, der Vorläufer der Industrie, entstand aus dem Ackerbau. So wurde im Nordwesten Baumwolle angepflanzt und diese zu Textilien weiter verarbeitet. Im Nordosten gründeten die Jesuiten die ersten Zuckerfabriken, in Córdoba blühte die Müllereiindustrie, die Gerbereien und die Herstellung landwirtschaftlicher Geräte[16]. Die gesamte Produktion war aber grundsätzlich für die lokale Nachfrage bestimmt. Grosse Distanzen trennten die einzelnen Städte als Produktionszentren voneinander und erschwerten den Handel, zumal geeignete Transportmittel fehlten. Das System der regionalen Subsistenzwirtschaft enthielt wenig dynamische Zweige, welche nebst dem lokalen Markt auch noch auf die Ausfuhr angewiesen gewesen wären. Dies verhinderte seinerseits eine vermehrte Diversifikation und Arbeitsteilung im Produktionsprozess. Ferner verfügte nur ein geringer Teil der Bevölkerung über die nötige Kaufkraft, so dass vielfach Tauschwirtschaft vorherrschte.

Spaniens Handels- und Industriepolitik war stark auf den Schutz der eigenen Produktion ausgerichtet. Man versuchte, die Gütererzeugung und den Handel in den Kolonien durch gesetzliche Vorschriften weitgehend zu unterbinden. Am Río de la Plata wie auch im Landesinnern schenkte man jedoch derartigen Anweisungen kaum Beachtung, so dass sich in bescheidenem Rahmen eine wirtschaftliche Tätigkeit entwickeln konnte. Im Jahr 1778 erfolgte die offizielle Liberalisierung des Handels mit Spanien[17].

---

14) Umfasst die Provinzen Catamarca, Córdoba, La Rioja, Tucumán, Salta und Jujuy.
15) vgl. Ferrer, a.a.O., S. 17 ff., insbes. S. 44 ff.
16) vgl. R.T. Alemann, Kurzgeschichte, a.a.O., S. 124.
17) Gesetzliche Grundlage bildete das sogenannte Freihandelsreglement oder "Reglamento y aranceles reales para el comercio libre de Expaña e Indias", vgl. R.T. Alemann, Política económica, a.a.O., S. 104.

Buenos Aires erhielt so die Anerkennung als kommerzieller Hafen. Die heutige Bundeshauptstadt Argentiniens entwickelte in kurzer Zeit eine rege Handelstätigkeit, nicht nur mit Spanien, sondern auch mit dem Landesinnern und Potosí, letzteres trotz verschiedener Binnenzölle. Das Recht, mit dem Mutterland Handel zu treiben, legte den Grundstein für die heutige wirtschaftliche Ueberlegenheit der Grossagglomeration Buenos Aires.

- 36 -

III. Staatswerdung (1810 - 1880)

A. Politik[18]

Mai-Revolution und Unabhängigkeitserklärung bewirkten das Auseinanderfallen des spanischen Imperiums am Río de la Plata. So gingen Paraguay und die "Banda Oriental"[19] verloren. Die Unabhängigkeit hatte aber auch noch eine politische und soziale Spaltung zur Folge. Es entstand eine dualistische Gesellschaft, in der die wohlhabende und durch europäische Sitten beeinflusste Stadt Buenos Aires den weitaus ärmeren Provinzen bzw. dem sogenannten "Interior" (d.h. Landesinnern) gegenüberstand. In der Stadt dominierte das liberale Gedankengut des frühen 18. Jahrhunderts; den Intellektuellen schwebte ein Staat nach Rousseau'schem Muster vor. Im unendlich weiten und einsamen Interior, der Pampa, dagegen beherrschten die Gauchos[20] das Bild, deren Führer man Caudillos nannte. Der Gaucho war nach den Worten des grossen argentinischen Staatsmannes Domingo Faustino Sarmiento "ein Barbare"[21], für den Recht und Ordnung mit Unterdrückung gleichzusetzen war und der sich gegen jegliche Autorität auflehnte. Der Gaucho lebte zumeist im Freien bei seinen Viehherden, seine Sitten waren rauh und primitiv[22]. Der tiefgreifende Gegensatz zwischen Stadt und Land auf kultureller Ebene äusserte sich politisch im Konflikt zwischen Unitariern und Föderalisten. Die Unitarier wünschten eine starke Zentralregierung, welche von Buenos Aires aus das ganze Land verwalten sollte. Die Föderalisten, d.h. die Bewohner der Provinzen, dagegen wollten den drohenden Hegemonieanspruch

---

18) vgl. für das folgende S. 31 , Anmerkung 7 .
19) Ehemalige Bezeichnung für das heutige Staatsgebiet von Uruguay, welches offiziell "República Oriental del Uruguay" (d.h. östlich des Flusses Uruguay gelegen) heisst.
20) Die synonyme Bezeichnung im Englischen ist "Cowboy".
21) Sarmiento beschrieb den Gegensatz zwischen Stadt und Land in seinem erstmals 1845 erschienenen Werk Facundo, dessen voller Titel lautet: "Civilización y barbarie: Vida de Juan Facundo Quiroga".
22) Ein englischer Reisender bemerkte dazu: "The use of a fork is avoided, because...a knife and a fork require a plate, which needs to be placed on a table ...This want creates another: a table involves the necessity of a chair; and thus the consequences resulting from the use of forks involve a complete revolution in the household." Diese etwas übertriebene Schilderung der ländlischen Zivilisation zitiert Pendle,a.a.O., S. 33; (William MacCann, Two Thousand Miles' Ride through the Argentine provinces, 1853).

Buenos Aires' verhindern. Bürgerkriegsähnliche Auseinandersetzungen zwischen den beiden Lagern waren deshalb in den ersten Jahrzehnten nach der Unabhängigkeitserklärung unvermeidlich. Weder Bernardino <u>Rivadavia</u>, einem Unitarier, noch seinem gewaltsam an die Macht gelangten Nachfolger Juan Manuel <u>Ortiz de Rosas</u>, einem Föderalisten und Caudillo der Provinz Buenos Aires, gelang es, die "Vereinigten Provinzen am Río de la Plata" zu einer sozio-politischen Einheit zu verschmelzen. Rosas regierte mit diktatorischer Faust und organisiertem Terror. Er wurde schliesslich von einem abtrünnigen Verbündeten, dem aus der Provinz Entre Ríos stammenden General <u>Urquiza</u> im Jahre 1852 bei Monte Caseros in einer Schlacht geschlagen und musste ins Ausland fliehen. Er starb 1877 im englischen Exil[23].

Durch Urquizas Initiative kam Argentinien 1853 zu seiner ersten Verfassung. Gedanklicher Schöpfer war Juan Bautista <u>Alberdi</u>, ein Publizist und weitsichtiger Bürger. Als Vorbild diente ihm die Verfassung der Vereinigten Staaten. Das von Alberdi entworfene Grundgesetz, welches heute noch gültig ist[24], ist einerseits sehr liberal, was Freiheitsrechte, insbesondere wirtschaftliche Entfaltungsmöglichkeiten anbelangt, konzentriert aber anderseits einen erheblichen Teil der Macht in den Händen des Staatspräsidenten[25]. Der Kampf zwischen Unitariern und Föderalisten endete jedoch keineswegs mit dieser Verfassung. Die Porteños weigerten sich zunächst, sie überhaupt anzuerkennen, da sie nicht gewillt waren, ihre aus dem Welthandel reichlich fliessenden Finanzquellen mit den Provinzen zu teilen. Sie wurden schliesslich von Urquiza mit Waffengewalt dazu gezwungen[26]. Einige Zeit später flackerte der alte Konflikt erneut auf, als die Provinz Buenos Aires darauf beharrte, ihre Abgeordneten für den ersten Kongress nach den eigenen Gesetzen zu wählen. Daraufhin kündigten die Unitarier ihre Mitarbeit. Unter General Bartolomé <u>Mitre</u>, der noch bei Cepeda Urquiza unterlegen war, zwangen sie

---

23) Rosas wird heute noch innerhalb nationalistischer und extremer politischer Gruppen als Held verehrt. Dass seine Gebeine im Ausland ruhen, wird von dieser Seite als Schmach empfunden.
24) Die argBV von 1853 wurde 1949 durch die Regierung Perón abgeändert; nach dessen Sturz im Jahre 1955 setzte man wieder die ursprüngliche Version in Kraft.
25) Die einzelnen, für die wirtschaftliche Entwicklung relevanten Verfassungsbestimmungen werden weiter hinten, S. 255 ff., ausführlich analysiert.
26) Schlacht bei Cepeda, Oktober 1859.

die Föderalisten bei Pavón im Jahre 1861 in die Knie. Dieser unnötige Krieg endete damit, dass beide Parteien die Verfassung von 1853 anerkannten. Nach allgemeinen Wahlen wurde Mitre zum ersten Staatspräsidenten der Republik Argentinien ausgerufen.

Ausser Alberdi war es insbesondere Domingo Faustino Sarmiento, der Nachfolger Mitres, der dem jungen Staat seinen Stempel aufdrückte. Sarmientos Tätigkeit beeinflusste die wirtschaftliche Entwicklung Argentiniens entscheidend. Sein Ziel war, den fast unüberwindbaren Gegensatz zwischen Stadt und Land bzw. Unitariern und Föderalisten abzubauen. So schuf er landesweit ein Primarschulsystem, gründete Bibliotheken und Hochschulen und rief zur Unterstützung amerikanische Lehrkräfte ins Land. Er öffnete der Immigration die Grenzen. Er war überzeugt davon, dass die "Gaucho-Mentalität" auf die Länge nur mit frischem europäischem Blut ausgemerzt werden könne. Seine Regierungszeit war denn auch gekennzeichnet von einem ständigen Kampf gegen aufrührerische Caudillos in den Provinzen.

Der Nachfolger Sarmientos, Nicolás Avellaneda, setzte dessen Aufbauarbeit fort. Die zunehmende Einwanderung aus Europa erforderte zusätzliches bebau- und bewohnbares Gebiet. Unter seinem Kriegsminister, General Julio A. Roca, wurden die im Süden der Provinz Buenos Aires ansässigen Indianer vertrieben und in blutigen Kämpfen grösstenteils niedergemetzelt[27]. 1880, nach der Wahl Rocas zum Präsidenten, entschloss sich die Regierung nach erneuten Auseinandersetzungen zwischen Unitariern und Föderalisten, die Stadt Buenos Aires verwaltungsmässig zu verselbständigen und erklärte sie zur Bundeshauptstadt. Dieser Akt bedeutete den eigentlichen Sieg der Unitarier: Künftig wurden die Provinzen von der Metropole aus durch vom Volk gewählte, aber vom Präsidenten jederzeit absetzbare Gouverneure regiert. Eine Aera begann, in der die Präsidenten die Verfassung nach ihrem Gutdünken auszulegen pflegten. So gelangte beispielsweise oft das in Art. 6 argBV enthaltene Interventionsrecht zur Anwendung, das den Präsidenten ermächtigt, einen "unbotmässigen" Gouverneur durch einen ihm genehmen Statthalten ("Interventor"),

---

27) im sogenannten "Wüstenkrieg", 1879-1883.

zu ersetzen. Dieser Vertrauensmann des Präsidenten hatte in der Regel zur Aufgabe, die Provinzregierung und deren Organe nach dem Wunsch seines Auftraggebers umzubilden bzw. die Wahlen zu "steuern"[28]. Das Interventionsverfahren wird auch heute noch des öftern angewendet, interessanterweise nicht nur in den Provinzen, sondern auch in andern Bereichen[29].

B. Wirtschaft

Die Zeit von der Unabhängigkeit bis zum Sturz Rosas'(1852) war durch wirtschaftliche Stagnation gekennzeichnet. Obwohl die anfängliche Liberalisierung des Handels einen beachtlichen Aufschwung zur Folge hatte[30], machten die laufenden kriegerischen Auseinandersetzungen zwischen Unitariern und Föderalisten den einmal erzielten Erfolg bald zunichte. Rosas' Machtübernahme brachte zudem eine Rückkehr zum merkantilistischen Wirtschaftssystem der einstigen Kolonisatoren[31].

Erst die Annahme der Verfassung von 1853 schuf die Voraussetzungen für eine liberale Wirtschaftspolitik des "laissez-faire". Die koloniale Periode war damit endgültig überwunden, jedenfalls was das rein Oekonomische angeht. Es entstand eine vom Export landwirtschaftlicher Güter, hauptsächlich Getreide, Fleisch, Häute und Leder sowie Wolle geprägte Wirtschaftsstruktur[32], welche bis zum Ausbruch der Weltwirtschaftskrise von 1929 weitgehend erhalten blieb. Als Ursachen dieser Struktur gelten im wesentlichen drei Faktoren, nämlich die _Einwanderung_, der Bau der _Eisenbahnen_ und das Aufkommen von _Kühlschiffen_.

Kein Land der Welt, mit Ausnahme vielleicht der Vereinigten Staaten, hat seinen wirtschaftlichen Aufstieg mehr den europäischen Einwanderern zu verdanken als Argentinien[33]. Im Verlaufe eines Jahrhunderts nahm die

---

28) vgl. R.H. _Fitzgibbon_, The Constitutions of the Americas, Chicago 1948, S. 169.
29) So intervenierte z.B. Präsident _Onganía_ (1966-1970) ebenso wie seine Nachfolger gegen einzelne Gewerkschaften, staatliche Unternehmungen und Organisationen, Vereine und Privatunternehmungen.
30) Um die Jahrhundertwende entstanden in der Region Buenos Aires die ersten Betriebe der _Salzfleischindustrie_, die sogenannten _Saladeros_, welche zur Hauptsache für den Export arbeiteten. Als Vorläufer der heutigen Kühlhäuser bewirkten sie eine Belebung der Viehzucht. Vgl. R.T. _Alemann_, Kurzgeschichte, a.a.O., S. 126 f.
31) vgl. ders., Política económica, S. 109.
32) vgl. Federico A. _Daus_, El desarrollo argentino, Buenos Aires 1969,

Bevölkerung dank der Immigration um 58 % zu[34]. Sie setzte in massiver
Form ums Jahr 1870 ein. Ihr geistiger Urheber ist wiederum Juan Bautista
Alberdi, der bereits 1852 das Schlagwort "Gobernar es poblar" (Regieren heisst, das Land bevölkern) prägte[35]. Sowohl Alberdi als auch Sarmiento erkannten das Potential der argentinischen Landwirtschaft, insbesondere der weiten Ebene der Pampa, welche ohne genügend Arbeitskräfte
aber brachliegen musste. So kam denn auch der Hauptstrom der grösstenteils aus Italien und Spanien stammenden Einwanderer dem Primärsektor
zugute[36]. Fehlende Arbeitsplätze im Heimatland, Abenteuerlust, aber auch
rechtliche und politische Verfolgung waren die Hauptimpulse der Wanderungsbewegungen in Richtung Südamerika[37]. Die europäischen Auswanderungswilligen wurden meistens durch staatlich bezahlte Agenten angeworben.
Auch private Auswanderungsagenturen widmeten sich dem offensichtlich lukrativen Geschäft mit Emigranten[38]. Die massive Kolonisierung weiter

---

32) Fortsetzung: S. 19, ferner **Ferrer**, La economía argentina, a.a.O.,
S. 12.
33) Carl C. **Taylor**, Rural Life in Argentina, Baton Rouge 1948, S. 88.
34) vgl. Fernando **Bastos de Avila**, Immigration in Latin America,
Washington D.C. 1964, S. 127.
35) Juan Bautista **Alberdi**, Bases, Buenos Aires 1928, S. 89.
36) vgl. Tabellen 49 und 49a im Anhang sowie Abb.5, S. 81.
37) **Bastos de Avila**, a.a.O., S. 15.
38) **Taylor**, a.a.O., S. 91. Für "Auswanderungslustige" wurde in der
Schweiz wie auch in Deutschland eifrig Werbung betrieben, wie beispielsweise das Büchlein von Karl **Beck-Bernard** "Die Argentinische
Republik als Auswanderungsziel. Ein kleines Handbuch für Auswanderer und Kolonisten" aus dem Jahr 1868 beweist. Das "Handbuch"
enthält eine ausgedehnte Beschreibung des Landes, wobei dem potentiellen Auswanderer insbesondere die "unermessliche Ebene" der
Pampa schmackhaft gemacht wird, etwa mit der Begründung, dass "die
Feldarbeit ... in Santa Fé lange nicht so mühsam und anstrengend
(sei), wie in Europa", denn "alle Kulturen werden ohne Dünger gemacht, was bereits eine grosse Erleichterung ist; auch wird Alles in
möglichst grossen Feldern gepflanzt, so dass der Boden immer mit
dem Pflug, und nur ausnahmsweise mit dem Spaten oder der Hacke
bearbeitet wird." Gleichzeitig aber werden jene Leute gewarnt, welche glauben, sie könnten ohne Arbeit schnell reich werden: "Wenn
aber die Arbeit des Bauern auffällig leichter ist als hierzulande,
soll damit keineswegs gesagt sein, dass derselbe in Argentinien
nachlässig und träge sein dürfe. Fleiss, Ausdauer, beständiges
Nachgehen und Handanlegen, Ordnung, Sparsamkeit, Emsigkeit sind
dort zum Gelingen ebenso nothwendig und unerlässlich, wie irgendwo;
dagegen trägt die Arbeit in Santa Fé um so reichere Früchte."
(S. 32/33). - Auch an junge Leute werden unmissverständliche Ratschläge abgegeben, vor allem an solche, welche gedenken, in Buenos
Aires zu bleiben und nicht in die Kolonien weiterzureisen: "Junge
Leute, welche ohne Kapital nach Buenos Aires kommen, müssen sich
darauf gefasst machen, sich jedweder groben Handarbeit oder jedwedem Dienstverhältnisse zu unterziehen. Solche, welche die jungen
Herren spielen wollen, und nur auf Comptoirstellen reflektieren,

Gebiete hat Argentinien den Ackerbau, speziell aber den Getreideanbau gebracht; die eingeborenen Criollos beschäftigten sich damals fast ausschliesslich mit Viehzucht, einer einträglicheren und weniger arbeitsintensiven Tätigkeit[39]: Dank der landwirtschaftlichen Besiedlung wurden die Lebens- und Arbeitsbedingungen im Landesinnern wesentlich besser[40]. Sie bewirkte eine Ausweitung des Handels und des Verkehrs und hatte auf die Criollos einen positiven Demonstrationseffekt[41].

Mit der intensiven Besiedlung wurde der Bau geeigneter Transportmittel unerlässlich, um die landwirtschaftliche Produktion dem Hafen von Buenos Aires zuführen zu können. Die Eisenbahnen, deren erste Strecke 1857 in Betrieb genommen wurde, waren das Werk ausländischer Investoren, vorab Englands[42]. Mitunter wird der Eisenbahnbau, der gänzlich in den Dienst der Viehzüchter und Landwirte gestellt worden war, als eigentliche Ursache der industriellen Ballung im Raume Gross-Buenos Aires[43] bezeichnet. Da er von der Topographie her keinerlei Schwierigkeiten und Hindernisse bot, war er einer der billigsten der Welt[44].

---

38) Fortsetzung: finden sich in ihren Erwartungen bitter getäuscht. Es sind zwar viele Handlungshäuser dort, und die Angestellten werden anständig bezahlt, viel besser als in Europa, aber die Stellen werden nicht an neue Ankömmlinge vergeben, welche der Sprache unkundig, und im Geschäftsgang unerfahren sind." (S. 22). - Zur Gründungsgeschichte von Schweizer Kolonien in Argentinien ist auf die Schrift von Juan Schobinger,"Immigración y colonización suizas en la República Argentina en el siglo XIX", Buenos Aires 1957, hinzuweisen. Schwerpunkte der Besiedlung mit Kolonisten schweizerischer Herkunft bildeten der nördliche Teil der Provinz Buenos Aires sowie die Provinzen Santa Fé und Entre Ríos. In den Krisenjahren vor dem II. Weltkrieg liessen sich ebenfalls viele Schweizer in der Provinz Misiones nieder.
39) Bastos de Avila, a.a.O., S. 4; Pendle, a.a.O., S. 61.
40) Bastos de Avila, a.a.O., S. 27 ff.
41) Bastos de Avila, a.a.O., S. 29.
42) vgl. Pendle, a.a.O., S. 57.
43) Gross-Buenos Aires umfasst nebst der Bundeshauptstadt 19 Bezirke (Partidos) der Provinz Buenos Aires, nämlich Almirante Brown, Avellaneda, Berazategui, Esteban Echeverría, Florencio Varela, San Martín, Sarmiento, Lanús, Lomas de Zamora, Matanza, Merlo, Moreno, Morón, Quilmes, San Fernando, San Isidro, Tigre, Tres de Febrero und Vicente López. Auf nur 0,1 % der Gesamtfläche Argentiniens lebt 35,6 % der Bevölkerung; vgl. Tabellen 47 und 47a im Anhang; ferner S. 77, 207 ff.
44) vgl. Pendle, a.a.O., S. 57.

Speziell die Viehzucht hatte ihr Gedeihen aber nicht nur dem Eisenbahnbau, sondern ebenso dem Aufkommen von Kühlschiffen zu verdanken. Im Jahre 1876 transportierte ein französisches Versuchsschiff namens "Le Frigorifique"[45] erstmals frisches Fleisch zwischen Argentinien und England. 1887 standen bereits 57 Einheiten im Liniendienst, und um die Jahrhundertwende hatte sich das Angebot an Kühlschiffen gar verfünffacht[46]. Sie gaben den Anstoss zur Verdrängung der Salzfleischindustrie (Saladeros) durch die Kühlhäuser oder Frigoríficos.

Ohne Zweifel war es Argentinien gelungen, sich wirtschaftlich von der spanischen Krone zu trennen. Hingegen erfolgte keine Loslösung in bezug auf die Gesellschaftsstruktur. Vielmehr erfuhr das autokratische Wertsystem der einstmaligen Herrscher eine Weiterentwicklung, gefördert durch das System des Grossgrundbesitzes. Die Estancia[47] als wirtschaftliche und soziale Einheit hing vollständig vom Willen ihres Eigentümers, des Estancieros, ab. Die Bewohner einer solchen Lebensgemeinschaft auf dem Lande betrachteten ihn weniger als Arbeitgeber als vielmehr ihren Führer. Nicht das quantitative Merkmal des Grossgrundbesitzes, sondern die Identifizierung des Estancieros mit dem Landleben und seine Fähigkeit, die Interessen der Landwirtschaft zu vertreten, verliehen ihm seinen Status[48]. Dank seinem Reichtum genoss er in der Stadt hohes Ansehen. Anders die neuankommenden Siedler: Hatten sie nicht das Glück, billiges Fiskalland kaufen zu können, blieb ihnen häufig nichts anderes übrig, als sich bei einem Grossgrundbesitzer als Pächter zu verdingen[49], wobei ihnen der Erfolg aufgrund des Pachtsystems oftmals vorenthalten blieb[50]. Die Estancieros sowie die führende Schicht der Intellektuellen in der Stadt bildeten fortan eine gesellschaftliche Elite, welche

---

45) Das argentinische Wort "Frigorífico" für die Bezeichnung eines Kühlhauses (sei es nun für Fleisch oder andere verderbliche Produkte wie z.B. Früchte) stammt vom Namen dieses Schiffes; vgl. Pendle, a.a.O., S. 56, Anmerkung 41.
46) ders., a.a.O., S. 56 und die dort zit. Quellen.
47) Bezeichnung für ein grosses Landgut in Argentinien, gleichbedeutend mit dem im übrigen Lateinamerika verbreiteten Ausdruck "hacienda" bzw. "fazenda" (in Brasilien).
48) vgl. Ferns, a.a.O., S. 73.
49) ders., a.a.O., S. 73.
50) Die Auswirkungen des Pachtsystems auf die landwirtschaftliche Produktivität werden hinten (S. 142 ff.) ausführlich behandelt. Es hatte u.a. eine beträchtliche Rückwanderung von Siedlern nach ihren Heimatländern zur Folge, wenn man von der saisonal bedingten Emigration von Erntearbeitern, der "inmigración golondrina" (ähnlich dem jährlichen Wiederkehren der Schwalben), absieht. Vgl. Tabelle 49 im Anhang.

die Geschicke des Landes fest in ihren Händen hielt. Die nach 1880 einsetzende Industrialisierung richtete sich vor allem deswegen auf die Bedürfnisse der Estancieros aus, d.h. auf den Export von Primärgütern. Dies brauchte an sich nicht nachteilig zu sein, wenn man sich das landwirtschaftliche Produktionspotential und die daraus resultierenden komparativen Kostenvorteile vor Augen hält. Hingegen verhinderte diese Gesellschaftsstruktur die Integration der durch Einwanderung und Industrialisierung ständig zunehmenden nicht-landwirtschaftlichen Bevölkerungsschichten in den demokratischen Entscheidungsprozess, was die spätere Entwicklung Argentiniens negativ zu beeinflussen vermochte.

IV. Industrialisierung durch Exportausweitung (1880 - 1930)

A. Politik

Die führende Schicht Argentiniens, welcher die Unabhängigkeitsbewegung zu verdanken war, zeigte sich in der Folge der Aufgabe nicht gewachsen, ein funktionstüchtiges politisches System aufzubauen, welches dasjenige der Spanier hätte ersetzen können[51]. Die Staatspräsidenten, die sich nur dank ihrem Reichtum, dem Interventionsrecht sowie durch Wahlbetrug an der Macht halten konnten, stammten stets von der Elite ab[52]. Im Lichte der massiven Einwanderung und des damit ständig wachsenden Mittelstandes erschien jedoch der dauernde Machtanspruch einer konservativen Minderheit auf längere Sicht kaum verantwortbar zu sein. Das zeitgenössische politische System Argentiniens ist denn auch aus dem ersten Zusammenstoss zwischen der Regierung und den aufkommenden Massen entstanden; Ursache war eine ernste Wirtschaftskrise. In diesem Zusammenhang verdienen insbesondere die folgenden historischen Tatsachen eine Würdigung: Das Entstehen politischer Parteien, die Neuordnung der Wahlgesetzgebung durch Präsident Roque Sáenz Peña, die Ablösung der Konservativen durch die Radikale Partei unter Hipólito Yrigoyen im Jahre 1916 sowie der Einbezug der Streitkräfte ins politische Kräfteverhältnis.

Die Misswirtschaft unter Präsident Miguel Juárez Celman (1886-1890), die sich durch hohe Inflation und Auslandsverschuldung kennzeichnete und im Bankrott eines englischen Bankhauses gipfelte[53], hatte schwere politische Unruhen zur Folge. Die vom Politiker Leandro N. Alem gebildete "Unión Cívica de la Juventud" (Junge Bürgerunion) als Vertreter der am politischen Leben bislang unbeteiligten Mittelstandsklasse erhob sich gegen die Regierung und erreichte, obgleich der Aufstand niedergeschlagen wurde, die Demission des Präsidenten[54]. Die Partei der Revolutionäre, die Unión Cívica, überlebte jedoch die Wahlen von 1892 nicht. Die Bewegung spaltete sich auf, und ein Segment derselben formierte sich unter der Führung eines ehemaligen Polizeikommissars namens Hipólito Yrigoyen zum Kern der heute bedeutendsten Mittelstandspartei Argentiniens,

---

51) vgl. Celso Furtado, Economic Development of Latin America, Cambridge 1970, S. 21.
52) vgl. Pendle, a.a.O., S. 65.
53) vgl. hinten, S. 50, Anmerkung 82.
54) vgl. Pendle, a.a.O., S. 65.

der Unión Cívica Radical[55]. Eine andere Gruppe der ehemaligen Unión
Cívica gründete unter Juan B. Justo die Sozialistische Partei Argentiniens[56]. Die Konservativen blieben jedoch einstweilen an der Macht,
da sich die Radikalen auf Anweisung Yrigoyens weigerten, an den Wahlen
teilzunehmen, mit der Begründung, dass die üblichen Wahlbetrügereien
keinen echten demokratischen Entscheid ermöglichten[57].

Die entscheidende Wendung trat erst 1912 ein, als der seiner Herkunft
nach konservative, in seiner politischen Gesinnung aber fortschrittliche
Präsident Roque Sáenz Peña trotz Widerstand ein Gesetz durch den Kongress brachte, welches das allgemeine und obligatorische Wahlrecht sowie die geheime Abstimmung vorsah. Ausserdem verlangte dieses Gesetz,
welches als "Ley Sáenz Peña" in die Geschichte eingegangen ist, Registrierung und Kontrolle sämtlicher Wahlberechtigten. Dank dieses Gesetzes
gelangten die Radikalen im Jahre 1916 mit ihrem Kandidaten Yrigoyen zum
ersten Mal an die Macht.

Die gängige Meinung, wonach die Radikalen den Mittelstand vertreten
hätten, entsprach nur bedingt der Wirklichkeit. Ein bedeutender Teil der
mittelständischen Einwanderer blieb ausserhalb der politischen Willensbildung, da er die zur Ausübung des Wahlrechts unerlässliche Staatsbürgerschaft nicht besass [58]. Im Unterschied zu den Vereinigten Staaten
wird in Argentinien niemand gezwungen, nach einer gewissen Aufenthaltszeit die Staatsangehörigkeit zu erwerben[59]. Zudem bildete die radikale
Bewegung für die Einwanderer keine politische Alternative zu den Konservativen, war sie doch ausgesprochen ausländerfeindlich gesinnt[60].

Yrigoyens Amtszeit (1916 - 1922 und 1928 - 1930) änderte nur wenig an
den bisherigen politischen Verhältnissen. Die Radikalen verfügten über

---

55) Charles A. Corbett, The Latin American Military as a Socio-Political Force. Case Studies of Bolivia and Argentina, Miami 1972, S. 81; vgl. ferner Pendle, a.a.O., S. 66 ff.
56) ders.,a.a.O., S. 67.
57) ders.,a.a.O., S. 67.
58) vgl. Ferns, a.a.O., S. 141.
59) vgl. Díaz Alejandro, a.a.O., S. 63.
60) vgl. Ferns, a.a.O., S. 140; ferner Oscar Cornblit, Inmigrantes y empresarios en la política argentina, in: Desarrollo Económico, Vol. 6, No. 24, Buenos Aires 1967, S. 641-691.

kein Regierungsprogramm und ihre Wirtschaftspolitik war noch weniger dynamisch als diejenige ihrer Vorgänger. Nicht nur deshalb scheiterte die ihnen vorschwebende Umwandlung des "oligarchisch-liberalen politischen Prozesses in ein offenes System totaler Partizipation" (Ferns), der Sinn der "Ley Sáenz Peña", sondern auch, weil Yrigoyen im alten Stil der Caudillos regierte. Unbelastet von Verständnis für wirtschaftliche Zusammenhänge war er Vollblutpolitiker, jedoch ohne klare politische Ziele zu verfolgen: Er verabscheute die rationalen Dogmen seiner liberalen und sozialistischen Vorgänger, hatte aber nichts Gleichwertiges zu bieten. Er nützte seine verfassungsmässige Machtposition, speziell das Interventionsrecht, voll aus und verhalf Freunden und Parteigängern zu lukrativen Staatsstellen[61]. Im Jahre 1922 folgte ihm Marcelo T. de Alvear im Amt, der sich aber weigerte, als blosser Strohmann Yrigoyens nach dessen Anweisungen aus dem Hintergrund zu regieren. Damit bewirkte er eine weitere Spaltung der Unión Cívica Radical. 1928 konnten Alvear und die Konservativen einen erneuten Wahlsieg Yrigoyens nicht verhindern. Seine zweite Amtsperiode wurde 1930, zu Beginn der Weltwirtschaftskrise, durch einen militärischen Staatsstreich (spanisch "golpe de Estado") abrupt beendet. Yrigoyen, bei seinem Amtsantritt längst ein alter Mann, erwies sich als unfähig, die schwierigen Wirtschaftsprobleme zu meistern. Das erstmalige Eingreifen der Streitkräfte erscheint als logische Konsequenz seiner Politik, aktive Militärs zu politischen Zwecken zu missbrauchen[62].

Der Staatspräsident ist nach der Verfassung ebenfalls Oberkommandierender der Streitkräfte. Yrigoyen pflegte diese Eigenschaft zu mehrfachen Interventionen in den Provinzen auszunützen, da den Radikalen im Kongress die Mehrheit fehlte. Als Interventoren setzte er in der Regel hohe Offiziere ein[63]. Dies spaltete die Streitkräfte, da politisch tätige Offiziere stets besser bezahlt und vor allem schneller befördert wurden: Nicht berufliche Fähigkeiten, sondern die Gunst des Präsidenten waren ausschlaggebend für den raschen sozialen Aufstieg eines Teils der Streit-

---

61) vgl. Mariano Grondona, La Argentina en el tiempo y en el mundo, Buenos Aires 1967, S. 76 ff.
62) vgl. Ferns, a.a.O., S. 154 f., und Pendle, a.a.O., S. 71 f.
63) vgl. Ferns, a.a.O., S. 144 ff.

kräfte[64]. Die Regierungszeit der Radikalen zwischen 1916 und 1930 gilt als eigentliche Ursache des politischen Militarismus' in Argentinien. Als hierarchisch strukturierte Befehlsorganisation geriet die Armee durch Uebertragung politischer Aufgaben in den demokratischen Einflussbereich der Gesellschaftsordnung. Ihre Demokratisierung, d.h. das teilweise Ersetzen der Befehlsstruktur "von oben nach unten" durch politische Spielregeln, also der Legitimierung des Handelns von "unten nach oben"[65] und der daraus folgende zunehmende Einfluss auf das politische Geschehen wurde insbesondere noch dadurch gefördert, dass sich die Radikalen mit den übrigen politischen Gruppierungen nie einigen konnten, wie die Macht zu gebrauchen und auf andere Institutionen zu übertragen sei[66]. Die Schwäche der verfassungsmässigen Institutionen schob die Streitkräfte in die Rolle einer Partei, der es dank ihrer Organisationsstruktur stets möglich war, im entscheidenden Moment die Macht an sich zu reissen, um "Ruhe und Ordnung" im Lande wieder herzustellen. Innerhalb der politisch aktiven Militärs lassen sich deshalb seither zwei Strömungen unterscheiden: Die eine gibt sich "revolutionär" und will mit dem Staatsstreich eine Aenderung der Institutionen und des Systems herbeiführen. Die andere sieht den Staatsstreich lediglich als Mittel zum Regierungswechsel unter prinzipiellem Beibehalten von Institutionen und System, welche nach einer Uebergangszeit wieder ihre volle Wirksamkeit zurückerhalten sollen. Die Geschichte hat bewiesen, dass stets die zweite Gruppe letzten Endes die Oberhand gewinnen konnte. Bei den meisten Militärs wie auch im Volk herrscht nämlich die Meinung vor, dass ein System, welches nicht auf die Unterstützung einer Mehrheit der Bevölkerung zählen könne, zur Ausübung der Regierungsfunktion nicht legitimiert sei[67].

---

64) vgl. Marvin Goldwert, Democracy, Militarism and Nationalism in Argentina 1930-1966, Austin/London 1972, S. 22.
65) vgl. Grondona, a.a.O., S. 95 f. und speziell die in Anmerkung 11 zit. Quellen.
66) vgl. Goldwert, a.a.O., S. 4.
67) vgl. Grondona, a.a.O., S. 96.

B. Wirtschaft

Die wirtschaftliche Blüte, welche Argentinien zwischen 1880 und 1930 erlebte, darf im Lichte der Entwicklung nach dem II. Weltkrieg ohne weiteres als spektakulär bezeichnet werden[68]. Díaz Alejandro schätzt die durchschnittliche jährliche Wachstumsrate des Bruttoinlandprodukts der 50 Jahre vor dem I. Weltkrieg auf gegen 5 %[69]. Verursacht wurde dieses Wachstum insbesondere durch drei Faktoren, nämlich durch den Export landwirtschaftlicher Güter, durch die Einwanderung und durch die Kapitaleinfuhr. Der Industrialisierungsprozess jener Jahre ist hauptsächlich das Resultat des günstigen Zusammenwirkens dieser Faktoren, hatte doch die Dynamik des Aussenhandels das Entstehen von mit der landwirtschaftlichen Produktion eng verbundenen Industrien zur Folge[70]. Unter den von der Viehzucht abhängigen Industrien sind speziell die Kühlhäuser, die milchverarbeitenden Betriebe, die Gerbereien und Lederfabriken sowie die Wolle verarbeitenden Unternehmungen zu erwähnen. Der Ackerbau seinerseits förderte das Entstehen von Getreidemühlen, Zuckerfabriken, Weinkeltereien, Bierbrauereien etc.

Während der Einwanderungsstrom bis 1914 vor allem der Landwirtschaft zugute kam, liessen sich die Immigranten in der Folge meistens in den Städten nieder[71], wo sie sich als Selbständigerwerbende oder Arbeitnehmer im ständig wichtiger werdenden sekundären und tertiären Sektor betätigten. Die Behauptung, der industrielle Aufstieg Argentiniens sei fast ausschliesslich dem Unternehmergeist der europäischen Einwanderer zuzuschreiben[72], trifft durchaus zu. Die Industriezählung aus dem Jahre 1914 ergab, dass im Durchschnitt 70 % der handwerklichen und industriellen Betriebe im Eigentum von Ausländern waren[73]. Di Tella und Zymelman

---

68) vgl. Díaz Alejandro, a.a.O., S. 1 ff., S. 208 ff.
69) ders., a.a.O., S. 3.
70) ders., a.a.O., S. 5, S. 211, ferner Franz Meier, Die wechselseitigen Beziehungen zwischen Industrialisierung und Aussenhandel Argentiniens, Diss. Freiburg i.Ue. 1947.
71) vgl. Di Tella / Zymelman, a.a.O., S. 185.
72) vgl. José Luis de Imaz, Los que mandan, Buenos Aires 1964, S. 143 ff.
73) vgl. Díaz Alejandro, a.a.O., S. 215 (Uebersetzung vom Verfasser): "Die Industriezählung von 1914 gibt Auskunft über die Nationalität der Eigentümer industrieller und handwerklicher Betriebe. Dabei muss beachtet werden, dass gemäss der gleichen Zählung 30 % der Bevölkerung im Ausland geboren wurde. Im Gebiet von Gross-Buenos Aires waren es gar 50 %. Selbst unter Berücksichtigung dieser Tatsachen zeigt die Industriezählung einen überraschend hohen Prozentsatz an ausländischen Betriebseigentümern. Obwohl die meisten natürliche Personen waren, liess sich dennoch eine einflussreiche Minderheit an ausländischen Unternehmungen mit Direktinvestitionen

führen den Erfolg der Einwanderer in Industrie und Handel auf "Achievement Motives" zurück: In einer traditionellen Gesellschaft mit einem geschlossenen und arbiträren politischen System suchten sie Betätigungsfelder, welche ihnen innert kurzer Zeit Anerkennung verschaffen konnten[74].

Infolge des mangelnden politischen Einflusses des industriellen Sektors[75] wird verständlich, weshalb diesem von staatlicher Seite jegliche Förderungsmassnahmen versagt blieben. Die einheimische Industrie entwickelte sich in der Periode ohne wirksame Protektion durch Einfuhrzölle. Gelegentlich wird sogar behauptet, der Staat hätte "negative effektive Protektion"[76] betrieben, m.a.W. die Industrialisierung absichtlich behindert. Obwohl ein gewichtiges Interesse der Landwirtschaft und des Handels an einem möglichst freien Güteraustausch bestand, wäre es nach

---

73) Fortsetzung: feststellen. ... Auch wenn nur 32 % aller Eigentümer die argentinische Nationalität besassen, stellten die im Lande Geborenen doch immerhin 51 % der im industriellen Sektor Beschäftigten. Im Gegensatz dazu zeigt die Landwirtschaftszählung aus dem gleichen Jahr, dass 74 % der Verwalter von Viehzuchtbetrieben und 43 % derjenigen von Ackerbaubetrieben Argentinier waren. Dies scheint die Behauptung zu unterstützen, wonach die Landeigentümer der Pampa, d.h. die einflussreichste und wohlhabendste Gruppe des Landes, wenig Interesse an der industriellen Produktion zeigten. Sogar in mit der Landwirtschaft eng verbundenen Sektoren, wie z.B. den Kühlhäusern, der Lebensmittelindustrie im allgemeinen oder der Lederindustrie, war eine geringe direkte Beteiligung dieser Gruppe festzustellen: Von 231 Betrieben, welche Schuhe herstellten, waren nur 43 in argentinischem Eigentum. Die 18 Kühlhäuser gehörten alle Ausländern. ... Die Einwanderer, denen der Landerwerb oft nicht möglich war, lieferten den entscheidenden Teil des unternehmerischen Talents in Industrie und Handel jener Jahre. Das argentinische Unternehmertum konzentrierte sich vor allem in der Zuckerherstellung und in der Weinindustrie." - Auch in andern Ländern Lateinamerikas haben Einwanderer die Industrialisierung massgebend beeinflusst. In Chile ist das Entstehen der Papierindustrie auf deutsche Immigranten zurückzuführen; im Textilsektor waren es Schweizer, Deutsche, Italiener und Syrier, die zu Erfolg kamen. In Kolumbien gehen die Bierbrauereien und die Zivilluftfahrt auf deutschen Unternehmergeist zurück. Vgl. Bastos de Avila, a.a.O., S. 84.
74) vgl. Di Tella / Zymelman, a.a.O., S. 185.
75) vgl. Díaz Alejandro, a.a.O., S. 216.
76) vgl. ders. a.a.O., S. 277 ff. Die sogenannte "umgekehrte Protektion" liegt dann vor, wenn die Zollbelastung für Rohmaterialien und Halbfabrikate grösser ist als für Fertigprodukte, welche diese "inputs" enthalten. Vgl. ferner Juan E. Alemann, La industrialización de la Argentina, in: Revista de la UIA, Enero-Marzo 1967, No. 32, S. 68, der feststellt, dass die hohe Importkapazität nach dem I. Weltkrieg viele Betriebe, die während des Krieges florierten, in Konkurs brachte.

Díaz Alejandro übertrieben, von einer Anti-Industrialisierungslobby zu sprechen: Die damaligen Politiker aller Schattierungen seien vielmehr aus Ueberzeugung Anhänger des Freihandels gewesen. Einfuhrzölle hätten in erster Linie der Finanzierung des Staatshaushaltes und nicht dem Schutz der einheimischen Industrie gedient[77]. Solange die Landwirtschaft für eine genügende Importkapazität sorgte, bestand kein Grund, die Einfuhren durch lokale Produktion zu substituieren. Dass die weltwirtschaftliche Lage dies einmal erfordern würde, war kaum voraussehbar. Die Tatsache, dass in jener Epoche dem beginnenden Industrialisierungsprozess nicht die nötige Unterstützung zuteil wurde, lässt den Schluss zu, dass die Chance zum "take-off" im Sinne Rostows im günstigsten Moment verpasst worden ist[78]. Die weltweite faktormässige Verflechtung der Wirtschaft brachte Argentinien freilich zunächst nicht nur Vorteile. Sie scheint, abgesehen vom starken Druck der Landoligarchie, einer der Hauptgründe für die Vernachlässigung einer Industrieförderungspolitik gewesen zu sein[79].

Von der kapitalmässigen Verflechtung Argentiniens mit Europa sind wesentliche Expansionseffekte ausgegangen. Vor dem I. Weltkrieg war es vor allem England, das sich wirtschaftlich stark in Argentinien engagierte: Vor 1900 waren über 80 % des investierten Auslandskapitals in den Händen der Briten[80]. Die Feststellung Ferns', Argentinien habe damals zum "informal Empire" Englands gehört, ist keine Uebertreibung[81]. Die Kapitalbeschaffung lief hauptsächlich über den Finanzmarkt von London, wo Argentinien staatliche Wertpapiere zur Zeichnung auflegte[82].

---

77) vgl. Díaz Alejandro, a.a.O., S. 288.
78) Nach Rostow fand die Phase des "take-off" in Argentinien erst um 1935 statt. Di Tella / Zymelman, a.a.O., S. 190 ff., bezeichnen deshalb die Periode von 1914-1933 als "la gran demora" (die grosse Verzögerung).
79) vgl. J.E. Alemann, Industrialización, a.a.O., S. 68.
80) vgl. Naciones Unidas, El desarrollo económico de la Argentina (Anexo), E/CN. 12/429 Add.4, México 1958 (vervielf.), S. 258.
81) zit. bei Wolfgang Hirsch-Weber, Lateinamerika: Abhängigkeit und Selbstbestimmung, Opladen 1972, S. 39.
82) vgl. Ferns, a.a.O., S. 102 f. Wie eng die finanzielle Verbindung mit England war, zeigte die sogenannte Baring-Krise: Das im "Argentinien-Geschäft" führende englische Bankhaus Baring Brothers übernahm gegen Staatstitel die Zahlungen an jene englischen Unternehmungen, welche den Ausbau des Hafens von Buenos Aires besorgt hatten. Infolge einer ernsthaften Wirtschaftskrise mit hoher Inflation sank jedoch das Vertrauen in die Leistungsfähigkeit der argentinischen Wirtschaft derart, dass Baring für die Staatstitel keine Käufer mehr finden konnte und Konkurs machen musste.

Englische Unternehmungen investierten ebenfalls in direkter Form, vorab im Verkehrswesen (Eisenbahnen) und in der fleischverarbeitenden Industrie. Im Eisenbahnbau liess sich die Verflechtung besonders gut feststellen: Er beeinflusste die gesamte sektorale und regionale Wirtschaftsstruktur des Landes[83]. Der argentinische Staat räumte den britischen Eisenbahngesellschaften bedeutende wirtschaftliche Vorteile ein wie z.B. Gewinngarantie und zollfreie Einfuhr des Eisenbahnmaterials, so dass dieser Sektor vor dem I. Weltkrieg zu den rentabelsten Investitionen gehörte[84]. Die Eisenbahnen wiesen überdies eine personelle Verflechtung mit der britischen Kohle-, Stahl- und Elektroindustrie sowie mit dem Schiffsbau und verschiedenen Schiffahrtslinien auf[85]. Nach dem I. Weltkrieg verdrängten die Vereinigten Staaten nach und nach England als Hauptgläubigerland; ihre Interessen konzentrierten sich anfänglich in der Fleischindustrie[86].

Es muss deshalb festgehalten werden, dass die Interessenverflechtung mit Europa und später mit Amerika sich insofern nachteilig ausgewirkt hat, als eine einseitige Produktionsstruktur entstanden ist, welche die später massiv einsetzende Industrialisierung stark behinderte[87]. Dass vor allem die britische Industrie durch die Industrialisierung Argentiniens eines ihrer wichtigsten Absatzländer verlieren würde, war kaum zu vermeiden. Dennoch hat Grossbritannien vor dem II. Weltkrieg stets versucht, den argentinischen Markt durch bilaterale Verträge an sich zu binden[88]. Seit den missglückten Eroberungsversuchen von 1806 und 1807 hat England hingegen nie mehr darnach getrachtet, seinen Einfluss am Río de la Plata mit politischen Mitteln durchzu-

---

83) vgl. Peter W. Fischer, Der Einfluss des Auslandskapitals auf die wirtschaftliche Entwicklung Argentiniens 1880-1964, Göttingen 1970, S. 94, ferner hinten S. 207 ff., 231 ff.
84) ders., a.a.O., S. 94 und die dort zit. Quellen.
85) vgl. Ricardo Ortiz, Historia económica de la Argentina 1850-1930, 2a. Ed., Buenos Aires 1964, Tomo I, S. 252, zit. bei Fischer, a.a.O., S. 94.
86) vgl. ders., a.a.O., S. 32, ferner Peter H. Smith, Carne y política en la Argentina, Buenos Aires 1968, S. 63 ff.
87) vgl. Fischer, a.a.O., S. 49.
88) Der wohl bekannteste Vertrag ist derjenige, der zwischen dem damaligen argentinischen Vize-Präsidenten Roca und dem englischen Unterhändler Runciman abgeschlossen wurde, womit sich England in einer kritischen Phase (1933) den Fleischnachschub sicherte; vgl. hinten, S. 58 , Anmerkung 118.

setzen[89]; es beschränkte sich auf die wirtschaftlichen Beziehungen, die es allerdings mit Erfolg zu pflegen wusste. Daher ist der Vorwurf, die englische Industrie hätte die Industrialisierung in Argentinien zu verhindern versucht, nicht ohne weiteres von der Hand zu weisen.

---

89) vgl. <u>Hirsch-Weber</u>, a.a.O., S. 39.

V. Industrialisierung durch Importsubstitution (1930 - 1955)

A. Politik

Der militärische Staatsstreich von 1930 bedeutete das Ende der bisherigen Tradition der Streitkräfte, sich der aktiven politischen Tätigkeit zu enthalten. Seitdem haben immer wieder Staatsstreiche Argentinien erschüttert, so in den Jahren 1943, 1955, 1962, 1966, 1970 und 1971. General **Uriburu**, der die radikale Regierung Yrigoyens entmachtete, wurde gezwungen, Wahlen durchzuführen, wobei er die Radikalen mittels Dekret von der Teilnahme ausschloss. General **Agustín P. Justo**, ein Konservativer, gewann die Wahlen nur dank handfester Eingriffe in den Wahlprozess und der Unterstützung einiger Splitterparteien[90]. Die daraus hervorgegangene Koalition konservativer Prägung nannte sich "Concordancia" und stellte die Regierung bis zum Staatsstreich von 1943[91]. Sie war eine Art Front gegen den sich ausbreitenden Faschismus[92]; allerdings zeigte sie sich gegenüber den neuen Ideologien europäischen Ursprungs wenig widerstandsfähig. Im II. Weltkrieg verhielt sich Argentinien grundsätzlich wohl neutral, liebäugelte jedoch dauernd mit den Achsenmächten, vorab mit Deutschland. Preussisches und später nationalsozialistisches Gedankengut verfehlte seine Wirkung besonders in Militärkreisen nicht. Daran änderte auch die auf Druck der Alliierten zwei Monate vor Kriegsende zustande gekommene Kriegserklärung an die Achsenmächte nichts.

Das Versagen der "Concordancia" in wirtschafts- und gesellschaftspolitischer Hinsicht verstärkte in einer Gruppe von Offizieren[93] den Wunsch nach einer möglichst raschen und tiefgreifenden Aenderung des soziopolitischen Systems. Eines der führenden Mitglieder dieser Bewegung war Oberst Juan Domingo **Perón**, der nachmalige Diktator und Gründer des Justizialismus, der "Gerechtigkeitspartei" der Arbeiter[94]. Verschiedene

---

90) So liess er z.B. durch die Polizei die zur Ausübung des Wahlrechts erforderlichen Ausweispapiere unerwünschter Wähler konfiszieren, vgl. **Pendle**, a.a.O., S. 74.
91) Justos Nachfolger waren Roberto M. Ortiz und Ramón S. Castillo.
92) vgl. **Ferns**, a.a.O., S. 160.
93) Die Bewegung nannte sich G.O.U., d.h. Grupo de Oficiales Unidos (Gruppe vereinigter Offiziere), vgl. z.B. **McGann**, a.a.O., S. 44.
94) Um den Rahmen dieser Arbeit nicht zu sprengen, muss auf eine ausführliche Darstellung der geschichtlich höchst aufschlussreichen peronistischen Epoche verzichtet und auf die diesbezüglichen Quellen im Literaturverzeichnis verwiesen werden.

Faktoren erleichterten seinen Aufstieg, der in einem überwältigenden
Sieg in den Präsidentschaftswahlen von 1946 gipfelte. Das Präsidentenamt verdankte er einer vorteilhaften innen- und aussenpolitischen Lage:
Einerseits gelang es ihm, von der anfänglich unbedeutenden Position
eines Unterstaatssekretärs für Arbeit und Wohlfahrt das wachsende Proletariat und die Gewerkschaften für seine sozialreformerischen Ideen zu
gewinnen[95]. Anderseits führte die zwielichtige Haltung Argentiniens im
II. Weltkrieg zu einer aussenpolitischen Isolation, was in manchen Kreisen als frustrierend empfunden wurde. Perón versprach, dem Land sein
einstiges aussenpolitisches Gewicht zurückzugeben[96].

Die peronistische Bewegung[97] war das Resultat der Unfähigkeit der "Landoligarchie" und des mittelständischen Radikalismus', mit den schwierigen
politischen und wirtschaftlichen Problemen fertig zu werden, denen sich
Argentinien nach 1930 gegenüber sah. Als Bewegung stützte sie sich auf
drei Pfeiler: die Streitkräfte, das ländliche und städtische Proletariat
als Empfänger der "sozialen Gerechtigkeit" sowie das industrielle Unternehmertum. Die Befreiung Argentiniens vom "europäischen und amerikanischen Imperialismus" versuchte Perón mit dem Konzept des "Volkes in

---

[95] Die Bevölkerung in städtischen Agglomerationen stieg zwischen 1943 und 1947 um fast eine Million. Die interne Wanderung, verursacht durch die Industrialisierung, liess die Bevölkerung von Gross-Buenos Aires in dieser Zeit um 600.000 Menschen ansteigen. Die Einwanderung kam wegen dem Krieg praktisch zum Erliegen. Vgl. McGann, a.a.O., S. 45.

[96] Die Vereinigten Staaten versuchten, über ihren Botschafter in Buenos Aires, Spruille Braden, den sicheren Wahlsieg Peróns zu verhindern. Sie veröffentlichten zu diesem Zwecke kurz vor den Wahlen ein "Blaubuch", welches sämtliche "Sünden" der peronistischen Bewegung blosszustellen versuchte. Diese undiplomatische Intervention bewirkte das Gegenteil ihrer Absicht: Sie verstärkte Peróns Argumente, dass das Land endlich "vom amerikanischen Imperialismus befreit und ihm seine politische Souveränität zurückgegeben werden müsse." Die Peronisten gewannen die Wahlen unter dem Slogan "Braden o Perón". Vgl. Ferns, a.a.O., S. 83, und Pendle, a.a.O., S. 102 f.

[97] vgl. McGann, a.a.O., S. 49. Unter den Ideologien der damaligen Dritten Welt scheint die peronistische Doktrin am ehesten mit den populistisch-nationalistischen Bewegungen Lateinamerikas, etwa der APRA (Alianza Popular Revolucionaria Americana) des Peruaners Haya de la Torre oder dem Gedankengut des Brasilianers Getúlio Vargas (vgl. Link, Brasilien, S. 49) vergleichbar zu sein, obgleich auch der Nationalsozialismus Hitlers und der Faschismus Mussolinis zu Gevatter gestanden haben. Vgl. Alberto Ciria, La doctrina peronista y sus fuentes, in: Nuevo Mundo, Revista de América Latina (Paris), No. 47, Mayo 1970, S. 16 ff.

- 55 -

Waffen" zu erreichen[98]. Dahinter steckte der Traum nach militärischer, d.h. politischer Hegemonie in Lateinamerika[99]. Seine militärische Ausbildung erleichterte ihm die Reorganisation der Gewerkschaften und die Verbreitung seines Konzepts über politische Führung (liderazgo político)[100]. Peróns Popularität war die Folge seiner Massnahmen zur Hebung der "sozialen Gerechtigkeit" (lies: Einkommensumverteilung), welche er noch vor seinem Amtsantritt getroffen hatte[101]. Sein Ziel war die Schaffung eines neuen Wertsystems der Gesellschaft durch Beseitigung von Klassenunterschieden: ein wirtschaftlich freies, sozial gerechtes und politisch unabhängiges Argentinien[102].

Dass die peronistische Diktatur schliesslich versagte, hat mannigfache Gründe. Abgesehen von der jeder totalitären Herrschaft eigenen grundsätzlichen Gefahr des Machtmissbrauches waren es vor allem wirtschaftspolitische Fehlentscheidungen, welche 1955 zum Sturz der peronistischen Regierung führten[103]. Anfänglich konnte er sich die Unterstützung der Streitkräfte, der Arbeitermassen und Gewerkschaften sowie des von seinen Industrialisierungsmassnahmen profitierenden Mittelstandes durch grosszügige Sozialpolitik, besonders aber durch demagogisches

---

98) Aufschlussreich über diese Idee preussischen Ursprungs (Colmar von der Goltz "Das Volk in Waffen", 1883, und Karl von Clausewitz) ist eine Rede Peróns aus dem Jahre 1944 über das Thema "Bedeutung der Nationalen Verteidigung aus militärischer Sicht", in welcher er ausführte (Uebersetzung vom Verfasser): "Die zwei Wörter, nämlich Nationale Verteidigung, könnte einige dazu veranlassen, zu glauben, dass es sich hierbei um eine rein militärische Angelegenheit handle. Die Wirklichkeit lehrt uns etwas anderes. Zur Lösung dieses Problems ist das Zusammenwirken aller Bewohner einer Nation, aller Energiequellen, aller Bodenschätze und Reichtümer, aller Industrien, aller Transport- und Kommunikationsmittel notwendig, wobei die Streitkräfte lediglich das Kampfmittel dieser grossen Einheit, des "Volkes in Waffen", darstellen." Vgl. Ciria, a.a.O., S. 17. Unschwer ist daraus die eigentliche Legitimation des peronistischen Wirtschaftsdirigismus zu erkennen.
99) vgl. McGann, a.a.O., S. 50.
100) vgl. Ciria, a.a.O., S. 18.
101) Einführung einer Volkspension, Organisation der Gewerkschaften, bezahlte Ferien, Entschädigungen bei Entlassung und Todesfall, 13. Monatslohn ("aguinaldo"), Arbeitsgerichte, Betreuung bei Krankheit und Unfall ("obras sociales"), Gesamtarbeitsverträge, Einfrierung der Mieten, etc. Vgl. Ciria, a.a.O., S. 19 f. Zur peronistischen Wirtschaftspolitik vgl. weiter hinten, S. 59 ff.
102) vgl. McGann, a.a.O., S. 51, und Grondona, a.a.O., S. 85 ff.
103) vgl. hinten, S. 59 ff.

Auftreten, sichern[104]. Mit einer Verfassungsreform (1949) liess er
seine Sozialpolitik im Grundgesetz verankern und sicherte sich gleichzeitig die Möglichkeit, ein zweites Mal gewählt zu werden. Sich häufende Massnahmen totalitären Charakters wie Pressezensur[105], Verfolgung
der politischen Opposition durch militante Anhänger, speziell aber sein
gekonntes Ausspielen verschiedener sozialer Gruppen gegeneinander[106]
und der Bruch mit der katholischen Kirche[107] erzeugten in weiten Kreisen der Bevölkerung zunehmende Abscheu und wachsenden Widerstand. Die
durch einige Missernten verursachte kritische Wirtschaftslage zu Beginn
seiner zweiten Amtszeit zwangen Perón, auf die nationalistisch-autarke
Wirtschaftspolitik zu verzichten, auf Lohnforderungen der Gewerkschaften
nicht mehr einzutreten und ausländische Kapitalhilfe zu akzeptieren.
Arbeiterschaft und Armee sahen sich in ihren Erwartungen getäuscht. Die
Polarisierung zwischen den beiden einstigen Hauptpfeilern der peronistischen Bewegung spitzte sich durch die Absicht ihres Führers zu, den
Streitkräften, in die er aufgrund mehrerer gescheiterter Putschversuche
das Vertrauen längst verloren hatte, eine bewaffnete Arbeitermiliz entgegenzustellen. Die "Revolución Libertadora", die Befreiungsrevolution
unter General _Lonardi_, konnte im September 1955 den drohenden Bürgerkrieg im letzten Moment verhindern. Der Diktator benützte die traditionelle Möglichkeit des politischen Asyls und begab sich auf einem paraguanischen Kanonenboot ins Exil[108].

---

104) Unter Peróns Herrschaft galten die Offiziere der Streitkräfte zu
den bestbezahlten der Welt, vgl. _Goldwert_, a.a.O., S. 103. Seiner
zweiten Gattin, Eva Duarte, stand ein reichlich dotierter "Sozialfonds" zur Verfügung, den sie mit grossem Geschick zu verteilen
wusste. Seit ihrem Tode im Jahre 1952 lassen ihr deshalb die minderbemittelten Arbeiterschichten eine Verehrung zu teil werden,
welche derjenigen einer Heiligen um nichts nachsteht.
105) Die angesehene Tageszeitung "La Prensa" wurde 1951 beschlagnahmt
und in ein Gewerkschaftsblatt umgewandelt, vgl. _Ferns_, a.a.O., S.
195.
106) vgl. _Cochran/Reina_, a.a.O., S. 33.
107) Perón sicherte sich anfänglich die Unterstützung der Kirche mittels
Einführung des obligatorischen Religionsunterrichtes in den öffentlichen Schulen. Sein unseriöser Lebenswandel erregte aber das Missfallen des Klerus', das er mit einem Ehescheidungsgesetz, der
Legalisierung von Bordellen, der Abschaffung bzw. Entwertung verschiedener religiöser Feiertage und zuletzt mit Brandstiftungen in
Kirchen quittierte. Vgl. _Ferns_, a.a.O., S. 199, ferner Arthur P.
Whitaker, Nationalism and Religion in Argentina and Uruguay, in:
William V. _D'Antonio_ und Frederick B. _Pike_, Religion, Revolution
and Reform, New Forces for Change in Latin America, London 1964,
S. 82 ff.
108) vg. _Goldwert_, a.a.O., S. 128 ff.

Es ist unzweifelhaft Peróns Verdienst, der Masse der argentinischen Bevölkerung zum politischen Durchbruch verholfen zu haben. Hätten nicht Verschwendung, Korruption, Terror und Opportunismus, gepaart mit einer krassen Ueberschätzung des wirtschaftlichen Potentials die peronistische Bewegung durchdrungen, wäre eine echte soziale Revolution möglich gewesen. So aber hinterliess Perón seinen Nachfolgern einen bankrotten Staat, unter sich zerstrittene Streitkräfte und eine demoralisierte und ideologisch gespaltene Bevölkerung. Seine persönliche und charismatische Ausstrahlungskraft blieb ihm jedoch in der Arbeiterklasse erhalten[109]. Deshalb vermochte er als Oppositionsführer im Exil die argentinische Innenpolitik noch während fast zwanzig Jahren massgebend zu beeinflussen.

B. Wirtschaft

Dem System der exportorientierten Primärwirtschaft("economía primaria exportadora"[110]) wurde durch die Krise der Dreissigerjahre ein abruptes Ende gesetzt. Der Zusammenbruch des Preisgefüges auf den Weltrohstoffmärkten liess die Kaufkraft der argentinischen Exporte zwischen 1929 und 1932 um 40 % sinken[111]. Das Importvolumen sank überproportional, was einerseits mit dem Einkommensrückgang, anderseits aber mit einer erheblichen Kapitalflucht zu erklären ist[112]. Das Versagen des wichtigsten Wachstumsfaktors, der Getreide- und Fleischexporte, machte eine Kompensation notwendig: Erstmals erwies sich die Importsubstitution als wachstumspolitische Notwendigkeit[113]. Die Folge waren fundamentale Aenderungen in der Nachfragestruktur, indem sich die Investitionen vom Primär- und Importsektor in den Sekundärbereich der Wirtschaft verschoben. Insgesamt nahm die Kapitalbildung zwischen 1925/29 und 1935/39 um 16 % ab, während der Konsum eine Zunahme von 28 % verzeichnete[114].

---

109) vgl. Ferns, a.a.O., S. 201 ff.
110) Ferrer, a.a.O., S. 91 ff.
111) vgl. Lutz Hoffmann, Importsubstitution und wirtschaftliches Wachstum in Entwicklungsländern unter besonderer Berücksichtigung von Argentinien, Brasilien, Chile und Kolumbien, Tübingen 1970, S. 203. Zwischen 1929 und 1940 betrug der Kaufkraftschwund gar 54 %, vor allem, weil die Krise in Argentiniens Hauptabnehmerländern für Fleisch und Getreide einen zunehmenden Agrarprotektionismus zur Folge hatte. Brasilien erlitt ähnliche Einbussen auf dem Kaffeemarkt, vgl. Link, Brasilien, S. 58.
112) vgl. Hoffmann, a.a.O., S. 205. Die Währungsreserven sanken zwischen 1929 und 1932 von 607 Mio. auf 249 Mio. Dollar.
113) vgl. ders., a.a.O., S. 203.
114) vgl. Díaz Alejandro, a.a.O., S. 101.

Die Wirtschaftspolitik der "Concordancia" zielte darauf ab, die Exportausfälle durch binnenwirtschaftliche Wachstumsfaktoren auszugleichen. Um keine Wachstumseinbussen zu erleiden, ging sie zur Methode des "deficit-spending" über und erleichterte die Investitionstätigkeit vor allem im Konsumgüterbereich mittels Massnahmen im Kreditsektor[115]. Die einstmalige Politik des "Laissez-faire" machte einem praktisch die gesamte Wirtschaft umfassenden Dirigismus Platz. Zahlungsbilanzschwierigkeiten erforderten Devisenbewirtschaftung und eine rigorose Importsubstitution. Der Industrialisierungsprozess verursachte seinerseits eine Aenderung in der Beschäftigungsstruktur, indem die Arbeitskräfte aus der Landwirtschaft in die Industrie abwanderten.

Díaz Alejandro zollt dem pragmatischen Vorgehen der Technokraten[116] der Concordancia einige Anerkennung, indem er feststellt, dass die Faktorallokation grösstenteils die schwierigen, von aussen aufgezwungenen Bedingungen auszugleichen vermochte, wenn auch nur unter schweren Eingriffen ins Wirtschaftsgeschehen. Die Währungs- und Kreditpolitik wurde der 1935 gegründeten Zentralbank übertragen. Wirtschaftskommissionen mit weitreichenden Befugnissen wurden gebildet, um die Produktion und die Preisgestaltung einzelner wichtiger Produktionssektoren zu überwachen[117]. Durch bilaterale Abmachungen versuchte Argentinien, seine traditionellen Exportmärkte so gut wie möglich zu erhalten[118]. Die "Concordancia" verfügte jedoch nicht über eine formulierte Industrialisierungspolitik; das Entstehen der Leichtindustrie jener Jahre ist vielmehr grösstenteils

---

115) vgl. Ferrer, a.a.O., S. 189.
116) vgl. Díaz Alejandro, a.a.O., S. 105: Die führenden Wirtschaftssachverständigen jener Jahre waren Federico Pinedo und Raúl Prebisch.
117) Zu erwähnen sind insbesondere die Junta Reguladora de Granos (heute Junta Nacional de Granos, Getreideregulierungskommission), die Junta Nacional de Carne (Fleischkommission), die Junta Reguladora de Vinos (Weinkontrollkommission) u.a.m. Vgl. Franz Lütolf, Die argentinische Wirtschaftspolitik seit dem Zweiten Weltkrieg, Entstehung und Misserfolg des peronistischen Dirigismus, Zürich/St.Gallen 1957, S. 32.
118) Der bereits erwähnte Roca-Runciman-Vertrag zwischen Grossbritannien und Argentinien von 1933 sicherte der englischen Industrie den argentinischen Markt insbesondere für Textilien, während Argentinien der Fleischabsatz garantiert wurde. Der Vertrag galt als sehr umstritten, weil die an England abgegebenen Konzessionen als nur im Interesse der Viehzüchter und als gegen die einheimische Industrie gerichtet betrachtet wurden. Die Befürchtungen schienen indessen unbegründet gewesen zu sein, zumal die argentinische Textilindustrie trotz Roca-Runciman-Vertrag zwischen 1925/29 und 1937/39 um fast 11 % p.a. wuchs und zu den expansivsten Bereichen des sekundären Sektors gehörte. Vgl. Díaz Alejandro, a.a.O., S. 98f., vgl. ferner Daniel Drosdorf, El gobierno de las vacas, Buenos Aires 1972.

dem Zufall zuzuschreiben, da sich innerhalb der Regierung industriefeindliche Kräfte einer planmässigen Industrialisierung widersetzten[119].

Die dirigistischen Eingriffe in den Wirtschaftsprozess erfuhren unter der Regierung Peróns eine bisher kaum vergleichbare Intensivierung. Während die Industrialisierung von 1930-1943 zur Hauptsache durch aussenwirtschaftliche Impulse in Gang gesetzt worden war, unterlag sie in der Folge vorwiegend binnenwirtschaftlichen Massnahmen[120]. In Uebereinstimmung mit der peronistischen Doktrin war sie speziell auf die Förderung des Massenkonsums ausgerichtet: Industrialisierung hiess für Perón in erster Linie mehr Arbeitsplätze, bessere Löhne und ein grösseres Angebot von Konsumgütern[121]. Dieses Ziel versuchte er, durch Verstaatlichungen und Planwirtschaft, die Kontrolle des Geld- und Kreditwesens, die Kontrolle des Aussenhandels sowie eine restriktive Behandlung ausländischer Kapitalanlagen und des Kapitalimports zu erreichen. In bezug auf den Erfolg dieser Wirtschaftspolitik der Autarkie lassen sich zwei Perioden unterscheiden, nämlich von 1946 bis 1950 und von 1950 bis 1955.

Anfänglich schien es, als ob der "antiimperialistischen" Wirtschaftspolitik zur Wiedererlangung der ökonomischen und politischen Unabhängigkeit tatsächlich ein gewisser Erfolg beschieden wäre. Die ersten konkreten Massnahmen, welche die Regierung ergriff, bildeten eine Reihe von Verstaatlichungen. Die Gold- und Devisenreserven[122], welche sich während der Kriegsjahre angesammelt hatten, wurden zu einem bedeutenden Teil zum Rückkauf der sich vorwiegend in britischen und französischen Händen befindlichen Interessen der defizitären Eisenbahnen verwendet. Ebenso fiel das gesamte Telephonnetz, die Handelsflotte, private Beteiligungen im Luftverkehr und das gesamte Versicherungswesen der Verstaatlichung zum Opfer. Um über die zur raschen Industrialisierung notwendigen Gelder zu verfügen, dekretierte die Regierung die Nationalisierung sämtlicher Bank-

---

119) vgl. Díaz Alejandro, a.a.O., S. 105.
120) vgl. für das Folgende Lütolf, a.a.O., S. 1-70.
121) vgl. Eldon Kenworthy, Argentina: The Politics of Late Industrialization, in: Foreign Affairs (New York), Vol. 45, No. 3, April 1967, S. 468.
122) Die Reserven betrugen 1946 netto 1.687 Mio. Dollar, vgl. Alexander Bohrisch und Mechthild Minkner, Investitionsklima und Auslandskapital in Argentinien, Hamburg 1970, S. 1.

depositen[123]: Die Handelsbanken wurden damit zu blossen Agenten der Zentralbank degradiert, welche sich fortan allein der Geldschöpfung und der Krediterteilung widmete. Das wichtigste Instrument zur Kontrolle des Aussenhandels stellte das Instituto Argentino para la Promoción del Intercambio (IAPI) dar, dem als entscheidendes Mittel das Aussenhandelsmonopol mit landwirtschaftlichen Gütern übertragen wurde. Dies versetzte die Regierung in die Lage, den wichtigsten Teil des landwirtschaftlichen Ertrages abzuschöpfen und für die Industrialisierung zu verwenden[124]. Ferner verfügte sie quantitative Aussenhandelskontrollen (Lizenzen), die sich durch übertriebene Differenzierung nach Produkten, Abnehmer- und Lieferantenländern und Währungen zu einem undurchsichtigen System entwickelten, unter welchem die Korruption neue Höhepunkte erreichte. Die Funktion des IAPI erfuhr überdies Unterstützung durch ein ebenso kompliziertes System multipler Wechselkurse[125] und bilaterale Handelsverträge. Aus ideologischen Ueberlegungen heraus entwickelte die argentinische Regierung gegenüber dem Auslandskapital eine ausgesprochene Feindseligkeit, was sich für die Kreditwürdigkeit des Landes katastrophal auswirkte.

Der wohl folgenreichste Fehler der peronistischen Wirtschaftspolitik bestand darin, über die Preispolitik des IAPI die Landwirtschaft (gemeint waren die Grossgrundbesitzer) für die Verwirklichung des Industrialisierungsprogrammes des ersten Fünfjahresplanes heranzuziehen. Erst die drastische Reduktion der Anbauflächen, verbunden mit zwei aufeinanderfolgenden Missernten liess die Regierung ihre Politik ändern[126]. Die Vernachlässigung der landwirtschaftlichen Exporte verursachte Zahlungsbilanzschwierigkeiten, die sich wiederum auf die Industrialisierung negativ auswirkten. Die Industrieproduktion begann zu stagnieren, da die notwendigen Kapitalgüter und Rohstoffe wegen Devisenmangels nicht eingeführt werden konnten. Eine andauernde Begleiterscheinung der wirt-

---

123) Dekret No. 11.554 vom 24.4.1946.
124) Ein Beispiel soll diese Politik veranschaulichen: 1951 zahlte das IAPI an die Produzenten für 100 kg Weizen 30.50 Pesos, der Weltmarktpreis lag bei 47.00 Pesos. Noch krasser war der Unterschied beim Mais: Dem Weltmarktpreis von über 60 Pesos stand ein Abnahmepreis von rund 30 Pesos gegenüber. Vgl. Lütolf, a.a.O., S. 39.
125) Im Sommer 1955 existierten 13 verschiedene Wechselkurse, vgl. Lütolf, a.a.O., S. 52 ff.
126) Die Missernten hatten zur Folge, dass Argentinien 1952 Weizen einführen musste, vgl. Lütolf, a.a.O., S. 3.

schaftlichen Entwicklung der Aera Peróns war die galoppierende Inflation. Die aus politischen Erwägungen heraus verfolgte "pay-off"-Taktik erforderte konstante Lohnerhöhungen[127], denen kein entsprechender Produktivitätsfortschritt gegenüberstand. Die staatlichen Investitionen wurden mangels einer ausreichenden Kapitalbildung grösstenteils durch die Notenpresse finanziert.

Erst die im Anschluss an die Missernten entstandene ernste Versorgungskrise liess die Regierung ihre Politik ändern. Im zweiten Fünfjahresplan schenkte sie den landwirtschaftlichen Exporten, der Einkommenspolitik und dem Auslandskapital die nötige Beachtung[128]. Wird versucht, die grossangelegten Industrialisierungsanstrengungen des peronistischen Regimes zu würdigen, so mag man allenfalls für deren Motive Verständnis aufbringen. Hingegen lassen die Mittel, deren sich die Regierung bediente, nur ein negatives Urteil zu. "Der wohl grundlegende Fehler .... lag in der Verkennung der Zusammenhänge einerseits zwischen Aussenhandel und Binnenwirtschaft und anderseits zwischen Industrialisierung und Kapitalakkumulation. Der strukturelle Rahmen der Wirtschaft Argentiniens zu Ende des zweiten Weltkrieges ... liess jeden unvoreingenommenen Beobachter erkennen, dass der Weg zur Industrialisierung über die Förderung des Exportes führen musste. Angesichts der Tatsache, dass der Export zu rund 90 % aus land- und viehwirtschaftlichen Produkten besteht, bedeutet das <u>Förderung der landwirtschaftlichen Produktion.</u>"[129] Die peronistische Diktatur hinterliess ihren Nachfolgern als Erbschaft eine durch Inflation entkapitalisierte Wirtschaft: stark reduzierte Devisenreserven, beträchtliche kurzfristige Auslandsschulden, eine ausgehöhlte Kaufkraft der Währung, eine rückständige Landwirtschaft und einen ineffizienten und vom technologischen Standpunkt veralteten industriellen Sektor, der infolge mangelnder Rohstoff- und Energieversorgung stagnierte[130].

---

127) Darin inbegriffen sind die grosszügigen Sozialzulagen aller Art.
128) vgl. z.B. Jorge L. <u>Katz</u>, Caracteristicas estructurales del crecimiento industrial argentino, in: Desarrollo Económico (Buenos Aires), Vol. 7, No. 26, 1967, S. 60 f.
129) <u>Lütolf</u>, a.a.O., S. 67. "Perón's economic policies had immediate benefits in some respects for Argentine industry, but it was predicated on high wage levels and consumption that could only be maintained if agricultural exports brought large returns", <u>Cochrane/ Reina</u>, a.a.O., S. 16.
130) vgl. "Grundsätze der argentinischen Wirtschaftspolitik", in: NZZ, No. 2926 vom 19.10.1956, zit. bei <u>Lütolf</u>, a.a.O., S. 69.

VI. Versuch der Konsolidierung (1955 - 1972)

A. Politik

Jede Regierung, ob gewählt oder durch Staatsstreich an die Macht gelangt, musste sich in der Folge mit der Hinterlassenschaft Peróns befassen. Das Problem bestand, auf einen einfachen Nenner gebracht, darin, den politischen Einfluss des exilierten Diktators und seiner Massengefolgschaft möglichst gering zu halten, während es gleichzeitig galt, den sozialen Frieden zu wahren und die Wirtschaft wieder in Schwung zu bringen[131]. In der Lösung dieser schwierigen Aufgabe erwiesen sich die Streitkräfte als beständigster Faktor im Kampf gegen den Peronismus, obwohl auch sie nicht minder gespalten waren als etwa Volk und Parteien. Als "Gralshüter der politischen Moral der Regierung"[132] vermochten sie sich jedoch stets durchzusetzen.

Die Provisorische Regierung der "Revolución Libertadora" unter General Lonardi und nach dessen Absetzung unter General Pedro Aramburu bemühte sich, die verworrene Lage zu konsolidieren, d.h. aus demokratischen Ueberlegungen die peronistische Masse politisch zu integrieren[133]. Das Seilziehen innerhalb der Streitkräfte um die einzuschlagende Richtung entschied sich zugunsten der sogenannten "Legalistas"[134], d.h. der Ver-

---

131) Richard A. Fagen und Wayne A. Cornelius jr. (Hrsg.), Political Power in Latin America, Seven Confrontations, Englewood Cliffs (N.J.) 1970, S. 105.
132) Carl H. Hillekamps, Die Aera Frondizi in Argentinien, in: Aussenpolitik, Dezember 1959, S. 815-824.
133) Die Absetzung Peróns hatte Säuberungen innerhalb der Streitkräfte zur Folge. Eine Gruppe von in den Ruhestand versetzten Offizieren erhob sich gegen Aramburu, welcher in einer in der argentinischen Geschichte einmaligen Aktion durchgriff: Er liess 27 der Rebellen standrechtlich erschiessen. Eine peronistische Extremistengruppe rächte sich Jahre später (1970) durch Entführung und Ermordung Aramburus. Vgl. Goldwert, a.a.O., S. 165 f.
134) Die Zerrissenheit der Streitkräfte ist ein wesentliches Merkmal der argentinischen Geschichte. Nach dem Sturz Peróns waren drei Meinungsrichtungen festzustellen, nämlich einerseits der sogenannte "Quedantismo", der es ablehnte, Wahlen durchführen zu lassen, ohne dass der Peronismus ausgemerzt sei, und der "Continuismo", welcher die Manipulation der Wahlen befürwortete, um die Machtübertragung auf den Militärs genehme zivile Gruppen zu gewährleisten. Die dritte Gruppe, die Goldwert "Fair Play" nennt, war gewillt, freie und ehrliche Wahlen auszurufen und die Macht unvoreingenommen jener Gruppe zu übertragen, die daraus als Siegerin hervorginge. Die ersten beiden Bewegungen scharten sich um den Vizepräsidenten der Provisorischen Regierung, Admiral Isaac Rojas und wurden später unter der Bezeichnung "Gorilas" bzw. "Colorados" bekannt. Der "Fair Play"-Sektor stand unter Führung Aramburus und entwickelte sich zu einer

fechter einer verfassungsmässigen Zivilregierung und einer allmählichen Integration des Peronismus ins politische System. Aramburu war der Meinung, die Wiedereinführung eines offenen politischen Prozesses auf demokratischen Grundlagen sei eine Bedingung für die Wiedereinführung des liberal-kapitalistischen Wirtschaftssystems. Dieser Wunsch erfüllte sich deshalb nicht, weil keine der politischen Gruppen ohne die Unterstützung des Justizialismus Wahlen zu gewinnen im Stande war. Die dadurch erzwungene Zusammenarbeit mit den Peronisten musste jede Wirtschaftspolitik aufgrund gewichtiger Interessenkonflikte belasten[135].

In den Präsidentschaftswahlen von 1958 triumphierte denn auch jene Partei, der es gelang, die Unterstützung des exilierten Diktators zu erwerben, nämlich die Unión Cívica Radical Intransigente (UCRI) mit ihrem Kandidaten Arturo <u>Frondizi</u>[136]. Der geheime Pakt, in welchem Frondizi den Peronisten die Wiedererlangung ihrer politischen Rechte versprochen haben soll, besiegelte zugleich sein Schicksal, denn seine Amtszeit wurde zur "Aera der nicht eingelösten Wahlversprechen": Einmal im Amt, handelte er diametral entgegengesetzt zu seinen politischen Credos und den Zusicherungen, dank denen er die Wahl gewonnen hatte[137]: Einst Anti-Peronist, versuchte er nun, die Peronisten in die UCRI zu integrieren, was am energischen Eingreifen der "Colorado"-Fraktion der Streitkräfte scheiterte. Einst ausgesprochen anti-klerikal, verhalf er nun den katholischen Universitäten zur Gleichberechtigung mit den staatlichen Hochschulen. Einst Anti-Imperialist und Verfasser von Büchern und Artikeln gegen ausländische Erdölinteressen, schloss er mit amerikanischen und europäischen Erdölfirmen Verträge ab. Einst "anti-yanqui", waren die Beziehungen zu den Vereinigten Staaten nie so herzlich wie zu seiner Regierungszeit. Einst ein glühender Verfechter der Sozialisierung der Wirtschaft, pries er nun das freie Unternehmertum und verhalf dem Internationalen Währungsfonds zur Durchsetzung eines auf Sanierung

---

134) Fortsetzung: Koalition, die sich in der Folge als "Legalistas" bzw. "Azules" bezeichnete. Vgl. <u>Goldwert</u>, a.a.O., S. 166 f.
135) vgl. <u>Ferns</u>, a.a.O., S. 208 f.
136) Die Unión Cívica Radical spaltete sich auf in die Gruppe der "Intransigentes" und die sogenannten Volksradikalen, die Unión Cívica Radical del Pueblo unter Ricardo Balbín. Letztere gaben sich betont gemässigt, während die Anhänger Frondizis einen unbeirrbar nationalistischen Kurs verfolgten, der ihnen die Stimmen der Peronisten brachte. Die UCRI galt als "linksbürgerlich", während die Volksradikalen eher zur Mitte neigten und der Revolutionsregierung Aramburus nahe standen, vgl. <u>Hillekamps</u>, a.a.O., S. 815.
137) vgl. <u>Goldwert</u>, a.a.O., S. 172 ff.

der Wirtschaft ausgerichteten Austerity-Programmes[138]. Frondizis Begründung zu diesem radikalen Frontwechsel: Er glaubte wie mancher Linksintellektuelle Lateinamerikas, dass Demokratie, soziale Wohlfahrt und nationale Einigung erst nach Erreichung eines gewissen Entwicklungsstandes möglich seien, so dass langfristige politische Ziele der unmittelbaren wirtschaftlichen Entwicklung unterstellt werden müssten. Dabei liess er ausser Acht, dass es gerade das Fehlen eines politischen Konsens' war, welcher die wirtschaftliche Entwicklung behinderte[139].

Seinem ausgesprochenen politischen Geschick hatte es Frondizi zu verdanken, dass er nicht weniger als 34 politisch-militärische Krisen überstand[140]. Seine einstige Popularität schwand indessen zusehends, und das Volk, speziell aber die Peronisten und die Streitkräfte, fühlten sich "verkauft"[141]. Der Machtkampf wickelte sich vor allem innerhalb der letzteren ab, wo sich die harten Anti-Peronisten, die "Colorados", und die Verfechter einer verfassungsmässigen Regierung, die "Azules", bisweilen bürgerkriegsähnliche Gefechte um Besetzung von Minister- und hohe Armeeposten lieferten[142]. Die entscheidende Ursache für Frondizis Sturz war jedoch der Sieg der Peronisten in den Parlamentswahlen von 1962, nachdem diese eigene Kandidaten aufstellen durften[143]. Die Streitkräfte forderten Frondizis Rücktritt, was dieser ablehnte. Er wurde deshalb dazu gezwungen. Die Absetzung Frondizis durch die Militärs offenbarte, dass diese unter keinen Umständen gewillt waren, jemals wieder eine peronistische Regierung zu dulden[144].

---

138) vgl. Kalman H. <u>Silvert</u>, An Assessment of the Frondizi Regime, in: <u>Fagen/Cornelius</u>, a.a.O., S. 121.
139) vgl. <u>Goldwert</u>, a.a.O., S. 172.
140) In Anlehnung an den Macchiavellismus erhielt er den Beinamen "El Florentino", vgl. <u>Goldwert</u>, a.a.O., S. 172.
141) vgl. <u>Silvert</u>, a.a.O., S. 122 f.
142) Die Ereignisse um Frondizi sind symptomatisch für die seit Peróns Sturz in Argentinien herrschenden politischen Verhältnisse. Sie offenbaren aufs deutlichste, dass die Streitkräfte als letztlich entscheidender Faktor aus der Binnenpolitik nicht mehr wegzudenken sind, auch wenn eine verfassungsmässige Regierung im Amte ist.
143) Sie gewannen neun der vierzehn zur Wahl stehenden Gouverneursposten sowie 47 der 96 Parlamentssitze, vgl. <u>Goldwert</u>, a.a.O., S. 185.
144) vgl. ders., a.a.O., S. 186 f.

Ein schwerer interner Machtkampf innerhalb der Streitkräfte kennzeichnete die kurze Amtszeit des interimistisch ernannten Präsidenten José Maria Guido. Die "Colorados" befürworteten eine Militärdiktatur auf unbestimmte Zeit, um mit dem Peronismus endgültig aufräumen zu können[145], während die "Azules" die Rückkehr zur Verfassungsmässigkeit anstrebten. Letztere gingen aus den kriegerischen Auseinandersetzungen schliesslich als siegende Fraktion hervor, und zwar unter der Führung des Generals Juan Carlos Onganía. In den allgemeinen Wahlen von 1963 wurden die Peronisten erneut zugelassen, allerdings ohne einen Präsidentschaftskandidaten stellen zu dürfen. Ueber 40 Parteien und Gruppierungen (!) beteiligten sich an diesem Urnengang[146]. Als Präsident wurde der Kandidat der Unión Cívica Radical del Pueblo (UCRP), der aus Córdoba stammende Landarzt Arturo Illia, erkoren, und zwar nur deshalb, weil sich der grösste Teil der Peronisten auf Anordnung ihres in Madrid im Exil lebenden "Führers" der Stimme enthielten[147].

Doch auch Präsident Illia trug nichts zur Lösung des wichtigsten politischen Problems Argentiniens bei, nämlich die verschiedensten sozialen Gruppen (Parteien, Gewerkschaften, Streitkräfte) auf ein gemeinsames Ziel hin zu einigen. Im Gegensatz zu Frondizi löste er hingegen seine Wahlversprechen ein, unter anderem die "ausbeuterischen" Erdölverträge seines Vorgängers zu kündigen. Er war ängstlich darauf bedacht, keiner Gruppe zu nahe zu treten, im Glauben, dass Argentinien nach langer Periode politischer Instabilität endlich zur Ruhe kommen sollte[148]. Um den sozialen Frieden zu erhalten und die Militärs nicht zu provozieren[149], versuchte er, Peronisten und Neo-Peronisten[150] ins politische System zu integrieren, da diese die oberste Gewerkschaftsorganisation, die C.G.T. (Confederación General de Trabajo) beherrschten und von dieser Warte aus immer neue Forderungen an die Regierung stellten. Wiewohl

---

145) vgl. Goldwert, a.a.O., S. 189.
146) Die vier wichtigsten waren: UCRI, UCRP, die konservative Unión Democrática sowie die Unión Popular als Vereinigung peronistischer Bewegungen, vgl. Ferns, a.a.O., S. 216.
147) vgl. Goldwert, a.a.O., S. 196.
148) Aufgrund seines Regierungsstils, der sich durch fehlende Initiative und Tatenlosigkeit auszeichnete, erhielt er bald den Beinamen "Tortuga" (Schildkröte).
149) vgl. Scobie, a.a.O., S. 242.
150) Neo-Peronisten verfechten ebenfalls die Grundsätze des Justizialismus, hingegen lehnen sie den unbedingten Führungsanspruch Peróns ab.

zwei gute Ernten ein ansehnliches wirtschaftliches Wachstum brachten, gelang es Illia nicht, der Inflation Herr zu werden. Die Kündigung der Erdölverträge mit Kompensationszahlungen brachten das Land in der Folge in ernste finanzielle Schwierigkeiten. Auf der politischen Ebene errangen zudem die Peronisten bei den Erneuerungswahlen in den Kongress im Jahre 1965 einen überwältigenden Sieg[151]. Die Reaktion der Streitkräfte auf diese Herausforderung liess nicht auf sich warten: General Onganía trat als Oberkommandierender zurück, um im Geheimen einen neuen Putsch vorzubereiten. Im Juni 1966 war es soweit: Eine Militärjunta setzte Präsident Illia ab und an seine Stelle trat Onganía.

Während sich die "Revolución Libertadora" von 1955 gegen eine Diktatur richtete, gründete die Bewegung "Revolución Argentina" Onganías einerseits in der Tatsache der fehlenden Autorität der Regierung Illia[152], anderseits aber zweifellos in der Furcht der Streitkräfte, die Peronisten könnten sich bei den nächsten Wahlen endgültig durchsetzen. Onganía war einer jener "Azules", der sich stets vehement für die Aufrechterhaltung einer verfassungsmässigen Demokratie einsetzte. Nun stand er an der Spitze einer Junta, welche die zivilen Behörden offen der Unfähigkeit anklagte und nicht die Absicht hatte, in absehbarer Zeit die konstitutionellen Verhältnisse wieder herzustellen. Sein Gesinnungswandel entsprach der weitverbreiteten Enttäuschung ob der Funktionsuntüchtigkeit der nachperonistischen Demokratie[153]. Die Art und Weise, wie der fünfte Staatsstreich in 36 Jahren ausgeführt wurde, lässt den Schluss zu, dass die Machtübernahme von langer Hand vorbereitet worden war: Das Revolutionsstatut, welches fortan einen integrierenden Bestandteil der Verfassung bildete, war nicht das Produkt einiger weniger Offiziere, sondern basierte auf Entscheidungen der höchsten militärischen Ebene mit Unterstützung der einflussreichsten zivilen Interessengruppen[154]. Die "Junta Revolucionaria", bestehend aus den Chefs des Heeres, der Marine und der Luftwaffe, traf die folgenden Massnahmen:

---

151) Die peronistische Unión Popular und die neo-peronistischen Splitterparteien erhielten insgesamt 38 % der Stimmen, vgl. Goldwert, a.a.O., S. 200.
152) "El desquiciamiento de nuestro régimen político implica la ruptura del equilibrio imprescindible entre la autoridad y la libertad: la libertad no había sido destruida, pero la autoridad sí." Germán J. Bidart Campos, Derecho constitucional, Bd. II, Buenos Aires 1964, S. 696.
153) vgl. Goldwert, a.a.O., S. 203.
154) vgl. Ferns, a.a.O., S. 223.

Absetzung des Präsidenten und Vizepräsidenten der Republik sowie der Gouverneure und deren Stellvertreter jeder Provinz; Auflösung des Kongresses und der Provinzlegislativen; Absetzung der Mitglieder des Obersten Gerichtshofes und des Generalstaatsanwaltes; Auflösung und Verbot sämtlicher politischer Parteien. Ferner liess sie die Universitäten militärisch "intervenieren" und entmachtete die Gewerkschaften, indem sie ihnen die juristische Persönlichkeit entzog.

Onganías Ziel war es, zwischen dem "vaterlandslosen Kapitalismus" und dem "gottlosen Marxismus"[155] einen Weg zu finden. Obwohl ideologisch dem katholischen integralen Nationalismus verschrieben, nahm er auch liberale Persönlichkeiten in sein Kabinett von Technokraten auf, wohl wissend, dass sein Regime ohne breitere Unterstützung aus dem Volke nicht lange existieren würde[156]. Daraus entstand eine Art Koalition zwischen der alten konservativen Oberschicht, des oberen Mittelstandes und den Streitkräften. Nach Onganías Plänen sollte eine politische und wirtschaftliche Neuordnung in drei Etappen erreicht werden: Zuerst gelte es, die Wirtschaft zu sanieren (wirtschaftliche Etappe), hernach die brennendsten sozialen Probleme zu lösen (soziale Etappe) und , nach erfolgreichem Bestehen der beiden ersten Etappen, dem Land eine neue politische Struktur zu geben (politische Etappe)[157]. Die wohl spektakulärsten Erfolge erzielte er in der Phase des wirtschaftlichen Wiederaufbaus. Die Inflationsrate sank unter 10 %, der argentinische Peso wurde Hartwährung, die Währungsreserven vervierfachten sich innert kürzester Zeit, das Staatsdefizit konnte auf ein Minimum herabgesetzt werden und das Auslandskapital erhielt neuerdings Zutritt. Die soziale Phase aber wurde ihm zum Verhängnis, denn der Versuch, die Gewerkschaften in die sozio-ökonomische Struktur einzubauen, scheiterte[158]. Die Stabilisierungspolitik, so wurde von den "Sindicatos" behauptet, sei auf dem Rücken der Lohnempfänger zum Erfolg geführt worden. Um den sozialen Frieden zu wahren, sah sich Onganía immer mehr zu Konzessionen

---

155) vgl. NZZ, 12.4.1970, No. 99, S. 3.
156) vgl. Goldwert, a.a.O., S. 205.
157) Die Unterteilung der "Argentinischen Revolution" in eine wirtschaftliche, soziale und politische Phase liess sich allerdings, wie die Entwicklung seit 1966 gezeigt hat, nicht streng durchführen, was rückblickend angesichts der offensichtlichen Interdependenz der drei Problembereiche auch wenig sinnvoll gewesen wäre. Vgl. Bohrisch/Minkner, a.a.O., S. 10.
158) vgl. Ferns, a.a.O., S. 236.

gezwungen, welche in Form von Lohnerhöhungen seine Stabilisierungspolitik zu durchlöchern begannen. Ein von Studenten und Gewerkschaften gemeinsam veranstalteter Streik im Mai 1969 in der Industriestadt Córdoba wurde mit Waffengewalt unterdrückt[159]. Onganía sah sich überdies einem wachsenden Terrorismus gegenüber, der sich auch mit der Verhängung des Ausnahmezustandes nicht verminderte[160]. Am 8. Juni 1970 wurde Onganía von den Streitkräften abgesetzt. Seinen Leistungen im wirtschaftlichen Bereich zollte die "Junta de Comandantes"[161] zwar gebührende Anerkennung. Der tiefere Grund für seine Entfernung war jedoch die Tatsache, dass er der "politischen Etappe", d.h. der Rückkehr zur Demokratie, absichtlich zu wenig Aufmerksamkeit geschenkt hatte, weil er der Ansicht war, Argentinien ermangle immer noch der nötigen Reife[162].

Der Sturz Onganías sowie die lediglich neun Monate dauernde Amtszeit des von der Junta ernannten Nachfolgers, General Roberto M. Levingston, bedeutete das Ende der kurzen wirtschaftlichen und politischen Stabilität in Argentinien. Offensichtlich galten seitdem andere Prioritäten: Der starke Mann, General Alejandro A. Lanusse, begann, das Ziel der Rückkehr zur Demokratie wirtschaftlichen Massnahmen überzuordnen.

B. Wirtschaft[163]

Die Zeit nach 1955 ist gekennzeichnet durch die Bemühungen der verschiedenen Regierungen, die Produktionsstruktur derart zu verbessern, dass ein stetiges Wachstum nicht dauernd durch Zahlungsbilanzkrisen gebremst würde. Der Staatskapitalismus Peróns hatte eine ineffiziente Wirtschaftsstruktur entstehen lassen, in welcher Produzenten, Arbeiter und Konsumenten vom Staat erwarteten, dass er sie vor unerwünschten

---

159) Dieses Ereignis, welches als "Cordobazo" in die Geschichte eingegangen ist, markiert den Beginn eines stetigen Vertrauensschwundes der Streitkräfte in die Regierung Onganía.
160) Der ex-Präsident der "Revolución Libertadora", Pedro Aramburu, wurde entführt und später ermordet aufgefunden. Der gemässigte Gewerkschaftsführer Augusto Vandor fiel auf offener Strasse einem Attentat zum Opfer.
161) Auch wenn seit dem Sturz Peróns das Amt des Präsidenten stets einem Zivilisten oder einem Militär übertragen wurde, bedeutete dies keineswegs auch die Uebertragung der politischen Macht; diese Verantwortung blieb immer bei den Streitkräften. Vgl. Mariano C. Grondona, La estructura cívica-militar del nuevo estado argentino, in: Aportes, Revista de Estudios Latinoamericanos (Paris), No. 6, Octubre 1967, S. 67-76.
162) vgl. NZZ, 13.6.1970, No. 160, S. 6.
163) vgl. zum Folgenden Díaz Alejandro, a.a.O., S. 127-140.

Auswirkungen der Marktkräfte schütze. Der Preismechanismus diente mehr
der Einkommensumverteilung als einer besseren Allokation der Ressourcen.
Ernsthafte Flaschenhälse entstanden, vorab in der Infrastruktur (Transportwesen, Energieversorgung) sowie in der Versorgung mit Maschinen und
Ausrüstungen. Das protektionistische System der Importsubstitution führte nicht nur zu teilweise quasi-monopolistischen Strukturen, sondern verhinderte auch die Erweiterung des Exportsortiments mit Industriegütern:
Relativ effiziente Sektoren mit Exportpotential waren vielfach gezwungen,
das Material zur Herstellung ihrer Produkte von lokalen Quellen zu beziehen, deren niedrige Produktivität die Kosten derart in die Höhe trieb,
dass der Export sich aus Konkurrenzgründen nicht mehr lohnte. Die virtuelle Verstaatlichung des Kapitalmarktes und die Inflation bewirkten,
dass Kredite immer mehr nach Gesichtspunkten erteilt wurden, die die
unternehmerische Fähigkeit des Kreditnehmers und die Wirtschaftlichkeit
von Projekten unberücksichtigt liessen. Dies führte zu vorwiegend unwirtschaftlichen Investitionen, z.B. zum Bau von Luxuswohnungen.

Unter Verzicht auf die chronologische Darstellung des wirtschaftlichen
Geschehens von 1955 - 1972 werden im Folgenden zwei Problemkreise berührt, welche die Periode charakterisieren[164], nämlich einerseits die
Aenderung der Industrialisierungspolitik und anderseits die Bemühungen
zur Bekämpfung der Inflation und zur Stabilisierung der Wirtschaft.-
Während sich der industrielle Sektor bislang ohne spezifische Förderungsmassnahmen, jedoch unter dem Schutz der Importsubstitution, entwickelte
und so vor allem traditionellen Zweigen wie etwa der Textilindustrie Aufschwung verlieh, wurden unter der Regierung Frondizi erstmals gesetzliche
Bestimmungen erlassen, welche eine intensivere Industrialisierung ermöglichen sollten[165]. Unter diesen Bestimmungen, welche später laufend
ergänzt worden sind, entstanden hauptsächlich Betriebe der Automobilindustrie, Stahlindustrie, Petrochemie, Schiffsbau, Maschinenbau, Zellstoffindustrie. Ausserdem erhielten traditionelle Sektoren wie die
Textil- und Nahrungsmittelindustrie die Möglichkeit zur Neuausrüstung
ihrer Produktionsstätten. Um die im Gesetz enthaltenen Vergünstigungen
beanspruchen zu können, mussten die Projekte der in Betracht kommenden

---

164) Den einzelnen Strukturmerkmalen der argentinischen Wirtschaft der
Jahre 1960 - 1970 wird in den Kapiteln 3 und 4 besondere Beachtung
geschenkt.
165) Gesetz No. 14.781 von 1959, vgl. hinten S. 258 ff

Industrien u.a. zum Ausgleich der Zahlungsbilanz und zur regionalen Industrialisierung beitragen, die industrielle Produktion erweitern, verbessern und stärker diversifizieren sowie potentielle Rohstoffquellen nutzen[166]. Zu den Vergünstigungen gehörten z.B. die zollfreie Einfuhr von Maschinen und Ausrüstungen, welche nicht im Lande hergestellt wurden, Protektion gegen Importe, welche den Aufbau des Industriezweiges hemmten, ferner günstige Kredite und Steuerbefreiung sowie bevorzugte Behandlung seitens staatlicher Käufe[167]. Die Tatsache, dass seit Perón in vermehrtem Masse aktive Offiziere vorab in Staatsbetrieben in leitender Funktion tätig sind, erklärt die Vorliebe der Streitkräfte, aus strategischen Ueberlegungen die wirtschaftliche Unabhängigkeit durch Förderung der Schwerindustrie zu erreichen. Diese Tendenz hat sich seit 1966 noch verstärkt. Die überaus grosszügigen Vergünstigungen führten in der Folge in einzelnen Sektoren zu einer Produktionsstruktur, welche Skalenerträge verunmöglichen[168]. Industriegüter weisen deshalb in Argentinien im internationalen Vergleich ein unverhältnismässig hohes Preisniveau auf[169].

Die Bekämpfung der Inflation und ihrer schädlichen Auswirkungen auf die wirtschaftliche Entwicklung bildete den Kern verschiedener Stabilisierungsprogramme der einzelnen Regierungen. Als Beispiele dienen die in Zusammenarbeit mit dem Internationalen Währungsfonds (IWF) verwirklichten Massnahmen der Regierungen Frondizi und Onganía. Die Ausgangslage war in beiden Fällen die gleiche[170]: Die Inflation führte zu einer Ueberbewertung des Peso, dadurch wurden die Exporte erschwert. Der überbewertete Wechselkurs zwang zu quantitativen Restriktionen und Devisenbewirtschaftung, was seinerseits die unproduktive Allokation der Ressourcen förderte und zur Einschränkung wesentlicher Importe führte. Die steigenden Preise wiederum hatten eine militante Gewerkschaftspolitik und das Einsetzen der Lohn-Preis-Spirale zur Folge.

Im ersten Fall, nämlich 1958 - 1962, führte die vom IWF empfohlene de-

---

166) vgl. Bohrisch/Minkner, a.a.O., S. 16.
167) vgl. ebenda, S. 16.
168) Das Paradebeispiel hiefür bildete die Automobilindustrie mit ihren Zulieferbetrieben, vgl. hinten S.200 ff., wobei festzuhalten ist, dass in diesem Fall die Lage in andern lateinamerikanischen Ländern ähnlich ist.
169) vgl. Díaz Alejandro, a.a.O., S. 309 ff., ferner hinten, S.103.
170) vgl. für das Folgende Hans Haumer, Die Stabilitätspolitik des Internationalen Währungsfonds unter besonderer Berücksichtigung Lateinamerikas, in: AW, 26. Jg., Heft IV, Dezember 1971, S.392-427.

flatorische Geld- und Finanzpolitik zu einer ernsthaften Rezession. Die
Inflation hat in Argentinien, wie übrigens auch in andern Ländern Lateinamerikas, nicht nur monetäre, sondern auch strukturelle Ursachen: Die
unbefriedigende Entwicklung des Aussenhandels zwang Argentinien dazu,
über die Industrialisierung durch Importsubstitution eine autonome Wachstumsbasis zu finden. Das relativ bescheidene Marktpotential erlaubte aber
in den Substitutionsindustrien keine bedeutenden Skalenerträge; die geringe Arbeitsproduktivität führte zu einem überhöhten Kosten- und Preis-
gefüge. Die geringe Produktivität ihrerseits bewirkte ein unelastisches
Angebot, hinzu kam infolge überbewerteter Währung eine hohe Importneigung. Unter diesen Umständen, d.h. wenn dem Zahlungsungleichgewicht
eine Preis- und Kostendisparität zwischen dem In- und Ausland zugrunde
liegt, lösen geld- und kreditpolitische Massnahmen zur Einschränkung
der Nachfrage eine Verschärfung der Arbeitslosigkeit und der Produktions-
stagnation aus. Die durch das Zahlungsbilanzungleichgewicht erforderlichen Abwertungen verlegten den inflationären Druck auf den inländischen
Konsum und damit auf Einkommen und Preise.

Im Unterschied dazu war dem Stabilisierungsprogramm von 1967 mehr Erfolg beschieden, vorab, weil nebst den kurzfristigen Sanierungsmassnahmen auch eine Reihe von längerfristigen Projekten in Angriff genommen
wurden (Reorganisation der Staatsbetriebe, Steuer- und Zollreform), welche die Produktivität der Wirtschaft erhöhen sollten. Mit diesem Programm beabsichtigte die Regierung, Inflation und Ineffizienz gleichzeitig zu bekämpfen, um eine wachstumsfördernde Ressourcenallokation zu
erreichen. Zu den kurzfristigen Massnahmen gehörten: eine massive Abwertung (40 %), um das Vertrauen in den Peso wieder herzustellen; die
Erhöhung der Exportabgaben sowie eine Herabsetzung der Zollzuschläge
auf Importen, um die Einflüsse der Abwertung auf das interne Preisniveau
möglichst gering zu halten; Sanierung des Staatshaushaltes; ein Lohn-
und Preisstop; eine gesunde Geld- und Kreditpolitik, um den Privatsektor anzuspornen[171]. Der Erfolg dieses Programms spricht für sich selbst:
Die Inflationsrate sank von jährlich 32 % (1966) auf 7 % (1969). Im Gegensatz zu früheren Stabilisierungsversuchen fand keine Rezession statt
(die durchschnittliche jährliche Wachstumsrate zwischen 1967 und 1970
betrug 5,5 %). Dieses Ergebnis wurde begünstigt durch eine aktive Zah-

---

171) vgl. Adalbert <u>Krieger Vasena</u>, Plan argentino contra las causas de
la inflación, in: <u>CEMLA</u>, Boletín mensual, Vol. XIII, No. 4, Abril
1967, S. 167-171.

lungsbilanz und gute Ernten. Das Budgetdefizit konnte von 30 % der Totalausgaben im Jahre 1966 auf 12 % im Jahre 1969 gesenkt werden. Die liberale Kreditpolitik förderte die Unternehmertätigkeit und damit die Fiskaleinnahmen. Besondere Beachtung schenkte man der Kapitalbildung und den ausländischen Investitionen[172].

Auf die Länge ist einer Stabilisierungspolitik jedoch nur Erfolg beschieden, wenn sich alle politischen Kräfte mit den programmierten Zielen identifizieren[173]. 1970 begann sich die Inflationsspirale erneut schneller zu drehen, was auf eine Schwächung der Einkommenspolitik aufgrund von sozialen Unruhen (1969) und den entsprechenden politischen Druck auf Lohnerhöhungen einerseits und auf eine wenig attraktive Landwirtschaftspolitik anderseits zurückzuführen war. Eine Abschwächung des Fleischangebots führte zu Preissteigerungen, welche ihrerseits Lohnsteigerungen nach sich zogen[174]. Erneut gelangte das gesamte dirigistische Instrumentarium zur Anwendung: Aufrechterhaltung eines unrealistischen, d.h. überbewerteten Wechselkurses um jeden Preis, zeitweilige Importsperre, Devisenbewirtschaftung, Maximalpreise für landwirtschaftliche Produkte und Güter des täglichen Bedarfs etc. In der Erkenntnis, dass konjunkturelle Schwierigkeiten ohne längerfristige Planung nicht überwunden werden können, veröffentlichte die Militärregierung Ende 1970 einen ehrgeizigen 5-Jahresplan[175]. Darin wurde u.a. eine "aggressive Argentinisierung" postuliert. Darunter ist eine Bevorzugung der

---

172) Das Sanierungsprogramm unter Onganía beeinflusste die Industrialisierung positiv, vor allem erfuhr die dazu notwendige Infrastruktur entscheidende Verbesserungen. Diese Einflüsse werden in der anschliessenden Analyse der Wirtschaftsstruktur näher beleuchtet.
173) vgl. Haumer, a.a.O., S. 418.
174) Steigt die Nachfrage nach Fleisch im Ausland stärker als im Inland, was 1970 der Fall war, halten die Produzenten das Angebot an Schlachtvieh künstlich tief in Erwartung weiterer Preissteigerungen und um die Herden aufzustocken. Infolge ausgesprochen geringer Elastizität der Inlandsnachfrage übertragen sich exportbedingte Preiserhöhungen automatisch auf den Binnenmarkt, auf dem Dreiviertel der Produktion abgesetzt wird. Preiserhöhungen für Fleisch schlagen sich sofort im Lebenskostenindex nieder, da dieses Nahrungsmittel im Warenkorb mit 20 Punkten gewichtet wird. Will die Regierung nun Preissteigerungen im Inland verhindern, müsste sie entweder den Konsum einschränken oder die Produktion durch Senkung der Exportabgaben anspornen. Aus einkommenspolitischen Gründen wird in der Regel zum ersten Mittel gegriffen. Vgl. hinten, S. 152 ff.
175) vgl. NZZ, 28.12.70, No. 356, S.5.

einheimischen gegenüber der im Lande niedergelassenen ausländischen Industrie zu verstehen. M.a.W. sollen die nationalen Unternehmungen bei der Verteilung des Kreditvolumens den Vorrang haben. Weiter sah der Plan eine jährliche Wachstumsrate des BSP von 8 % vor. Ein derartiger Wachstumsrhythmus kann jedoch nur erreicht werden, wenn das nötige Sparpotential nicht nur vorhanden ist, sondern auch für Investitionszwecke verfügbar gemacht wird. Die Inflation, welche 1971 39 % und 1972 64 % betrug, scheint die Planungsziele in unerreichbare Ferne gerückt zu haben.

In der Epoche nach 1955 sind in bezug auf die Industrialisierung ohne Zweifel teilweise beachtliche Fortschritte erzielt worden. Doch dürfen diese nicht über die Tatsache hinweg täuschen, dass die konjunkturellen "stop-and-go-cycles"[176] strukturelle Verbesserungen im Industrialisierungs- und Enwicklungsprozess verhinderten[177]. Diese können nur erwirkt werden, wenn die Inflation eine tragbare Rate erreicht hat, was für Argentinien 10 - 20 % bedeutet. In erster Linie muss deshalb die Lohn-Preis-Spirale und die Geldschöpfung durch die Zentralbank gebremst werden. Dies bedeutet eine wachstumsgerechte Einkommenspolitik und die Verminderung des staatlichen Budgetdefizits. Ein kurzfristig kaum lösbares Problem scheint die Bekämpfung der sogenannten "built-in expectations" zu sein, welche der Inflation stets wesentliche Auftriebe verliehen haben. Eine relative Wechselkursstabilität im Sinne der Vermeidung massiver Abwertungen ist ebenfalls unerlässlich.

---

176) vgl. Díaz Alejandro, a.a.O., S. 351 ff.
177) vgl. G. Maynard und W. van Rijckeghem, Stabilization Policy in an Inflationary Economy: Argentina, Development Advisory Service, Harvard University, Report No. 34, June 1966.

3. Kapitel: Aufbau der argentinischen Volkswirtschaft
===

I. Bevölkerungsstruktur

A. Quantitative Merkmale

Die allgemeine Volkszählung des Jahres 1970 ergab eine Bevölkerungszahl von 23,4 Mio[1]. Argentinien liegt damit in Lateinamerika nach Brasilien mit rund 92 Mio und Mexiko mit etwa 51 Mio Einwohnern an dritter Stelle[2]. Die jährliche Wachstumsrate betrug zwischen 1960 und 1970 im Durchschnitt 1,5 %, was beträchtlich unter dem lateinamerikanischen Gesamtdurchschnitt von 2,9 % liegt[3]. Die demographische Entwicklung seit anfangs dieses Jahrhunderts zeigt, dass die zeitweise sprunghafte Zunahme der Bevölkerung nicht auf den Geburtenüberschuss, sondern auf die Einwanderung zurückzuführen war, wie Abb. 2 verdeutlicht. Argentinien gehörte nebst den Vereinigten Staaten, Kanada, Australien und Neuseeland während Jahrzehnten zu den beliebtesten Einwanderungszielen von Europäern. Das gemässigte Klima sowie die beginnende Industrialisierung wirkten als magische Anziehungskräfte. So betrug der Ausländeranteil in bezug auf die Gesamtbevölkerung im Jahre 1914 noch rund 30 %, wobei die Bundeshauptstadt, die Provinzen Buenos Aires, Córdoba, Entre Ríos, Mendoza und Santa Fé allein 89 % dieses Ausländerbestandes beherbergten. Noch 1970 zählte man 9,3 % im Ausland geborene Personen, von denen mehr als vier Fünftel in den erwähnten Provinzen und in der Bundeshauptstadt wohnten[4].

Der Altersaufbau[5] der argentinischen Bevölkerung entspricht etwa demjenigen industrialisierter Staaten, insbesondere was den 39 %igen Anteil an Jugendlichen unter 20 Jahren anbelangt (Abb. 3). So macht diese Bevölkerungsgruppe in den Vereinigten Staaten 38 % (1969), in der Bundesrepublik Deutschland 32 % (1969) und in der Schweiz 31 % (1969) aus[6]. Demgegenüber ist diese Bevölkerungsgruppe in Mexiko mit 57 %

---

1) vgl. Tabelle 47 im Anhang.
2) vgl. World Bank Atlas, Washington D.C. 1972.
3) ebenda.
4) vgl. Tabelle 47b im Anhang.
5) vgl. Tabelle 42 im Anhang.
6) United Nations, Demographic Yearbook 1970, New York 1971, S.250, 320, 364.

Abb. 2 Demographische Wachstumsraten Argentiniens pro 1000 Einwohner 1920 - 1970

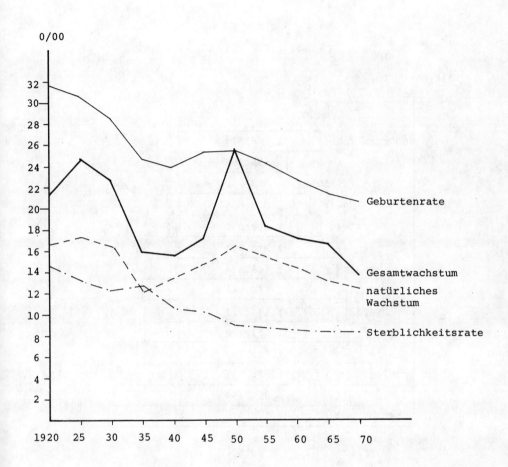

Quelle: Jorge Quargnolo, Atlas del potencial argentino, Buenos Aires 1972, apéndice estadístico, S. 7.

Abb. 3   Argentinien: Altersmässiger Aufbau der argentinischen Bevölkerung, 1960

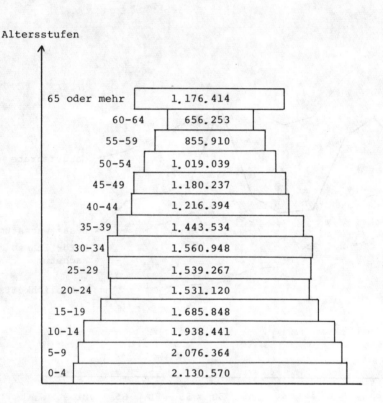

Quelle: Tabelle 47b im Anhang.

(1970)[7] und in Brasilien mit rund 50 %[8] an der Gesamtbevölkerung beteiligt. Die niedrige Wachstumsrate der Bevölkerung erspart Argentinien jedenfalls das beispielsweise in Brasilien besonders schwerwiegende Problem der Eingliederung von geburtenstarken Jahrgängen in den Arbeitsprozess[9]. Arbeitslosigkeit und Unterbeschäftigung sind in Argentinien nicht auf den Geburtenüberschuss, sondern in erster Linie auf die Landflucht zurückzuführen.

Beim Vergleich der Altersstruktur der argentinischen Bevölkerung mit derjenigen Brasiliens und Mexikos fällt ferner auf, dass die mittleren Jahrgänge (zwischen 30 und 60) besonders stark vertreten sind, nämlich mit rund 37 %, während es in Brasilien lediglich 26 % und in Mexiko 23 % sind[10]. Dieses Phänomen liegt in der Einwanderung begründet; daneben mögen auch die sinkende Geburtenrate sowie die steigende Lebenserwartung diesen Trend begünstigt haben. Eine zunehmende Angleichung der Altersstruktur an diejenige der industriellen Gesellschaften scheint im Gange zu sein.

Besondere Beachtung verdient ferner die <u>regionale Verteilung</u> der Bevölkerung. So ist in Argentinien eine intensive <u>Verstädterung</u> festzustellen. 1970 lebten in Gross-Buenos Aires[11], d.h. auf 0,1 % der Fläche des Landes, 36 % der Bevölkerung. Werden der Rest der Provinz Buenos Aires sowie die Provinzen Córdoba und Santa Fé (mit den Grossstädten Córdoba, Rosario und Santa Fé) dazugezählt, entsteht eine Ballung von 70 % der Gesamtbevölkerung auf nur 22 % der Fläche[12]. Zwischen 1960 und 1970 ist die Zahl der Agglomerationen mit über 50.000 Einwohnern von 19 auf 29 gestiegen, wobei sich die Zahl der Städte ab

---

7) <u>United Nations</u>, Demographic Yearbook 1970, S. 236.
8) vgl. <u>Link</u>, Brasilien, a.a.O., S. 68.
9) ders., a.a.O., S. 68.
10) Berechnet nach <u>United Nations</u>, Demographic Yearbook 1970. Vgl. ferner Juan Carlos <u>Agulla</u>, Soziale Strukturen und soziale Wandlungen in Argentinien, Berlin 1967, S. 23.
11) Umfasst die Bundeshauptstadt (Capital Federal) sowie 19 Bezirke (Partidos) der Provinz Buenos Aires, vgl. vorn, S. 41, Anmerkung 43.
12) <u>INDEC</u>, Censo nacional de población, familias y viviendas 1970, Buenos Aires o.J., Tabelle 8, S. 26.

dieser Grössenordnung in der Provinz Buenos Aires (ohne Bundeshauptstadt mit Vororten) verdoppelt hat[13]. 1960 lebte rund 74 % der Bevölkerung in Ballungszentren mit 2.000 und mehr Einwohnern[14]; nach Berechnungen der UNO sollen es 1970 78 % gewesen sein, und bereits 1980 soll die Verstädterung 82 % erreichen[15]. Demgegenüber betrug die Verstädterung in Mexiko (1970) 59 % und in Brasilien (1970) 56 %[16].

Ein eindrückliches Bild von der regionalen Verteilung vermittelt Abb. 4. Abgesehen von Gross-Buenos Aires ist die Provinz Tucumán am dichtesten besiedelt, gefolgt von den wirtschaftlich am meisten erschlossenen Provinzen Buenos Aires, Córdoba und Santa Fé (Entre Ríos und Misiones bilden in dieser Beziehung eine Ausnahme). Die statistische Bevölkerungsdichte erfährt eine zusätzliche Relativierung, wenn berücksichtigt wird, dass im Landesinnern ebenfalls ein wesentlicher Teil der Bevölkerung entweder in den Provinzhauptstädten oder sie umgebenden Bezirken wohnt. Derart ergibt sich z.B. für die Agglomeration Neuquén eine Bevölkerungskonzentration von 58 %, für Mendoza von 48 %, für Jujuy von 36 % und für La Rioja von 35 %.

Die Verstädterung ist eine negative Begleiterscheinung der Industrialisierung. So lassen sich aufgrund der Volkszählung von 1970 Regionen feststellen, welche unter zunehmender Landflucht zu leiden haben, da sie ihren Bewohnern nicht genügend Beschäftigungsmöglichkeiten zu bieten vermögen. Davon betroffen sind vor allem die Provinzen Tucumán, Entre Ríos, Chaco, Catamarca und La Rioja; eine ähnliche, jedoch weniger ausgeprägte Tendenz weisen die Provinzen Jujuy, Misiones, Salta, San Juan und Formosa auf[17]. Hauptpol der Binnenwanderung ist nach wie vor die Industrieregion Gross-Buenos Aires - Rosario- Santa Fé - Córdoba.

In zunehmendem Masse scheint jedoch Patagonien zum Anziehungspunkt der

---

13) vgl. Tabelle 47a im Anhang.
14) vgl. Tabelle 50 im Anhang. Ausserdem ist festzuhalten, dass die städtische Bevölkerung die ländliche bereits aufgrund der Volkszählung von 1914 übertraf. Der Trend zur Verstädterung ist demnach eindeutig mit der Industrialisierung einher gegangen; vgl. Agulla, a.a.O., S. 25.
15) Naciones Unidas, Estudio económico de América Latina 1968, Nueva York 1969, S. 43.
16) vgl. BID, Progreso socio-económico en América Latina, informe anual 1971, Washington D.C. o.J., S. 104.
17) vgl. INDEC, Censo nacional de población 1970, S. 17.

Abb. 4   Argentinien: Bevölkerungsdichte (1970) nach Provinzen

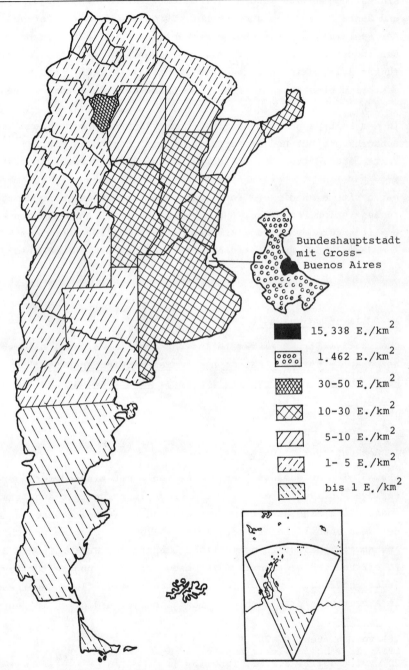

Quelle: INDEC, Censo nacional de población, familias y viviendas 1970, resultados provisionales, Buenos Aires o.J., S. 25.

Binnenwanderung zu werden, vor allem die Provinzen Neuquén, Río Negro und Santa Cruz, aber auch Chubut. Es dürfte dies weniger auf die von der Regierung seit langem angestrebte und geförderte Dezentralisierung der industriellen Produktion als vielmehr auf die Tatsache zurückzuführen sein, dass in Patagonien (speziell im Erdöl- und Strassenbausektor) überdurchschnittlich hohe Löhne bezahlt werden müssen[18].

In der Zeitspanne zwischen 1947 und 1970 hat sich die Bevölkerung der Bundeshauptstadt und Gross-Buenos Aires' nahezu verdoppelt[19]. Im Jahre 1960 setzte sich die Bevölkerung dieser Grossagglomeration zu 21 % aus Einwanderern und zu 22 % aus Binnenwanderern zusammen[20]. Seither dürfte sich dieser Trend noch verstärkt haben. Eine demographische Konzentration von diesem Ausmass verfehlt ihre Auswirkungen auf die Qualität der Bevölkerungsstruktur nicht. Zur Abrundung des Bildes dürfen deshalb die qualitativen Merkmale nicht unberücksichtigt bleiben.

B. Qualitative Merkmale

Qualitative Strukturmerkmale lassen sich zum Beispiel unterscheiden in bezug auf <u>ethnische Abstammung</u>, <u>soziale Schichtung</u>, <u>Einfluss der Einwanderung auf die Industrialisierung</u>, <u>Verstädterung</u> sowie <u>Ernährungsstand</u>.

1. Herkunft der Einwanderer

Abb. 5 gibt Aufschluss über die Herkunft der Einwanderer über eine Periode von 100 Jahren. Sie stammen zu vier Fünfteln aus Italien und Spanien[21]. Eine derart im Europäischen verwurzelte Gesellschaft bildet denn auch in Lateinamerika (abgesehen von Uruguay und Chile) eine Ausnahme. Wohl ist in den übrigen Ländern des Subkontinents das spanische Erbe noch gegenwärtig. In bezug auf Rasse und Kultur ist hingegen jener indianische und oft auch afrikanische Einfluss unverkennbar, der in Argentinien praktisch bedeutungslos ist: Lediglich in den nordwest-

---

18) vgl. hinten, S. 207 ff.
19) vgl. Tabelle 47c im Anhang.
20) vgl. <u>Agulla</u>, a.a.O., Tabelle 38.
21) vgl. ebenfalls Tabelle 49 im Anhang.

Abb. 5 Argentinien: Nationalität der Einwanderer zwischen 1857 und 1958

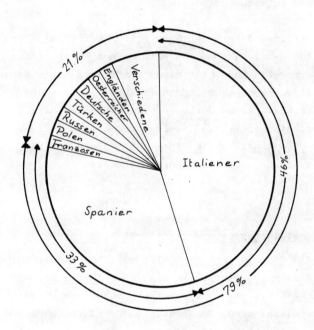

Quelle: Juan Carlos Agulla, Soziale Strukturen und soziale Wandlungen in Argentinien, Berlin 1967, Graphik II.

lichen Andenprovinzen, im Chaco sowie vereinzelt in Patagonien finden sich noch Reste von Bevölkerungsgruppen indianischen Ursprungs[22]. Von zunehmender Bedeutung erscheint die jeglicher staatlicher Kontrolle entgehende illegale Einwanderung aus den ärmeren Nachbarstaaten, zur Hauptsache Boliviens und Paraguays, zu sein[23]. Diese den untersten Schichten angehörenden Menschen zieht es speziell in die Megalopolis Buenos Aires, wo sie sich in den Elendsquartieren, den sogenannten "villas miserias", niederzulassen pflegen.

Die von Europas Einwanderern geprägte Kultur weist ausgesprochen kosmopolitische Züge auf, was besonders in Buenos Aires offensichtlich ist[24]. Trotz ihrer peripheren Lage gilt diese Stadt auch heute noch als das wichtigste kulturelle Zentrum Lateinamerikas. Der in andern Ländern[25] wahrnehmbar starke Einfluss der Vereinigten Staaten hält sich hier in einem eher bescheidenen Rahmen[26]. Im übrigen werden die wichtigsten ausserökonomischen Einflüsse im Sinne der Deutung des Nationalcharakters im Rahmen dieser Arbeit gesondert behandelt[27].

2. Ländliche Sozialstruktur und Landflucht

In bezug auf die <u>soziale Schichtung</u> ist zwischen ländlichen und städtischen Verhältnissen zu unterscheiden[28]. Die <u>ländliche</u> Sozialstruktur weist zahlreiche Schichten auf, wobei wirtschaftliche und kulturelle Merkmale feststellbar sind. Der Besitz an Grund und Boden, d.h. vor allem die Form dieses Besitzes (Eigentum oder Pacht) spielt dabei eine grundlegende Rolle[29]. Sämtlichen ländlichen Schichten ist eine grosse

---

22) Die Indianer, welche einst als Nomaden weite Gebiete des Landes bevölkerten, wurden bekanntlich in der zweiten Hälfte des 19. Jahrhunderts systematisch ausgerottet; vgl. vorn S. 38.
23) vgl. OECEI, Argentina económica y financiera, Buenos Aires 1966, S. 40.
24) vgl. Agulla, a.a.O., S. 50 f.
25) vgl. z.B. für Mexiko Link, Mexiko, a.a.O., S. 181 f., der dafür den Ausdruck "Cocacolonisierung" verwendet.
26) Antiamerikanische bzw. "antiimperialistische" Aeusserungen gehören in Argentinien ebenso wie anderswo zur Tagespolitik. Nur wird ihnen kein besonderer Stellenwert beigemessen.
27) vgl. hinten, S. 324 ff.
28) vgl. für das folgende Agulla, a.a.O., S. 35 ff.
29) vgl. weiter hinten, S. 142 ff.

Stabilität gemein. Unberührt von umwälzenden Reformen konnten sie sich über längere Zeiträume erhalten, ganz im Gegensatz zur Sozialstruktur in den Städten. Die daraus resultierende mangelhafte vertikale Mobilität dürfte nebst ungenügenden wirtschaftlichen Entfaltungsmöglichkeiten zu den Hauptgründen der Landflucht zählen.

Die oberste Schicht bilden die Grossgrundbesitzer, welche zugleich zur obersten Schicht der gesamten Sozialstruktur Argentiniens gehören, insbesondere was Sozialprestige und politische Einflussmöglichkeiten anbelangt. Diese sogenannte "Viehzucht-Oligarchie" bestimmte, wie sich geschichtlich belegen lässt[30], während langer Zeit die Geschicke des Landes, verlor jedoch mit zunehmender Industrialisierung an Einfluss. Die Grossgrundbesitzer leben in der Regel nicht auf dem Land, sondern in der Stadt. Das Familieneigentum wird entweder durch ein Familienmitglied oder eine Gesellschaft verwaltet und bewirtschaftet. Die Estancia als wirtschaftliche Einheit dient dem Grossgrundbesitzer meistens nur als Aufenthaltsort während der Sommermonate oder über das Wochenende.

Der ländliche Mittelstand, der sich aus mittleren bis kleineren Landeigentümern und Pächtern, Händlern sowie Aerzten, Juristen und andern Akademikern zusammensetzt, dürfte etwa 30 % der Landbevölkerung umfassen. Der Anteil der mittelständischen Schicht ist besonders gross in Ackerbaugebieten, wo der Grossgrundbesitz weniger verbreitet ist. Es handelt sich hierbei um die eigentliche tragende Schicht im Landesinnern, sowohl im wirtschaftlichen wie auch im politischen Sinn. Latifundien, eine ungünstige Pachtgesetzgebung sowie der staatliche Wirtschaftsdirigismus ganz allgemein drohen diese Schicht zu zerstören, vorab durch eine ungleiche Einkommensverteilung[31].

Die unterste Schicht, rund 60 % der werktätigen Landbevölkerung, bilden die Landarbeiter oder "peones". Die geringe vertikale Mobilität veranlasst besonders diese Schicht immer häufiger zur Landflucht, da ihnen eine Verbesserung der Lebensbedingungen durch sozialen Aufstieg

---

30) vgl. vorn, S. 36 ff.
31) vgl. Horacio Giberti, Problemas de la estructura agraria, in: ders. u.a., Sociedad, economía y reforma agraria, Buenos Aires 1965, S. 43 ff.

verwehrt bleibt. Ihr Einkommens- und Erziehungsniveau ist sehr tief;
der Analphabetismus bzw. funktionelle Analphabetismus (sogenannte
Halbanalphabeten)[32] ist weit verbreitet. Die Abwanderung der Landarbeiter in die Grossagglomerationen vermag in der Regel das Problem
des sozialen Aufstiegs nicht zu lösen. Im Gegenteil: ihre bescheidene
Anpassungsfähigkeit und das dürftige Ausbildungsniveau beschränken
ihren Einsatz im industriellen Produktionsprozess. Fast immer findet
deshalb lediglich ein Wechsel vom ländlichen zum städtischen Proletariat statt, wobei sich dadurch ausserdem die ohnehin latenten sozialen
Konfliktmöglichkeiten noch vermehren.

Eine weitere Ursache der Landflucht ist im streng traditionellen Familientyp der Landbevölkerung zu suchen. Die patriarchalische Familienstruktur ist die eigentliche Quelle des nicht qualifizierten Arbeitskräftepotentials in den Städten. Die fehlende Familienplanung[33] hat
insbesondere in den unteren Schichten eine überdurchschnittliche Geburtenrate zur Folge. Den arbeitsfähigen Jugendlichen dieser Schichten bleibt meist nichts anderes übrig, als ihren Lebensunterhalt ausserhalb der Familie, d.h. in der Stadt, zu verdienen. Die Massenkommunikationsmittel und die durch sie verbreitete Bedürfnisinflation unterstützt diese Tendenz massiv.

3. Städtische Sozialstruktur, Verstädterung und Industrialisierung

Anders geartet präsentiert sich die soziale Schichtung in <u>städtischen</u>
Verhältnissen: Es handelt sich um ein flexibles und offenes System,
welches sich durch eine hohe vertikale Mobilität auszeichnet. Eine
ständige Erneuerung dieser Gesellschaft durch Ein- und Binnenwanderung
ist ein typisches Kennzeichen der argentinischen Grossstadt, vor allem
natürlich von Buenos Aires. Ihr Werdegang zum industriellen Grossraum
ist, wie bereits erwähnt, zu einem überwiegenden Teil den Einwanderern
zu verdanken, welche wirtschaftliche und kulturelle Neuerungen ins

---

32) vgl. hinten, S. 273 ff.
33) Familienplanung ist in Argentinien aus religiösen, vor allem aber
aus bevölkerungspolitischen Gründen tabu: Niemand will angesichts
der statistischen Unterbevölkerung die Geburtenrate noch mehr senken. Die Notwendigkeit der Familienplanung in den unteren sozialen Schichten ist jedoch nach Ansicht des Verfassers unbestritten.
Sie wird im übrigen vom Hauptteil der Bevölkerung längst praktiziert, was die niedrige Geburtenrate beweist.

Land brachten. Die traditionelle Oberschicht der Grossgrundbesitzer begann sich nur zögernd mit der neuen Oberschicht der Industriellen zu vermischen. Der Einwanderer verlieh der bestehenden Sozialstruktur dynamische Impulse, wollte er doch stets seinen bisherigen sozialen Status verbessern. Der Mittelstand europäischen Ursprungs ist deshalb in städtischen Verhältnissen vorherrschend. Dazu gehört heute auch ein grosser Teil der qualifizierten Arbeiterschicht.

Das Problem der Verstädterung im Zusammenhang mit der Ein- und Binnenwanderung sowie der sozialen Schichtung kann wie folgt zusammengefasst werden[34]: Die Verstädterung Argentiniens ist eine Begleiterscheinung der Industrialisierung. Die massive Binnenwanderung ist eine direkte Folge der Vernachlässigung des Agrarsektors; abgesehen davon führen konjunkturelle Baissen hier rascher zu Arbeitslosigkeit als etwa im sekundären Sektor. Viele ländliche Regionen sind in bezug auf Produktivität und Mechanisierung rückständig. Verbunden mit extensiver Bewirtschaftung und Konzentration des Grundeigentums wurde die Landflucht gefördert und der notwendige Wandel in der ländlichen Sozialstruktur verhindert. Auf der andern Seite darf die Bevölkerungskonzentration in den Grossstädten und der speziell in Buenos Aires offenkundige Wohlstand nicht kritiklos mit wirtschaftlichem Fortschritt bzw. hohem Entwicklungsstand gleichgesetzt werden. Die Ballungszentren beherbergen Tausende von Menschen, welche in den Elendsvierteln am Rande des Existenzminimums leben, die arbeitslos oder unterbeschäftigt sind. Gerade sie bilden eine ständige Quelle sozialer Unruhen und sind aufgrund ihres bescheidenen Erziehungsstandes umsomehr der demagogischen Manipulation ausgeliefert[35].

4. Ernährungsstand

Schliesslich sei noch auf ein qualitatives Strukturmerkmal aufmerksam gemacht, welches in Unkenntnis der wirklichen Verhältnisse meistens

---

34) vgl. dazu insbesondere Mario <u>Margulis</u>, Migración y marginalidad en la sociedad argentina, 2.A., Buenos Aires 1971, S. 59 f.
35) Wie im wirtschaftshistorischen Rückblick dargelegt worden ist, spielt seit Yrigoyen, insbesondere aber seit Perón die demagogische Beeinflussung der Massen mittels wirtschaftspolitischer Massnahmen eine zentrale Rolle; vgl. vorn S. 44 ff., 53 ff.

zuwenig Beachtung findet. Wohl gehört Argentinien "statistisch" zu den besternährten Völkern der Welt: 3.100 Kalorien und 85 Gramm Proteine stehen dem Durchschnittsargentinier täglich zur Verfügung[36]. Die hohe Kindersterblichkeit in gewissen Provinzen weist u.a. darauf hin, dass es in Argentinien immer noch Regionen gibt, deren Ernährungsstand unbefriedigend ist. Während die Kindersterblichkeit in entwickelten Ländern unter 20 0/00 gesunken ist, erreicht sie in Argentinien im Durchschnitt 58 0/00. 14 Provinzen verzeichnen eine Rate von über 60 0/00, deren 6 mehr als 80 0/00 und zwei sogar über 100 0/00 (Jujuy 138,6 0/00, Neuquén 118,5 0/00). Wohl ist die Mehrzahl der argentinischen Bevölkerung sowohl mengen- wie qualitätsmässig mehr als ausreichend mit Lebensmitteln versorgt. Dies bedeutet jedoch nicht, dass die Ernährungslage im ganzen Land zufriedenstellend ist, wie obige Beispiele verdeutlichen. Es entbehrt nicht einer gewissen Ironie, dass ein Land wie Argentinien, dessen natürliches Potential sprichwörtlich ist, und das ein Vielfaches seiner gegenwärtigen Bevölkerung ernähren könnte, nicht im Stande zu sein scheint, seiner gesamten Bevölkerung eine ausreichende Ernährung zu garantieren.

---

[36] vgl. für das folgende <u>Visión</u> (México), Vol. 40, No. 12, 17.6.72, S. 80.

II. Die volkswirtschaftlichen Sektoren

A. Konsumsektor

1. Bestimmungsfaktoren

Im Jahre 1970 sind in Argentinien rund 71 % der angebotenen Güter und Dienstleistungen durch private Haushalte konsumiert worden[37]. Diese Konsumquote liegt wohl unter dem lateinamerikanischen Durchschnitt[38], erreicht jedoch diejenige eines westlichen Industrielandes bei weitem nicht[39]. Der Grund dafür bildet das wesentlich niedrigere Pro-Kopf-Einkommen Argentiniens. Die Konsumquote pflegt m.a.W. bei steigendem Wohlstand zu sinken.

In diesem Zusammenhang ist die Verteilung der Konsumausgaben auf Nahrungsmittel, Kleidung und dauerhafte Konsumgüter aufschlussreich, welche vorab durch die Einkommenshöhe bestimmt wird. In den untersten Einkommensschichten überwiegen naturgemäss die Nahrungsmittelausgaben: 35% der Haushalte verwenden zwischen 55 und 60 % ihrer Einkommen für Lebensmittel[40]. Aber auch bei den mittleren Einkommensschichten ist der Nahrungsmittelkonsum mengenmässig relativ hoch. Dies erklärt sich damit, dass die Preise landwirtschaftlicher Güter aus politischen Gründen tief gehalten werden[41]. Aus diesem Grunde ist es nicht erstaunlich, dass der Binnenkonsum der landwirtschaftlichen Produktion im Durchschnitt 50 % der Getreideproduktion, 75 % der Fleisch- sowie 75 % der Früchte- und Pflanzenölproduktion erfordert[42]. Interessant ist ferner die Tatsache, dass die Ausgaben für Kleidung in sämtlichen Einkommensschichten ähnliche Anteile verzeichnen, der Kauf von dauerhaften Konsumgütern hingegen bei steigenden Einkommen überproportional zunimmt[43]. Anders ausgedrückt, kommt der Befriedigung zusätzlicher Bedürfnisse in bezug auf

---

37) vgl. Tabelle 7 im Anhang.
38) vgl. z.B. **BID**, Progreso socio-económico en América Latina, informe anual 1971, Washington D.C. o.J., S. 68 ff.
39) So fiel z.B. in der Schweiz im Jahre 1970 59 % der Inlandsnachfrage auf den Konsum privater Haushalte; vgl. o.V., Statistisches Jahrbuch der Schweiz 1972, S. 352.
40) vgl. Tabellen 12b und 12f im Anhang.
41) vgl. hinten, S. 139 ff.
42) vgl. **CONADE**, Resumen del diagnóstico del sector agropecuario, Buenos Aires 1968, S. 32.
43) vgl. Tabelle 12f im Anhang.

Bekleidung ein viel geringerer Stellenwert zu als etwa dem Erwerb eines
Autos, eines Fernsehgerätes oder anderer Apparate des täglichen Bedarfs.
Dies ist vor allem eine Folge des weitverbreiteten Konsumkredites, der
die Anschaffung derartiger Güter erleichtert[44].

Art und Intensität des Konsums ist nicht nur eine Funktion der Einkommenshöhe, sondern ebensosehr der Einkommensverteilung und des Marktpotentials. Da sie für die Bestimmung des Industrialisierungsgrades und
für die Beurteilung der künftigen Entwicklung wesentlich sind, ist es
angebracht, sich mit ihnen näher auseinanderzusetzen.

2. Einkommensverteilung

Bevor auf die verschiedenen Probleme der Einkommensverteilung eingetreten werden kann, müssen einige einschränkende Bemerkungen angebracht
werden, und zwar in bezug auf die Qualität des vorhandenen Datenmaterials. Dies gilt insbesondere für Argentinien, teilweise aber auch
für die zu Vergleichszwecken herangezogenen Statistiken anderer Länder
Lateinamerikas. Erstens liegen die Erhebungen über die Einkommensstruktur bereits 10 und mehr Jahre zurück. Auf Grund dieses Materials ist es
deshalb beispielsweise kaum möglich, verlässliche Schlussfolgerungen für
die Gegenwart in bezug auf die Gleichmässigkeit der Einkommensverteilung
zu ziehen. Der seither zu beobachtende ständig steigende Wohlstand
lässt vermuten, dass sich die Einkommensverteilung im Sinne einer breiteren
und damit ausgleichenderen Streuung verändert haben muss. Zweitens ist
auf die enormen Schwierigkeiten zur Erhebung zuverlässiger Daten hinzuweisen. Daten über Einkommensverhältnisse sind in der Praxis lediglich
über Steuererklärungen und über die Abrechnungen für Sozialversicherungsbeiträge erhältlich. Die richtige und vor allem die vollständige Veranlagung der Steuerpflichtigen ist indessen unter dem gegenwärtigen System äusserst problematisch, insbesondere was die grosse Zahl der Selbständigerwerbenden aller Bevölkerungsschichten anbelangt. Die erfolgreiche Steuerhinterziehung ist gerade in diesen Kreisen zu einem beachtlichen Gradmesser wirtschaftlichen Erfolges geworden[45]. Die Sozial-

---

44) vgl. hinten, S. 286 f., 290.
45) vgl. hinten, S. 110.

versicherungsbeiträge, wiederum der Selbständigerwerbenden, können ebenfalls nicht als zuverlässige Beurteilungsgrundlage gewertet werden, da manche Unternehmer die dem Staat geschuldeten Beiträge zu Finanzierungszwecken zurückbehalten[46]. Schliesslich wird in den obersten Einkommensklassen der Inflationsgewinn bei der Steuerveranlagung nicht berücksichtigt, so dass diese Einkommen mit grösster Wahrscheinlichkeit zu hoch veranschlagt worden sind. Trotzdem soll versucht werden, zu einigen allgemein gültigen Aussagen über die Einkommensverteilung zu kommen[47].

Zunächst ist einmal vom durchschnittlichen jährlichen Pro-Kopf-Einkommen auszugehen. Dieser Gradmesser des Wohlstands zeigt, dass Argentinien diesbezüglich in Lateinamerika an der Spitze liegt[48]. Vergleicht man das jährliche Pro-Kopf-Einkommen, aufgeteilt nach Einkommensgruppen Argentiniens, Brasiliens und Mexikos, so gelangt man zum gleichen Schluss (Abb. 6). Es stellt sich somit die Frage, inwieweit die Einkommensverteilung Argentiniens von derjenigen Lateinamerikas abweicht. Während die beiden untersten Einkommenszehntel in der Region 3.1 % der Einkommen auf sich vereinigen[49], sind es in Argentinien 7 %[50], in Brasilien bzw. Mexiko 6 % bzw. 3.6 %[51]. Die mittleren Einkommensschichten, d.h. vom 3. - 8. Einkommenszehntel, erreichen in Argentinien 41 % der Einkommen, in Brasilien 37.7 %, in Mexiko 37.9 %, im Gesamtdurchschnitt jedoch nur 34.4 %. Die obersten Einkommensschichten verfügen in Lateinamerika im Durchschnitt über 62.4 %

---

46) vgl. hinten, S. 289 ff.
47) vgl. für das folgende insbesondere Naciones Unidas, El desarrollo económico y la distribución del ingreso en la Argentina, Nueva York 1968; Naciones Unidas, La distribución del ingreso en América Latina, Nueva York 1970, speziell S. 41-49.
48) vgl. Tabelle 1 im Anhang.
49) vgl. Tabelle 12 im Anhang.
50) vgl. Tabelle 12c im Anhang.
51) vgl. Link, Brasilien, a.a.O., S. 139, Tabelle 12. Der wohl gewichtigste Unterschied in bezug auf die Einkommensverteilung zwischen Argentinien einerseits und Brasilien und Mexiko anderseits liegt darin, dass der Lebensstandard der untersten beiden Einkommensgruppen in Argentinien mehr als dreimal so gross ist wie in den beiden andern Ländern. M.a.W. stehen den ärmsten 20 % der argentinischen Bevölkerung ein jährliches Einkommen von 300 Dollar zur Verfügung, während 50 % der Bewohner Brasiliens und Mexikos auf etwa 150 Dollar jährlich kommen, d.h. eine wirtschaftliche Randstellung einnehmen. Vgl. Celso Furtado, Economic Development of Latin America, Cambridge 1970, S. 60 ff.

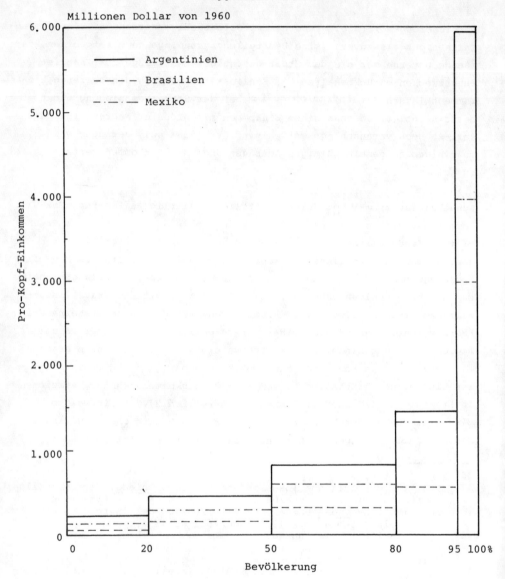

Abb. 6   Jährliches Pro-Kopf-Einkommen nach Einkommensgruppen in Argentinien, Brasilien und Mexiko (Durchschnitt der Jahre 1960/1964, in konstanten Dollar von 1960).

Quelle: OECEI, Mercado ALALC, Fundamentos macroeconómicos para su evaluación, Buenos Aires 1971.

der Einkommen; in Argentinien sind es 52 %, in Brasilien 56.3 % und in Mexiko 58.5 %.

Aus dieser kurzen Uebersicht geht hervor, dass die untersten Einkommensgruppen in Argentinien, wie auch aus dem Vergleich der einschlägigen Tabellen im Anhang ersichtlich wird, nicht nur relativ höhere Einkommen beziehen, sondern dass diese viel breiter gestreut sind. Ebenso ist in den mittleren Einkommensschichten Argentiniens eine gleichmässigere Verteilung feststellbar als etwa in den Vergleichsländern. Hingegen scheint die deutliche Konzentration an Reichtum an der Spitze der Einkommensgruppen in ganz Lateinamerika der Normalfall zu sein.

Welches sind die eigentlichen Bestimmungsfaktoren der vergleichsweise günstigeren Einkommensverteilung in Argentinien? Zunächst muss festgehalten werden, dass der Primärsektor, welcher in der Regel die niedrigsten Einkommen aufweist, in Argentinien keine dominierende Rolle spielt. Lediglich 16 % der Beschäftigten[52] mit rund 13 % der Einkommen[53] (1961) und 15.4 % Anteil am Bruttoinlandprodukt sind dem Primärsektor zugehörig. Der hohe Grad der Verstädterung hat ausserdem eine bessere Wirksamkeit der Sozialversicherungswerke zur Folge: Bereits 1961 setzten sich die untersten beiden Einkommenszehntel zu einem Viertel aus Pensionierten zusammen. In diesen Gruppen findet man, im Unterschied zu den übrigen Ländern Lateinamerikas, ähnlich wie in den industrialisierten Ländern eine bedeutende Anzahl der sogenannten passiven Bevölkerungsschicht. Ferner ist darauf hinzuweisen, dass das Erziehungsniveau in Argentinien über dem lateinamerikanischen Durchschnitt liegt. Ein besseres Ausbildungsniveau pflegt die Einkommensunterschiede zu verkleinern. Schliesslich muss der ausserordentlich starke Einfluss der Gewerkschaften auf die Einkommenspolitik erwähnt werden. Das vergleichsweise hohe Lohnniveau Argentiniens ist grösstenteils der Fähigkeit der organisierten Arbeiterschaft zuzuschreiben, lohnpolitische Forderungen durchzusetzen.

Nach dieser globalen Betrachtungsweise muss auch auf einige funktionale

---

[52] vgl. Tabelle 52 im Anhang.
[53] vgl. Tabelle 12d im Anhang.

Einkommensunterschiede[54] hingewiesen werden. Die Ungleichheiten in
der Einkommensverteilung vermindern sich in der Regel, je grösser der
Anteil der Löhne und Gehälter am Gesamteinkommen wird. Die Einkommenskonzentration der obersten Schichten Lateinamerikas ist m.a.W. auf die
Wichtigkeit der Gewinne und Erträge als Einkommensform zurückzuführen.
Und zwar werden diese nicht in erster Linie durch Kapitalgesellschaften oder Renten, sondern durch selbständige Unternehmer erwirtschaftet.
Während 1961 in Grossbritannien 88,8 % der aktiven Bevölkerung der Kategorie Lohnempfänger angehörte[55], waren es in Argentinien nur rund 64 %
[56]. Die Selbständigerwerbenden dagegen betrugen in England nur 7.4 %,
in Argentinien aber nahezu 30 % der aktiven Bevölkerung. Diese Schicht
erwirtschaftete 46 % der Einkommen, etwa gleichviel wie die Arbeitnehmer (47 %)[57]. Der selbständigen Tätigkeit, insbesondere im Ein-
zel-, Klein- und Mittelbetrieb wird in Argentinien grosse Bedeutung beigemessen. Die individuelle Unabhängigkeit in der wirtschaftlichen Betätigung gehört zur Lebensphilosophie des Argentiniers[58]. Die Lohnempfänger verteilen sich vorwiegend auf die unteren Einkommensschichten,
während in den mittleren, besonders aber in den obersten Einkommens-
zehnteln, das Unternehmertum vorherrscht. Mehr als 3/4 der obersten 5 %
sind Selbständigerwerbende[59]. Ihr Durchschnittseinkommen übersteigt
dasjenige der Lohnempfänger der gleichen Schicht um rund 50 %[60].

Erwähnenswert ist ferner die Tatsache, dass im obersten Prozent der
selbständigen Einkommensbezüger lediglich 18 % Angehörige der Landwirtschaft vertreten sind, während rund 65 % der höchsten Einkommen im
Sektor Industrie, Bergbau, Bauwirtschaft, Handel sowie durch Freiberuf-
liche erzielt werden. Zumindest für Argentinien scheint deshalb die
These vom "reichen Grossgrundbesitzer" nicht fundiert zu sein, denn
die Mehrzahl der Grossverdiener gehört eindeutig dem sekundären und
tertiären Bereich der Wirtschaft an. Die häufig geforderte Landreform
dürfte demnach kaum das geeignete Mittel für eine gleichmässigere Ein-

---

54) vgl. für das folgende auch <u>CEPAL</u>, Los aspectos concretos de la
    distribución del ingreso en América Latina, in: Técnicas finan-
    cieras (México) Año X, No. 1, Septiembre-Octubre 1970, S. 28 ff.
55) ebenda, S. 30.
56) vgl. Tabelle 12d im Anhang.
57) vgl. Tabelle 12e im Anhang.
58) vgl. z.B. hinten, S. 204.
59) vgl. Tabelle 12d im Anhang.
60) vgl. <u>CEPAL</u>, Los aspectos concretos, a.a.O., S. 35.

kommensverteilung sein[61].

Ueber die _regionale_ Einkommensverteilung sind keine aussagekräftigen Erhebungen verfügbar. Hingegen liefern die Daten über die regionale Verteilung des BIP pro Kopf der Bevölkerung einige Hinweise[62]. Zunächst fällt auf, dass das Pro-Kopf-Einkommen Patagoniens (Tierra del Fuego, Santa Cruz, Chubut) acht bis zehn Mal grösser ist als dasjenige der nördlichen Provinzen. Dies ist damit zu erklären, dass die Produktion Patagoniens zur Hauptsache den Bereichen Erdöl, extensive Schafzucht und Fischerei zufällt, d.h. Sektoren, wo ein gewichtiger Teil der Produktionsleistung im Prinzip nicht in der Zone wohnhaften Personen zuzuschreiben ist. Obwohl die persönlichen Einkommen in Patagonien zweifellos höher zu veranschlagen sind als in den übrigen Regionen, dürften die Abweichungen deshalb nicht so krass sein wie dies aus Tabelle 4 auf den ersten Blick erscheint[63]. Eine weitere Region lässt sich aus der Agglomeration Gross-Buenos Aires, dem Rest der Provinz Buenos Aires sowie Córdoba, Entre Ríos, La Pampa und Santa Fé bilden. In diesem Gebiet konzentriert sich die Masse der Bevölkerung (über 70 %) und der Hauptteil der Produktionsleistung des Landes[64]. Es darf deshalb angenommen werden, dass hier die durchschnittlichen Einkommen etwas über dem Landesdurchschnitt liegen (mit Ausnahme von Entre Ríos), und dass sie eine ziemlich gleichmässige Verteilung aufweisen. Die westlichen Zentralprovinzen, nämlich Mendoza, Neuquén, Río Negro, San Juan und San Luis, erreichen zusammen etwa 85 % der durchschnittlichen Produktionsleistung des Landes. Ebenso wie Patagonien ist diese Region nur dünn besiedelt, weist aber zwei Schwerpunkte auf: In der Weinbauprovinz Mendoza sowie im Río-Negro-Tal, dem Zentrum der Kernobstproduktion, dürfte sich ein erheblicher Teil des Einkommens der Region konzentrieren. Uebrig bleiben somit die Provinzen der Nordregion, nämlich Catamarca, Corrientes, Chaco, Formosa, Jujuy, La Rioja, Misiones, Salta, Santiago del Estero und Tucumán. Hier lebt weniger als 1/5 der Gesamtbevölkerung, deren Pro-Kopf-Produktion mit rund 50 % wesentlich unter dem Landesdurchschnitt liegt. Daraus muss geschlossen werden, dass hier die durchschnittlichen Einkommen ebenfalls geringer sind als in den wohlhabenderen Gebieten. Versucht man, das Problem von der Wirtschaftsstruktur her zu analysie-

---

61) vgl. hinten, S. 142 ff.
62) vgl. Tabelle 4 im Anhang.
63) Zu berücksichtigen ist ebenfalls, dass in den genannten drei Provinzen Patagoniens lediglich 1,3 % der Gesamtbevölkerung leben; vgl. Tabelle 47a im Anhang.
64) vgl. Tabellen 47a und 44 im Anhang.

ren, stellt man fest, dass der Primärsektor im Norden keine dominierende Stellung einnimmt: In den Provinzen Misiones, Santiago del Estero und Catamarca, deren BIP pro Kopf der Bevölkerung etwa 1/3 des Landesdurchschnitts erreicht[65], beträgt der Anteil der Landwirtschaft am BIP lediglich etwa 20 %[66]. Anderseits weist der Primärsektor für die untersten Einkommensschichten (Lohnempfänger und Unternehmer) einen markanten Anteil an Einkommensbezügern auf[67]. Hinzu kommt, dass sich das Problem der Minifundien[68] gerade auf die Nordprovinzen konzentriert: So weisen in der Provinz La Rioja 67 % aller landwirtschaftlichen Betriebe eine Grösse von 25 und weniger Hektaren auf, in Catamarca sind es 74 % und in Tucumán 78 %[69]. Daraus ist allerdings noch kein eindeutiger Zusammenhang zwischen der Struktur des BIP und der Einkommenshöhe abzuleiten, denn in der Provinz Mendoza fallen 80 % der landwirtschaftlichen Betriebe in die Kategorie "25 Hektaren und weniger"; ihre Produktionsleistung pro Kopf der Bevölkerung entspricht jedoch, wie erwähnt, ungefähr dem Landesmittel. Die geschilderten regionalen Einkommensdifferenzen sind deshalb vielmehr auf Produktivitätsunterschiede in den einzelnen Sektoren zurückzuführen[70].

Zum Schluss sei noch auf die seit den Nachkriegsjahren eingetretene Entwicklung der Haushalteinkommen der Lohnempfänger und Unternehmer in einigen Wirtschaftszweigen hingewiesen[71]. Die auffälligste Verschiebung erfuhr die Kategorie der Renteneinkommen: Während diese 1949 noch 4,3 % der persönlichen Einkommen beanspruchte, deren Höhe den Landesdurchschnitt um das Neunfache überstieg, sank der Anteil 1965 auf 1,4 % und etwa das Dreifache des Landesdurchschnitts. Demgegenüber ist die Zahl der Pensionsberechtigten seit Kriegsende ständig gestiegen, ebenso ihr Anteil am Gesamteinkommen. Hingegen erfuhr ihr durchschnittliches Einkommen im Vergleich mit dem Landesindex eine laufende Schmälerung, zurückzuführen auf die anhaltende Inflation. In bezug auf die beiden Hauptgruppen, nämlich die Lohnempfänger und die Unternehmer, hätte man aufgrund der fortschreitenden Industrialisierung erwarten können, dass sich das Verhältnis zugunsten der Lohnempfänger verschieben würde, und zwar aus zwei Gründen: Einmal pflegt in städtischen Verhält-

---

65) vgl. Tabelle 4 im Anhang, Kolonne 1959.
66) <u>Naciones Unidas</u>, Distribución del ingreso en la Argentina, S. 84.
67) vgl. Tabelle 12d im Anhang.
68) vgl. hinten, S. 145.
69) vgl. Tabelle 27a im Anhang.
70) vgl. hinten, S. 146 ff.
71) vgl. Tabelle 12e im Anhang.

nissen die Zahl der Lohnempfänger zu überwiegen. Zum andern tendiert bei zunehmender Verstädterung die durchschnittliche Unternehmensgrösse zu wachsen, die Kapitalgesellschaften nehmen an Bedeutung zu, und der intensivierte Konkurrenzdruck birgt die Tendenz der Unternehmungskonzentration in sich. Eine steigende Zahl an Lohnempfängern hätte somit mehr oder weniger automatisch bestehende krasse Ungleichheiten in der Einkommensverteilung zum Verschwinden gebracht.

Argentinien weist jedoch eine gegenteilige Entwicklung auf: Mit zunehmender Industrialisierung seit Kriegsende ist die Zahl der Lohnempfänger prozentual gesunken, während diejenige der Unternehmer zugenommen hat. Dieselbe Tendenz ist beim Anteil der persönlichen Einkommen festzustellen: Er sank bei den Lohnempfängern von 51,3 % (1949) auf 46,8 % (1965), während die Unternehmer ihren Anteil von 42,5 % auf 46,8 % verbessern konnten. Obwohl sich die Zahl der Arbeitnehmer im Verhältnis zu den Unternehmern vermindert hat, konnten die Lohnempfänger ihr durchschnittliches Einkommen leicht vergrössern. Analysiert man die einzelnen Wirtschaftszweige, so wird der Effekt der Landflucht sichtbar: Die Bedeutung der landwirtschaftlichen Haushalte als Lohnempfänger ist von 12,5 % (1949) auf 7,4 % (1965) gesunken. Allerdings scheint auch im industriellen Sektor die Bedeutung der Arbeitnehmer abgenommen zu haben, offensichtlich zugunsten der Unternehmer. Der Anstieg der Durchschnittseinkommen der Arbeitnehmer lässt sich teilweise durch die Landflucht erklären; der Hauptgrund dürfte jedoch darin liegen, dass es den Industriearbeitern als einziger Gruppe gelungen ist, seit den Nachkriegsjahren ihre Durchschnittslöhne zu steigern. Abgesehen von der durch den raschen Industrialisierungsprozess verursachten nachfragebedingten Lohnsteigerung ist dies grösstenteils den Gewerkschaften zu verdanken.

Eine abschliessende Beurteilung der Einkommensverteilung in Argentinien ist aufgrund der eingangs erwähnten Vorbehalte in bezug auf die Qualität des verfügbaren Datenmaterials kaum sinnvoll. Hingegen lassen die folgenden Ueberlegungen den Schluss zu, dass die noch da und dort zum Teil offen zutage tretenden krassen Ungleichheiten in der Einkommensverteilung langsam kleiner werden: Die zunehmende wirtschaftliche Entwicklung hat die als ungerecht empfundene Einkommenskonzentration an der Spitze vermindert[72]. Die unteren Einkommensschichten profitieren vom

---

72) vgl. im Gegensatz dazu den Fall Brasiliens: Link, Brasilien, a.a.O., S. 78.

gewerkschaftlichen Durchsetzungsvermögen ihrer Lohnforderungen, welche ihnen (je nach Inflationsrate mit unterschiedlichem Erfolg) garantieren, den Reallohn zu erhalten. Argentinien hat sich nach dem II. Weltkrieg nach und nach zu einer typischen Konsumgesellschaft entwickelt, in der allerdings die Grossagglomerationen eine zentrale Rolle spielen. Das Marktpotential und die vorhandene Kaufkraft sind hier für südamerikanische Verhältnisse beachtlich.[73] Doch darf das regionale Einkommensgefälle zwischen Gross-Buenos Aires und dem Landesinnern nicht vergessen werden, dem, ähnlich wie in Brasilien[74], wohl kaum mit direkter Einkommensumverteilung begegnet werden kann. Vielmehr dürften indirekte Massnahmen langfristig gesehen erfolgreicher sein. Ansätze dazu sind vorhanden, wenn man etwa an die wirksame Verbesserung des Sozialversicherungssystems sowie des Gesundheitswesens in den letzten Jahren denkt. Andere, mehr direkte Massnahmen wären:

- Förderung der Landwirtschaft durch Schaffung von Produktionsanreizen;
- Bildung von regionalen Entwicklungszentren im Landesinnern, um eine differenziertere, d.h. auf gleichmässigere Einkommensverteilung abzielende Politik betreiben zu können;
- Harmonisierung und vor allem grössere Ertragsfähigkeit des Steuersystems; etc.

Der Entwicklungsplan 1971-1975[75] enthält eine ganze Reihe von Zielen und Massnahmen zur Lösung des Entwicklungs- und damit des Einkommensproblems. Ohne näher darauf einzutreten, scheint jedoch die Realisierung des regionalen Entwicklungsprogrammes auf namhafte Schwierigkeiten, insbesondere finanzieller Art, zu stossen.

3. Marktpotential

Argentiniens Bevölkerung geniesst im Vergleich zu andern Ländern Lateinamerikas einen beachtlichen Lebensstandard, worauf bereits das hohe Pro-Kopf-Einkommen hinweist[76]. Aber auch andere Indikatoren wie

---

73) vgl. hinten, S. 97 f.
74) vgl. Link, Brasilien, a.a.O., S. 79.
75) CONADE, Plan Nacional de desarrollo y seguridad 1971-1975, (Ley 19.039), Buenos Aires 1971, S. 73 ff.
76) vgl. Tabelle 1 im Anhang.

z.B. der Energiekonsum pro Kopf der Bevölkerung, der Pro-Kopf-Stahlkonsum, die Anzahl der Personenwagen, der Telephonanschlüsse etc.[77] lassen Argentiniens Spitzenposition erkennen. Das hohe Niveau des Lebensstandards ist nicht nur eine Folge des (wenn auch unregelmässigen) wirtschaftlichen Wachstums. Vielmehr scheinen auch andere Einflüsse massgebend gewesen zu sein: Einerseits verursachte der Arbeitskräftemangel eine massive Einwanderung mit einem vergleichsweise hohen Lohnniveau; anderseits gab der breite Mittelstand vorwiegend europäischer Abstammung der Industrialisierung eine gesunde soziale Basisstruktur[78], welche sich bis heute erhalten hat.

Im Unterschied zu Brasilien und Mexiko darf im Fall von Argentinien angenommen werden, dass Marktkapazität und Marktpotential nicht weit voneinander entfernt sind[79]. Anders ausgedrückt, ist praktisch die gesamte Bevölkerung in der Wirtschaft eingegliedert. Allerdings sind die regionalen Kaufkraftunterschiede zum Teil beträchtlich[80]. Naturgemäss konzentriert sich die Kaufkraft auf die bevölkerungsreichen Regionen, wie eine Erhebung über die Kleinhandelsumsätze aus dem Jahre 1963 zeigt: 86 % der Umsätze wurden in der Bundeshauptstadt sowie in den Provinzen Buenos Aires, Córdoba, Mendoza und Santa Fé getätigt, wo 72 % der gesamten Bevölkerung lebt[81].

Um die künftige Entwicklung des Marktpotentials Argentiniens abschätzen zu können, müssen die folgenden Fakten berücksichtigt werden[82]:

Die Bevölkerung verzeichnete zwischen 1960 und 1970 die bescheidene durchschnittliche Zuwachsrate von 1,5 % bei weiterhin sinkender Tendenz. Zwischen 1950 und 1966 wuchs das durchschnittliche Pro-Kopf-Einkommen um jährlich weniger als 1,3 %, zwischen 1960 und 1970 um 2,5 %[83], zwischen

---

77) vgl. Tabelle 10a im Anhang.
78) vgl. Furtado, a.a.O., S. 44.
79) vgl. Link, Brasilien, S. 81; ders., Mexiko, S. 55.
80) Anhaltspunkte gibt die regionale Verteilung des BIP pro Kopf der Bevölkerung, vgl. dazu Tabelle 4 im Anhang.
81) vgl. SIMA, Atlas del mercado argentino 1972, Buenos Aires 1972, Tabelle 9, S. 67.
82) vgl. für das folgende insbesondere The Economist Intelligence Unit, Investment Opportunities in Argentina, London 1970, S. 42 ff. sowie Tabelle 10 im Anhang.
83) vgl. Tabelle 1 im Anhang.

1966 und 1969 um 3,2 % pro Jahr. Diese bescheidene Entwicklung wird z. B. von Brasilien und Mexiko übertroffen[84].

Der Reallohn des Industriearbeiters weist über längere Perioden betrachtet, grosse Schwankungen auf[85], verursacht durch die Inflation und die in der Regel nachhinkenden Korrekturmassnahmen. Die Kaufkraft ist demzufolge periodischen Verlusten ausgesetzt.

Trotzdem steigt aber die Nachfrage nach dauerhaften Konsumgütern ständig, wie aufgrund ihrer hohen Einkommenselastizitäten geschlossen werden kann[86]. Nebst der inflationsbedingten Flucht in Sachwerte ist die beachtenswerte Nachfrage nach Konsumgütern vorab der Förderung des bequemen Konsumkredits zu verdanken. Deshalb scheinen die aufgrund hoher Produktionskosten und Konsumsteuern im internationalen Vergleich als teuer zu bezeichnenden dauerhaften Konsumgüter keinen Nachfragerückgang zu erleiden.

Argentinien wird deshalb auch in Zukunft nebst Brasilien und Mexiko zu den wichtigsten Märkten Lateinamerikas gehören. Die verhältnismässig geringere Zuwachsrate des Pro-Kopf-Einkommens wird durch die absolut höhere Kaufkraft gegenüber andern Ländern wettgemacht.

B. Investitionssektor

Eine wesentliche Voraussetzung für eine geordnete wirtschaftliche Entwicklung ist die ausreichende Bildung von Realkapital, denn "steigendes Realkapital bewirkt ein steigendes Sozialprodukt"[87]. Die Investitionen[88], denen als Kreislaufgrösse die Spartätigkeit gegenübersteht[89], bewirken

---

84) Durchschnittliche jährliche Zunahme des BIP pro Kopf der Bevölkerung (1960-1970) betrug in Brasilien 2,6 % und in Mexiko 3,1 %; vgl. United Nations, Handbook of International Trade and Development Statistics, S. 246.
85) vgl. Tabelle 11 im Anhang.
86) vgl. Tabelle 10b im Anhang.
87) Baumberger, a.a.O., S. 68.
88) Unter Investitionen sind hier die sogenannten Nettoinvestitionen oder Erweiterungsinvestitionen zu verstehen. Zählt man die zur Erhaltung des Realkapitals notwendigen Ersatzinvestitionen dazu, erhält man die Bruttoinvestitionen; vgl. Baumberger, a.a.O., S. 67.
89) vgl. W.A. Lewis, Die Theorie des wirtschaftlichen Wachstums, Tübingen/Zürich 1956, S. 222.

"eine Erweiterung und Modernisierung des Produktionsapparates und ermöglichen bei effizienter Nutzung eine Vergrösserung des Sozialproduktes"[90].

Im Jahre 1971 erreichte die gesamte private und öffentliche Realkapitalbildung Argentiniens 23,9 % des Volkseinkommens[91]. Seit 1960 betrug die jährliche Bruttoinvestitionsquote stets mehr als 20 %, eine für lateinamerikanische Verhältnisse beachtliche Leistung[92]. Derart hohe Quoten müssten deshalb zu einer raschen Zunahme des Bruttoinlandprodukts geführt haben. Ein Blick auf Tabelle 3 im Anhang zeigt jedoch, dass das BIP unregelmässig zugenommen, in einzelnen Jahren sogar abgenommen hat. Die Vermutung liegt deshalb nahe, die Produktivität des Realkapitals sei ungenügend gewesen. Dieses Problem wird weiter unten speziell erörtert.

Zur Aufteilung der Bruttoinvestitionen in Ersatz- und Neuinvestitionen sind keine genauen statistischen Angaben erhältlich. Aufgrund einer zuverlässigen Schätzung der Zentralbank darf angenommen werden, dass etwa ein Drittel der Bruttoinvestition auf Ersatzinvestitionen fällt[93]; die verbleibenden Nettoinvestitionen teilen sich je zur Hälfte in Bauten sowie Maschinen und Einrichtungen.

Ebenso ist es möglich, die Nettoinvestitionen in private und öffentliche Investitionen aufzuteilen. Gespräche mit namhaften Persönlichkeiten des argentinischen Wirtschaftslebens sowie mit Funktionären der Zentralbank haben ergeben, dass der Staat mit etwa 50 % an den Nettoinvestitionen beteiligt sein dürfte. Wenn berücksichtigt wird, dass er im Jahr 1969 nahezu 50 % der Bruttoinvestitionen beanspruchte und an der gesamten Bautätigkeit mit annähernd 40 % beteiligt war[94], kann dieser Schätzung geglaubt werden. In Brasilien fielen im Vergleich dazu auf den Staat 39 % der Bruttoinvestitionen (1965), in Kanada 31 % (1968), in den Vereinigten Staaten jedoch nur 19 % (1968)[95].

---

90) Baumberger, a.a.O., S. 69.
91) vgl. Tabelle 5 im Anhang.
92) vgl. Link, Mexiko, S. 56 f.; ders., Brasilien, S. 82 f.; ferner Tabelle 5 im Anhang.
93) vgl. Tabelle 14a im Anhang.
94) vgl. Tabelle 14a im Anhang.
95) Kenneth Huddle und Mukhtar Hamour (Hrsg.), Statistical Abstract of Latin America 1970, Los Angeles 1971, Tabelle 177.

Den öffentlichen Investitionen kommt deshalb naturgemäss eine zentrale
Bedeutung zu. Sie verteilen sich im Verhältnis 70 % zu 30 % auf die
Zentralregierung bzw. auf die Provinzen[96]. Für die Planungsperiode
1971-1975 sollen sie im Durchschnitt 11 % des BIP beanspruchen. Die Investitionen der Zentralregierung allein nehmen dabei jährlich um rund
14 % zu. Die Finanzierung dieses anspruchsvollen Investitionsprogrammes
kann z.B. für das Jahr 1974 nur zu 51 % aus eigenen Mitteln erfolgen,
während das verbleibende Defizit zu vier Fünfteln durch die Zentralbank zu tragen ist und der Rest durch öffentliche Verschuldung aufgebracht wird. Dass dahinter eine virulente Inflationsquelle steckt,
braucht kaum näher erläutert zu werden.

Zwischen 1971 und 1975 sollen 56 % der Investitionen der Zentralregierung die Produktionskapazität der Wirtschaft direkt beeinflussen. Im
industriellen Bereich sind insbesondere Erweiterungsinvestitionen in
der Stahlindustrie (SOMISA, Altos Hornos Zapla), im Bergbau (Eisenerz
und Kohle), im Erdöl- und Erdgassektor (YPF, Gas del Estado) vorgesehen. Hinzu kommen beträchtliche Aufwendungen für die Erweiterung der
Infrastruktur, speziell der Elektrizitätsversorgung und des Strassenbaus. Das staatliche Transportsystem soll modernisiert werden, vor
allem die Eisenbahnen und die Hochseeflotte. Nebst den Investitionen
für die Kapazitätserweiterung bestehender Einrichtungen plant der Staat
ebenfalls, in "neuen" Gebieten tätig zu werden. So ist etwa der Bau
einer Aluminiumfabrik vorgesehen[97].

Rund 44 % der im 5-Jahresplan vorgesehenen Investitionen der Zentralregierung fallen auf lediglich indirekt produktive und unproduktive Aufwendungen. Zur ersten Kategorie gehören Investitionen im Erziehungswesen, im Bereich "Volksgesundheit", im sozialen Wohnungsbau und in der
Verbesserung der Wasserversorgung. Zu den unproduktiven Investitionen
sind solche in öffentliche Verwaltungsbauten, vor allem aber Aufwen-

---

96) vgl. für das folgende insbesondere CONADE, Plan nacional de desarrollo y seguridad 1971-1975, Buenos Aires 1971, S. 58 ff.
97) In diesem Zusammenhang stellt sich die sehr wichtige Frage, ob nicht durch eine intensivere Zusammenarbeit Argentiniens mit den Nachbarstaaten und andern Ländern Lateinamerikas eine bessere Allokation der Ressourcen zu erreichen wäre, im Fall der Aluminiumfabrik etwa mit Venezuela. Die positive Antwort auf diese Frage liegt eigentlich auf der Hand, doch scheinen die Chancen für eine baldige Verwirklichung dieses Postulats aus Erwägungen der Landesverteidigung und der Wahrung der wirtschaftlichen Unabhängigkeit gering zu sein.

dungen für die Verteidigung zu zählen. Für Verteidigung und Sicherheit sah der Voranschlag für 1972 18,4 % der gesamten Staatsausgaben vor[98]. Die von Prebisch mit Recht geäusserten Bedenken, die überdurchschnittlich hohen Verteidigungsausgaben würden die Zahlungsbilanz der einzelnen Länder und vor allem den Kapitalbildungsprozess unnötig belasten, gelten ebenfalls für Argentinien[99].

Die geographische Verteilung der öffentlichen Investitionen erfolgt nach den vom CONADE (Consejo Nacional de Desarrollo, Nationaler Entwicklungsrat), d.h. der staatlichen Planungsstelle erarbeiteten Prioritäten[100]. Danach konzentrierten sich gemäss Budget 1970 rund 60 % der verteilbaren Investitionen auf die beiden Regionen Gross-Buenos Aires und Pampa, gefolgt vom Nordosten, von Comahué, Nordwesten, Patagonien, dem Zentrum und Cuyo[101]. Die Bevorzugung der beiden wirtschaftlich gewichtigsten Regionen, nämlich Gross-Buenos Aires und Pampa, ist offensichtlich.

Die von der Zentralbank publizierten Daten über die Bruttoinvestition unterscheiden lediglich für den Bausektor private und öffentliche Investitionen, nicht aber für Maschinen und Ausrüstungen[102]. Dennoch ist versucht worden, aufgrund von nicht spezifisch für diesen Zweck publiziertem Zahlenmaterial eine Idee über die Höhe der privaten Investitionen zu erhalten[103]. Zunächst ist festzuhalten, dass die privaten Investitionen ungefähr zwei Drittel der Gesamtinvestitionen ausmachen. Ihr An-

---

98) vgl. Tabelle 16b im Anhang. Darin sind allerdings auch laufende Ausgaben enthalten.
99) vgl. Prebisch, Change and Development, S. 138.
100) Zu diesem Zweck ist das Land in acht Entwicklungsregionen aufgeteilt worden, nämlich: Patagonien (Chubut, Santa Cruz, Tierra del Fuego und die Südatlantischen Inseln), Comahué (Río Negro, Neuquén, La Pampa und der südliche Teil der Provinz Buenos Aires), Cuyo (Mendoza und San Juan), Zentrum (San Luis, Córdoba und La Rioja), Nordwesten (Catamarca, Salta, Jujuy, Tucumán und Santiago del Estero), Nordosten (Chaco, Formosa, Misiones, Corrientes und der nördliche Teil der Provinz Santa Fé), Pampa (Entre Ríos, übriger Teil von Santa Fé, Buenos Aires mit Ausnahme des südlichen Teils sowie der zu Gross-Buenos Aires gehörenden Bezirke) und Gross-Buenos Aires mit der Bundeshauptstadt; vgl. Quargnolo, Atlas, S. 52, sowie Abb.7.
101) vgl. Secretaría de Estado de Hacienda, Folleto de divulgación del presupuesto general de la administración nacional, Buenos Aires 1970, S. 30.
102) vgl. Tabelle 14 im Anhang.
103) vgl. Tabelle 14a im Anhang.

Abb. 7   Argentinien: Gliederung nach Entwicklungsregionen

Legende:
1 = Nordwesten
2 = Nordosten
3 = Zentrum
4 = Cuyo
5 = Pampa
6 = Gross-Buenos Aires
7 = Comahue
8 = Patagonien

teil am BIP dürfte rund 13 % betragen. Die Entwicklung der Bruttoinvestitionen in der Periode von 1960 - 1971 war ziemlich starken Schwankungen unterworfen, wie Abb. 7a verdeutlicht. Erst seit 1966 ist eine stete Zunahme zu verzeichnen. Die Investitionstätigkeit Argentiniens widerspiegelt wie kein anderer Indikator den Konjunkturverlauf. Insbesondere der private Unternehmer lässt sich wohl zur Hauptsache von seinem Instinkt bzw. von dem leiten, was man gemeinhin als "Investitionsklima" bezeichnet. Die Investitionsentscheide sind, wie in Abb. 7a klar zu Tage tritt, durch politische Ereignisse wesentlich beeinflusst worden. So sind die Investitionen nach dem Sturz Frondizis und den darauf folgenden politischen Unruhen massiv gesunken[104]. Eine gute Konjunktur in den Jahren 1963/1964 bewirkte eine Erholung, während im darauffolgenden Jahr das Vertrauen in die Regierung Illia zu sinken begann und die Investitionen entsprechend beeinflusste. Die Sanierungsmassnahmen des Wirtschaftsministers Krieger Vasena hatten in Unternehmerkreisen einen spürbaren Optimismus aufkommen lassen, der auch noch im letzten Jahr der Regierung Onganía anhielt. Allerdings war das Vertrauen bei dessen Sturz und der nachfolgenden kurzen Präsidentschaft Levingston bereits stark erschüttert. Die überdurchschnittlich hohen Lagerbestände am Ende des Jahres 1971 sind ein Hinweis dafür: Man wollte sich gegen die zu erwartenden "unsicheren Zeiten" eindecken.

In der Vergangenheit haben ungesunde und oft widersprüchliche wirtschaftspolitische Massnahmen eine rationelle Allokation der Ressourcen unter den verschiedenen Sektoren verhindert. Wie einleitend bemerkt worden ist, haben sich die relativ hohen jährlichen Investitionsquoten nicht in einem entsprechenden Wachstum des BIP niedergeschlagen. Dafür können zur Hauptsache zwei Ursachen geltend gemacht werden , nämlich einerseits die hohen relativen Preise für Investitionsgüter[105], und andererseits die niedrige Kapitalproduktivität.

Aussenhandelsprotektionismus und Importsubstitution[106] bewirkten, dass Investitionsgüter in Argentinien zwei bis drei Mal teurer zu stehen

---

104) vgl. vorn, S. 62 ff.
105) vgl. für das folgende insbesondere Díaz Alejandro, a.a.O., S. 309 ff.
106) vgl. hinten, S. 307 ff.

Abb. 7a

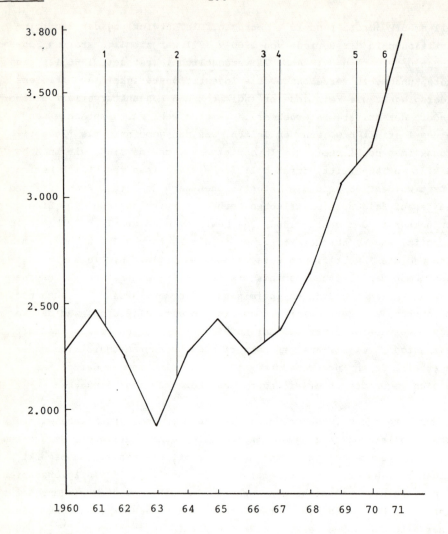

Zusammenhang zwischen Bruttoinvestition und politischen Ereignissen 1960 - 1971 (Werte in Mio. Pesos von 1960).

1   Sturz Präsident Frondizis (März 1961)
2   Amtsantritt Regierung Illia (Oktober 1963)
3   Sturz Präsident Illias (Juni 1966), Machtübernahme durch General Onganía
4   Amtsantritt Wirtschaftsminister Krieger Vasena (Januar 1967)
5   "Cordobazo", neuer Wirtschaftsminister Dagnino Pastore (Juni 1969)
6   Sturz Präsident Onganías

Quelle: Verfasser, aufgrund von Tabelle 14 im Anhang.

kommen als z.B. in den Vereinigten Staaten[107]. Die reale Investitionsrate dürfte deshalb unter Berücksichtigung der internationalen Preisverhältnisse und der realen Kaufkraft des argentinischen Peso wesentlich bescheidener ausfallen. So haben Berechnungen für das Jahr 1960 ergeben, dass die Kapitalbildung lediglich 11 % erreichte, wenn man das Bruttosozialprodukt in Dollar umrechnete und dabei die reale Kaufkraft berücksichtigte[108].

Die Produktivität der Kapitalbildung kann am sogenannten Kapitalkoeffizienten gemessen werden[109]. In Tab. 14b im Anhang sind die marginalen Kapitalkoeffizienten für die einzelnen Jahre der Dekade 1960-1970 berechnet worden, und zwar zu laufenden und konstanten Preisen. Im Falle der ersteren scheint die Kapitalproduktivität während der gesamten Periode überraschend hoch gewesen zu sein. Berücksichtigt man indessen die Inflation, so war die Kapitalproduktivität von Jahr zu Jahr grossen Schwankungen ausgesetzt. Die Berechnungen zu konstanten Preisen ergeben in zwei Fällen einen negativen Koeffizienten. Das heisst, dass die Investitionen einen realen Rückgang des BIP nicht verhindern konnten. In zwei Fällen war die Kapitalproduktivität unter dem 10-Jahresdurchschnitt, in sechs darüber. Im Jahr mit der geringsten Geldentwertung, nämlich 1969[110], ist der Unterschied zwischen den beiden Berechnungsarten am geringsten. Die Frage, weshalb die Kapitalproduktivität derart grossen Schwankungen

---

[107] Hinweise dazu findet man in: o.V., A Measurement of Price Levels and the Purchasing Power of Currencies in Latin America, in: Economic Bulletin for Latin America 8, No. 2, Oct. 1963, S. 217; CONADE, Distribución del ingreso y cuentas nacionales en la Argentina, Buenos Aires 1965; Hugh H. Schwartz, The Argentine Experience with Industrial Credit and Protection Incentives, 1943-1958, Yale Economic Essays, Fall 1968, S. 259 ff.; Rolf Hayn, Capital Formation and Argentina's Price-Cost Structure, in: Review of Economics and Statistics 44, August 1962, S. 340 ff. Diese sowie weitere Quellen sind zitiert bei Díaz Alejandro, a.a.O., S. 309 ff.
[108] vgl. Stanley N. Braithwaite, Real Income Levels in Latin America, Review of Income and Wealth, Series 14, No. 2, June 1968, S. 135, zit. bei Díaz Alejandro, a.a.O., S. 320.
[109] Der Kapitalkoeffizient gibt an, wieviel Kapital nötig ist, um das BIP um 1 zu erhöhen. Er "wird somit aus dem Verhältnis des gesamten Kapitalstocks zu dem damit erzeugten Sozialprodukt gebildet ... Eine Erhöhung des Kapitalkoeffizienten kommt ... einer Verschlechterung, eine Senkung einer Verbesserung der Produktivität des Realkapitals gleich", Baumberger, a.a.O., S. 71.
[110] vgl. Tabelle 55a im Anhang.

unterliegt, lässt sich wie folgt beantworten. Der übermässige Zollschutz bzw. die fehlende ausländische Konkurrenz zwingen in der Regel den privaten Unternehmer nicht, produktivitätssteigernd zu investieren. Statt dessen sieht er sich oftmals veranlasst, zufolge Inflation und schlechten konjunkturellen Aussichten seine Lagerbestände zu vergrössern oder sein Kapital auf andere Weise vor dem Zerfall zu retten[111]. Anderseits werden aufgrund von Zahlungsbilanzschwierigkeiten die Importe vielfach derart eingeschränkt, dass auf an und für sich notwendige Ersatz- und Neuinvestitionen in Produktionsgüter verzichtet werden muss. So werden technologisch obsolete Anlagen und Maschinen über ihre normale Lebensdauer weiterverwendet, was die wiederholten Perioden wirtschaftlicher Stagnation bzw. geringen Wachstums erklären hilft[112].

Weit verheerender hingegen wirkt sich die mangelnde Effizienz in der Verwirklichung öffentlicher Investitionsvorhaben aus[113]. Dabei geht es nicht um das Problem, dass manche Investitionen, insbesondere im Bereich der Infrastruktur, nur langfristig die Kapazität der Wirtschaft erweitern[114]. Anlass zu Kritik gibt vielmehr die Art und Weise, wie öffentliche Investitionen geplant, finanziert und ausgeführt werden. Die Tatsache, dass ihnen in der Regel politische Erwägungen zugrunde liegen, entbindet den Staat nicht von der Pflicht, angesichts seiner chronischen Kapitalknappheit für jedes Projekt die optimalste Lösung zu suchen. Dies ist besonders wichtig bei direkt produktiven Investitionen, d.h. in jenen Fällen, wo der Staat als Unternehmer auftritt. Der bereits erwähnte Fall des Projekts für eine Aluminiumfabrik sei als ein Beispiel aufgeführt, bei welchem Rentabilitätsüberlegungen zugunsten politischer Erwägungen in den Hintergrund verdrängt wurden. Bei der Vergebung von Aufträgen ist der Staat überdies an gesetzliche Vorschriften gebunden, die ihn verpflichten, bei internationalen Ausschreibungen lokale Unternehmungen zu berücksichtigen, falls diese den ausländischen Konkurrenten qualitativ (aber nicht kostenmässig) ebenbürtig sind[115].

---

111) Etwa durch den Bau einer Luxuswohnung oder durch Transfer von flüssigen Mitteln über den Schwarzmarkt ins Ausland.
112) vgl. Armando Ribas u.a., La capitalización en los distintos sectores de la actividad económica argentina, in: FIEL, Publicación No. 2, Diciembre 1967, S. 134.
113) vgl. dazu beispielsweise Nicolás Argentato, Tasa de ahorro y capital en la Argentina, in: Revista de Conomía (Buenos Aires), Año 1, 1969, No. 1, S. 18 ff.
114) vgl. Baumberger, a.a.O., S. 72 ff.
115) Es handelt sich um das Gesetz Nr. 18.875, welches allgemein als "Compre nacional" bekannt geworden ist. Vgl. AT, 3.1.1971.

Dass derartige Projekte in der Regel teuer zu stehen kommen, liegt auf
der Hand.

Das Haupthindernis für eine vernünftige Investitionspolitik der
öffentlichen Hand liegt indessen im finanziellen Bereich. Es ist
(jedenfalls gegenwärtig) schlechterdings unmöglich, die Entwicklung der
Staatsfinanzen auch nur einigermassen vorauszusehen und die Finanzierung der Projekte zu planen. Dazu kommt, dass oft Grossprojekte begonnen werden, deren Finanzierung nicht sichergestellt ist, so dass während der Ausführung deswegen kostspielige Fristverzögerungen auftreten[116].
Selbst wenn die Finanzierung garantiert ist, bedeutet dies keineswegs eine
fristgerechte und vor allem rationelle Ausführung eines Vorhabens[117].

Dass im Bereich der öffentlichen Investitionen grosse Anstrengungen unternommen werden, ist offensichtlich, doch ist der Erfolg im Vergleich
zum Aufwand oft dürftig. Fehlende klare Zielsetzungen und Prioritäten,
Inflation, mangelnde Organisation in Durchführung und Ueberwachung der
Projekte, ständig wechselnde Behördenspitzen, vielfach ungenügende Finanzierung - das sind die wichtigsten Gründe, welche zu einem übermässi-

---

116) Als Beispiel für einen derartigen Fall sei der <u>Brückenkomplex
Brazo Largo - Zárate</u> am Unterlauf des Paraná erwähnt, dessen Finanzierung bereits Ende 1972 "notleidend" geworden ist. Mit dieser
Brücke sollen die zwischen den Flüssen Paraná und Uruguay gelegenen Provinzen Entre Ríos, Corrientes und Misiones verkehrsmässig
erschlossen werden, wogegen sich im übrigen die Streitkräfte während Jahren aus strategischen Ueberlegungen gewehrt hatten. Die
Weltbank und die Interamerikanische Entwicklungsbank empfahlen,
aus Rentabilitäts- und Kostengründen nur die Strassenbrücke zu
bauen und die Eisenbahnbrücke wegzulassen, da das Transportvolumen
dieser Region den Bau einer eigenen Eisenbahnbrücke nicht rechtfertige. Die Regierung wollte jedoch auf die Eisenbahnbrücke nicht
verzichten, so dass ihr die finanzielle Unterstützung der genannten
Organisation versagt blieb. Die Finanzierung schien jedoch anfänglich trotzdem gesichert zu sein, nämlich durch ein Darlehen in der
Höhe von 50 Mio Dollar eines amerikanischen Bankenkonsortiums. Zeitungsberichten zufolge soll das Projekt inzwischen aber bereits
150 Mio Dollar kosten, weil die beauftragte Lokalfirma das Projekt
nachträglich abgeändert und damit verteuert habe. Der Regierung
dürfte nichts anderes übrig bleiben, als über die Geldschöpfung
die nötigen Mittel für die Vollendung des Werkes bereitzustellen.
Vgl. AT, 10.12.1972, 30.7.72, 16.7.72.

117) So hat die Interamerikanische Entwicklungsbank für die dringend notwendige Ausbaggerung eines Kanals zwischen Buenos Aires und einem
Seitenarm im Mündungsgebiet des Parana einen Kredit zur Verfügung
gestellt. Eine Lokalfirma, welche im Submissionsverfahren unberücksichtigt blieb, erreichte auf administrativem Weg eine Verzögerung
des Baubeginns. Da der Staat deshalb die verfügbare Kreditsumme
nicht beanspruchte, musste er die vertraglich vereinbarte Konventionalstrafe von 1000 Dollar pro Tag bezahlen. Bis Mitte 1972 kostete

gen Kapitalverschleiss im öffentlichen Sektor führen. Aus gesamtwirtschaftlicher Sicht muss deshalb gefordert werden, dass im privaten wie im öffentlichen Bereich die verfügbaren Mittel so eingesetzt werden, dass sie langfristig einen optimalen Beitrag zur wirtschaftlichen Entwicklung des Landes leisten. Auf reine Prestigeinvestitionen[118] und solche, deren Wirtschaftlichkeit zumindest fragwürdig erscheint[119], ist zu verzichten. In bezug auf die rationelle Ausführung öffentlicher Investitionsvorhaben sind zwar während der Amtszeit Präsident Onganías beachtliche Fortschritte erzielt worden. So konnte die erste Bauetappe des Grosskraftwerkkomplexes El Chocón-Cerros Colorados nicht nur fristgerecht, sondern auch innerhalb der festgelegten Kostengrenzen beendet werden[120]. Doch scheint mittlerweile von der einstigen Effizienz nichts mehr übrig zu sein, war sie doch in erster Linie jenen Männern, welche inzwischen längst aus der Regierung ausgeschieden sind, zu verdanken gewesen[121].

In der Zukunft muss deshalb der Produktivität des Kapitaleinsatzes vermehrt Beachtung geschenkt werden. Interessanterweise ist in Argentinien trotz chronischer Inflation eine hohe Sparneigung der Bevölkerung zu verzeichnen[122]. Während Mexiko in den Jahren 1967 - 1970 im Durchschnitt 86 % seiner Bruttoinvestitionen durch die interne Ersparnisbildung finanzieren konnte (Brasilien: 92 %), waren es in Argentinien immerhin 99 %[123]. So ist das Problem nicht in erster Linie der Kapitalmangel, sondern die Art und Weise, wie das Kapital eingesetzt wird.

---

117) Fortsetzung: die administrative Verzögerung dieses Projekts mehr als eine halbe Million Dollar. Vgl. AT, 14.5.1972.
118) So hätte z.B. im Falle des <u>Strassentunnels Santa Fé - Paraná</u> eine Brücke die genau gleichen, allerdings viel billigeren Dienste geleistet. Dass das Projekt mittels Gebühren amortisiert wird, hält als Rechtfertigungsgrund nicht stand.
119) So produziert das <u>Wasserkraftwerk Florentino Ameghino</u> in der Provinz Chubut überschüssige Energie, weil nicht genügend Konsumenten vorhanden sind. Es wird lediglich das Gebiet um die Provinzhauptstadt Rawson (ca. 42.000 Einwohner) mit Elektrizität beliefert, während die notwendigen Zuleitungen für die Versorgung grösserer Agglomerationen wie etwa Comodoro Rivadavia im Projektstadium verharren.
120) vgl. AT, 31.12.1972.
121) vgl. ebenda.
122) vgl. hinten, S. 289 ff.
123) vgl. <u>BID</u>, Progreso socio-económico en América Latina, informe anual 1971, Washington o.J., S. 72.

C. Staatswirtschaftlicher Sektor

1. Rolle des Staates im Industrialisierungsprozess

Während die Industrialisierung Europas in erster Linie der privaten Initiative zu verdanken war, kamen die entscheidenden Impulse im Fall Argentiniens vom Staat aus. Im Lichte der historischen Entwicklung wird zwar deutlich, dass der Staat in der sich selbst zuerkannten Rolle des "Entwicklungsmotors" in manchen Bereichen der Wirtschaft überfordert ist[124]. Doch waren seine Massnahmen, speziell nach 1930, für die wirtschaftliche Entwicklung stets richtungsweisend. So ist denn kaum erstaunlich, dass die vorab durch Importsubstitution verursachte Schwerpunktverlagerung vom einst dominierenden Aussenhandel zur Binnenmarktausweitung ein gemischtwirtschaftliches System brachte, in welchem dem Staat immer mehr Aufgaben zufielen: Staatsintervention verlangten u.a. Zahlungsbilanzschwierigkeiten und Wechselkursprobleme, der Ausbau der Infrastruktur, die Regelung der ausländischen Investitionen etc.[125]. Der Staat stellte derart ein Instrument dar, welches einerseits den Anpassungsprozess an neue wirtschaftliche Verhältnisse erleichterte, dem es anderseits jedoch nicht gelang, das Grundschema der politischen Entscheidungen der sich dabei ändernden Gesellschaft anzupassen[126]. Mangelnde Flexibilität, insbesondere im Erkennen derartiger Zusammenhänge, kennzeichnen den argentinischen Staat, den wichtigsten und einflussreichsten Bereich der gesamten Wirtschaft.

Schätzungen zufolge dürfte der Staat und seine Unternehmungen zwischen 35 und 40 % des BIP kontrollieren[127]. Aufgrund seines Finanzgebahrens stellt er die wichtigste Inflationsquelle dar, denn die Staatseinnahmen halten, wie noch darzulegen ist, mit den Ausgaben nicht Schritt. Auf inflationäre Finanzierung der Defizite zu verzichten, scheint äusserst schwierig, wenn nicht überhaupt unmöglich zu sein.

---

124) So liesse sich aufgrund der Darlegungen im Abschnitt über den Investitionssektor auch die Meinung vertreten, dass der Staat eher als Bremse denn als Motor der Industrialisierung wirke.
125) vgl. Ricardo <u>Ciboti</u> und Francisco <u>Weffort</u>, La planificación del sector público: una perspectiva sociológica, in: Desarrollo económico, Vol. 7, No. 26, Buenos Aires 1967, S. 37 ff.
126) Ebenda, S. 45 ff., vgl. ebenfalls Lutz <u>Köllner</u>, Grundfragen der Finanzpolitik in Entwicklungsländern, in: <u>Fritsch</u>, a.a.O., S. 272 ff.
127) Roberto T. <u>Alemann</u>, Reflexiones sobre el gasto público, Buenos Aires 1970, S. 23.

2. Finanzhaushalt des Bundes, der Provinzen und der Gemeinden

a) Einnahmen[128]

Bereits eine oberflächliche Analyse der Einnahmenseite des Finanzhaushaltes der argentinischen Zentralregierung weist auf ein für Entwicklungsländer typisches Strukturmerkmal der öffentlichen Finanzen hin, nämlich das verhältnismässige Uebergewicht der indirekten gegenüber den direkten Steuern[129]. Im Jahre 1969 entfielen lediglich 14,5 % auf direkte Einkommens- und Vermögenssteuern[130]. In Brasilien waren es immerhin 27 % (1969) und in Mexiko gar 44 % (1967)[131]. Haupteinnahmequellen sind vor allem Zölle und Zollaufschläge (recargos), die Verkaufssteuer sowie die nicht näher bezeichneten "andern Einnahmen", unter welchen eine Vielzahl von Not- und ad-hoc-Steuern zu finden sind.

Das argentinische Steuersystem weist einige schwerwiegende Mängel auf, welche seinen finanz- und entwicklungspolitischen Einsatz im höchsten Masse beeinträchtigen. Die Missstände wurzeln vor allem in einer ineffizienten Steuerverwaltung: Es mangelt an tüchtigen Fachleuten, da die Gehälter zu wenig attraktiv sind; Spitzenbeamte werden im Zuge der häufigen politischen Richtungswechsel viel zu oft ersetzt; die Steuergesetzgebung ist kompliziert und unübersichtlich, die Gerichte sind überlastet. Der Anteil an Selbständigerwerbenden ist nicht zuletzt deshalb so gross[132], weil die Möglichkeiten zur Steuerhinterziehung aufgrund der unzulänglichen Erfassung und Veranlagung der Steuerpflichtigen dieser Kategorie in geradezu herausfordernder Art verlockend sind. Berechnungen haben ergeben, dass die Einnahmen aus direkten Steuern nahezu doppelt so hoch ausfallen müssten, wenn die persönlichen Einkommen und Vermögen besser erfasst würden[133]. Die periodisch wieder-

---

128) vgl. Tabellen 16 und 16a im Anhang.
129) vgl. Jacob Saper und Timothy Sweeny, The Fiscal Problem of Less Developed Countries, in: Finance and Development, The Fund and Bank Review, Vol. II, 1965, S. 230-235.
130) Eine ausführliche Beschreibung des argentinischen Steuersystems, insbesondere der einzelnen Steuerarten, würde den Rahmen dieser Arbeit übersteigen. Eine wertvolle Uebersicht, speziell in bezug auf Unternehmenssteuern, findet sich bei Bohrisch und Minkner, a.a.O., S. 136 ff. Hingegen muss auf die grundsätzlichsten Schwächen des Steuersystems hingewiesen werden, da sie einer entwicklungsfördernden Fiskalpolitik im Wege stehen.
131) vgl. Link, Brasilien, S. 142; ders., Mexiko, S. 203.
132) vgl. vorn, S. 188 f.
133) vgl. Fernando V. Tow, Sobre al evasión al impuesto a los réditos en

kehrenden Steueramnestien bzw. deren Erfolg bestätigen diese Vermutung[134].

Die übermässige Abhängigkeit der Einnahmen von Zöllen und ähnlichen Abgaben machen das Steuersystem unelastisch. So ist es beispielsweise nicht möglich, die Industrialisierung über allgemeine Zollsenkungen zu fördern, ohne dass vorher die direkten Steuern ergiebiger geworden sind, mit denen der Einnahmenausfall kompensiert werden kann. Als unelastisch erweist sich das Steuersystem bei hohen Inflationsraten. So fehlt z.B. eine automatische Aufwertung des Anlage- und Umlaufvermögens der Unternehmungen, ohne welche diese nicht realisierte Inflationsgewinne versteuern müssen.

Von den gesamten Steuereinnahmen entfallen etwa drei Viertel auf die Zentralverwaltung und ein Viertel auf die Provinzen und Gemeinden[135]. Von den Bundessteuern gelangen rund 30 % als Finanzausgleich an die Provinzen[136].

b) Ausgaben[137]

Von den gesamten Ausgaben der öffentlichen Hand fallen ungefähr zwei Drittel in die Zuständigkeit der Zentralregierung, während ein Drittel von den Provinzen und Gemeinden getätigt werden[138]. Der Einfachheit

---

133) Fortsetzung: la Argentina, in: <u>IDEA</u>, Revista de Administración y Economía, No. 3, Buenos Aires 1970, S. 30.
134) Die Steueramnestie betreffend Vermögenswerte (in Argentinien sinnigerweise als "blanqeo de capitales", d.h. "Weisswaschung" genannt) von 1970 brachte dem Fiskus Mehreinnahmen von 830 Mio Pesos; vgl. AT, 10.5.1970.
135) vgl. <u>CONADE</u>, Plan nacional de desarrollo y seguridad 1971-1975, Buenos Aires 1971, S. 56.
136) Das System des Finanzausgleichs erfuhr zu Beginn des Jahres 1973 eine wesentliche Vereinfachung und Verbesserung. Fortan sollen rund die Hälfte der Bundessteuern unter den Provinzen verteilt werden, und zwar nach folgenden Kriterien: 65% proportional zur Bevölkerung, 25 % nach dem Entwicklungsgrad und 10 % im Verhältnis zur Bevölkerungsdichte. Die letzten beiden Kriterien werden die verhältnismässig wenig entwickelten und unterbevölkerten Provinzen begünstigen. Vgl. AT, 25.3.1973, sowie Gesetz Nr. 20.221.
137) vgl. Tabellen 16 bis 16c im Anhang.
138) Schätzung nach R. <u>Alemann</u>, Reflexiones, a.a.O., S. 19.

halber und in Ermangelung zuverlässiger statistischer Daten beschränken sich die nachfolgenden Ausführungen auf den Finanzhaushalt der Zentralregierung.

Zunächst ist hervorzuheben, dass der Voranschlag des Staates lediglich knapp 60 % aller Ausgaben enthält[139]. Um sich ein einigermassen objektives Bild über die tatsächliche Ausgabenstruktur machen zu können, müssen die Aufwendungen der folgenden in den Budgetgesetzen regelmässig nicht enthaltenen Bereiche ebenfalls berücksichtigt werden[140]:

- Sozialaufwendungen. Darunter fallen die Ausgaben für Pensionen und die staatliche Altersvorsorge (jubilaciones, pensiones), für Familien- und Kinderzulagen (asignaciones familiares) sowie für Sozialeinrichtungen (obras sociales) der Arbeitnehmer.
- Exportsubventionen. Exportrückvergütungen (reintegros) und Drawback[141] werden durch die Zollverwaltung abgerechnet und in der Staatsrechnung nicht ausgewiesen.
- Investitionen in Staatsbetriebe und Unternehmungen mit staatlicher Mehrheitsbeteiligung[142].
- Wechselkursdifferenzen infolge Abwertung. Die Zentralbank stellte nach der Abwertung von 1970 der Staatskasse noch Devisen zum alten Kurs zur Verfügung, um damit den Auslandsverpflichtungen gewisser Staatsbetriebe nachzukommen.
- Ausgaben über gewisse Spezialfonds, z.B. den z.B. den Zucker- und Viehzuchtfonds.

Der argentinische Finanzhaushalt ist insbesondere deshalb unübersichtlich, weil für verschiedene Aktivitäten getrennte Rechnungen geführt werden, d.h. es fehlt das finanz- und konjunkturpolitisch wichtige Führungsinstrument eines vereinheitlichten Kassensystems. Diese getrennten Kassen werden regelmässig mit dem Argument verteidigt, dass öffentliche Gelder, die durch Spezialgesetze zweckgebunden erhoben wer-

---

139) vgl. Tabelle 16 im Anhang und R. Alemann, Reflexiones, a.a.O.,S.26, der den Versuch unternommen hat, die tatsächlichen Staatsausgaben anhand des Voranschlages 1970 zu schätzen.
140) vgl. für das folgende R. Alemann, Reflexiones,
141) vgl. hinten, S. 313 ff.
142) vgl. hinten, S. 118 ff.

den, nicht in die Staatskasse zu fliessen hätten. Damit ist nun allerdings ein wesentlicher Nachteil verbunden, denn diese "Nebenkassen" stellen einen virulenten Inflationsfaktor dar. Der zentralen Kontrolle entzogen, werden die verfügbaren Summen stets ausgegeben bzw. allfällige Ueberschüsse fliessen nicht in die Staatskasse. Demgegenüber müssen aber Defizite dieser Spezialrechnungen gleichwohl durch den Staat finanziert werden.

Aus Tabelle 16a im Anhang geht die Zusammensetzung der Staatsausgaben gemäss Voranschlag hervor. So betragen die laufenden Ausgaben (Aufwendungen für Personal, Güter und Dienstleistungen, Zinsen der öffentlichen Schuld sowie Subventionen) annähernd zwei Drittel der Gesamtsumme (1972). Bei den Ausgaben aus dem Kapitalverkehr fallen einerseits der namhafte Anteil an Investitionen in öffentlichen Bauten, andererseits die prozentual gewichtigen Subventionen an den öffentlichen Sektor auf. Speziell die letzteren widerspiegeln einen deutlichen Trend zum Staatskapitalismus.

Die Aufteilung der budgetierten Staatsausgaben nach ihrem Zweck[143], wie sie in den Budgetgesetzen regelmässig enthalten ist, erscheint nur beschränkt aussagefähig. So wäre z.B. eine zusätzliche Aufteilung des Bereichs "Wirtschaftliche Entwicklung" in laufende Ausgaben und Investitionen aufschlussreich, denn eine analoge Verteilung im Verhältnis zwei Drittel laufende Ausgaben zu einem Drittel Investitionen gemäss Tabelle 16a könnte gerade hier zu falschen Interpretationen führen. Vielmehr dürften unter diesem Titel die beträchtlichen Infrastrukturinvestitionen zusammengefasst sein[144].

Der entscheidende Aspekt bei der Beurteilung des Finanzhaushaltes ist der chronische Ausgabenüberschuss, der in der Periode 1963 - 1969 zwischen 34 und 12 % der Ausgaben betrug[145]. In den beiden relativ stabilsten Jahren, nämlich 1968 und 1969, hielt sich die Inflation u.a. aufgrund der geringen Defizite in einem vernünftigen Rahmen, erreichte sie doch lediglich 9,6 bzw. 6,7 %[146]. Der defizitäre Staatshaushalt gilt ohne Uebertreibung als wichtigster Inflationsfaktor, und zwar aus fol-

---

143) vgl. Tabelle 16b im Anhang.
144) vgl. vorn, S. 100.
145) vgl. Tabelle 16 im Anhang.
146) vgl. Tabelle 55a im Anhang.

genden Gründen:

- Die Nachkriegsjahre standen unter dem Zeichen der raschen Industrialisierung und Verstädterung. Dies hatte eine intensive Binnenwanderung von Arbeitskräften in die Grossagglomerationen zur Folge, wobei der Staat, d.h. die öffentliche Verwaltung und die staatlichen Unternehmungen und Betriebe, die überflüssigen Arbeitskräfte absorbierte: Der Staat als Arbeitgeber beschäftigte 1969 rund 18 % der werktätigen Bevölkerung[147]. Oeffentliche Betriebe und Unternehmungen arbeiten vor allem deshalb defizitär, weil sie personell überdotiert sind. Von den laufenden Ausgaben der Zentralverwaltung sind mehr als die Hälfte Löhne und Gehälter[148].

- Mit zunehmender Industrialisierung stiegen ebenfalls die Ausgaben für Erziehung, Gesundheit, Alters- und Sozialfürsorge sowie Wohnungsbau.

- Die Preise für öffentliche Dienstleistungen entsprechen nicht dem Kostendeckungsprinzip, sondern sind rein politischer Art. Die entstehenden Ausgabenüberschüsse müssen vom Staat getragen werden. So hatte er beispielsweise im Jahr 1965 Betriebsverluste von 538 Mio Pesos zu tragen (74 % des gesamten Staatsdefizits). Drei Viertel dieser Betriebsverluste wurden von den Staatsbahnen (Ferrocarriles Argentinos) verursacht[149]. Politische Preise öffentlicher Dienstleistungen stellen eine indirekte Subvention des Privatsektors dar und mögen aus sozialpolitischen Erwägungen zu befürworten sein. Solange die Preise jedoch nicht kostendeckend sind, haben sie eine Entkapitalisierung der öffentlichen Betriebe zur Folge, für welche der Staat aufzukommen hat. Abgesehen davon fördern sie die Ineffizienz und verunmöglichen die Eigenwirtschaftlichkeit.

- Einnahmenausfälle infolge Exportrückgangs haben in der Regel Zahlungsbilanzschwierigkeiten zur Folge. Die unvermeidbaren Abwertungen verursachen Kursdifferenzen zulasten der Staatskasse.

---

147) vgl. Tabelle 52 im Anhang.
148) vgl. Tabelle 16a im Anhang.
149) vgl. Tabellen 16 und 17 im Anhang.

Dass die Einnahmen mit den Ausgaben niemals Schritt zu halten vermögen, liegt zur Hauptsache an der bereits beschriebenen unelastischen Einnahmenstruktur, vorab der Steuern. Das Gewicht der Staatsausgaben bleibt nicht ohne nachhaltigen Einfluss auf die gesamte Wirtschaft. Sie belasten bei zunehmender Inflation den Kapitalmarkt immer stärker, so dass dem Privatsektor laufend Mittel entzogen werden[150]. Die chronischen Defizite führen zu ebenso chronischer Verschuldung, und zwar im In- wie im Ausland. Da bei anhaltender Inflation längst nicht das gesamte Defizit über die öffentliche Verschuldung gedeckt werden kann, ist der Staat auf Vorschüsse der Zentralbank angewiesen, was nichts anderes als Geldschöpfung über die Notenpresse bedeutet[151].

3. Staatsschuld

Die gesamte öffentliche Schuld betrug Ende 1971 rund 14,9 Milliarden Pesos, d.h. 11,5 % des BIP[152]. Im Vergleich mit den Vereinigten Staaten und Kanada wirkt diese Relation eher bescheiden (1971: 28 bzw. 29 %). Die Verschuldungsquote anderer Länder Lateinamerikas erreicht ein ähnliches Niveau wie in Argentinien[153], während sie in der Bundesrepublik Deutschland und in der Schweiz je 6 % beträgt[154]. Von den 14,9 Milliarden Pesos entfielen 4,6 Milliarden auf Auslandsschulden[155].

Argentiniens externe Verschuldung ist von 1.275 Millionen Dollar im Jahre 1960 auf 2.428 Millionen für 1970 angewachsen, und zwar bei einer durchschnittlichen jährlichen Zuwachsrate von annähernd 7 %[156]. Demgegenüber hatte Brasilien in der gleichen Periode eine Rate von 4,7 %, Mexiko von 12,6 % und Chile von 16,6 % zu verzeichnen, wobei der lateinamerikanische Durchschnitt bei 10 % liegt. Ende April 1971 erreichte

---

150) vgl. R. Alemann, Reflexiones, S. 25.
151) So ist das Defizit des Jahres 1966 zu zwei Dritteln durch die Zentralbank finanziert worden; die Inflation betrug in jenem Jahr rund 30 %, Vgl. BCRA, Memoria anual, 1967, Buenos Aires 1968,S.36.
152) BCRA, Memoria anual 1971, Buenos Aires 1972, S. 35, sowie Consejo Técnico de Inversiones S.A., La economía argentina 1971,S.147.
153) vgl. Link, Mexiko, S. 61, ferner gleiche Quelle wie Anmerkung 154.
154) vgl. IMF, International Financial Statistics, Vol. XXVI, No. 2, February 1973.
155) BCRA, Memoria anual 1971, Buenos Aires 1972, S. 35.
156) BID, Progreso socio-económico en América Latina, informe anual 1971, Washington o.J., S. 97.

die öffentliche Auslandsschuld 2.905 Millionen[157], und Ende 1972 sollen es bereits 3.700 Millionen gewesen sein[158]. Die aufgelaufene Zinslast ist in diesen Beträgen inbegriffen.

Angesichts dieser enormen Auslandsverschuldung muss man sich fragen, ob sie für Argentinien überhaupt noch tragbar ist. Allein die Zinslast belief sich Ende April 1971 auf 666 Millionen Dollar oder 39 % der Exporterlöse des gleichen Jahres[159]. In den kommenden Jahren, d.h. bis 1975, soll der Schuldendienst gar 850 Millionen Dollar jährlich verschlingen[160]. Auch wenn die Devisenerlöse aufgrund der ständig steigenden Weltnachfrage nach Fleisch und Getreide bereits 1973 rund 3 Milliarden Dollar betragen sollen[161], betrüge die sogenannte Schuldendienstquote ("public debt service ratio") immer noch fast 30 %[162]. Nach Ansicht der Weltbank sollten die aus der Auslandsverschuldung entstehenden Kosten im Vergleich zu den Devisenerlösen aus dem Export von Gütern und Dienstleistungen 15 % nicht übersteigen[163]. Verfolgt man die Entwicklung der Schuldendienstquote in den einzelnen Ländern Lateinamerikas, so stellt man fest, dass ausser Argentinien auch Brasilien und Mexiko, Chile und Uruguay diese Limite überschreiten, während die übrigen Länder, vor allem die kleinern, zum Teil nicht einmal 10 % erreichen[164]. M.a.W. scheint eine klare Korrelation zu bestehen zwischen dem relativ höchsten Entwicklungsstand (in bezug auf industrielle Produktion, Bruttosozialprodukt, Exporterlöse) und einer hohen Schuldendienstquote[165]. Ohne Zweifel ist eine externe Verschuldung im Ausmass der argentinischen für die wirtschaftliche Entwicklung eine

---

157) vgl. Tabelle 18 im Anhang.
158) vgl. AT, 24.12.1972.
159) vgl. Tabelle 18 im Anhang sowie BCRA, Memoria anual 1971,S.49.
160) Dies ging aus Gesprächen des Verfassers mit Funktionären der Weltbank in Washington hervor.
161) vgl. AT, 1.4.1973.
162) vgl. Peter W. Fischer, Der Einfluss des Auslandskapitals auf die wirtschaftliche Entwicklung Argentiniens 1880-1964, Göttingen 1970, S. 78.
163) vgl. NZZ, 29.4.1972, No. 117, S. 17.
164) vgl. BID, El proceso socio-económico en América Latina, informe anual 1971, Washington o.J., S. 101.
165) vgl. Banco Francés e Italiano para la América del Sur SUDAMERIS, Estudios económicos, II-1971, El endeudamiento exterior de los países latinoamericanos desde 1961, México 1971, S. 26 f. Eine Ausnahme bildet Venezuela, welches dank seiner Erdölexporte nur 2,8 % (1970) der Exporterlöse für den Schuldendienst aufwenden muss.

ausserordentlich schwere Belastung, denn sie wirkt sich negativ auf die
Zahlungsbilanz aus, falls nicht eine entsprechende Exportausweitung eintritt. Anderseits sind jedoch Kapitalimporte für die Importkapazität unerlässlich[166]. In diesem Zusammenhang offenbart sich ein
circulus vitiosus: "Auf der einen Seite haben die Kapitalimporte ...
durch zunehmende Schuldendienstzahlungen eine Verschlechterung der Devisenlage herbeigeführt; auf der andern Seite wurde festgestellt, dass
die Kapitalimporte vor allem wegen des entstandenen Devisenengpasses
notwendig geworden waren. Lässt man die übrigen Faktoren, die zur Verschlechterung der Devisenlage geführt haben, ausser acht, dann ergab
sich somit die Notwendigkeit, mehr Kapital zu importieren, weil zuviel
Kapital importiert worden war "[167]. Ein Ausbruch aus diesem "Teufelskreis" scheint langfristig nur über ständig wachsende Exporterlöse
möglich zu sein[168], was allerdings eine gezielte Diversifizierung der
Exportstruktur erfordern wird[169].

Charakteristisch für die öffentliche Auslandsverschuldung Argentiniens
ist das Uebergewicht an kurz- und mittelfristigen Verbindlichkeiten[170].
In der Vergangenheit fehlte ein konstanter Zufluss an langfristigen Krediten: In der Periode 1960-1969 stellten die langfristigen Verbindlichkeiten nur 7 % der Gesamtkreditsumme dar. Der Rest bestand zur Hauptsache aus Lieferantenkrediten, Darlehen privater Institutionen sowie
international plazierten Anleihen[171]. Ende 1969 war fast die Hälfte
der öffentlichen Schuld innerhalb von drei Jahren zurückzuzahlen. Eine
solche Struktur der öffentlichen Auslandsverschuldung ist nicht nur aus
Kostengründen ungünstig; sie erfordert je nach konjunktureller Entwicklung die internationale Bonität negativ beeinflussende "Refinanzierungsgespräche". Argentiniens Kreditwürdigkeit war in der Vergangenheit mehrmals stark angeschlagen[172], und zwar infolge ernsthafter Wirt-

---

166) So wird die bescheidene Wachstumsrate von 4 % des BIP für 1972
der Erhöhung der Auslandsschulden (der privaten und der öffentlichen) zugeschrieben; vgl. AT, 24.12.1972.
167) _Fischer_, a.a.O., S. 81.
168) ebenda, S. 82.
169) vgl. hinten, S. 315 ff.
170) Die nachfolgenden Ausführungen beruhen auf Gesprächen des Verfassers mit Funktionären der Weltbank in Washington.
171) Tabelle 18 im Anhang bestätigt, dass diese Tendenz 1971 noch anhielt.
172) vgl. dazu auch _Fischer_, a.a.O., S. 78 ff.

schaftskrisen, verursacht durch Inflation, ungenügende Entwicklung der
Exporte und Zahlungsbilanzschwierigkeiten. Aufgrund der bereits heute
existierenden starken Verschuldung[173] und den noch zu erwartenden Kreditbedürfnissen[174] kommt einer rationellen externen Schuldenpolitik
entscheidende Bedeutung zu. Die Umschuldung in längerfristige Verbindlichkeiten ist dringend notwendig, wird aber nur bei länger dauernder Stabilität erreichbar sein. Dazu muss die öffentliche Sparquote
erhöht, die Preisdiskriminierung bei Exporten abgeschafft und eine
realistische Wechselkurspolitik verfolgt werden.

4. Staatsbetriebe: Der Staat als Unternehmer

Die Möglichkeiten des Staates, über seine Betriebe und Unternehmungen
die Wirtschaft zu beeinflussen, sind beträchtlich. Der Staat ist als
Unternehmer in mancher Beziehung für gesamtwirtschaftliche Aspekte
richtungsweisend, beispielsweise in der Lohnpolitik, aber auch in der
Gesetzgebung[175]. Die öffentlichen Unternehmungen wirken bestimmend auf
die Entwicklung der Inflation: Sie sind zur Hauptsache für die hohen
Defizite des Finanzhaushaltes des Staates verantwortlich; massive Lohnerhöhungen haben ihren Ursprung in der Regel bei den Staatsbetrieben;
ihre Investitionen übersteigen die Selbstfinanzierungskraft bei weitem[176]. Sie sind ferner mit umfangreichen Privilegien ausgestattet,
welche privaten Firmen nicht zustehen, z.B. Monopole, Steuerbefreiung,
abgabefreie Importe, präferentielle Wechselkurse, billige Kredite, Defizitgarantien etc.[177]. Diese Bevorteilung der Staatsbetriebe hemmt
die Privatinitiative und führt zu einer wachsenden Polarisierung zwischen staatlicher und privater Unternehmung, worunter schliesslich der
Industrialisierungsprozess zu leiden hat[178].

---

173) vgl. AT, 24.12.1972.
174) vgl. CONADE, Plan nacional de desarrollo y seguridad 1971-1975, Buenos Aires 1971, S. 49.
175) Es sei hier an das Gesetz "Compre nacional" erinnert (vgl. vorn, S. 106.
176) Roberto T. Alemann, El capitalismo estatal argentino, in: Política y Economía, No. 7, Octubre 1971, S. 9.
177) ders., Las inversiones extranjeras, in: Visión (México), Col. 39, No. 22, 6.11.1971, S. 38/39.
178) vgl. The Review of the River Plate, Vol. CLI, No. 3823, 30.6.1972, S. 885.

Die unternehmerische Tätigkeit des Staates konzentriert sich in folgenden Bereichen[179]:

- Produktionssektor. Vorwiegend in staatlichen Händen befinden sich die sogenannten Basisindustrien, z.B. Erdölförderung, Petrochemie, Roheisen- und Stahlproduktion, Bergbau (Kohle, Eisenerz), Erdgas, ferner Elektrizitätserzeugung, Schiffswerften.

- Transportsektor. Die Eisenbahnen sind 100 % staatlich, der Luftverkehr 75 % und die Hochsee- und Flussschiffahrt 60 %.

- Verbindungswesen. Der Fernmeldedienst (Telephon, Telegraph etc.) ist ein Staatsmonopol.

- Dienstleistungssektor. Das Rückversicherungsgeschäft ist ebenfalls ein Staatsmonopol. 60 % der Handelsbanken sind staatlich.

Die verschiedenen Betriebe und Unternehmungen lassen sich aufgrund ihrer Abhängigkeit von der Zentralverwaltung bzw. ihrer Rechtsnatur wie folgt klassifizieren[180]:

- Departemente der zentralen Administration. Es handelt sich um Betriebe ohne eigene Rechtspersönlichkeit, welche von einem Ministerium abhängen. Sie verfügen über kein Kapital und arbeiten nicht auf eigene Rechnung (Beispiel: Post).

- Dezentralisierte Organismen. Diese Betriebe verfügen über eine eigene öffentliche juristische Persönlichkeit, über Kapital und eigene Einnahmen. Dazu gehören insbesondere die Banken (Banco Central de la República Argentina, Banco de la Nación Argentina, Banco Nacional de Desarrollo, Banco Hipotecario Nacional, Caja Nacional de Ahorro y Seguro), ferner die verschiedenen Kommissionen oder Juntas (für Fleisch: Junta Nacional de Carnes, für Getreide: Junta Nacional de Granos), das Strassenbaudepartement (Vialidad Nacional), die Militärfabriken (Fabricaciones Militares), die Sozialversicherung (Caja de Previsión Social), die Atomenergiekommission (Comisión Nacional de Energía Atómica) etc.

---

179) vgl. dazu Política y Economía, No. 3, Junio 1971, S. 22; No. 7, Octubre 1971, S. 8; No. 12, Marzo 1972, S. 8.
180) vgl. für das folgende Roberto T. Alemann, Curso de política económica argentina, Buenos Aires 1970, S. 319 ff.; ferner Sabatino A. Forino, Las empresas del Estado en la República Argentina, Buenos Aires 1970, S. 127 ff.

- Staatsbetriebe. Hierbei handelt es sich um öffentlichrechtliche Betriebe des Industrie- bzw. Dienstleistungsbereichs, welche nach privatwirtschaftlichen Grundsätzen tätig sind und ebenfalls eine eigene öffentlichrechtliche Rechtspersönlichkeit besitzen[181]. Im Unterschied zu den dezentralisierten Organismen sind sie in bezug auf das Submissionswesen von der Zentralverwaltung unabhängig. Sie sind aufgrund ihrer Gesellschaftsform verpflichtet, der Regierung jährliche Voranschläge und Aktionspläne einzureichen. Sie unterstehen der Kontrolle des Rechnungshofes und des Kongresses. Sie können von Gesetzes wegen nicht in Konkurs fallen, bezahlen keine Steuern und müssen bis 20 % ihrer Gewinne der Staatskasse abliefern. Zu dieser Kategorie gehört die umsatzmässig grösste Unternehmung Argentiniens, nämlich YPF[182]. Andere Unternehmungen dieser Art sind: Agua y Energía Eléctrica (Elektrizitätsversorgung und Bewässerung im Landesinnern), Gas del Estado (staatliche Gasgesellschaft), Ferrocarriles Argentinos (Eisenbahngesellschaft), Empresa Líneas Marítimas Argentinas ELMA (Schiffahrtsunternehmung), Aerolíneas Argentinas (Luftverkehrsgesellschaft), Empresa Nacional de Telecomunicaciones ENTel (Telephongesellschaft), Administración General de Puertos (Hafenverwaltung), Dirección Nacional de Industrias del Estado DINIE (Dachorganisation einiger kleinerer Staatsbetriebe), Yacimientos Carboníferos Fiscales YCF (Kohle), Flota Fluvial del Estado F.F. (Flussschiffahrt), Subterráneos de Buenos Aires S.B.A. (Untergrundbahn Buenos Aires), Talleres de Reparaciones Navales TARENA (Schiffsreparaturwerkstätten), Astilleros y Fábricas Navales del Estado AFNE (Werft), Indústrias Mecánicas del Estado IME (Automobilfabrik).

- Gemischtwirtschaftliche Staatsunternehmungen. Diese Gesellschaften weisen nebst der staatlichen auch eine private Beteiligung auf. Gegenwärtig gibt es nur einen Betrieb dieser Art, nämlich die Sociedad Mixta Siderurgia Argentina SOMISA, der wichtigste Stahlerzeuger Argentiniens. Es handelt sich hierbei indessen um einen reinen Staatsbetrieb, da die private Beteiligung weniger als 1 % beträgt. SOMISA geniesst ähnliche Privilegien wie die oben erwähnten Staatsbetriebe. Zwar beschränkt sich der Einfluss des Staates im Prinzip auf die ka-

---

181) Die Rechtspersönlichkeit beruht auf Gesetz Nr. 13.653.
182) Yacimientos Petrolíferos Fiscales (staatliche Erdölgesellschaft), vgl. Tabelle 33a im Anhang.

pitalmässige Beteiligung sowie die Ernennung des Verwaltungsratspräsidenten, eines Drittels der Verwaltungsräte, und der Kontrollstelle. Aufgrund ihrer direkten Abhängigkeit vom Oberkommando des Heeres unterscheidet sich jedoch SOMISA von den übrigen staatlichen Betrieben lediglich durch ihre juristische Form.

- Aktiengesellschaften des privaten Rechts. Der Staat kann sich beispielsweise auch an einer privatrechtlich konstituierten Aktiengesellschaft beteiligen, indem er deren Aktien erwirbt. Dies ist der Fall bei der Elektrizitätsgesellschaft Servicios Eléctricos del Gran Buenos Aires (SEGBA), der umsatzmässig grössten Firma des Elektrizitätssektors. Obwohl der Staat als Besitzer sämtlicher Aktien formell lediglich über den Verwaltungsrat Einfluss nimmt, besteht kein materieller Unterschied zu den übrigen Staatsbetrieben, da diese Firma ebenfalls in den Genuss der Defizitgarantie sowie anderer Privilegien gelangt.

- Aktiengesellschaften mit staatlicher Mehrheitsbeteiligung. Diese neueste Gesellschaftsform ist 1967 durch das Gesetz Nr. 17.318 ermöglicht worden. Sie unterscheidet sich von der gemischtwirtschaftlichen Unternehmung lediglich dadurch, dass eine staatliche Beteiligung von mindestens 51 % des Kapitals vorgeschrieben ist. Eine Unternehmung dieses Gesellschaftstyps ist die Firma Hidronor S.A., welcher Bau und Betrieb des Wasserkraftwerkkomplexes El Chocón-Cerros Colorados übertragen worden ist. Hier scheint es dem Staat erstmals gelungen zu sein, eine effiziente und nach modernsten Grundsätzen geführte Unternehmung zu gründen.

Welches sind nun die wichtigsten Probleme, welche aus der unternehmerischen Tätigkeit des Staates erwachsen[183]? Hier sind zunächst einmal personelle Probleme zu erwähnen, und zwar quantitativer wie qualitativer Art. Die versteckte Arbeitslosigkeit ist wohl kaum offensichtlicher als

---

[183] Die nachfolgenden Darlegungen sind bewusst allgemein gehalten. Dies bedeutet jedoch nicht, dass die geschilderten Probleme in sämtlichen Staatsbetrieben gleich gross sind. So gibt es z.B. Betriebe, welche nicht defizitär sind und lediglich für die Verwirklichung ihrer Investitionen auf den Staat zurückgreifen müssen, wie Tabelle 17 im Anhang zeigt. Vgl. ferner Marcos Kaplan, El Estado empresario en la Argentina, in: El Trimestre Económico (México), Vol. XXXVI, No. 141, Enero-Marzo 1969, S. 69 ff., speziell S. 96 ff.

bei den Staatsbetrieben, welche in der Regel personell überdotiert
sind. Löhne und Gehälter sind im Vergleich mit der Privatwirtschaft entsprechend niedriger. Produktivität und Effizienz des einzelnen Angestellten sind gering, da Aufstiegs- und Ausbildungsmöglichkeiten ungenügend sind. Die Stelleninhaber der obersten Kaderpositionen werden oft
aus politischen Gründen ausgewechselt. Mit der Revolution von 1966, besonders aber nach dem Sturz Onganías im Jahre 1970, wurde die Unternehmungsführung der Staatsbetriebe immer häufiger Militärpersonen übertragen, denen die fachlichen Voraussetzungen für derartige Aufgaben
in vielen Fällen fehlten[184].

In organisatorischer Hinsicht ist die Tendenz zum Gigantismus zu bemängeln. Eine übermässige Zentralisierung, charakteristisch für die
Tätigkeit des Staates, führt zu Doppelspurigkeiten, vor allem aber zur
Bürokratisierung, welche die Unternehmungsführung und den Entscheidungsprozess komplizieren.

Schliesslich ist auf die bereits kurz gestreiften Probleme finanzieller
Art hinzuweisen. Die Betriebsdefizite, denen vorab die Betriebe des
Transport- und Elektrizitätssektors unterliegen, haben ihre Ursache in
einer Tarif- und Preispolitik, welche das Kostendeckungsprinzip vernachlässigt. Die entsprechenden Anpassungen sind bei ihrer Inkraftsetzung in der Regel durch die Inflation bereits überholt und können so
die Ertragslage dieser Unternehmungen nicht verbessern. Die Investitionstätigkeit des Staates und seiner Unternehmungen ist bereits kritisch gewürdigt worden[185]. Hinzuzufügen bleibt, dass sich das Finanzgebaren der Staatsbetriebe seit 1967 um einiges verbessert hat, wie aus
Tabelle 17 im Anhang teilweise hervorgeht. Die Sanierungsmassnahmen der
damaligen Regierung dürfen unter Berücksichtigung früherer Verhältnisse
wenn nicht als spektakulär, so doch als relativ erfolgreich gewertet werden. Diese Anstrengungen, insbesondere zur Verminderung der Betriebsverluste, dürften indessen aufgrund der seit 1970 eingetretenen inflationären Entwicklung grösstenteils zunichte gemacht worden sein.

---

184) Die Straffung der personellen Organisation der öffentlichen Verwaltung und der Staatsbetriebe war eines der Ziele der Regierung
Onganía, das jedoch auf Druck der Gewerkschaften nur teilweise
erreicht worden ist; vgl. Tabelle 53 im Anhang.
185) vgl. vorn, S. 114.

Die Funktion des Staates, der industriellen Entwicklung nicht nur durch Förderung der Privatinitiative, sondern auch als Unternehmer in geeigneter Weise die nötigen Impulse zu verleihen, ist unbestritten. Der staatswirtschaftliche Sektor ist denn auch im übrigen Lateinamerika von Bedeutung[186]. Doch scheinen, wie das Beispiel Argentiniens zeigt, gewisse Aspekte der staatlichen Unternehmerfunktion übertrieben bzw. vernachlässigt worden zu sein, was sich gesamtwirtschaftlich nachteilig ausgewirkt hat. Man ist auch durchaus bereit, die vielfältigen Schwächen und Fehler des Systems einzugestehen, wobei es nicht an Reformvorschlägen fehlt[187]. Die Einsicht allein und die Planung administrativer Reformen im personellen, organisatorischen und finanziellen Bereich der Staatswirtschaft genügen hingegen nicht. Die hier angeschnittenen Probleme sind im Prinzip nur über tiefgreifende institutionelle Reformen lösbar[188]. So müsste der herrschende Antagonismus zwischen dem Staat und seinen Bürgern einer kooperativen Leitidee weichen. Die Voraussetzungen für die Verwirklichung einer derartigen Zielsetzung sind äusserst vielfältig; sie lassen sich etwa mit der Forderung nach politischer und wirtschaftlicher Stabilität zusammenfassen. Das Fehlen gegenseitigen Vertrauens ist ein schwerwiegender Mangel, den zu beseitigen wohl die Aufgabe mehrerer Generationen sein dürfte.

D. Aussenwirtschaftlicher Sektor

1. Uebersicht

Argentiniens Aussenhandelsstruktur weist die typischen Schwächen eines Entwicklungslandes auf: Die Exporte entstammen vorwiegend dem Primärsektor, während sich die Importe aus Rohstoffen, Zwischenprodukten und Kapitalgütern zusammensetzen[189]. Seit 1927 ist Argentiniens Anteil an der Weltausfuhr ständig gesunken. Von 3 % in den Jahren 1927-1929 verminderte er sich auf 0,7 % in den Jahren 1967-1969[190]. Während sich

---

186) vgl. o.V., Las empresas públicas: Su significación actual y potencial en el proceso de desarrollo, in: CEPAL, Boletín económico de América Latina, Vol. XVI, NO. 1/1971, S. 1 ff.
187) Ein Beispiel dafür ist der bereits mehrfach zitierte 5-Jahresplan 1971-1975 des CONADE.
188) vgl. Kaplan, a.a.O., S. 109.
189) vgl. Baumberger, a.a.O., S. 23 ff., ferner Tabellen 19 bis 26 im Anhang.
190) vgl. Organización Techint, Boletín informativo No. 175, Enero-Febrero 1970, S. 13.

die Weltexporte in der gleichen Zeitspanne verdreifachten, die Exporte
Brasiliens sich verdoppelten und Japans Ausfuhren sich gar versiebenfachten, sank Argentiniens Anteil um 25 %[191]. 1955 bewältigte Argentinien noch rund 40 % der Weltfleischexporte; 1968 waren es noch 16 %[192].

Seit der Krise der Dreissigerjahre bildete eine restriktive Importpolitik das erklärte Ziel der Wirtschaftspolitik[193]; die Einfuhren erlitten jedoch eine nicht weniger wirksame Beschränkung durch die ungenügenden Exporte. Die Hauptursache dieser unerfreulichen Entwicklung ist in der Abhängigkeit von einigen wenigen Exportgütern zu suchen, welche aufgrund von natürlichen Zyklen, vor allem aber wegen fehlender Produktionsanreize, ungenügende Wachstumsraten aufwiesen. Die Exporte des Primärsektors unterliegen ferner nicht nur den Schwankungen der Weltmarktpreise, sondern haben auch unter den oftmals verheerenden klimatischen Bedingungen zu leiden[194]. Die Importkapazität wird zusätzlich durch den immer aufwendigeren Schuldendienst begrenzt[195].

Argentiniens unstete wirtschaftliche Entwicklung der vergangenen Jahrzehnte lässt sich im Grunde stets auf einen unbefriedigenden Aussenhandel zurückführen, umsomehr als in der Regel auch Dienstleistungs- und Kapitalverkehrsbilanz die Zahlungsbilanz belasten[196]. Eine aktive Handelsbilanz bildet deshalb unbedingte Voraussetzung für das wirtschaftliche Wachstum Argentiniens. Die nachfolgenden Ausführungen beschränken sich auf die Aussenhandelsstruktur. Die Aussenhandelspolitik wird in einem späteren Abschnitt eingehend erörtert[197].

2. Exporte

1929 exportierte Argentinien Güter im Wert von rund 2 Milliarden Dollar; in den nachfolgenden 40 Jahren ist es nicht gelungen, diesen Betrag zu überschreiten[198]. Während die Ausfuhr noch zu Beginn dieses Jahrhunderts

---

191) vgl. Organización Techint, Boletín informativo No. 175, Enero-Febrero 1970, S. 13.
192) vgl. o.V., Las exportaciones latinoamericanas de productos primarios durante la última década, in: Banco Francés e Italiano para la América del Sur SUDAMERIS, Estudios económicos (México), I-1971, S. 31.
193) vgl. vorn, S. 57 ff., ferner hinten, S. 307 ff.
194) vgl. hinten, S. 224 ff.
195) vgl. Tabelle 18 im Anhang.
196) vgl. Tabelle 9 im Anhang.

mit einem Anteil von 27 % am BSP den wichtigsten Wachstumsimpuls darstellte[199], sank ihre Bedeutung im Laufe der Jahre aufgrund der Importsubstitution unter gleichzeitiger Vernachlässigung der Landwirtschaft auf 8 % (1969)[200]. Zwischen 1950 und 1960 verzeichneten die Exporte eine jährliche Zuwachsrate von wertmässig 0,4 % und mengenmässig von 2,0 %; für die Periode 1960-1969 verbesserten sie sich auf 4,4 % bzw. 3,7 %[201]. Die Kaufkraft der Exporte hat sich seit 1960 pro Jahr um durchschnittlich 4,2 % in bescheidenem Masse verbessert; dasselbe gilt für die Realaustauschverhältnisse[202]. Seit der Weltwirtschaftskrise unterliegen die Exporte grossen Schwankungen[203], was abgesehen von den eingangs erwähnten Ursachen auf die einseitige Exportstruktur zurückzuführen ist.

Während Jahrzehnten stammten gegen 95 % der Exportgüter aus dem Primärsektor[204]; erst seit 1966 begann sich diese Struktur dank vermehrten Ausfuhren nichtlandwirtschaftlicher Herkunft zu verbessern[205]. Die sieben wichtigsten Exportgüter, nämlich Fleisch und Nebenprodukte, Mais, Weizen, Sorghum, Wolle, Häute, Leinöl und Sonnenblumenöl, erreichten 1970 rund 60 % der Gesamtausfuhr; Fleisch, Mais und Weizen allein 45 %[206]. Demgegenüber erweist sich die Exportstruktur Mexikos wesentlich diversifizierter: Die elf Hauptexportgüter erzielten 1967 52 % der Erlöse[207].

---

197) vgl. hinten, S. 307 ff.
198) vgl. Pablo Broner, u.a., Desarrollo y estancamiento en el proceso económico argentino, Buenos Aires 1972, S. 21.
199) vgl. Fischer, a.a.O., S. 62 und die dort zit. Quellen.
200) vgl. BCRA, Boletín estadístico, Año XV, Diciembre 1972, No. 12, S. 74 (berechnet zu laufenden Preisen).
201) vgl. CEPAL, Estudio económico de América Latina 1970, Nueva York 1971, S. 79.
202) ebenda.
203) vgl. CIDIE. La economía argentina, comercio exterior 1940-1971, Buenos Aires 1972, S. 8/9, sowie Abb. 8.
204) vgl. OECEI, Argentina económica y financiera, Buenos Aires 1966, S. 281 f.
205) vgl. AT, 3.6.1972, ferner Tabelle 21 im Anhang.
206) vgl. Tabelle 20 im Anhang.
207) vgl. Link, Mexiko, S. 65.

Abb. 8   Argentinien: Entwicklung des Aussenhandels, 1933-1971
          (Mio. Dollar)

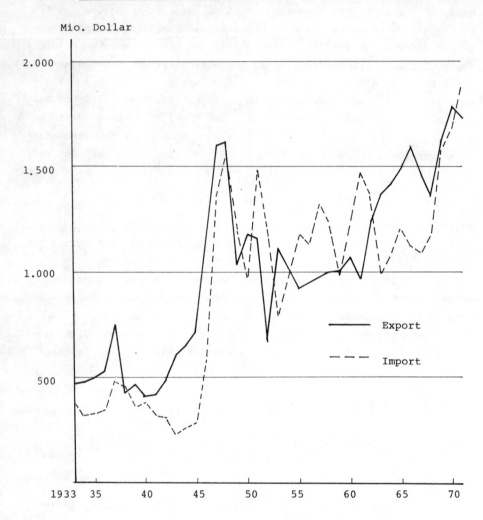

Quelle: CIDIE, La economía argentina, comercio exterior 1940-1971,
         Buenos Aires 1972, S. 8/9.

Ebenso charakteristisch sind die mangenmässigen Schwankungen der drei Hauptexportgüter Weizen, Mais und Fleisch[208]. Sie haben ihre Ursache nicht nur in der unsteten Auslandsnachfrage und der Preisentwicklung, den nicht voraussehbaren Witterungseinflüssen und der Wechselkursentwicklung, sondern vor allem auch in der steigenden Binnennachfrage, welche die Exportüberschüsse begrenzt. Hier zeigt sich deutlich die Diskriminierung der Landwirtschaft. Sie besteht grundsätzlich darin, dass zwischen den Weltmarkt- und den Produzentenpreisen grosse Differenzen bestehen. Die in Argentinien üblichen Exportsteuern fördern den Binnenkonsum zulasten der Ausfuhr, speziell im Fall von Fleisch[209]. So hat sich z.B. der Durchschnittspreis je Tonne Fleisch (fob, mit Knochen) zwischen 1967 und 1972 nahezu verdoppelt; er stieg von 440 auf 835 Dollar. In der Zeitspanne von 1967 bis 1971 nahm die mengenmässige Ausfuhr insgesamt um 30 % ab, konnte 1972 allerdings dank einer Konsumsperre um 47 % gesteigert werden[210].

Seit 1966 scheint sich die Exportstruktur, d.h. das Verhältnis zwischen Primärgütern, traditionellen und nichttraditionellen Exporten, dank verschiedener Massnahmen zu verbessern[211] (Abb. 9). Die sich abzeichnende Tendenz zunehmender Exporte des industriellen Sektors ist als positive Entwicklung hervorzuheben. So haben sich z.B. die Kapitalgüterausfuhren zwischen 1963 und 1970 vervierfacht[212]. Gesamthaft gesehen sind jedoch die nichttraditionellen Exporte im Vergleich mit den Gesamtexporten noch ausgesprochen niedrig; sie betrugen 1970 rund 240 Mio Dollar. Sie sind auch bescheiden im Vergleich mit dem Gesamtoutput der Industrie. Das BIP des Sektors Industrie und Handwerk betrug 1969 rund 27 Milliarden Pesos, die Exporte nichttraditioneller Art beliefen sich auf etwa 730 Millionen Pesos oder 0,03 %[213]. Eigentliche

---

208) vgl. Tabellen 29 und 30 im Anhang sowie CIDIE, comercio exterior, S. 12 f.
209) Auf dieses Problem wird weiter hinten, S. 152 ff., näher eingetreten.
210) vgl. AT, 21.1.1973.
211) vgl. hinten, S. 311 ff. Unter Primärgütern sind nicht verarbeitete Produkte der Landwirtschaft (z.B. Getreide, Fleisch in Vierteln) zu verstehen. Unter die traditionellen Exporte fallen verarbeitetes Fleisch, Fette und Oele, Quebracho-Extrakt sowie andere verarbeitete Landwirtschaftsprodukte. Nichttraditionelle Exporte sind Güter, welche erstmals seit 1960 exportiert worden sind, z.B. Rechenmaschinen, Autozubehör und -ersatzteile, Motoren, Kapitalgüter etc.
212) vgl. Tabelle 19 im Anhang.
213) Berechnung des Verfassers aufgrund von BCRA, Origen del producto y distribución del ingreso, años 1950-69, Suplemento del Boletín estadístico No. 1, Enero 1971, S. 7 sowie Tabelle 21 im Anhang.

Abb. 9   Argentinien: Veränderung der Exportstruktur seit 1966

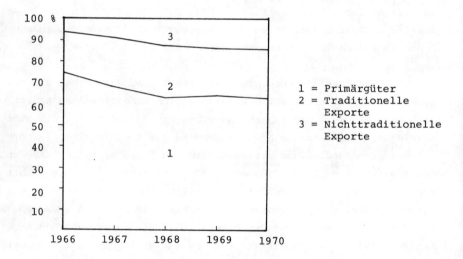

1 = Primärgüter
2 = Traditionelle Exporte
3 = Nichttraditionelle Exporte

Quelle: Tabelle 21 im Anhang.

Exportindustrien, wie sie etwa die Schweiz im Fall von Uhren oder Maschinen kennt, gibt es in Argentinien nicht, was in Anbetracht des Auslaufens der Importsubstitution als dynamischem Wachstumsfaktor dringend notwendig wäre.

3. Importe

Wie Abb. 8 veranschaulicht, unterliegen ebenfalls die Importe starken zyklischen Schwankungen. Sie widerspielgeln einerseits die Versuche, die Wachstumsrate zu steigern, sind aber anderseits auf Massnahmen zur Sanierung der Zahlungsbilanz zurückzuführen. Zum Beispiel ist die rasche Zunahme der Importe zwischen 1959 und 1962 fast ausschliesslich durch die intensive Investitionstätigkeit im Bergbau, in der Metall- und Automobilindustrie sowie in der chemischen Industrie verursacht worden. Nach 1962 bis Mitte 1967 stagnierten die Einfuhren als Folge der Schutzzollpolitik, der direkten Kontrolle über Kapitalgütereinfuhren sowie Zahlungsbilanzschwierigkeiten[214]. Der neuerliche Importboom entstand nach der massiven Abwertung (40 %) vom März 1967, durch Lockerung der Vorschriften betreffend Kapitalgütereinfuhren, den Verzicht auf finanzielle Restriktionen, die Senkung von Importzöllen sowie durch Währungsspekulation und Lagerbildung.

Die im Vergleich zum BIP verhältnismässig niedrigen Einfuhren Argentiniens sind zum Teil den hohen Importabgaben zuzuschreiben; der Importkoeffizient beträgt in der Regel weniger als 10 %[215]. Die Politik der Importsubstitution seit Beginn der Dreissigerjahre veränderte die Zusammensetzung der Einfuhren ganz wesentlich: Noch 1900 entfielen mehr als zwei Fünftel auf Konsumgüter[216], wogegen es 1970 nur noch knapp 5 % waren[217]. In dieser Hinsicht beispielhaft ist die Entwicklung der Textilimporte. Sie verminderten sich von durchschnittlich 25 % der Gesamtimporte von 1935-1939 auf 3 % im Jahre 1960[218] (2,5 % für 1970[219]).

---

214) vgl. auch Tabellen 9 und 19 im Anhang.
215) vgl. Tabelle 7 im Anhang.
216) vgl. Díaz Alejandro, a.a.O., S. 462, Tabelle 52.
217) vgl. Tabelle 19 im Anhang.
218) vgl. OECEI, Argentina económica y financiera, a.a.O., S. 285.
219) vgl. INDEC, Boletín de estadística, III/1971, 153, sowie Tabelle 19 im Anhang.

Umso wichtiger wurden durch die fortschreitende Industrialisierung die Einfuhren von Rohmaterial und Halbfabrikaten, welche heute ungefähr zwei Drittel der Gesamtimporte beanspruchen[220]. Obwohl diese Strukturveränderung dank Importsubstitution Argentiniens Auslandsabhängigkeit quantitativ verminderte, nahm letztere doch in qualitativem Sinne zu. Während früher Zahlungsbilanzungleichgewichte einfach durch Senkung der relativ bedeutenden Konsumgüterimporte behoben werden konnten, können derartige Schwierigkeiten heute nicht mehr ohne weiteres aus dem Weg geräumt werden, denn Importrestriktionen verursachen in der Regel Konjunkturrückgänge und beeinflussen derart das Produktions- und Beschäftigungsniveau negativ[221].

Einen weiteren Hinweis auf die seit 1960 durch Importsubstitution eingetretenen strukturellen Veränderungen im industriellen Sektor geben die tendenziell sinkenden Kapitalgütereinfuhren. Ihr Anteil am Gesamtimport sank von 38 % im Jahre 1963 auf 21,6 % in 1970. Das heisst nun nichts anderes, als dass die lokale Herstellung von Kapitalgütern an Bedeutung zugenommen hat. Wenn ferner angenommen wird, dass der Anteil importierter Kapitalgüter und Zwischenprodukte an der Produktion in den dynamischen Sektoren der argentinischen Wirtschaft am grössten ist, dann kann daraus gefolgert werden, dass jede Beschränkung der Importkapazität durch ungenügende Exporte das wirtschaftliche Wachstum entscheidend hemmt. Abb. 10 bestätigt diese Aussage[222].

4. Geographische Verteilung des Aussenhandels[223]

Argentiniens Aussenhandelsbeziehungen wurzeln, wie Abb. 11 zeigt, in Europa. 1970 nahmen die Länder der Europäischen Wirtschaftsgemeinschaft und der Europäischen Freihandelsassoziation annähernd 50 % der argen-

---

220) vgl. INDEC, Boletín de estadística, III/1971, 153, sowie Tabelle 19 im Anhang.
221) vgl. o.V., Exportaciones y desarrollo económico, in: Anales de la Sociedad Rural, No. 1/2, 1972, año CVI, S. 9.
222) Diese Folgerung hat der zuständige Sachbearbeiter der Weltbank dem Verfasser in einem Interview bestätigt. So hätten die lokalen Kapitalgüterproduzenten im Jahre 1971 rund vier Fünftel ihrer Investitionen für importierte Maschinen und Ausrüstungen verwendet. Aehnliches gelte für Hersteller von Zwischenprodukten.
223) vgl. Tabellen 22 und 25 im Anhang.

Abb. 10

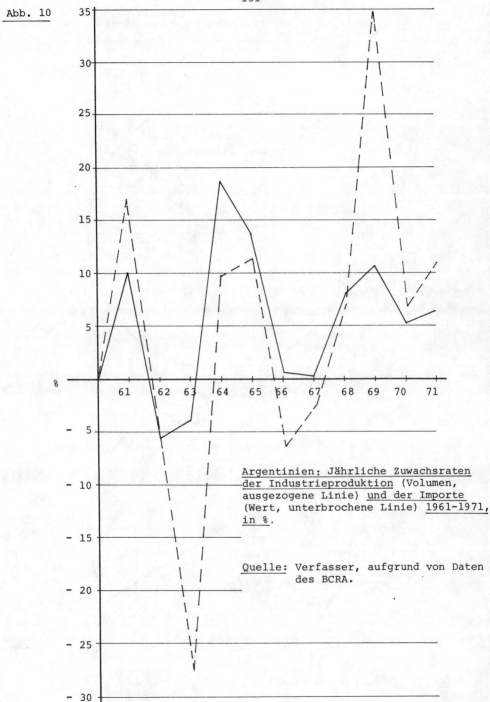

Argentinien: Jährliche Zuwachsraten der Industrieproduktion (Volumen, ausgezogene Linie) und der Importe (Wert, unterbrochene Linie) 1961-1971, in %.

Quelle: Verfasser, aufgrund von Daten des BCRA.

Abb. 11   Argentinien: Geographische Verteilung des Aussen-
          handels, 1970

a) **Importe**

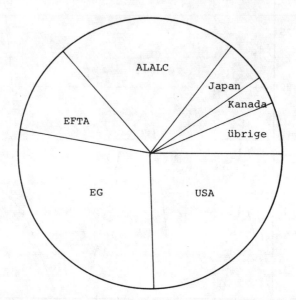

b) **Exporte**

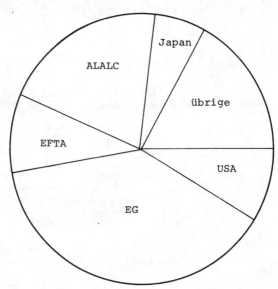

Quelle: Tabelle 22 im Anhang.

tinischen Exporte auf, während 39 % der Importe aus diesen Ländern stammen. Unter den zehn wichtigsten Handelspartnern Argentiniens findet man sechs europäische Länder, nämlich Italien, die Bundesrepublik Deutschland, Holland, Grossbritannien, Frankreich und Spanien. Grossbritannien, welches noch vor dem II. Weltkrieg als wichtigstes Absatzgebiet rund 35 % der argentinischen Exporte aufnahm[224], hat seine einstmalige Bedeutung eingebüsst: Es ist nur noch für 7 % der Ausfuhren Bestimmungsland.

Die Vereinigten Staaten sind wohl Argentiniens wichtigster Handelspartner, was das Gesamtvolumen anbetrifft; die Abhängigkeit ist jedoch wesentlich geringer als etwa jene Mexikos, welches 70 % des Aussenhandels mit seinem nördlichen Nachbar abwickelt[225]. Das Gewicht der Vereinigten Staaten ist vor allem bei den Importen hervorzuheben, von denen es 25 % bestreitet. Dagegen wirken sich die Exporte mit knapp 9 % eher bescheiden aus. Die wichtigsten aus den Vereinigten Staaten importierten Güter sind Maschinen, Flugzeuge, Eisen und Stahl sowie Ausrüstungen für die Automobilindustrie. Argentinien exportiert vor allem Zucker, gekochtes Fleisch, Leder sowie Stahl und mechanische Ausrüstungen, allerdings in der Regel nicht in freier Konkurrenz, sondern aufgrund spezieller Abmachungen[226].

Innerhalb der Lateinamerikanischen Freihandelsassoziation nimmt Argentinien eine führende Stellung ein, bestreitet es doch 30 % des intrazonalen Handelsvolumens[227]. Wichtigster Handelspartner ist Brasilien, mit dem Argentinien 1969 42,7% des intrazonalen Warenverkehrs abwickelte (38 % der Exporte und 47 % der Importe)[228]. An zweiter und dritter Stelle folgen die Nachbarländer Chile und Paraguay. Die ALALC scheint sich im übrigen zum wichtigsten Absatzmarkt für argentinische Exporte nichttraditioneller Art zu entwickeln. Von den

---

224) vgl. OECEI, Argentina económica y financiera, a.a.O., S. 279.
225) vgl. Link, Mexiko, S. 67; ders., Brasilien, S. 97.
226) Gemäss mündlicher Auskunft des U.S. Department of Commerce, Bureau of International Commerce, in Washington. Vgl. ferner o.V., Argentina, in: Commerce Today, July 24, 1972, und U.S. Department of Commerce, Foreign Economic Trends and their Implications for the United States, July 27, 1972, ET 72-084.
227) vgl. besonders Tabell 24 im Anhang. Der wirtschaftlichen Bedeutung der ALALC, speziell in bezug auf die Industrialisierung, ist ein eigener Abschnitt gewidmet; vgl. hinten, S. 317 ff.
228) vgl. OECEI, Mercado ALALC, a.a.O., S. 120, Tabelle No. 61.

Lieferungen an die ALALC-Mitglieder fielen 1966 19,6 % auf diese Güterkategorie, 1970 waren es bereits 35,2 %[229]. Hauptabnehmer sind nebst Uruguay und Mexiko vor allem die weniger industrialisierten Länder der Zone, z.B. Paraguay, Bolivien und Ecuador. Aber auch Chile gehört zu den Abnehmern mit steigendem Industriegüteranteil. Zu den wichtigsten Produkten nichttraditioneller Herkunft gehören beispielsweise Bücher und Güter der graphischen Industrie, Eisen, Stahl, Chemikalien und Motorfahrzeuge. Letztere erreichten 1971 21 % der argentinischen Exporte nach Uruguay[230]; Roheisen, Eisen und Stahl stellten mit 19 % der Exporte nach Bolivien die wichtigste Gütergruppe dar[231]. 22 % der Ausfuhren nach Ecuador entsprachen der Gruppe Werkzeuge und Maschinen [232]. Auch im Fall der Exporte nach Chile fallen Werkzeuge und Maschinen, elektrische und elektronische Apparate sowie Motorfahrzeuge ins Gewicht (14,5 %)[233].

Der Handel mit Japan weist steigende Tendenz auf. Die argentinischen Exporte erhöhten sich von 33,8 Mio.Dollar im Jahr 1967 auf 89 Mio. für 1971, während die Importe von 41,5 Mio. auf 156,8 Mio. anwuchsen[234]. Die wichtigsten Exportgüter sind Fleisch, Getreide, Milchprodukte und Wolle, während Argentinien aus Japan Chemikalien, Kunststoffe, Metalle, Werkzeuge und Maschinen, elektrische und elektronische Apparate, Eisenbahnmaterial, optische und feinmechanische Geräte, sowie Uhren bezieht. (1971: 96 % der Importe, Metalle allein: 72,5 %). Angesichts des japanischen Marktpotentials dürften sich insbesondere die Fleischexporte noch wesentlich steigern lassen.

---

[229] vgl. Subsecretaría del Comercio Exterior, Exportaciones argentinas clasificadas según grado de elaboración y tradicionalidad, años 1966/1970, Buenos Aires o.J., S. 55.
[230] Kapitel 87 der Brüsseler Zollnomenklatur, vgl. INDEC, Comercio exterior 1971, Tomo I, S. 110.
[231] Kapitel 73 der Brüsseler Zollnomenklatur, vgl. ebenda, S. 95.
[232] Kapitel 84 der Brüsseler Zollnomenklatur, vgl. ebenda, S. 99.
[233] Kapitel 84, 85 und 87 der Brüsseler Zollnomenklatur, vgl. ebenda, S. 98.
[234] vgl. ebenda, S. 18, 24.

5. Der schweizerisch-argentinische Warenverkehr[235]

Vergleicht man die argentinische mit der schweizerischen Aussenhandelsstatistik, so stellt man zum Teil beträchtliche Unterschiede fest. Diese rühren daher, dass die Schweiz als Binnenland für ihre Importe einerseits auf die Häfen anderer Länder angewiesen ist, sie sich anderseits aber oftmals vorteilhafter auf den internationalen Handelsplätzen als durch Direktimporte eindecken kann[236].

Nach der schweizerischen Aussenhandelsstatistik[237] tritt Argentinien hauptsächlich als Fleisch- und Getreidelieferant hervor; diese Güterkategorien machen rund 75 % der Einfuhren aus. In bezug auf Rindfleisch traf im Jahre 1971 auf Argentinien das grösste Einfuhrkontingent, nämlich rund 8.700 Tonnen oder 32 % der Rindfleischimporte. Auch der Bedarf an Fleischextrakt, welches als Ausgangsmaterial für die Herstellung von Suppenkonserven dient, wird grösstenteils in Argentinien gedeckt. Von zunehmender Bedeutung ist die Einfuhr von Frischfleisch, was vor allem den günstigen Luftfrachttarifen zuzuschreiben ist. Unter den übrigen, regelmässig aus Argentinien eingeführten Produkten findet man u.a. Aepfel, Häute und Felle, Wolle, Leinöl sowie erstmals seit 1968 Wein.

Argentinien stand während Jahren an der Spitze der die Schweiz beliefernden Länder Lateinamerikas; seit 1968 nimmt jedoch Brasilien diese Position ein, welches seine Exporte nach der Schweiz zwischen 1967 und 1971 verdoppeln konnte[238]. Argentiniens Ausfuhren in die Schweiz dagegen stagnieren, zwischen 1967 und 1971 waren sie gesamthaft gesehen sogar rückläufig. Die Hauptursache dafür ist einerseits in unterdurchschnittlichen Ernteergebnissen zu suchen. Anderseits müssen, gerade im Fall von Fleisch, auch die in der Schweiz üblichen Einfuhrkontingente sowie die argentinischen Ausfuhrhindernisse mitberücksichtigt werden.

---

235) vgl. für das folgende insbesondere Hermann Hofer, Der Handelsverkehr zwischen der Schweiz und Argentinien, in: LAI (Hrsg.), Argentinien heute, Zürich 1970, S. 13 ff.
236) vgl. ders., Der schweizerische Handel mit Lateinamerika, in: LAI (Hrsg.), Die schweizerisch-lateinamerikanischen Beziehungen, Lateinamerika-Symposium 1968, o.O.o.J., S. 34.
237) vgl. Tabelle 26 im Anhang und die dort angegebene Quelle.
238) vgl. auch Link, Brasilien, S. 99.

Auch als Verbrauchsland schweizerischer Erzeugnisse nimmt Argentinien hinter Brasilien den zweiten Rang ein. Traditionsgemäss sind es vor allem Maschinen, Uhren, Chemikalien, Farbstoffe und Pharmazeutika, welche zusammen 1971 rund 87 % der schweizerischen Exporte nach Argentinien ausmachten. Dabei fällt auf, dass insbesondere die Maschinenexporte das Investitionsklima widerspiegeln: Zwischen 1967 und 1971, also während der Aera Onganía, haben sie sich annähernd vervierfacht. Weniger anfällig gegenüber Importrestriktionen scheinen die Exporte der chemisch-pharmazeutischen Industrie zu sein. Die Uhrenexporte weisen eine uneinheitliche Entwicklung auf. Dies mag damit zusammenhängen, dass sich speziell die japanische Konkurrenz vermehrt bemerkbar gemacht hat und durch preiswertere Uhren die infolge sinkender Kaufkraft entstandene Marktlücke ausfüllen kann.

III. Der Produktionssektor im besonderen

A. Ueberblick

Das argentinische Bruttoinlandprodukt wies 1970, aufgeteilt nach den drei Produktionssektoren, die folgende Zusammensetzung auf[239]: 13,8 % stammten aus dem primären Sektor (Landwirtschaft, Forstwirtschaft und Fischerei), 43,7 % aus dem sekundären Sektor (Bergbau, Industrie und Handwerk, Elektrizitäts- und Bauwirtschaft); die verbleibenden 42,5 % entfielen auf den Dienstleistungssektor (Handel, Transport, Finanz, Staat und andere).

Der Anteil der Landwirtschaft an der gesamten Produktionsleistung ist angesichts ihrer Bedeutung als Devisenquelle auffallend gering[240], während dem sekundären Sektor ein mit industrialisierten Ländern durchaus vergleichbares Gewicht zukommt. Aufgrund der Unterschiede im relativen Preisniveau zwischen der landwirtschaftlichen und industriellen Produktion kann aber angenommen werden, dass in Wirklichkeit der Landwirtschaft zulasten des sekundären Sektors ein wesentlich grösserer Anteil am BIP zuerkannt werden muss[241].

Bereits zu Beginn dieses Jahrhunderts errechnete man für den sekundären Sektor einen Anteil am BIP von 20 %, welcher sich in 70 Jahren etwas mehr als verdoppelt hat, und zwar zulasten der Landwirtschaft. Ihr An-

---

239) vgl. Tabelle 8a im Anhang.
240) Während der Anteil der Landwirtschaft am BIP Brasiliens 17,8 % beträgt, erreicht Mexiko nur 11,5 %. Für einen einigermassen objektiven Vergleich muss jedoch auch der Anteil an der Beschäftigung mitberücksichtigt werden. Er beträgt für Argentinien 15,4 %, für Brasilien 45,8 % und für Mexiko 39,5 %; vgl. BID, Proceso socio-económico en América Latina, Informe anual 1971, Washington o.J., S. 26 f.
241) Ein Versuch, das BIP objektiver durch Ausschaltung der relativen Preisunterschiede zu berechnen, ergab für das Jahr 1969 einen Anteil des Primärbereichs von rund 17 % und des sekundären Sektors von 39 %, wobei auf Industrie und Handwerk knapp 30 % entfielen (gegenüber 35 % nach der offiziellen Berechnung der Zentralbank). Zu diesem Zweck ist das Produktionsvolumen unter Zuhilfenahme von international vergleichbaren Preisen neu bewertet worden. Vgl. dazu Ludovico Videla, Estimación del PBI (año 1969) a precios internacionales, in: Política y Economía, No. 14, Mayo 1972, S. 21 ff.

teil verminderte sich in der gleichen Periode um mehr als die Hälfte[242]. Dagegen unterlag die relative Bedeutung des tertiären Bereichs keinen wesentlichen Aenderungen.

Wie bereits erwähnt worden ist, verlief Argentiniens Entwicklung vom Agrar- zum Industriestaat höchst unregelmässig. Perioden raschen Wachstums folgten Zeiten der Stagnation, ja sogar solche mit negativen Wachstumsraten[243]. Gesamthaft gesehen, nahm das argentinische BIP zwischen 1900 und 1970 im Durchschnitt um 3,8 % jährlich zu. Von 1950 bis 1970 erreichte das Wachstum lediglich 3,6 % pro Jahr; die Sechzigerjahre brachten eine Verbesserung auf 4,2 %[244]. Im Vergleich mit Brasilien, vor allem aber mit Mexiko, ist die Feststellung, Argentiniens Wirtschaft stagniere, nicht unbegründet[245]. Verfolgt man hingegen die Produktionsindices einzelner Wirtschaftszweige, scheint eine derartige Verallgemeinerung wenig sinnvoll zu sein. Richtig ist vielmehr, dass es zwar einige stagnierende Bereiche gibt, gewisse Sektoren jedoch (z.B. Bergbau, Papier, Chemie, Rohstahl, Maschinen und Einrichtungen, Elektrizität) substantielle Wachstumsraten aufzuweisen haben[246]. Dies heisst nichts anderes, als dass nicht nur die globale Entwicklung zyklische Schwankungen aufweist, sondern dass sich überdies einzelne Sektoren zulasten anderer überproportional entfalten konnten. Hauptursache dafür dürfte das Fehlen einer gesamtwirtschaftlich ausgleichend wirkenden Industrialisierungspolitik sein[247].

Bevor auf die Strukturprobleme des sekundären Bereichs eingetreten wird, ist es notwendig, sich mit der Landwirtschaft als eigentlicher Basis der Industrialisierung auseinanderzusetzen.

---

242) vgl. OECEI, Argentina económica y financiera, a.a.O., S. 56.
243) vgl. Tabelle 3 im Anhang.
244) ebenda.
245) vgl. BID, Progreso socio-económico en América Latina, 1971, a.a.O., S. 8; ferner Link, Brasilien, S. 110.
246) vgl. Tabelle 33 im Anhang; ferner BCRA, Origen del producto y distribución del ingreso, años 1950-69, a.a.O., S. 32 ff.
247) vgl. hinten, S. 166 ff., 258 ff.

B. Primärer Sektor

1. Landwirtschaft

a) Einleitung: Die Landwirtschaft als Hypothek der industriellen Entwicklung?

Der wirtschaftshistorische Rückblick sowie die Darlegungen im Abschnitt über den aussenwirtschaftlichen Sektor haben erkennen lassen, dass die Industrialisierung Argentiniens weitgehend von einer wirtschaftlich tragfähigen Landwirtschaft abhängt, welche als wichtigste Devisenquelle die für den Industrialisierungsprozess unerlässliche Importkapazität bereit zu stellen hat[248]. Aufgabe dieses Abschnitts ist deshalb, auf die Konsequenzen und Probleme hinzuweisen, welche die Missachtung dieser offensichtlichen Interdependenz verursacht hat [249].

Der Einfluss der Landwirtschaft auf die Industrialisierung ist sehr vielfältig. So führt eine wachsende landwirtschaftliche Produktivität zu einer steigenden Nachfrage nach Konsumgütern, ferner zur Freisetzung von Arbeitskräften, welche von der Industrie absorbiert werden. Produktivitätsfortschritte steigern die Nachfrage nach Industriegütern, vorab Landwirtschaftsmaschinen (für Argentinien besonders wichtig: Drahtzäune). Die Landwirtschaft gilt überdies als wesentliche Finanzierungsquelle der Industrie, da sie oft mehr spart als investiert. Eine unbefriedigende Entwicklung der Landwirtschaft ist deshalb in der Regel mit den Wachstumsproblemen des industriellen Sektors aufs engste ver-

---

248) vgl. vorn S.53ff., 123 ff., sowie NZZ, 24.5.1970, Nr. 140, S. 19.
249) Da das argentinische Landwirtschaftsproblem äusserst komplex und vielschichtig ist, können hier, um den Rahmen der Arbeit nicht zu sprengen, nur die wichtigsten mit der Industrialisierung zusammenhängenden Fragen erörtert werden. Für Einzelheiten muss auf die Literatur verwiesen werden, wobei sich die Ausführungen dieses Abschnitts insbesondere auf die folgenden Quellen stützen: CONADE, Resumen del diagnóstico del sector agropecuario, Buenos Aires Mayo 1968; Darrell F. Fienup, Russell H. Brannon und Frank A. Fender, El desarrollo agropecuario argentino y sus perspectivas, Buenos Aires 1972; U.S. Department of Agriculture, Argentina: Growth Potential of the Grain and Livestock Sectors, Washington May 1972; Díaz Alejandro, a.a.O., S. 141-207.

knüpft[250].

Das landwirtschaftliche Produktionsvolumen hat sich seit 1960 lediglich um 21,8 % erhöht[251]. Zwischen 1920 und 1962 hat sich die Agrarproduktion um 25 % vermindert, während der interne Konsum im gleichen Verhältnis gestiegen ist; der Exportindex (1920 = 100) fiel 1962 auf 35 Punkte[252]. Ein im Vergleich zum Bevölkerungswachstum und zur industriellen Produktion stagnierender Primärsektor ist ein Phänomen, das sich nicht allein auf Argentinien beschränkt, sondern eine Lateinamerika ganz allgemein kennzeichnende Schwäche darstellt[253]. Wohl spielt auch in Argentinien die geringe Elastizität der Nachfrage nach Primärgütern in bezug auf Preis- und Einkommensänderungen in den Abnehmerländern eine gewisse Rolle. Hingegen gibt es in Argentinien keine die Abhängigkeit verstärkenden Monokulturen; die Agrarproduktion ist vielmehr dank den verschiedenen Klimazonen stark diversifiziert[254]. Ebensowenig wird die Produktivität durch einen hohen Anteil an landwirtschaftlicher Bevölkerung bzw. durch Unterbeschäftigung begrenzt.

Die Probleme der argentinischen Landwirtschaft können, ohne allerdings Anspruch auf Vollständigkeit zu erheben, wie folgt charakterisiert werden, wobei vor allem binnenwirtschaftliche und institutionelle Schwierigkeiten im Vordergrund stehen:

- <u>Unzureichender Einsatz der Produktionsfaktoren.</u> Insbesondere in der Region der sogenannten feuchten Pampa[255] herrscht extensive Bodennutzung vor. Die Reinvestitionsquote des Sektors ist gering[256]. Das Arbeitskräftepotential hat sich im Laufe der Zeit in quantitativer

---

250) vgl. Paúl <u>Bairoch</u>, Desarrollo agrícola y desarrollo industrial, in: Desarrollo Económico, Vol. 7, No. 25, Buenos Aires 1967, S. 767 ff., welcher feststellt, dass bei 37 untersuchten Entwicklungsländern in der Periode 1953-1963 deren 24 eindeutig zeigen, dass jede Rezession im landwirtschaftlichen Sektor die industrielle Produktion negativ beeinflusst hat. Vgl. ferner <u>Link</u>, Brasilien, S. 101.
251) vgl. Tabelle 33 im Anhang, ferner <u>BCRA</u>, Origen del producto, S.32, wo die Indexreihe ab 1950 zu finden ist.
252) vgl. <u>OECEI</u>, La economía agropecuaria argentina, problemas y soluciones, in: Desarrollo Económico, Vol. 5, Tomo I, No. 17-19, Buenos Aires 1965, S. 49.
253) vgl. <u>BID</u>, Progreso socio-económico en América Latina 1971, S.30 f.
254) vgl. hinten, S. 224 ff.
255) Spanisch "Pampa húmeda", vgl. hinten, S. 221 ff.

wie qualitativer Hinsicht vermindert. Der technologische Rückstand
ist zum Teil immer noch beträchtlich.

- <u>Fehlen einer Landwirtschaftspolitik</u>, welche auf die gesamtwirtschaftlichen Entwicklungsziele abgestimmt ist. Darunter fallen vorab eine produktivitätshemmende Fiskalpolitik, die Eingriffe des Staates in die Preisbildung, eine ineffiziente Kreditpolitik sowie eine Fülle von konjunkturellen Notmassnahmen des Staates, welche die Wahrung mittel- und langfristiger Entwicklungschancen verunmöglichen.

- <u>Verzerrte Handels- und Preisstrukturen</u>.

- <u>Ungenügende und unsystematische Bearbeitung und Sicherung der Exportmärkte</u>.

- <u>Hoher Binnenkonsum von Nahrungsmitteln</u> dank künstlich tief gehaltenem Preisniveau, speziell für Fleisch und Getreide.

- <u>Mangelhafte Infrastruktur</u> (Transportwesen, Elektrifizierung, Wasserversorgung, Bewässerung, unzureichende Umschlagskapazitäten in den Häfen etc.).

Angesichts dieser ausserordentlich vielschichtigen Problematik erscheint es zweckmässig, einige Schwerpunkte zu setzen, welche helfen sollen, die Zusammenhänge zwischen Landwirtschaft und Industrialisierung zu klären. Deshalb werden zunächst die Struktur des landwirtschaftlichen Grundbesitzes und sodann Fragen im Zusammenhang mit Produktivität und Beschäftigung erörtert. Anschliessend werden die Besonderheiten des hauptsächlichsten Produktionsbereiches, der Viehzucht, aufgezeigt. Als Zusammenfassung folgen zum Schluss einige Ueberlegungen in bezug auf das Entwicklungspotential der argentinischen Landwirtschaft.

---

256) Diese Behauptung ist von einem volkswirtschaftlichen Berater des Argentinischen Landwirtschaftsverbandes (Sociedad Rural Argentina) anlässlich eines dem Verfasser gewährten Interviews bestritten worden, allerdings ohne dies mit zuverlässigem Zahlenmaterial belegen zu können. Da die Ertragslage der Landwirtschaft aufgrund der niedrigen Produktivität (vgl. hinten, S. 146 ff.) stark eingeschränkt wird, dürfte auch die Reinvestitionsquote entsprechend bescheiden sein.

b) Struktur des landwirtschaftlichen Grundbesitzes

In Lateinamerika wird häufig die Ansicht vertreten, dass die Struktur des landwirtschaftlichen Grundbesitzes der Hauptgrund für die ungenügende Entwicklung dieses Sektors in der Region sei[257]. Bei dieser Argumentation steht immer wieder der Grossgrundbesitz (die sogenannten Latifundien), in gewissen Fällen auch die Minifundien, im Vordergrund. Im konkreten Fall von Argentinien wird etwa behauptet[258], die in der Regel extensiv genutzten Grossgrundbesitze nötigten ihre Eigentümer nicht, die Produktivität durch intensive Bebauung zu steigern, da ihnen der umfangreiche Landbesitz ein genügend grosses Einkommen vermittle. Der Grossgrundbesitz sei mit sozialem Prestige verbunden. Durch extensive Nutzung würde das Risiko wesentlich eingeschränkt, welches intensive Methoden automatisch mit sich brächten. Die "Estancia" benötige meistens wenig Betriebsmittel, so dass schwankende Einnahmen keine Liquiditätsprobleme verursachten. Auf diese Weise könnten Marktkräfte ineffiziente Produzenten nicht eliminieren. Ferner verhindere die Inflation den Verkauf von Parzellen ab grossen Produktionseinheiten, da sich der Eigentümer wenigstens durch den steigenden Landwert schadlos halten wolle.

Die Argumente, welche in Argentinien gegen den Grossgrundbesitz vorgebracht werden, um damit die ungenügende Produktivität des Agrarsektors zu erklären, mögen zwar einen wahren Kern enthalten, sie entsprechen im übrigen auch durchaus den herrschenden Sozialisierungstendenzen. Dabei wird aber in der Regel ausser acht gelassen, dass es noch wesentlich gewichtigere Einflüsse gibt, welche die Produktivität einschränken, z.B. die Qualität des Bodens, die klimatischen Verhältnisse sowie die einleitend festgehaltenen Hindernisse, welche in der staatlichen Landwirtschaftspolitik gründen. Damit befasst sich speziell der nächste Abschnitt[259]. Die Frage, ob der Grossgrundbesitz die Produktivität auch heute noch negativ zu beeinflussen vermag, muss aufgrund mangel-

---

[257] Hauptvertreter dieser Denkrichtung ist die CEPAL, vor allem aber einer ihrer profiliertesten Vertretel Raúl Prebisch; vgl. z.B. Prebisch, Change and Development, a.a.O., S. 100, 191 ff.
[258] nach Díaz Alejandro, a.a.O., S. 183.
[259] vgl. hinten, S. 146 ff.

hafter Beurteilungsgrundlagen offen gelassen werden[260]. Es wäre indessen wünschenswert, wenn sie anhand der bislang noch nicht veröffentlichten Ergebnisse der Landwirtschaftszählung von 1969 geklärt werden könnte.

Hingegen stellt sich die Frage, wo die eigentlichen Wurzeln des argentinischen Grossgrundbesitzes liegen. Er entstand zur Zeit der Feldzüge gegen die Indianer, als die siegreichen Heerführer anstatt mit Geld mit Ländereien entlöhnt wurden[261]. Die Grossgrundbesitzer jener Zeit konzentrierten jedoch zuwenig Land in ihren Händen, um als oligopolistisch gelten zu können. Vielmehr waren es bereits damals die hohen Landpreise und das fehlende Kreditsystem, welches die Einwanderer am Erwerb von Land hinderte [262]. Eine breitere Streuung des Grundeigentums ist in der Folge vor allem durch die Agrargesetzgebung gefördert worden, wobei insbesondere die rechtliche Regelung der Pacht von Bedeutung war. Das erste Pachtgesetz stammte aus dem Jahre 1921 und wurde später durch eine Vielzahl von zusätzlichen Erlassen ergänzt und berichtigt[263]. Das Pachtsystem hatte für den weniger finanzkräftigen Einwanderer einerseits Vorteile: Er benötigte kein Kapital, und es garantierte ihm eine grosse Mobilität[264]. Damit waren aber in

---

260) Eine Untersuchung aus dem Jahre 1965, basierend auf Erhebungen des Jahres 1960, ist zum Schluss gekommen, dass zwischen 25 und 35 % des bebaubaren Landes wegen des Grossgrundbesitzes nicht voll genutzt wird. Diese eher vage Schätzung darf nicht zur Beurteilung des heutigen Zustandes übernommen werden, da das zu Grunde gelegte Zahlenmaterial überholt sein dürfte. Es kann höchstens vermutet werden, dass der durch den Grossgrundbesitz verursachte negative Einfluss auf die Produktivität geringer geworden ist: Zwischen 1914 und 1960 verminderte sich der Anteil an Produktionseinheiten von über 5.000 Hektaren in der Provinz Buenos Aires von 29,8 % auf 14,5 % der nutzbaren Fläche (vgl. Díaz Alejandro, a.a.O., S. 184); vgl. CIDA, Tenencia de la tierra y desarrollo socio-económico del sector agrícola: Argentina, Washington 1965, zit. bei Díaz Alejandro, a.a.O., S. 185 f.
261) vgl. vorn, S. 38.
262) vgl. Díaz Alejandro, a.a.O., S. 39.
263) Gesetz Nr. 11.170, ferner die Gesetze 13.246 und 14.451 sowie das Gesetzesdekret (Decreto-Ley) Nr. 1.638 aus dem Jahr 1963; vgl. dazu auch Carlos A. Alumni, Arrendamiento y aparcería agrarios, in: Boletín de la Facultad de Derecho y Ciencias Sociales (Universidad Nacional de Córdoba), año XXVII, Oct.-Dic. 1963, No. 4-5, S. 301 ff.
264) vgl. James R. Scobie, Una revolución agrícola en la Argentina, in: Desarrollo Económico, Vol. 3, No. 1-2, 1963, S. 121 ff.

der Regel nicht minder gewichtige Nachteile verbunden, da der Pächter
selten auf einen grünen Zweig kam: Hatte er den Pachtvertrag erfüllt,
musste er wegziehen und bei einem andern Landbesitzer von neuem anfangen. Die Pachtgesetzgebung wurde deshalb speziell im Hinblick auf den
Landerwerb zum Schutz des Pächters errichtet, wirkte sich aber gesamtwirtschaftlich nachteilig aus, da sie den Produktivitätsfortschritt
verhinderte: Die Einfrierung der Pachtzinsen unter Perón liess dieses
Geschäft für den Landeigentümer uninteressant werden, so dass notwendige Investitionen ausblieben und der Boden dem Raubbau ausgeliefert
war[265]. Die Besonderheiten der Gesetzgebung hatten indessen zur Folge,
dass sich zwischen 1947 und 1960 z.B. in der Region der Pampa die Pächter um 60 % verminderten, während sich die Zahl der Landeigentümer entsprechend erhöhte[266]. 1968 ist dieses Pachtsystem aufgehoben worden,
so dass heute die freie Pacht gilt. Zwar wird in der Regel nur an Landeigentümer verpachtet, da die Furcht vor neuen gesetzlichen Massnahmen
zum Schutz der Pächter gross ist. Die Pacht hat damit jedenfalls die
Rolle verloren, den sozialen Aufstieg vom Landarbeiter zum Landeigentümer zu ermöglichen.

Solange in Argentinien die Viehwirtschaft in extensiver Form betrieben
wird, dürften sich die Latifundien erhalten: Unterhalb einer relativ
grossen Ausdehnung ist die Viehwirtschaft unter den gegenwärtigen Verhältnissen unrentabel[267]. Da diese Produktionsmethode wenig arbeitsintensiv ist, fördert sie zusätzlich den Entvölkerungstrend[268].

Das in Argentinien publizierte statistische Material enthält lediglich
Angaben über die Anzahl und Grösse der landwirtschaftlichen Betriebe,
nicht aber über die Eigentumsverhältnisse[269]. Auch die Aufteilung der
bebaubaren Fläche nach den verschiedenen Betriebsformen (Bewirtschaftung durch Eigentümer, Pächter etc.) lässt lediglich den Schluss zu,
dass die Bewirtschaftung durch den Eigentümer im Landesdurchschnitt relativ bedeutend ist, erlaubt hingegen keine Aussagen über die Grösse

---

265) vgl. hinten, S. 223, ferner Díaz Alejandro, a.a.O., S. 187.
266) vgl. CONADE, Resumen del diagnóstico, S. 11.
267) vgl. hinten, S. 152 ff.
268) vgl. Aldo Solari, Distribución de la propiedad y regimen de
     tenencia de la tierra, in: Horacio Giberti u.a., Sociedad,
     economía y reforma agraria, Buenos Aires 1965, S. 57 ff.
269) vg. Tabellen 27 und 27a im Anhang.

des Betriebes des einzelnen Eigentümers[270]. Als Rechtsform ist heute vielfach die Aktiengesellschaft anzutreffen, wobei eine starke industrielle Beteiligung am landwirtschaftlichen Grossbetrieb festgestellt werden kann.

Immerhin enthalten die offiziellen Daten einige Hinweise in bezug auf die regionale Verteilung der einzelnen Betriebskategorien hinsichtlich Anzahl und Fläche, wobei allerdings für eine korrekte Interpretation die regional unterschiedliche Bodenqualität mitberücksichtigt werden muss. Allgemein lässt sich demnach feststellen, dass die Betriebsgrösse mit sinkender Bodenqualität steigt. So verfügen in der fruchtbaren Provinz Buenos Aires 0,4 % der Betriebe der Klasse über 5.000 Hektaren über 14,5 % der bebaubaren Fläche, während in der patagonischen Provinz Santa Cruz (wüsten- und steppenartiger Boden) dieser Kategorie drei Viertel aller Betriebe mit 97,4 % der Fläche angehören. Den nordwestlichen Provinzen[271] dagegen geben die Minifundien das Gepräge: Im Durchschnitt weisen dort über zwei Drittel der Betriebe eine Grösse bis maximal 25 Hektaren auf. Auch in den Provinzen Río Negro, Neuquén, Mendoza und San Juan scheinen die Minifundien vorzuherrschen. Doch handelt es sich hier im Gegensatz zum Nordwesten um Regionen mit typischen Intensivkulturen, nämlich Obst und Wein, deren Anbau überdies nur dank künstlicher Bewässerung möglich ist.

Die relative Bedeutung grosser Betriebseinheiten sinkt, vorab in der wichtigsten Produktionszone, der Pampa. Noch 1914 beanspruchten in der Provinz Buenos Aires Einheiten von über 5.000 Hektaren nahezu 30 % der Fläche, 1960 waren es nur noch 14,5 %[272]. Dass eine Landreform im Sinn der Neuverteilung des bebaubaren Bodens und der Ausmerzung des Grossgrundbesitzes ähnlich der Agrarreform Mexikos, Chiles oder Kolumbiens jemals möglich sein könnte, ist aus verschiedenen Gründen zu bezweifeln. Der wichtigste ist wohl der, dass die für Entwicklungsländer Lateinamerikas typische Masse der besitzlosen Landbevölkerung fehlt: Der Anteil der in der Landwirtschaft Beschäftigten beträgt in Chile 23 %, in Kolumbien 42 % und in Mexiko 47 %, in Argentinien dagegen nur 16 %[273].

---

270) vgl. Tabelle 27b im Anhang.
271) Catamarca, Jujuy, La Rioja, Salta und Tucumán.
272) vgl. Díaz Alejandro, a.a.O., S. 184. Eine Berechnung jüngeren Datums des INTA, welche rund 7 Millionen Hektaren der Region Pampa umfasste, gab für dieses Gebiet einen durchschnittlichen Grundbesitz von 150 Hektaren an. Dabei wird festgehalten, dass der Grossgrundbesitz ständig an Bedeutung verliere, jedenfalls in der po-

Argentinien war überdies vor allem während der Blütezeit der Landwirtschaft auf ausländische Saisonarbeiter angewiesen, womit es sich ebenfalls von den übrigen Ländern unterschied[274]. Damit scheint zumindest die den Landreformen Lateinamerikas innewohnende soziale Zielsetzung zu fehlen. Ferner handelt es sich bei der Landwirtschaft Argentiniens um einen Sektor, der, wiederum im Unterschied zu andern Ländern, nahezu vollständig in den Wirtschaftsprozess integriert ist[275]. Eine Umverteilung des Grundbesitzes zwecks Ausmerzung der von manchem Politiker als sozial ungerecht empfundenen Latifundien dürfte im Fall von Argentinien aufgrund der Exportabhängigkeit des Agrarsektors katastrophale Folgen haben. Ansätze zu den auch hier notwendigen sozialen Reformen sind vielmehr über das Erziehungswesen, das Gesundheitswesen und die regionale Integration des Landes zu suchen.

Mit diesen Einwänden soll jedoch nicht behauptet werden, dass die Struktur des landwirtschaftlichen Grundbesitzes in Argentinien vom Blickwinkel der Produktion her optimal sei. Im Gegenteil darf die Tatsache nicht übersehen werden, dass besonders mittlere und grosse Landgüter in erster Linie eine Investition gegen die galoppierende Inflation darstellen[276]. M.a.W. ist der Grossgrundbesitz an sich nicht Ursache, sondern Folge der niedrigen Ausnützung des Produktionsfaktors Boden. Die eigentlichen Ursachen sind die fehlenden Produktionsanreize und die allgemeine wirtschaftspolitische Unsicherheit.

c) Produktivität und Beschäftigung

Wenn einleitend festgestellt worden ist, dass das landwirtschaftliche Produktionsvolumen über längere Zeit stagniert habe, so trifft dies vor allem für die Region der Pampa zu. Nimmt man als Basis die Jahre 1935-39 mit 100 an, so sinkt der Produktionsindex der Pampa für 1960-63 auf 96 Punkte, während sich die übrigen Regionen in der gleichen Periode auf 161 Punkte verbessert haben[277]. Die Probleme um die mangelhafte Produktivität der Landwirtschaft betreffen deshalb in erster Linie die Pampa,

---

272) Fortsetzung: tentiell ertragreichsten Zone; vgl. AT, 25.4.1971, ferner AT, 8.7.1973.
273) vgl. OECEI, Mercado ALALC, a.a.O., S. 100, 176, 198, 242.
274) vgl. Díaz Alejandro, a.a.O., S. 141; ferner Link, Mexiko, S.72 ff.
275) vgl. OECEI, Mercado ALALC, a.a.O., S. 100.
276) U.S. Department of Agriculture, Growth Potential, a.a.O., S. 12.
277) vgl. CONADE, Plan Nacional de Desarrollo 1965-69, Buenos Aires 1965,

wo die extensive Nutzung des Bodens vorherrscht.

Die landwirtschaftlich nutzbare Fläche Argentiniens wird mit rund 175 Millionen Hektaren angegeben[278]. Das Produktionsvolumen kann nur durch intensivere Ausnützung des verfügbaren Bodens gesteigert werden, da der Vorrat an bebaubarer Fläche erschöpft zu sein scheint. Abb. 12 offenbart die in krasser Weise extensive Nutzung: 63 % der Fläche fallen auf natürliche Weiden und Steppen, 12,5 % auf Wälder, 8,9 % bleiben dauernd ungenutzt und nur 14,6 % werden mit Kulturen aller Art bepflanzt. Die Fläche der Region Pampa beträgt rund 33,6 Millionen Hektaren; davon dienen 69 % der extensiven Viehwirtschaft und nur knapp 18 % dem Ackerbau [279].

Eine intensivere Bodennutzung setzt jedoch eine ganze Reihe von Bedingungen voraus, welche momentan fehlen[280]. Eine dieser Voraussetzungen ist eine produktivitätsfördernde Besteuerung des Agrarsektors. Das argentinische Steuersystem charakterisiert sich nun aber vor allem durch indirekte Abgaben, d.h. durch Steuern auf der Produktion[281]. Für die Landwirtschaft von Bedeutung sind die von Bund und Provinzen erhobenen Verkaufssteuern und die Exportabgaben. Die Einkommenssteuer fällt gesamthaft aufgrund der hohen Hinterziehungsquote weniger ins Gewicht. Hinzu kommen eine beträchtliche Anzahl von Notsteuern konjunktureller Art, mit denen der Staat versucht, Angebot und Nachfrage im Primärsektor zu beeinflussen[282]. Diese Steuern auf der landwirtschaftlichen Produktion treffen die in der Regel produktiveren Klein- und Mittelbetriebe am härtesten[283]. Auf einen einfachen Nenner gebracht, heisst das: Wer weniger produziert, bezahlt auch weniger Steuern. Die argentinische Fiskalpolitik erweist sich damit als produktivitätshemmend. In Erkenntnis der Tatsache, dass es vorteilhafter wäre, anstelle der

---

277) Fortsetzung: zit. bei Díaz Alejandro, a.a.O., S. 146.
278) vgl. Tabelle 28 im Anhang.
279) vgl. Tabelle 28a im Anhang.
280) Es werden hier lediglich die nach Ansicht des Verfassers wichtigsten Voraussetzungen zur Produktivitätssteigerung behandelt; für weitere Einzelheiten muss auf das umfangreiche Literatur- und Quellenverzeichnis verwiesen werden.
281) vgl. vorn, S. 110.
282) So wird z.B. bei ungenügendem Angebot an Schlachtvieh meistens eine Steuer erhoben auf Rindern, welche ein gewisses Maximalgewicht übersteigen; vgl. AT, 25.3.1973.
283) vgl. Aldo A. Arnaudo, Productividad, tributación y reforma agraria, in: Revista de Economía y Estadística (Universidad Nacional de Córdoba), año IX, 1965, No. 1-4, S. 17 ff.

Abb. 12   Argentinien: Verwendung des landwirtschaftlich
          nutzbaren Bodens (1960)

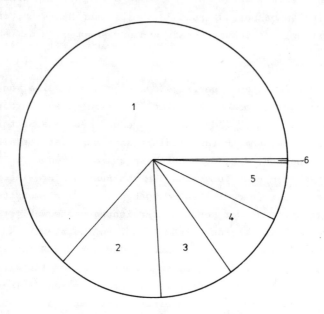

Legende: 1 = Natürliche Weiden, Steppen   63,0 %
          2 = Wälder   12,5 %
          3 = ungenutzte Fläche   8,9 %
          4 = Weiden, bepflanzt mit Futtergetreide   7,9 %
          5 = Saisonale Kulturen   7,0 %
          6 = Ganzjahreskulturen   0,7 %

Quelle: Tabelle 28 im Anhang.

Produktion das brachliegende Produktionspotential zu besteuern, ist Ende 1968 eine Landsteuer eingeführt worden[284]. Diese Landsteuer hat jedoch bislang nicht die gewünschten Effekte gezeigt, da sie in Wirklichkeit keine echte Besteuerung des Grundeigentums sein kann: Sie wird als Vorschuss auf die Einkommenssteuer erhoben und verliert damit ihre potentielle produktivitätssteigernde Wirkung. Hinzu kommen Schwierigkeiten bei der Steuerbemessung: In manchen Provinzen fehlen die notwendigen Grundstückkataster; wo sie vorhanden sind, werden sie oft nicht nachgeführt. Ein weiteres Problem ergibt die Frage der richtigen und gerechten Bewertung des Bodens, wobei die Aktualisierung dieser Werte in Zeiten starker Inflation ohnehin stets zu wünschen übrig lässt. Die Landsteuer kann derart ihr grundsätzliches Ziel nicht erreichen, nämlich den Eigentümer unbebauten Bodens zu vermehrter Produktion anzuhalten.

Ebenso schwer wiegt die Tatsache, dass Argentiniens Landwirtschaftspotential wegen mangelnden technologischen Fortschritts nicht zur vollen Entfaltung gelangen kann. Die Hektarerträge für Mais und Weizen liegen zum Teil ganz beträchtlich unter denjenigen anderer Länder, beispielsweise der Vereinigten Staaten oder Kanadas[285]; zudem weisen sie von Jahr zu Jahr grosse Schwankungen auf[286]. Der Düngerverbrauch Argentiniens ist, obwohl er sich zwischen 1960 und 1970 mehr als vervierfachte[287], im Vergleich mit andern Ländern ausgesprochen niedrig. 1969 erreichte der Verbrauch ungefähr zwei Kilo pro kultivierte Hektare (Getreide, Futtergetreide, Gemüse und Früchte); Kanada verbrauchte 48 Kilo, die Vereinigten Staaten 124 und Australien 150 Kilo pro Hektare[288]. Der Düngerkonsum beschränkt sich auf Intensivkulturen, vor allem Zuckerrohr bzw. Produkte, welche ausserhalb der Region Pampa zum Teil nur dank

---

284) Gesetz Nr. 18.033. Bereits vorher existierten in den Provinzen, welche von der Verfassung zur Erhebung von Steuern auf dem Grundeigentum ermächtigt sind, Landsteuern. Sie waren jedoch in allen Fällen sehr niedrig und sollen kaum mehr als 3 % der Betriebskosten einer Produktionseinheit erreicht haben; vgl. Fienup, Brannon und Fender, a.a.O., S. 307.
285) vgl. Tabelle 29 im Anhang.
286) vgl. Tabelle 29a, b im Anhang. Versuche haben zudem ergeben, dass sich die Hektarerträge für Weizen und Mais durch den Einsatz besseren Saatgutes und Dünger ohne weiteres verdoppeln oder verdreifachen liessen; vgl. Fienup, a.a.O., S. 126.
287) vgl. Tabelle 31 im Anhang.
288) vgl. U.S. Department of Agriculture, Growth Potential, a.a.O., S. 42.

künstlicher Bewässerung gedeihen. Der Düngerverbrauch für Getreide in der Pampa ist dagegen unbedeutend[289]. Dies mag einerseits mit der sprichwörtlichen Fruchtbarkeit der Pampa zusammenhängen, ist aber anderseits eine Kostenfrage[290]. Obwohl heute die Basisprodukte Phosphat und Kalium zollfrei eingeführt werden können und Stickstoff in ausreichenden Mengen lokal hergestellt wird[291], ist ein massiver Düngereinsatz im Getreidebau noch zu kostspielig. Die vom staatlichen Institut für Agrartechnologie (INTA) entwickelten Getreidesorten scheinen überdies mehr auf Klima und Bodenbeschaffenheit als auf Dünger zu reagieren[292].

Zur Unkrautvertilgung werden heute in Argentinien beachtliche Mengen Herbizide eingesetzt, vor allem in Maiskulturen. Ueber 50 % der Betriebe der Region Pampa verbrauchen Herbizide, wobei dieser Prozentsatz zwischen 26 % in der Viehzucht- und 90 % in der Maiszone schwankt[293]. Die jährlichen Verluste wegen Pflanzenseuchen, Insektenplagen etc. werden mit 10 bis 20 % der Ernten beziffert[294]. Der Verbrauch an Insektiziden und Pestiziden nimmt zu und dürfte dazu beitragen, diese Verluste auf ein vernünftiges Mass zu reduzieren[295]. Der grossflächige Einsatz von Schädlingsbekämpfungsmitteln ist ebenfalls eine Funktion der Kosten und der Ernteerlöse. Dieses Verhältnis ist oft derart ungünstig, dass sich der Aufwand nicht lohnt.

Der Einsatz mechanischer Produktionsmittel macht nur langsame Fortschritte, obwohl Argentinien dank den günstigen topographischen Ver-

---

289) vgl. Tabelle 31a im Anhang.
290) vgl. Tabelle 31b im Anhang.
291) Seit 1968 stellt die Firma Petrosur Stickstoff in flüssiger Form her.
292) vgl. U.S. Department of Agriculture, Growth Potential, a.a.O., S. 43. Die in der Pampa gebräuchlichste Produktionsmethode besteht darin, eine Fläche mit Getreide anzubauen, sie nach der Ernte mit einer Mischung von Luzerne und Gras anzusäen und dann drei bis fünf Jahre ruhen zu lassen. Bei Kleinbetrieben (unter 150 Hektaren), speziell in den Provinzen Córdoba und Corrientes, hat sich indessen der Düngereinsatz während mehreren Jahren intensiver Bebauung als wirtschaftlich erwiesen; vgl. James Rudbeck, Grain Production and Marketing in Argentina, U.S. Department of Agriculture, FASM-M-222, Washington 1970, S. 61.
293) U.S. Department of Agriculture, Growth Potential, a.a.O., S. 44.
294) vgl. Fienup u.a., a.a.O., S. 176.
295) vgl. Tabelle 31 im Anhang.

hältnissen der Pampa dafür prädestiniert ist. 1960 standen 75.000 Traktoren im Einsatz, 1970 etwas mehr als 131.000. Gleichzeitig ist die Anzahl Hektaren kultivierten Bodens pro Traktor von 847 im Jahre 1947 auf 187 in 1965 gesunken. Dieser zwar eindrückliche Fortschritt lässt sich noch nicht mit dem in den Vereinigten Staaten erreichten Mechanisierungsgrad von 43 Hektaren pro Traktor vergleichen[296]. Der Staat vermochte die Mechanisierung der landwirtschaftlichen Produktion entscheidend zu beeinflussen. Den Landwirten wurde gestattet, je nach Maschinentyp einen Teil bzw. den gesamten Preis von der geschuldeten Einkommenssteuer abzuziehen. 1969 ist dieses System durch einen raschen Abschreibungsmodus ersetzt worden[297]. Das zentrale Problem ist dabei der in der Regel hohe Anschaffungspreis für landwirtschaftliche Maschinen, eine Folge der Substitutionspolitik. Ein Traktor kostet in Argentinien nahezu doppelt soviel wie in den Vereinigten Staaten, gemessen am Gegenwert jener Menge Weizen, welche für dessen Ankauf zur Verfügung gestellt werden müsste[298]. Ueberkapazitäten und demzufolge hohe Stückkosten kennzeichnen Argentiniens Landwirtschaftsmaschinenindustrie[299]. Von anfänglich sieben Traktorenfabriken (1960) sind immer noch deren vier in Betrieb[300].

Im Zusammenhang mit der Mechanisierung ist ebenfalls auf die Beschäftigung im Primärsektor hinzuweisen. Während die Anzahl der Beschäftigten zwischen 1950 und 1969 absolut um lediglich 7,7 % zugenommen hat, war in der gleichen Periode im Verhältnis zur gesamten arbeitenden Bevölkerung eine Abnahme von 15 % zu verzeichnen[301]. Dieser Trend hat die Mechanisierung begünstigt, umso mehr als insbesondere der unselbständige Landarbeiter durch eine grosszügige Mindestlohn- und Sozialgesetzgebung geschützt ist[302]. Die Durchschnittslöhne in der Landwirtschaft

---

296) vgl. OECEI, Argentina económica y financiera, a.a.O., S. 114 ff.
297) vgl. Consejo Técnico de Inversiones S.A., La economía argentina 1970, Buenos Aires o.J., S. 205.
298) vgl. Tabelle 31d im Anhang.
299) vgl. Tabelle 31c im Anhang.
300) FIAT, Rheinstahl Hanomag (HANOMAG), Deutz-La Cantábrica (DECA) und John Deere, vgl. U.S. Department of Agriculture, Growth Potential, a.a.O., S. 41.
301) vgl. Tabelle 52 im Anhang.
302) vgl. Fienup u.a., a.a.O., S. 304 f.

überstiegen zeitweise jene des industriellen Sektors[303]. Die relativ
hohen Kosten pro Arbeitskraft förderten daher den Wechsel vom arbeitsintensiven Ackerbau zur arbeitsextensiven Viehwirtschaft, was wiederum der
starken Binnenwanderung in die Städte Auftrieb verlieh[304].

Der Produktivitätsrückstand der argentinischen Landwirtschaft wurde
nicht nur durch die soeben beschriebenen Faktoren verursacht. Er wurzelt
ebenso im Erziehungssystem, in der Kreditpolitik, in Forschung und Entwicklung, im Handels- und Vertriebssystem und in der Infrastruktur im
weitesten Sinne. Auf diese Probleme soll im vierten Kapitel näher eingetreten werden, da sie nicht nur die Landwirtschaft, sondern auch das
Wirtschaftssystem als Ganzes betreffen.

d) Rindfleisch: Schlüssel zum Durchbruch des Aussenhandelsteufelskreises?

Rindfleisch[305] stellt nicht nur Argentiniens <u>wichtigstes Exportgut</u> dar[306], es ist gleichzeitig auch das <u>wichtigste Nahrungsmittel</u> der Bevölkerung:
Der Pro-Kopf-Konsum beträgt zwischen 70 und 90 kg pro Jahr[307]. Von der
gesamten Fleischproduktion des Jahres 1970, welche 2,6 Millionen Tonnen
erreichte, wurden lediglich 668.000 Tonnen oder 25 % exportiert[308]. Aus
der Tatsache, dass Argentinien einen beträchtlichen Binnenkonsum an Rindfleisch aufweist und gleichzeitig zu den wichtigsten Fleischlieferanten
der Welt gehört, erwachsen dem Land komplexe wirtschaftliche Probleme,
die zu lösen es bislang ausserstande war. Mitunter gewinnt man den Eindruck, das Rindfleisch bzw. deren Produzenten seien die eigentlichen
"Prügelknaben" einer falsch konzipierten Entwicklungspolitik.

---

303) vgl. Fienup u.a., a.a.O., S. 195.
304) ebenda, S. 305.
305) Eingeschlossen Nebenprodukte wie Konserven, Fleischextrakt und Innereien.
306) Die Fleischexporte bringen zwischen 25 und 35 % der Deviserenlöse ein, vgl. Tabelle 20 im Anhang.
307) Im offiziellen Lebenskostenindex wird der Rindfleischkonsum mit 15 Punkten gewichtet; ein Viertel der Ausgaben für Lebensmittel einer Durchschnittsfamilie fällt auf den Rindfleischkonsum. Vgl. Quargnolo, a.a.O., statistischer Anhang, S. 15.
308) vgl. Tabelle 30 im Anhang. Argentinien bestreitet etwa 25 % des Weltfleischhandels; vgl. U.S. Department of Agriculture, Growth Potential, a.a.O., S. 70.

Zunächst ist es sinnvoll, den Teufelskreis des Aussenhandels in Erinnerung zu rufen. Es sei von einer ungenügenden Entwicklung der Exporte ausgegangen. Diese beschränken die Importkapazität derart, dass zwecks Sanierung der Zahlungsbilanz der Zwang zur Importsubstitution nicht abzuwenden ist. Die Substitutionsindustrien produzieren in der Regel aufgrund des beschränkten Marktpotentials und dank einem massiven Zollschutz gegen ausländische Konkurrenten zu entsprechend höheren Stückkosten. Dies hat u.a. überdurchschnittlich hohe Preise für landwirtschaftliche Produktionsgüter zur Folge. Anderseits gehören Massnahmen zur Niederhaltung der Lebensmittelpreise zum Standardinstrumentarium der argentinischen Wirtschaftspolitik, zurückzuführen auf erfolgreichen gewerkschaftlichen Druck. Hinzu kommt eine die Landwirtschaft diskriminierende Wechselkurs- und Fiskalpolitik, um eine Einkommensumverteilung vom sekundären in den primären Sektor zu verhindern. Da keine Anreize zu Produktionssteigerungen vorhanden sind, stagnieren bei hoher Konsumneigung im Inland die zur Ausweitung der Importkapazität dringend notwendigen Exportüberschüsse. In diesem Teufelskreis spielt das Rindfleisch eine zentrale Rolle. Konkret stellt sich deshalb die Frage nach den Faktoren, welche Angebot und Nachfrage für Rindfleisch bestimmen.

Vorerst sind einige allgemeine Hinweise in bezug auf die Angebotsseite nötig. Hervorzuheben ist insbesondere das hohe Produktionsrisiko in der Landwirtschaft, bestimmt einerseits durch die häufigen und oft kontraproduktiven Eingriffe des Staates ins Marktgeschehen und anderseits durch die unterschiedlichen Witterungsbedingungen. Diese beiden Faktoren scheinen ebenso wichtig zu sein wie der eigentliche Preismechanismus bzw. die unterschiedliche Ertragsintensität einzelner Nutzungsarten. Um dieses Risiko zu mildern, obliegen die meisten Betriebe der Pampa sowohl dem Ackerbau als auch der Viehwirtschaft. M.a.W. hängt der Entscheid, sich vermehrt der einen oder andern Tätigkeit zu widmen, in erster Linie von den Faktoren Staat und Witterung ab. Sind die Erwartungen diesbezüglich einigermassen konstant, ist die Ertragsintensität für die Schwerpunktverlagerung in der Produktion ausschlaggebend[309]. Der sogenannte Rinderzyklus, verbunden mit ungünstigen Witterungsverhältnissen und Richtungswechseln in der Wirtschaftspolitik können jedoch diese Reaktion der Angebotsstruktur auf die Preise ausschalten[310].

---

309) Steigt z.B. die Ertragsintensität für Rindfleisch, wird die Ackerbaufläche zugunsten der Viehhaltung vermindert und umgekehrt. Vgl. Banco Ganadero Argentino, Mercados y precios del ganada vacuno,

Unter der Bezeichnung "Rinderzyklus" (ciclo ganadero) sind die zyklischen Schwankungen des Rinderbestandes zu verstehen, ein Phänomen, welches in erster Linie biologisch bedingt ist, hingegen die Hauptkomponente der unelastischen Angebotsstruktur darstellt. Rinderschlachtungen bzw. Fleischproduktion verhalten sich annähernd umgekehrt zu Preisveränderungen. Die zyklische Natur des Verhältnisses zwischen Schlachtungen und Preisen stellt eine Eigentümlichkeit dieses Produktionszweiges dar: Rindvieh gilt einerseits als Investitiongut, anderseits aber als fertiges Produkt. Steigen die Preise für Rindvieh, so versuchen die Produzenten, die Produktion durch Aufstockung der Herden zu erhöhen, indem sie die weiblichen Tiere zurückbehalten. Gleichzeitig werden aber oftmals auch Stiere und Ochsen vom Markt ferngehalten, um in Erwartung weiter steigender Preise das Schlachtgewicht zu erhöhen. Die Aufstockungsphase dauert in der Regel zwei bis drei Jahre, m.a.W. ist die Zeitspanne bis zum Punkt, wo ein vermehrtes Angebot die Preistendenz umzukehren vermag, relativ lang. Beginnen nun die Preise dank vermehrtem Angebot nach einer Aufstockungsphase zu sinken, kann das Schlachtviehangebot unerwartet schnell ansteigen, da die Produzenten einen weiteren Preissturz befürchten. Die Liquidationsphase dauert meistens ebenfalls zwei bis drei Jahre[311].

Der Rinderzyklus verursacht einen langsamen und unregelmässigen Produktionsprozess. Auch wenn er biologisch und durch die Preisentwicklung bedingt ist, hängt seine Intensität und Dauer ebensosehr vom Klima, der Qualität der Weiden, der allgemeinen wirtschaftlichen Lage, der Preisrelation zwischen Getreide und Fleisch sowie den staatlichen Interventionen durch Preis- und Devisenkontrollen ab. Dabei ist es äusserst schwierig, die tatsächlichen Effekte einer einzelnen Einflussgrösse für

---

309) Fortsetzung: Buenos Aires 1966, S. 16 ff., sowie U.S. Department of Agriculture, Grwoth Potential, a.a.O., S. 57 ff.
310) So kann es z.B. bei ungünstigen Witterungsverhältnissen, etwa bei Dürre, angebracht erscheinen, trotz relativ vorteilhafteren Getreidepreisen einen Teil der mit Getreide angebauten Fläche nicht zu ernten, sondern als Weiden zu benützen, um einen drohenden Futtermangel abzuwenden. Vgl. ebenda, S. 57.
311) vgl. U.S. Department of Agriculture, Growth Potential, a.a.O., S. 68; o.V., Oferta en el mercado de carnes, in: Organización Techint, Boletín informativo No. 167, Sept.-Oct. 1968, S. 31 ff.

sich zu isolieren[312].

Besonders verheerende Wirkungen hat die in Argentinien noch nicht ausgerottete Maul- und Klauenseuche. Sie beschränkt nicht nur das Angebot an verwertbarem Schlachtvieh, sondern verschliesst auch potentiell interessante Exportmärkte für Frischfleisch, vorab die Vereinigten Staaten und Grossbritannien[313]. Die Interamerikanische Entwicklungsbank hat zur Ausrottung dieser Seuche einen Kredit von 10,5 Millionen Dollar zur Verfügung gestellt[314].

Verschiedene Untersuchungen haben die geringe Angebotselastizität der Fleischproduktion bestätigt[315]. Die Preiselastizitäten des Rindfleisch-

---

[312] So war z.B. der Preiszusammenbruch in den Jahren 1950, 1962 und 1969 namentlich durch eine ausgedehnte Trockenperiode in Gang gesetzt worden, welche zur Liquidation eines wesentlichen Teils des Rinderbestandes führte. Die Aufstockungsphase, welche nach 1970 einsetzte, schien zu Beginn des Jahres 1973 immer noch anzuhalten, vorab, weil die vorteilhafte Witterung die Weidebedingungen verbesserte und eine unvermindert hohe Auslandsnachfrage den Preisen weiteren Auftrieb verlieh. Vgl. U.S. Department of Agriculture, Growth Potential, a.a.O., S. 68 sowie AT, 28.1.1973.

[313] Argentinien hat sich zwar stets gegen Importrestriktionen der Vereinigten Staaten und Grossbritanniens gewehrt, mit der Behauptung, die Maul- und Klauenseuche könne durch gekühltes Fleisch nicht übertragen werden. Die Embargopolitik sei eine Schutzmassnahme für die Inlandproduzenten, wobei die Maul- und Klauenseuche lediglich als Vorwand diene. Vgl. E. Louise Pfeffer, Foot-and-Mouth Disease in United States Policy, Stanford 1962.

[314] Vgl. BID, Diez años de acción en América Latina, o.J., o.O., S.17, und El Cronista Comercial (Buenos Aires), 8.8.1972, S. 8. Die rechtlichen Voraussetzungen zur systematischen Seuchenbekämpfung sind durch das Gesetz Nr. 19.570 geschaffen worden. - Was die Maul- und Klauenseuche jährlich kostet, hat SELSA für 1971 berechnet: 113 Millionen Dollar. Dieser Verlust bezieht sich nur auf die Gewichts- und Wachstumseinbussen bei den Tieren sowie Milchverluste bei Milchrindern, nicht aber auf den Wertverlust bei den Exporten. Hätte Argentinien Zugang zum nordamerikanischen Markt, so könnte es jährliche Mehreinnahmen in der Grössenordnung von über 100 Millionen Dollar haben. Die Maul- und Klauenseuche ist nicht etwa die einzige Viehkrankheit von Bedeutung. Die Brucellosis sowie Parasiten aller Art richten ebenso grosse Schäden an. Vgl. dazu AT, 25.4.1971.

[315] INTA, Long Run Projections of the Supply and Demand for Selected Agricultural Products in Argentina through 1980, Draft Manuscript, Buenos Aires 1969; José Kohout, A Price and Allocation Decision Model for the Beef Economy in Argentina, Ph.D. Dissertation, University of Illinois, Urbana 1969; Gustavo A. Nores, An Econometric Model of the Argentine Beef Cattle Economy, M.S. Thesis, Purdue University, Lafayette (Ind.) 1969; Wylian R. Otrera, An Econometric Model for Analyzing Argentine Beef Export Potential, Ph.D. Thesis, Texas A & M University, College Station 1966; Lucio G. Reca, The Price and Production Duality Within Argentine Agri-

angebots schwanken nach Kohout[316] je nach der untersuchten Periode zwischen 0.980 und 0.050, während das INTA eine Elastizität von 0.23 errechnet hat. Die sowohl kurz- wie auch langfristig schwache Reaktion des Angebots auf Preisveränderungen müsste nach Ansicht des Verfassers Ausgangspunkt einer umfassenden Landwirtschaftpolitik sein, deren Hauptziel es wäre, unter intensiver Ausnützung der komparativen Kostenvorteile die Exporte von Fleisch derart zu steigern, dass der Teufelskreis des Aussenhandels durchbrochen werden könnte.

Auf der Nachfrageseite ist zwischen der Binnen- und der Auslandsnachfrage zu unterscheiden. Die Binnennachfrage ist eine Funktion der Bevölkerung und der Einkommen. Der steigende Trend der Inlandsnachfrage nach Fleisch ist in erster Linie auf die Bevölkerungszunahme zurückzuführen, während der Zuwachs des jährlichen Pro-Kopf-Einkommens aufgrund der periodischen Kaufkraftverluste infolge Inflation weniger ins Gewicht fällt[317]. Die Inlandsnachfrage zeichnet sich aus durch einen unelastischen Konsum in bezug auf Veränderungen bei Preisen und bei den Einkommen. Eine Senkung des Angebots führt in der Regel zu überproportionaler Zunahme der Detailverkaufspreise, oder anders ausgedrückt pflegt der Konsum bei starken Preissteigerungen nur unwesentlich zu sinken. Die Preiselastizität der Nachfrage liegt etwa bei 0.5, d.h. dass bei einem realen Preiszuwachs von 1 % der Rindfleischkonsum um 0.5 % zurückgeht[318].

Auf die Gewichtung des Fleischkonsums im offiziellen Lebenskostenindex ist bereits hingewiesen worden[319]. Eine durch Angebotsverknappung verursachte Preissteigerung im Rindfleischdetailhandel stellt einen virulenten Inflationsfaktor dar: Infolge seines ausgesprochen grossen

---

315) Fortsetzung: culture 1923-65, University of Chicago 1967 (alle zit. in: U.S. Department of Agriculture, Growth Potential, a.a. O., S. 70).
316) a.a.O., S. 158.
317) vgl. U.S. Department of Agriculture, Growth Potential, a.a.O., S. 73, ferner Tabelle 4a im Anhang. Wenn in Argentinien von "Fleisch" gesprochen wird, versteht man darunter nur Rindfleisch. Andere Fleischsorten (Schaf-, Schweine- und Pferdefleisch sowie Geflügel) fallen mengenmässig im Vergleich zum Rindfleisch nicht ins Gewicht und werden, da sie auch kein Politikum darstellen, nicht unter den Begriff "Carne" (Fleisch) subsumiert.
318) vgl. U.S. Department of Agriculture, Growth Potential, a.a.O., S. 74 und die dort zit. Quellen.
319) vgl. vorn, S. 152, Anmerkung 307.

Gewichtes im Lebenskostenindex, verbunden mit der in Argentinien stets latent vorhandenen Inflationspsychose, zieht der Fleischpreis unverzüglich Preissteigerungen in den übrigen Gütergruppen des sogenannten Warenkorbes (canasta familiar) nach sich. Dabei ist festzuhalten, dass sich diese "übrigen" Preiserhöhungen im Moment weder durch eine Angebotsverknappung noch durch eine Kostensteigerung rechtfertigen lassen, sondern ausschliesslich auf den Demonstrationseffekt des Fleischpreises zurückzuführen sind[320]. Angesichts des derart induzierten Kaufkraftverlustes lassen gewerkschaftliche Forderungen nach sofortigen massiven Lohnerhöhungen nicht auf sich warten. Sie werden zwecks Erhaltung des sozialen Friedens zumeist gewährt, allerdings kaum in der Höhe des eingetretenen Kaufkraftverlustes. Damit wird die Lohn-Preis-Spirale in Gang gesetzt[321].

Während Argentiniens bescheidener Anteil am Volumen des Weltgetreideexports die internationalen Preise kaum beeinflusst[322], vermag eine Angebotsverknappung bei argentinischem Rindfleisch die Weltmarktpreise in die Höhe zu treiben: Zwischen 1955 und 1968 verzeichneten die Fleischpreise im In- wie auch im Ausland die gleichen Tendenzen[323]. Dies deutet darauf hin, dass Lokalpreise und Binnenkonsum eng mit dem Weltmarktpreisniveau zusammen hängen: Die geschätzte Preiselastizität der Auslandsnachfrage für argentinisches Rindfleisch beträgt zwischen -1.25 und -2.40, was sehr hoch ist[324]. Ueberdies fördert jede Abwertung des Peso die Auslandsnachfrage und gibt damit den Binnenpreisen zusätzliche Impulse[325].

---

320) Umgekehrt haben sinkende Fleischpreise hingegen keine Verbilligung der übrigen Güter des Warenkorbes zur Folge.
321) Ist eine solche konjunkturelle Situation gegeben, pflegt der Staat für Lebensmittel (speziell für Substitutionsgüter wie Schaf- und Schweinefleisch, Geflügel und Fisch) Maximalpreise festzulegen. Diese Massnahmen sind aber infolge der komplizierten Handelsstrukturen und den unzulänglichen Kontrollmöglichkeiten des Staates wenig wirksam, zumal sich unverzüglich ein florierender Schwarzmarkt bildet und Preiserhöhungen durch künstliche Verknappung des Angebots erzwungen werden können.
322) Er betrug 1970 für Getreide insgesamt 9 %, für Weizen 4 % und für Mais 17 %, vgl. FAO, Trade Yearbook Vol. 25, Rom 1971.
323) vgl. U.S. Department of Agriculture, Growth Potential, a.a.O., S. 70, insbesondere Fig. 13.
324) ebenda, S. 70 und die dort zit. Quellen.
325) ebenda, S. 71 und die dort zit. Quellen.

Aus diesen nur unvollständigen Darlegungen zum Rindfleischproblem kann geschlossen werden, dass die Beziehungen zwischen Angebot und Nachfrage auf dem Binnen- wie Aussenmarkt äusserst vielschichtig und komplex sind. Sie beschränken sich gerade im Falle dieser Warengruppe nicht nur auf die rein wirtschaftliche Sphäre, sondern haben ebenso weitreichende politische Konsequenzen zur Folge. In der Tat konnte das Rindfleischproblem bislang auf politischer Ebene nicht gelöst werden, weil offensichtlich die Zusammenhänge zwischen Landwirtschaft und Industrialisierung entweder nicht richtig erkannt worden sind oder nicht erkannt werden wollen.

e) Zusammenfassung: Perspektiven der Landwirtschaft

Das zu einem wesentlichen Teil brach liegende Potential der argentinischen Landwirtschaft verlangt nach einer radikalen Aenderung der Entwicklungsstrategie. Diese muss darauf beruhen, dass Industrialisierung und landwirtschaftliche Entwicklung keine Alternativen darstellen, sondern notwendigerweise in einem komplementären Verhältnis zueinander stehen[326]. Hierbei handelt es sich um einen auf höchster politischer Ebene zu fällenden politischen Entscheid: Die Landwirtschaft muss im Interesse der gesamtwirtschaftlichen Entwicklung mit allen Mitteln gefördert werden. Nur so wird es möglich sein, der wirtschaftlichen Entwicklung eine gesunde Wachstumsbasis zu verleihen.

Unter dieser fundamentalen Voraussetzung müssten die folgenden Postulate realisiert werden:

- <u>Steigerung der Produktivität</u>, vor allem in der Region Pampa. Darunter fallen Massnahmen fiskalpolitischer Natur (progressive Steuer auf unproduktiven Flächen, Verzicht auf Produktionssteuern und Exportabgaben), kreditpolitischer Art (Förderung billiger und langfristiger Investitionskredite, Verbilligung landwirtschaftlicher Produktionsgüter), technologischer Natur (Verbesserung des Saatgutes, Einführung neuer Produktionsmethoden in der Viehwirtschaft, Förderung des Düngemitteleinsatzes, Bekämpfung von Schädlingen und Seuchen, Mechanisierung etc). Es muss erreicht werden, dass der <u>Boden als Produktions-</u>

---

326) vgl. <u>Link</u>, Brasilien, S. 101.

faktor und nicht als Spekulationsobjekt angesehen wird. Das Produktionspotential der Pampa muss erhalten bleiben und verbessert werden.

- Aggressive Exportpolitik, welche zum Ziel hat, insbesondere die Rindfleischexporte zu stabilisieren und deren Angebotselastizität zu erhöhen. Grundsätzlich sollte die landwirtschaftliche Produktion mit einer möglichst hohen Wertschöpfung exportiert werden können. Dies bedingt u.a. die Förderung integrierter Produktionsprozesse in der Landwirtschaft und eine systematische Bildung von Exportindustrien, speziell im Nahrungsmittelbereich[327]. Als langfristige Aufgabe ist eine Aenderung des Konsumverhaltens notwendig, um die Rindfleischexporte durch vermehrten Konsum von Substitutionsgütern erhöhen zu können[328].

- Verbesserung der landwirtschaftlichen Infrastruktur. Darunter fallen Massnahmen zur Verbesserung des Bildungsstandes, des Transportwesens, der Wasser- und Energieversorgung, der Absatzwege (Handelsstruktur, Marketingorganisationen) etc.

- Eliminierung der Unsicherheits- und Risikofaktoren. Eine integrale Landwirtschaftspolitik muss zum Ziel haben, ein Klima des Vertrauens und der Entfaltungsmöglichkeiten zu schaffen[329]. Stabile wirtschaftliche Verhältnisse, gepaart mit einer uneingeschränkten staatlichen Unterstützung sind die entscheidenden Faktoren im landwirtschaftlichen Wachstumsprozess.

Nach den bisherigen Erfahrungen wird es äusserst schwierig sein, aufgrund der herrschenden politischen Verhältnisse eine integrale Landwirtschaftspolitik zu formulieren und zu verwirklichen. Unabdingbare Voraussetzung dazu ist eine radikale Aenderung der Denkweise im Sinne einer Loslösung vom Rückstands- bzw. "Industrialisierungstrauma". Diese sektorale Denkweise hindert den Staat daran, die äusserst komplexen Probleme der wirtschaftlichen Entwicklung in ihrer Gesamtheit zu erfassen und die Schwerpunkte der Entwicklungspolitik richtig zu setzen.

---

327) Exportförderungsmassnahmen werden weiter hinten, S. 311 ff. ausführlicher kommentiert.
328) Würde überdies in Zukunft für Fleisch bzw. Lebensmittel weniger ausgegeben, liesse sich dank hoher Preiselastizität der Nachfrage nach Industriegütern das Preisniveau für dauerhafte Konsumgüter noch wesentlich senken; vgl. Tabelle 10b im Anhang.
329) Es handelt sich hierbei selbstverständlich um ein Postulat, das nicht allein für die Landwirtschaft, sondern gesamtwirtschaftlich verwirklicht werden muss.

2. Forstwirtschaft[330]

Der Waldbestand eines Landes ist volkswirtschaftlich in direkter und indirekter Weise von erheblicher Bedeutung: Er bildet nicht nur die Grundlage einer ganzen Reihe von handwerklichen und industriellen Tätigkeiten, sondern gewinnt überdies aus ökologischer Sicht zunehmend an Bedeutung. Argentiniens Waldreichtum ist beachtlich: Er umfasst rund 60 Millionen Hektaren oder 21 % des Staatsgebietes. Diese Naturwälder sind aber aufgrund ihrer grossen Entfernung von den wichtigsten Verarbeitungszentren sowie der Beschaffenheit ihres Baumbestandes nur zu rund zwei Dritteln wirtschaftlich nutzbar. 27 Millionen Hektaren dienen der Be- und Verarbeitung in der Holz- und Zelluloseindustrie; 12 Millionen Hektaren werden zur Brennholz- und Holzkohleproduktion genutzt.

Die Naturwälder lassen sich in sieben grosse Waldgebiete einteilen. Im Nordosten befindet sich der tropische Regenwald oder die "Selva Misionera", welche zu vier Fünfteln die Provinz Misiones bedeckt. Zu den wertvollsten Holzarten dieser Region gehören die Zeder (Cedrela tubiflora), der Petiribí (Cordia trichotoma) und die sogenannte Paraná-Pinie (Araucaria angustifolia). Im nördlichen "Parque chaqueño", d.h. in den Provinzen Chaco und Formosa, wächst vor allem der Quebrachobaum, aus welchem das Gerbemittel Tannin gewonnen wird. Diesen Waldtypus findet man ebenso in den Provinzen Santiago del Estero, Santa Fé, Córdoba, Catamarca, La Rioja und San Luis. In den Provinzen Entre Ríos und Corrientes liegt der sogenannte "Parque Mesopotámico" mit grossen Eukalyptus- und Palmenhainen, im Nordwesten die "Selva Tucumana-Boliviana", im Zentralgebiet der Trockenwald "Parque Pampeano-Puntano" (San Luis, La Pampa und Teile der Provinz Buenos Aires) sowie der "Monte Occidental" (Teile der Provinzen San Luis, Mendoza, San Juan, La Rioja, Catamarca, La Pampa, Chubut, Río Negro, Neuquén und Buenos Aires). Die sogenannten subantarktischen Wälder liegen in den Provinzen Neuquén,

---

330) vgl. für das folgende insbesondere Deutsche Ueberseeische Bank, Wirtschaftsbericht über die lateinamerikanischen Länder sowie Spanien und Portugal, März 1973, S. 9 ff.; ferner OECEI, Argentina económica y financiera, a.a.O., S. 150 ff.; Frank V.H.Wylie, Forestry: An Insurance Policy for the Land?, in: The Review of the River Plate, Vol. CL, No. 3795, 22.9.1971, S. 465 ff.; El Cronista Comercial (Buenos Aires), 30.6.1972, S. 11.

Río Negro, Chubut, Santa Cruz[331] und Tierra del Fuego. Die grösstenteils aus Laubbäumen bestehenden Waldgebiete sind indessen seit Jahrzehnten einem starken Raubbau ausgesetzt, einer wohl bequemen, jedoch langfristig nachteiligen "Nutzungsart".

Die jährlichen Verbrauchsmengen (1972: 6,33 Millionen Kubikmeter[332]) können nur zu 53 % durch einheimische Produktionsquellen gedeckt werden; der Rest wird importiert, wobei sich die Einfuhrmengen etwa zur Hälfte aus Bauholz und Rohstoffen für die Papierindustrie (Zellulose, Papier, Pappe) zusammensetzen. Dafür mussten 1971 über 150 Millionen Dollar aufgewendet werden. Das Schnittholz wird zur Hauptsache aus den Nachbarländern Brasilien, Chile und Paraguay bezogen. Um die Importabhängigkeit von vorab aus Brasilien stammenden Weichhölzern zu vermindern[333], wird seit etwa 30 Jahren versucht, durch systematische Aufforstung industriell verwertbarer Baumbestände die einheimische Produktion zu steigern. Der Erfolg dieser Bemühungen ist im Vergleich zum wachsenden Bedarf sehr bescheiden. Die aufgeforstete Fläche beträgt bis heute insgesamt etwa 325.000 Hektaren (150.000 Hektaren Pappeln und Weiden, 75.000 Hektaren Eukalyptus, 95.000 Hektaren Nadelhölzer und 5.000 Hektaren andere Bäume). Rund zwei Fünftel dieser Fläche fällt auf das Gebiet des Paraná-Deltas. Entscheidende Aufbauarbeit leisten hierbei die grossen Papierfabriken. So hat die Celulosa Argentina allein in der Provinz Misiones 23 Millionen Bäume gepflanzt.

Der Misserfolg der Aufforstungspolitik ist auf die ungenügende finanzielle Unterstützung des Staates zurückzuführen. Die Subventionsmöglichkeiten durch den eigens dazu geschaffenen staatlichen Aufforstungsfond sind begrenzt und stellen insbesondere keine echte Alternative zur üblichen Bodennutzung (Viehwirtschaft, Ackerbau) dar. Im Jahre 1970 stellte die Nationalbank[334], der die Verwaltung dieses Fonds über-

---

331) Diese Provinz verfügt über eine geologische Rarität unerwarteten Ausmasses, nämlich über mehr als 100.000 Hektaren versteinerten Waldes, dessen Alter auf etwa 70 Millionen Jahre geschätzt wird. Davon sind einige 10.000 Hektaren als "nationales Monument" unter Naturschutz gestellt worden.
332) Schätzung, umgerechnet in Kubikmeter Rundholz mit Rinde, vgl. Deutsche Ueberseeische Bank, a.a.O., S. 11.
333) Brasilien dürfte in absehbarer Zeit Produktionsschwierigkeiten bekommen, falls nicht ein rigoroses Aufforstungsprogramm verwirklicht wird, vgl. Link, Brasilien, a.a.O., S. 108.
334) Banco de la Nación Argentina.

tragen ist, Kredite im Wert von 9 Millionen Pesos zur Verfügung. Damit konnten nur rund 13.000 Hektaren Wald aufgeforstet werden[335].

Rücksichtsloser Raubbau und ungenügende Aufforstung werden in absehbarer Zeit nicht nur das Rohstoffdefizit vergrössern, sondern auch Nachteile ökologischer Art von besonders schwerwiegender Tragweite mit sich bringen. Die Rodung von Wäldern, vorab in trockenen Regionen, lassen bereits die unerwünschte Bodenerosion infolge Windeinflüssen sichtbar werden. Diese Gefahr muss deshalb durch gezielte Aufforstungsprogramme gebannt werden. Fehlende Produktionsanreize haben bislang eine intensivere forstwirtschaftliche Tätigkeit in der Provinz Buenos Aires verhindert, obwohl Versuche ergeben haben, dass sich die Pampa für eine intensive Holzproduktion besonders gut eignen würde. Eine systematische Bepflanzung der weiten Ebenen der Pampa mit industriell nutzbaren Hölzern könnte nicht nur helfen, das Rohstoffdefizit zu verringern, sondern würde als Schutz gegen Windeinflüsse die Gefahr der Bodenerosion verkleinern und damit die Produktivität des Bodens vergrössern[336].

3. Fischerei[337]

Mit einer Küstenlänge von 5.300 km und einer Kontinentalplattform von 960.000 km^2 verfügt Argentinien über potentiell reiche Fischgründe, deren Ausbeutung jedoch noch grösstenteils brach liegt[338]. Der Grund

---

[335] vgl. Banco de la Nación Argentina, Memoria y Balance del 79º Ejercicio correspondiente al año 1970, Buenos Aires 1971, S. 19. Bis Ende 1970 konnte mit dieser Kreditlinie die Aufforstung von insgesamt 145.000 Hektaren finanziert werden. Der Fonds wird zu 70 % aus dem Ertrag einer Sondersteuer auf Holzimporten gespeist.

[336] Dass die Forstwirtschaft gesamtwirtschaftlich, jedenfalls aus der Sicht des Staates, nur eine untergeordnete bzw. periphere Rolle zu spielen scheint, wird durch den 5-Jahresplan 1971-75 bestätigt. Mit einer jährlichen Aufforstungsfläche von etwa 35.000 Hektaren lässt sich das Rohstoffdefizit kaum massgeblich verringern. Noch viel geringer wird der Beitrag zum Problem der "soil preservation" sein. (Vgl. CONADE, Plan Nacional de Desarrollo y Seguridad 1971-75, a.a.O., S. 126).

[337] vgl. für das folgende insbesondere: Deutsche Ueberseeische Bank, Wirtschaftsbericht über die lateinamerikanischen Länder sowie Spanien und Portugal, November 1972, S. 7 ff.

[338] vgl. Visión (México), Vol. 40, No. 5, 11.3.1972, S. 20, wo die fischreichen Küstengewässer in Anlehnung an die potentielle Ertragskraft der Pampa als "pampas marítimas" bezeichnet werden.

hiefür ergibt sich in erster Linie aus dem geringen Inlandskonsum von
Fischen und Fischprodukten, welcher eine Steigerung der Fänge unrentabel erscheinen lässt[339]. Die Entwicklung der argentinischen Fischerei lässt sich am besten mit derjenigen Chiles und Perus vergleichen:
Während Argentinien im Jahre 1948 die Produktion Perus annähernd erreichte und diejenige Chiles sogar übertraf, produzierte das Land 1970
kaum 200.000 Tonnen, Chile dagegen 1,5 Mio. Tonnen und Peru 12,5 Mio.
Tonnen[340]. 1968 stand Peru als weltweit wichtigster Fischereiproduzent im 1. Rang, Argentinien hingegen (hinter Brasilien und Mexiko)
mit einem Marktanteil von 0,35 %[341] erst im 38.Rang.Die Exporte von frischem, gekühltem, tiefgefrorenem, gesalzenem und geräuchertem Fisch,
von Schalentieren sowie Fetten und Oelen haben sich wohl zwischen 1969
und 1971 annähernd verfünffacht, doch scheinen diese wertmässig bescheidenen Ausfuhren keine Intensivierung der Investitionen in diesem
Sektor zu rechtfertigen[342].

Studien der FAO haben ergeben, dass das Produktionspotential der argentinischen Hoheitsgewässer bei rund 5 Mio. Tonnen jährlich liege, und
zwar ohne das ökologische Gleichgewicht zu gefährden[343]. Argentinien,
welches die 200-Meilen-Zone beansprucht, liess 1967 versuchsweise ausländische Fischfangflotten in ihren Gewässern zu. Der Ertrag einer
russischen Expedition von rund 40 Schiffen soll auf Anhieb 700.000
Tonnen betragen haben[344]. Das deutsche Forschungsschiff "Walter Herwig"
unternahm 1970/71 eine Forschungsreise in den Südatlantik, wobei es
u.a. die Fischgründe zwischen Mar del Plata (400 km sündlich von Buenos
Aires) bis Feuerland untersuchte und dabei die Schätzungen der FAO bestätigt fand.

Die Bedeutungslosigkeit der argentinischen Fischerei im Vergleich zum
Potential liegt nicht nur an den Konsumgewohnheiten der Bevölkerung;

---

339) Der Pro-Kopf-Konsum erreicht jährlich knapp 3 kg, Rindfleisch
dagegen 70-90 kg.
340) vgl. Visión, a.a.O., S. 20.
341) vgl. El Economista (Buenos Aires), 23.7.1971, S. 19.
342) 1969: 1,05 Mio. Dollar, 1971: 4,8 Mio. Dollar. Quelle: Competencia
(Buenos Aires), No. 112, Julio 1972, S. 37.
343) vgl. Frank V.H. Wylie, Another Look at Fisheries, in: The Review
of the River Plate, Vol. CLII, No. 3828, 23.8.1972, S. 261 ff.,
ferner Vol. CL, No. 3797, 13.10.1971, S. 581 ff.
344) vgl. Visión, a.a.O., S. 20.

ebenso sehr können dafür strukturelle Mängel angeführt werden, welche diesen Bereich des Primärsektors kennzeichnen. Mit Ausnahme von Mar del Plata, wo sich etwa 75 % der Flotte konzentriert, sind die vorhandenen Hafenanlagen und Verarbeitungseinrichtungen ungenügend[345]. Die Hälfte der etwa aus 370 Booten bestehenden Fischfangflotte ist über 20 Jahre alt und aufgrund ihrer Ausrüstung und Fangmethoden kaum imstande, einen Industriezweig, der international konkurrenzfähig sein sollte, mit Rohstoffen zu versorgen. Nur rund 60 Trawler eignen sich für den Hochseefischfang. Viel zu zahlreich[346] sind die Verarbeitungsbetriebe, deren Anlagen einer dringenden Modernisierung bedürfen. Dabei geht es weniger um die Ausweitung bestehender Kapazitäten, als vielmehr um eine rationellere Nutzung derselben[347].

Die Zukunft der argentinischen Fischerei dürfte zunächst in der Entwicklung des Binnenmarktes liegen. Es müssen Massnahmen getroffen werden, um den Fischkonsum insbesondere in den Gross-Agglomerationen Buenos Aires, Córdoba, Rosario, Santa Fé und Mendoza zu steigern[348]. Dazu gehören in erster Linie Aktionen zur Rationalisierung des Distributionssystems für Frischprodukte, vor allem die Errichtung von Kühlhäusern im Landesinnern und die Verbesserung der Transportmöglichkeiten in die wichtigsten Konsumzentren[349]. Mit der Schaffung von zentralen Fischmärkten, wo sämtliche Fänge obligatorisch versteigert werden müssen, verspricht man sich eine grössere Markttransparenz, was preislich dem Konsumenten zugute kommen wird[350].

---

345) vgl. Quargnolo, a.a.O., S. 120.
346) 1972 bestanden in Argentinien 47 Konservenfabriken, 40 Kühlhäuser und Filetfabriken, 60 Einsalz- und Trocknungsbetriebe, 17 Fischmehlfabriken sowie 12 Abfüll- und Verpackungsanlagen; vgl. ebenda, S. 121.
347) Von den 1968 existierenden Fischmehlfabriken standen deren 6 im Betrieb, wobei die Anlagen nur zur Hälfte ausgelastet waren. Vgl. Jorge Mazulla, Análisis de la situación actual de la industria de harina de pescado en nuestro país, La Plata Febrero 1968, S. 1 ff., ferner Antonio E. Malaret, Argentina y el mercado mundial de harina de pescado, in: Revista de Economía (Buenos Aires), 2°Trim. 1969, S. 51-61.
348) Der jährliche Pro-Kopfkonsum beträgt in Buenos Aires bereits mehr als das Doppelte des Landesdurchschnitts, nämlich 6,5 kg. Vgl. Competencia (Buenos Aires), No. 112, Julio 1972, S. 36 ff.
349) Einige der hier postulierten Massnahmen wurden bereits 1971 getroffen. Allerdings scheint der gewünschte Konsumanstieg von Fisch und Fischprodukten bislang noch nicht eingetreten zu sein; vgl. Deutsche Ueberseeische Bank, Wirtschaftsbericht, a.a.O., S. 10.
350) Der erste Markt dieser Art entstand 1971 in Mar del Plata, vgl. ebenda, S. 8.

Seit 1914 hat Argentinien nicht weniger als 30 verschiedene Gesetze und
Dekrete zur Förderung der Fischerei und ihrer Verarbeitungsindustrie
erlassen, jedoch ohne die erhofften Erfolge zu erzielen[351]. Die jüngsten Bestimmungen sind 1971 erlassen worden. In den Genuss der Förderungsmassnahmen gelangen alle jene Gesellschaften, welche "wirtschaftlich" arbeiten und bis zu 51 % im Besitze von in Argentinien ansässigen Personen sind. Zu den Vergünstigungen gehören u.a. Steuerermässigungen und -befreiungen, die Gewährung von Sonderkrediten und andere
Vorteile finanzieller Art. Ausserdem wurden Zollermässigungen und -befreiungen beim Import von neuen und gebrauchten Fischereifahrzeugen und
Faktoreischiffen, von Fischfanggeräten sowie Maschinen und Anlagen für
bestehende oder neue Fabriken verfügt. Allerdings ist ein zollfreier
Import nur dann möglich, wenn die begünstigten Gesellschaften innert drei
bis fünf Jahren den inländischen Werften Aufträge zum Bau von Schiffen
erteilen, welche 30 - 50 % der importierten Tonnage entsprechen[352].

In Ergänzung dieser Förderungsbestimmungen ist zu Beginn des Jahres
1973 ein Gesetz zum Schutz der Rohstoffbasis erlassen worden[353]. Der
Fischreichtum der Kontinentalplattform soll in erster Linie durch argentinische Unternehmen ausgebeutet und verarbeitet werden. Bereits
1967 sind deshalb die Hoheitsgewässer auf 200 Meilen ausgedehnt worden
[354]. Seither durften ausländische Fischereiboote nur unter Bezahlung
einer Lizenzgebühr in argentinischen Gewässern tätig sein, wobei die
Fänge auf 250.000 Tonnen pro Jahr begrenzt wurden. Das neue Gesetz verschärft die bereits existierenden Vorschriften, indem es ausländischen
Schiffen die Tätigkeit innerhalb der 200-Meilen-Zone ausdrücklich untersagt. Ob Argentinien jedoch in der Lage sein wird, diesen Souveränitätsanspruch geltend machen zu können, scheint fraglich zu sein.

---

351) vgl. Visión, a.a.O., S. 20.
352) vgl. Deutsche Ueberseeische Bank, Wirtschaftsbericht, a.a.O.,
     S. 8. Ob diesen Förderungsmassnahmen Erfolg beschieden sein wird,
     bleibt abzuwarten.
353) Gesetz Nr. 20.136, vgl. auch AT, 11.2.1973.
354) In Nachahmung des argentinischen Beispiels hat Brasilien im
     Juni 1971 seine Hoheitsgewässer ebenfalls auf 200 Meilen ausgedehnt, vgl. Link, Brasilien, S. 108. Aber auch andere Länder
     Lateinamerikas, wie z.B. Ecuador, beharren auf diesem völkerrechtlich umstrittenen Souveränitätsanspruch.

C. Sekundärer Sektor

1. Ueberblick

Der Anteil des sekundären Sektors am Bruttoinlandprodukt ist seit Beginn dieses Jahrhunderts als Folge der Industrialisierungsbemühungen ständig gestiegen und erreichte 1972 46,2 %[355]. Die mengenmässige Güterproduktion des Bereichs "Industrie und Handwerk" ist zwischen 1960 und 1970 um 72 % gestiegen, jene des Bergbaus und der Elektrizitätswirtschaft hat sich mehr als verdoppelt, während die Produktion des Bausektors nur um 67 % zunahm[356]. Seit 1950 bestreiten Industrie und Handwerk zwischen 80 und 85 % der wertmässigen Gütererzeugung des sekundären Sektors[357]. Nach der Krise der Dreissigerjahre entwickelte sich dieser Bereich zum eigentlichen Wachstumsfaktor der argentinischen Wirtschaft, wie der wirtschaftshistorische Rückblick darzulegen versuchte[358]. Es sei daran erinnert, dass die Industrialisierung im Konsumgüterbereich begann und sich im Laufe der Jahre nach rückwärts integrierte. Halbzeug-, Basis- und Kapitalgüterindustrien entstanden erst nach dem II. Weltkrieg. Der Strukturveränderungsprozess, welcher damals einsetzte, beschleunigte sich insbesondere ab 1960. Der Anteil dauerhafter Konsumgüter, Halbfabrikate und Kapitalgüter am industriellen Wertzuwachs hat sich zulasten nichtdauerhafter Konsumgüter ständig vergrössert[359]. Dabei konzentrierte sich das Wachstum in diesen Bereichen vor allem in komplexeren, d.h. technisch komplizierteren Herstellungsprozessen, etwa der Petrochemie, der Kunststoffe, Werkzeugmaschinen und Fahrzeugen.

Es ist deshalb angebracht, in bezug auf das Ausmass der zu beobachtenden Strukturveränderungen dynamische und traditionelle, d.h. weniger dynamische, Industriezweige zu unterscheiden. Zu den letzteren gehört insbesondere die Nahrungsmittel-, Getränke- und Tabakindustrie, die Bereiche Textilien, Bekleidung und Leder sowie die Holzindustrie. Demgegenüber handelt es sich bei den Sparten Papier, Chemie, nichtmetalli-

---

355) vgl. Tabelle 8a im Anhang.
356) vgl. Tabelle 33 im Anhang.
357) vgl. BCRA, Origen del producto, a.a.O., S. 30 f., ferner Tabelle 1a im Anhang.
358) vgl. vorn, S.62 ff.
359) vgl. Tabelle 33b im Anhang.

sche Minerale (Zement, Glas), Roheisen und Stahl, Metallwaren, Maschinen und Einrichtungen um ausgesprochen dynamische Industriezweige[360]. Diese Dynamik ist sogenannten Rückkoppelungseffekten (Hirschmann) zu verdanken, welche von gewissen Sektoren ausgingen. So hat sich beispielsweise die Automobilproduktion zwischen 1960 und 1971 verdreifacht[361]. Als direkte Folge davon ist die Herstellung von synthetischem Gummi für die Reifenproduktion von 3.900 Tonnen im Jahre 1965 auf 37.200 Tonnen angestiegen, was annähernd eine Verzehnfachung des Volumens in nur sechs Jahren darstellt[362]. Einen ähnlichen Aufschwung verzeichnete die Hüttenindustrie: Zwischen 1960 und 1971 konnte der Ausstoss an Walzprodukten nahezu verdreifacht, jener von Roheisen und Rohstahl zusammen versechsfacht werden[363].

Obwohl die **Beschäftigung** im Bergbau, in der verarbeitenden Industrie sowie in der Elektrizitäts- und Bauwirtschaft in absoluten Grössen gestiegen ist, hat sich ihre relative Bedeutung im sekundären Sektor gesamthaft nicht erhöht. Dies ist darauf zurückzuführen, dass die Beschäftigung in der verarbeitenden Industrie zwischen 1950 und 1969 prozentual gesunken ist (von 27,9 % auf 25,4 %), während sie in der Bauwirtschaft verhältnismässig stark zugenommen hat, speziell seit 1965[364]. Der Vergleich der Beschäftigung mit dem Produktionsvolumen im sekundären Sektor, d.h. die Berechnung der durchschnittlichen Arbeitsleistung pro Arbeitskraft, führt zu folgender Erkenntnis: Im Bergbau sowie in der Industrie sind in den Sechzigerjahren in einzelnen Branchen beachtliche Produktivitätsfortschritte erzielt worden[365]. So hat z.B. die Beschäftigung in der Erdölförderung zwischen 1960 und 1969 um 18 % zugenommen, das Produktionsvolumen hingegen hat sich in der gleichen Periode mehr als verdoppelt[366]. Die Zahl der Beschäftigten in der verarbeitenden Industrie stieg gesamthaft um 8,3 %, das Produktionsvolumen hingegen um 64 %[367]. Die Frage, ob der in einzelnen Branchen überdurchschnittliche Produktivitätsfortschritt nicht auf Kosten übermässiger

---

360) vgl. Tabelle 33a im Anhang.
361) vgl. Tabelle 42 im Anhang.
362) vgl. Tabelle 40 im Anhang.
363) vgl. Tabelle 39 im Anhang.
364) vgl. Tabelle 52 im Anhang.
365) vgl. Tabelle 6 im Anhang.
366) vgl. Tabellen 33 und 52a im Anhang.
367) vgl. ebenda.

Kapitalinvestitionen erreicht worden ist, kann in Ermangelung genauer statistischer Unterlagen nicht eindeutig beantwortet werden[368]: der allgemeine Trend für die Bevorzugung kapitalintensiver Investitionen seit 1960 lässt dies lediglich vermuten.

Im folgenden Abschnitt werden einige wichtige Bereiche des sekundären Sektors untersucht. Die Auswahl wurde im wesentlichen durch die nachstehenden Kriterien beeinflusst:

- Rolle in der bisherigen Entwicklung des Landes,
- Dynamik hinsichtlich Strukturveränderungen im Industrialisierungsprozess,
- politisches Gewicht,
- Entwicklungspotential im Hinblick auf eine Verbesserung der Industrialisierungsstrategie.

2. Wichtige Bereiche des sekundären Sektors

a) Fleischverarbeitende Industrie[369]

Die fleischverarbeitende Industrie (die sogenannten "Frigoríficos" oder Kühlhäuser[370]) spielte parallel zur Viehzucht[371] in der argentinischen Wirtschaft stets eine zentrale Rolle: Rindfleisch ist wie bereits geschildert zugleich wichtigstes Export- und Konsumgut. Als Politikum ersten Ranges und gewichtiger wirtschaftlicher Machtfaktor

---

368) So fehlen insbesondere Angaben über die Investitionstätigkeit in den einzelnen Branchen (Beträge, Charakter, Rhythmus etc.)
369) Aus dem Bereich der traditionellen Nahrungsmittelindustrie fiel die Wahl auf die Fleischverarbeitung, weil Strukturveränderungen in diesem Industriezweig gesamtwirtschaftlich von aussergewöhnlicher Tragweite sind. Es wird infolgedessen darauf verzichtet, andere Zweige (z.B. die Zucker-, Mühlen-, Oel- und Speiseölindustrie etc.) zu untersuchen.
370) vgl. vorn, S. 48 ff.
371) vgl. vorn, S. 152 ff.

vermochte dieser zunächst vorwiegend durch ausländisches Kapital beherrschte Industriezweig die Gemüter während Jahrzehnten zu erregen[372].

Die Pioniere der argentinischen Fleischindustrie waren die Engländer. Sie gründeten 1882 das erste Kühlhaus, die River Plate Fresh Meat Company; es folgte 1886 die Las Palmas Produce Company, 1902 die La Plata Cold Storage Company, 1903 die Smithfield & Argentine Meat Company. Englisches Kapital, welches seit Beginn dieses Jahrhunderts durch amerikanisches konkurrenziert wurde[373], beherrschte vor allem das lukrative Exportgeschäft, während sich Unternehmen vorwiegend argentinischen Kapitals (Sansinena, Frigorífico La Blanca, Frigorífico Argentino) auf den damals noch bescheidenen Binnenmarkt beschränkten[374]. Die ausländischen Gesellschaften nützten ihre zeitweise monopolartige Stellung im Rindfleischgeschäft der Zwanziger- und Dreissigerjahre aus, oftmals mit der Unterstützung der Regierung. Der sogenannte "Fleischkrieg" (Guerra de la Carne) jener Epoche, der Roca-Runciman-Vertrag und die hitzigen Debatten im Parlament sind beredte Zeugen der Auseinandersetzungen zwischen den verschiedenen Machtgruppen jener Jahre[375]. Die selbst heute noch lebhaft geführte Diskussion um die "Beherrschung der argentinischen Wirtschaft durch den ausländischen Monopolkapitalismus" geht u.a. auf die damaligen Verhältnisse in der Fleischindustrie zurück[376].

Die periodisch wiederkehrenden Wirtschaftskrisen, verursacht vorab durch Zahlungsbilanzschwierigkeiten, Inflation, Missernten etc., haben in der aufs engste mit den Konjunkturschwankungen verbundenen Kühlhausindustrie tiefgreifende Strukturwandlungen hinterlassen. Die Fleisch-

---

[372] vgl. dazu insbesondere Peter H. Smith, Carne y política en la Argentina, Buenos Aires 1968, und Simon G. Hanson, Argentine Meat and the British Market: Chapters in the History of Argentine Meat Industry, Stanford (Calif.) 1938.
[373] Die amerikanischen Investitionen in der Fleischindustrie konzentrierten sich hauptsächlich in den Händen der Firmen Swift, Wilson, Armour und Liebig's.
[374] vgl. Smith, a.a.O., S. 42 ff.
[375] vgl. ebenda, S. 111 ff., ferner vorn, S. 53 ff.
[376] Dies ungeachtet der Tatsache, dass sich die Verhältnisse in der Zwischenzeit radikal geändert haben. Nach Ansicht des Verfassers wäre es gegenwärtig sinnvoller, sich einige grundlegende Gedanken über den sich immer stärker ausbreitenden Staatskapitalismus zu machen, dem ein politisches und wirtschaftliches Machtpotential innewohnt, welches dasjenige der fleischverarbeitenden Industrie vor dem II. Weltkrieg um einiges übertreffen dürfte.

industrie weist heute gegenüber früher einen gänzlich anderen Aufbau auf, insbesondere was Herkunft des Kapitals, Betriebsgrösse, Standort, Marktgegebenheiten, Rentabilität, Technologie und Investitionen anbelangt. Die wesentlichen Impulse für den Strukturveränderungsprozess sind, wie im folgenden ausführlich dargelegt wird, von der Binnen- und Auslandsnachfrage sowie von der mangelnden Angebotselastizität auf der Beschaffungsseite ausgegangen[377].

Das Grundproblem der vorwiegend exportorientierten Kühlhausindustrie besteht darin, dass sie zwischen zwei Märkten steht, welche, obwohl sie langfristig die gleiche Tendenz aufweisen[378], kurzfristig völlig unterschiedlichen Gesetzmässigkeiten gehorchen: Es handelt sich um den Auslandsmarkt für Fleisch und den internen Markt für Rinder, der vor allem vom Binnenkonsum beeinflusst wird[379].

In diesem Zusammenhang scheint zunächst ein Blick auf die Betriebs- und Produktionsstruktur der fleischverarbeitenden Industrie aufschlussreich[380]. 1968 bestanden in Argentinien insgesamt 4.802 Betriebe, welche total rund 12,5 Mio. Rinder schlachteten. Nach ihrer Verarbeitungskapazität geordnet schlachteten die 13 grossen, 18 mittleren und 24 kleinen Kühlhäuser (1,1 % der Betriebe) 6,6 Mio. Rinder, d.h. mehr als die Hälfte. Die restlichen 4.747 Betriebe, zumeist gewöhnliche Schlachthäuser unterschiedlicher Kapazität ohne Kühleinrichtungen, schlachteten 43,8 % des Rindviehangebots. Dabei ist festzuhalten, dass letztere praktisch ausschliesslich den Binnenmarkt beliefern, während die eigentlichen Kühlhäuser im Inland- und Exportgeschäft tätig sind. Berücksichtigt man durchschnittlich 200 Arbeitstage pro Jahr, wurden allein in jedem der 13 grossen Kühlhäuser täglich über 1.500 Rinder geschlachtet.

Zur Zeit, als noch über 60 % der Fleischproduktion exportiert wurde, bestimmte die Auslandsnachfrage auch das Preisniveau im Inland. Solange

---

377) vgl. vorn, S. 152 ff.
378) vgl. U.S. Department of Agriculture, Growth Potential, a.a.O., S. 70 sowie vorn, S. 155 ff.
379) vgl. AT, 1.11.1970.
380) Nach FIEL, Análisis de la producción y comercialización de la hacienda y carne vacuna en la Argentina en la década del 60, Tomo III, Buenos Aires Julio 1972, S. VIII.2 ff.

diese Situation bestand, ergaben sich für die Grossbetriebe, deren Kapazität durch die Exportmärkte gegeben war, in der Regel keine Auslastungsschwierigkeiten, da sie als grösste Abnehmer trotz Rinderzyklus und andern Einflüssen wegweisend für die Preisbildung waren. Seit aber die exportorientierten Grossbetriebe in direkte Konkurrenz mit einem ständig wachsenden Binnenmarkt treten mussten, begann sich deren Lage zusehends zu verschlechtern. Das Angebot folgte nun fast ausschliesslich binnenwirtschaftlichen Gesetzmässigkeiten: Jene Betriebe, welche lediglich den Inlandsmarkt belieferten, waren im Fall von rasch ansteigenden Preisen in der Lage, die unweigerlich folgenden Lohnerhöhungen auf die Konsumenten zu überwälzen. Nicht so jene Betriebe, welche die Exportmärkte belieferten. Bei sinkender Auslandsnachfrage, entsprechendem Preisdruck und gleichzeitig steigenden Rohstoffpreisen im Inland erwiesen sich die überdimensionierten Kapazitäten der Grossbetriebe als gewichtiger Kostenfaktor. Ueberstiegen die Rindviehpreise das Niveau, zu welchem ein Grossbetrieb noch kostendeckend exportieren konnte, musste er entweder schliessen oder mit Verlust weiterarbeiten. Vielfach ist ihm im Laufe seiner Entwicklung vom Staat die zweite Variante aufgezwungen worden, um soziale Probleme, d.h. massive Arbeitslosigkeit, zu verhindern. Demgegenüber erwies sich der Mittel- und Kleinbetrieb infolge geringerer fixer Kosten bedeutend anpassungsfähiger, d.h. wirtschaftlicher. Damit begann sich eine erste Strukturveränderung abzuzeichnen, nämlich die Tendenz vom Gross- zum Mittel- und Kleinbetrieb.

Die grossen Exportkühlhäuser hatten ihren Standort stets am Wasser, d. h. in der Nähe eines Hafens oder eines Flusses (Buenos Aires oder am Paraná bzw. Uruguay). Die Rinder mussten somit aus dem Landesinnern in die Verarbeitungszentren transportiert werden, was je nach Distanz mit zum Teil erheblichen Gewichtseinbussen verbunden war. Demgegenüber befinden sich heute die regionalen Kühlhäuser mittlerer und kleinerer Kapazität über das ganze Land verteilt. Damit erreicht man kürzere Transportwege für das Lebendvieh unter Vermeidung von Gewichtsverlusten. Dank den Fortschritten in der Kühltechnik ist es wesentlich wirtschaftlicher, das bereits verarbeitete Fleisch in Kühlwagen zum Verschiffungshafen zu transportieren. Mit der standortmässigen Umstrukturierung erfolgte auch eine Gewichtsverlagerung in bezug auf die Beschaffungsmärkte. War es früher hauptsächlich der offizielle Viehmarkt von Liniers in Buenos Aires, auf welchem sich die Kühlhäuser einzudecken pflegten, werden heute weniger als 30 % des Schlachtviehhandels über Liniers abgewickelt[381]). Dafür haben die Direktkäufe auf den "Estancias" sowie die regionalen Versteigerungen und Viehmärkte an Bedeutung gewonnen.

Das zyklische und unelastische Verhalten der Beschaffungsseite beeinflusst ferner das Finanzgebahren und die Rentabilität der Kühlhäuser. Die Studie von FIEL[382]), welche diesbezüglich die Sechzigerjahre untersucht, hat ergeben, dass Grossbetriebe höchst unrentabel sind: Die selbsterarbeiteten finanziellen Mittel (Cash-flow) reichten in der Regel kaum zur Deckung der Betriebsmittel, so dass die zum Teil erheblichen Investitionen durch Fremdkapital finanziert werden mussten. Aufgrund des hohen Verschuldungsgrades konnten diese Unternehmen nur durch Refinanzierungsmassnahmen vor dem Konkurs bewahrt werden. Den Betrieben mittlerer und kleinerer Kapazität hingegen gelang es, in der fraglichen Periode ihre umfangreichen Investitionen grösstenteils durch selbsterarbeitete Mittel zu finanzieren.

Auch der Aussenhandel mit Rindfleisch blieb vor strukturellen Wandlungen nicht verschont[383]). In den Dreissigerjahren wurde das Exportgeschäft von einigen wenigen, grösstenteils ausländischen Unternehmungen bestritten. Heute konkurrenzieren sich über 70 Mittel- und Kleinbetriebe, welche überdies auch für den Binnenkonsum produzieren. Noch 1940 nahm Grossbritannien 70 % der argentinischen Fleischexporte (99 % des Kühlfleisches) auf, 1971 waren es noch 18,7 %[384]). Länder der EG wie Italien, die Niederlande, Frankreich, Belgien, die Bundesrepublik Deutschland sowie Spanien sind heute wesentlich wichtigere Märkte. Mit der Diversifikation der Märkte geht überdies eine solche der Produkte

---

381) 1971: 27 % (errechnet aufgrund JNC, Boletín semanal No.36, 26.5.1972, S. 11, und INDEC, Boletín de Estadística IV/1972, S. 46.
382) vgl. FIEL, Análisis de la producción, Tomo III, a.a.O., S.V.3 ff.
383) vgl. für das folgende o.V., Los cambios estructurales habidos en el comercio exterior de carnes, in: Política y Economía, No. 16, Julio 1972, S. 17/18.
384) Kapitel 2 der Zollnomenklatur, vgl. INDEC, Comercio exterior 1971, Tomo I, Buenos Aires o.J., S. 79, ferner JNC, Estadísticas básicas 1970.
Die Fleischexporte nach Grossbritannien unterlagen überdies während Jahrzehnten einem besonderen System: Sie wurden nicht zu festen Preisen, sondern in Konsignation abgewickelt. Das Fleisch gelangte auf den Markt von Smithfield bei London, wo es mit der englischen Binnenproduktion in Konkurrenz trat. Deshalb wusste der argentinische Exporteur nie, welchen Preis er erzielen würde. Zur Unbeständigkeit des Beschaffungsmarktes kam also noch das Risiko der Preisentwicklung in Smithfield dazu. Seit 1968 darf allerdings nur noch zu festen Preisen exportiert werden.

im Fleischsektor vor sich. Die Tendenz, nicht nur den Rohstoff (in diesem Fall Fleisch in Vierteln), sondern industriell verarbeitetes Fleisch zu exportieren, muss deshalb mit allen Mitteln gefördert werden[385].

Damit ist angetönt, dass die Industrialisierung der Fleischproduktion keine Alternative, sondern eine absolute Notwendigkeit darstellt. Die Zukunft der Fleischindustrie, will sie erfolgreich sein, setzt hingegen substantielle Investitionen voraus, und zwar weniger zur Kapazitätsausweitung als vielmehr zur Verbesserung der Produktionsprozesse. Auch hier sind Mittel- und Kleinbetriebe gegenüber den vielfach technisch überalterten Grosskühlhäusern im Vorteil, da sich für erstere die notwendigen Modernisierungsinvestitionen mit weniger Aufwand realisieren lassen.

Der Strukturveränderungsprozess, dessen entscheidende Phase 1969 einsetzte und zur Zeit der Ausarbeitung dieser Schrift noch in vollem Gange ist, kann wie folgt vereinfacht zusammengefasst werden: Vor dem II. Weltkrieg lagen 90 % der Fleischexporte in den Händen von Mittel- und Grosskühlhäusern ausländischen Kapitals mit Standort am Río de la Plata, Paraná und Uruguay. Mitte 1973 war kein einziges ausländisches Kühlhaus mehr im Exportgeschäft tätig. Fast alle Grossbetriebe mussten aus Rentabilitätsgründen geschlossen werden; effizientere Mittel- und Kleinbetriebe, welche standortmässig auf das ganze Land verteilt sind, beherrschen den Markt.

Die Umstrukturierung ist in ihrer letzten Phase vom Staat gefördert worden, allerdings nicht immer konsequent. Die Angebotsverknappung auf dem Rindermarkt, welche 1970 einsetzte, hatte einige spektakuläre Konkurse zur Folge. Ende 1970 erklärte das Grosskühlhaus Swift mit Betrie-

---

385) In dieser Beziehung öffnen sich für Argentinien interessante Perspektiven. Die vom amerikanischen Markt ausgehende Vorliebe der Konsumenten für Fertiggerichte (Convenience Food) scheint sich langsam auch in Europa durchzusetzen. Die steigenden Realeinkommen in Argentiniens Abnehmerländern bewirken eine wachsende Nachfrage nach Fleisch und Fleischprodukten. Aufgrund seiner komparativen Vorteile und unter Ausklammerung des europäischen Agrarprotektionismus wäre Argentinien durchaus in der Lage, einen grossen Teil der Nachfrage nach verarbeitetem Fleisch zu befriedigen. Vgl. Alberto E. de las Carreras, La industrialización de carnes, in: Política y Economía, No. 5, Agosto 1971, S. 25 ff., ferner hinten, S. 321 ff.

ben in La Plata und Rosario seine Zahlungsunfähigkeit[386]. 1969 exportierte diese Firma Fleisch im Wert von rund 120 Mio. Dollar (7,6 % der Gesamtexporte jenes Jahres), sie beschäftigte über 8.000 Arbeiter und Angestellte. Swift galt seit jeher als das "ausländische Monopol" schlechthin, da sein Verhalten vor allem während der Depression der Dreissigerjahre in Verbindung mit andern amerikanischen und britischen Fleischkonzernen den "nationalen Interessen" widersprochen habe. Der von der amerikanischen Muttergesellschaft den Gläubigern unterbreitete Vergleich wurde jedoch vom Handelsgericht nicht akzeptiert, so dass der Staat gezwungen wurde, auf dem Weg der "kalten Sozialisierung" die Firma zu übernehmen, um die Arbeitsplätze zu erhalten. Swift erhielt grosszügige staatliche Kredite und soll heute "gewinnbringend" arbeiten. Weniger grosszügig zeigte sich der Staat dagegen im Fall von FASA (Frigoríficos Argentinos S.A.)[387], einem privaten argentinischen Grosskühlhaus. Diese Firma entstand zu Beginn der Sechzigerjahre durch die Uebernahme des amerikanischen Betriebs Wilson. Mit Hilfe von Krediten der Interamerikanischen Entwicklungsbank und der ADELA wurde der Betrieb modernisiert und entwickelte sich zu einem der wichtigsten Exporteure gekochten Fleisches nach den Vereinigten Staaten. Die Angebotsverknappung, die laufenden Abwertungen des Peso und die hohe Auslandsverschuldung wurden der Firma schliesslich zum Verhängnis. Das Beispiel der "Rettung" von Swift wiederholte sich jedoch in diesem Fall nicht[388].

---

386) vgl. AT, 27.12.1970.
387) vgl. AT, 18.6.1972.
388) Es entbehrt nicht einer gewissen Ironie, dass das grösste zur Zeit noch in Betrieb stehende Kühlhaus mit mehreren Produktionsstätten ein Staatsunternehmen ist. Es handelt sich um die CAP (Corporación de Productores de Carnes). Sie wurde 1934 als Gegengewicht zu den marktbeherrschenden ausländischen Gesellschaften gegründet (Gesetz Nr. 11.747). CAP stellt im Prinzip einen Zwangsverband sämtlicher Viehzüchter des Landes dar, welche ihn über eine Viehverkaufssteuer finanzieren müssen und dafür Aktien erhalten. (Vgl. Luis García Martínez, Fundamento y sugerencias para una reforma de la Ley de Carnes, in: Política y Economía, No. 2, Mayo 1971, S. 8 ff., ferner U.S. Department of Agriculture, Growth Potential, a.a.O., S. 55). Diese Viehverkaufssteuer beträgt 2,35 %, davon gehen 60 % an die CAP, 30 % an die JNC und 10 % wird für Forschungszwecke in der Viehwirtschaft abgezweigt. Wie die übrigen Grossunternehmen der Branche blieb auch die CAP nicht von den bekannten konjunkturellen Erscheinungen verschont und wäre ohne staatliche Subvention längst dem Konkurs zum Opfer gefallen. Nachdem anfangs April 1973 der letzte ausländische Kühlhausbetrieb von argentinischem Kapital übernommen worden ist (vgl. AT, 15.4.1973), scheint die CAP ihrer Daseinsberechtigung, nämlich die "Verteidigung der nationalen Interessen gegen die ausländischen Monopole", verlustig gegangen zu sein. Es darf deshalb erwartet werden, dass

Der Staat hat wesentlich zur Verpolitisierung der Fleischindustrie beigetragen. Stand früher vor allem der Kampf gegen die wirtschaftliche Machtkonzentration ausländischer Gesellschaften im Vordergrund, ergeben sich die Probleme heute aus dem Dilemma zwischen einkommenspolitischen und exportfördernden Massnahmen: Auf der einen Seite müssen Preissteigerungen, hervorgerufen durch die Angebotsverknappung des Rinderzyklus', vermieden werden, andernfalls der Staat aufgrund seiner Verpflichtung, den Reallohn zu garantieren, immer wieder gezwungen wird, massive Lohnerhöhungen zu gewähren[389]. Anderseits müssen aufgrund der latenten Zahlungsbilanzkrisen die Fleischexporte, welche immerhin rund 25 % der Gesamtausfuhren ausmachen, gefördert werden[390]. Die vielfältigen Kombinationen von binnen- und exportwirtschaftlichen Massnahmen haben jedenfalls eines bis heute nicht erreichen können, nämlich die Angebotselastizität zu erhöhen. Der Erfolg des Gesundschrumpfungsprozesses in der Fleischindustrie hängt auf lange Sicht zur Hauptsache davon ab, ob es gelingt, das Elastizitätsproblem im Beschaffungssektor zufriedenstellend zu lösen.

---

388) Fortsetzung: sich die Viehzüchter für die Abschaffung der Viehverkaufssteuer einsetzen werden. Das Uebergreifen des Strukturwandels der Branche auf die CAP wäre damit unvermeidlich.

389) Zur Eindämmung des gewaltigen Binnenkonsums hat der Staat 1971 für jede zweite Woche ein Verkaufsverbot für Rindfleisch erlassen und gleichzeitig Maximalpreise, speziell für Substitutionsgüter, festgelegt, um der Lebenskostensteigerung Einhalt zu gebieten. Darauf bildete sich für Fleisch ein lukrativer Schwarzmarkt, bei weiterhin steigenden Preisen. Die Einschränkung der Schlachtungen wirkte sich negativ auf die Auslastung der Kapazitäten der Fleischindustrie aus, ohne Einfluss allerdings auf die staatlich garantierten Löhne der Arbeitnehmer.

390) Einerseits unterliegen die Fleischexporte Exportsteuern, welche im Juni 1972 zwischen 12 und 31 % (je nach Verarbeitungsgrad und Fleischart) betrugen; anderseits werden Draw-back und andere Rückvergütungen gewährt. In den meisten Fällen ist damit beabsichtigt, das interne Preisniveau zu stabilisieren, weshalb die Exportsteuern erst dann gesenkt werden, wenn die Binnenpreise eines bestimmten Gutes dessen Export verunmöglichen. Diese Politik hat zur Folge, dass jene Güter, deren Preise im Ausland steigen, die höchsten Exportabgaben zu tragen haben, während jene mit bescheidenerer Auslandsnachfrage geringer belastet werden. M.a.W. wird damit die Produktion jener Güter gefördert, deren Auslandsnachfrage sinkt, bzw. bestraft, deren Nachfrage steigt (vgl. dazu Alberto J.B. Caprile, El intervencionismo en materia de carnes, in: La Nación (Buenos Aires), 8.7.1972, 2^a Sección, S. 1.).

b) Textilindustrie

Die Textilindustrie gehört in Lateinamerika zu den typischen Branchen, welche ihre Existenz vorab der Politik der Importsubstitution zu verdanken haben. Argentinien bildet diesbezüglich keine Ausnahme. Noch zu Beginn der Dreissigerjahre setzten sich die Importe des Landes zu über 30 % aus Textilien (Rohstoffe und Fertigfabrikate) zusammen[391]; dieser Anteil ist inzwischen auf 2,4 % gesunken[392].

Die argentinischen Textil-"Industriellen" sind im Grunde genommen - von einigen wenigen Ausnahmen abgesehen[393] - ihrer ursprünglichen Tätigkeit treu geblieben: Vor der Weltwirtschaftskrise beschäftigten sie sich vorwiegend als Importeure bzw. Händler. Nur so ist es zu verstehen, dass gerade im Textilsektor das Denken in industriellen Kategorien kaum verbreitet ist. Die typische Händlermentalität, d.h. die Betonung des Spekulativen, scheint (nebst den nicht minder gewichtigen exogenen Einflüssen) die Entwicklung der Branche mitbestimmt zu haben.

Die gesamte Produktion von Textilfasern hat zwischen 1950 und 1970 um 56 % zugenommen (Wolle: 34 %, Baumwolle: 12 %, synthetische Fasern: 216 %)[394]. Der Index des Produktionsvolumens der Textilindustrie (Basis 1960 = 100 Punkte) erreichte 1969 insgesamt 121 Punkte[395]. Innerhalb dieses Sektors ist eine unterschiedliche Entwicklung festzustellen: Der Bereich Spinnerei, Weberei und Textilveredelung wird für 1969 mit 112,6 Punkten beziffert, die Bekleidungskonfektion mit 105,1 Punkten, die Herstellung von Tricot- und Wirkwaren dagegen mit 221 Punkten. Die globale Zunahme des Produktionsvolumens weist zwischen 1960 und 1969 zum Teil starke Schwankungen auf. So waren in den Jahren 1962, 1963, 1966 und 1967 negative Zuwachsraten zu verzeichnen[396]. Der wertmässige Anteil der Textilindustrie[397] am BIP betrug 1970 4,3 %

---

391) vgl. Díaz Alejandro, a.a.O., S. 257.
392) 1971, Sektion XI der Zollnomenklatur, vgl. INDEC, Comercio exterior 1971, Buenos Aires o.J., S. 118.
393) z.B. die Firma Alpargatas S.A. oder die zum Bunge & Born-Konzern gehörige Grafa S.A.
394) vgl. Tabelle 38 im Anhang.
395) vgl. BCRA, Origen del producto, a.a.O., S. 35 (ohne Herstellung von synthetischen Fasern).
396) Das tiefste Niveau in der Vergleichsperiode wurde mit 78,6 Punkten im Jahre 1963 erreicht, vgl. ebenda.
397) inklusive Lederverarbeitung, vgl. ebenda.

bei sinkender Tendenz[398]. Sie beschäftigte 1969 rund 246.000 Arbeitnehmer[399]; der Sektor erweist sich als äusserst anfällig auf allgemeine Konjunkturschwankungen und leidet dementsprechend periodisch unter Arbeitslosigkeit und Unterbeschäftigung[400].

Als typische Substitutionsindustrie konzentriert sich die Textilwirtschaft auf den Inlandsmarkt. Nach der offiziellen Aussenhandelsstatistik wurden zwar für 1971 78,6 Mio. Dollar Textilexporte ausgewiesen. Doch handelt es sich dabei zu 95 % um Rohstoffe, nämlich Wolle und Wollprodukte (71,7 Mio. Dollar), Baumwolle (3 Mio. Dollar) und Kunstfasern (1,1 Mio. Dollar, Polyamid- und Polyestergarne)[401]. Fertigwarenexporte fallen demnach nicht ins Gewicht. Der jährliche Pro-Kopf-Konsum von Textilien aller Art wird auf 6 kg geschätzt[402], wobei die Tendenz seit 1950 fallend ist. Die geringe Nachfrageelastizität hängt mit dem relativ hohen Pro-Kopf-Einkommen zusammen und weist auf das Phänomen der Marktsättigung hin[403], womit die fehlende Dynamik dieses Sektors zum Teil erklärt werden kann. Zusätzlich zur Marktsättigung, welche Kneschaurek in einigen Industrieländern beobachtet hat, haben jedoch in Argentinien noch gewisse strukturelle Mängel die Entwicklung im Textilsektor gebremst und vor allem Exporte in grossem Ausmass verhindert. Es handelt sich in erster Linie um die Folgen des Aussenhandelsprotektionismus.

Zunächst sind gewisse Schwierigkeiten in der Rohstoffbeschaffung festzustellen. Im Falle der Baumwolle ist es die Qualität der landeseigenen Produktion: Die im Norden Argentiniens angebaute Baumwolle ist von kurzfaseriger Beschaffenheit, welche sich zur Weiterverarbeitung schlecht eignet bzw. die Qualität der Fertigwaren vermindert. Die Einfuhr langfaseriger Baumwolle erster Güte betrug 1971 9.287 Tonnen, wofür 9,7 Mio. Dollar ausgegeben werden mussten. Die Qualitätsbaumwolle stammt zu 85 %

---

398) vgl. Tabellen 8 und 33a im Anhang.
399) Ohne Konfektions- und Lederindustrie: 156.000, vgl. ebenda.
400) vgl. AT, 26.11.1972.
401) Sektion XI der Zollnomenklatur (Kapitel 51, 53 und 55), vgl. INDEC, Comercio exterior 1971, Tomo II, a.a.O., S. 63 ff.
402) vgl. FITA, Resumen 1967 (Vervielfältigung), Buenos Aires o.J., S. 17.
403) vgl. Francesco Kneschaurek, Langfristige Marktprognosen in der Unternehmungsplanung exportorientierter Industrien, in: Aussenwirtschaft (Zürich/St Gallen), 21 Jg., Heft II/1966, S. 145.

aus Peru[404]; der Einfuhrzoll betrug anfangs 1972 10 % ad valorem[405].
Die Wollproduktion unterliegt den oftmals starken zyklischen Preisschwankungen auf den Weltmärkten[406]. Während in Industrieländern die Kunstfasern zulasten der Naturfasern immer mehr an Bedeutung gewinnen, ist in Argentinien ein anderes Phänomen zu beobachten: Der Kunstfaserverbrauch nimmt hier nicht in erster Linie zu[407], weil die Produktion rasch billiger wird, sondern weil der lokale Markt für Wolle und Baumwolle ständig grossen qualitativen, mengen- und preismässigen Schwankungen ausgesetzt ist. Diese Umstände führen dazu, dass für Textilien erster Qualität in Argentinien verhältnismässig mehr ausgegeben werden muss als international üblich ist.

Mit Ausnahme derjenigen Kolumbiens weist die lateinamerikanische Textilindustrie ein bedenklich tiefes Produktivitätsniveau auf[408], was sich vorwiegend auf die Ueberalterung des Maschinenparks zurückführen lässt[409]. Der argentinischen Textilindustrie war es, mit Ausnahme von wenigen Jahren, nicht möglich, mit dem verhältnismässig intensiven Erneuerungsprozess im Textilmaschinensektor Schritt zu halten. Dem einzelnen Unternehmen fehlte vielfach das nötige Kapital, d.h. es waren keine langfristigen Kredite erhältlich. Die nationale Maschinenindustrie vermochte sich ferner stets mit Erfolg dem Import neuer Verfahren zu widersetzen. Ueberdies pflegte der Staat importwilligen Betrieben kurzfristig ständig neue Hindernisse in den Weg zu legen (etwa in Form von Zollzuschlägen, von Importvordepots, von Abwertungen etc.). Der Modernisierungsprozess, der ja in bezug auf die finanzielle Abwicklung zumeist längere Zeit beansprucht, unterliegt damit kaum quantifizierbaren Risiken[410]. Es ist deshalb verständlich, dass die Unternehmer-

---

404) vgl. INDEC, Comercio exterior, 1971, a.a.O., Tomo III, S. 160.
405) vgl. Guía práctica, año XVI, No. 181/2, Enero-Febrero 1972, o.S.
406) vgl. Banco Ganadero Argentino, Mercados y precios de la lana, Buenos Aires 1969, S. 8. Zwischen 1914 und 1967 wies der Wollpreis in elf Fällen jährliche Preisveränderungen von über 40 % auf.
407) vgl. Tabelle 38 im Anhang.
408) vgl. Tabelle 38a im Anhang.
409) vgl. United Nations, The Process, a.a.O., S. 95; Naciones Unidas, La industria textil en América Latina, Tomo VIII: Argentina, Nueva York 1965.
410) So benützten z.B. viele Unternehmungen der Branche die 1961 verfügte Senkung der Zölle von 150 % auf 40 % dazu, ihren Maschinenpark zu erneuern (vgl. Naciones Unidas, La industria textil, a.a. O., S. 23 ff.), was eine entsprechende Verschuldung in ausländischer Währung zur Folge hatte. In den Krisenjahren 1962 und 1963, als das Produktionsvolumen unter dasjenige des Jahres 1950 sank, führte die hohe finanzielle Belastung zur zwangsweisen Liquidation mancher Betriebe.

schaft ohne massive Vergünstigungen fiskal- und kreditpolitischer Natur kaum zu Modernisierungsinvestitionen bereit ist. Ebenso risikoverstärkend wirkte sich, abgesehen von der ohnehin schwer prognostizierbaren Nachfrageentwicklung, die in dieser lohnintensiven Branche besonders spürbare Kostenexplosion infolge der offiziellen Einkommenspolitik aus[411].

Im ALALC-Raum zählen gemäss einer neueren Erhebung lediglich Argentinien und Brasilien zu den Ländern, welche über eine Textilmaschinenindustrie von einiger Bedeutung verfügen, während sie in Kolumbien erst im Aufbau begriffen ist[412]. So werden z.B. in Argentinien Spinnerei- und Textilveredelungsmaschinen sowie Webstühle mit etwa 95 % nationalem Material hergestellt. Die Lizenzen dazu stammen zumeist aus den Vereinigten Staaten, verschiedenen europäischen Ländern und Japan[413]. Brasilien kann schätzungsweise 54 %, Argentinien 17 % der Nachfrage der ALALC-Länder befriedigen[414]. Die Textilmaschinenexporte Argentiniens beliefen sich 1971 auf 884.000 Dollar; 77 % davon sind nach Portugal, nach der Türkei und nach Südafrika ausgeführt worden und nur 19 % in die ALALC[415]. Letzteres braucht indessen keineswegs zu erstaunen, handelt es sich doch um Güter, für welche sich die Partner des Vertrages von Montevideo bislang noch keine Spezialkonzessionen erteilt haben[416]. Die Exporte nach Europa und nach Südafrika stellen hingegen beachtenswerte Erfolge dar, und es ist zu hoffen, dass man es nicht bei dieser einmaligen Aktion bewenden lässt.

---

411) vgl. o.V., La industria textil nacional, pilar de la estructura industrial argentina, está en crisis?, in: Veritas (Buenos Aires), año XL, No. 407, 15.3.1970, S. 13 ff.
412) vgl. o.V., La fabricación de maquinaria textil en la ALALC, in: ALALC (Montevideo), Síntesis mensual, No. 72, Junio 1971, S. 264 ff.
413) So stellt beispielsweise eine Tochtergesellschaft der Gebr. Sulzer AG, die Firma Talleres Coghlan S.A., in Lizenz Textilmaschinen her.
414) Trotz nationaler Produktion sind die Textilmaschinenimporte Argentiniens immer noch von einiger Bedeutung. 1971 hat die Textilindustrie Investitionsgüter im Wert von über 30 Mio. Dollar eingeführt, 20 % davon stammten aus der Schweiz. Die Zollbelastung für diese Gütergruppe betrug 80 % ad valorem (Zollpositionen 84.36.-84.40.). Es muss allerdings festgehalten werden, dass rund 22,5 Mio. Dollar auf Einfuhren fallen, welche aufgrund verschiedener Industrieförderungsgesetze getätigt worden sind. Unter den Vergünstigungen sind in der Regel Zollermässigungen zu finden (vgl. auch hinten, S. 258 ff., Quelle: Dirección Nacional de Promoción Industrial, 1972.
415) Errechnet aufgrund INDEC, Comercio exterior 1971, a.a.O.
416) vgl. Rodolfo Luegmayer, Estado actual y perspectivas del proceso de integración latinoamericana, alocución pronunciada en la Asamblea General de la Cámara Latinoamericana de Comercio en Suiza, Berna, 11.4.1973. S. 15/16.

Dass viele Produktionsstätten im Textilsektor eine unteroptimale Grösse aufweisen, findet man im Auslastungsgrad der installierten Kapazitäten bestätigt[417]. Die vertikale Integration der Betriebe macht nur langsame Fortschritte, sie ist im Baumwollsektor am ausgeprägtesten. In der Wollindustrie ist durch den Konkurs einiger traditioneller Firmen ein bedeutsamer Gesundschrumpfungsprozess eingeleitet worden[418]. Relativ stabile wirtschaftliche Verhältnisse, wie sie in den Jahren 1968 und 1969 vorherrschten, scheinen als Strukturbereinigungsimpulse besonders wirksam zu sein.

Für die künftige Entwicklung der argentinischen Textilindustrie muss ohne Zweifel eine Restrukturierung in optimale Betriebseinheiten sowie die Modernisierung des Maschinenparks angestrebt werden, mit dem Ziel, den Sektor auch international konkurrenzfähig zu machen. Dabei wird es kaum ohne staatliche Unterstützung abgehen. Es ist indessen ernsthaft zu prüfen, wie weit dieser Modernisierungsprozess gehen soll, denn es muss angenommen werden, dass Erneuerungsinvestitionen vor allem arbeitssparend ausgerichtet sein werden. Aus der Sicht der dadurch möglicherweise intensivierten Arbeitslosigkeit wäre es vorteilhafter, statt der neuesten technischen Entwicklungen im Gebiet der Textilverarbeitung arbeitsintensivere Verfahren anzuwenden. Mittlerweile müsste die bei zunehmendem technischem Fortschritt auftretende Arbeitskräftefreisetzung geschätzt und die nötigen Vorbereitungen getroffen werden, um freiwer-

---

417) vgl. Tabelle 38b im Anhang.

418) In diesem Zusammenhang scheint die Tatsache ebenfalls für die Textilindustrie zuzutreffen, wonach bei Inflation eine beachtliche Zahl von Grenzproduzenten existieren können, die im Falle stabiler Wirtschaftslage automatisch eliminiert würden. Es sei dies anhand der Entwicklung der Konkursmasse in der Textilindustrie für die Periode 1967-1971 dargestellt:

	1967	1968	1969	1970	1971
Index (1967 = 100)	100	173,2	199,9	148,9	78,9
Inflationsrate, % p.a.	27,3	9,6	6,7	21,4	39,1

Anmerkung: Indexberechnung aufgrund konstanter Werte (Pesos) von 1967.

Quelle: Verfasser, aufgrund der Zeitschrift "Veritas" (Buenos Aires), Januarheft des jeweils folgenden Jahres, sowie Daten des INDEC.

dende Arbeitskräfte anderswo beschäftigen zu können. Ein derartiges Vorgehen ist gerade in der Textilindustrie zu empfehlen, setzt sich doch die Masse der Arbeitnehmer grösstenteils aus Ungelernten zusammen[419]. Eine bedenkenlose technische "Revolution" im Textilsektor ist aus der Sicht der sozialen Verantwortung abzulehnen.

c) Bergbau und Erdölindustrie

Im Unterschied zu andern Ländern Lateinamerikas spielt der eigentliche Bergbau (ohne die Erdölförderung) in Argentiniens Wirtschaft keine wesentliche Rolle; sein Produktionswert betrug 1969 nur 0,5 % des BIP[420]. Dies dürfte damit zu erklären sein, dass man über mögliche Bodenschätze noch grösstenteils im dunkeln tappt: Es sind erst etwa 20 % der Fläche Argentiniens geologischen Forschungen unterzogen worden[421]. Obwohl eine Vielzahl von Mineralien aller Art abgebaut werden[422], sind die bislang bekannten Vorräte mit wenigen Ausnahmen derart gering, dass sich grössere Investitionen nicht bezahlt machen würden. Argentinien ist deshalb, speziell in bezug auf die industriell verwertbaren metallhaltigen Mineralien (Eisenerz, Kupfer etc.) auf Importe angewiesen. Insofern ist es nicht erstaunlich, dass die bescheidenen Vorkommen weder ausländisches noch privates nationales Kapital anzuziehen vermochten. So ist denn der Staat der einzige Unternehmer, der sich der Ausbeutung der Bodenschätze widmet. Zu den mengenmässig bedeutendsten Mineralien, welche unter staatlicher Regie abgebaut werden, gehören Kohle und Eisenerz.

In den Kohlebergwerken von Río Turbio in der Provinz Santa Cruz sind 1971 rund 750.000 Tonnen gefördert worden[423]. Bis 1975 soll diese

---

419) vgl. FITA, Resumen, a.a.O., S. 1.
420) vgl. BCRA, Origen del producto, a.a.O., S. 31, ferner o.V., Die Situation des Bergbaus in Lateinamerika, in: Deutsche Ueberseeische Bank, Wirtschaftsbericht, Juni 1970, S. 5 ff.
421) Ergebnis eines Interviews des Verfassers mit dem Unterstaatssekretär für Bergbau, 27.7.1972.
422) vgl. Instituto Nacional de Geología y Minería, Digesto de Minería, Buenos Aires 1968, ferner Tabelle 35a im Anhang.
423) Quargnolo, a.a.O., S. 57.

Menge verdoppelt werden. Die Kohle wird hauptsächlich für thermoelektrische Energieproduktion verwendet. Aufgrund ihrer Qualität eignet sie sich nur beschränkt zur Herstellung von Koks für die Hüttenindustrie, weshalb hiefür zu 85 % importierte Kohle verwendet wird[424]. Die Kohlereserven Argentiniens werden auf rund 470 Millionen Tonnen geschätzt[425]. In den Sechzigerjahren sind grosse Anstrengungen unternommen worden, das Produktionsvolumen zu steigern; zwischen 1960 und 1971 konnte es mehr als vervierfacht werden. Die Produzenten thermoelektrischer Energie sind durch Gesetz verpflichtet, Kohle von Río Turbio zu verbrauchen. Derart wird einerseits die Nachfrage sichergestellt, und anderseits bleibt die importierte Kohle für die Koksherstellung reserviert[426]. Die staatliche Kohleförderungsgesellschaft Yacimientos Carboníferos Fiscales (YCF) gehörte stets zu den defizitären Betrieben, denn ihr Standort in Patagonien belastet die Produktion mit erheblichen Transportkosten[427].

Auch die wichtigsten Eisenerzvorkommen befinden sich in Patagonien, nämlich in Sierra Grande (Provinz Chubut). Die dortigen Lager scheinen die grössten und voraussichtlich ergiebigsten ganz Argentiniens zu sein. Obwohl die Qualität nicht an das in grossen Mengen importierte Eisenerz Brasiliens oder Boliviens herankommt, sollen diese Lager aus vorab strategischen Gründen im grossen Stil ausgebeutet werden. 1972 erhielt die beauftragte Staatsunternehmung Hierro Patagónico de Sierra Grande S.A. zu diesem Zweck von der Interamerikanischen Entwicklungsbank einen Kredit von 32 Mio. Dollar[428]. Die Produktion von jährlich 2,4 Mio. Tonnen Pellets wird 1974 anlaufen. Damit soll der bisherige Eisenerzimport von 80 bis 90 % auf 55 % des Konsums gesenkt werden[429].

Zur Sicherstellung des künftigen Energiebedarfs sind ferner die bedeutenden Uranlagerstätten Argentiniens zu erwähnen, welche zu den wichtigsten Lateinamerikas gehören[430]. Argentinien wird das erste Land Südamerikas sein, welches thermonukleare Energie verwenden wird[431].

---

424) vgl. El Cronista Comercial (Buenos Aires), 2.9.1972, S. 10.
425) Quargnolo, a.a.O., S. 56.
426) vgl. R. Alemann, Curso de Política Económica, a.a.O., S. 262.
427) ebenda.
428) vgl. Análisis (Buenos Aires), No. 587, 16.6.1972, S. 6.
429) vgl. CONADE, Plan Nacional de Desarrollo y Seguridad 1971-1975, a.a.O., S. 112.
430) vgl. Deutsche Ueberseeische Bank, a.a.O., S. 5.
431) vgl. hinten, S. 242 f.

Die Erdölindustrie Argentiniens stellt ein virtuelles Staatsmonopol
dar. Von der geförderten Menge des Jahres 1970 von rund 22,8 Mio. m3
entfielen auf den staatlichen Erdölkonzern Yacimientos Petrolíferos
Fiscales (YPF) 67 %, auf die sogenannte Kontraktförderung[432] 31,7 %
und nur 1,3 % auf die Produktion privater Unternehmungen[433]. Das Ziel
der staatlichen Erdölpolitik ist die Selbstversorgung[434], welche zwar
bislang nicht ganz erreicht werden konnte[435]. Dies hängt in erster
Linie damit zusammen, dass der Konsum rascher wächst als die Produktion.
Von gewissen institutionellen Hindernissen einmal abgesehen, liegen
die Förderungskosten in Argentinien erheblich über dem Weltdurchschnitt,
denn die einzelnen Bohrstellen haben sich als viel weniger ergiebig erwiesen als beispielsweise in Venezuela oder in den arabischen Ländern.
So werden in Argentinien pro Tag und Bohrstelle im Durchschnitt nur
7 m3 gefördert; in Saudiarabien dagegen 1.000 m3 und in Persien 1.620 m3.
Die durchschnittliche Ergiebigkeit pro Bohrmeter beträgt in Argentinien
5 m3, in Venezuela 169 m3, in Persien 800 m3, in Saudiarabien 1.800 m3
und in Kuwait 2.200 m3[436]. Die Erdölförderung gestaltet sich somit
in Argentinien wesentlich kostspieliger und zeitraubender als anderswo.
Aus der Sicht des Staates haben jedoch Kostenüberlegungen zugunsten
strategischer Ziele in den Hintergrund zu treten. Aus diesem Grunde
wird verständlich, weshalb private Erdölgesellschaften in- und ausländischer Herkunft wenig Interesse zeigen, das Monopol von YPF zu konkurrenzieren[437]. Ohne Beteiligung privaten Kapitals dürfte indessen das

---

432) Die Ausbeutung der Erdöllager ist prinzipiell dem Staat vorbehalten. Mittels Verträgen können jedoch auch private Unternehmungen an der Erdölförderung beteiligt werden. YPF kennt zu
diesem Zweck zwei Arten von Verträgen: Im Falle der Kontraktförderung wird eine private Unternehmung beauftragt, auf Rechnung
der YPF ein gewisses, speziell zugeteiltes Gebiet auszubeuten. Der andere Vertragstyp, der in der Praxis allerdings bedeutungslos ist, erlaubt der Privatunternehmung die Ausbeutung
des zugeteilten Gebietes auf eigene Rechnung. Vgl. R. <u>Alemann</u>,
Curso de Política Económica Argentina, a.a.O., S. 258.
433) vgl. Subsecretaría de Energía, Anuario estadistico 1966-1970,
Buenos Aires o.J., S. 6.
434) Auf das Wesen der staatlichen Erdölpolitik und ihre Entwicklungs-
tendenzen wird weiter hinten, S. 243 ff. eingetreten.
435) vgl. Tabelle 35 im Anhang.
436) vgl. Resultados (Buenos Aires), No. 226, April 1972, S. 20.
437) Eine öffentliche Ausschreibung von YPF zwecks Exploration und
Ausbeutung möglicher Erdölvorkommen in den patagonischen Küsten-
gewässern ergab kein einziges Angebot seitens Privater. Nach Ansicht von Fachleuten stehe die zu erwartende Produktivität in
keinem Verhältnis zu den notwendigen hohen Investitionen; vgl.
Análisis (Buenos Aires), No. 594, 4.8.1972, S. 16/17.

ehrgeizige Produktionsziel von 33 Mio. m3 im Jahr 1975 wohl kaum verwirklicht werden können[438].

YPF ist, gemessen am Jahresumsatz, das grösste Unternehmung Argentiniens[439]. Es geniesst, wie andere Staatsbetriebe, weitreichende Privilegien wie z.B. Steuerfreiheit, Importvergünstigungen, unverzinsliches "Gratiskapital" etc.[440]. Die Marktbeherrschung beschränkt sich dabei nicht nur auf die Erdölförderung, sondern hat auch auf die nachgelagerten Verarbeitungsindustrien, vorab die Petrochemie, übergegriffen[441]. Die Produktion von YPF wird zu über 80 % mittels konzerneigener Transportmittel (Rohrleitungen und Tankerflotte) transportiert[442]. Die Handhabung der gegenwärtig gültigen Gesetzgebung lässt indessen keine Zweifel offen, dass die private Tätigkeit im Erdölsektor künftig noch stärker eingeschränkt werden dürfte[443].

d) Elektrizitätswirtschaft

Die Versorgung eines Landes mit elektrischer Energie in ausreichender Quantität, zur rechten Zeit und zu wirtschaftlichen Preisen ist eine unabdingbare Voraussetzung der industriellen Entwicklung[444]. Der Grad der Elektrifizierung lässt deshalb in der Regel zuverlässige Rückschlüsse in bezug auf den Entwicklungsstand eines Landes zu. Die jährliche Elektrizitätserzeugung pro Kopf der Bevölkerung erreichte 1967 717 KWh; diese Zahl wurde nur noch von Venezuela und Chile übertroffen (984 bzw. 769 KWh), während der Durchschnitt Brasiliens mit 410 KWh und Mexikos mit 458 KWh deutlich abfiel[445]. Schätzungen zufolge dürfte Argentiniens Elektrizitätserzeugung pro Kopf der Bevölkerung im Jahre 1971 bereits gegen 1.000 KWh betragen haben [446].

---

438) vgl. CONADE, Plan Nacional de Desarrollo y Seguridad 1971-1975, a.a.O., S. 145.
439) vgl. Tabelle 33c im Anhang.
440) vgl. AT, 11.6.1972.
441) vgl. hinten, S. 195 ff.
442) vgl. YPF, Memoria y Balance 1970, Buenos Aires o.J., S. 10.
443) vgl. AT, 11.6.1972, ferner hinten, S. 243 ff.
444) vgl. Luis M. Gotelli, Neue Ausrichtung der Energiepolitik Argentiniens, in: LAI (Hrsg.), Argentinien heute - Wirtschaft und Kultur, Zürich 1970, S. 59.
445) vgl. o.V., La energía en América Latina, in: CEPAL, Boletín Económico de América Latina, Vol. XV, No. 2/1970, S. 158.
446) vgl. Tabelle 37a im Anhang.

In den Sechzigerjahren hat sich die Produktion elektrischer Energie
etwas mehr als verdoppelt[447]; der Zuwachs der installierten Kapazität
betrug im gleichen Zeitabschnitt 93 % und vermochte mit dem ständig wachsenden Energiebedarf Schritt zu halten[448].

94 % der im Jahre 1971 erzeugten elektrischen Energie entfällt auf thermische Kraftwerke, obwohl Argentinien über Wasserkraftreserven verfügt, welche rund das Dreifache der 1970 installierten thermischen Kapazität ausmachen[449]. Dass dieses Energiepotential bislang kaum wirtschaftlich genutzt worden ist, hängt in erster Linie mit den riesigen Distanzen zwischen Wasserkraftreserven und den Konsumzentren sowie der hohen Kapitalintensität hydraulischer Kraftwerke zusammen. Thermische Anlagen erweisen sich diesbezüglich als wesentlich wirtschaftlicher: Sie lassen sich ohne grossen Aufwand in der Nähe der Konsumzentren errichten, ihre Bauzeit ist relativ kurz. Besonders im Landesinnern, wo der Elektrizitätsverbrauch noch bescheiden ist, sind thermische Kraftwerke geringer Kapazität die einzig wirtschaftliche Lösung[450]. Im Hinblick auf die künftige Entwicklung des Energiebedarfs ist jedoch erkannt worden, dass langfristig nur eine entsprechende Ausnützung der reichlich vorhandenen Wasserkräfte das Land vor einer Energiekrise bewahren kann[451].

Konsum und installierte Kapazität konzentrieren sich naturgemäss auf die grossen Agglomerationen. So verfügte Gross-Buenos Aires (35 % der Wohnbevölkerung Argentiniens) im Jahre 1970 über rund die Hälfte der Stromerzeugungskapazität der im öffentlichen Dienst stehenden Kraftwerke. Der Konsum erreichte 55 % des Landestotals.

Von der gesamten Elektrizitätsproduktion des Landes entfallen drei Viertel auf staatliche und staatlich konzessionierte Kraftwerke, während ein Viertel Eigenproduktion Privater darstellt. Dieses ungewöhnliche Verhältnis entstammt der Zeit vor 1955, wo aufgrund fehlender

---

447) vgl. Tabelle 37a im Anhang.
448) Aus Gesprächen des Verfassers mit Sachverständigen der Weltbank war zu entnehmen, dass diese positive Entwicklung im Elektrizitätssektor einer erstaunlich weitsichtigen Energiepolitik des Staates zuzuschreiben sei; vgl. auch hinten, S. 240.
449) vgl. CEPAL/CFI, Los recursos hidraulicos de Argentina, Tomo I, Buenos Aires 1969, S. 41 ff., sowie Tabelle 37 im Anhang.
450) vgl. R. Alemann, Curso de política económica, a.a.O., S. 266.
451) vgl. hinten, S. 239 ff.

Investitionen die Stromerzeugung dem wachsenden Konsum, d.h. vor allem dem industriellen Bedarf, nicht mehr genügte. Die unregelmässige Elektrizitätsversorgung der staatlichen und konzessionierten Kraftwerke (Unterbrüche, Spannungsabfall) sowie die tarifliche Benachteiligung der industriellen Konsumenten gegenüber dem Privatverbraucher zwangen den Produktionssektor, eigene Energiezentralen zu erstellen, um den Produktionsprozess nicht zu beeinträchtigen[452]. Es ist kaum anzunehmen, dass in Zukunft die Eigenproduktion, welche sich praktisch ausschliesslich auf den sekundären Sektor beschränkt, rasch abnehmen wird, denn die installierten Kapazitäten müssen amortisiert werden, was sich bei derartigen Investitionen in der Regel über längere Perioden erstreckt. Noch 1970 deckte der sekundäre Sektor 50 % seines Elektrizitätsbedarfs durch Eigenproduktion[453].

Nach ihrer juristischen Gesellschaftsform lassen sich die im öffentlichen Dienst stehenden Elektrizitätserzeuger in staatliche und private Unternehmungen sowie Kooperativen unterteilen. Die Produktionsleistung des Jahres 1971 verteilte sich dabei wie folgt: Staatliche Unternehmungen 83,8 %, private Unternehmungen 11,7 % und Kooperativen 4,5 %. Zwei der vier wichtigsten staatlichen Unternehmungen, nämlich Agua y Energía Eléctrica (A y EE) und Servicios Eléctricos del Gran Buenos Aires (SEGBA) produzierten 32 bzw. 42 %, insgesamt also 74 % der elektrischen Energie der im öffentlichen Dienst stehenden Kraftwerke. Die von privaten Unternehmungen erzeugte Elektrizität wird zu 99,9 % von der Compañía Italo-Argentina de Electricidad (CIAE) geliefert. SEGBA und CIAE dienen ausschliesslich der Elektrizitätsversorgung von Gross-Buenos Aires, wobei erstere einen Marktanteil von rund 80 % besitzt[454]. Die Vormachtstellung des Staates in der Elektrizitätswirtschaft wird sich künftig noch vergrössern, wenn nämlich der Wasserkraftwerkkomplex El Chocón-Cerros Colorados (Provinz Neuquén) mit einer Kapazität von 1.650 MW sowie das erste Atomkraftwerk Lateinamerikas von Atucha in der Provinz Buenos Aires (312 MW) in Betrieb genommen werden.

Vom kontinuierlichen Ausbau der Elektrizitätserzeugung in den Sechzigerjahren sind wesentliche Impulse für die Kapitalgüterindustrie ausge-

---

452) vgl. R. Alemann, Curso de política económica, a.a.O., S. 263; Gotelli, a.a.O., S. 71
453) Quelle: Subsecretaría de Energía, Anuario estadístico 1969, Buenos Aires 1971: Energía eléctrica.
454) vgl. Subsecretaría de Energía, Boletín mensual, Diciembre 1971.

gangen. In welchem Ausmass diese Entwicklung durch gesetzlichen Zwang gefördert wurde[455], ist kaum quantifizierbar, dürfte hingegen beträchtlich sein[456].

Die Elektrizitätswirtschaft, einst Engpass des Industrialisierungsprozesses, ist heute bestrebt, dem ständig wachsenden Energiebedarf durch Steigerung ihrer Leistungsfähigkeit zu begegnen. Es geht dabei nicht nur um die Kapazitätsausweitung, sondern ebenso um die Kontinuität der Stromversorgung und die Rationalisierung des gesamten Dienstleistungsbetriebs. Dies erfordert eine enge Zusammenarbeit zwischen den einzelnen Elektrizitätsgesellschaften. Dieses Postulat konnte im Raum Gross-Buenos Aires bereits weitgehend verwirklicht werden. So bestehen zwischen SEGBA und CIAE gegenwärtig drei Vereinbarungen, welche die Rationalisierung der Produktion und des Dienstleistungsbetriebs zum Ziel haben. Die erste dieser Vereinbarungen wurde durch den Verbund des Verteilernetzes möglich; es handelt sich um die Bildung eines Reservenpools für den Spitzenkonsum. Unter der zweiten Vereinbarung ist ein gemeinsames Computerprogramm für den Einsatz der Turbinen entwickelt worden, welches den beiden Gesellschaften erlaubt, den Brennstoffverbrauch zu minimalisieren. Die dritte Vereinbarung schliesslich betrifft die gemeinsame Installation von Verteilungsstationen, um doppelspurige Investitionen zu vermeiden[457].

Für den künftigen Verlauf der industriellen Entwicklung wird die staatliche Energiepolitik richtungsweisend sein. Ihr soll deshalb im Rahmen der Ausführungen über die Bestimmungsfaktoren der Industrialisierung besondere Beachtung geschenkt werden[458].

---

455) vgl. vorn, S. 106.
456) Gemäss einem dem Verfasser gewährten Interview erklärte ein Mitglied der Geschäftsleitung der CIAE, dass seine Unternehmung dank den Bestimmungen des Gesetzes Nr. 18.875 ("Compre nacional") in der Lage sei, ihren Kapitalgüterbedarf zu 95 % im Inland zu decken, beispielsweise Hochspannungskabel (bis zu 132 KV) oder Transformatoren (bis zu 40.000 KVA).
457) vgl. CIAE, Memoria y balance general, verschiedene Jahrgänge.
458) vgl. hinten, S. 239 ff.

e) Hüttenindustrie

Die Anfänge der modernen argentinischen Eisen- und Stahlindustrie gehen auf das Jahr 1896 zurück, als der erste Siemens-Martin-Ofen mit einer Kapazität von drei Tonnen in Betrieb genommen wurde. 1910 entstand die erste Fabrik zur Herstellung von Armierungseisen für die Bauindustrie[459]. Das metallurgische Gewerbe verwendete jedoch in erster Linie importierte Rohmaterialien. Erst die kritische Versorgungslage vor und während des II. Weltkriegs gab die nötigen Impulse für die landeseigene Stahlherstellung. So zählte man 1946 22 Siemens-Martin-Oefen mit einer Kapazität von insgesamt 130.000 Tonnen Rohstahl. Die etwa gleich grosse Walzkapazität bestand zu 95 % aus Rundwalzanlagen[460]. Die Gründung der staatlichen Fabricaciones Militares (FM) im Jahre 1941[461], einem damals reinen Rüstungsbetrieb mit dem Ziel, "die unbedingt notwendigen Waffen mit Munition im eigenen Lande herzustellen"[462], liessen Forderungen nach einer nationalen Eisen- und Stahlproduktion laut werden. General Manuel Savio, der damalige Leiter der FM, unterbreitete im Kongress einen entsprechenden Gesetzesentwurf, der beabsichtigte, den Aufbau einer leistungsfähigen Hüttenindustrie der Privatwirtschaft zu überlassen. Der Staat hätte sich dabei zu Beginn lediglich mit einer Starthilfe beteiligen sollen. Der Kongress hingegen war grundsätzlich anderer Meinung: Die Selbstversorgung mit Eisen und Stahl sei ausschliesslich Angelegenheit des Staates[463].

Der sogenannte Plan zum Aufbau der Hüttenindustrie (Plan Siderúrgico Argentino), genehmigt durch das Gesetz Nr. 12.987[464], widerspiegelte

---

459) vgl. OECEI, Argentina económica y financiera, a.a.O., S. 210.
460) vgl. für das folgende insbesondere José A. Martínez de Hoz (h), Panorama de la siderurgia argentina, in: Revista de la Cámara Argentina de Comercio, No. 386, 3er Trim. 1971, S. 43 ff.
461) vgl. ebenda, ferner Gesetz Nr. 12.709.

462) vgl. o.V., El pensamiento económico del General Savio, in: Política y Economía, No. 3, Junio 1971, S. 16 ff., ferner Gesetz Nr. 12.709.
463) Prominentester Vertreter dieser Denkrichtung war der nachmalige Staatspräsident Arturo Frondizi, der inzwischen allerdings seine Meinung radikal geändert hat: Die virtuelle Verstaatlichung der Hüttenindustrie könne wegen der organisatorischen Schwerfälligkeit von Staatsbetrieben kaum jemals zur Selbstversorgung führen, vgl. AT, 25.6.1972.
464) In der Umgangssprache nach seinem Verfasser als "Ley Savio" bekannt.

deutlich die dem Staat zugedachte führende Rolle in diesem Sektor. Dieser Plan, ein Kompromiss zwischen den Ideen marktwirtschaftlicher Prägung Savios und dem nationalistischen Gedankengut der peronistischen Regierung, sah die folgenden Tätigkeitsbereiche für die Hüttenindustrie vor:

- Erstens die Herstellung von Roheisen und Rohstahl mittels Mineralien und Brennstoffen nationaler Herkunft[465].
- Zweitens die Herstellung von Roheisen und Rohstahl mittels vorwiegend importierten Mineralien und Brennstoffen. Zu diesem Zweck wurde ein sogenannt gemischtwirtschaftliches Unternehmen gegründet, an welchem der Staat mit mindestens 51 % Kapital beteiligt sein musste: die Sociedad Mixta Siderurgia Argentina, kurz SOMISA genannt.
- Und schliesslich drittens die Weiterverarbeitung von Rohstahl in Zwischen- und Fertigprodukte durch bereits bestehende oder noch zu gründende private Unternehmen[466].

Dem "Plan Siderúrgico Argentino" zum Trotz begann das "Zeitalter der Schwerindustrie" jedoch erst 1960, denn von der Konzipierung des ersten grossen Hochofens für SOMISA bis zu dessen Inbetriebnahme verstrichen dreizehn Jahre. Inzwischen entstand eine Produktionsstruktur, vor welcher Savio seinerzeit ausdrücklich warnte[467]: Wenn die mangelhafte Integration der Produktion ein allgemeines Kennzeichen der argentinischen Industrie darstellt, so trifft dies in besonderem Masse für die Hüttenindustrie und die ihr nachgelagerten Verarbeitungsstufen zu. Das strukturelle Ungleichgewicht äussert sich in einer Ueberdimensionierung der Produktionskapazitäten infolge der sogenannten Rückwärtsintegration: Die Walzkapazitäten übersteigen die Rohstahlkapazitäten und diese wiederum diejenige der beiden Hochöfen[468].

---

465) Diese Aufgabe fiel FM, d.h. ihrem Hochofenbetrieb Altos Hornos Zapla (Provinz Jujuy) zu. Altos Hornos Zapla verarbeitet die in der näheren Umgebung ausgebeuteten Eisenerze unter Verwendung von Holzkohle. Die Kapazität zur Roheisenerzeugung fällt nicht ins Gewicht (ca. 10 % der Landesproduktion).
466) Das "Gesetz Savio" ist 1961 insofern erweitert worden, als Hochöfen ebenfalls durch privates Kapital betrieben werden dürfen. Von dieser Möglichkeit (Gesetz Nr. 15.801) konnte allerdings bisher aus politischen Gründen nicht Gebrauch gemacht werden.
467) vgl. o.V., El pensamiento económico del General Savio, a.a.O., S. 17 f.
468) vgl. Consejo Técnico de Inversiones S.A., La economía argentina 1971, Buenos Aires 1972, S. 185, ferner Tabellen 39 und 39a im Anhang.

Mit der Verlagerung des entwicklungspolitischen Schwergewichts von der Leicht- zur Schwerindustrie unter der Regierung Frondizi sind 1961 erstmals massive Steuervergünstigungen an jene Unternehmungen gewährt worden, welche ihre Stahlproduktion erweitern wollten[469]. Diese Vergünstigungen waren indessen derart zahlreich und ansprechend, dass in der Folge eine Flut von Projekten eingereicht wurde, deren Wirtschaftlichkeit im vorneherein bezweifelt werden musste[470]. "Glücklicherweise" fielen jedoch viele von ihnen der wirtschaftspolitischen Krise der Jahre 1962/63 zum Opfer.

Rückblickend auf die Sechzigerjahre darf wohl festgestellt werden, dass die dynamische Entwicklung der Hüttenindustrie Produktion und Beschäftigung in der metallverarbeitenden Industrie positiv zu beeinflussen vermochte. So erreichte 1969 der von der Zentralbank errechnete Index des Produktionsvolumens (Basis 1960 = 100) z.B. für Roheisen und Rohstahl 255 Punkte, für Automobile 251 Punkte und für Motoren und Turbinen gar 750 Punkte. Indessen sagen derartige Kennziffern wenig aus über die Effizienz der Produktionsstruktur bzw. das Kostenniveau in den einzelnen Branchen. Deshalb müssen solche "statistisch nachweisbare Fortschritte" mit der notwendigen Vorsicht interpretiert werden. Trotz hohem Produktionsvolumen kann ein Industriezweig dank massiver Protektion eine ineffiziente und deshalb kostspielige Produktionsstruktur aufweisen, was speziell für die argentinische Metallindustrie zutrifft.

Folgende Merkmale gelten als charakteristisch für die argentinische Hüttenindustrie[471]:

- Die Herstellung rundgewalzter Produkte erfolgt namentlich in nicht integrierten Walzwerken privaten Kapitals, d.h. in Betrieben ohne bedeutende Stahlproduktion. Der Staat konkurrenziert diesen Bereich nicht. Wiewohl er den Rohstoff liefert, verfügt er über keine Rundwalzanlage.

---

469) Dekret Nr. 5.038/61.
470) vgl. Pascual S. Palazzo und Horacio J. Boneo, Estudios de mercado y estructura de la industria siderúrgica, in: Revista de la Unión Industrial Argentina, Julio-Septiembre 1967, S. 73 ff.
471) vgl. für das folgende insbesondere Arnaldo T. Musich, La siderurgia en la Argentina, in: Política y Economía, No. 2, Mayo 1971, S. 13 f.

Die Herstellung flachgewalzter Produkte erfolgt vornehmlich in SOMISA, welche über Heiss- und Kaltwalzstrassen verfügt, sowie in der privaten Propulsora Siderúrgica, welche vorläufig lediglich ein Kaltwalzwerk betreibt.

- Infolge Rückwärtsintegration übersteigen die vorhandenen Kapazitäten im Verhüttungsprozess die jeweils vorgelagerte Produktionsstufe. So beträgt die Walzkapazität in einzelnen Unternehmungen das Doppelte ihrer Rohstahlkapazität[472].

- In bezug auf die gesamten Walz- und Stahlerzeugungskapazitäten ist SOMISA als einzelne Unternehmung absolut führend. Ihre Preispolitik, speziell für flachgewalzte Produkte, ist deshalb für die gesamte Branche richtungsweisend. Diesem Punkt wird weiter hinten[473] spezielle Beachtung geschenkt.

- Vollständig integrierte Betriebe gibt es gegenwärtig nur deren zwei, nämlich SOMISA und Altos Hornos Zapla. Propulsora Siderurgica wird offiziell bereits als integriert bezeichnet, obwohl die Pläne für die Integration (Ergänzung der Walzanlage durch eigene Stahlproduktion und später durch einen Hochofen) bislang aus politischen Erwägungen noch nicht verwirklicht werden konnten.

- Standortmässig ausgesprochen günstig konzentriert sich 90 % der Hüttenindustrie im Raum La Plata - Buenos Aires - Rosario, also in unmittelbarer Nähe der grossen Konsumzentren. In einem Umkreis von 100 km von Buenos Aires befinden sich ein Drittel der Stahl- und zwei Fünftel der Walzproduktion[474].

- Weniger günstig erweist sich der Standort des Hochofens von SOMISA (rund 230 km nördlich von Buenos Aires, am Paraná) in bezug auf die Rohstoffbeschaffung. Der Paraná ist nur für Hochseeschiffe relativ ge-

---

[472] vgl. Tabellen 39b und 39c im Anhang.
[473] S. 192 f.
[474] Im Gegensatz dazu liegt die Hüttenindustrie Mexikos weitab von den wichtigsten Verbrauchszentren, was die Endprodukte durch hohe Transportkosten belastet; vgl. Link, a.a.O., S. 89; siehe auch AT, 29.3.1970.

ringer Tonnage schiffbar, was die durchschnittlichen Transportkosten pro Tonne Eisenerz erhöht. Auch die werkseigenen Hafenanlagen von Propulsora Siderúrgica am Río de la Plata, etwa 60 km südlich von Buenos Aires, erlauben nur die Löschung von Erztransportern mit verhältnismässig geringem Tiefgang.

Die Mängel in der Produktionsstruktur der argentinischen Hüttenindustrie sind weitgehend Folge der Verpolitisierung dieses Sektors. Zwar ist vom im "Gesetz Savio" festgelegten Ziel der Selbstversorgung mit Stahl nie abgerückt worden; hingegen unterlagen Mittel und Massnahmen, dieses Ziel zu erreichen, den häufigen politischen Richtungswechseln. Das ideologische Kräftemessen äusserte sich 1972 in einem Kampf um den Besitz der strategisch und wirtschaftlich wichtigen Flachwalzwerke, m.a.W. geht es um die Frage einer möglichen Verstaatlichung der privaten Hüttenindustrie. Im Vordergrund stehen dabei Propulsora Siderúrgica und ihre Integrationspläne. Wichtigste Waffe in dieser Auseinandersetzung ist die Preispolitik des grössten Eisen- und Stahlherstellers, SOMISA. Für die Beurteilung der Preispolitik ist zwischen rund- und flachgewalzten Produkten zu unterscheiden[475].

Rundgewalzte Produkte sind in Argentinien vergleichsweise bedeutend teurer als auf den Binnenmärkten der grossen stahlproduzierenden Länder, teurer ebenfalls als flachgewalzte Produkte. Dies ist darauf zurückzuführen, dass rundgewalzte Halb- und Fertigfabrikate einen hohen Zollschutz (70 %) geniessen, obwohl SOMISA den Rohstoff zu annähernd internationalen Preisen verkauft. Hierbei muss noch berücksichtigt werden, dass der Rundwalzvorgang technisch ein bedeutend einfacherer Prozess ist als das Flachwalzen. Flachgewalzte Produkte werden von SOMISA ebenfalls zu annähernd gleichen Preisen verkauft wie in den wichtigsten stahlproduzierenden Ländern. Wichtig ist hingegen die Tatsache, dass flachgewalztes Blech eine Protektion von bloss 25 % geniesst. Hinzu kommt, dass SOMISA ihre Produkte zu politischen Preisen verkauft, welche unter den tatsächlichen Produktionskosten liegen sollen. Aus protektionistischer Sicht ist es deshalb unverständlich, dass die flachgewalzten Produkte mit einem höheren "value-added" einer wesentlich geringeren Pro-

---

[475] vgl. für das folgende insbesondere Musich, a.a.O., S. 14, ferner AT, 13.6.1971.

tektion ausgesetzt sind als rundgewalzte Fabrikate, deren Herstellung
nur mit einem bescheidenen Wertzuwachs verbunden ist. Das relative
Preisgefälle zwischen rund- und flachgewalzten Produkten verteuert die
Herstellung landwirtschaftlicher Produktionsgüter (vor allem Drähte)
und beeinflusst die Kosten in der Bauwirtschaft (Armierungseisen etc.).
SOMISA's Marktposition wurde noch zusätzlich gestärkt durch die Tatsache, dass der Staat 1968 ihre Auslandsverpflichtungen in der Höhe
von 110 Mio. Dollar beglich. Die so reduzierten Finanzierungskosten
liessen deshalb für die Festsetzung politischer Preise eine weite Marge
zu. Unter derartigen Voraussetzungen sind Privatunternehmungen wie
Propulsora Siderúrgica kaum konkurrenzfähig, da sie in der Regel eine
durch die Kapitalintensität der Branche verursachte hohe Auslandsverschuldung aufweisen und keine Privilegien, wie z.B. Steuerbefreiung,
präferentielle Wechselkurse, zollfreie Einfuhren etc. geniessen.

Die argentinische Stahlpolitik befindet sich in einem ernsthaften
Dilemma: Auf der einen Seite verlangt der rasch steigende Stahlkonsum[476]
entweder einen intensiven Ausbau der bestehenden Produktionskapazitäten (Hochöfen, Rohstahl- und Walzwerke), oder die Importabhängigkeit
der stahlverarbeitenden Industrie vergrössert sich. Auf der andern
Seite übersteigt aber besonders die in Fabricaciones Militares nahestehenden Kreisen des Heeres gepflegte Idee eines Staatsmonopols in der
Hüttenindustrie die finanzielle Leistungsfähigkeit des Staates. Allein
schon aus diesem Grunde schiene eine vermehrte Beteiligung des privaten
Unternehmertums angebracht. Die bestehenden Ausbaupläne[477] in bezug
auf die Kapazitäten der Rohstahlerzeugung und der Walzwerke legen indessen die Prioritäten zugunsten der Erweiterung der staatlichen Unternehmungen fest. Sofern sie überhaupt noch verbindlich sind, dürfte dadurch von den privaten Gesellschaften lediglich Propulsora Siderúrgica
zu einer einigermassen integrierten Produktionsstruktur kommen[478].

---

476) Für 1975 wird die Rohstahlnachfrage mit 6,1 Mio. Tonnen veranschlagt. Davon sollen 5 Mio. im eigenen Land und 1,1 Mio. importiert werden, vgl. CONADE, Plan Nacional de Desarrollo y Seguridad 1971-1975, a.a.O., S. 111. Die geschätzte durchschnittliche Wachstumsrate beträgt rund 12 % pro Jahr.
477) vgl. Tabellen 39b und 39c im Anhang.
478) vgl. AT, 25.6.1972, wonach Mitte 1972 der Entscheid über die Ausbaupläne der Propulsora noch immer ausstand. Dafür wird die Erweiterung der Produktionskapazität von SOMISA mit allen Mitteln vorangetrieben. Der sogenannte "Plan 2,5 Mio. Tonnen" (Dekret Nr. 2664/70) sieht u.a. die Erhöhung der Rohstahlkapazität von 1,1 Mio. auf 2,5 Mio. Tonnen jährlich sowie einen zweiten Hochofen vor; vgl. El Cronista Comercial, 28.6.1972.

Aus dem bisher Gesagten geht hervor, dass sich die politischen Auseinandersetzungen um die Hüttenindustrie einzig und allein um die Verwirklichungsmöglichkeiten eines Staatsmonopols drehen. Die Frage, ob derart aus gesamtwirtschaftlicher Sicht die Prioritäten richtig gesetzt werden, wird nicht gestellt. Grundsätzliche Ueberlegungen, etwa, ob der intensivierte Ausbau von Schwerindustrien langfristig tatsächlich in eine entsprechende Steigerung des Wohlstandes der Bevölkerung umgewandelt werden kann, aber auch im Sinne der Prüfung von Alternativstrategien unter Berücksichtigung komparativer Vorteile, scheinen allerdings nicht in die gegenwärtigen Pläne Argentiniens über die industrielle Entwicklung zu passen. Es wäre infolgedessen unrealistisch anzunehmen, dass in absehbarer Zeit das Ziel der Selbstversorgung mit Stahl fallen gelassen werden könnte.

Aus diesem Grunde müssen Mittel und Wege gesucht werden, um die bestehende Produktionsstruktur zu verbessern. Dabei sollte nicht das Ziel im Vordergrund stehen, neuerdings durch kapitalintensive Investitionen Importe zu substituieren. Vielmehr muss die internationale Konkurrenzfähigkeit der Hüttenindustrie durch die Integration der Produktionsprozesse erreicht werden. Dabei geht es nach Ansicht von Fachleuten nicht so sehr um die verfahrensmässige, als vielmehr um die betriebswirtschaftlich-organisatorische Integration[479]. Die Instrumente zur Erreichung dieses Ziels sind eine adäquate Preis- und Tarifpolitik (z.B. Senkung der Einfuhrzölle, dafür Zahlung von Subventionen), die Förderung von Fusionen sowie die Verbesserung der Organisationsstruktur der einzelnen Unternehmungen. Ein Staatsmonopol ist zu vermeiden, da es unter den gegenwärtigen Verhältnissen lediglich zur Zementierung bestehender Produktionsstrukturen führen würde. Auf regionaler Ebene, d.h. innerhalb der ALALC, ist eine produktweise Integration anzustreben, welche dem einzelnen Produzenten erlaubt, dank Spezialisierung Skalenerträge zu erwirtschaften[480].

---

[479] vgl. J.E. Alemann, Kommentar zu Guido Di Tella, Criterios para una política de desarrollo industrial, in: Brodersohn (Hrsg.), Estrategias, a.a.O., S. 468.
[480] vgl. hinten, S. 319.

f) Chemische Industrie

Die Anfänge der chemischen Industrie in Argentinien lassen sich bis in die Zwanzigerjahre dieses Jahrhunderts zurückverfolgen. Bereits nach dem I. Weltkrieg begann man, anorganische Chemikalien (Säuren etc.) zu produzieren. Wirtschaftskrise und II. Weltkrieg erheischten die Herstellung weiterer Chemikalien im Lande selbst, z.B. Ammoniak, Chlor, Natriumkarbonat, Formol, gewisse Lösungsmittel etc. Zwischen 1940 und 1950 entstand das erste petrochemische Werk der YPF für Isopropanol. Doch erst die Industrialisierungsbestrebungen der Regierung Frondizi verhalfen dem Chemiesektor zum eigentlichen Aufschwung [481].

Zwischen 1960 und 1969 hat sich das Produktionsvolumen der chemischen Industrie verdoppelt [482]. Ueberdurchschnittliche Zuwachsraten verzeichneten dabei die Branchen Kunststoffe und Kunstfasern, Farben und Lacke, Grundstoffchemikalien, Erdöl- und Kohlederivate sowie Autoreifen [483]. 1950 erreichte die gesamte chemische Produktion 11,7 % der Wertschöpfung des industriellen Sektors; 1969 betrug sie bereits 18,7 %, wobei der Sektor lediglich 1,5 % der werktätigen Bevölkerung beschäftigte [484]. Zwischen 1959 und 1971 beliefen sich die Investitionen der gesamten chemischen Industrie auf rund 380 Mio. Dollar, davon entfielen 262 Mio. oder 69 % auf die Petrochemie [485].

Im folgenden soll nun auf einige spezifische Strukturprobleme der chemischen Industrie hingewiesen werden. Allerdings sind sie nicht in jeder Branche gleichgelagert, so dass allgemeine Aussagen wenig sinnvoll sind. Infolgedessen wird lediglich die Grundstoffindustrie, besonders die

---

481) vgl. OECEI, Argentina económica y financiera, a.a.O., S. 199 ff., ferner Carlos C. Zárate, Desarrollo de la industria petroquímica argentina, Buenos Aires 1969 (Vervielfältigung), sowie Ramón García und Maria E. Dennis, La industria química argentina, su evolución dentro del panorama económico e industrial de país - período 1870-1970, in: Industria y Química (Buenos Aires), Vol. 28, No. 1-2, 1970.
482) vgl. Tabelle 33 im Anhang; ferner AT, 23.8.1970.
483) vgl. BCRA, Origen del producto, a.a.O., S. 35 f.
484) vgl. ebenda.
485) Berechnet nach Angaben der Dirección Nacional de Promoción Industrial. Es handelt sich dabei nur um die aufgrund gesetzlicher Förderungsmassnahmen getätigten Investitionen, welche mit Devisen bezahlt worden sind. Nicht inbegriffen sind demnach Investitionen in lokaler Währung und solche, welche ohne Beanspruchung von Vergünstigungen getätigt worden sind. Zárate (a.a.O., Abschnitt 8) schätzt die allein in der Petrochemie investierte Summe auf über 300 Mio. Dollar.

Petrochemie, einer näheren Betrachtung unterzogen. Dies vor allem deshalb, weil hier ein zunehmender staatlicher Einfluss zu verzeichnen ist.

Von insgesamt 24,5 Mio. m3 Erdöl sind 1970 in den Raffinerien der YPF 14,4 Mio. m3 oder 59 % verarbeitet worden. Je 19 % entfielen auf die bekannten multinationalen Erdölkonzerne Exxon (Esso) und Shell, der Rest auf sechs kleinere Gesellschaften[486]. Die insgesamt sieben Erdölraffinerien des Staates weisen eine Primärkapazität von 45.000 m3/Tag auf, während die zehn privaten Raffinerien nur 31.000 m3 Erdöl pro Tag zu verarbeiten im Stande sind[487]. In andern Ländern Lateinamerikas, so z.B. in Mexiko, Brasilien, Bolivien, Chile und Uruguay verfügt der Staat über die gesamte Raffinierungskapazität, während sie in Venezuela zur Hauptsache in den Händen privater ausländischer Gesellschaften liegt[488].

Die Petrochemie weist weltweit die folgenden Merkmale auf:

- Hohe Kapitalintensität,
- rascher Entwicklungsrhythmus der Produktionsprozesse,
- geringe Margen und hohes Risiko.

Die Petrochemie ist deshalb, um wirtschaftlich produzieren zu können, auf gewisse unerlässliche Voraussetzungen angewiesen. Dazu gehören: Ein substantieller Markt, minimale Produktionskapazitäten und billige Rohstoffquellen. Petrochemische Grundstoffe bilden die Ausgangsmaterialien für eine Vielzahl von Zwischenprodukten und Endfabrikaten; eine wirtschaftliche Produktionsweise in der Grundstoffindustrie ist demnach von grösster Wichtigkeit. Anhand eines Beispiels, nämlich Aethylen, sollen die entsprechenden Verhältnisse in Argentinien dargelegt werden[489].

---

486) vgl. Subsecretaría de Energía, Anuario estadístico 1966-1970, Combustibles, Buenos Aires o.J., S. 8.
487) vgl. Instituto Argentino de Petróleo, El petróleo en la Argentina, Buenos Aires 1971, S. 38.
488) vgl. o.V., La industria petroquímica en la América Latina, in: Banco Francés e Italiano para la América del Sur, Estudios económicos, IV-1969, S. 12.
489) Aethylen entsteht durch "cracking" von Benzin oder Aethanol bzw. Propanol und ist Ausgangsmaterial für eine Reihe von Produkten, wie z.B. Polyaethylen, Polyvynilchlorid (PVC), Polyesterfasern, Lösungsmittel etc.

1971 wurde Aethylen von drei Unternehmungen mit einer Gesamtkapazität von 52.000 Jato hergestellt[490]. Der Konsum betrug 1970 rund 40.000 Jato[491]; die Herstellungskosten beliefen sich auf etwa 8 US-cents pro Pfund[492]. Der Weltmarktpreis beträgt dagegen rund die Hälfte, allerdings bei einer Kapazität von etwa 400.000 Jato[493]. Der Zusammenhang zwischen Betriebsgrösse und Produktionskosten ist offensichtlich. Hinzu kommt, dass ebenfalls die Preise des Rohstoffs für die Aethylenherstellung (nämlich Benzin oder Aethanol bzw. Propanol) über dem Weltmarkt liegen, da Erdölförderung in Argentinien weniger ergiebig und deshalb kostspieliger ist[494]. Der Aethylenbedarf für das Jahr 1975 wird mit etwa 200.000 Jato geschätzt[495], was zu optimistisch sein dürfte[496].

Die Ueberlegungen zum Fall Aethylen lassen sich ohne weiteres auf andere petrochemische Grundstoffe und Zwischenprodukte übertragen: Solange der Inlandmarkt keine grössere Aufnahmefähigkeit zeigt und die Rohmaterialpreise nicht gesenkt werden können, dürfte es ausserordentlich schwierig sein, die petrochemische Industrie auf ein wirtschaftliches Produktionsniveau zu bringen. Hinzu kommt, dass die ohnehin zum Teil bescheidenen Produktionsmengen in mehreren Werken hergestellt werden: Das Produktionsvolumen für Polystyrol erreichte 1970 17.000 Jato, die Kapazität betrug 26.500 Jato, aufgeteilt auf fünf Hersteller[497]. Dabei verfügte der wichtigste Hersteller über 50 % dieser Kapazität[498].

Die Nachfrage nach Petrochemikalien dürfte Schätzungen zufolge bis 1980 jährlich um 10 bis 12 % steigen[499]. Unter der Annahme, dass die Erdölpreise in Argentinien kaum sinken werden, und unter der Berücksichtigung der gegenwärtigen Produktionsstruktur stellt sich demnach die

---

490) vgl. Consejo Técnico de Inversiones S.A., La economía argentina, a.a.O., S. 244.
491) vgl. Tabelle 40 im Anhang.
492) vgl. Zárate, a.a.O., Abschnitt 7.
493) vgl. Tabelle 41 im Anhang.
494) vgl. vorn, S. 183.
495) vgl. Zárate, a.a.O., Abschnitt 6.3.
496) vgl. AT, 19.4.1970.
497) vgl. Tabelle 40 im Anhang.
498) vgl. Consejo Técnico de Inversiones S.A., La economía argentina, a.a.O., S. 245.
499) Berechnung durch PASA Petroquímica Argentina S.A., zit. in: Consejo Técnico de Inversiones S.A., La economía argentina, a.a.O., S. 253.

folgende Frage: Ist es vorteilhafter, zur Deckung der künftigen Nachfrage neue petrochemische Industriekomplexe zu bauen, oder sind die bestehenden Anlagen zu erweitern[500]?

Im Jahre 1969 entschied die damalige Regierung, den Bau grosser Chemiekomplexe im Landesinnern durch entsprechende Vergünstigungen anzuregen, u.a. durch äusserst günstige Erdgaspreise[501] sowie durch einen Zollschutz von 30 % auf Aethylen. In der Folge wurden total elf Projekte mit Investitionen im Werte von über 460 Mio. Dollar angekündigt. Um keine Ueberkapazitäten zu schaffen, konnten jedoch nicht alle Projekte zur Verwirklichung empfohlen werden. Unter den vier wichtigsten Bewerbern[502], welche alle eine Aethylenanlage von der Kapazität zwischen 60.000 und 200.000 Jato errichten wollten, entbrannte ein "Aethylenkrieg", nachdem die Regierung Ende November 1969 das Projekt der amerikanischen Dow genehmigte[503]. Einige der bestehenden Unternehmungen schlossen sich sogar zusammen, um gemeinsam gegen Dow anzukämpfen, da dieser Grosskomplex einzelne kleinere Erweiterungsprojekte gefährdete[504].

Es gelang indessen Dow nicht, ihre Pläne zu realisieren. Mitte 1970 wurde die Regierung Onganía gestürzt; ihre Nachfolger zeichneten sich durch verstärkten Nationalismus aus. Aufgrund der neuen Lage entschloss sich Dow, mit dem Bau zuzuwarten. Die Kehrtwendung in der Wirtschaftspolitik hatte neue Verhandlungen mit Dow zur Folge, wobei der Regierung eine Minderheitsbeteiligung am Projekt angeboten wurde. Schliesslich beschloss die Regierung, die Aethylen- und Propylenanlage mit mehrheitlich staatlichem Kapital selbst zu errichten, worauf Dow von einer Be-

---

500) Es wird davon ausgegangen, dass die Alternative, die bestehenden Anlagen entweder stillzulegen oder ohne zusätzliche Investitionen weiterzuproduzieren und den zusätzlichen Bedarf durch Importe zu decken, politisch nicht realisierbar ist.
501) Gemäss Dekret Nr. 4271/69, vgl. o.V., Argentina, the Petroleum and Petrochemical Industries, in: BOLSA Review, Vol., 3, No. 36, December 1969, S. 737 ff.
502) Dow Química Argentina S.A., Compañía de Hidrocarburos S.A. (Cohisa), Petroquímica Argentina S.A. (PASA), Industrias Petroquímicas Koppers S.A. (Ipako).
503) Das Projekt der Dow, für welches als Standort Bahía Blanca (800 km südlich von Buenos Aires) vorgesehen wurde, plante die Errichtung der folgenden Kapazitäten (Jato): Aethylen 120.000, Vynilchlorur 50.000, Aethylenoxid 15.000, Propylenoxid 10.000, Aethylenglykol 20.000, Propylenglykol 10.000, chlorierte Lösungsmittel 20.000, Aetznatron (Kaustisch Soda) 100.000 und Chlor 90.000. Vgl. García und Dennis, a.a.O., S. 81; ferner AT 7.12.1969. Die Kosten dieses Chemiekomplexes wurden auf 115 Mio. Dollar veranschlagt.

teiligung absah. Die Regierung beauftragte Fabricaciones Militares mit
der Ausführung des Projekts. Zusammen mit Gas del Estado (der staatlichen Gasgesellschaft) und YPF wurde eine neue Gesellschaft unter dem
Namen "Petroquímica Bahía Blanca" (PBB) gegründet[505]. Vom gesamten
Gesellschaftskapital zeichneten FM, YPF und Gas del Estado zusammen
51 %. Die restlichen 49 % sollen durch private Investoren aufgebracht
werden[506]. Der Produktionsbeginn ist für 1975 vorgesehen, was eine
rund dreijährige Verzögerung gegenüber den ursprünglichen Plänen von
Dow bedeutet.

Fast gleichzeitig gründete der Staat, d.h. FM und YPF, eine weitere
petrochemische Unternehmung, nämlich Petroquímica General Mosconi
(PGM) mit Standort in La Plata bei Buenos Aires. Dieses Werk soll vor
allem Aromate (B-T-X) produzieren, und zwar auf der Basis von nationalen Rohstoffen. Damit befindet sich die Herstellung der beiden wichtigsten petrochemischen Grundstoffe, Aethylen und Aromate, unter staatlicher Kontrolle.

Der ursprüngliche Entscheid, die petrochemische Industrie umzustrukturieren, d.h. wenige, dafür grosse Produktionskomplexe zu errichten,
war richtig. Der zunehmende Einfluss des Staates in diesem Bereich
lässt indessen aufgrund der gemachten Erfahrungen von SOMISA, YPF und
verschiedenen Zweigunternehmen von FM begründete Zweifel aufkommen über

---

504) vgl. NZZ, 11.1.1970, Nr. 10, S. 18.
505) Die Gründung erfolgte nach den Vorschriften des Gesetzes Nr.
17.318. Petroquímica Bahía Blanca ist demnach eine "Gesellschaft
mit staatlicher Mehrheitsbeteiligung", vgl. vorn, S. 121, ferner
AT, 23.5.1971.
506) Bis Ende Mai 1973 haben drei private Unternehmungen Interesse an
einer Beteiligung gezeigt. Es handelt sich um die japanische Firma Itoh, welche ein Aktienpaket von 9 % gezeichnet hat. Allerdings stellt dies nicht eine aktive Beteiligung, sondern eine
reine Finanzaktion dar, da Itoh Partner eines der drei Konsortia
ist, welche sich an der Bauausschreibung beteiligt haben. Die
zweite Beteiligung in der Höhe von 4,9 % des Aktienkapitals erfolgte durch die Firma Industrias Patagónicas S.A. (Indupa), einer
Minderheitsbeteiligung des französischen Péchiney-Konzerns. Indupa
beabsichtigt, auf dem Gelände der PBB u.a. PVC zu produzieren.
Die dritte Beteiligung stammt von der Firma Ipako, in welcher der
amerikanische Konzern Koppers Minderheitsaktionär ist. Ipako
zeichnete 10 % des Aktienkapitals der PBB und wird auf nachgelagerter Stufe jährlich 60.000 Tonnen Polystyrol niedriger Dichte
herstellen. Vgl. Business Latin America, 24.5.1973, S. 166 f.

die operationelle Effizienz, die Flexibilität und den Innovationsgrad von Unternehmungen unter staatlicher Führung.

Das staatliche Engagement in der Petrochemie scheint überdies nicht frei von Prestigeüberlegungen zu sein; vor allem will man sich wahrscheinlich vom sogenannten "brasilianischen Wirtschaftswunder" nicht in den Schatten stellen lassen[507]. Dem ist entgegen zu halten, dass eine übermässige Expansion, welche nicht durch den Markt gerechtfertigt ist, die gegenwärtige Situation der Branche noch verschlimmern wird. Eine Lösung des Dilemmas bietet die zwischenstaatliche, d.h. überregionale Integration, welche ein grösseres Marktpotential erschliesst. Argentiniens Chancen, in der Petrochemie Lateinamerikas eine führende Rolle zu spielen, sind dank günstigen Voraussetzungen (z.B. qualifizierte Arbeitskräfte, bedeutende Erdgasvorkommen) gross[508].

g) Automobilindustrie

Die Automobilindustrie stellt wohl den dynamischsten Sektor in der Wirtschaft Argentiniens, aber auch anderer Länder Lateinamerikas, dar. Die argentinische Automobilproduktion nahm zwischen 1959 und 1971 um jährlich durchschnittlich 18,5 % zu, jene Brasiliens um 15 % und jene Mexikos um 12,5 %[509]. Der lateinamerikanische Gesamtdurchschnitt betrug in der gleichen Periode 16,7 %[510]. Vergleicht man die Produktionszahlen für die Jahre 1967 bis 1971, stellt man für Argentinien eine um die Hälfte geringere Zuwachsrate pro Jahr fest, nämlich 9,6 %. Demgegenüber vermochte Brasilien seine Produktion gewaltig zu steigern (23 % pro Jahr), während die Wachstumsrate in Mexiko nur schwach anstieg[511]. Argentiniens Fahrzeugdichte ist die höchste Lateinamerikas; 1971 entfiel ein Automobil auf 9 Einwohner (1950: 31 Einwohner)[512]. Bis 1980 soll dieses Verhältnis auf 4 gesenkt werden[513].

---

507) vgl. Link, Brasilien, a.a.O., S. 117 f.
508) vgl. z.B. Jack N. Behrman, The Role of International Companies in Latin American Integration, Autos and Petrochemicals, Lexington (Mass.)/Toronto/London 1972, speziell S. 149 ff.
509) vgl. Tabelle 42a im Anhang.
510) Errechnet aufgrund der Tabelle 42 im Anhang.
511) vgl. Tabellen 42 und 42a im Anhang.
512) vgl. Consejo Técnico de Inversiones S.A., La economía argentina, a.a.O., S. 201. Brasiliens Fahrzeugdichte betrug 1969 28, vgl. Link, Brasilien, a.a.O., S. 123.

- 201 -

Schätzungen zufolge soll der Anteil der Automobilindustrie am BIP Ende 1971 8,2 % betragen haben[514]. In der Endfabrikation sind über 40.000 Personen beschäftigt, in den Zulieferbetrieben gegen 50.000. Allein 175.000 Personen befassen sich mit der Kommerzialisierung von Automobilen und Ersatzteilen, und die Zahl derjenigen, welche sich dem Reparatur- und Unterhaltsdienst von Fahrzeugen widmen, wird auf 105.000 geschätzt[515]. Im Jahre 1972 exportierte Argentiniens Fahrzeugindustrie Güter im Wert von 36 Mio. Dollar, d.h. rund die Hälfte der seit 1959 für diese Branche registrierten Ausfuhren. Allein 11 Mio. Dollar entfielen auf die Niederlassung von Mercedes-Benz, welche in Argentinien ausschliesslich Nutzfahrzeuge herstellt[516].

Die Dynamik dieses Industriezweiges darf aber nicht über gewisse zum Teil ausserordentlich schwerwiegende Strukturmängel hinweg täuschen. Argentiniens Automobilindustrie ist eine typische Substitutionsbranche, deren Wachstum einer grosszügigen Schutzzollpolitik zu verdanken ist. Noch 1955 wurden 75 % des Bedarfs importiert; 1971 sind nur noch insgesamt 477 Fahrzeuge im Wert von 8,4 Mio. Dollar eingeführt worden: 99,8 % der gesamten Nachfrage konnte durch die landeseigene Produktion gedeckt werden[517].

Die Automobilproduktion begann im Jahre 1951; der Staatsbetrieb Industrias Mecánicas del Estado (IME) stellte in jenem Jahr 108 Fahrzeuge her. 1952 liess sich Mercedes-Benz in Argentinien nieder. 1955 entstand das Unternehmen Industrias Kaiser Argentina (IKA), welches allerdings seit 1967 im Besitz von Renault ist. Der eigentliche Boom begann erst 1959, ausgelöst durch die Vergünstigungen des Dekrets Nr. 3.693. U.a. errichteten Fiat, Ford, General Motors, Citroën und Chrysler eine eigene Produktionsstätte. Das Land verfügte derart auf einen Schlag über

---

513) vgl. The Review of the River Plate, Vol. CLIII, No. 3850, 30.3.1973, S. 426.
514) vgl. ebenda. Die genannte Zahl bezieht sich nur auf die Herstellung von Automobilen und Ersatzteilen.
515) vgl. Consejo Técnico de Inversiones S.A., La economía argentina, a.a.O., S. 203.
516) vgl. The Review of the River Plate, Vol. CLIII, No. 3850, 30.3.1973, S. 426.
517) Errechnet aufgrund der argentinischen Aussenhandelsstatistik des Jahres 1971, unter Berücksichtigung der Zollpositionen 87.01-03.

24 Automobilfabriken, von denen 1971 nur noch 10 im Betrieb waren[518].

Die Substitution der Fahrzeugimporte hatte zum Ziel, eine breite industrielle Basis zu schaffen, die Beschäftigung anzukurbeln, die Einkommen zu erhöhen und vor allem Devisen zu sparen. In diesem Zusammenhang interessiert speziell die Frage, wie gross der Effekt auf die Zahlungsbilanz innerhalb einer bestimmten Periode gewesen war, m.a.W. wie hoch die tatsächlichen Devisenersparnisse ausfielen[519].

Zwischen 1959 und 1965, also innerhalb von sechs Jahren, versechsfachte sich die argentinische Automobilproduktion[520]. Der Anteil inländischer Bauelemente stieg von 40 % auf etwa 70 %. Die Belastung der Zahlungsbilanz wuchs von 40 Mio. Dollar im Jahre 1959 auf ca. 250 Mio. Dollar im Jahre 1965 an. Unter dem protektionistischen System kostete die Herstellung eines Autos, welches in den Vereinigten Staaten für 2.000 Dollar verkauft wurde, rund 5.000 Dollar, also das Zweieinhalbfache. Der argentinischen Wirtschaft kostete 1965 die Herstellung von rund 195.000 Fahrzeugen die Summe von ca. 930 Mio. Dollar (bei Durchschnittskosten von 4.770 Dollar). Dieser Betrag setzte sich zu etwa 30 % aus Devisen (280 Mio. Dollar) und zu 70 % (650 Mio. Dollar) aus lokalen Aufwendungen zusammen. Einen substantiellen Teil dieser 650 Mio. bildeten nach Baranson die beträchtlichen Unternehmungsgewinne, welche nur dank einem hermetisch geschützten Markt möglich gewesen seien. Die Einfuhr der 195.000 Automobile hätte Argentinien rund 470 Mio. Dollar gekostet (bei einem Durchschnittspreis von 2.400 Dollar, Transport- und Versicherungskosten inbegriffen). M.a.W. musste Argentinien 650 Mio. Dollar an lokalen Mitteln aufwenden, um 190 Mio. Dollar (470 Mio. weniger 280 Mio.) Devisen zu sparen. Dieses Beispiel belegt auf eindrückliche Weise, dass Importsubstitution in den meisten Fällen mit höheren Devisenausgaben verbunden ist.

Die Politik der Importsubstitution, durchgeführt in einer unstabilen

---

518) Citroën Argentina S.A., Chrysler Fevre Argentina S.A., Fiat Concord S.A., Ford Motor Argentina S.A., General Motors Argentina S.A., IKA-Renault S.A., IME, Mercedes-Benz Argentina S.A., Safrar-Peugeot S.A. und Deca (Deutz), vgl. Consejo Técnico de Inversiones S.A., La economía argentina, a.a.O., S. 199.
519) Das folgende Beispiel ist Jack <u>Baranson</u>, Industrial Technologies for Developing Economies, New York/Washington/London 1969, S. 84, entnommen worden.
520) vgl. Tabelle 42 im Anhang.

wirtschaftlichen und politischen Umgebung, hat die Produktionsstruktur der Automobilindustrie äusserst nachteilig beeinflusst. Der (auch heute noch) relativ bescheidene Markt gestattet bei zehn Herstellern und einer grossen Zahl von Zulieferbetrieben keine Skalenerträge. Hinzu kommt die Vielzahl der angebotenen Modelle. Die Produktion kleiner Serien hat jedoch höhere Einheitskosten und damit einen ineffizienten Mitteleinsatz zur Folge[521]. Die zehn Automobilfabriken haben ihre Produktionskapazitäten im Durchschnitt nur zu 60 % ausgelastet; in einzelnen Fabrikationsbereichen ist der Auslastungsgrad zum Teil noch geringer[522].

Die Zulieferindustrie umfasst rund 670 Unternehmungen, von denen 250 ungefähr 80 % des Produktionsvolumens erbringen[523]. Rund 60 % der Zulieferbetriebe entfallen auf die Metallindustrie. Die argentinischen Zulieferer produzieren durchschnittlich doppelt so teuer wie diejenigen der Länder , aus welchen die lokalfabrizierten Marken stammen. Ein Drittel der höheren Produktionskosten dürfte auf die fehlende Massenproduktion, zwei Drittel dagegen auf die durch hohe Zölle verteuerten Rohstoffe zurückzuführen sein[524]. Infolge der hohen Produktionskosten erweist sich deshalb die gesamte Automobilbranche als ausgesprochen exportunfähig [525]. Es ist ihr hauptsächlich aus diesem Grund nicht möglich, in grössere, d.h. regionale Märkte einzudringen. Indessen sind es gerade diese die Landesgrenzen überschreitenden Märkte, welche dank ihrem Potential die besten Chancen für Skalenerträge bzw. effiziente Produktionsprozesse bieten[526].

Die unstabile und deswegen kaum prognostizierbare gesamtwirtschaftliche Entwicklung Argentiniens, d.h. jene berüchtigten "Stop-and-go-cycles"

---

521) vgl. Baranson, Technologies, a.a.O., S. 86.
522) So wird für die Karosseriemontage ein Auslastungsgrad von 55 % und für die Endmontage ein solcher von 54 % angegeben, vgl. ADEFA, La industria automotriz argentina, informe económico 1969, Buenos Aires 1969, S. 67 ff.
523) vgl. Consejo Técnico de Inversiones S.A., La economía argentina, a.a.O., S. 203.
524) vgl. ADEFA, a.a.O., S. 42 ff.
525) Die eingangs erwähnten Exporte der Automobilindustrie im Jahre 1972 dürften nur deshalb verhältnismässig bedeutend gewesen sein, weil ihnen beachtliche Exportvergünstigungen zuteil geworden sind, unterstützt durch eine zeitweise unterbewertete Währung.
526) vgl. Baranson, Technologies, a.a.O., S. 87.

(Díaz Alejandro) vermochten die Wirtschaftlichkeit der Automobilproduktion entscheidend zu beeinflussen. In einem schlechten Jahr ist es demzufolge durchaus möglich, dass die Auslastung der Anlagen um 60 % sinkt. Dies wiederum erzeugt ernsthafte Personalprobleme: Die Unternehmungen werden gezwungen, durch sie ausgebildete Fachleute zu entlassen. Anderseits macht sich mancher Spezialarbeiter in Zeiten von Hochkonjunktur selbständig[527], um auf eigene Rechnung einen Reparatur- oder Zulieferbetrieb zu eröffnen[528].

Die argentinische Automobilindustrie leidet unter einer Kombination von schwankender Nachfrage, ungünstigen Zulieferbedingungen und periodischen Verlusten in Rezessionen. Der beschränkte Markt und der intensive Konkurrenzkampf führten zu einer Proliferation des Modellangebots und damit zu einer Kosten-Gewinn-Klemme (cost-profit-squeeze)[529]. Das Produktionsrisiko wird ausserdem erhöht durch Devisenbewirtschaftung, Importbeschränkungen sowie Vorschriften über die Verwendung nationaler Bauelemente. In bezug auf letztere ist z.B. festgestellt worden, dass sich in Argentinien der Produktionskostenindex von 170 Punkten bei 50 % nationalen Bauelementen auf 250 Punkte bei 90 % anstieg. Die Hauptursache ist in der fehlenden Integration der Zulieferbetriebe zu suchen[530].

Mitte 1971 erliess der Staat neue gesetzliche Bestimmungen, um der Automobil- und Zulieferindustrie eine effizientere Struktur zu verleihen[531]. Ziele der neuen Vorschriften sind u.a.:

- Senkung der Preise für Automobile im Inland;
- Förderung der Konzentration bzw. vertikalen Integration der Montage- und Zulieferbetriebe;
- Förderung nationaler Technik und nationaler Modelle;
- geographische Dezentralisierung der Produktion;
- Exportförderung.

---

527) vgl. vorn, S. 92.
528) vgl. Baranson, Technologies, a.a.O., S. 87.
529) vgl. Jack Baranson, Automotive Industries in Developing Countries, Washington January 1969, S. 52 f., ferner ders., Technologies, a.a.O., S. 88.
530) vgl. Behrman, International Companies, a.a.O., S. 145.
531) Gesetz Nr. 19.135, vgl. für das folgende insbesondere Consejo Técnico de Inversiones S.A., La economía argentina, a.a.O., S. 208 ff., ferner AT, 25.7.1971.

Die wichtigsten Bestimmungen dieses Gesetzes sind:

- Bis zum 31. Dezember 1980 wird der Bau und Betrieb neuer Automobilfabriken untersagt. Ausgenommen ist die Fusion bestehender Unternehmungen. Ebenso wird bis 1980 die Einfuhr fertiger Fahrzeuge verboten, mit Ausnahme von maximal drei Prototypen pro Modell.

- Die Einführung neuer Modelle der Kategorie Personenwagen wird nur bewilligt, wenn im Vorjahr von einem Modell eine bestimmte Minimalserie hergestellt worden ist. Die Basis für 1973 sind 15.000 Einheiten; die Skala erhöht sich um jährlich 5.000, so dass die Minimalserie im Jahre 1980 50.000 Stück betragen wird.
Die Einfuhr von Matrizen und Anlagen zur Herstellung von Karosserieteilen ist bewilligungspflichtig.

- Die Importkomponente wird für Personenwagen von 5 auf 4 % und für Nutzfahrzeuge von 13 auf 10 % ihres fob-Wertes gesenkt.

- Es wird eine möglichst grosse Standardisierung von Einzelteilen angestrebt, wobei die Automobilhersteller verpflichtet werden, solche standardisierte Bestandteile zu verwenden.

- Die Ausfuhr von Fahrzeugen und Bestandteilen geniesst eine hohe Exportrückvergütung[532].

- Unternehmungen der Automobilbranche, deren Kapital zu mindestens 51 % im Besitz von im Lande wohnhaften Personen ist, geniessen eine Vorzugsbehandlung in bezug auf Finanzhilfe für Investitionen und Betriebsmittel. Ihre Modellpolitik ist überdies keinen Restriktionen unterworfen.

- Nationale Unternehmungen lokalen Kapitals dürfen 100 % jener Steuern mit der Einkommenssteuer verrechnen, welche sie in dem Lande zu bezahlen haben, in welchem Fahrzeuge bzw. Bestandteile argentinischen Ursprungs in Lizenz hergestellt werden.

---

532) vgl. hinten, S. 313 f.

Ob das Gesetz die gewünschte Verbesserung der Produktionsstruktur nach sich ziehen wird, muss ernsthaft bezweifelt werden, besonders deshalb, weil aufgrund vieler restriktiver Einzelvorschriften keine echte Konkurrenz geschaffen wird.

Unter dem Gesichtspunkt der Zielsetzungen des Gesetzes Nr. 19.135 mutet es deshalb sonderbar an, dass der Staat 1972 die Bewilligung zum Bau einer zusätzlichen Fabrik für schwere Lastwagen erteilt hat[533], obwohl die zwei im Lande bereits produzierenden Unternehmungen Fiat und Deutz unausgelastete Kapazitäten aufzuweisen hatten. Die schwedische Unternehmung Saab-Scania hat sich verpflichtet, in der Provinz Tucumán schwere Lastwagen (inklusive Motoren) herzustellen und vor allem zu exportieren. Vollends unverständlich erscheint dieses Investitionsprojekt in Kenntnis der Hintergründe, welche der Bewilligung zugrunde liegen: Die Wirtschaft der Provinz Tucumán unterliegt seit einiger Zeit einer Strukturkrise. Im Zuge der Rationalisierung des wichtigsten Produktionszweiges, der Zuckerindustrie, sind zahlreiche Arbeitskräfte freigesetzt worden, welche anderweitig keine Beschäftigung finden konnten. M.a.W. wird versucht, das Problem einer strukturellen Arbeitslosigkeit mit der Ansiedelung eines arbeitssparenden bzw. kapitalintensiven Produktionsbereiches zu lösen.

Aehnlich wie im Falle der Petrochemie und der Hüttenindustrie dürfte eine qualitative Verbesserung der Produktionsstruktur am ehesten durch eine lateinamerikanische Integration der Märkte und der Produkte, m.a. W. über eine Spezialisierung, zu erreichen sein[534]. Die Automobilindustrie bietet dafür geeignete Voraussetzungen, unterhalten doch immerhin elf multinationale Automobilkonzerne einen Produktions- bzw. Montagebetrieb in vier und mehr Ländern der ALALC[535]. Allein die Integration der Märkte Argentiniens, Brasiliens und Mexikos drängt sich geradezu auf, entfielen doch allein auf diese drei Länder 88 % der in Lateinamerika hergestellten Fahrzeuge des Jahres 1971. Die Tatsache, dass der grösste Automobilhersteller Argentiniens, Fiat, 1972 knapp

---

533) vgl. Business Latin America, 5.12.1972, S. 318.
534) vgl. auch hinten, S. 319 f.
535) Es sind dies Chrysler, Ford, General Motors, Rambler, Willys, Peugeot, Renault, Fiat, Mercedes-Benz, Volkswagen und Nissan, vgl. Jorge L. Paquien, La industria automotriz en la ALALC, Buenos Aires 1969, S. 20 ff.

64.000 Autos herstellte, zeigt, dass die Integration allein der Fiat-Werke in Lateinamerika gewaltige Vorteile bringen würde[536].

3. Industrielle Ballung

Die geographische Verteilung der industriellen Produktion lässt sich beispielsweise nach den folgenden Kriterien bestimmen:
nach
- der Zahl der Betriebe,
- der Zahl der Beschäftigten,
- dem Produktionswert,
- der Höhe des investierten Kapitals,
- der Summe der ausbezahlten Löhne und Gehälter[537].

Die räumliche Ballung der Industrie wird zumeist begleitet von einer Konzentration der Bevölkerung[538], des Volkseinkommens, der Märkte, kurz: der gesamten Handels- und Finanzstruktur. Der Fall der Megalopolis Gross-Buenos Aires kann hiefür als exemplarisch gelten.

Obwohl die Erhebung des verfügbaren statistischen Materials bereits einige Jahre zurückliegt, dürfte sich der darin aufgezeigte Trend kaum abgeschwächt haben[539]. Die Industriezählung des Jahres 1964 ergab für Gross-Buenos Aires die folgenden Kennzahlen:

- 43,6 % der Betriebe,
- 54,3 % der Beschäftigten,
- 60,1 % der Löhne und Gehälter und
- 56,1 % des Produktionswertes.

Schliesst man die Region Pampa und die Region Zentrum in die Betrachtungen ein, ergibt sich ein noch prägnanteres Bild der industriellen Ballung:

---
536) vgl. Tabelle 42 und 42b im Anhang.
537) vgl. Link, Mexiko, a.a.O., S. 93.
538) vgl. vorn, S. 77 f.
539) vgl. Tabelle 44 im Anhang.

- 81,6 % der Betriebe,
- 84,4 % der Beschäftigten,
- 87,4 % der Löhne und Gehälter und
- 85,9 % des Produktionswertes.

Abb. 13 veranschaulicht auf eindrückliche Weise das Polarisationssystem der argentinischen Wirtschaft in den Sechzigerjahren. Ohne zu übertreiben, kann gesagt werden, dass sich rund vier Fünftel der wirtschaftlichen Tätigkeit des Landes auf den sogenannten Litoral, d.h. das Gebiet, welches sich von La Plata über Buenos Aires, Rosario, Santa Fé, Paraná bis Córdoba erstreckt, konzentriert. Es stellt sich deshalb die Frage, ob der Verlauf der räumlichen Ballung der Industrialisierung zufällig vor sich gegangen ist oder ob sie bewusst gesteuert werden konnte.

Zunächst muss festgehalten werden, dass Buenos Aires als industrielles Ballungszentrum auf natürliche Weise entstanden ist. Buenos Aires verfügte bereits früh über einen Hafen, der für den wirtschaftlich entwickelteren nördlichen Teil des Landes den nächsten Zugang zum Meer bedeutete[540]. Die räumliche Struktur der Industrie ist indessen vor allem durch den Ausbau der Infrastruktur, vorab der Eisenbahnen, geprägt worden[541].

Grundsätzlich steht dem Staat eine ganze Reihe von Instrumenten zur Verfügung, mit denen er die Standortwahl für industrielle Ansiedelungen beeinflussen kann. Vielfach wird versucht, die Arbeits- und Kapitalmobilität zu fördern, externe Ersparnisse durch Bildung eines sogenannten "social overhead capital"[542] zu ermöglichen oder die Preis-Kosten-Struktur zwischen einzelnen Regionen in bezug auf Herstellung und Transport der Güter zu bestimmen[543]. Argentinien hat seit jeher versucht, auf dem Weg der bundesstaatlichen und provinziellen Gesetzgebung eine grösstmögliche Dezentralisierung der industriellen Produktion zu

---

540) vgl. dazu die Ausführungen im wirtschaftshistorischen Teil, vorn S. 31 ff.
541) vgl. hinten, S. 231 ff.
542) Es handelt sich dabei um die materielle und immaterielle Infrastruktur im weitesten Sinne.
543) vgl. Mario S. **Brodersohn**, Regional Development and Industrial Location Policy in Argentina, Buenos Aires 1967, S. 69.

Abb. 13

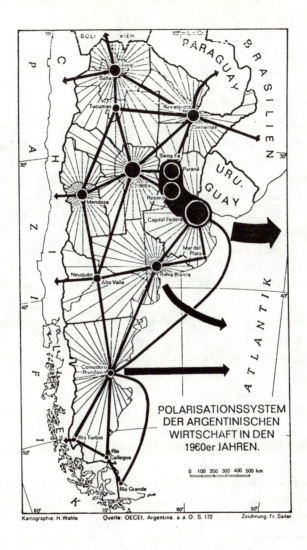

aus: Peter W. Fischer, Der Einfluss des Auslandskapitals auf die wirtschaftliche Entwicklung Argentiniens 1880 - 1964, Göttingen 1970, S. 88.

erreichen, vor allem, um Gross-Buenos Aires zu entlasten. Im Rahmen verschiedener Industrieförderungsgesetze[544] wollte man mit Massnahmen vorab fiskalpolitischer Natur (Steuerbefreiung, zollfreie Einfuhr von Maschinen und Einrichtungen etc.) die Industrialisierung unterentwickelter Regionen, wie z.B. Patagonien, den Nordwesten und den Nordosten, fördern.

Diese Massnahmen, welche auf einen Ausgleich des regionalen Ungleichgewichts abzielten, zeitigten indessen nicht den gewünschten Erfolg. Im Zeitraum von 1958 bis 1969 entfielen 44 % der im Rahmen von Förderungsgesetzen getätigten Investitionen auf die Bundeshauptstadt und Gross-Buenos Aires, 17 % auf den Rest der Provinz Buenos Aires, 14 % auf die Provinz Córdoba und 12 % auf die Provinz Santa Fé. Patagonien erhielt 7 %, der Rest von 6 % verteilte sich auf die übrigen Regionen[545]. Man kann deshalb mit Fug behaupten, dass das gesetzliche Instrumentarium vielmehr kontra-produktive Wirkungen zur Folge hatte, indem nämlich das regionale Ungleichgewicht zum Teil noch verstärkt worden ist[546].

Dieses Phänomen kann wie folgt erklärt werden: Ausschlaggebend für die Verwirklichung eines Investitionsprojekts waren nicht in erster Linie die fiskalischen Vergünstigungen, sondern das Vorhandensein der notwendigen Transport- und Energiefazilitäten, qualifizierter Arbeitskräfte und die Nähe der grossen Konsumzentren. So war der Standort der chemischen und petrochemischen Industrie in der Provinz Santa Fé bestimmt durch die Lage der Erdölraffinerien in San Lorenzo bei Rosario, welche ihre Rohstoffe über die Erdöl- und Gaspipeline direkt von Campo Durán (Provinz Salta, an der Grenze zu Bolivien) beziehen können[547]. Der Raum Córdoba - Santa Fé - Rosario hat seine industrielle Bedeutung vor allem dank der Tatsache erreicht, dass ihm qualifizierte Arbeitskräfte, ausreichende Energiequellen und günstige Transportverhältnisse zum Raum Gross-Buenos Aires zur Verfügung standen[548]. Die Förderung

---

544) Der Industrieförderungsgesetzgebung ist ein besonderer Abschnitt gewidmet, vgl. hinten, S. 258 ff.
545) vgl. Dirección Nacional de Estudios Industriales, Análisis tentativo sobre los regímenes de promoción industrial en la República Argentina, Buenos Aires 1970 (Vervielfältigung).
546) Dies wird von offizieller Seite unumwunden zugegeben, vgl. ebenda.
547) vgl. Bohrisch und Minkner, a.a.O., S. 93, ferner Quargnolo, a.a.O., S. 62.
548) vgl. Fernando A. Ibarra, La industria en la Provincia de Córdoba, in: Revista de la Unión Industrial Argentina, Enero-Marzo 1968, S. 51 ff.

kapitalintensiver Produktionsbereiche ab 1960 (Petrochemie, Hüttenindustrie, Automobil-, Zellulose- und Papierindustrie) verschärfte also das regionale Ungleichgewicht. Die standortmässigen Vorteile von Regionen, welche bereits einen gewissen Industrialisierungsgrad aufweisen konnten, überwogen sämtliche noch so grosszügigen Vergünstigungen fiskalpolitischer Natur in unterentwickelten Gebieten. Brodersohn führt das Scheitern der Regionalpolitik nicht nur auf die Tatsache zurück, dass die einzelnen förderungswürdigen Regionen an sich ein unterschiedliches Entwicklungspotential aufweisen. Vielmehr würden bei Investitionsentscheiden Steuervergünstigungen nur dann in Betracht gezogen, wenn das notwendige "social overhead capital" bereits vorhanden sei[549]. Zur Lösung dieses Problems habe jedoch der Staat wenig beigetragen.

1972 wurde ein neues Industrieförderungsgesetz erlassen, mit dem Ziel, die industrielle Dezentralisierung zu erzwingen[550]. Zu diesem Zweck wird die Errichtung neuer Industriebetriebe in der Bundeshauptstadt verboten (Art. 9). Auf neue Industriebetriebe in Gross-Buenos Aires wird bis zum 31. Dezember 1982 eine einmalige Steuer erhoben, und zwar von 50 % des Anlagevermögens für Betriebe im Umkreis von 40 km, gerechnet ab km 0 der Bundeshauptstadt und von 30 % auf solche im Umkreis von 40 bis 60 km (Art. 13)[551]. Andere Gebiete, wie z.B. Rosario, Córdoba oder Mendoza, sind von dieser Steuer befreit; sie gelangen hingegen nicht in den Genuss der spezifischen Vergünstigungen dieses Gesetzes[552].

Die Botschaft zum Gesetz enthält indessen keinerlei Hinweise darüber, in welcher Form der Staat gedenkt, die notwendige Infrastruktur in den steuerfreien und begünstigten Regionen zu garantieren. Ganz abgesehen davon scheint auch die Frage prüfenswert zu sein, in welchen Fällen eine Dezentralisierung der Produktion ausgesprochen antiökonomisch sein würde. Man kann sich deshalb des Eindrucks nicht erwehren, dass dieses Gesetz vielmehr einen "Ansporn zur Unwirtschaftlichkeit" darstellt[553].

---

549) vgl. **Brodersohn**, Regional Development, a.a.O., S. 90.
550) Gesetz Nr. 19.904.
551) vgl. auch Deutsche Ueberseeische Bank, Wirtschaftsbericht, Oktober 1972, S. 12.
552) vgl. hinten, S. 261.
553) vgl. The Review of the River Plate, Vol. CLII, No. 3835, 31.10. 1972, S. 656.

Mit der ihr eigenen Art von Ironie vermutete die angesehene englischsprachige Wirtschaftszeitschrift "The Review of the River Plate" hinter der neuen Gesetzgebung jene berüchtigte "Theorie der Elektrizitätsdiät"[554]. Diese besagte, dass durch eine Beschränkung der elektrischen Energie in Gross-Buenos Aires eine wirksame Dezentralisierung der industriellen Produktion erreicht werden könne. Die Folge dieser tatsächlich in die Praxis umgesetzten "Theorie" war, dass die in Gross-Buenos Aires niedergelassenen Betriebe zur unwirtschaftlichen Eigenproduktion von Elektrizität übergingen[555].

Die industrielle Dezentralisierung ist auch für die Zukunft ein unbedingt erstrebenswertes Ziel. Um es zu erreichen, muss indessen differenziert vorgegangen werden. Die regionalen Förderungsmassnahmen müssen auf soziale Kosten-Nutzen-Berechnungen abstellen. M.a.W. gilt es, die Frage zu beantworten, in welcher Region was für eine industrielle Tätigkeit den grössten Entwicklungseffekt bewirkt, und zwar unter Berücksichtigung der infrastrukturellen Erfordernisse (Transport, Verbindungen, Energie etc.), der Rohstoffbeschaffung, der Produktionskosten, der vorhandenen Arbeitskräfte im quantitativen wie qualitativen Sinn etc. Zu diesem Zweck scheint es unerlässlich zu sein, die für die Regionalpolitik verantwortlichen Behörden organisatorisch und verantwortungsmässig ebenfalls zu dezentralisieren, mit der Aufgabe, ihre Region als Standort für gewisse Industrien zumindest ebenso attraktiv zu gestalten wie es die Agglomeration Gross-Buenos Aires gegenwärtig ist.

---

554) vgl. The Review of the River Plate, Vol. CLII, No. 3835, 31.10.1972, S. 644.
555) vgl. vorn, S. 185 f.

D. Tertiärer Sektor

1. Uebersicht

In Anbetracht der Fragestellung der vorliegenden Arbeit beschränken sich die Ausführungen unter diesem Titel auf einen einzelnen Bereich des Dienstleistungssektors, nämlich auf den Fremdenverkehr. Im Falle des Tourismus' offenbart sich ein Produktionsbereich, dessen Möglichkeiten in Argentinien noch grösstenteils unerschlossen sind. Insbesondere würde ein grösserer Anteil am internationalen Tourismus eine spürbare Entlastung der Zahlungsbilanz bringen.

2. Stand des Tourismus' in Argentinien

Die meisten Länder Lateinamerikas, mit Ausnahme von Mexiko und Uruguay, weisen eine negative Touristikbilanz auf[556]. Traditionell wird deshalb auch Argentiniens Zahlungsbilanz durch den Fremdenverkehr belastet. Zwischen 1960 und 1970 sind pro Dollar Einnahmen aus dem Fremdenverkehr durch argentinische Touristen im Ausland im Durchschnitt 2,5 Dollar ausgegeben worden. Dieses negative Verhältnis erreichte sein Maximum im Jahre 1965 (3,38 Dollar) und ist seither ständig gesunken (1970: 1,76 Dollar)[557]. Nach ihrer Herkunft überwiegen die Besucher aus Brasilien, Chile und Uruguay deutlich; mehr als zwei Drittel der im Jahre 1970 registrierten Touristen stammten aus diesen drei Nachbarstaaten[558]. Der Touristenstrom aus Ländern mit relativ hoher Kaufkraft (Vereinigte Staaten, Europa) fällt hingegen mit einem Anteil von etwa 16 % bescheiden aus. Seit 1963 ist eine jährlich steigende Zahl von Besuchern festzustellen; sie hat sich bis 1970 annähernd verdreifacht, wobei die grösste Zunahme auf die Periode 1967-1970 fällt[559].

---

556) In bezug auf den Saldo in der Zahlungsbilanz und den Besucherstrom, vgl. Doreen E. Crompton de Calvo, Tourism in Latin America, in: BOLSA Review, Vol. 3, April 1969, No. 28, S. 200 ff., ferner Link, Mexiko, a.a.O., S. 96 ff.
557) vgl. Tabelle 45a im Anhang.
558) vgl. Tabelle 45 im Anhang.
559) vgl. ebenda.

Die Entwicklung des Fremdenverkehrs steckt in Argentinien noch in den Anfängen, und seine gegenwärtige wirtschaftliche Bedeutung steht in keinem Verhältnis zum Potential. Argentinien bietet weltweit gesehen ein äusserst vielfältiges touristisches Angebot, welches nur von wenigen Ländern übertroffen werden dürfte. Im folgenden seien die wichtigsten Regionen und ihr Angebot kurz gestreift[560]:

- Buenos Aires
  Grösstes kulturelles Zentrum ganz Lateinamerikas. Es sei lediglich an das weltberühmte Opernhaus "Teatro Colón" erinnert, dessen Aufführungen denjenigen der Metropolitan Opera New York oder der Mailänder Scala ebenbürtig sind.

- Atlantikküste
  Klassische Baderegion mit Zentrum Mar del Plata.

- Bariloche und Region Comahue
  Gebirgsgegend mit riesigen Seen und natürlichen Wäldern, klimatisch am ehesten vergleichbar mit den europäischen Alpen, hervorragende Bedingungen für Winter- und Sommertourismus (Skifahren, Jagd, Fischen etc.).

- Feuerland und Antarktis
  Kreuzfahrten südlich des Kap Horn gehören zu den eindrucksvollsten Reisemöglichkeiten.

- Nordwesten
  Andine und subandine Zone, Tradition spanischer Kolonisation, indianische Kultur, Heilquellen.

- Iguazú
  Subtropische Zone an der Grenze zu Brasilien und Paraguay mit den weltbekannten Wasserfällen des Iguazú.

---

560) vgl. Claude Sauer, Tourism Development of the Northwest of Argentina, Buenos Aires 1971 (Vervielfältigung), S. 2.6.

- Cuyo
  Subandine Zone mit Zentrum Mendoza, Heilquellen.

- Córdoba
  Trockenes voralpines Klima, Sierras.

Dieses diversifizierte Angebot an touristisch attraktiven Landschaften stösst aber in bezug auf seine wirtschaftliche Nutzung auf einige schwerwiegende Hindernisse.

3. Probleme und Perspektiven

Aus der Sicht der internationalen Touristenströme hat sich die periphere Lage Argentiniens besonders nachteilig ausgewirkt. In den sogenannten "Inklusiv-Reisen", von welchen insbesondere Mexiko profitiert, ist in der Regel kaum ein kurzer Besuch von Buenos Aires eingeschlossen[561]. Einerseits hängt dies mit den geradezu prohibitiven Flugtarifen zusammen, welche den Tourismus einschränken[562]. Anderseits fehlte während Jahrzehnten eine intensive Propagandatätigkeit im Ausland, um für das touristische Angebot zu werben[563].

Indessen ist es wenig sinnvoll, im Ausland Propaganda zu treiben, wenn die vorhandene Infrastruktur einen massiven internationalen Touristenzustrom nicht verkraften kann. Während in bezug auf Transportmöglichkeiten seit Mitte der Sechzigerjahre beachtliche Fortschritte erzielt worden sind[564], ist das Angebot an geeigneten Unterkünften mit Aus-

---

[561] vgl. Claude Sauer, Tourism Development of the Northwest of Argentina, Buenos Aires 1971 (Vervielfältigung), S. 2.7.
[562] vgl. Business Latin America, 7.9.1972, S. 287. Demgegenüber wird der Tourismus von Argentinien in Richtung Vereinigte Staaten oder Europa tariflich begünstigt, indem zwischen dem 15. September und 15. April auf dem normalen Flugtarif ein Rabatt von 25 % gewährt wird.
[563] vgl. Sauer, a.a.O., S. 2.7., der hervorhebt, dass das "Rindfleisch-Tango-Pampa"-Image Argentiniens unbedingt einer Korrektur mittels geeigneter Werbung bedürfe.
[564] Fremdenverkehrszentren wie Bariloche, Mar del Plata, der Nordwesten, Iguazú, Córdoba oder Mendoza sind heute per Auto auf gut ausgebauten Strassen mühelos erreichbar. Dasselbe gilt für die innerargentinischen Flugverbindungen. Auch das Angebot der staatlichen Eisenbahngesellschaft hat sich in qualitativer Hinsicht entscheidend verbessert.

nahme von Buenos Aires, Bariloche, Mar del Plata, Córdoba und zum Teil
Mendoza im Vergleich zu den international üblichen Anforderungen an
Komfort, Dienstleistungen etc. immer noch dürftig und muss dringend
erweitert werden. Dies scheint damit zusammenzuhängen, dass der argentinische Tourist diesbezüglich verhältnismässig anspruchslos ist.

Aufgrund volkswirtschaftlicher Ueberlegungen sollte der Fremdenverkehr in Argentinien absolute Priorität geniessen. Investitionen in diesem Bereich zeigen in der Regel rasche Erfolge, da sich der Einkommensmultiplikator schneller auswirkt als in den übrigen Wirtschaftszweigen[565]. Der Multiplikatoreffekt wird für Lateinamerika mit 3.0 bis 3.5 angenommen[566]. Ausserdem handelt es sich um einen ausgesprochen arbeitsintensiven Produktionsbereich. Der Fremdenverkehr bietet deshalb die Möglichkeit, die strukturelle Arbeitslosigkeit im industriellen Sektor zu lindern. Zwar erfordert die wirtschaftliche Nutzung des Touristikpotentials hohe Anfangsinvestitionen in bezug auf Infrastruktur, wobei gerade Investitionsrechnungen für Hotelbauten lediglich eine eher bescheidene Kapitalverzinsung voraussagen. Hinzu kommen die Unzulänglichkeiten des lokalen Kapitalmarktes[567]. Dessen ungeachtet scheinen jedoch allein die potentiellen positiven Auswirkungen des Fremdenverkehrs auf die Zahlungsbilanz dessen vorbehaltlose Förderung zu rechtfertigen.

Seit Beginn der Siebzigerjahre unternimmt Argentinien beachtenswerte Anstrengungen, um dem Fremdenverkehr aus seiner bisher marginalen wirtschaftlichen Bedeutung herauszuhelfen. Planung, Koordination und Ueberwachung dieser Bemühungen obliegt der Dirección Nacional de Turismo (DNT), d.h. der staatlichen Fremdenverkehrsbehörde. Die Befolgung nachstehender Empfehlungen von Fachleuten scheint geeignet zu sein, dem Tourismus neue Impulse zu verleihen[568]:

Die Komplexität des Fremdenverkehrs in Argentinien, vor allem in bezug auf das vielfältige Angebot, verlangen nach einer straffen Organisation, welche Planung und Aktionen auf nationaler und regionaler Ebene koordiniert und überwacht. Das Angebot erfordert aufgrund der verschiedenen

---

565) vgl. Jesús <u>Rodriguez y Rodriguez</u>, Importancia económica del turismo, in: El Trimestre Económico (México), Vol. XXXVI, Abril-Junio 1969, No. 142, S. 273 ff.
566) vgl. <u>Crompton de Calvo</u>, a.a.O., S. 202.
567) vgl. ebenda, S. 209.

Nachfragemotivationen eine breite Strukturierung, z.B. nach "Inklusive-Reisen", Sozialtourismus, Jugendtourismus, Wochenendreisen etc. Dabei muss berücksichtigt werden, dass die Werbeanstrengungen vor allem auf den lateinamerikanischen Markt gerichtet werden, da dieser kurz- und mittelfristig am ergiebigsten sein dürfte[569]. Der Inlandreisetätigkeit, welche bereits rund ein Viertel der Bevölkerung umfasst und dank des hohen Motorisierungsgrades noch gesteigert werden kann, ist unbedingte Priorität einzuräumen. Die vielschichtigen Aufgaben der Fremdenverkehrsförderung erheischen deshalb eine gezielte Investitionspolitik. Das Angebot, insbesondere die Unterkunftsmöglichkeiten, verlangt nach einer gewissen Standardisierung. Zwischen der Qualität des Angebots und den Preisen muss ferner eine vernünftige Relation bestehen[570]. Ganz besondere Anstrengungen müssen in bezug auf Aus- und Weiterbildung der Arbeitskräfte unternommen werden. Touristisch attraktive Landschaften müssen als solche erhalten und vor übermässiger "Industrialisierung" geschützt werden.

Einige dieser Postulate stehen bereits in der Verwirklichungsphase. Die Chancen, dass sich Argentiniens Fremdenverkehr zu einem dynamischen Wirtschaftszweig entwickelt, sind gross. Aber sie müssen wahrgenommen werden.

---

568) vgl. Sauer, a.a.O., S. 1.5. ff.
569) vgl. die bisherige Entwicklung in Tabelle 45 im Anhang, ferner AT, 6.8.1972.
570) So sollen beispielsweise die hohen Unterkunftspreise in Brasilien insbesondere den internationalen Touristenstrom negativ beeinflussen; vgl. Business Latin America, 7.9.1972, S. 287.

IV. Zusammenfassung

Die bisherigen Darlegungen zum Aufbau der argentinischen Volkswirtschaft lassen sich wie folgt zusammenfassen:

- <u>Bevölkerungsstruktur</u>. Argentinien weist eine ihrer Herkunft nach durchwegs europäische Bevölkerung auf, welche aufgrund ihrer Kultur und ihres Lebensstiles zum übrigen Lateinamerika in einem gewissen Kontrast steht. Sie konzentriert sich räumlich in den wirtschaftlich entwickelten bzw. industrialisierten Regionen, zur Hauptsache in Gross-Buenos Aires. Es handelt sich um eine Gesellschaft mit ausgesprochen hoher sozialer Mobilität, wobei diese in städtischen Verhältnissen naturgemäss ausgeprägter ist als in ländlichen. Charakteristisch für Argentinien ist ein breiter Mittelstand.

- <u>Einkommensverteilung</u>. Die Einkommen sind, was die unteren und mittleren Schichten anbelangt, gleichmässiger verteilt als im übrigen Lateinamerika. Eine beachtliche Einkommenskonzentration ist an der Spitze der Verteilung festzustellen. Argentinien weist das höchste Pro-Kopf-Einkommen ganz Lateinamerikas auf, eine Tatsache, welche sich in einem relativ hohen Lebensstandard widerspiegelt. Fast alle Einkommensschichten weisen einen überraschend hohen Anteil an Selbständigerwerbenden auf. Das Verhältnis Lohnempfänger/Selbständigerwerbende hat sich im Verlauf der industriellen Entwicklung zugunsten der letzteren verschoben. Dies scheint im Widerspruch mit den in den meisten Industrieländern gemachten Beobachtungen zu stehen.

- <u>Marktpotential</u>. Das Marktpotential ist insbesondere in bezug auf dauerhafte Konsumgüter bedeutend. Hingegen erscheint es für die meisten Basisprodukte, insbesondere Petrochemie und Hüttenindustrie, noch zu wenig entwickelt. Es wurde durch die unstabile Entwicklung der Reallöhne nachhaltig beeinflusst.

- <u>Investitionssektor</u>. Einer hohen Bruttoinvestitionsrate steht ein unterdurchschnittlich zunehmendes Bruttoinlandprodukt gegenüber, was einerseits auf die unstabilen politischen Verhältnisse, anderseits aber auf eine protektionistische Industrialisierungspolitik zurückzuführen ist, deren Folgen Kapitalverschwendung und sektorales Ungleichgewicht sind.

- Staatswirtschaftlicher Sektor. Die Bedeutung des Staates im Industrialisierungsprozess wird dadurch unterstrichen, dass er rund zwei Fünftel des Bruttoinlandprodukts direkt zu beeinflussen vermag. Der Staatshaushalt erweist sich als traditionell stark defizitär; von ihm gehen starke Inflationsimpulse aus. Auf der Einnahmenseite ist ein übermässiges Gewicht der indirekten Steuern festzustellen, was einen konjunkturgerechten Einsatz der Fiskalpolitik beeinträchtigt. Die Ausgaben des Staates sind aufgrund des fehlenden einheitlichen Kassen- und Rechnungssystems kaum unter Kontrolle zu bringen. Die staatlichen Betriebe und Unternehmungen bilden die Hauptquellen des Defizits. Die ausserordentlich hohe externe Verschuldung (vor allem kurz- und mittelfristiger Natur) äussert sich in einem Zinsendienst, für welchen rund ein Drittel der Exporterlöse aufgewendet werden müssen.

- Aussenwirtschaftlicher Sektor. Auf der Exportseite überwiegen die Rohstoffe des Primärsektors. Seit 1966 ist eine zunehmende Diversifizierung des Exportsortiments, vor allem industriell hergestellter Güter, festzustellen. Zufolge Importsubstitution setzen sich die Einfuhren hauptsächlich aus Kapitalgütern, Rohstoffen und Halbfabrikaten zusammen. Der Aussenhandel weist über längere Perioden beträchtliche Schwankungen auf, welche sich in häufigen Zahlungsbilanzschwierigkeiten niederschlagen. Die wichtigsten Handelspartner Argentiniens sind die Europäische Gemeinschaft und die EFTA, die Vereinigten Staaten und die Länder der ALALC.

- Landwirtschaft. Trotz der offensichtlichen Tatsache, dass der Primärsektor zum grössten Teil die Importkapazität des Landes bestimmt, erfährt die Landwirtschaft nicht die ihrem Potential entsprechende Unterstützung, vorab, um eine Einkommensumverteilung vom industriellen zum landwirtschaftlichen Sektor zu vermeiden. Die Vernachlässigung der Landwirtschaft in der Phase rascher Industrialisierung hat, wie der Fall Argentiniens drastisch veranschaulicht, tiefgreifende Konsequenzen, welche sich unter dem Stichwort "geringer Produktivitätsfortschritt" zusammenfassen lassen. Entscheidend für die mangelhafte Produktivität ist nicht etwa der Grossgrundbesitz, was analog zu andern Ländern vermutet werden könnte, sondern vor allem die Fiskal- und Kreditpolitik, verbunden mit einer Vielzahl konjunktureller Notmassnahmen. Dies äussert sich beispielsweise in den im Vergleich zum

Ertrag kostspieligen Inputgrössen (z.B. Maschinen, Dünger etc.). Wegen der hohen Inflation kommt dem landwirtschaftlichen Grundeigentum mehr die Funktion einer Kapitalanlage als eines Produktionsfaktors zu. Spezielle, gesamtwirtschaftlich weitreichende Folgen hat das zyklische und unelastische Angebot in der Viehwirtschaft. Wenn der Landwirtschaft in bezug auf die künftige Wirtschaftsentwicklung Argentiniens eine dynamische Rolle zuerkannt wird, erfordert dies eine radikale Aenderung der bisherigen Denkweise im Sinne einer Loslösung vom scheinbaren Zwang zur Industrialisierung.

- **Industrieller Sektor.** Der Produktionssektor ist das Abbild einer durch die Importsubstitutionspolitik weitestgehend geschützten Industrie mit einer fast ausschliesslich auf den Inlandsmarkt ausgerichteten Produktionsstruktur. Die direkten Folgen dieser Industrialisierungspolitik sind: Ungenügende Grösse der Produktionsstätten, was Skalenerträge verhindert; verhältnismässig hohe Produktionskosten, Ueberkapazitäten, überdimensioniertes Gütersortiment; Rückständigkeit in der Einführung gewisser technischer Neuerungen. In einzelnen kapitalintensiven Branchen sind die Anbieter im Verhältnis zum Marktpotential zu zahlreich (Automobilindustrie, Hüttenindustrie, Petrochemie). Die hohen Soziallasten verteuern den Aufwand für menschliche Arbeitskraft schätzungsweise um 60 %[571]. Die Soziallasten haben die Funktion einer Beschäftigungssteuer, deren Gewicht genügend gross ist, um das Verhältnis Arbeit/Kapital im Produktionsprozess zu beeinflussen: Die Verwendung arbeitssparender Verfahren wird gefördert. Die freigesetzten Arbeitskräfte werden vielfach durch den Staat und seine Unternehmungen absorbiert. Versteckte Arbeitslosigkeit und ein hoher Grad an Ineffizienz sind direkte Folgen davon.

Der Frage, welches die eigentlichen Ursachen bzw. Bestimmungsfaktoren dieser Entwicklung sind, wird im nachfolgenden, letzten Kapitel nachgegangen.

---

571) vgl. The Review of the River Plate, Vol. CLIII, No. 3846, 20.2.1973, S. 209 ff.

4. Kapitel: Bestimmungsfaktoren der Industrialisierung Argentiniens

I. Natürliche Gegebenheiten

A. Uebersicht

Der Verlauf der wirtschaftlichen Entwicklung eines Landes kann durch das Vorhandensein natürlicher Hilfsquellen günstig beeinflusst werden[1], ist indessen, speziell was Bodenschätze anbelangt, keine absolute Voraussetzung[2]. Die natürlichen Ressourcen lassen sich aufteilen in <u>erneuerbare</u> (Boden, Wasser, Wälder, Fischreichtum) und <u>nicht erneuerbare</u>, d.h. solche, die bei fortgesetzter Ausbeutung eines Tages erschöpft sein werden[3].

Im Falle der erneuerbaren Ressourcen ist für die wirtschaftliche Entwicklung Argentiniens in erster Linie die Pampa von Bedeutung, während die Forstwirtschaft und die Fischerei bislang eher eine untergeordnete Rolle spielten. Im Zusammenhang mit der Pampa sind ferner die <u>klimatischen Verhältnisse</u> zu erörtern.

B. Pampa

Das der indianischen Quechuasprache entstammende Wort "pampa" bedeutet "baumlose Ebene"[4]. Die Landschaft um den La-Plata-Trichter, auf die sich der Name bezieht, nimmt zwar nur einen Teil des riesigen Flachlandes ein, das sich von der atlantischen Küste mit geringen Steigungen bis zum Fuss der Anden hinzieht[5], denn im Süden geht sie in die patagonische Meseta, im Norden in die Ebene des Gran Chaco über. Der geographische Begriff der Pampa deckt sich nicht mit der vom CONADE

---

1) vgl. <u>Link</u>, Mexiko, a.a.O., S. 125.
2) Es sei an die industrielle Entwicklung der Schweiz oder Japans erinnert. Beide Länder charakterisieren sich durch das Fehlen wichtiger Bodenschätze wie z.B. Eisenerze oder Erdöl.
3) vgl. <u>Link</u>, ebenda.
4) vgl. Herbert <u>Wilhelmy</u> und Wilhelm <u>Rohmeder</u>, Die La-Plata-Länder, Berlin/Hamburg/München 1963, S. 316.
5) vgl. ebenda.

verwendeten Bezeichnung der gleichnamigen Entwicklungsregion[6], die wesentlich enger gefasst ist. Der Einfachheit halber wird hier unter Pampa das die Provinzen Buenos Aires, Córdoba, Entre Ríos, La Pampa und Santa Fé umschliessende Gebiet verstanden[7].

1857 beschrieb der Deutsche Hermann Burmeister die Pampa als ein weites, offenes Grasland, wobei er zum Schluss gelangte, dass diese Ebene für die Agrarkolonisation ungeeignet sei[8]. Die Voraussage Burmeisters ist aber durch die tatsächliche Evolution klar widerlegt worden. Bereits um 1880 herum zeichnete sich eine Entwicklung ab, mit welcher der Grundstein für die wirtschaftlich bedeutendste Kernlandschaft Argentiniens gelegt wurde[9]. Die Pampa stellt 66 % der kultivierbaren Fläche

---

6) vgl. vorn, Abb. 7, S. 102.
7) vgl. Horacio C. Giberti, El desarrollo agrario argentino, 2.A., Buenos Aires 1970, S.7. Die hier vorgenommene Vereinfachung empfiehlt sich vor allem aus statistischen Gründen; das vorhandene Zahlenmaterial bezieht sich in der Regel auf die politische Unterteilung des Landes.
8) "Wenn man die äussersten, meist aus dürftigen Lehmhütten bestehenden Teile der Stadt Rosario hinter sich hat, so gelangt man schon auf die Pampa und sieht eine endlose Ebene vor sich, deren Boden mit einem feinen, kniehohen Grase bedeckt ist. Kein Gegenstand von irgendwelcher Eigentümlichkeit zeichnet sich darin aus; der weite Horizont verschwimmt in violetter Bläue, und völlig wie auf dem Meere wird man von einem kreisförmig abgegrenzten, überall gleich fernen Gesichtsfelde umgeben, dessen äusserste Grenze selbst in der Färbung dem Meereshorizont ähnelt. Auf dieser einförmigen, aber nicht ganz öden Ebene fährt man eine Stunde nach der anderen, einen Tag wie den anderen und hat keine Abwechslung darin zu erwarten als etwa eine weidende Viehherde, ein aufgescheuchtes Wild, einen Ochsenkarrenzug, ein Bauerngehöft oder einen kleinen See; auch grosse wasserreiche Flüsse gehen den Pampas gänzlich ab, kleine Bäche mit veränderlichem Wassergehalt durchfurchen hier und da die Ebene... Das Hauptpampasgebiet hat keine Zukunft; es wird bleiben, was es von Anfang an war und noch heute ist, ein ödes Land, das nur für wilde Indianer, oder wenn diese endlich ganz zugrunde gehen sollten, für grosse Viehherden Raum und Nahrung gewährt. Wäre die Natur dieser Gegenden Südamerikas eine fruchtbare und zur Hervorbringung zahlreicher Erzeugnisse fähige, so würden solche Geschöpfe vorhanden gewesen sein, als der Fuss der Europäer diesen Boden betrat... Nur so lange die Pampas dünn bevölkert bleiben, werden sie als ergiebige Zuchtanstalten für Rindvieh und Pferde sich behaupten können; ein Kulturgrad, wie ihn Europa besitzt, erlaubt ihr Boden nicht, weil ihm die Grundbedingung jeder gedeihlichen Bodenkultur, die gleichmässige Bewässerung, sei es durch Flüsse oder durch atmosphärische Niederschläge, abgeht." Zit. bei Wilhelmy und Rohmeder, a.a.O., S. 316 f (Hervorhebung vom Verfasser).
9) vgl. ebenda, ferner vorn, S. 39 ff.

Argentiniens zur Verfügung. Rund 60 % der landwirtschaftlichen Produktion entstammt dieser Region: 90 % des Getreides, 82 % des Futtergetreides, 78 % der Oelsaaten, 20 % der Früchte- und Gemüseproduktion sowie 75 % der Viehzucht[10].

Die Bodenbeschaffenheit der Pampa gilt als einmalig in ganz Lateinamerika[11]. Im östlichen Teil der Pampa handelt es sich um einen absolut gesteinsfreien, schwarzerdeartigen Boden, der reich ist an organischen Substanzen und mineralischen Nährstoffen, besonders an Kali und Phosphor. Nur dieser grossen Fruchtbarkeit ist es zu verdanken, dass sich die Erträge trotz jahrzehntelangem ununterbrochenem Weizenanbau kaum vermindert haben. Da und dort machen sich allerdings Ermüdungserscheinungen bemerkbar, so dass der Einsatz von Düngemitteln unabwendbar erscheint, wenn die Ertragskraft des Bodens erhalten bleiben soll[12].

Die Lage des sogenannten Weizengürtels wird aus Abb. 14 ersichtlich. Das Weizenanbaugebiet nimmt eine Fläche ein, welche sich von Buenos Aires aus 600 bis 700 km in die Tiefe erstreckt. Die Westgrenze folgt etwa dem 65. Längengrad. Während im Süden der Provinz Buenos Aires der Weizen die vorherrschende Kultur ist, werden in Santa Fé gleichzeitig auch Mais und Leinsaat angebaut[13]. Das Kernanbaugebiet für Mais ist der südliche Teil der Provinz Santa Fé, der östliche Teil der Provinz Córdoba und der nördliche Teil der Provinz Buenos Aires, wie aus Abb. 15 hervor geht. Der Ausbreitung des Maises in Richtung Süden sind klimatische Grenzen gesetzt. Jenseits des Río Colorado sieht man ihn nur noch selten. Optimale Bedingungen sind hingegen im feuchtwarmen Norden und im Bereich der Subtropen vorhanden. Dort, wo der Weizenanbau auf klimatische Schwierigkeiten stösst, bildet der Mais das wichtigste Brotgetreide der Bevölkerung. Das potentielle Maisanbaugebiet reicht demnach bis an die nördliche Grenze der Pampa[14]. Die fruchtbarsten Zonen der Pampa werden im argentinischen Sprachgebrauch als "feuchte

---

10) vgl. CONADE, Resumen del diagnóstico del sector agropecuario, Buenos Aires 1968, S. 14 f.
11) vgl. Wilhelmy und Rohmeder, a.a.O., S. 85 f.
12) vgl. ebenda, S. 86.
13) vgl. ebenda, S. 220.
14) ebenda, S. 225.

Pampa" (Pampa húmeda) bezeichnet. Die Qualität des Bodens verschlechtert sich in Richtung West und Süd bei zunehmender Trockenheit. Schliesslich gehen die wichtigsten Viehzuchtgebiete (Rinder) aus Abb. 16 hervor. Sie decken sich grösstenteils mit der hier verwendeten Umschreibung der Pampa. Dabei ist festzuhalten, dass das Mastgebiet sich aufgrund der besseren Bodenqualität auf das Zentrum der Pampa konzentriert, während die Aufzucht auch noch in den trockeneren Randzonen möglich ist.

C. Klima

Die klimatischen Verhältnisse spielen für die industrielle Entwicklung Argentiniens insofern eine Rolle, als sie das Potential der Landwirtschaft beeinflussen.

Die zuweilen vertretene Ansicht, Argentinien liege in der gemässigten Zone der südlichen Hemisphäre, stellt eine kaum haltbare Verallgemeinerung dar. Vielmehr lassen sich mindestens fünf eindeutig trennbare Klimatypen unterscheiden[15]:

- Das warm-gemässigte wintertrockene Klima. Dieser dem subtropischen Bereich angehörige Klimatyp herrscht im nördlichen Teil der Provinz Chaco sowie in Misiones vor. Gewisse Aehnlichkeiten mit dem ostasiatischen Monsunklima verhalfen zur erfolgreichen Verpflanzung ostasiatischer Kulturgewächse (Zitrusfrüchte, Tung, Tee etc.).

- Das feuchttemperierte Klima. Es beschränkt sich auf das argentinische Zwischenstromland (Provinzen Entre Ríos und Corrientes) sowie auf die Kernpampa. Kennzeichnend ist eine in der Regel über das ganze Jahr relativ gleichmässig verteilte Niederschlagsmenge.

- Das Steppenklima. Es zieht sich vom westlichen Chaco über Córdoba, La Pampa hinunter bis in den Süden der Provinz Buenos Aires.

---

15) vgl. für das folgende Wilhelmy und Rohmeder, a.a.O., S. 43 ff.

Abb. 14

Der Weizengürtel am
La Plata

Quelle: Wilhelmy/Rohmeder,
a.a.O., S. 221.

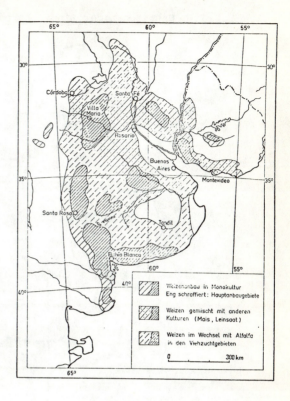

Abb. 15

Das Mais-Lein-Gebiet
der nördlichen Pampa

Quelle: Wilhelmy/Rohmeder,
a.a.O., S. 226.

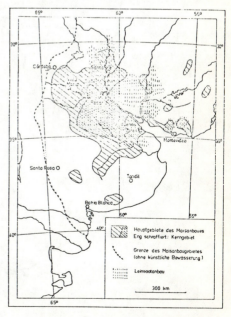

Abb. 16 Hauptzonen der Rindviehproduktion Argentiniens

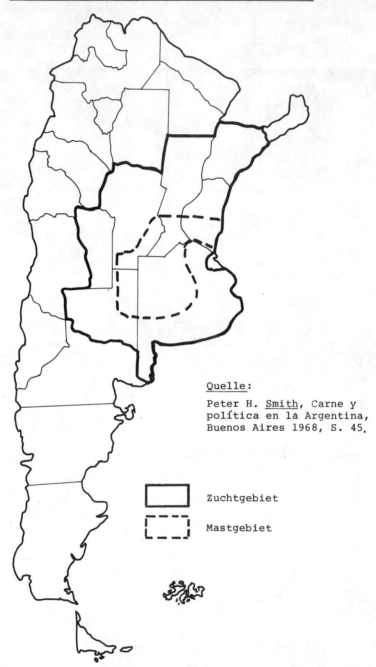

Quelle:

Peter H. Smith, Carne y política en la Argentina, Buenos Aires 1968, S. 45.

☐ Zuchtgebiet

┌┄┄┐
└┄┄┘ Mastgebiet

- Das Wüstenklima. Nach Westen und Süden hin geht das Steppenklima der Pamparandgebiete allmählich in das Wüstenklima der patagonischen Meseta über. Aber auch im Norden, d.h. in der sogenannten argentinischen Puna (z.B. Provinz Jujuy) herrscht Wüstenklima vor, verbunden mit grosser Meereshöhe.

- Das Tundraklima. Es handelt sich um den in Feuerland vorherrschenden Klimatyp.

Der entscheidende Faktor für die wirtschaftliche Nutzung der in den einzelnen Klimazonen liegenden Gebiete sind die Niederschlagsmengen[16]. Nördlich des 40. Breitenkreises unterliegen die täglichen, monatlichen und jährlichen Regenmengen grossen Schwankungen. So können in dem für die Landwirtschaft so wichtigen Gebiet der Pampa kurze niederschlagsreiche Zeiten mit langhaltenden Dürreperioden wechseln. In Buenos Aires mit einem Jahresmittel von 930 mm schwanken die Extreme zwischen 547 und über 2.000 mm. Selbst relativ hohe Jahresmengen dürfen nicht darüber hinwegtäuschen, dass sie unter Umständen bloss das Ergebnis einiger Wolkenbrüche sind, welche die Felder verwüsten. Milde zyklonale Landregen, wie sie etwa in Europa vorkommen, fehlen im Hauptanbaugebiet der Pampa. In Regionen mit weniger als 1.000 mm Jahresniederschlag ergibt sich deshalb für die Landwirtschaft ein wesentlich grösseres Risiko als beispielsweise in bedeutend regenärmeren Gegenden Europas, welche jedoch eine gleichmässigere Niederschlagsverteilung aufweisen. Die Möglichkeiten, derartige Risiken durch Bewässerungsanlagen zu vermindern, wären durchaus vorhanden, da in der Regel ausreichende Grundwasservorkommen zur Verfügung stehen. Es handelt sich hierbei jedoch um ein vorwiegend finanzielles Problem, wie aus den Darlegungen über die wirtschaftliche Lage der Landwirtschaft geschlossen werden kann[17].

Die während der Vegetationsperiode in den wichtigsten Anbaugebieten registrierten Temperaturen sind vergleichsweise durchwegs höher als in Mitteleuropa. Zwei deutliche thermische Jahreszeiten lassen sich feststellen: ein warmer bis heisser Sommer und ein milder bis kühler Winter.

---

16) vgl. Wilhelmy und Rohmeder, a.a.O., S.33 ff.
17) vgl. vorn, S. 139 ff.

Insbesondere lässt der in der Regel milde Winter den Anbau von Wintergetreidearten zu. Die praktisch überall ständig latent vorhandene Frostgefahr ist ein weiteres Produktionsrisiko, speziell etwa im Falle der Obstkulturen im Río-Negro-Tal oder der Zitrusfrüchte im Deltagebiet des Paraná und in Misiones. Die höchsten Temperaturen werden im Chaco sowie in der Gegend von Catamarca, La Rioja und San Juan gemessen; Temperaturen über 40 Grad Celsius sind dort keine Seltenheit. Aber auch in der Umgebung von Buenos Aires sind sommerliche Spitzenwerte zwischen 35 und 40 Grad Celsius nicht ausgeschlossen. Zieht man den zumeist hohen Prozentsatz an relativer Luftfeuchtigkeit in Betracht, dürfte die Behauptung, dass hier "die Menschen keiner allmählichen Erschlaffung und Minderung ihrer Arbeitsenergie" unterliegen, wohl kaum zutreffend sein[18].

Richtig ist dagegen, dass die klimatischen Vorzüge des La-Plata-Raumes eine grosse Zahl von Einwanderern anzog, denen Argentinien seinen wirtschaftlichen Aufstieg weitgehend zu verdanken hat.

D. Mineralische Rohstofflager

Aufgrund der bisherigen Forschungen scheint Argentinien das rohstoffärmste Land Lateinamerikas zu sein[19], insbesondere was Eisenerze und Kohle anbelangt. Trotzdem wird dem Problem von offizieller Seite die grösste Aufmerksamkeit geschenkt, vor allem, weil man hofft, mittels intensiver Prospektionsarbeit doch noch auf Rohstofflager zu stossen, deren Ausbeutung wirtschaftlich wäre.

Die Bedeutung der Kohle als Rohstoff wurde in Argentinien früh erkannt. Bereits 1813 sah die damalige Gesetzgebung vor, jedermann mit der Staatsbürgerschaft zu belohnen, der den Kohlebergbau förderte[20]. 1870 wurde der Sarmientopreis gestiftet; er bestand in der Summe von 25.000 Goldpesos und sollte demjenigen ausbezahlt werden, der eine Kohlengrube

---

18) vgl. Wilhelmy und Rohmeder, a.a.O., S. 37.
19) vgl. Ernest A. Boas, Die eisenschaffende Industrie Latein-Amerikas, Aufbau und Entwicklung, Berlin 1966, S. 93.
20) vgl. The Review of the River Plate, Vol, CLIII, No. 3850, 30.3.1973, S. 441.

fand, welche dem Land künftig Importe ersparen würde. Die entdeckten Vorkommen in den Provinzen Mendoza, San Juan und La Rioja rechtfertigten allerdings eine Ausbeutung nicht, wie nachträglich durch Forschungsergebnisse bestätigt werden konnte[21]. Die Lagerstätten von Río Turbio im Süden Patagoniens wurden erst 1943 gefunden. Während Kolumbien über etwa 12 Mrd. Tonnen Kohlereserven verfügt, schwanken die Schätzungen für Argentinien zwischen 470 und 550 Mio. Tonnen[22]. Kohle wird dort hauptsächlich in der Energieerzeugung verwendet, während sie für die Koksherstellung aufgrund ihrer Qualität weniger geeignet ist[23]. Angesichts der weltweiten Erdölverknappung dürfte die Kohle als Energiequelle in Zukunft wieder an Bedeutung gewinnen, weshalb die staatliche Bergbaugesellschaft YCF Produktion und Forschung intensivieren will. Bohrungen neueren Datums, ausgeführt im Auftrag von YPF durch die amerikanische Gesellschaft Amoco, ergaben die Existenz von Kohleflözen im Durchmesser von 12 bis 15 Metern, allerdings in einer Tiefe von rund 1.500 Metern, weshalb eine Ausbeutung aufgrund der in diesen Tiefen herrschenden Hitze kaum rentabel sein wird[24].

Die rechtlichen Grundlagen der Kohleförderung sind im Gesetz Nr. 19.648 enthalten. Demzufolge besteht die Möglichkeit, die Ausbeutung der Vorkommen vertraglich Dritten zu übertragen. Es muss indessen bezweifelt werden, dass ausländisches Kapital beteiligt werden kann. Die Rohstofflager gelten als "Eigentum der Nation"; Transport, Distribution und Verkauf sind überdies ausschliesslich YCF vorbehalten[25].

Eisenerzvorkommen finden sich in der Provinz Jujuy. Das Material mit einem relativ niedrigen Eisengehalt (40 - 50 %) wird ausschliesslich durch Altos Hornos Zapla abgebaut und in ihrem Hochofen mittels Holzkohle verhüttet[26]. Die wesentlich ergiebigeren Lager von Sierra Grande in Patagonien enthalten 50 - 55 % Eisen; der Abbau soll 1974 beginnen.

---

21) vgl. The Review of the River Plate, Vol. CLIII, No. 3850, 30.3.1973, S. 441.
22) vgl. ebenda, S. 442.
23) vgl. vorn, S. 181 f.
24) vgl. The Review of the River Plate, a.a.O., S. 442.
25) vgl. ebenda, S. 443.
26) vgl. vorn, S.182, 188 ff.

Die gesamten Eisenerzvorkommen Argentiniens werden auf etwa 330 Mio. Tonnen geschätzt (Brasilien: 61 Mrd. Tonnen)[27].

In den Anden, speziell in der Provinz Catamarca, ist man überdies auf Kupfer gestossen, und zwar in abbaufähigen Mengen. Die Ausbeutung dieses Metalls ist jedoch bislang an vorwiegend politischen Hindernissen gescheitert[28].

---

27) vgl. Lorenzo J. Sigaut, Argentina - Brasil, prejuicios y realidad, Buenos Aires 1972, S. 12.
28) vgl. The Review of the River Plate, Vol, CLI, No. 3822, 22.6.1972, S. 843, und Vol. CLII, No. 3824, 12.7.1972, S. 19 ff. zum Fall Yacimientos Mineros de Agua de Dionisio bzw. Farallón Negro.

II. Materielle Infrastruktur

A. Transportwesen

1. Uebersicht

Vom gesamten Transportvolumen[29] des Jahres 1969 entfielen auf den Strassentransport 78 %, auf Rohrleitungen 4 %, auf die Fluss- und Küstenschiffahrt 11 % und auf die Eisenbahnen 7 %[30]. Auffallend ist der sinkende Anteil der Eisenbahnen; er ist seit 1950 um mehr als die Hälfte zurückgegangen. Demgegenüber gewannen die Küsten- und Flussschiffahrt sowie die Rohrleitungen absolut und relativ an Bedeutung, während der Strassentransport über eine längere Periode betrachtet immer ungefähr vier Fünftel des Transportvolumens beanspruchte[31]. Aufgabe dieses Abschnittes ist es, die Eigentümlichkeiten des argentinischen Transportsystems und dessen Einflüsse auf die industrielle Entwicklung darzulegen. Anlass zu Kritik geben insbesondere die Eisenbahnen.

2. Eisenbahnen

Die Eisenbahnen, zunächst die Domäne ausländischer (vor allem britischer) Investoren[32], bilden das "räumliche Gerüst" der Wirtschaftsentwicklung Argentiniens[33]. Sie stellten zusammen mit den Schiffahrtswegen zwischen Europa und dem Rio de la Plata ein integriertes Verkehrssystem dar, welches die landwirtschaftlichen Güter aus dem weitflächigen Gebiet der Pampa zu den Häfen transportierte und auf dem umgekehrten Weg Industrieprodukte nach Argentinien brachte und das Landesinnere mit Fertigwaren versorgte[34]. Die Anlage des Eisenbahnnetzes orientierte sich ausschliesslich an den Bedürfnissen der Landwirtschaft, gekennzeichnet durch eine Verdichtung des Streckennetzes im Litoral und in der

---

29) Nur Gütertransport.
30) vgl. Tabelle 34 im Anhang.
31) vgl. ebenda.
32) vgl. vorn, S. 41.
33) vgl. Fischer, a.a.O., S. 85.
34) ebenda.

Pampa (vgl. Abb. 17): Auf die Provinzen Buenos Aires, Córdoba, La Pampa und Santa Fé entfallen allein rund 60 % der Eisenbahnlinien[35]. Die fächerförmige Anlage des Eisenbahnnetzes von der Bundeshauptstadt aus ohne nennenswerte Querverbindungen erwies sich in der Folge als ausgesprochen integrationsfeindlich und bewirkte eine starke wirtschaftliche Abhängigkeit des Landesinnern von Buenos Aires[36]. Die industrielle Konzentration in der Region Buenos Aires - Litoral wurde überdies gefördert durch die Tarifpolitik der ausländischen Eisenbahngesellschaften: Fertigwaren konnten zu wesentlich günstigeren Tarifen vom Litoral ins Landesinnere als in umgekehrter Richtung transportiert werden, weil die Kapazitäten in erster Linie der Landwirtschaft zur Verfügung standen[37].

Seit 1947 ist das gesamte Eisenbahnnetz Argentiniens in staatlichen Händen[38]. Es weist eine Länge von rund 41.000 km auf. Die ehedem verschiedenen privaten Gesellschaften benützten ausserdem unterschiedliche Spurweiten, was die Integrationsfeindlichkeit des Systems noch verstärkte. Gegenwärtig umfasst das Netz der staatlichen Gesellschaft Ferrocarriles Argentinos (FA) sieben Untergesellschaften mit fünf Spurweiten[39].

Schon vor der Verstaatlichung sahen sich die Eisenbahnen ernsthaften wirtschaftlichen Schwierigkeiten gegenüber, welche sich in der Folge noch verstärkten[40]. Die hauptsächlichsten Ursachen können wie folgt zusammengefasst werden: Wachsende Konkurrenz des Strassen- und Luft-

---

35) vgl. OECEI, Argentina económica y financiera, a.a.O., S. 252.
36) vgl. Fischer, a.a.O., S. 86 f. und die dort zit. Quellen.
37) vgl. Ricardo M. Ortíz, Historia económica de la Argentina, 1850-1930, 2. A., Buenos Aires 1964, Bd. 2, S. 209 ff., sowie Raúl Scalabrini Ortíz, Historia de los ferrocarriles argentinos, 2.A., Buenos Aires 1958, S. 21 ff. (zit. bei Fischer, a.a.O., S. 87 f.).
38) vgl. vorn, S. 59.
39) Diese Untergesellschaften tragen mit einer Ausnahme die Namen berühmter Persönlichkeiten (Belgrano, Mitre, San Martín, Sarmiento, Roca, Urquiza sowie Ferrocarril Patagónico). Die Spurweiten sind: 1676 mm (55 % des Netzes), 1435 mm (8 %), 1.000 mm (35 %) sowie 750 mm und 600 mm (2 %). Vgl. OECEI, Argentina económica y financiera, a.a.O., S. 254.
40) vgl. für das folgende insbesondere o.V., A Report on the Railways of Colombia and Argentina, in: Andean Air Mail and Peruvian Times, Vol. XXIX, No. 1464, January 10, 1969, S. 9 f.

Abb. 17

aus: Peter W. Fischer, Der Einfluss des Auslandskapitals auf die wirtschaftliche Entwicklung Argentiniens 1880-1964, Göttingen 1970, S. 84.

transports, zuviele Strecken mit unrentablen Frequenzen, veraltetes und schlecht unterhaltenes Rollmaterial, personelle Ueberbesetzung infolge übermässigen gewerkschaftlichen Einflusses, Politisierung der Verwaltung[41]. Bis 1967 galten die Eisenbahnen als Paradebeispiel eines ineffizienten staatlichen Dienstleistungsbetriebes; die jährlichen Betriebsdefizite verschlangen Summen riesigen Ausmasses[42]. Lediglich 7.000 km des gesamten Schienennetzes (17 %) waren in befriedigendem Zustand. 40 % der Diesel- und 50 % der Dampflokomotiven standen ausser Betrieb. Aehnliches galt für das übrige Rollmaterial des Güter- und Personentransports. Aus der Sicht der Wirtschaftlichkeit hätten deshalb mindestens 50 % der Strecken stillgelegt werden müssen[43].

Unter der Regierung Onganía wurden gewaltige Anstrengungen unternommen, die Effizienz der Eisenbahnen zu steigern. Dank Rationalisierungs- und Verbesserungsmassnahmen gelang es, das Defizit drastisch zu senken; nimmt man den Verlust des Jahres 1966 als Basis 100 an, ergibt sich für 1970 eine Indexzahl von 35,4[44]. Die Dienstleistungen im Personen- und Güterverkehr konnten qualitativ verbessert werden, obwohl die Tarife noch keineswegs kostendeckend sind. Politische Erwägungen hinderten indessen die Verwaltung daran, das Streckennetz wesentlich einzuschränken und den übersetzten Personalbestand abzubauen.

Einem mittelfristigen Plan[45] zufolge sollen bis 1975 rund 840 Mio. Dollar investiert werden, um den Eisenbahnbetrieb effizienter und konkurrenzfähiger zu gestalten. Darunter fallen Investitionen in neues Rollmaterial, Verbesserung des Geleiseunterbaus der wichtigsten Schienenstränge, Elektrifizierung gewisser Vorortslinien etc. Ferner sollen die bisher sieben in vier Betriebsgesellschaften zusammengefasst werden.

---

41) So wurde beispielsweise der Posten eines Präsidenten oder "Interventors" der Gesellschaft zwischen 1956 und 1967 von insgesamt zwanzig verschiedenen Personen bekleidet.
42) vgl. Tabelle 17 im Anhang, sowie vorn, S. 114.
43) vgl. Jean-Pierre Baumgartner, und Pascual S. Palazzo, Estructura económica del transporte de carga automotor y ferroviario en la Argentina, in: El Trimestre Económico (México), Vol. XXXVI, No. 143, Julio-Sept. 1969, S. 381 ff. Im höchsten Masse unwirtschaftlich ist beispielsweise der doppelte Service zwischen Buenos Aires und Rosario durch die Mitre- und Belgrano-Bahn (zwei verschiedene Spurweiten), vgl. ebenda, S. 394.
44) Berechnet nach Tabelle 17 im Anhang (konstante Werte von 1966).
45) vgl. dazu Consejo Técnico de Inversiones S.A., La economía argentina 1971, a.a.O., S. 175.

Gelingt es, die verschiedenen strukturellen Mängel weitgehend zu beseitigen, dürfte insbesondere der Güterverkehr per Bahn künftig wieder zunehmen, da der Schienenweg vor allem über grosse Distanzen wesentlich billiger ist als der Strassentransport. Hauptproblem erscheint die Notwendigkeit der Verkürzung der Transportzeiten. Der Transport der landwirtschaftlichen Produktion erfolgte bislang beispielsweise nur deshalb zu drei Vierteln auf der Strasse, weil er wesentlich schneller ist und damit weniger Verluste verursacht[46]. Im Sektor Personentransport wird die geplante Verkürzung der Fahrzeiten dank höheren Geschwindigkeiten die Konkurrenzfähigkeit gegenüber dem Strassen- und Luftverkehr anheben.

3. Strassentransport

Argentinien weist ein Strassennetz von rund 214.000 km auf. Davon sind jedoch nur etwa 30.000 km oder 14 % asphaltiert. 13 % fallen auf Strassen ohne Belag, jedoch mit einem festen Unterbau. Knapp drei Viertel des gesamten Strassennetzes bestehen demnach aus Naturstrassen, die bei schlechtem Wetter grösstenteils unbefahrbar sind[47]. 60 % der mit Belag versehenen Strassen verteilen sich auf die Provinzen Buenos Aires, Córdoba, La Pampa, Mendoza und Santa Fé[48].

Nebst der bereits skizzierten Bedeutung der Strasse für den Gütertransport ist auf deren Rolle im Personenverkehr hinzuweisen. Der Omnibus ist Argentiniens beliebtestes und weitaus effizientestes öffentliches Verkehrsmittel. Seine Vorherrschaft insbesondere in Grossagglomerationen ist erdrückend: Allein in Gross-Buenos Aires benützen täglich rund 14 Mio. Menschen die verfügbaren öffentlichen Verkehrsmittel. 9,4 Mio. entfallen auf die Kleinomnibusse (Colectivos), 1,2 Mio. auf das dichte Netz der Vorortsbahnen, 1,1 Mio. auf Taxis und 0,9 Mio. auf die Untergrundbahn[49]. Typisch für Argentinien ist, dass der gesamte

---

46) vgl. U.S. Department of Agriculture, Growth Potential, a.a.O., S. 49 f.
47) vgl. Quargnolo, a.a.O., Apéndice estadístico, Tabelle 59, S. 30.
48) vgl. ebenda.
49) vgl. AT, 10.12.1972.

Personentransport auf der Strasse in den Händen privater, jedoch staatlich konzessionierter Unternehmungen liegt[50]. Allein in Buenos Aires und Umgebung erreicht das Omnibusnetz die stattliche Länge von 15.000 km[51]. Trotz einer politisch motivierten Tarifstruktur scheint die Effizienz dieses privatwirtschaftlich organisierten Transportsystems kaum beeinflusst zu werden.

Der Strassenbau ist in Argentinien während manchen Jahren vernachlässigt worden. Infolgedessen besteht ein grosser Nachholbedarf. Seit 1967 sind auch in diesem Bereich beachtliche Fortschritte erzielt worden. Der Ausbau und die Verbesserung des Strassennetzes obliegt der staatlichen Strassenbaudirektion (Dirección Nacional de Vialidad). 1971 wurde eine Strecke von insgesamt 1.280 km mit Belag versehen und 2.600 km standen im Bau[52]. Die Verbindung der wichtigsten Agglomerationen mit leistungsfähigen Expressstrassen ist geplant und wird teilweise bereits ausgeführt. Die Ausdehnung des Strassennetzes hat nicht zuletzt dem Tourismus gewaltigen Auftrieb verliehen[53]. Zur Zeit ist ein Projekt in Ausführung begriffen, dem erstrangige politische wie verkehrswirtschaftliche Bedeutung zugemessen wird; es handelt sich um den Brückenkomplex Brazo Largo - Zárate, welcher die Provinzen Buenos Aires und Entre Ríos miteinander verbinden wird[54]. Zusammen mit dem Strassentunnel Santa Fé - Paraná und der seit dem Frühjahr 1973 in Betrieb stehenden Brücke zwischen Barranqueras und Corrientes am Oberlauf des Paraná dürfte damit die wirtschaftliche Erschliessung des argentinischen Mesopotamiens wesentlich gefördert werden.

---

50) In Gross-Buenos Aires sind vor allem Taxis und Kleinomnibusse in der Regel Eigentum der betreffenden Fahrer oder einer Einzelgesellschaft. Drei Viertel des täglichen Transportvolumens wird durch die etwa 14.000 Colectivos und 30.000 Taxis bewältigt. Vgl. AT, 10.12.1972.
51) vgl. ebenda.
52) vgl. Consejo Técnico de Inversiones S.A., La economía argentina, a.a.O., S. 179.
53) vgl. vorn, S. 213 ff.
54) Mit dem Bau wurde begonnen, bevor die Finanzierung sichergestellt war; vgl. dazu vorn, S. 107, Anmerkung 116.

4. Luftverkehr

Aufgrund seiner riesigen Ausdehnung kommt Argentinien nicht ohne einen gut ausgebauten Binnenluftverkehr aus. Sein Transportvolumen hat sich zwischen 1960 und 1970 in bezug auf den Personen- und Güterverkehr etwas mehr als verdoppelt[55]. Es wird zur Hauptsache von zwei Gesellschaften bestritten, nämlich der staatlichen Aerolíneas Argentinas (AA), welche auch im internationalen Linienverkehr tätig ist, und der privaten Gesellschaft ALA-Austral. Beide Unternehmungen verfügen über modernste Flugzeuge[56] und sorgen für eine rasche Verbindung mit dem Landesinnern. Auch auf kurze Distanzen, z.B. Buenos Aires - Rosario (320 km) oder Buenos Aires Mar del Plata (400 km) ist das Flugzeug trotz gut ausgebautem Strassennetz und verhältnismässig raschen Eisenbahnverbindungen aufgrund des Zeitgewinns konkurrenzfähig. Um den Binnenluftverkehr zu rationalisieren und die Kosten zu senken, wurde Ende 1972 zwischen den beiden erwähnten Gesellschaften ein Abkommen geschlossen. Damit soll u.a. künftig vermieden werden, dass beide Unternehmen unrentable Strecken befliegen; die Verkaufsorganisation wird gemeinsam betrieben und ausgebaut; für gewisse Strecken gilt eine Poolvereinbarung, und zwischen Buenos Aires und Mar del Plata wird während der Sommermonate eine Art "Air-Shuttle"-System nach amerikanischem Muster eingeführt. Zwecks Abgeltung gemeinwirtschaftlicher Leistungen erhalten beide Gesellschaften staatliche Subventionen. Man erwartet deshalb von diesem Abkommen nicht zuletzt, dass es künftig die Staatskasse entlaste[57].

5. Entwicklungspotential des Transportsystems

Aus globaler Sicht ist das argentinische Transportsystem verhältnismässig hoch entwickelt. Einem Bericht der Weltbank aus dem Jahre 1959 ist zu entnehmen, dass im Transportsektor nicht mehr, sondern bessere Dienstleistungen zu erbringen sind[58]. Diese Forderung ist auch heute

---

55) vgl. Quargnolo, a.a.O., Apéndice estadístico, Tabelle 61, S. 31.
56) Boeing 737, Sud-Aviation "Caravelle", BAC-One-eleven.
57) vgl. AT, 3.12.1972.
58) vgl. BIRF, Transportes argentinos, plan de largo alcance (informe), Buenos Aires 1959.

noch gültig, m.a.W. besteht noch ein weiter Spielraum für die Steigerung der Effizienz. Ansätze dazu bieten insbesondere die öffentlichen Verkehrsträger, allen voran die Eisenbahnen. In organisatorischer und planerischer Hinsicht gilt es z.B., die aufgeblähte Administration zu straffen, eine bessere Koordination zwischen einzelnen Verantwortungsbereichen zu erlangen und die Betriebe nach unternehmerischen Gesichtspunkten zu führen.

Langfristig ergibt sich die zentrale verkehrspolitische Aufgabe, dem seit Beginn der Sechzigerjahre zu beobachtenden Trend zur Strasse Einhalt zu gebieten. In der Agglomeration Buenos Aires gehören Verkehrszusammenbrüche zu den täglichen Unannehmlichkeiten. Die Strassen in dieser Region müssen vom ständig steigenden Individualverkehr entlastet werden. Hier scheinen für die Eisenbahn langfristig die grössten Chancen zu liegen.

Besondere Beachtung ist den Transportproblemen landwirtschaftlicher Güter, vor allem Getreide, zu schenken. So vermögen die Lagerkapazitäten in den Häfen kaum zu genügen. Die Verschiffung des Getreides stösst jedoch noch auf andere Schwierigkeiten: Die speziell für die Getreideverschiffung eingerichteten Häfen Buenos Aires und Rosario sind für Hochseeschiffe mit grossem Tiefgang unzugänglich, was die Transportkosten für derartige Stapelgüter erhöht.

Das Ziel der industriellen Dezentralisierung[59] konnte u.a. deshalb nicht verwirklicht werden, weil die Transportprobleme vernachlässigt worden sind. Da die Möglichkeiten, externe Ersparnisse zu erzielen, bei der Standortwahl eine gewichtige Rolle spielen, müssen diese Infrastrukturfragen in Zukunft vermehrt beachtet werden.

B. Energiewesen

1. Elektrizität

Die Elektrizitätserzeugung bildete zunächst eine Domäne privater Ge-

---

59) vgl. vorn, S. 207 ff.

sellschaften vorwiegend ausländischer Herkunft[60]. Im Jahre 1907 nahm die Compañía Alemana Transatlántica de Electricidad (CATE), eine Tochtergesellschaft der deutschen AEG, aufgrund einer Konzession ihre Tätigkeit in Buenos Aires auf. Seither wechselte das Unternehmen einige Male Eigentümer und Namen[61]. 1957 wurde die Gesellschaft durch Uebernahme von Aktien vom Staat gekauft, der sie in Servicios Eléctricos del Gran Buenos Aires (SEGBA) umbenannte.

Interessanterweise vermochte bis heute die zweite ausländische Elektrizitätsgesellschaft, die Compañía Italo-Argentina de Electricidad, sämtlichen Verstaatlichungsbestrebungen zu entgehen[62]. Die CIAE wurde 1911 von schweizerischem und italienischem Kapital gegründet[63]. Später ging das Kapital vollständig in schweizerische Hände über. Die Aktien dieser Gesellschaft sind ausser in Buenos Aires auch in der Schweiz kotiert. Während die Regierung anlässlich der Konzessionserneuerung im Falle der CADE zur Verstaatlichung schritt, zögerte sie, bei der CIAE das gleiche Verfahren anzuwenden. Vielmehr gelang es der Gesellschaft im Jahre 1961, mit der damaligen Regierung Präsident Frondizis einen neuen, diesmal unbefristeten Konzessionsvertrag abzuschliessen. Danach kann der Staat den Vertrag jederzeit unter Wahrung einer dreijährigen Kündigungsfrist auflösen. Die CIAE ihrerseits hat die Möglichkeit, erstmals auf den 1. Januar 1980 unter Einhaltung einer vierjährigen Voranmeldung vom Vertrag zurückzutreten[64]. In beiden Fällen ist die CIAE zum Verkauf und der Staat zum Kauf der Anlagen der Gesellschaft zu festgesetzten Konditionen verpflichtet[65]. Damit ist die Möglichkeit der entschädigungslosen Nationalisierung zum voraus gebannt worden.

---

60) vgl. für das folgende insbesondere R.T. Alemann, Curso de política económica, a.a.O., S. 268 ff.
61) Im I. Weltkrieg wechselte die Firma Eigentümer und Namen. Für kurze Zeit hiess sie Compañía Hispano Argentina de Electricidad (CHADE) mit vorwiegend spanischer Beteiligung. Später wurde sie durch ein belgisches Unternehmen mit schweizerisch-französischer Kapitalbeteiligung übernommen. Mit der Erneuerung der Konzession im Jahre 1936 wechselte die Firma abermals ihren Namen und war fortan unter der Bezeichnung Compañía Argentina de Electricidad (CADE) bekannt.
62) vgl. für das folgende insbesondere Michael Kohn, Die Compañía Italo-Argentina de Electricidad - Ausdruck schweizerisch-argentinischer Kooperation, in: LAI (Hrsg.), Argentinien heute - Wirtschaft und Kultur, Zürich 1970, S. 79 ff.
63) Schweizerischerseits wurde die Kapitalbeteiligung von der Columbus AG, einer Vorläuferin der heutigen Motor-Columbus AG, aufgebracht. Vgl. ebenda, S. 80.

Das Recht, Konzessionen zu erteilen, fiel anfänglich in den Zuständigkeitsbereich der Gemeinden. Seit 1947 bilden jedoch die Zentralregierung und die Provinzen die Konzessionsbehörden. Diese Regelung ist insofern von Bedeutung, als seither die Versorgung mit elektrischer Energie nicht bloss von wirtschaftlichen, sondern ebensosehr von politischen Ueberlegungen abhängig ist.

Die politische und wirtschaftliche Instabilität beeinflusste den Energiesektor negativ. Es lassen sich in dieser Hinsicht zwei deutliche Perioden unterscheiden, wobei in der ersten die mangelhafte Elektrizitätsversorgung als Bremse der industriellen Entwicklung wirkte. In der Zeit von 1935 bis 1955 nahm die installierte Kapazität der im öffentlichen Dienst stehenden Elektrizitätsgesellschaften um 480 MW zu, was eine durchschnittliche jährliche Zuwachsrate von nur 1,77 % ergibt[66]. Demgegenüber stieg die Elektrizitätsproduktion in der gleichen Periode jährlich um 5,95 % an[67]. Die Diskrepanz zwischen dem Wachstum der Kapazität und demjenigen der Produktion ist offensichtlich. Sie bedeutet, dass der Ausweitung des Marktes nicht durch Kapazitätssteigerungen, sondern nur durch intensivere Auslastung der Anlagen begegnet werden konnte. Die Investitionen im Elektrizitätssektor waren demnach in jenen Jahren völlig ungenügend. Infolgedessen musste der industrielle Bedarf grösstenteils durch werkseigene Energieversorgung gedeckt werden[68]. In der zweiten Periode (1955 - 1971) ist es dagegen gelungen, das Verhältnis zwischen Kapazität und Produktion zu verbessern. In dieser Zeit verzeichnete die Kapazität eine durchschnittliche jährliche Wachstumsrate von 7,62 %, gegenüber einer solchen der Produktion von 7,45 %[69]. Damit konnten gewisse technische Kapazitätsreserven geschaffen werden, da sich der Auslastungsgrad der Anlagen verringerte. Mit andern Worten hielt die Elektrizitätsversorgung erst in den Sechzigerjahren mit der wirtschaftlichen Entwicklung einigermassen Schritt.

---

64) Art. 2 lit. a des Konzessionsvertrages.
65) ebenda, Art. 2 lit. b.
66) vgl. o.V., La evolución de la electrificación argentina, in: Organización Techint, Boletín informativo No. 164, Marzo-Abril 1968, S. 17.
67) vgl. ebenda.
68) vgl. vorn, S.
69) Berechnung des Verfassers aufgrund der in Tabelle 37a im Anhang zitierten Quellen.

Der Engpass Elektrizitätsversorgung der Nachkriegsjahre war eine logische Folge der damaligen Tarifpolitik, welche die Kapitalbildung in diesem Sektor verhinderte. Die Tarife für den Haushaltskonsum wurden aufgrund der herrschenden politischen Ueberzeugung möglichst niedrig angesetzt, während der industrielle Verbrauch umso teurer war. Die Tarifpolitik wirkte demnach ausgesprochen industrialisierungshemmend, weil sie die Unternehmer, wie bereits erwähnt, zur wesentlich kostspieligeren Eigenproduktion zwang[70]. Ueberdies pflegten die Tarifanpassungen nicht der effektiven Geldentwertung zu entsprechen, was die Rentabilität der Elektrizitätsgesellschaften nachteilig beeinflusste. Der neue Konzessionsvertrag mit der CIAE trägt z.B. diesem Problem Rechnung[71]: Die Tarife sollen derart angesetzt werden, dass die Gesellschaft nach Abzug aller Ausgaben für die Betriebsführung, die Sozialleistungen, die Steuern und Abgaben und nach Abzug der Erneuerungs- und Amortisationsbeträge einen jährlichen Reingewinn herauswirtschaften kann, der ohne irgendwelche steuerliche Belastung oder Abzüge 8 % des Anlagewertes entspricht. Der Anlagewert wird zum Durchschnittskurs des im laufenden Jahr gültigen Wechselkurses in Dollar umgerechnet[72].

Erwähnenswert ist ferner die Tatsache, dass die Tarife in Buenos Aires ungefähr doppelt so hoch sind wie in der Schweiz. Dies lässt sich einerseits auf die hohen Kapitalkosten zurückführen, ist indessen anderseits im wesentlichen Folge hohen Personalbestandes. Nur der gewerkschaftlichen Machtpolitik ist es zuzuschreiben, dass die CIAE im Vergleich zu ähnlich strukturierten Betrieben nordamerikanischen oder europäischen Musters etwa viermal mehr Personal beschäftigen muss[73].

---

70) vgl. R.T. Alemann, Curso de política económica, a.a.O., S. 272.
71) Art. 11 des Konzessionsvertrages.
72) vgl. Kohn, a.a.O., S. 87. Der Vertrag ist seit 1961 von der Regierung allerdings mehrmals verletzt worden, u.a. durch Nichtgewährung der vertraglich festgelegten Tarife, was sich negativ auf das Ausbauprogramm der CIAE auswirkte. Seit der Absetzung der ausgesprochen auslandsfeindlich eingestellten Regierung Illía im Jahre 1966 hat sich die wirtschaftliche Lage dieser Gesellschaft verbessert.
73) vgl. Kohn, a.a.O., S. 92. Im Fall der Staatsbetriebe SEGBA und A y EE dürfte der Faktor Personal noch bedeutender sein, zumal die CIAE für argentinische Verhältnisse als ausgesprochen effizient gilt.

Aus den Versorgungskrisen der Vergangenheit müssen deshalb im Hinblick auf die Zukunft die notwendigen Konsequenzen gezogen werden. Abgesehen von der mehr kurzfristigen Angelegenheit einer vernünftigen Tarifpolitik ist vor allem eine langfristige Energieplanung notwendig. Offiziellen Verlautbarungen zufolge soll dieses Problem erste Priorität geniessen[74]. Gemäss einem vom Energiesekretariat veröffentlichten Plan wird sich die installierte Kapazität[75] zur Elektrizitätserzeugung im Jahre 1980 um 10.300 MW auf insgesamt 15.550 MW erhöht haben. Es sind vor allem hydroelektrisch und mit Atomenergie betriebene Kraftwerke geplant, mit dem Ziel, den Anteil des Erdöls als Energieträger von 71 % im Jahre 1970 auf 54,7 % im Jahre 1980 zu senken.

Beachtung verdient speziell Argentiniens Eintritt ins Atomzeitalter. Noch 1973 soll das erste Atomkraftwerk Lateinamerikas, Atucha, mit einer Kapazität von 312 MW in Betrieb genommen werden. Bis 1977 wird ein zweites Atomkraftwerk betriebsbereit sein, nämlich dasjenige von Río Tercero in der Provinz Córdoba (600 MW). Für 1980 ist sodann eine dritte Zentrale mit einer Kapazität von 1.000 MW mit Standort in Bahía Blanca (im Süden der Provinz Buenos Aires) geplant[76]. Eine weitsichtige Energiepolitik ist zweifellos zu begrüssen; vor einer "Atomenergie-Euphorie" ist aber aus rein wirtschaftlichen Ueberlegungen zu warnen. Im Falle des Atomkraftwerkes von Atucha ist nach Ansicht von Fachleuten die Kapazität zu gering, um mit den herkömmlichen Kraftwerken konkurrieren zu können. 600 MW werden dafür als minimale Leistung angesehen. Die Vermutung, wonach es sich im Fall Atucha um eine Prestigeinvestition handelt, kann deshalb nicht von der Hand gewiesen werden[77]. Anlass zu Kritik gibt ferner die Tatsache, dass Argentinien als Brennstoff Natururan zu verwenden gedenkt, obwohl diese Technik weltweit als veraltet angesehen wird[78]. Würde z.B. angereichertes Uran benützt, könnte die Leistung von Atucha mit dem gleichen Reaktor auf 1.000 bis

---

74) vgl. für das folgende insbesondere AT, 14.5.1972.
75) Ohne Eigenproduktion.
76) Nach 1980 müsste nach Ansicht der Atomenergiekommission (CNEA) jedes Jahr ein Atomkraftwerk mit einer minimalen Leistung von 600 MW erstellt werden; vgl. AT, 14.5.1972.
77) vgl. AT, 18.3.1973.
78) vgl. The Review of the River Plate, Vol. CLII, No. 3826, 31,7.1972, S. 147.

1.200 MW gesteigert werden[79]. Der Tatsache, dass sich die Behörden für Natururan entschieden haben, liegen politische Ueberlegungen zugrunde: Argentinien verfügt über bedeutende Uranvorkommen. Mit Natururan werde, so wird argumentiert, in bezug auf Atomenergie die wirtschaftliche Unabhängigkeit gewahrt; demgegenüber wäre man im Fall des zugegebenermassen kostengünstigeren Verfahrens mittels angereichertem Uran vom Ausland abhängig. Dies erweist sich allerdings bei näherer Betrachtung als ein Mythos[80]. Dass gerade im Fall dieses zukunftsträchtigen Energieträgers nicht die wirtschaftlichste Produktionstechnik gewählt worden ist, ist zu bedauern[81].

Der Ausbau der Elektrizitätsversorgung allein wird bis 1980 jährlich etwa 530 Mio. Dollar erfordern[82]. Eine Tarifpolitik, welche die Kapitalisierung der Unternehmungen erlaubt, ist demnach lebenswichtig[83].

2. Erdöl

Argentiniens Erdölpolitik unterlag, entsprechend der politischen Instabilität, im Laufe der Zeit mehrfachen Richtungsänderungen, welche ihre Wurzeln vielfach im Emotionellen hatten[84]. Die verschiedentlichen Wandlungen der politischen Parameter bewirkten im Endeffekt eine mangel-

---

79) vgl. The Review of the River Plate, Vol, CLII, No. 3826, 31.7.1972, S. 147.
80) vgl. AT, 18.3.1973. Es wäre insbesondere eine Illusion zu glauben, dass Argentinien dank der Verwendung von Natururan von ausländischen Lieferanten unabhängig würde. Vielmehr muss Natururan ja zunächst aufbereitet werden, was in Argentinien vorderhand noch nicht möglich ist. Ausserdem muss auch schweres Wasser aus dem Ausland bezogen werden. Vgl. The Review of the River Plate, a.a.O., S. 147.
81) Da Argentinien das Abkommen über die Begrenzung der Atomwaffen nicht ratifiziert hat, darf es ohnehin nicht mit angereichertem Uran beliefert werden. Diese Tatsache scheint wiederum den Entscheid zugunsten des Natururans begünstigt zu haben; vgl. AT, 18.3.1973.
82) vgl. Análisis (Buenos Aires), año XII, No. 610, 24.11.1972, S. 22.
83) Diese Forderung kann durch den Hinweis bekräftigt werden, dass die im öffentlichen Dienst stehenden Elektrizitätsgesellschaften in den Jahren 1967 bis 1970 sich nur zu zwei Fünfteln aus eigenen Mitteln finanzieren konnten. Rund die Hälfte der fremden Mittel stammten aus dem staatlichen Energiewirtschaftsfond; vgl. ebenda, S. 24.
84) vgl. z.B. Miguel M. Alascio Cortázar, Burguesía argentina y petróleo nacional, Buenos Aires 1969.

hafte und kostspielige Produktionsstruktur, nicht nur im Erdölsektor, sondern auch in nachgelagerten Bereichen[85]. Auf eine ausführliche Darlegung der argentinischen Erdölpolitik seit der Entdeckung dieses Minerals muss aus naheliegenden Gründen verzichtet werden[86]. Vielmehr scheint es ratsam zu sein, lediglich jene Periode der Industrialisierung zu untersuchen, in welcher die Schwerindustrie besonders gefördert wurde. Der Verlauf der Erdölpolitik seit 1958 ist repräsentativ für das Hin und Her zwischen dem Monopolgedanken einerseits und der Koexistenz der staatlichen YPF und privater Erdölgesellschaften anderseits[87].

Die erste Phase der "Koexistenz" wurde durch die Suezkrise des Jahres 1956 ausgelöst. Die Tatsache, dass Argentinien rund einen Viertel seiner Exporterlöse für Rohölimporte aufwenden musste, bewog die Regierung Frondizi, die eigenen Ressourcen mittels Verträgen mit ausländischen Erdölgesellschaften intensiver auszubeuten[88]. Diese enge Zusammenarbeit hatte sehr bald einen erfreulichen Produktionsanstieg zur Folge: Zwischen 1958 und 1963 verbesserte sich der Selbstversorgungsgrad von 35 auf 95 %[89]. Die Werk- und Dienstleistungsverträge wurden indessen vom Nachfolger Frondizis, Präsident Illía, als nichtig erklärt, wobei aber immerhin die Mehrzahl der betroffenen Gesellschaften aufgrund aussergerichtlicher Abmachungen für ihre Verluste entschädigt worden sind.

Die Revolutionsregierung des Präsidenten Onganía brachte abermals eine radikale Wende in der Erdölpolitik. Während unter dem ursprünglichen System das durch ausländische Gesellschaften geförderte Erdöl an YPF abgeliefert werden musste, die es zwecks Weiterverarbeitung unter den privaten Gesellschaften verteilte, blieb unter dem neuen Erdölgesetz[90] der geförderte Rohstoff Eigentum der betreffenden Unternehmungen. Ausserdem gelangten private argentinische Firmen in den Genuss spezieller Förderungsmassnahmen. Obwohl an der dominierenden Rolle der YPF festgehalten worden ist, ermöglichte das neue Gesetz die Tätigkeit privater

---

85) vgl. vorn, S. 195 ff.
86) vgl. dazu insbesondere R.T. Alemann, Curso de política económica, a.a.O., S. 256 ff., und Gotelli, a.a.O., S. 63 ff.
87) vgl. Gotelli, a.a.O., S. 63.
88) Gesetz Nr. 14.773, vgl. R.T. Alemann, Curso de política económica, a.a.O., S. 257.
89) vgl. Tabelle 35 im Anhang.
90) Gesetz Nr. 17.319.

nationaler und ausländischer Gesellschaften auf sämtlichen Stufen der
Produktion. Dank einer regen Investitionstätigkeit sicherte sich das
Land damit den notwendigen technischen Fortschritt auf diesem Gebiet.
Es gelang,den Erdölsektor weitgehend zu entpolitisieren[91].

Der Sturz Onganías Mitte 1970 bedeutete einen weiteren Wechsel in der
Erdölpolitik. Unter seinem Nachfolger, General Levingston, kamen einmal mehr ausgeprägt nationalistische Ideen zum Zuge[92]: YPF sollte
wiederum ihre ursprüngliche Monopolstellung zurückgewinnen. Diese Tendenz gipfelte in einem Gesetzesentwurf, der im Juni 1972 dem damaligen
Präsidenten, General Lanusse, zur Unterschrift vorgelegt wurde. Der Gesetzesentwurf sah vor, den Privatsektor im Erdölbereich allmählich ganz
auszuschalten, und das in einem Moment, wo die privaten Gesellschaften
Investitionen von über 300 Mio. Dollar planten (70 Mio. Dollar allein
für die Exploration).

Obwohl dem Gesetzesprojekt bis zu den allgemeinen Wahlen im Frühjahr
1973 die Unterschrift und damit die Rechtskraft versagt blieb, wurde
dennoch das Gesetz Nr. 17.319 de-facto ausser Kraft gesetzt. In einem
kapitalintensiven Sektor, dessen Investitionen in bezug auf Planung und
Ausführung sehr viel Zeit beanspruchen, wird die derart verursachte Unsicherheit nicht ohne weitreichende Folgen bleiben. Unter Berücksichtigung der Tatsache, dass der Selbstversorgungsgrad in bezug auf Erdöl
nur durch intensive Forschung und Ausnützung der neuesten (ausländischen)
Technik erreicht werden kann, wird das Monopol der YPF dem Land gesamtwirtschaftlich grossen Schaden zufügen. Während unter dem System der
Koexistenz der privaten und staatlichen Betriebe deren Raffinierungskapazität ständig zwischen 85 und 90 % ausgelastet werden konnte, hat
die Aenderung der Erdölpolitik bzw. der intensivierte Ausbau der Raffinerien von YPF im Privatsektor langsam zu freien Kapazitäten geführt,
welche Mitte 1972 bereits 50 % betrugen. Falls YPF ihr Ausbauprogramm
bis 1975 verwirklichen kann, wird Argentinien eine Raffinierungskapazität von insgesamt 45 Mio. m3 jährlich aufweisen.Da der Konsum bis dahin

---

91) vgl. <u>Gotelli</u>, a.a.O., S. 64.
92) vgl. für das folgende insbesondere AT, 11.6.1972, sowie The Review
    of the River Plate, Vol. CLI, No. 3823, 30.6.1972, S. 877 und
    S. 895 f.

ungefähr 30 Mio. m3 betragen dürfte, werden 35 % der Kapazität frei stehen[93]. Es ist deshalb fragwürdig, die staatlichen Raffinerien auszubauen, wenn der private Sektor über freie Kapazitäten verfügt.

Sollte diese Politik tatsächlich gesetzlich verankert werden, ist mit einem allmählichen Ausscheiden des Privatsektors zu rechnen. Wie jedoch YPF im Alleingang die Selbstversorgung erreichen will, welche bis 1980 immerhin jährliche Investitionen im Betrag zwischen 300 und 400 Mio. Dollar erfordern wird[94], bleibt eine offene Frage. Angesichts der ohnehin kostspieligen Erdölförderung[95] und den bislang relativ bescheidenen Reserven[96] wird bereits für 1975 eine Energiekrise vorausgesehen, welche namhafte Importe nach sich ziehen wird[97].

Es besteht deshalb die Gefahr, dass sich das Energiewesen im allgemeinen und der Erdölsektor im besonderen in Zukunft erneut zu einem Engpass im Industrialisierungsprozess entwickeln könnten.

---

93) Als im internationalen Vergleich annehmbar wird eine freie Kapazität von 10 % angesehen.
94) vgl. Análisis (Buenos Aires), año XII, No. 610, 24.11.1972, S. 26.
95) vgl. vorn, S. 183.
96) Die Schätzungen schwanken zwischen 10 und 15 Jahren.
97) vgl. The Review of the River Plate, Vol. CLIII, No. 3852, 19.4.1973., S. 533 f.

III. Immaterielle Infrastruktur

A. Politik und Gesetzgebung

1. Politische Verhältnisse

Unabdingbare Voraussetzung für eine geordnete wirtschaftliche Entwicklung sind stabile politische Verhältnisse. Wie bereits verschiedentlich betont worden ist, handelt es sich hierbei um das Kernproblem der argentinischen Gegenwart[98]. Fehlende politische Stabilität und Kontinuität hat zwar die industrielle Entwicklung nicht verhindert, sie jedoch massgeblich erschwert, wie aus den Darlegungen des dritten Kapitels hervorgeht.

Das politologische Schrifttum über Argentinien ist ausserordentlich umfangreich, und es fehlt nicht an mannigfachen Interpretationsansätzen. Hervorzuheben sind insbesondere die selbstkritischen Analysen, etwa eines Ezequiel Martínez Estrada[99] oder eines Mariano Grondona[100]. Es kann jedoch nicht Aufgabe dieser Arbeit sein, im einzelnen auf das vielfältige Meinungsspektrum zur politischen Entwicklung Argentiniens einzugehen. Vielmehr soll versucht werden, einige der wesentlichsten Argumente zusammenzufassen.

Geht man von der Prämisse aus, dass Politik und wirtschaftliche Entwicklung untrennbar sind, ergibt sich daraus die Forderung nach einem politischen System, welches die Erreichung der wirtschaftlichen und gesellschaftlich-politischen Ziele ermöglicht. Für Argentinien und praktisch das gesamte übrige Lateinamerika gilt nun allerdings die Feststellung, dass die gesellschaftlich-politische mit der wirtschaftlichen

---

98) vgl. dazu den wirtschaftshistorischen Rückblick, vorn, S. 29 ff.
99) Ezequiel Martínez Estrada, Radiografía de la Pampa, 5.A., Buenos Aires 1961.
100) Mariano Grondona, La Argentina en el tiempo y en el mundo, Buenos Aires 1967.

Entwicklung nicht Schritt gehalten hat. Hinter der Fassade der Demokratie verbirgt sich oft politischer Autoritarismus, ausgesprochen hierarchisches Denken und ein traditionell iberischer Individualismus. M.a.W. verursachte das Nebeneinander von traditionellen und modernen Verhaltensweisen Instabilität[101]. Die Frage nach den Ursachen des Versagens der dem abendländischen Kulturkreis entstammenden demokratischen Einrichtungen drängt sich deshalb auf.

Die wichtigsten Ursachen der politischen Instabilität Argentiniens lassen sich wie folgt zusammenfassen:

- die ausserordentliche Machtkonzentration im Amt des Staatspräsidenten;

- die damit zusammenhängende Schwäche des Parlaments und der Parteien sowie der Einfluss der nicht-parlamentarischen Organisationen (Interessengruppen aller Art, Gewerkschaften);

- die Verpolitisierung der Streitkräfte;

- die Beschränkung der politischen Aktivität auf eine Schicht der Bevölkerung, welche man als Elite im weitesten Sinne bezeichnen kann, m.a.W. der Aufbau des demokratischen Systems von oben und nicht von unten.

Die im Staatspräsidium vereinigte Machtfülle kann nur in ihrem Wesen erfasst werden, wenn sie anstatt von der Funktion von der Person her beurteilt wird. Der im Feudalistischen begründete und in Lateinamerika weit verbreitete Personalismus tritt auch in Argentinien immer wieder als bestimmendes Element in der Politik hervor: Der Staatspräsident hat in erster Linie den Bedürfnissen eines Landesvaters zu entsprechen; er wird als Führer betrachtet, an den sich jedermann mit seinen Sorgen wenden kann. Dieses in der spanischen Kolonialherrschaft wurzelnde "Herr - Knecht"-Verhältnis ("patrón") lässt deshalb autoritäres und undemokratisches Verhalten des Staatspräsidenten als nebensächlich erscheinen, so-

---

101) vgl. z.B. Wolf Grabendorff, Lateinamerika - wohin?, 2.A., München 1971, S. 95 ff.
102) vgl. ebenda, S. 96.

lange er seinen Pflichten als Landesvater nachkommt[103]. So entsprechen denn die Kompetenzen des argentinischen Präsidenten diesem Vorstellungsbild. Nebst seiner Funktion als Leiter der Regierung ist er auch oberster Chef der Streitkräfte. Er kann sämtliche Minister und höheren Beamten ohne die Zustimmung des Kongresses ernennen und entlassen (Ausnahmen: Richter und Diplomaten). Er ist oberste Behörde der Bundeshauptstadt; die Ernennung ihres Bürgermeisters fällt in seinen Zuständigkeitsbereich. Er ist ferner berechtigt, in den Provinzen zu "intervenieren", d.h. unbotmässige Gouverneure zu entfernen. In gewissen Fällen kann er den Belagerungszustand ohne Einwilligung des Kongresses erklären, m.a.W. verfassungsmässige Grundrechte aufheben[104]. Nebst den politischen verfügt der Präsident überdies über weitreichende gesetzgeberische Befugnisse, dabei wird das Prinzip der Gewaltentrennung oft durchbrochen und die Verfassung klar verletzt[105].

Angesichts dieser Machtfülle brauchen deshalb missbräuchliche Auslegung der Amtsbefugnisse, Demagogie und totalitärer Führungsstil des Staatschefs nicht zu erstaunen. Dies umso weniger, als eine effektive Kontrolle seitens des Parlaments fehlt.

In diesem Zusammenhang muss auf das zentrale Problem des argentinischen politischen Lebens hingewiesen werden, nämlich die mangelhafte soziale Disziplin und das fehlende staatsbürgerliche Verantwortungsbewusstsein. Diese beiden Eigenschaften sind in einem raschen Entwicklungsprozess unabdingbare Voraussetzung für sämtliche Beteiligte, seien es nun Parteien, Interessengruppen oder die Regierung selbst. Nur dann ist es nämlich möglich, kurzfristige politische Zugeständnisse (bzw. die Einlösung von Wahlversprechen) mit langfristigen Zielen (etwa der Vollbeschäftigung) zu koordinieren[106]. Soziale Disziplin und Verantwortungsbewusstsein fehlen, weil die argentinische Bevölkerung,

---

103) vgl. Link, Mexiko, a.a.O., S. 138.
104) vgl. James L. Busey, Latin America, Political Institutions and Processes, New York 1965, S. 133 ff.
105) vgl. den folgenden Abschnitt über die Gesetzgebung, S. 252 ff. So ist es beispielsweise durchaus üblich, dass der Präsident mittels Dekret das vom Kongress genehmigte Budgetgesetz abändert, indem er bewilligte Beträge andern Zwecken zuführt, was eindeutig gegen Art. 86, Abs. 2 argBV verstösst. Vgl. Busey, a.a.O., S. 145.
106) vgl. Harvey S. Perloff, Governmental Organization for Growth and Stability, in: Baer und Kerstenetzky, a.a.O., S. 161 f.

wie sich geschichtlich belegen lässt, nie dazu erzogen worden ist[107]:
Politik war anfänglich ausschliesslich eine Sache der konservativen Minderheit; ein Grossteil der Einwanderer stand mangels argentinischer Staatszugehörigkeit ausserhalb des politischen Meinungsbildungsprozesses. Die "políticos" bildeten eine Elite für sich. Daran hat auch das Aufkommen von Parteien, ob Radikale, Sozialisten oder Peronisten, nicht viel geändert. Die Parteien, seien es nun kleinere Gruppierungen oder eine Massenbewegung wie diejenige der Peronisten, sind durch die Institution des Parlaments nicht in der Lage, ihre unterschiedlichen Standpunkte und Ziele im Hinblick auf eine Integration des Staates einander in Form von Kompromissen anzunähern. Dies kommt daher, weil sie partikularistisch, klassen- und funktionsorientiert sind. Aus diesem Grund ist der Kongress nicht im Stande, seine wichtige staatsintegrierende Rolle im politischen Entscheidungsprozess zu spielen. Dieser Umstand fördert wiederum die Machtkonzentration in den Händen des Präsidenten, dem die Initiative einer staatsintegrierenden Politik überlassen wird[108]. Da die Parteien nicht in der Lage sind, ihre spezifischen Funktionen in der demokratischen Meinungsbildung zu erfüllen, werden diese von Interessengruppierungen aller Art, etwa dem Industrieverband (Union Industrial Argentina), der Gewerkschaftszentrale CGT oder dem Landwirtschaftsverband (Sociedad Rural Argentina) wahrgenommen. Konstruktive Zusammenarbeit auf nationaler Ebene wird oftmals verunmöglicht, weil jene, welche an der Macht sind, nicht daran denken, auf ihre einmal erworbenen Privilegien und Vorteile zugunsten einer nationalen Entwicklung zu verzichten.

In diesem Klima politischer Frustration und des Festhaltens an überkommenen Strukturen ist ein weiterer Faktor zu berücksichtigen, nämlich die Streitkräfte[109]. Heer, Marine und Luftwaffe kommen grundsätzlich in erster Linie Polizeifunktionen zu, nämlich für Ruhe und Ordnung im Innern zu sorgen. Ihre zweite, jedoch um einiges wichtigere Rolle besteht in der "Garantie der wirtschaftlichen und politischen Unabhän-

---

107) vgl. dazu vorn, S. 29 ff., die einschlägigen Abschnitte des wirtschaftlichen Rückblicks.
108) vgl. Robert E. Scott, Political Elites and Political Modernization: The Crisis of Tradition, in: Seymour M. Lipset und Aldo Solari (Hrsg.), Elites in Latin America, London/Oxford/New York 1967, S. 128 ff.
109) vgl. Irving L. Horowitz, The Military Elites, in: Lipset und Solari, a.a.O., S. 146 ff.

gigkeit" des Landes bzw. in der Funktion eines "Gralshüters der Demokratie". Diese politische Funktion bestand in Argentinien seit 1955 im speziellen darin, die peronistische Masse an der Machtübernahme zu hindern[110]. Aus dieser Wächterrolle wird die Legitimation zum Staatsstreich, notfalls unter Waffengewalt, abgeleitet. Das Entscheidende ist, dass das Militär wohl in der Lage ist, eine Zivilregierung abzusetzen, wenn diese die notwendige Autorität nicht aufbringt. Hingegen gelingt es den Streitkräften meistens nicht, über längere Zeit erfolgreich zu regieren, wie das Scheitern der "Argentinischen Revolution" von 1966 drastisch vor Augen zu führen vermag. Ein Militärregime findet wohl in der Regel für eine gewisse Zeit die Unterstützung einer breiten Bevölkerungsschicht, besonders des Mittelstands, weil eine Machtübernahme durch populistische Bewegungen mit der Abschaffung gewisser Traditionen verbunden wäre. Argentiniens Generäle waren jedoch bislang ausser Stande, nach einem Staatsstreich die komplexen wirtschaftlichen und sozialen Probleme des Landes einer langfristigen Lösung zuzuführen, vorab, weil ihnen das nötige politische Fingerspitzengefühl und die erforderliche fachliche Ausbildung in den meisten Fällen fehlte. Die militärischen Interventionen sind das deutlichste Zeichen für eine allgemeine Schwäche der politischen Institutionen, vor allem für das Fehlen eines politischen Bewusstseins in der Masse der Bevölkerung.

Mit Recht hält deshalb Grondona fest, dass die verfassungsmässigen Gewalten Gesetzgebung, Gesetzesvollzug und Justiz in Argentinien nur dann funktionstüchtig sind, wenn die Regierung überdies über drei weitere, ungeschriebene Gewalten verfügt: die politische Gewalt (d.h. Unterstützung aus dem Volk), die militärische Gewalt (d.h. Verzicht der Streitkräfte auf politische Tätigkeit) und die Gewalt über Buenos Aires (d.h. Unterstützung aus der Wirtschaft)[111]. Gelingt es nicht, diese

---

110) Diese Haltung ist unter Präsident Lanusse (1971-1973) aufgegeben worden, mit dem Resultat, dass die allgemeinen Wahlen im Frühjahr 1973 den erwarteten Sieg der unter der Bezeichnung FREJULI (Frente Justicialista de Liberación) zusammengeschlossenen Peronisten und deren Verbündeten brachten. Nebst dem Amt des Staatspräsidenten besetzt der FREJULI 44 der 69 Senatssitze, 146 der 243 Sitze des Abgeordnetenhauses sowie 20 der 22 Gouverneursposten. Der Wahlsieg der Peronisten kann als Reaktion aller "Unzufriedenen" auf das seit 1966 an der Macht gewesene Militärregime gewertet werden, welches besonders in der Phase ab 1970 versagt hatte. Vgl. NZZ, 14.3.1973, **Nr.** 122, S. 1.
111) vgl. Mariano Grondona, La Argentina en el tiempo y en el mundo, Buenos Aires 1967, S. 185 ff.

"realen Kräfte" zu integrieren, folgt unweigerlich eine politische Krise: Der Revolution von 1930 fehlte die politische Gewalt, dem Präsidenten Castillo (1943) die Macht über die Streitkräfte. Perón verfügte anfänglich über die Unterstützung aller drei ungeschriebenen Gewalten, verlor dann aber während seiner zweiten Amtsperiode den Rückhalt in den Streitkräften und in der Wirtschaft. Frondizi ging der Unterstützung des Volkes und des Militärs verlustig, ähnlich erging es Illía. Der Revolution von 1966 schliesslich fehlte vor allem der Konsens aus dem Volk.

Moderne Gesellschaften, sollen sie sich weiter entwickeln, bedürfen eines Mindestmasses an Gemeinschaftssinn und Solidarität, welche über die Grenzen der Familie hinaus gehen. Koordination und Zusammenarbeit zwischen dem Einzelnen und formellen Organisationen (Staat, Parteien, Gemeinden etc.) sind unerlässlich. In Argentinien wie auch in andern Ländern Lateinamerikas sind diese Voraussetzungen mangelhaft entwickelt[112]. Hirschman sieht in diesem Zusammenhang die Schwierigkeiten der wirtschaftlichen Entwicklung Lateinamerikas als "Problem des Fehlens des kooperativen Elements in der Unternehmerschaft" und in der "Abwesenheit eines bindenden Faktors im sozialen Verhalten"[113]. Diese etwas verallgemeinerten Feststellungen treffen ganz besonders auch für Argentinien zu. Die Schaffung stabiler politischer Verhältnisse als Voraussetzung für eine geordnete wirtschaftliche Entwicklung ist ein Problem, das nicht in einer einzigen Regierungsperiode gelöst werden kann. Es ist vielmehr eine Frage mehrerer Generationen.

2. Gesetzgebung

a) Einleitung: Zum Problem der Verfassungsmässigkeit rechtssetzender Akte einer de-facto-Regierung

Wie im zweiten Kapitel dargelegt worden ist, sind verfassungsmässig gewählte Regierungen wohl die Regel. Indessen sind aber doch zu verschie-

---

112) vgl. Ivan Vallier, Religious Elites: Differentiations and Developments in Roman Catholicism, in: Lipset und Solari, a.a.O., S. 214.
113) Hirschman, Strategy, a.a.O., S. 6 bzw. 17.

denen Malen politische Kräfte nicht durch Wahlen, sondern durch einen Staatsstreich an die Macht gelangt, so beispielsweise in den Jahren 1955 (Sturz Peróns), 1962 (Sturz Frondizis) und 1966 (Sturz Illias).

Das normale Gesetzgebungsverfahren wird in der Verfassung in den Artikeln 68 bis 73 geregelt. Danach müssen Gesetzesentwürfe von den beiden legislativen Kammern (Senat und Abgeordnetenhaus) verabschiedet werden. Besonders festgehalten werden müssen dabei die gesetzgeberischen Funktionen des Staatspräsidenten, welche sehr weitreichend sind und seine Machtbefugnisse unterstreichen: Nach Art. 86, Abs. 4 argBV nimmt er aktiv am Gesetzgebungsprozess teil, denn er sanktioniert die vom Kongress erlassenen Gesetze und verleiht ihnen durch seine Unterschrift Gesetzeskraft. Er kann, gleich dem Kongress, Gesetzesreformen oder neue Gesetze vorschlagen (Art. 68 argBV). Er besitzt ein Vetorecht (Art. 72 argBV) gegenüber Gesetzesentwürfen des Kongresses, wenn diese verfassungswidrig sind oder gegen die allgemeine Politik verstossen bzw. den generellen Interessen des Landes zuwiderlaufen. Er kann die ordentliche Sessionsperiode des Kongresses verschieben oder ausserordentliche Tagungen einberufen (Art. 86, Abs. 12 argBV)[114].

Wird eine verfassungsmässige Regierung durch Staatsstreich entmachtet, fallen Gesetzgebungs- und -vollzugsfunktionen in die Befugnisse des Staatspräsidenten. Die Frage ist, ob dessen rechtssetzende Akte vor der Verfassung ebenso bestehen können wie die im ordentlichen Verfahren erlassenen Normen. Der Oberste Gerichtshof hat dazu im Falle der de-facto-Regierung, welche Perón ablöste, einen grundsätzlichen Entscheid gefällt, welcher auf alle nachfolgenden de-facto-Regierungen angewendet worden ist[115]. Wenn der Oberste Gerichtshof eine de-facto-Regierung anerkennt, dann kommen ihr die gleichen legislativen und exekutiven Befugnisse zu wie einer verfassungsmässigen. Damit sie anerkannt werden kann, müssen die folgenden Voraussetzungen erfüllt sein:

---

114) vgl. Rafael Bielsa, Principios de derecho administrativo, 3.A., Buenos Aires 1963, S. 738 f.
115) vgl. Fallos, Band 169, S. 309, erwähnt bei Felipe S. Pérez, La Constitución y la Corte Suprema, Buenos Aires 1962, Band III, S. 198.

- Ihre Handlungsweise muss vom Volk anerkannt werden[116].
- Sie muss im Besitz der tatsächlichen Macht über Streitkräfte und Polizei sein, um den innern Frieden und die Ordnung aufrecht erhalten zu können.
- Sie muss den Vorrang (supremacia) der Verfassung und der Gesetze aufrecht erhalten.
- Sie muss einen Amtseid auf die Verfassung leisten.
- Sie muss sich verpflichten, im Einklang mit der geltenden Gesetzgebung so lange zu regieren, bis eine Rückkehr zur Verfassungsmässigkeit möglich wird[117].

Der Oberste Gerichtshof stützt sich bei der Anerkennung einer de-facto-Regierung auf die <u>Notwendigkeitstheorie</u>: Die de-facto-Regierung muss die vorgängige Regierung unmittelbar ersetzen können, da der Staat weiter existiert. Aus rein praktischen Ueberlegungen wäre es nicht möglich, die durch ein verfassungswidriges Verfahren erlassenen Normen nachträglich noch durch den Kongress sanktionieren zu lassen. Deshalb müssen die Legislativfunktionen notwendigerweise jener Kraft zugebilligt werden, welche über die tatsächliche Macht im Staat verfügt. Normen einer de-facto-Regierung sind deshalb genau so rechtsgültig zustande gekommen wie diejenigen einer verfassungsmässigen Regierung[118].

Man könnte versucht sein, diese Haltung des Obersten Gerichtshofes als opportunistisch zu bezeichnen. Sie wird indessen begreiflich, wenn man berücksichtigt, dass im argentinischen Volk das Verständnis für die Tragweite und den Sinn eines Grundgesetzes weitgehend fehlt. Staatsstreich, Wahlbetrug und politische Disziplinlosigkeit sind nichts Aussergewöhnliches, ebenso die Regel, dass sich besiegte Parteien vielfach weigern, mit einer neuen Regierung zusammenzuarbeiten, während sich die Wahlsieger in eine kaum kontrollierbare und absolute Macht verwandeln[119].

---

[116] Wie der Oberste Gerichtshof dies feststellen kann, ist unklar. Es dürfte sich dabei um eine rein opportunistische Annahme handeln, welche auf das Prinzip der "schweigenden Mehrheit" abstellt.
[117] vgl. Germán J. <u>Bidart Campos</u>, Derecho constitucional, Bd. II, Buenos Aires 1964, S. 657.
[118] vgl. ebenda, S. 644 f., vgl. ferner Carlos <u>Valiente Noailles</u>, Manual de jurisprudencia de la Corte Suprema de Justicia de la Nación, Tomo I, Derecho constitucional, Buenos Aires 1970, S. 16 ff.
[119] vgl. <u>Pérez</u>, a.a.O., Bd. I, S. 62 (nach einem Zitat von Joaquín V. Gonzáles).

b) Wirtschaftsrechtliche Bestimmungen in der Verfassung

Die Verfassung Argentiniens ist ein getreues Abbild derjenigen der Vereinigten Staaten. Sie zeichnet sich durch Kürze, klare Ausdrucksweise und systematische Ordnung aus. Die in Lateinamerika übliche paternalistische Denkweise gibt aber der Verfassung einen tatsächlichen Inhalt, der beträchtlich von demjenigen der Verfassung der Vereinigten Staaten abweicht[120]. Das argentinische Grundgesetz ist in zwei Teile gegliedert; der erste enthält die "Deklaration, Rechte und Garantien" (Art. 1 bis 35), der zweite gibt Auskunft über die Struktur der Zentralregierung und der Provinzregierungen (Art. 36 bis 110).

Für die vorliegende Arbeit von besonderem Interesse sind jene Bestimmungen der Verfassung, welche im Staat das wirtschaftliche Koordinationsproblem lösen. Diese ordnungspolitischen Grundsätze sind wohl von fundamentaler Bedeutung, da sie wirtschaftspolitische Entscheidungen in Recht umwandeln[121]. Sie unterliegen jedoch in der Praxis durch den Erlass von Gesetzen etc. einer oftmals derart starken Relativierung, dass zwischen dem ursprünglichen Sinn der Verfassung und der Gesetzesnorm nurmehr wenig Gemeinsamkeiten bestehen. Das argentinische Grundgesetz ist jenem moderner sozialer Wohlfahrtsstaaten durchaus ähnlich. In Wirklichkeit ist jedoch das Land noch weit von diesem Zustand entfernt.

Von zentraler Bedeutung für die wirtschaftliche Entwicklung Argentiniens ist Art. 14 argBV. Er garantiert die Arbeits- und Betätigungsfreiheit (Handels- und Gewerbefreiheit), die Pressefreiheit, das Recht auf Eigentum, die Versammlungs- und Petitionsfreiheit, die Religionsfreiheit sowie die Lehr- und Lernfreiheit. Das wichtigste dieser Freiheitsrechte, nämlich das Recht auf freie wirtschaftliche Tätigkeit, wird allerdings, je nach politischer bzw. wirtschaftlicher Lage, durch polizeirechtliche Vorschriften und wirtschaftspolitisch begründete Notmassnahmen stark relativiert. Die in Argentinien üblichen Eingriffe in die freie wirtschaftliche Betätigung wirken vielfach lähmend auf die wirtschaftliche Aktivität des Landes, und die Frage nach der Verfassungsmässigkeit solcher oft unverhältnismässiger Eingriffe ist durchaus am

---

120) vgl. Busey, a.a.O., S. 132.
121) vgl. Link, Mexiko, a.a.O., S. 141.

Platze. Der Oberste Gerichtshof, der sich mit Einschränkungen dieses Freiheitsrechts zu befassen hat, prüft jeweilen lediglich, ob der zu beurteilende Eingriff im öffentlichen Interesse ist. Politisch motivierte Urteile sind demzufolge normal[122].

Der gleiche Artikel nennt ferner umfangreiche Sozialrechte, nämlich: das Recht auf menschenwürdige und gerechte Arbeitsbedingungen, den gesetzlich zu beschränkenden Arbeitstag, das Recht auf Ruhezeit und bezahlte Ferien, das Recht auf gerechte Entlöhnung, das Recht auf einen Minimallohn, gleiche Entlöhnung für gleiche Arbeit, das Recht auf Gewinnbeteiligung und Mitsprache für die Arbeitnehmer, das Recht auf Schutz vor ungerechtfertigter Entlassung, die Gewerkschaftsfreiheit (Garantien für die Gewerkschaften, u.a. für den Abschluss von Gesamtarbeitsverträgen, die Schiedsgerichtsbarkeit und das Streikrecht); ferner wird die Errichtung einer Sozialversicherung, der Schutz der Familie und das Recht auf Wohnung erwähnt. Die meisten dieser Sozialrechte sind ebenfalls Gegenstand der Gesetzgebung. Doch hat die Verfassungswirklichkeit gezeigt, dass beispielsweise der Staat in bezug auf die Garantie einer "menschenwürdigen Unterkunft" überfordert wäre, würde er diesem Grundsatz nachleben. Auch das Mitspracherecht und die Gewinnbeteiligung sind noch keineswegs geltendes Recht. Eine Sozialversicherung ist wohl vorhanden, in ihrer praktischen Ausgestaltung und Wirksamkeit jedoch noch mangelhaft.

Art. 16 argBV stipuliert die Gleichheit aller Bewohner des Landes vor dem Gesetz. In Art. 17 ist die Unverletzlichkeit des Privateigentums garantiert, wobei die Expropriation nur gegen Entschädigung statthaft ist.

Den Ausländern, denen Argentinien seinen industriellen Werdegang grösstenteils zu verdanken hat, schenkt die Verfassung besondere Beachtung. So geniessen sie gemäss Art. 20 argBV die gleichen Recht wie die argentinischen Staatsangehörigen. Für sie gelten u.a. uneingeschränkt die Handels- und Gewerbefreiheit, die Eigentumsgarantie und die Religionsfreiheit. Sie können nicht zur Annahme der Staatsbürgerschaft gezwungen werden; der Staat wird aber dazu angehalten, die Einbürgerung zu erleichtern. In Art. 25 wird die Zentralregierung verpflichtet, die euro-

---

122) vgl. Bidart Campos, a.a.O., Bd. II, S. 388 ff.

päische Einwanderung zu fördern. Insbesondere ist es ihr nicht gestattet, die Einwanderung einzuschränken, zu begrenzen oder mit Steuern zu belasten. Die Bestimmung bezieht sich ausdrücklich auf Ausländer, welche in Argentinien "das Land bebauen, die Industrie verbessern sowie die Wissenschaften und die Künste einführen und lehren" wollen[123]. Inwieweit die geltende Gesetzgebung über ausländische Direktinvestitionen, Monopole, Marken und Patente etc. sowie die durch administrative Massnahmen virtuell eingeschränkte Einwanderung diesem Verfassungsgrundsatz widersprechen, kann hier nicht weiter verfolgt werden.

Zwischen Verfassungsrecht und Verfassungswirklichkeit herrscht eine tiefe Kluft. Die Verfassung hat, so scheint es, mehr deklaratorische als reale Bedeutung für das Land[124]. Verfassungsverletzungen kleineren und grösseren Ausmasses durch die Exekutive, durch Minister und Funktionäre werden stillschweigend geduldet. Eine Verletzung der Verfassung stellen beispielsweise die sogenannten telephonischen Mitteilungen (comunicados telefónicos) der Zentralbank an den Bankensektor dar, mit welchen sie Gesetzesnormen abzuändern oder ausser Kraft zu setzen pflegt. Es vermag deshalb kaum zu erstaunen, dass es vor allem die herrschende Rechtsunsicherheit ist, welche die wirtschaftlichen Entfaltungsmöglichkeiten drastisch beschränkt[125]. Die Flut von Gesetzen und Erlassen (insbesondere in Zeiten von de-facto-Regierungen), ihre inhärenten Widersprüchlichkeiten und die unsorgfältige Redaktion der normativen Texte haben zu einer geringschätzigen Haltung gegenüber dem Recht geführt, was nicht nur das Zusammenleben, sondern auch die Durchsetzung der Normen erschwert.

Im folgenden gilt es nun noch, die für die industrielle Entwicklung wichtige Spezialgesetzgebung in bezug auf Industrieförderung und Auslands-

---

123) "El Gobierno federal fomentará la inmigración europea; y no podrá restringir, limitar ni gravar con impuesto alguno la entrada en el territorio argentino de los extranjeros que traigan por objeto labrar la tierra, mejorar las industrias e introducir y enseñar las ciencias y las artes" (Art. 25 argBV).
124) vgl. Carlos A. Ayarragaray, La Constitución, símbolo de libertad, in: La Ley (Buenos Aires), Enero-Marzo 1971, Tomo 141, S. 908.
125) vgl. Héctor A. Mairal, La inseguridad jurídica en la Argentina, in: Revista de la Unión Industrial Argentina, Abril-Junio 1971, No. 49, S. 9 ff.

kapital zu kommentieren. Aus rechtspolitischen Ueberlegungen ist gegen die Existenz solcher Gesetze nichts einzuwenden. Hingegen muss die Tatsache, dass sie Auslegungsmöglichkeiten bieten, welche zwischen extrem diskriminatorisch und überaus liberal schwanken, bedenklich stimmen.

c) Industrieförderung

Argentiniens Gesetzgebung im Bereich der Industrieförderung ist ziemlich umfangreich; sie enthält eine grosse Zahl von Gesetzen und Dekreten, wobei jeder Erlass spezifische Vergünstigungen für einzelne Unternehmungen, Industriezweige oder Regionen gewährt. Die Zusammenstellung auf den folgenden Seiten gibt einen Ueberblick über die wichtigsten seit 1958 erlassenen Normen. Auffallend ist die Fülle von Vorschriften, welche nicht im ordentlichen Gesetzgebungsverfahren, sondern durch die de-facto-Regierung seit 1967 erlassen worden sind. Angesichts der Unübersichtlichkeit der Normen ist die Frage, welche Vorschriften für den Einzelfall gegenwärtig anwendbar sind, gar nicht leicht zu beantworten[126].

Die Gesetzgebung zur Industrieförderung und über die Behandlung des Auslandskapitals ist kaum scharf voneinander zu trennen, denn die umstehend erwähnten Normen enthalten in der Regel auch Vorschriften über die Behandlung des Auslandskapitals. Diese Usanz ist damit zu begründen, dass das Auslandskapital im Prinzip dem nationalen Unternehmertum rechtlich gleichgestellt ist[127]. In Wirklichkeit erfährt jedoch das Auslandskapital durch die Industrieförderungs- und die Spezialgesetzgebung[128] mannigfache Beschränkungen.

<u>Industrieförderung bedeutet</u> im Falle Argentiniens praktisch ausschliess-

---

126) Das Gesetz Nr. 18.587 vom Februar 1970, welches die Gesetze Nr. 14.780 und 14.781 ersetzen sollte, kam beispielsweise nie zur Anwendung, da die entsprechenden Ausführungsbestimmungen (Dekret) nicht erlassen wurden. Bis zum Erlass des Gesetzes Nr. 19.904 im Oktober 1972 galten demnach noch die alten Normen aus dem Jahr 1958. Das Gesetz Nr. 18.587 gilt im übrigen als Schulbeispiel schlechter Gesetzestechnik, indem es eine Vielzahl vager Formulierungen und Unbestimmtheiten enthält. So wird es z.B. vollständig der Exekutivgewalt des Staates überlassen, welche Sektoren sie den Vergünstigungen des Gesetzes unterwerfen möchte; vgl. Economic Survey (Buenos Aires), Vol. XXVI, No. 1.222, S. 5.
127) vgl. vorn, S. 256 f.
128) vgl. den folgenden Abschnitt, S. 266 ff.

Gesetzgebung im Bereich der Industrieförderung der direkten Auslandsinvestitionen, 1958 - 1972

Jahr	Erlass	Inhalt	Massnahmen
1958	Gesetz Nr.14.780	Regelung der Auslandsinvestitionen	
	Gesetz Nr.14.781	Industrieförderung nach Sektoren und Regionen	Steuererleichterungen, Befreiung von Einfuhrzöllen
	verschiedene Dekrete		
1963	Dekret Nr. 5.339	Ausrüstung jener Industrien, welche die Handelsbilanz positiv beeinflussen	Zollfreier Import für nicht im Land hergestellte Ausrüstungen
1964	Dekret Nr. 3.113	Regionale Entwicklung, Förderung der Hüttenindustrie, Petrochemie, Zellulose, Bergbau, Forstwirtschaft, Fischerei, Bauindustrie	Steuererleichterungen, Einfuhrerleichterungen, subventionierte Preise für Energie (Gas, Elektrizität etc.)
1967	Dekret Nr. 4.003	Erklärt Dekret Nr. 3.113/64 ebenfalls gültig für Provinz Entre Ríos	
1968	Dekret Nr. 1.756	Ausrüstung der Industrie	20 % Zollermässigung für nicht lokal hergestellte Ausrüstungen
	Dekret Nr. 6.613	Erweitert Anwendungsbereich des Dekrets Nr. 3.113/64 auf Provinzen San Luis, Corrientes und Misiones	
1969	Dekret Nr. 662	Ergänzt Dekret Nr. 1.756/68	
	Dekret Nr. 4.271	Förderung der Petrochemie	Einfuhrerleichterungen, Zollschutz, Steuererleichterungen, regional abgestufte Preise für Erdöl und Energie
	Dekret Nr. 6.703	Ergänzt Dekret Nr. 4.271/69	
	Gesetz Nr.18.447	Verkaufssteuer	Befreiung ab 1.1.1970 bis 31.12.1974 (in gewissen Fällen bis 1979) für Industrien mit Standort südlich des 42. Breitengrades

Jahr	Erlass	Inhalt	Massnahmen
1970	Gesetz Nr.18.587	Industrieförderung	Ersetzt Gesetz Nr. 14.780 und 14.781; Steuer- und Einfuhrerleichterungen, Zollschutz, Krediterleichterungen, geographische Dezentralisierung
	Dekret Nr. 603	Dekrete Nr. 4.271/71 und 6.703/71 gelten als Vollzugsbestimmungen zu Gesetz Nr. 18.587	Verlängerung der Geltungsdauer des Dekrets Nr.3.113/64 sowie 5.339/63 (letzteres nur insoweit, als Investition in Zusammenhang mit Dekreten Nr.3113/64, 4.271/69 und 6.703/69 steht).
	Dekret Nr. 2.595	Erweitert Anwendungsbereich des Dekrets Nr. 3.113/64 auf die Textilindustrie	
	Gesetz Nr.18.588	Setzt gewisse Erlasse ausser Kraft, welche Importe zu Zollansätzen erlaubten, die von denjenigen des Gesetzes Nr. 16.690 (Zollnomenklatur) abwichen	
	Dekret Nr. 604	Ausführungsbestimmungen zu Gesetz Nr. 18.588	
	Gesetz Nr.18.589	Ergänzung des Gesetzes Nr. 18.588	
	Dekret Nr. 605	Ausführungsbestimmungen zu Gesetz Nr. 18.589	
	Gesetz Nr.18.875	"Compre Nacional"	vgl. vorn, S. 106.
1971	Gesetz Nr.19.135	Umstrukturierung der Automobilindustrie	vgl. vorn, S. 204 ff.
	Dekret Nr. 438	Erweitert Anwendungsbereich des Dekrets Nr. 2.595/70 auf Herstellungsverfahren für synthetische Textilien	
	Gesetz Nr.19.151	Auslandsinvestitionen	vgl. hinten, S.269 ff.

Jahr	Erlass	Inhalt	Massnahmen
	Gesetz Nr.19.231	Know-how, Marken und Patente	Schaffung eines staatlichen Registers für Lizenz-, Marken- und Patentverträge mit dem Ausland
	Gesetz Nr.19.390	Verkaufssteuer, ersetzt Gesetz Nr. 18.447	
1972	Dekret Nr. 2.400	Ausführungsbestimmungen zu Gesetz Nr. 19.151	
	Gesetz Nr.19.614	Industrieförderung in der Provinz Tucumán	Einfuhrerleichterungen, Zollschutz, Steuererleichterungen
	Dekret Nr. 2.558	Ausführungsbestimmungen zu Gesetz Nr. 19.614	
	Gesetz Nr.19.615	Errichtung von Automobilfabriken in der Provinz Tucumán	vgl. vorn, S. 206
	Gesetz Nr.19.665	Verkaufssteuer, ersetzt Gesetze Nr. 18.447 und 19.390	
	Gesetz Nr.19.904	Industrieförderung, ersetzt Gesetz Nr. 18.587	Geographische Dezentralisierung, Steuer auf Errichtung neuer Industriebetriebe in Gross-Buenos Aires, (vgl. vorn, S. 211), sieht nebst den üblichen fiskalischen Vergünstigungen erstmals direkte Subventionen vor

lich <u>Investitionsförderung</u>. Dem Inhalt nach handelt es sich um Gesetzesnormen, welche den Aufbau einer nationalen Industrie zur Erschliessung des Binnenmarktes zum Ziele haben. Insofern ist sie ein getreues Abbild einer autarkistischen bzw. protektionistischen Wirtschaftspolitik.

Das erste, umfassende Industrieförderungsgesetz wurde im Jahre 1944 erlassen[129]. Unter seinen Bestimmungen gelangten vor allem die sogenannte Leicht- bzw. Konsumgüterindustrie zur Entfaltung. Die Grundlage für den industriellen Aufschwung der Sechzigerjahre bildeten die Gesetze Nr. 14.780 (Auslandskapital) und 14.781 (Industrieförderung) aus dem Jahre 1958.

Das Gesetz Nr. 14.781 setzte sich zum Ziel, eine "harmonische und integrale Entwicklung des industriellen Sektors" zu erreichen (Art. 1). Es erachtete eine ausgeglichene Zahlungsbilanz, die Ausnützung sämtlicher bekannter und potentieller Ressourcen, die geographische Dezentralisierung, die Förderung des technischen Fortschrittes im Dienste der nationalen Verteidigung, der Gesundheit und der öffentlichen Sicherheit als notwendig (Art. 2). Die in der Folge erlassenen Vollzugsverordnungen (Dekrete) befassten sich mit einzelnen förderungswürdigen Industriezweigen, nämlich:

- Hüttenindustrie (Dekret Nr. 6.130/61);
- Petrochemie (Dekret Nr. 5.039/61, 4.271/69);
- Papier, Zellulose und Zeitungspapier (Dekret Nr. 8.141/61 sowie Gesetz Nr. 18.312 und Dekret Nr. 4.400/69);
- Automobile (Dekret Nr. 3.693/59, Gesetz Nr. 19.135 und 19.615);
- Verbrennungsmotoren (Dekret Nr. 6.691/60);
- Schiffsbau (Dekret Nr. 13.136/59);
- Eisenbahnmaterial (Gesetz Nr. 15.276, Dekret Nr. 2.578/68).

Die Förderungsbestimmungen sektoraler Natur sind ergänzt worden durch solche, welche einzelne Regionen begünstigen. Zu erwähnen ist insbesondere das Dekret Nr. 3.113/64, welches Patagonien, den Nordosten und den Nordwesten ausdrücklich als Promotionszonen erklärt und Gross-

---

129) vgl. für das folgende insbesondere R.T. <u>Alemann</u>, Curso de política económica, a.a.O., S. 290 ff.

Buenos Aires von Vergünstigungen ausschliesst.

Die wichtigsten, in der Gesetzgebung immer wieder auftauchenden Instrumente der Industrieförderung sind der Zollschutz gegenüber der ausländischen Konkurrenz, Förderungskredite, Steuerermässigungen (Einkommens- und Verkaufssteuern), direkte Subventionen (z.B. Ermässigung der Energietarife, Kapitalzuschüsse für Staatsbetriebe), Importerleichterungen (insbesondere jene der Dekrete Nr. 5.339/63 und 1.756/68). Angesichts der Vielfalt des Förderungsinstrumentariums drängt sich deshalb die Frage nach dem Erfolg der Promotionsgesetzgebung auf.

Was das Problem der regionalen Dezentralisierung anbelangt, so ist im Abschnitt über die industrielle Ballung bereits ausführlich darauf hingewiesen worden, dass es der Gesetzgebung grösstenteils nicht gelungen ist, mittels fiskalischer Vergünstigungen die Standortwahl zu beeinflussen[130]. Ebensowenig erreichte sie eine rationelle Allokation der Ressourcen, wie etwa das Beispiel der Automobilindustrie zeigt[131]. Man könnte eher geneigt sein, das Gegenteil anzunehmen: Die Industrieförderungsgesetzgebung hat das Allokationsproblem noch verschärft[132], weil sie kapitalintensive Produktionsprozesse bevorzugte, deren Rentabilität aufgrund des begrenzten Marktpotentials bzw. der fehlenden Skalenerträge von Anfang an in Frage gestellt werden musste.

Die Industrieförderung unter dem Grundsatz der "wirtschaftlichen Unabhängigkeit" bzw. der Autarkie hat sich für Argentinien in zweifacher Hinsicht nachteilig ausgewirkt. Erstens liess der Protektionismus eine Produktionsstruktur entstehen, welche sich durch globale Ineffizienz auszeichnet. Zweitens müssen die Förderungsmassnahmen für den Staat ausgesprochen kostspielig gewesen sein. Allerdings fehlen zur Untermauerung dieser These die notwendigen statistischen Daten, beispielsweise in bezug auf entgangene Steuereinnahmen. Eine kritische Analyse der Industrieförderung als Kostenfaktor für den Staat könnte diese wirtschaftspolitisch entscheidende Informationslücke schliessen.

---

130) vgl. vorn, S. 207 ff.
131) vgl. vorn, S. 200 ff.
132) vgl. Hernán P. Llosas, La política de promoción industrial y de desarrollo regional en la Argentina 1959-1966, in: Económica (La Plata), año XV, No. 1, Enero-Abril 1969, S. 39 ff.

Gesetzliche Förderungsmassnahmen können nur dann erfolgreich sein, wenn das Unternehmertum positiv darauf reagiert. Die zum Teil vielversprechenden Massnahmen scheiterten zur Hauptsache nicht etwa am fehlenden Interesse der Unternehmerschaft, sondern an der administrativen Unfähigkeit der Vollzugsbehörden, wie eine Umfrage von FIEL in Industriekreisen ergeben hat[133]. Von den staatlich genehmigten Projekten benötigten nach Ansicht der Unternehmer 82 % erwiesenermassen im Bewilligungsverfahren übermässig viel Zeit, so dass 9 % der Projekte in der Folge nicht realisiert werden konnten, da sie entweder technisch überholt oder die anfänglich in Aussicht gestellten Vergünstigungen inzwischen geändert worden waren. Besonders davon betroffen wurden Projekte in Industriezweigen, in welchen Investitionen ohnehin eine lange Vorbereitungszeit bis zur Realisierung benötigen, z.B. im Erdölsektor und in der Petrochemie, aber auch in der Hüttenindustrie. Im Textilbereich soll es nicht selten vorgekommen sein, dass das gesamte Bewilligungsverfahren neu in Angriff genommen werden musste, weil inzwischen andere Bestimmungen erlassen worden waren, denen die eingereichten Projekte nicht mehr entsprachen[134].

Für Kapitalgütereinfuhren sind im Frühjahr 1970 neue Vorschriften erlassen worden, welche das bisherige Gesetzesmaterial vereinheitlichen und durch automatisch zu gewährende Importgenehmigungen die administrative Behandlung der Investitionsprojekte vereinfachen sollten[135]. Da sich in der Folge die politische Konstellation wesentlich änderte[136], erzielte das Gesetz nicht die beabsichtigten Wirkungen.

Im Herbst 1972 erliess die Regierung Lanusse ein neues Industrieförderungsgesetz (Nr. 19.904), welches beabsichtigte, die bisherige Legislation auf diesem Gebiet zu vereinheitlichen. Seine Zielsetzungen sind wesentlich umfassender als bisher. So ist nicht nur von der Förderung neuer, sondern auch von der Umstrukturierung bestehender Industrien sowie von der Forschung die Rede. Im einzelnen werden die folgenden

---

133) vgl. FIEL, Experiencia empresaria en la promoción industrial, in: Revista de la Cámara Argentina de Comercio, No. 386, 3. Trim. 1971, S. 75 ff.
134) vgl. Síntesis de la Industria y de la Producción (Buenos Aires), 9.6.1971, S.5.
135) vgl. Bohrisch und Minkner, a.a.O., S. 31. Das Gesetz Nr. 18.588 setzte 16 verschiedene Gesetze und gegen 100 Dekrete für die präferentielle Einfuhr von Kapitalgütern ausser Kraft.
136) Sturz Onganías, vgl. vorn, S.68.

Ziele aufgezählt:

- Erreichung einer hohen Wachstumsrate der industriellen Produktion;
- Förderung jener Sektoren, welche Exportmöglichkeiten aufweisen und/ oder Importe zu substituieren in der Lage sind;
- Erreichung einer wachsenden Beschäftigungsrate, besonders in weniger entwickelten Regionen;
- Verbesserung der Kostenstruktur der bestehenden Industrie, um ihre Konkurrenzfähigkeit mit dem Ausland zu heben;
- Förderung der Grundlagenforschung und der angewandten Forschung;
- Sicherung der Entwicklung der für die Verteidigung notwendigen Industriezweige;
- Förderung von neuen Industrien "fortgeschrittener Technik";
- Unterstützung der Expansion und der Stärkung der Mittel- und Kleinindustrie;
- Förderung der industriellen Dezentralisierung;
- Schaffung der notwendigen Voraussetzung für Investition und Kapitalbildung im industriellen Sektor;
- Förderung der Unternehmungskonzentration.

Nebst den üblichen fiskalischen Förderungsmassnahmen (Zollschutz, Steuererleichterungen, Einfuhrerleichterungen etc.) sieht das Gesetz erstmals direkte Subventionen für Anlageinvestitionen und für Standortverlagerungen in speziell geförderte Regionen vor. Eine kapitalmässige Beteiligung des Staates ist ebenfalls möglich. Neu ist ferner das Verbot der Errichtung neuer Industrien in der Bundeshauptstadt und die Investitionssteuer auf Neuinvestitionen in Gross-Buenos Aires[137].

Das Gesetz enthält gewisse Widersprüche. So muss man sich fragen, wie beispielsweise das Ziel der Förderung der Unternehmungskonzentration mit demjenigen der Förderung der Mittel- und Kleinbetriebe vereinbar erscheint. Ebenso scheint es kaum möglich zu sein, eine hohe Exportintensität bei gleichzeitiger Förderung der Importsubstitution erreichen zu können.

---

137) vgl. dazu die Ausführungen im Abschnitt über die industrielle Ballung, vorn, S. 207 ff.

Die bisher gemachten Erfahrungen mit der gesetzlichen Industrieförderung lassen berechtigte Zweifel in bezug auf die Wünschbarkeit und Effizienz derartiger Massnahmen aufkommen. Eine weit wichtigere Voraussetzung zur Industrialisierung bilden stabile politische Verhältnisse. Wie im Abschnitt über den Investitionssektor bereits dargelegt worden ist, hängen Investitionsentscheide im allgemeinen mehr vom "Investitionsklima" als von gesetzlichen Vergünstigungen ab[138].

d) Rechtliche Regelung der ausländischen Investitionen[139]

Grundsätzlich hat Argentinien gegenüber dem Auslandskapital stets eine wohlwollende Haltung eingenommen, obgleich die unterschiedlichen politischen Strömungen im Lande keinen einheitlichen Kurs in dieser Materie zuliessen. Beispielhaft in dieser Beziehung ist etwa die wechselhafte Haltung gegenüber ausländischen Erdölkonzernen. Die private Unternehmerschaft begrüsst in der Regel ausländische Investitionen. Diese natürliche Aufgeschlossenheit liegt in der Tatsache begründet, dass die Mehrheit der Bevölkerung aufgrund ihrer Abstammung enge menschliche und kulturelle Beziehungen mit den jeweiligen Herkunftsländern unterhält[140].

Die prinzipiell liberale Einstellung gegenüber dem Auslandskapital hat ihre Wurzeln in der Verfassung von 1853[141]. So werden die Ausländer zivilrechtlich den argentinischen Staatsangehörigen gleichgestellt (Art. 20 argBV). Art. 67, Abs. 10 des Grundgesetzes beauftragt den Kongress, die Einfuhr ausländischen Kapitals zu fördern. Einen ähnlichen Auftrag haben die Provinzen erhalten (Art. 107 argBV). Schliesslich untersagt Art. 25 jegliche Behinderung, Begrenzung und Besteuerung der Einwanderung. Trotzdem ist das Auslandskapital zu verschiedenen Malen Beschränkungen unterworfen worden, so dass die Verfassung in diesem Zusammenhang lediglich deklaratorischen Wert besitzt.

---

138) vgl. vorn, S. 103.
139) Die Beurteilung der direkten Auslandsinvestitionen nach volkswirtschaftlichen Kriterien ist Gegenstand eines speziellen Abschnittes; vgl. weiter hinten, S. 293 ff.
140) vgl. Bohrisch und Minkner, a.a.O., S. 70 f.
141) vgl. vorn, S. 255 ff.

Die periodisch wiederkehrenden Angriffe gegen das Auslandskapital entstammen in der Regel nicht einer tiefergreifenden Abneigung der breiten Masse gegenüber der wirtschaftlichen Tätigkeit des Ausländers, sondern werden von nationalistischen Gruppierungen propagiert, die ihre Antipathie geschickt auf die aus andern Gründen unzufriedenen Bevölkerungsteile übertragen haben. Die Problematik der Auslandsinvestitionen wird in der Oeffentlichkeit wohl ausgiebig diskutiert, indessen mit weit geringerer Heftigkeit als beispielsweise in Mexiko[142].

Eine einheitliche Gesetzgebung für ausländische natürliche und juristische Personen sowie ausländische Investitionen besteht nicht[143]. Aehnlich wie im Fall der Industrieförderung sind die entsprechenden Normen in einer Vielzahl von Einzelgesetzen und Dekreten enthalten. Die rechtliche Gleichstellung zwischen in- und ausländischem Kapital aufgrund der Verfassung bewirkte, dass der Gesetzgeber diesem Problem bis zu Beginn der Fünfzigerjahre kaum Beachtung schenkte. Mit dem Gesetz Nr. 14.222 aus dem Jahre 1953 wurde erstmals der Versuch unternommen, das Auslandskapital gezielter in den Wirtschafts- und Entwicklungsprozess des Landes einzubeziehen. Das Gesetz hatte ausgesprochen interventionistischen Charakter; es markierte den Beginn einer staatlichen Kontrolle über die ausländischen Investitionen. Gleichzeitig enthielt es jedoch auch Förderungsmassnahmen, die aber aufgrund der politischen Ereignisse jener Jahre nicht voll zur Geltung gelangen konnten.

Das Gesetz Nr. 14.780 aus dem Jahre 1958, welches bis 1972 Gültigkeit behielt, versuchte, ein doppeltes Ziel zu erreichen, nämlich einerseits den rechtlichen Status der ausländischen Investitionen ausdrücklich festzulegen, anderseits aber (unter dem Druck des Kapitalmangels und der stagnierenden wirtschaftlichen Entwicklung) möglichst umfangreiches ausländisches Kapital anzuziehen. Das Gesetz betonte den Grundsatz der Gleichheit des ausländischen Investors und des inländischen Unternehmers. Auslandsinvestitionen, welche nach diesem Gesetz vorgenommen wurden (also z.B. als Bareinlage in inländischer Währung oder als Sacheinlage in Form von Maschinen, Rohstoffen, Ersatzteilen etc.), waren genehmigungspflichtig. Die Zustimmung der Regierung hing dabei davon ab, ob die In-

---

142) vgl. Bohrisch und Minkner, a.a.O., S. 73, ferner Link, Mexiko, S. 145 f.
143) vgl. für das folgende insbesondere Bohrisch und Minkner, a.a.O., S. 73 ff.

vestition eine zufriedenstellende wirtschaftlich-technische Konzeption aufwies, devisensparend bzw. -schaffend wirkte und zum allgemeinen Wirtschaftswachstum des Landes beitrug (Art. 2). Jene Investoren, welche die Herstellung inländischer Rohstoffe oder Kapitalgüter für die einheimische Industrie förderten, sich ausserhalb der Ballungszentren ansiedelten, nationales Kapital aufnahmen und Gewinne reinvestierten, wurden gemäss Art. 3 bevorzugt. Das Gesetz sah im Rahmen des bereits zitierten Gesetzes Nr. 14.781 (Industrieförderung) Kredit- und Steuererleichterung sowie Zoll- und Devisenvergünstigungen vor. Der grösste Teil der seit 1958 offiziell registrierten Auslandsinvestitionen ist über das Gesetz Nr. 14.780 und dessen Förderungsdekrete vorgenommen worden; indessen sind auch namhafte Beträge ins Land geflossen, welche nicht von den Förderungsmöglichkeiten Gebrauch machten und deshalb nicht registriert worden sind[144].

Die wirtschaftliche Tätigkeit ausländischer natürlicher oder juristischer Personen ist in Bereichen öffentlichen Interesses oder strategischer Bedeutung gesetzlich eingeschränkt worden. Es betrifft dies eine Sicherheitszone entlang der Landesgrenzen (Dekret Nr. 15.385/44), den Luftverkehr (Gesetz Nr. 17.285 von 1967), Rundfunk und Fernsehen (Dekret Nr. 15.460/57), Erdöl und Petrochemie (Gesetz Nr. 17.319 von 1967), Bergbau und Energiewesen, Eisenbahnen, Verbindungswesen, Rückversicherung sowie Banken und Finanzierungsgesellschaften (Gesetz Nr. 18.061 von 1969). Beschränkungen unterliegen ebenfalls Gesellschaften mit staatlicher Beteiligung, beispielsweise vom Typ der "sociedad mixta" (SOMISA) oder einer Gesellschaft gemäss Gesetz Nr. 17.318 (Hidronor S.A.).

Die Argentinische Revolution von 1966 brachte insofern eine Wendung in der bislang wohlwollenden bzw. neutralen Haltung gegenüber Auslandsinvestitionen, als sich der Staat seither zusehends stärker in die Investitionspolitik und die Prüfung ausländischer Investitionsvorhaben einschaltet. Nach der Absetzung Präsident Onganías im Jahre 1970 erfuhr diese Tendenz speziell durch die in den verschiedenen Ministerien und Staatsunternehmungen tätigen Offiziere eine Verschärfung. Das Resultat dieses politischen Prozesses war ein neues Gesetz betreffend

---

144) vgl. Tabelle 15a im Anhang, ferner hinten, S. 297 f.

Auslandsinvestitionen, bekannt unter der Nr. 19.151[145], welches an
die Stelle des Gesetzes Nr. 14.780 trat.

Dieses Gesetz bezieht sich auf Investitionen ausländischen Kapitals in
neuen wirtschaftlichen Tätigkeitsbereichen und auf die Erweiterung bzw.
Verbesserung bestehender Industrien. In seiner Zielsetzung (Art. 1)
werden Neuinvestitionen in lokale Unternehmungen, kontrolliert durch
argentinisches oder ausländisches Kapital, besonders betont. Der Grundsatz der Gleichbehandlung ausländischen und argentinischen Kapitals,
übernommen aus der früheren Gesetzgebung, wird allen unter diesem Gesetz genehmigten Investitionsprojekten garantiert. Obwohl es sich hierbei um eine Feststellung mehr deklarativen Charakters handelt, ist sie
als politischer Grundsatz von Bedeutung.

Die Arten der Auslandsinvestitionen unterscheiden sich nicht wesentlich
von den bisherigen Möglichkeiten. Das Gesetz nennt Barüberweisungen,
Kapitalgüter, Kapitalisierung von Krediten, Reinvestition von Gewinnen
sowie immaterielle Güter (Art. 2). Auslandsinvestitionen, welche unter
dieses Gesetz fallen, sind bewilligungspflichtig. Entscheidend für die
Erteilung der Bewilligung sind die Entwicklungsmöglichkeiten, welche
die fragliche Investition im betreffenden Sektor auslösen wird; ferner
wird der Einfluss auf die Zahlungsbilanz sowie die Art und Weise, wie
sich die geplante Investition auf die Konkurrenzsituation in der betreffenden Branche auswirkt, überprüft. Art. 4 zählt insgesamt 15 verschiedene Entscheidungskriterien auf, wobei nicht klar ist, ob alle diese
Voraussetzungen in jedem Fall gegeben sein müssen. Wesentlich ist
ferner, dass Investitionen unter der Form des sogenannten "joint venture" bevorzugt werden.

Eine Bewilligung darf gemäss Art. 7 nicht erteilt werden, wenn die "militärische Produktion" tangiert wird. Da im Zeitpunkt der Publikation
dieses Gesetzes das Militär praktisch die gesamte Grundstoffindustrie

---

145) vgl. für das folgende insbesondere M.M. Bomchil, Foreign Investments: Law 19.151, in: Comments (Buenos Aires) No. 3, Vol. 51, October 1971, S. 29 ff., O.J. Marzorati (h) u.a., Tratamiento de inversiones extranjeras en la legislación latinoamericana, el caso argentino, in: Revista de Legislación Argentina (Buenos Aires), Marzo 1972, S. 43 ff.

kontrollierte, lässt diese Bestimmung eine sehr weite Auslegung zu[146]. Ebensowenig werden vertragliche Beschränkungen in bezug auf Exporte geduldet, was gewisse multinationale Konzerne zwingen wird, die mit ihren argentinischen Tochtergesellschaften getroffenen Vereinbarungen zu ändern.

Das Gesetz äussert sich weiter über den für jede Investitionsart anzuwendenden Wechselkurs (Art. 8), über die Möglichkeiten des Gewinntransfers (Art. 9) sowie die Repatriierung von Kapital (Art. 9). Die eingangs erwähnte Gleichbehandlung mit lokalen Investitionen kommt in Art. 11 zum Ausdruck, der festhält, dass die unter diesem Gesetz bewilligten ausländischen Investitionen ebenfalls in den Genuss der verschiedenen Industrieförderungsmassnahmen kommen können.

Neu gegenüber der früheren Legislation ist die kreditmässige Diskriminierung des Auslandskapitals. Unternehmungen, welche mehrheitlich durch ausländisches Kapital kontrolliert werden, können kurzfristige lokale Bankkredite nur bis zum Betrag von 50 % ihres Kapitals plus Reserven beanspruchen (Art. 12). Die Vollzugsverordnung (Dekret Nr. 2400/72) präzisiert in Art. 6 diese Bestimmung, indem Minderheitsbeteiligungen nicht darunter fallen. Mehrheitsbeteiligungen unterliegen der Kreditbegrenzung nur in bezug auf den Auslandsanteil, und zwar ohne Einbezug der eigenen Mittel wie Gewinne und Reserven, ein offensichtlicher Widerspruch zu Art. 12 des Gesetzes[147]. Exportkredite fallen nicht unter die Kreditbegrenzung. Die Regelung über die Kreditbeschränkung widerspricht nun allerdings klar dem Gleichbehandlungsprinzip.

Art. 14 des Gesetzes fordert, dass im Durchschnitt mindestens 85 % des leitenden Personals[148] argentinischer Nationalität sein müssen. In der Praxis wird dieser Vorschrift kaum Bedeutung beizumessen sein, denn die meisten ausländischen Unternehmungen kommen dank des grossen Angebots an qualifizierten Arbeitskräften mit wenig ausländischem Personal aus[149].

---

146) vgl. AT, 8.8.1971.
147) vgl. AT, 7.5.1972.
148) Managementfunktionen, Techniker und die unter der Bezeichnung "profesionales" zusammengefassten Berufsleute und Akademiker.
149) Gemäss einer Umfrage der nordamerikanischen Handelskammer in Argentinien unter US-Firmen (1971) hat sich ergeben, dass 99,7 % der gesamten Belegschaft und 94,2 % des leitenden Personals argentinischer Nationalität sind. Vgl. AT, 8.8.1971.

Welches sind nun die konkreten Auswirkungen dieses neuen Gesetzes auf die industrielle Entwicklung? Diese Frage muss zunächst unbeantwortet bleiben, da seit dem Inkrafttreten erst kurze Zeit verstrichen ist. Hingegen lassen sich die Normen aufgrund der bisherigen Erfahrungen mit dieser Art Legislation beurteilen. Grundsätzlich gilt festzuhalten, dass die Investitionsentscheide der ausländischen wie auch der argentinischen Unternehmer sich weniger nach der Gesetzgebung als vielmehr nach den allgemeinen wirtschaftlichen Verhältnissen richten. Ausschlaggebend ist m.a.W. das Investitionsklima, wie bereits mehrmals betont worden ist. Der Sinn dieses Gesetzes kann nur sein, ausländische Investitionen für die wirtschaftliche Entfaltung des Landes nutzbar zu machen. Einschränkende Vorschriften wie diejenigen über die Kreditbegrenzung, die implizite Devisenkontrolle in bezug auf Kapital- und Gewinntransfers sowie die praktisch uneingeschränkten Interpretationsmöglichkeiten des Gesetzes durch die Vollzugsbehörden dürften indessen eher das Gegenteil bewirken.

e) Rechtliche Regelung der Marken-, Patent- und Lizenzübertragung

Argentinien ist, wie die meisten Länder der Dritten Welt, in bezug auf die Industrialisierung stets von der Einfuhr immaterieller Güter abhängig gewesen. Dem technischen Fortschritt sind, wie es der traditionellen positiven Haltung gegenüber dem Auslandskapital entsprach, in der Regel keine gewichtigen legalen Hindernisse entgegen gestellt worden. Im Zuge des wachsenden Nationalismus ist nun aber im Jahre 1971 ein Gesetz erlassen worden, welches, sollte es tatsächlich in dieser Form angewendet werden, die künftige industrielle Entwicklung massgeblich zu beeinträchtigen in der Lage sein wird[150].

Das Gesetz Nr. 19.231 schafft ein staatliches Register für Verträge betreffend die Uebertragung von Marken, Patenten und Lizenzen. Inhaltlich stellt der Erlass einen schwerwiegenden Eingriff in die privatrechtliche Vertragsfreiheit dar, indem er praktisch sämtliche privaten Abmachungen über Marken, Patente und Lizenzen als erloschen erklärt, falls diese nicht den neuen Anforderungen des Gesetzes angepasst werden.

---

150) vgl. für das folgende insbesondere AT, 19.9.1971.

Ohne Eintragung ins Register sind die Verträge nicht rechtsgültig. Unter die Eintragungspflicht fallen Verträge über Marken, Patente, Modelle, Pläne, Formeln und Spezifikationen aller Art, Produktionsprozesse und technische Unterstützung.

Entscheidend wird sein, wie die Vollzugsbehörde die sehr weitreichenden Bestimmungen über die Möglichkeiten der Ablehnung einer Eintragung gemäss Art. 3 des Gesetzes handhaben wird. So kann sie die Registrierung verweigern,

- wenn es sich nach ihrem Ermessen um ausländische Marken handelt, die keine Neuerungen oder keine technische Unterstützung enthalten;
- wenn das Verfahren erwiesenermassen im Lande erhältlich ist;
- wenn die Preise oder Gegenleistungen nicht im Verhältnis zur Lizenz oder zum Know-how stehen;
- wenn Rechte eingeräumt werden, welche direkt oder indirekt erlauben, die Produktion, Verteilung, Vermarktung, Investition, Forschung oder nationale technische Entwicklung zu kontrollieren;
- wenn der Zwang zum Kauf von Kapitalgütern bestimmter ausländischer Herkunft vorgeschrieben wird;
- wenn ein Exportverbot besteht;
- wenn Gratispatente als Gegenleistung vereinbart werden;
- wenn Verkaufspreise für die nationale Produktion festgelegt werden;
- wenn ausländischen Gerichten die Schlichtung von Meinungsverschiedenheiten übertragen wird.

Ausserdem wird die Regierung durch das Gesetz ermächtigt, Höchstgrenzen für Lizenzgebühren festzulegen, wobei diese nur aus Gewinnen bezahlt werden dürfen. Anders ausgedrückt bedeutet dies, dass der ausländische Lizenzgeber als Partner des Lizenznehmers betrachtet wird und insofern einen Teil des Geschäftsrisikos übernehmen muss.

Nach dem neuen Gesetz sind somit die Vertragspartner nicht mehr frei, die Bedingungen für die Know-how-Uebertragung auszuhandeln, sondern haben sich den restriktiven Vorschriften des Gesetzes zu unterwerfen. Es stellt sich deshalb die für die künftige Entwicklung bedeutsame Frage, wie weit die Lizenzgeber bereit sein werden, ihre Marken, Patente und Verfahren zu Bedingungen abzutreten, die für sie uninteressant

- 273 -

sind. Jedenfalls dürfte damit die Verhandlungsposition der argentinischen Industrie entscheidend geschwächt worden sein. Das bereits im Gesetz Nr. 19.904 (Industrieförderung) zum Ausdruck gekommene Ziel, die landeseigene Forschung und Entwicklung zu fördern, verdient zweifellos Unterstützung. Doch gilt es zu bedenken, dass gesetzliche Eingriffe in die Entscheidungsfreiheit des Unternehmers, wie dies durch das Gesetz Nr. 19.231 geschieht, den Gang der nationalen Forschungs- und Entwicklungstätigkeit nachteilig beeinflussen können.

B. Erziehungswesen und Berufsbildung

1. Uebersicht

In der volkswirtschaftlichen Terminologie wird der "Stand des menschlichen Wissens und Könnens" als Fähigkeitskapital bezeichnet; es handelt sich um jenen Produktionsfaktor, der im Zusammenwirken mit Realkapital und Arbeit die Qualität des Produktionsergebnisses wesentlich beeinflusst[151]. Erziehung bzw. Ausbildungsgrad ist indessen, wie Baumberger feststellt[152], nicht nur eine Frage ihrer Produktivitätswirkung; vielmehr liegt ihre Bedeutung auch in der Verbesserung des menschenwürdigen Daseins. Vor allem aber dient das Erziehungssystem als Mittel der gesellschaftlichen Selbstorganisation, indem es mit der Einprägung bestimmter Verhaltensnormen verbunden ist[153]. Dem Ziel der Bildungsförderung liegen deshalb gleichermassen soziale wie auch wirtschaftliche Ueberlegungen zugrunde.

Das argentinische Erziehungswesen vermochte während Jahrzehnten einen fruchtbaren Beitrag zur wirtschaftlichen Entwicklung des Landes zu leisten. Dies erscheint vor allen Dingen als Verdienst der Schöpfer des argentinischen Erziehungssystems, Domingo F. Sarmiento und Juan B. Alberdi[154], welche durch die Förderung der europäischen Einwanderung

---

151) vgl. Baumberger, a.a.O., S. 85
152) vgl. ebenda, S. 85/86.
153) vgl. ebenda, S. 86.
154) vgl. vorn, S. 36.

gleichzeitig auch der Verbreitung europäischen Kulturgutes den Weg ebneten. So ist es nicht erstaunlich, dass Argentinien in ganz Lateinamerika die niedrigste Analphabetenrate aufweist; sie dürfte gegenwärtig kaum mehr als 6 % betragen[155]. Der sogenannte Einschulungsgrad, d.h. die Erfassung der Kinder, welche ins schulpflichtige Alter treten, ist mit rund 95 % der höchste Lateinamerikas[156]. Für die Erziehung wendete Argentinien im Jahre 1970 842 Mio. Dollar oder rund 3,5 % des BIP auf und lag damit etwas über dem lateinamerikanischen Durchschnitt von 3,4 %[157]. Die Erziehungsaufwendungen betragen 36 Dollar pro Kopf der Bevölkerung, d.h. das Doppelte des lateinamerikanischen Durchschnitts, in Brasilien dagegen nur 13 Dollar und in Mexiko 17 Dollar[158]. Auf die Erziehung fallen rund 15 % der Staatsausgaben, ungefähr gleich viel wie für die Verteidigung[159].

Dass das argentinische Erziehungswesen im Vergleich mit andern Ländern Lateinamerikas einen verhältnismässig hohen Stand aufweist, ist an der Tatsache ersichtlich, dass rund 99 % der Lehrer für die Ausübung ihres Berufes eine entsprechende Ausbildung genossen haben[160], während beispielsweise in Brasilien 44 % der Primarlehrer nie ein Seminar besucht haben[161].

Indessen haften dem argentinischen Erziehungssystem gewisse quantitative und qualitative Mängel an, welche, falls ihnen nicht energisch zu Leibe gerückt wird, die künftige wirtschaftliche Entwicklung des Landes behindern können.

---

155) vgl. vorn, S. 3 , Anmerkung 8 . Gemäss der Volkszählung des Jahres 1960 betrug die Analphabetenrate 8,5 %, vgl. Tabelle 51 im Anhang.
156) vgl. Clifton B. Chadwick, Planning for the Use of Educational Technology in a Developing Country: The Case of Argentina (Unpublished Doctoral Dissertation, The Florida State University), Tallahassee 1972, S. 8.
157) vgl. Antonio Ortiz Mena, Proyecto internacional para el financiamiento de la educación, Cartagena (Colombia) 1973, Tabelle 7. Die Erziehungsaufwendungen Brasiliens betrugen 3,2 %, jene Mexikos 2,5 % des BIP.
158) vgl. ebenda.
159) vgl. Tabelle 16 b im Anhang.
160) vgl. Chadwick, a.a.O., S. 8.
161) vgl. Link, Brasilien, a.a.O., S. 73.

2. Mängel des argentinischen Erziehungssystems

a) Quantitative Aspekte

Der eingangs erwähnte hohe Einschulungs- und Alphabetisierungsgrad ergibt ein ungenaues Bild über den tatsächlichen Erziehungsstand der Bevölkerung. So wird die Zahl der sogenannten funktionellen Analphabeten (Personen mit fünf und weniger Jahren Schulbesuch) auf rund einen Drittel der Bevölkerung geschätzt[162]. Im Landesmittel beenden lediglich 42,3 % eines Jahrgangs die Primarschule; in den Provinzen Corrientes, Chaco, Misiones und Santiago del Estero sind es weniger als 20 %, während die Bundeshauptstadt mit 71,3 % wesentlich über dem Durchschnitt liegt[163]. Die Schulflucht- und Repetitionsrate auf der Primarschulstufe ist ausserordentlich hoch. Ein Drittel der Schüler verlässt die Schule nach den ersten drei Schuljahren und profitiert damit praktisch nichts vom Erziehungssystem. Von denjenigen Schülern, welche die siebenjährige obligatorische Primarschulzeit nicht vollenden, beträgt die durchschnittliche Schulzeit 5,6 Jahre. Für die erfolgreiche Beendigung der Primarschulstufe benötigt ein Schüler im Durchschnitt 11,6 Jahre, also 65 % mehr als die Normalschulzeit[164].

Von 1.000 Schülern der ersten Primarklasse erreichen nur 168 einen Mittelschulabschluss und bloss 32 beendigen ein Hochschulstudium. In den Vereinigten Staaten schliessen immerhin 600 Schüler mit einem Mittelschul- und 150 mit einem Hochschuldiplom ab[165]. Von den rund 240.000 immatrikulierten Studenten des Jahres 1967 haben 5,8 % ihr Universitätsstudium erfolgreich abgeschlossen[166]. Auffallend ist, dass die Fachbereiche Ingenieurwesen, Wirtschafts- und Sozialwissenschaften sowie Philosophie und Sprachen etwa zwei Drittel der Immatrikulierten umfassen und etwas mehr als die Hälfte der Absolventen stellen. Man kann sich in der Tat fragen, ob dieses verhältnismässige

---

162) Quelle: Erziehungsministerium (mündliche Auskunft), Juli 1972. Vgl. ferner María E. Sanjurjo, La educación y la oferta de mano de obra en la Argentina, in: Desarrollo Económico, Vol. 2, No. 3, Buenos Aires 1962, S. 99.
163) vgl. Tabelle 51a im Anhang.
164) vgl. Chadwick, a.a.O., S. 32, aufgrund von Daten der OECD.
165) vgl. ebenda, S. 9. Ein ähnliches Resultat ergibt Tabelle 51a im Anhang. Danach haben nur 11,7 % der im Jahre 1967 immatrikulierten Mittelschüler ihre Schulzeit mit einem Diplom abgeschlossen.
166) vgl. Tabelle 51b im Anhang.

Uebergewicht der Geisteswissenschaften, insbesondere Rechts-, Wirtschafts- und andere Sozialwissenschaften, einem echten Bedürfnis entspricht und nicht bloss statusbedingt ist. Anderseits fehlen dem Land fähige Agronomen und Veterinäre. Im Jahre 1967 belegten 3,7 % aller Immatrikulierten diese Studienrichtungen; das Verhältnis Immatrikulierte zu Absolventen liegt bedeutend unter dem für sämtliche Fakultäten errechneten Landesdurchschnitt.

Es kann deshalb festgehalten werden, dass das argentinische Erziehungssystem aufgrund quantitativer Indikatoren <u>wenig effizient</u> ist. Volkswirtschaftlich äussert sich dies in <u>überdurchschnittlich hohen Aufwendungen pro Schüler</u>. Auf der Primarschulstufe haben Berechnungen für das Jahr 1969 ergeben, dass im Landesmittel die Relation zwischen effektiven und idealen[167] Kosten 1.82 beträgt und dass rund 14,5 Jahre benötigt werden, um einen Primarschulabsolventen zu "produzieren"[168]. Aehnliches gilt, wenn auch weniger ausgeprägt, für die Mittelschule: der fünfjährige Maturitätskurs als Vorbereitung für die Universität verursacht Kosten, welche 28 % über dem Idealfall liegen; der durchschnittliche Schulbesuch bis zum Abschluss beträgt 7,2 Jahre[169]. Der ineffiziente Einsatz von Sozialkapital setzt sich auf der Universitätsstufe fort, wo die "Drop-out"-Rate im ersten Studienjahr 46 % beträgt[170].

Der <u>Verschleiss an Sozialkapital im Erziehungswesen</u> hat seine Ursachen vorwiegend in qualitativen Mängeln, welche in der Folge kurz erläutert werden.

---

[167] Berechnet aufgrund der normalen sieben Primarschuljahre, unter Berücksichtigung eines zusätzlichen Repetitionsjahres.
[168] vgl. <u>Chadwick</u>, a.a.O., Tabelle 22. Diese Verhältniszahlen fallen in der Bundeshauptstadt wesentlich günstiger aus, wo die effektiven Kosten lediglich 13 % über den idealen liegen und ein Absolvent durchschnittlich 9 Jahre braucht. Als Gegensatz erwähnt Chadwick z.B. die Provinz Misiones, welche drei Mal die Idealkosten pro Absolvent aufwendet und 24 Jahre (!) benötigt werden, um einen Absolventen zu "produzieren". M.a.W. erweist sich das Schulsystem in städtischen Verhältnissen wesentlich effizienter als auf dem Lande.
[169] vgl. ebenda, Tabelle 23.
[170] vgl. The Review of the River Plate, Vol. CLII, No. 3826, 31.7.1972, S. 137.

b) Qualitative Aspekte

Zunächst ist auf einige institutionelle Schwierigkeiten aufmerksam zu machen. Die gegenwärtige Organisationsstruktur auf sämtlichen Stufen des Erziehungswesens ist ausgesprochen komplex. Eine Vielzahl von Behörden und administrativen Stellen befassen sich mit den einzelnen Bildungsstufen, wobei es an der landesweiten Koordination der Ziele, Funktionen und Aufgaben fehlt. Die unklare Abgrenzung der einzelnen Verantwortungsbereiche gibt dem Erziehungssystem eine statische Komponente, die dem Fortschritt in diesem bedeutsamen Bereich abträglich ist. Dementsprechend vielfältig ist denn auch die Gesetzgebung. So sind beispielsweise die Primarschulen uneinheitlich zum Teil von der Zentralregierung, zum Teil jedoch von den Provinzregierungen abhängig[171].

Weit schwerwiegender ist jedoch die Tatsache, dass das argentinische Erziehungssystem in bezug auf seine kulturelle Zielsetzung mit der Entwicklung von Gesellschaft und Umwelt nicht Schritt gehalten hat[172]. Die Werte des Erziehungssystems basieren auf den drei Begriffen Rationalismus, Individualismus und Formalismus. Sie entsprechen in geradezu idealtypischer Weise jener liberalen Lebensauffassung, wie sie im 19. Jahrhundert vorherrschte und für jene Epoche durchaus mit der sozialen Wirklichkeit übereinstimmte. Seither haben sich Wirtschafts- und Gesellschaftsordnung jedoch entscheidend verändert. Neben das ursprüngliche Erziehungsziel zur humanistischen Kultur ist die wissenschaftlich-technische Zielsetzung getreten. Eine Integration dieser beiden Ziele ist aber ausgeblieben. Die Erziehung in den Primar- und vor allem in den Mittelschulen basiert auf einem enzyklopädischen Memorieren von Wissen. Der in den Mittelschulen gebotene Stoff hat seine Schwerpunkte in Geschichte und Literatur des 18. und 19. Jahrhunderts. Dieser klassische Erziehungsansatz enthält indessen wenig Beziehung zu den für die gegenwärtige und zukünftige Entwicklung wesentlichen

---

[171] Aus Platzgründen kann hier nicht näher auf die Problematik der rechtlich-institutionellen sowie technisch-funktionellen Schwierigkeiten im argentinischen Erziehungssystem eingetreten werden. Eine ausführliche Analyse findet sich in: CONADE, Educación, recursos humanos y desarrollo económico-social, Bd.I, Buenos Aires 1968.
[172] vgl. für das folgende insbesondere Juan C. Agulla, Soziale Strukturen und soziale Wandlungen in Argentinien, Berlin 1967, S. 108 ff., ferner Chadwick, a.a.O.

Wissenschaften, so dass von den Lehrplänen mit Recht gesagt wird, sie bewegten sich in einem von der Gegenwart isolierten Raum[173]. Die Folge davon ist die bereits erwähnte hohe Schulflucht- und Repetitionsrate; das Erziehungssystem ist offensichtlich nicht in der Lage, die für das praktische Leben jedes Einzelnen notwendigen Bildungswerte zu vermitteln, so dass m.a.W. ein Konflikt entsteht zwischen dem formellen Erziehungssystem einerseits und den praktischen Anforderungen anderseits, welche Wissenschaft und Gesellschaft zur Lösung gegenwärtiger und zukünftiger Probleme an eben dieses Erziehungssystem stellen. So ist es deshalb nicht erstaunlich, dass Mittelschulabsolventen zumeist für ein Universitätsstudium mit hohen Anforderungen an Wissenschaftlichkeit und selbständigem Denken schlecht vorbereitet sind.

Die Institution der staatlich anerkannten Berufslehre ist in Argentinien unbekannt. Im kaufmännischen Bereich sowie für gewisse technische Berufe erfolgt die Ausbildung durch die grösstenteils staatlichen Mittelschulen, die sogenannten "Escuelas industriales" oder Industrieschulen. Im Normalfall wird die berufliche Ausbildung jedoch über den Anlernprozess vermittelt, ohne eigentliche Ausbildungskontrolle durch den Staat. Trotzdem weist die berufliche Ausbildung für Fachkräfte aller Art in Argentinien einen vergleichsweise hohen Stand aus. Die Anstrengungen des Staates, über die Industrieschulen die zur Verbreitung und Anwendung des technischen Fortschrittes unerlässlichen Kenntnisse und Fähigkeiten zu vermitteln, sind beachtlich[174]. Zwischen den Industrieschulen der Mittelschulstufe und den technischen Fakultäten der Hochschulen fehlt indessen die Institution des Technikums, welches etwa mit der schweizerischen Höheren Technischen Lehranstalt (HTL) vergleichbar wäre. Das Bedürfnis nach einer praxisgerechten und vor allem kürzeren technischen Ausbildung als an den Universitäten ist durchaus vorhanden, denn es mangelt an gut ausgebildetem mittlerem technischem Kader. Die Errichtung sogenannter "institutos politécnicos" scheint aber vor allem in Universitätskreisen auf Widerstand zu stossen, vermutlich, weil sie eine "Entakademisierung" der technischen Wissenschaften befürchten[175].

---

173) vgl. Telma Barreiro, El anacronismo de nuestra escuela media y la solución tecnologista, in: Revista de Ciencias de la Educación, año II, No. 4, Marzo 1971, S. 4.
174) vgl. Alberto Aráoz, Los recursos humanos en la industria argentina, 2.A., Buenos Aires 1969, S. 57 ff.
175) vgl. La Nación (Buenos Aires), 1.8.1972, S.8.

Die <u>Berufsausbildung an den Hochschulen</u> trifft, abgesehen von den bereits erwähnten und im Primar- und Mittelschulsystem begründeten Mängeln, auf mannigfache Schwierigkeiten. So sind die Universitäten dank einer milden Zulassungspraxis überfüllt, womit eine gründliche und solide Ausbildung in Frage gestellt wird. In manchen Fachbereichen ist das Studium zeitlich zu aufwendig; beispielsweise dauert das Normalstudium in Rechts- und Wirtschaftswissenschaften, in Architektur und Ingenieurwissenschaften sechs Jahre[176]. Da die wenigsten Studenten sich ausschliesslich ihrem Studium widmen, benötigen sie bis zum Studienabschluss in der Regel einige Jahre mehr. Die Dozenten an den Universitäten sind praktisch ausschliesslich im Nebenamt tätig und rekrutieren sich zumeist aus akademisch gebildeten Praktikern, da sich mit dem Dozentensalär allein der Lebensunterhalt nicht bestreiten liesse. Hinzu kommt das Fehlen einer rationalen und funktionalen Universitätsverwaltung, ungenügende finanzielle Mittel zur Aufrechterhaltung des Lehr- und Forschungsbetriebes sowie die stets latente Gefahr der Verpolitisierung.

Die <u>Hauptprobleme</u> des argentinischen Erziehungssystems sind zweifelsohne die <u>hohe Ineffizienz</u> aufgrund <u>veralteter Lehr- und Lernziele und -methoden</u> sowie die <u>beträchtlichen Kosten dieser Ineffizienz</u>. Die Regierung Onganía unternahm einen beachtenswerten Versuch, das gesamte Erziehungswesen zu reformieren, um es als positiven Faktor für die wirtschaftliche und gesellschaftliche Entwicklung des Landes einzusetzen. Das Ergebnis ist im bereits erwähnten Bericht des CONADE[177] enthalten. Bedauerlicherweise ist aber das Reformprojekt nach dem Regierungswechsel im Jahre 1970 durch politischen Druck, vor allem seitens der Lehrergewerkschaft, zu Fall gebracht worden. Das Lehrpersonal wehrte sich vorab gegen die Reformen, weil sie seine bisherige Stellung als humanistisch-autoritäre Erzieher gefährdet hätten; ferner, weil die Reformen eine radikale Aenderung der Unterrichtsmethodik verlangt und technische Neuerungen zur Steigerung der Arbeitseffizienz der Lehrer gebracht hätten. Chadwick spricht in diesem Zusammenhang gar von einer antitechnischen Haltung (anti-technology attitude) der Lehrerschaft, die er mit der langen humanistischen Tradition Argentiniens

---

176) vgl. <u>Aráoz</u>, a.a.O., S. 23.
177) vgl. vorn, Anmerkung 171.

im Bereich der Erziehung und der Kultur im allgemeinen begründet[178].

Das gegenwärtige Erziehungssystem Argentiniens entspricht weder in bezug auf die Ausbildungsmöglichkeiten noch auf die Anzahl der jährlichen Absolventen den Anforderungen einer modernen Gesellschafts- und Wirtschaftsordnung, welche einem ständigen Wandel ausgesetzt ist. Es ist deshalb unerlässlich, die hier nur skizzierten Mängel durch Reformen zu beheben. Im Zusammenhang mit der industriellen Entwicklung muss die Verbreiterung und qualitative Verbesserung der Berufsausbildung in den verschiedenen Bereichen der Wirtschaft im Vordergrund der Bemühungen stehen.

3. Forschung und Entwicklung

Die ausreichende Versorgung des Produktionssektors mit neuen wissenschaftlich-technologischen Erkenntnissen ist eine unabdingbare Voraussetzung für die wirtschaftliche Entwicklung. Argentiniens Beitrag konzentriert sich zur Hauptsache auf die angewandte Forschung und Entwicklung, d.h. auf die Adaption importierter Technik an lokale Verhältnisse. Obwohl grosse Anstrengungen unternommen werden, ist der eigene Beitrag zum technischen Fortschritt noch relativ bescheiden. Dies dürfte einerseits mit den spärlich verfügbaren finanziellen Mitteln zusammenhängen[179], ist anderseits aber eine Frage der Ausbildungsmöglichkeiten des Forschungspersonals.

Die Formulierung und Durchsetzung der Forschungs- und Entwicklungspolitik obliegt seit 1968 dem Nationalen Forschungsrat CONACYT. Die wichtigsten Träger der Forschungs- und Entwicklungstätigkeit sind die Universitäten, die Atomenergiekommission (CNEA), das Institut für Land-

---

178) vgl. Chadwick, a.a.O., S. 68.
179) Im Jahre 1968 betrug der Forschungsaufwand Argentiniens 49 Mio. Dollar oder 0,28 % des BIP, vgl. UNESCO, La política científica en América Latina - 2, Paris 1971, S. 26. In Industrieländern, z.B. in den Vereinigten Staaten, erreichen die Forschungs- und Entwicklungsaufwendungen zwischen einem und vier Prozent des BIP, vgl. Alberto Aráoz, Investigación y desarrollo industrial en la Argentina, in: Estudios de la economía argentina, Instituto de Investigaciones Económicas Financieras de la CGE, Noviembre 1968, No. 3, S. 59.

wirtschaftstechnologie (INTA) sowie das Institut für industrielle Technologie (INTI). Die Tätigkeit der Privatwirtschaft konzentriert sich fast ausschliesslich auf die Lösung anwendungstechnischer und qualitativer Probleme der Produktion. Der Staat erachtet es indessen als unerlässlich, dass auch der Privatsektor einen Beitrag zur Forschung und Entwicklung leistet. Mit dem Gesetz Nr. 18.527 sind dafür die notwendigen finanziellen Anreize durch steuerliche Begünstigung von Forschungsaufwendungen geschaffen worden[180].

Besonders problematisch erscheint die Abwanderung von Fähigkeitskapital ins Ausland, ein Phänomen, welches unter der Bezeichnung "Brain drain" bekannt ist. Unter den rund 8.000 Akademikern, Technikern und qualifizierten Facharbeitern, welche zwischen 1950 und 1970 nach den Vereinigten Staaten auswanderten, befanden sich 1.573 Lehrer und Dozenten, 1.475 Aerzte, 1.381 Ingenieure, 324 Chemiker, 334 Betriebswirtschafter, 191 Architekten und 134 Zahnärzte[181]. Verschiedene Gründe werden für die Abwanderung von Akademikern verantwortlich gemacht. Wohl mögen die herrschenden Einkommensdifferenzen zwischen Argentinien und den Vereinigten Staaten eine wichtige Rolle spielen. Entscheidend ist jedoch meistens das Fehlen der notwendigen Mittel zur Berufsausübung (z.B. Laboreinrichtungen). Ferner werden auch Differenzen in Anerkennung und Prestige des Berufsstandes sowie Unstimmigkeiten ideologisch-politischer Art als Auswanderungsgründe angeführt[182]. Gerade die politischen Argumente scheinen immer dann ausschlaggebend gewesen zu sein, wenn der Staat in die Autonomie der Universitäten eingriff, wie es beispielsweise zu Beginn der Aera Onganía der Fall war[183]. Um dem dauernden Verlust von Forschungspersonal Einhalt zu gebieten, bedarf es demnach einer Förderungspolitik, welche darauf abzielt, die Arbeitsbedingungen für wissenschaftliche Tätigkeit zu verbessern. Vordringlich scheint vor allem die Schaffung eines Klimas positiver Er-

---

180) vgl. UNESCO, a.a.O., S. 83 ff.
181) vgl. Enrique Oteiza, Emigración de profesionales técnicos y obreros calificados argentinos a los Estados Unidos, in: Desarrollo Económico, Vol. 10, No. 39-40, Octubre 1970 - Marzo 1971, S. 438.
182) vgl. Oteiza, Emigración de profesionales, a.a.O., S. 434, ferner Marta Slemenson u.a., Emigración de científicos argentinos: Organización de un éxodo a América Latina. Historia y consecuencias de una crisis político-universitaria, Buenos Aires 1970.
183) vgl. Enrique Oteiza, La emigración de personal altamente calificado de la Argentina. Un caso de "Brain Drain" latinomericano, Buenos Aires 1969, S. 48 ff.

wartungen zu sein. Die gegenwärtige Situation dürfte grösstenteils auf einen Vertrauensschwund ganz genereller Art zurückzuführen sein.

Gelingt es, die notwendigen Voraussetzungen zu schaffen, müssen sich die Forschungs- und Entwicklungsanstrengungen auf jene Bereiche konzentrieren, in denen Argentinien komparative Vorteile aufzuweisen vermag. Gemeint ist vor allem die Landwirtschaft und die ihre Produkte verarbeitenden Industrien. Das 1956 ins Leben gerufene staatliche Forschungsinstitut INTA hat zwar bereits beachtliche Ergebnisse erzielt. Doch scheint vorab die Verbreitung neuer Erkenntnisse in landwirtschaftlicher Technik noch ungenügend zu sein[184]. Die Tatsache, dass z.B. der schweizerische Chemiekonzern Ciba-Geigy eine eigene landwirtschaftliche Forschungs- und Entwicklungsstation unterhält, gibt nicht nur einen Hinweis auf das Potential des Marktes für Agrochemikalien, sondern unterstützt die Bedeutung Argentiniens als Lieferant landwirtschaftlicher Güter für den Weltmarkt.

---

184) vgl. U.S. Department of Agriculture, Growth Potential, a.a.O., S. 51.

IV. Geld- und Kapitalmarkt

A. Uebersicht

Unter Kapitalmarkt versteht man das örtliche und zeitliche Zusammentreffen von Nachfrage und Angebot langfristigen Kapitals, im Gegensatz zum Geldmarkt, der Nachfrage und Angebot kurzfristiger Kredite aufeinander abstimmt[185]. Grundsätzlich sind für die industrielle Entwicklung eines Landes vor allem die langfristigen Investitionskredite von Bedeutung. In der Praxis lässt sich allerdings die Trennung zwischen dem kurzfristigen Geldmarkt (Kredite mit einer Laufzeit von weniger als einem Jahr) und dem langfristigen Kapitalmarkt (Kredite mit einer Laufzeit von mehr als einem Jahr) kaum durchführen, weil kurzfristige Kredite oft während Jahren laufend erneuert werden und demnach langfristigen Charakters sind. Für die nachfolgenden Ausführungen wird deshalb der Einfachheit halber die Bezeichnung "Kreditmarkt" als Synonym für "Geld- und Kapitalmarkt" gewählt.

Der argentinische Kreditmarkt weist verschiedene Eigentümlichkeiten auf, welche ihn von den übrigen Kapitalmärkten Lateinamerikas unterscheiden[186]. Ohne auf Einzelheiten der argentinischen Finanzgeschichte einzutreten[187], gilt es festzuhalten, dass das Land auf eine beachtliche Erfahrung in der Entwicklung seiner Institutionen des Kreditmarktes zurückblicken kann. Dank einem geeigneten legalen Rahmen verfügte Argentinien bereits früh über ein sehr komplexes Finanzsystem, welches in seiner Funktionstüchtigkeit den wichtigsten Finanzplätzen der Welt um nichts nachstand. Trotzdem ist es ihm in den vergangenen drei Jahrzehnten grösstenteils versagt geblieben, seiner fundamentalen Rolle in der Mobilisierung finanzieller Ressourcen für den Entwicklungsprozess gerecht zu werden. Hauptursache für die Verzerrung des Kreditmarktes bildete die chronische Inflation.

---

185) vgl. Henri B. Meier, Der Kapitalmarkt in der Wirtschaftsentwicklung Venezuelas, Diss. St.Gallen/Zürich 1969, S. 3.
186) vgl. für das folgende insbesondere Antonín Basch und Milic Kybal, Capital Markets in Latin America, New York/Washington/London 1970, S. 103 ff.
187) vgl. dazu insbesonder BID, El mercado de capitales en Argentina, México 1968; Andres Noya, El sistema financiero argentino, Buenos Aires 1970; R.T. Alemann, Curso de política económica, a.a.O., S. 347 ff.

B. Institutionen des argentinischen Kreditmarktes

Gemäss der in Argentinien gebräuchlichen Terminologie lässt sich der Kreditmarkt in drei verschiedene Gruppen von Institutionen teilen, nämlich das Bankensystem (mercado bancario), die ausserhalb des Bankensystems operierenden Institutionen (mercado extrabancario) sowie den Wertpapiermarkt (mercado de valores)[188].

1. Bankwesen

Argentinien verfügt über ein gut entwickeltes Bankensystem, welches in der Lage ist, seine Dienstleistungen praktisch lückenlos im ganzen Land anzubieten. Der Zentralregierung direkt unterstellt sind nebst dem Noteninstitut (Banco Central de la República Argentina, BCRA) vier weitere Kreditinstitute, nämlich der Banco de la Nación Argentina mit insgesamt 335 Filialen[189], der Banco Nacional de Desarrollo (ehemals Banco Industrial de la República Argentina), der Banco Hipotecario Nacional und die Caja Nacional de Ahorro y Seguro (ehemals Caja Nacional de Ahorro Postal)[190]. Ausser diesen im Eigentum der Zentralregierung befindlichen Banken gibt es noch rund 30 weitere Kreditinstitute, welche im Besitz der öffentlichen Hand (Provinzregierungen und Gemeinden) sind.

Aus der Sicht der industriellen Entwicklung sind die Zentralbank und die Handelsbanken von besonderer Bedeutung. Die Zentralbank ist eine staatliche autonome Institution[191], deren Hauptaufgaben darin bestehen, das Kredit- und Geldvolumen zu steuern, die internationalen Reserven zu verwalten und als finanzieller Agent der Regierung aufzutreten. Die kreditpolitische Tätigkeit des BCRA erfolgt mittels Rediskontierung und Vorschüssen an die Handelsbanken und die Zentralregierung und mittels Mindestreservenvorschriften. Die Intervention der Zentralbank auf dem Kreditmarkt konzentriert sich zur Hauptsache darauf, das Kreditvolumen in jene Sektoren der Wirtschaft zu lenken, welchen die Regierung Priori-

---

188) vgl. BID, Mercado de capitales, a.a.O., S. 21.
189) Stand Ende 1970, vgl. BN , Memoria y balance general, año 1970, S. 44.
190) Die Namensänderung der staatlichen Postsparkasse wurde im Januar 1973 mittels Gesetz Nr. 20.127 verfügt.
191) vgl. vorn, S. 119.

tät zuerkennt[192]. Die vier eingangs erwähnten nationalen Kreditinstitute verfügten per 31. Januar 1973 über 27,7 % sämtlicher Depositen des Bankensystems (der BN allein 19,5 %) und stellten 36,8 % aller Kredite zur Verfügung (der BN allein 20 %)[193]. Die grösste argentinische Bank, der Banco de la Nación Argentina, übt wohl sämtliche Funktionen einer Handelsbank aus, stellt indessen sein Kreditvolumen vorzugsweise dem Primärsektor zur Verfügung[194]. Obgleich der Banco Nacional de Desarrollo als sogenannte Entwicklungsbank vorwiegend im Industrie- und Bergbausektor tätig ist, erreicht er aufgrund seines bescheidenen Kreditvolumens nicht die Bedeutung einer Entwicklungsgesellschaft vom Typ einer Nacional Financiera Mexikos[195]. Die genannten Banken stellen Garantien zur Verfügung, welche Regierungsgarantien gleichzustellen sind[196]. Der Banco Hipotecario Nacional beschäftigt sich vorwiegend mit der Wohnungsbaufinanzierung, während die Caja Nacional de Ahorro y Seguro das Postsparen fördert[197]

Die Bedeutung der Privatbanken ist in den letzten Jahren ständig gestiegen. Von den insgesamt 86 Banken und bankähnlichen Instituten dieser Kategorie (35,2 % des Kredit- bzw. 44 % des Sparvolumens) waren deren 18 in ausländischem Besitz (11,7 % des Kredit- bzw. 15 % des Sparvolumens)[198]. Die Tätigkeit der Privatbanken unterliegt einer strikten Kon-

---

192) vgl. Basch und Kybal, a.a.O., S. 104.
193) Berechnet aufgrund von BCRA, Boletin estadistico, año XVI, Febrero 1973, No. 2, S. 97 ff.
194) vgl. Bohrisch und Minkner, a.a.O., S. 115.
195) vgl. Link, Mexiko, a.a.O., S. 155 ff., ferner hinten, S.
196) vgl. Bohrisch und Minkner, a.a.O., S. 115.
197) vgl. ebenda.
198) Unter den Privatbanken mit einer Bilanzsumme von mehr als 1 Mrd. Pesos figurieren (Stand am 31.1.1973):
   a) nationale Banken
      Banco de Galicia y Buenos Aires, Banco de Italia y Río de la Plata, Nuevo Banco Italiano, Banco Español del Río de la Plata und Banco Ganadero;
   b) ausländische Banken
      Banco de Londres y América del Sud (Bank of London and South America), First National City Bank (New York), Banco Francés e Italiano para la América del Sud (Banque Française et Italienne pour l'Amérique du Sud, Paris), The First National Bank of Boston, Banco Argentino de Comercio (Dresdner Bank, BRD), Banco Francés del Río de la Plata (Morgan Guaranty Trust, New York), Banco Popular Argentino (Banco Central de España). Bei den drei zuletzt genannten Kreditinstituten handelt es sich um ausländische Minderheitsbeteiligungen, vgl. AT, 17.6.1973.

trolle des BCRA, wobei die ausländischen Kreditinstitute speziell intensiv überwacht werden. Ein Grund für die teilweise diskriminierende Behandlung der ausländischen Banken dürfte darin zu suchen sein, dass seit 1966 verschiedene kleinere Lokalbanken durch ausländische Finanzinstitute übernommen worden sind. Dies hat in nationalistischen Kreisen eine Protestwelle gegen die "Entnationalisierung argentinischer Banken" hervorgerufen, obgleich unbestritten ist, dass sich deren Geschäftsvolumen gerade dank der Aufnahme einer ausländischen Beteiligung beträchtlich vergrösserte.

Obgleich die staatlichen gegenüber den privaten Banken gesamthaft betrachtet an Bedeutung verloren haben, bilden sie dennoch die wichtigsten Kreditquellen für die Wirtschaft. Die problemlosen Rediskontmöglichkeiten der grossen offiziellen Kreditinstitute bei der Zentralbank, beispielsweise für den Wohnungsbau (Banco Hipotecario Nacional), für Industrie und Bergbau (BND) und für die Landwirtschaft (BN) erklärt die offensichtlich widersprüchliche Tatsache, dass diese staatlichen Banken meistens über ein Kreditvolumen verfügen, welches die Depositen um einiges zu übersteigen pflegt, während die Privatbanken den Mindestreservenbestimmungen unterworfen sind[199].

2. Financieras

Die ausserhalb des normalen Bankensystems operierenden Finanzgesellschaften, Financieras genannt, üben eine wichtige Funktion innerhalb des Kreditmarktes aus. Diese Gesellschaften[200], die wohl von der Zentralbank überwacht werden, jedoch keiner Mindestreserven- und Zinsvorschrift unterliegen, decken vor allem jene kurzfristige Kreditnachfrage, welcher der Zugang zum normalen Bankkredit aus den verschiedensten Gründen verwehrt bleibt[201]. Der Zinssatz für erstklassige Finanz-

---

199) vgl. R.T. Alemann, Curso de política económica, a.a.O., S. 403.
200) Nebst den eigentlichen Financieras gehören auch sogenannte Kreditkooperativen, Versicherungs- und Kapitalisierungsgesellschaften, Spar- und Leihkassen für den Wohnungsbau sowie die auf den Konsumkredit spezialisierten Unternehmen zum "mercado extrabancario".
201) vgl. R.T. Alemann, Curso de política económica, a.a.O., S. 404.

darlehen mit einer Laufzeit zwischen 180 und 360 Tagen betrug 1971 über 30 % p.a., derjenige für Bankkredite 22 %[202]. Die Zentralbank hat bislang noch keine vollständigen Angaben über das Kreditvolumen der Financieras und ähnlicher Kreditinstitute veröffentlicht, so dass lediglich Vermutungen über dessen Umfang zirkulieren. Eine Schätzung nennt für das Jahr 1971 ein Kreditvolumen von annähernd 1,7 Mrd. Pesos (72 Financieras, 499 Kreditkooperativen und 106 Konsumkreditunternehmen)[203] oder rund 7 % der Summe sämtlicher Bankdarlehen jenes Jahres[204]. Nebst dem System der Financieras existiert ein wahrscheinlich ebenso umfangreicher Schwarzmarkt, wo der Anleger für kurzfristige Operationen durchaus einen Zins erhalten kann, der über der Inflationsrate liegt[205].

Die Zentralbank hat schon zu verschiedenen Malen versucht, den ausserhalb des Bankensystems operierenden Kreditmarkt in den Griff zu bekommen, jedoch mit geringem Erfolg. Auch das Gesetz Nr. 18.061 aus dem Jahre 1969, bekannt unter der Bezeichnung "Ley de entidades financieras", welches nicht nur die Geschäftstätigkeit der Handels-, Investitions- und Hypothekarbanken, sondern auch der Financieras, der Kreditkooperativen und der Konsumkreditgesellschaften regelt, war bislang nicht in der Lage, sämtliche Kreditströme unter Kontrolle zu bringen.

3. Börse

Noch in den Dreissigerjahren verfügte Argentinien über einen gut organisierten und effizienten Effektenmarkt, wobei der Handel mit Staatstiteln und Hypothekarpfandbriefen im Vordergrund stand[206]. Ungefähr ab 1940 begannen auch private Unternehmungen, ihre Aktien und Obligationen an der Börse[207] zu kotieren. Der Erwerb von Staatstiteln erwies sich als

---

202) vgl. Consejo Técnico de Inversiones S.A., La economía argentina 1971, a.a.O., S. 69.
203) vgl. Consejo Técnico de Inversiones S.A., a.a.O., S. 72.
204) vgl. Tabelle 46 im Anhang.
205) Diese Tatsache fand der Verfasser dadurch bestätigt, dass er 1972 für ein Darlehen von umgerechnet 300 Schweizerfranken mit einer Laufzeit von nur sechs Wochen einen Jahreszins von 80 % (!) erhielt. Die Inflationsrate für 1972 betrug 64 %.
206) vgl. für das folgende insbesondere **BID**, Mercado de capitales, a.a.O., S. 52 ff.
207) Die wichtigste Börse befindet sich in der Bundeshauptstadt. Daneben gibt es noch vier weitere Effektenmärkte, nämlich jenen der Provinz Buenos Aires sowie die Börsen von Rosario, Córdoba und Mendoza.

eine besonders beliebte Verwendungsart der Ersparnisse und verschaffte den öffentlichen Gemeinwesen die Möglichkeit, sich inflationsfrei zu finanzieren.

Ab 1946 jedoch gelangte der Effektenmarkt immer mehr unter den Einfluss der politischen, wirtschaftlichen und sozialen Instabilität. Infolgedessen konnte die Börse ihre Funktion nicht erfüllen, als Teil des Kreditmarktes die Bedürfnisse insbesondere der Privatwirtschaft zu decken und damit einen positiven Beitrag zur industriellen Entwicklung zu leisten. Die chronische Inflation bewirkte einen Vertrauensschwund seitens des Publikums in langfristige Investitionen. Das Sparkapital wandte sich statt dessen kurzfristigen Anlagen mit hohen Renditen, dauerhaften Konsumgütern, Sachwerten und Devisen zu. Die Börse verlor ihre Anziehungskraft deshalb, weil die Unternehmungen für ihre kotierten Titel nur unregelmässig Dividenden bezahlen konnten, oftmals dazu noch in Form von Aktien. Sie wiesen vielfach hohe, unechte Inflationsgewinne aus, welche u.a. dadurch entstanden, dass die Abschreibungen von historischen anstatt von aktualisierten Werten vorgenommen werden mussten. Die Gewinne dienten vor allem zur Erhöhung des einer ständigen Wertverminderung unterworfenen Umlaufsvermögens.

Die Stagnation bzw. ausgesprochene Konjunkturanfälligkeit des Effektenmarktes geht aus Tabelle 46c im Anhang hervor. Betrug der Kurswert der gehandelten Titel zu Beginn der Sechzigerjahre noch rund 400 Mio. Dollar, verminderte er sich bis 1966 auf knapp 70 Mio. Dollar, einem absoluten Tiefstand. Mit dem wirtschaftlichen Aufschwung ab 1967 erholte sich auch die Börse, was die nominellen und effektiven Pesoswerte anbelangt. Vor allem gewannen die Staatstitel an Bedeutung, während die privaten Werte umsatzmässig im Vergleich zu den staatlichen einen sinkenden Anteil aufweisen.

1971 versuchte die damalige Regierung, die Börsentätigkeit nach brasilianischem Muster zu reaktivieren, indem die Steuerpflichtigen einen bestimmten Teil des geschuldeten Steuerbetrages zum Kauf von Effekten verwenden konnten[208]. Die erwartete Belebung des Kapitalmarktes blieb

---

[208] Gesetz Nr. 19.061, vgl. Consejo Técnico de Inversiones S.A., a.a.O., S. 51.

indessen zunächst aus, weil sich die Anwendung der Gesetzgebung als
problematisch erwies und weil der Staat in direkte Konkurrenz mit der
privaten Wertpapieremission trat, indem er Obligationen in Fremdwährung,
sogenannte Dollar-Bonds, herausgab. Der Erfolg dieses Experiments scheint
zumindest solange in Frage gestellt zu sein, als es nicht gelingt, die
Inflation zu bremsen.

C. Hauptprobleme des argentinischen Kreditmarktes

Wenn eingangs festgestellt worden ist, der argentinische Kreditmarkt
habe sich nicht in der gewünschten Richtung entwickelt, so will dies
nicht heissen, er sei klein oder unbedeutend. Vielmehr charakterisiert
sich der Kreditmarkt durch eine Reihe von Mängeln, welche seine Funktionsweise behindern.

Ein Kreditmarkt kann grundsätzlich an drei Defekten leiden, nämlich:

- das Angebot von Ersparnissen ist quantitativ und/oder qualitativ
  mangelhaft;
- die Nachfrage nach Investitionsmitteln ist ungenügend;
- die verfügbaren Ersparnisse werden nicht den optimalen Investitionsmöglichkeiten zugelenkt [209].

Die ersten beiden Defekte sind vorwiegend quantitativer Art und betreffen Argentinien nicht: Die Zahlen der nationalen Buchhaltung weisen
darauf hin, dass ein ausgesprochener Sparwille und auch ein beträchtliches Sparpotential vorhanden sind. So hat die interne Ersparnisbildung
zwischen 1967 und 1971 99% des Investitionsvolumens finanziert [210]. Die
hohen Preise für Investitionsgüter einerseits und die mangelhafte
Produktivität des Investitionssektors [211] erklären allerdings, weshalb
sich die relativ hohe Sparrate nicht in entsprechenden Wachstumsraten
des BIP niederschlägt. Den entscheidenden "Beitrag" zur immer wieder her-

---

[209] H. Meier, a.a.O., S. 8.
[210] vgl. José M. Dagnino Pastore, El sistema financiero argentino, in:
Política y Economía, No. 16, Julio 1972, S. 10.
[211] vgl. vorn, S. 98 ff.

vorgehobenen Fehlallokation der verfügbaren finanziellen Ressourcen hat die chronische Inflation geleistet.

Ueber die Herkunft der Ersparnisse, insbesondere was die privaten Haushalte anbelangt, dürfte die Zentralbank verschiedentlich grundlegende Untersuchungen angestellt haben, welche aber in der Regel nicht publiziert werden. Die nachfolgenden Darlegungen beziehen sich deshalb weitgehend auf verschiedene Einzelaspekte, um dadurch zu einer allgemeinen Wertung zu gelangen.

Die <u>Auswirkungen der Inflation auf die Ersparnisbildung</u> der privaten Haushalte sind eindrücklich. Der trotz chronisch hoher Geldentwertung immer noch beachtenswerten Neigung zum Nominalwertsparen steht die wachsende Bedeutung des <u>Konsumkredits</u> zum Erwerb von Sachwerten gegenüber. Die Flucht in die Sachwerte liegt in der Tatsache begründet, dass die Realzinsen seit Ende des II. Weltkrieges mit wenigen Ausnahmen stets negativ gewesen sind. Dies hatte eine unproduktive Verteilung des Sparvolumens zur Folge: Durch den leicht erhältlichen Konsumkredit werden dem Kreditmarkt namhafte Summen entzogen, welche wesentlich produktiveren Investitionen zugeführt werden könnten[212]. Besonders hart betroffen von dieser Umverteilung des Sparvolumens wird der institutionalisierte Kreditmarkt, vor allem der Bankensektor. Könnte er über dieses Sparvolumen verfügen, würde sich seine Kreditkapazität mehr als verdreifachen[213].

Inflation, verbunden mit <u>negativen Realzinsen</u>, verstärkt die Kreditnachfrage der Unternehmen. Der Bankensektor ist jedoch meistens nicht in der Lage, die inflationär verursachte Zusatznachfrage voll zu befriedigen, weil ihn rigorose Mindestreservenvorschriften daran hindern. Ein bedeutender Teil des Kapitalbedarfes muss deshalb ausserhalb des Bankensystems zu weit härteren Bedingungen beschafft werden. Die Eigenfinanzierung, wichtigste Quelle für die argentinischen Unternehmungen[214], wird drastisch eingeschränkt durch die Besteuerung der (unechten) In-

---

212) vgl. o.V., Hay mercado de capitales, pero algo anda mal, in: Vision (México), Vol. 40, No. 12, 17.6.1972, S. 38 ff.
213) vgl. <u>Dagnino Pastore</u>, a.a.O., S. 11.
214) vgl. Mario S. <u>Brodersohn</u>, Financiamiento de empresas privadas y mercados de capital, Buenos Aires 1972 (Vervielfältigung), S. 83.

flationsgewinne: die Abschreibungen erweisen sich als ungenügend und
kommen nicht als Finanzierungsquelle in Frage, da sie vom Anschaffungswert vorgenommen werden müssen und die Anlagen buchhalterisch nur
sporadisch der Geldentwertung angepasst werden können. Ausserdem erfolgt die Lagerbewertung zum "first-in-first-out"-Prinzip (FIFO) und
nicht zum Wiederbeschaffungswert. Da billige Bankkredite für viele
Klein- und Mittelbetriebe aufgrund ihrer ungenügenden Bonität
nicht erhältlich und Kredite bei Finanzierungsgesellschaften zu teuer
sind, finanzieren sich diese Betriebe vielfach über die Erstreckung
der Zahlungsziele (Lieferantenkredit), über Steuerhinterziehung[215]
und über den Rückbehalt von Sozialversicherungsbeiträgen für ihre Arbeitnehmer. Die Kapitalbeschaffung über den Effektenmarkt ist für manche Unternehmungen, deren Aktien an der Börse gehandelt werden, kaum
möglich, da sie gezwungen sind, ihre Gewinne anstatt zur Ausschüttung
von Dividenden zur Aufstockung des Umlaufsvermögens zu verwenden[216].
Aus der Schwierigkeit der Mittelbeschaffung ergeben sich unverhältnismässig hohe Finanzierungskosten.

Hohe Finanzierungskosten für die Unternehmungen ergeben sich jedoch
nicht nur aus dem beschränkten Angebot an billigen Krediten des Bankensystems, sondern ebenso sehr aus dem ungesunden Verhältnis zwischen
kurz- und langfristigem Fremdkapital. Im Jahre 1969 betrug das Verhältnis zwischen kurz- und langfristigem Fremdkapital im Durchschnitt 5 : 1,
1966 sogar 6 : 1[217]. Abgesehen davon, dass bei chronischer Inflation
und negativen Realzinsen ohnehin kaum langfristiges Fremdkapital erhältlich ist, fehlt in Argentinien eine Institution, welche langfristige
Investitionskredite zu günstigen Konditionen erteilt[218]. Der Banco
Nacional de Desarrollo (ehemals Banco Industrial, gegründet 1944) ist
nur beschränkt in der Lage, diese Funktion zu erfüllen, einerseits,
weil seine Mittel unzureichend sind[219], anderseits, weil die staatliche

---

215) vgl. Mario S. Brodersohn, Financiamiento de empresas privadas y mercados de capital, Buenos Aires 1972 (Vervielfältigung),S. 54.
216) vgl. vorn, S. 288.
217) vgl. Brodersohn, Financiamiento, a.a.O., S. 87. In den Vereinigten Staaten betrug die Relation 1,4 : 1 (1965) und in Grossbritannien 2 : 1 (1965).
218) vgl. z.B. José C. Jaime, La banca comercial argentina, evolución y perspectivas, Buenos Aires 1967.
219) Der BND verfügt als spezialisierte Investment-Bank über lediglich 6 % des Kreditvolumens des Bankensystems (Stand 31.1.1973, vgl. BCRA, Boletín estadístico, año XVI, No. 2, Febrero 1973, S. 101).

Kreditpolitik Produktivitätsüberlegungen bei der Verteilung des Kreditvolumens oftmals unberücksichtigt lässt. Vom gesamten Kreditvolumen des BND entfielen im Jahre 1970 nur knapp 50 % auf mittel- und langfristige Investitionskredite; die andere Hälfte setzte sich aus Darlehen zur "Rehabilitierung notleidender Unternehmungen" (Gesetz Nr. 17.507), aus Betriebsmittelkrediten sowie aus Vorschüssen zur Finanzierung des Exportgeschäftes zusammen[220]. Immerhin bedeutet dies gegenüber früheren Jahren einen gewissen Fortschritt; so betrugen die Investitionskredite des BND in den Jahren 1957, 1959, 1963 und 1964 weniger als 20 %[221].

Schliesslich muss noch auf die erhebliche Belastung des Kreditmarktes durch die öffentliche Hand hingewiesen werden. Dies lässt sich anhand der Entwicklung des Spar- bzw. Investitionsüberhanges darlegen, welcher durch die wirtschaftliche Tätigkeit des Staates entsteht[222]. So verzeichnete der Staat zwischen 1961 und 1971, mit Ausnahme des Jahres 1967, stets einen Ausgabenüberhang, den er zur Hauptsache über den Privatsektor und das Bankensystem (seit 1969 auch vermehrt über den externen Sektor), bzw. deren Sparüberhang finanzierte. 1971 betrug beispielsweise die über das Bankensystem (vor allem über die Zentralbank) finanzierte Ausgabenlücke 65 % des staatlichen Ausgabenüberhanges[223]. Derart werden jedoch der Privatwirtschaft wertvolle Mittel entzogen, welche sie sich ausserhalb des Bankensystems zu schlechteren Konditionen wieder beschaffen muss. Derselbe Trend lässt sich aus der Entwicklung der Bankdarlehen nach Wirtschaftssektoren herauslesen[224]: Zwischen 1965 und 1971 hat sich der Anteil der Landwirtschaft an der Gesamtheit der Bankkredite von 24,5 % auf 15,2 % vermindert, jener des industriellen Sektors von 35,2 % auf 27,6 %. Demgegenüber versechsfachte sich das Kreditvolumen zugunsten staatlicher Dienstleistungen der Zentralregierung, der Provinzen und der Gemeinden[225]. Die Feststellung,

---

220) vgl. BND, Memoria y balance, ejercicio 1970, S. 18.
221) vgl. Noya, a.a.O., S. 95.
222) vgl. Tabelle 46d im Anhang.
223) vgl. BCRA, Memoria anual 1971, Buenos Aires 1972, S. 42.
224) vgl. Tabelle 46 im Anhang.
225) Ohne die staatlichen Unternehmungen des industriellen Sektors (z. B. YPF, FM, SOMISA etc.), des Transportsektors sowie der Elektrizitäts-, Gas- und Wasserversorgung; vgl. Política y Economía, No. 16, Julio 1972, S. 22.

der durch den Inflationsprozess ohnehin stark angeschlagene Kapitalmarkt kanalisiere seine Mittel durch Sektoren, welche nicht unbedingt zu den produktivsten der Wirtschaft gehören, kann deshalb nicht ohne weiteres von der Hand gewiesen werden[226].

Für ein einwandfreies Funktionieren des internen Kreditmarktes sind stabile monetäre Verhältnisse offensichtlich unerlässlich. Da Stabilisierungsmassnahmen erfahrungsgemäss nicht ohne negative Auswirkungen auf das Wirtschaftswachstum bleiben[227], dürfte sich eine abgestufte Politik nach dem in Brasilien mit Erfolg praktizierten System der Geldwertkorrektur (correção monetária)[228] am ehesten verwirklichen lassen. Dieses System passt den Wert der staatlichen Schatzscheine, gewisser Bankeinlagen, Darlehen sowie das Vermögen der Unternehmungen der binnenwirtschaftlichen Geldentwertung an. Als flankierende Massnahmen wird man aber gleichzeitig nicht um eine drastische Reduktion des Budgetdefizits und eine Liberalisierung des Aussenhandels herum kommen.

Nicht minder wichtig als die Probleme der binnenwirtschaftlichen Mittelbeschaffung ist für die industrielle Entwicklung die Ausschöpfung externer Kapitalquellen. Diesem Thema ist deshalb der nachfolgende Abschnitt gewidmet.

D. Kapitalimporte

1. Rolle des privaten Auslandskapitals in der industriellen Entwicklung Argentiniens

a) Begriff, Sinn und Zweck ausländischer Investitionen

Auslandsinvestitionen können als grenzüberschreitender Einsatz von Produktionsfaktoren definiert werden. Ausländische Direktinvestitionen

---
226) vgl. Política y Economía, No. 16, Julio 1972, S. 22.
227) vgl. vorn, S. 68 ff.
228) vgl. Link, Brasilien, a.a.O., S. 62.

sind solche, welche ohne Zwischenschaltung des lokalen Kapitalmarktes vorgenommen werden[229].

Die Meinungen über Sinn und Zweck ausländischer Investitionen gehen nicht nur in Argentinien, sondern in der gesamten übrigen Dritten Welt stark auseinander. Die Literatur zu diesem Thema ist kaum mehr zu überblicken. In verallgemeinerter Form lässt sich feststellen, dass ein ausgesprochener Antagonismus besteht zwischen Autoren, welche der Ausbeutungsthese nahestehen und die Nützlichkeit ausländischen Kapitalengagements bezweifeln, und solchen, welche in Direktinvestitionen aus rein wirtschaftlicher Sicht nur Vorteile für das Empfängerland erblicken. Nichtsdestoweniger häufen sich aber die Ansichten, dass die Polarisierung zwischen den beiden Extremen wenig sinnvoll sei und man zu einer differenzierteren Betrachtungsweise übergehen müsse. In der Tat wäre es falsch anzunehmen, das Heil des lateinamerikanischen Entwicklungsprozesses läge ausschliesslich in hohen Wachstumsraten des Bruttosozialprodukts. Vielmehr schliessen die Entwicklungsmodelle auch eine grössere politische Selbständigkeit und vor allem eine gleichmässigere Einkommensverteilung als Zielfunktionen ein[230]. Infolgedessen sind die Probleme, welche sich aus dem Einsatz ausländischen Kapitals ergeben, zumeist mehr soziopolitischer als wirtschaftlicher Natur.

Die vorliegende Arbeit beabsichtigt nicht, einen weiteren Beitrag zur erwähnten Kontroverse zu leisten. Dagegen soll versucht werden, die Auswirkungen ausländischer Investitionen auf die industrielle Entwicklung Argentiniens zu beurteilen. Aus naheliegenden Gründen beschränken sich die nachfolgenden Ausführungen vor allem auf die volkswirtschaftlichen Argumente, mit dem gewichtigen Vorbehalt allerdings, dass sie in den wenigsten Fällen allein ausschlaggebend sein können.

Vorerst ist es unerlässlich, die möglichen volkswirtschaftlichen Effekte

---

229) vgl. Pedro Hastedt, Deutsche Direktinvestitionen in Lateinamerika, Göttingen 1969, S. 1 f.
230) vgl. Carlos F. Díaz Alejandro, Direct Foreign Investment in Latin America, New Haven 1970, S. 329.

ausländischer Investitionen in Entwicklungsländern in Erinnerung zu rufen[231]. Ueber längere Perioden beobachtet, verursachen sie in der Regel einen allgemeinen Expansionseffekt, d.h. eine Vergrösserung des Sozialprodukts. Sie können einen Beschäftigungseffekt auslösen, indem sie bislang ganz oder teilweise arbeitslos gewesene Arbeitskräfte absorbieren. Von ausländischen Direktinvestitionen können erhebliche Fiskaleffekte ausgehen[232], jedoch immer unter der Voraussetzung, dass die allgemein herrschenden wirtschaftlichen Verhältnisse es der investierenden ausländischen Gesellschaft erlauben, steuerbare Gewinne zu erzielen. Sodann sind die Zahlungsbilanz- bzw. Deviseneffekte hervorzuheben: Die ausländische Direktinvestition hilft einerseits Devisen zu sparen, wenn sie bisherige Importe substituiert; anderseits trägt sie auch zur Steigerung der Exporterlöse bei, was vor allem im Bergbau, je länger desto mehr aber auch bei industriell verarbeiteten Gütern der Fall ist[233]. Der volkswirtschaftliche Wachstumsgewinn hängt

---

231) Es wird unterstellt, dass diese Staaten sich zum Ziel setzen, den Lebensstandard ihrer Bevölkerung zu heben. Die dazu notwendigen Wachstumsraten des BIP bedingen vermehrte produktive Investitionen. Die Investitionen eines Landes müssen durch inländische Ersparnisse und/oder Ersparnisse des Auslandes finanziert werden. Eine Investitionssteigerung ergibt sich deshalb nur, wenn entweder die Inlandsersparnisse erhöht oder ein Leistungsbilanzdefizit in Kauf genommen wird, was einen Nettokapitalimport impliziert. Das inländische Sparaufkommen ist jedoch in vielen Fällen zu gering, um als Wachstumsimpuls wirken zu können, so dass ergänzende Kapitalimporte unerlässlich werden; vgl. Hans-Rimbert Hemmer, Die Bedeutung ausländischer Direktinvestitionen für die wirtschaftliche Entwicklung der Dritten Welt, in: Zs. für Wirtschafts- und Sozialwissenschaften (Schmollers Jahrbuch), 92. Jg., 2. Heft, 1972, S. 155 ff. Anders ausgedrückt lässt sich eine bestimmte Wachstumsrate bei Aufrechterhaltung eines höheren Lebensstandards nur mittels Zufluss ausländischen Kapitals erreichen. Ohne diesen Zustrom kann der gleiche Rhythmus nur bei niedrigerem internem Konsum sichergestellt werden, und auch dann nur, wenn gleichzeitig die Konsumgütereinfuhren oder die Produktion von Binnengütern zugunsten von Exportgütern reduziert werden, um die für das interne Wachstum unerlässlichen Devisen bzw. ausländischen Produktionsgüter bereitstellen zu können; vgl. Hans Bachmann, Sinn und Widersinn ausländischer Privatinvestitionen in Lateinamerika, in: Aussenwirtschaft (Zürich/St.Gallen), 24. Jg., Heft III, 1969, S. 246.
232) vgl. Bachmann, a.a.O., S. 234.
233) Die Frage der Deviseneinsparnis durch importsubstituierende Auslandsinvestitionen ist umstritten. Nicht nur belasten die in der Folge auftretenden Gewinntransfers die Zahlungsbilanz; auch die mit einer Auslandsinvestition in der Regel verbundenen Importe an Vorleistungen und Produktionsfaktoren bewirken einen Devisenabfluss. Ob ausländische Direktinvestitionen Devisen ersparen, hängt deshalb vom konkreten Einzelfall ab. So sind mit importsubstituierenden Auslandsinvestitionen vielfach erhebliche fiska-

aber auch in erheblichem Masse von der Fähigkeit der ausländischen Gesellschaft ab, inländische Vorprodukte und Produktionsfaktoren zu absorbieren. M.a.W. ist der Nutzen der Direktinvestition umso grösser, je umfassender diese Rückkoppelungseffekte[234] auf die vorgelagerten Wirtschaftszweige übergreifen[235]. Ausländische Investitionen vermögen ausserdem die sogenannte Absorptionsfähigkeit der Entwicklungsländer zu steigern[236]: Die Auslandsinvestition erhöht nicht nur den Kapitalbestand des Entwicklungslandes, sondern vermittelt überdies das zur erfolgreichen Realisierung des Investitionsvorhabens notwendige technische und ökonomische Wissen mit[237].

(Fortsetzung)
lische Vorteile verbunden, welche es der ausländischen Gesellschaft erlauben, unter dem durch die Marktgrösse bestimmten Verzicht auf Skalenerträge zum Teil monopolistische Marktstellungen zu erringen. Dabei können überdurchschnittliche Gewinne erzielt werden, deren Transfer ins Ausland oft unter Umgehung der ordentlichen internationalen Zahlungsvorgänge erfolgt. Privatwirtschaftliche Gewinne können deshalb durchaus mit volkswirtschaftlichen Verlusten einhergehen, d.h. der Nettodeviseneffekt der ausländischen Investition ist ungewiss. Vgl. Bachmann, a.a.O., S. 238, und Hemmer, a.a.O., S. 163.

234) vgl. Hirschman, Strategy, a.a.O., S. 98 ff.
235) vgl. Hemmer, a.a.O., S. 158 f.: "... schlägt sich die ökonomische Aktivität der Auslandsgesellschaften jedoch nur zu einem geringen Teil wachstumswirksam im Gastgeberland nieder: Der Bruttoproduktionswert der Direktinvestition geht zwar mit Ausnahme der Käufe ausländischer Vorleistungen in das Bruttoinlandsprodukt zu Marktpreisen ein; ein Teil dieses Betrages dient aber dazu, den Beitrag der ausländischen Produktionsfaktoren zum Bruttoproduktionswert (einschliesslich Gewinn) abzugelten. Lediglich der Rest wird zur Bezahlung der inländischen Vorleistungen und Produktionsfaktoren sowie für Steuer- und Konzessionsabgaben verwendet und trägt so zum Bruttosozialprodukt bei. Je autarker im Hinblick auf die Lieferung von Vorleistungen sowie auf den Einsatz von Produktionsfaktoren aus dem Gastgeberland die jeweilige ausländische Gesellschaft ist, desto geringer ist folglich ihr Beitrag zum Wirtschaftswachstum dieses Landes." (Hervorhebung des Verfassers).
236) Darunter versteht man die technische und administrative Leistungsmöglichkeit eines Landes. Sie wird u.a. bestimmt durch die sachliche und personelle Infrastruktur, den Ausbildungsstand der Arbeiterschaft, den geistigen Entwicklungsstand des Unternehmertums etc. Vgl. dazu John H. Adler, Absorptive Capacity. The Concepts and its Determinants, Washington 1965, zit. bei Hemmer, a.a.O., S. 156.
237) vgl. ebenda, S. 156 und 164 f.

b) Entwicklung und Stand der Auslandsinvestitionen[238]

Wie aus Tabelle 15 im Anhang sowie zum Teil aus dem wirtschaftshistorischen Rückblick hervorgeht, unterlag die Struktur des Auslandskapitals in bezug auf Quellen, Herkunftsländer, Finanzierungsformen und Verwendungsbereiche im Laufe der industriellen Entwicklung Argentiniens bestimmten Veränderungen. Zu Beginn dominierte Grossbritannien als Gläubigerland, wobei die ausschliesslich aus privaten Quellen stammenden Mittel vorab durch Wertpapieremission aufgenommen und im Infrastrukturbereich investiert wurden (z.B. Eisenbahnen). Daneben erfolgten auch namhafte Investitionen im Lebensmittelsektor, vor allem in der Kühlhausindustrie[239]. Die Periode 1915-1929 gilt als Phase des Uebergangs, in der zwar die Vereinigten Staaten Grossbritannien als wichtigsten Kapitalgeber ablösten, Finanzierungsform und hauptsächlichster Verwendungsbereich jedoch nicht änderten. Der strukturell bedeutsame Umschwung trat erst nach 1930 auf: Die Investitionen erfolgten zunächst in der inlandsorientierten Leichtindustrie, wobei speziell die von den Vereinigten Staaten bevorzugte Form der Direktinvestition dominierte. Nach dem Regierungswechsel von 1955 flossen nebst dem direkten Kapitalimport auch zusehends Mittel in Form von öffentlichen Entwicklungshilfekrediten ins Land, wobei, wie noch darzulegen sein wird, das Schwergewicht bei internationalen Organisationen wie z.B. der Weltbank und der Interamerikanischen Entwicklungsbank lag. Diese Mittel wurden vorab in der Infrastruktur angelegt, während das private Kapital sich dem Aufbau der inlandsorientierten Schwerindustrie widmete.

Der gegenwärtige Stand der Auslandsinvestitionen ist aus verschiedenen Gründen bloss annäherungsweise bestimmbar. Nicht alle Kapitaleinfuhren wurden über die verschiedenen Förderungsgesetze und -dekrete getätigt; ein ganz beträchtlicher Teil dieser Mittel gelangte ohne Beanspruchung von Präferenzen ins Land. Die statistisch erfassten Kapitalzuflüsse werden zwar nach Herkunftsländern ausgeschieden, doch wird damit noch nichts über die Nationalität der investierenden Gesellschaften ausgesagt. M.a.W. kann eine Kapitaleinfuhr, welche statistisch aus der Schweiz stammt, durch ein argentinisches Unternehmen, durch ein schwei-

---

238) Die nachfolgenden Ausführungen stützen sich zur Hauptsache auf die umfassende Schrift von Peter W. Fischer, Der Einfluss des Auslandskapitals auf die wirtschaftliche Entwicklung Argentiniens 1880-1964, Göttingen 1970.
239) vgl. vorn, S. 168 ff.

zerisches Unternehmen oder durch eine Holdinggesellschaft eines dritten Landes mit Sitz in der Schweiz getätigt worden sein. Angaben über Stand und Herkunft der Auslandsinvestitionen beruhen deshalb auf Schätzungen. So ist einer umfassenden Untersuchung von FIEL[240] zu entnehmen, dass das Ausland in Argentinien gegenwärtig Kapital im Wert von 2,5 bis 3 Mrd. Dollar kontrolliert. Davon entfallen zwischen 40 und 50 % auf die Vereinigten Staaten[241].

In der Regel hat der ausländische Investor Argentinien stets grosses Vertrauen entgegen gebracht, wie u.a. das Beispiel der Schweiz zu zeigen vermag. Zwischen 1959 und 1970 tätigten schweizerische Unternehmungen aufgrund der Förderungsgesetzgebung Investitionen im Wert von rund 13 Mio. Dollar; der gesamte Anlagewert der schweizerischen Interessen in Argentinien dürfte jedoch mindestens 1 Mrd. Schweizerfranken betragen[242]. Daraus lässt sich ableiten, dass der weitaus grössere Teil der schweizerischen Investitionen ohne Inanspruchnahme der Förderungsgesetze zustande kam. Die privaten Investitionen aus der Bundesrepublik Deutschland beliefen sich Ende 1970 gemäss deutschen Quellen auf rund 460 Mio. DM; der Anlagewert dürfte ein Mehrfaches davon betragen[243].

Zwischen 1958 und 1971 registrierte man staatlich geförderte Kapitalimporte im Wert von 1,4 Mrd. Dollar[244]. Davon entfielen knapp 50 % allein auf die Jahre 1958-1963. Die Investitionen des privaten Auslandskapitals konzentrierten sich in Wirtschaftssektoren, denen zumeist ein beträchtliches Risiko anhaftet, insbesondere was die voraussichtliche Rentabilität der Investition anbelangt. Ausländische Niederlassungen und Beteiligungen finden sich deshalb namentlich in der Automobil-, Traktoren- und Elektroindustrie, in der Petrochemie, sowie im pharmazeutischen und kosmetischen Sektor.

---

240) vgl. FIEL, Las inversiones extranjeras en la Argentina, Buenos Aires 1971, S. 17.
241) Gemäss FIEL sind die Vereinigten Staaten das einzige Land, welches zuverlässige Daten über seine Auslandsinvestitionen veröffentlicht. Sie betragen im Falle Argentiniens rund 1,3 Mrd. Dollar.
242) vgl. Cámara de Comercia Suizo-Argentina, Memoria y Balance 1972, Boletín No. 1103.
243) vgl. Günter Wipplinger, Empresas industriales con participación de capital alemán, condiciones y actitudes en lo que se refiere a la exportación de productos manufacturados, Hamburg 1972, S. 8.
244) vgl. Tabelle 15a im Anhang.

c) Einflüsse des Auslandskapitals auf die industrielle Entwicklung[245]

Die nachfolgende qualitative Betrachtungsweise der Problematik ausländischer Investitionen hat zum Zweck, abzuklären, wie und in welchem Ausmass die Kapitalzuflüsse aus dem Ausland in der Lage waren, die industrielle Entwicklung Argentiniens zu beeinflussen.

- Kapitalbildung. Zu Beginn dieses Jahrhunderts gingen hohe Investitionsquoten mit ebenfalls hohen Kapitalimporten einher, weshalb ein enger Zusammenhang zwischen Kapitalbildung und -importen vermutet werden kann. Demgegenüber scheint nach der Weltwirtschaftskrise, insbesondere aber seit 1955, dieser Zusammenhang nicht mehr zu bestehen: Trotz steigenden Kapitaleinfuhren pendelte sich die Investitionsquote in den Nachkriegsjahren bis zur Gegenwart bei ungefähr 20 % ein. Im Jahre 1913 betrug der Anteil des Auslandskapitals am gesamten fixen Kapitalbestand Argentiniens 47 %, 1957 nur noch knapp 6 %, was einen sinkenden Einfluss des Auslandskapitals auf die Kapitalbildung beinhaltet[246]. Dies bedeutet aber nichts anderes, als dass das Auslandskapital seine Funktion als Initiant der industriellen Entwicklung erfüllte, m.a.W. dank des Demonstrationseffektes die einheimische Kapitalbildung anspornte.

- Importkapazität. Die laufende Abnahme des Anteils der ausländischen Investitionen an der Investitionsquote nach 1930 deutet darauf hin, dass die interne Ersparnisbildung in zunehmendem Masse in der Lage war, eine für ein normales Wachstum erforderliche Investitionshöhe zu ermöglichen. Es gelang jedoch nicht, die höhere interne Ersparnis in genügend produktive Investitionen umzusetzen. Importsubstitution und Vernachlässigung der Landwirtschaft führten zu einem generellen Devisenmangel, der seinerseits die zur Aufrechterhaltung der Wachstumsrate notwendigen Kapitalgütereinfuhren verunmöglichte. Die nach 1955 einsetzenden starken Kapitalimporte dienten deshalb vor allem der Vergrösserung der Importkapazität. Die Erfahrung Argentiniens deckt sich u.a. mit der These von Chenery[247], wonach im allgemeinen in einem

---

245) vgl. für das folgende insbesondere Fischer, a.a.O., S. 34 ff.
246) vgl. Fischer, a.a.O., S. 37 und die dort zit. Quellen.
247) vgl. Hollis B. Chenery, Foreign Assistance and Economic Development, in: John H. Adler (Hrsg.), Capital Movements and Economic Development, London 1967, S. 230 f.

frühen Stadium der wirtschaftlichen Entwicklung das Auslandskapital vor allem die interne Sparlücke zu schliessen hat, während im weiteren Verlauf nicht mehr die Sparlücke, sondern vorwiegend das durch Devisenmangel verursachte Handelsbilanzdefizit einen Engpass verursacht.

- Sektorale Produktionsstruktur. Es lässt sich empirisch nachweisen, dass die Auslandsinvestitionen stets in den dynamischsten Wirtschaftszweigen getätigt worden sind. In der Epoche der vorherrschenden Agrarproduktion (1880-1914) erfolgten die Investitionen vor allem in der Infrastruktur (Eisenbahnen)[248]. Diese Investitionen, verbunden mit einer starken Interessenverflechtung zum landwirtschaftlichen Sektor haben zwar eine einseitige Produktionsstruktur hervorgerufen, teilweise mögen sie sogar die Industrialisierung behindert haben. Im Lichte der seit dem I. Weltkrieg verfolgbaren Entwicklung ist jedoch die Frage durchaus am Platze, ob Argentinien durch einen gezielteren Ausbau dieser die komparativen Produktionsvorteile wahrnehmenden Produktionsstruktur auf die Länge nicht besser gefahren wäre als mit der Industrialisierung durch Importsubstitution. Auch in der Phase der Importsubstitution konzentrierten sich die Auslandsinvestitionen in den sogenannten "leading sectors", nach 1930 in der Leichtindustrie (z.B. Textil) und nach 1958 in der Schwerindustrie.

- Produktivität. Fischer stellt fest, dass das Auslandskapital gesamthaft lediglich geringe Produktivitätseffekte gezeigt habe[249]. Er führt dies einerseits auf die anfänglich hohen Infrastrukturinvestitionen, anderseits aber auf einen geringen Integrationsgrad ausländischer Unternehmungen in die argentinische Wirtschaft zurück. Würde man die Rückkoppelungseffekte in jedem einzelnen Fall untersuchen, dürfte diese an sich korrekte Feststellung in verallgemeinerter Form kaum haltbar sein. Vielmehr beruht der geringe Produktivitätsbeitrag der ausländischen Investitionen wohl zur Hauptsache darauf, dass, auch wenn eine ausländische Investition grundsätzlich effizient sein könnte, die Produktivität deshalb gering sein wird, weil auch die Güterher-

---

248) So ist ein positiver Zusammenhang zwischen der Ausdehnung des Eisenbahnnetzes und der Zunahme der kultivierten landwirtschaftlichen Nutzfläche festgestellt worden; vgl. Fischer, a.a.O., S. 48 f. und die dort zit. Quellen.
249) vgl. Fischer, a.a.O., S. 57 ff.

stellung des Ausländers auf einem durch Importsubstitution und wirtschaftlicher Autarkiepolitik gekennzeichneten Produktionssystem aufbauen muss, welches durch seine Kostenstruktur im internationalen Vergleich als global ineffizient gilt[250].

- Zahlungsbilanz. Für die Jahre 1965-1968 hat FIEL anhand der nordamerikanischen Direktinvestitionen einen positiven Zahlungsbilanzeffekt errechnet[251]: Unter Berücksichtigung der Importsubstitution, der Neuinvestitionen, der Ein- und Ausfuhr sowie der Gewinntransfers haben die nordamerikanischen Gesellschaften Argentiniens Zahlungsbilanz im Durchschnitt um jährlich 1,22 Mrd. Dollar entlastet. Demgegenüber stellt Fischer anhand von empirischen Daten über die Struktur des Schuldendienstes fest, dass keine eindeutigen Aussagen über die relative Belastung der Zahlungsbilanz durch private und öffentliche Kapitalimporte gemacht werden können[252]. Auch bei verhältnismässig hoher Kapitalverzinsung, welche von FIEL im Falle der nordamerikanischen Direktinvestitionen für die Sechzigerjahre auf durchschnittlich 12 % p.a. geschätzt wurde[253], dürften speziell in Zeiten rigoroser Devisenkontrollen zusätzlich beträchtliche Mittel durch Ueberfakturierung von Importen bzw. Unterfakturierung von Exporten ins Ausland geflossen sein. Der hohe Verschuldungsgrad des Landes und der damit verbundene Schuldendienst deuten gesamthaft eher auf einen negativen Einfluss der Kapitalimporte auf die Zahlungsbilanz hin, da diese ja vorab zur Erweiterung der Importkapazität dienen.

- Regionale Wirtschaftsstruktur. Zu den räumlichen Konzentrationserscheinungen haben die privaten ausländischen Investitionen, wie bereits im Abschnitt über die industrielle Ballung zum Ausdruck gekommen ist[254], einen wesentlichen Beitrag geleistet. Dies lässt sich darauf zurückführen, dass der Staat erst seit 1958 versucht, durch Infrastrukturinvestitionen die Standortnachteile rückständiger Regionen zu beheben. Es ist jedoch bislang weder durch den Einsatz

---

250) vgl. FIEL, Resumen del trabajo "Las inversiones extranjeras en la Argentina", Buenos Aires 1971, S. 6.
251) vgl. FIEL, Las inversiones extranjeras en la Argentina, a.a.O., S. 14.
252) vgl. Fischer, a.a.O., S. 75.
253) vgl. FIEL, Las inversiones extranjeras, a.a.O., S. 140.
254) vgl. vorn, S. 207 ff.

lokalen noch ausländischen Kapitals gelungen, die Ballungszentren spürbar zu entlasten.

- Beschäftigungseffekt. Grundsätzlich darf festgehalten werden, dass die ausländischen Investitionen in Argentinien die Beschäftigung positiv zu beeinflussen vermögen. Aufgrund des verhältnismässig hohen Ausbildungsstandes der Bevölkerung sind die ausländischen Gesellschaften meistens in der Lage, ihre Belegschaft zu einem überwiegenden Teil im Lande selbst zu rekrutieren. Allerdings könnte der Beschäftigungseffekt noch weitaus günstiger ausfallen, würde die argentinische Arbeits- und Sozialgesetzgebung nicht vorwiegend zu kapitalintensiven bzw. arbeitssparenden Investitionen zwingen.

- Fiskaleffekt. Gemäss der Untersuchung von FIEL über die Auslandsinvestitionen in Argentinien haben im Jahre 1966 allein die nordamerikanischen Gesellschaften 11,3 % der gesamten Steuereinnahmen der Bundesregierung eingebracht[255]. Die Steuermoral der ausländischen Gesellschaften unterscheidet sich grundlegend von derjenigen des argentinischen Unternehmertums und stellt für den Fiskus ein Aktivum dar, welches kaum hoch genug eingeschätzt werden kann.

d) Ergebnis

Wenngleich die Einflüsse der privaten ausländischen Investitionen generell ein positives Ergebnis gezeitigt haben, scheint anderseits die Annahme berechtigt zu sein, dass sie keinen maximalen Entwicklungsbeitrag zu leisten vermochten. Der Grund dazu liegt im Fehlen eines langfristig politisch durchsetzbaren Entwicklungskonzeptes, in welchem, wie etwa im Falle Mexikos, die Rolle des Auslandskapitals als ergänzender Entwicklungsfaktor klar definiert ist[256]. Das durch wirtschaftspolitische Instabilität verursachte Investitionsrisiko stellt im Falle Argentiniens nicht nur einen erheblichen Kostenfaktor dar, welcher die Kapitalbildung beeinträchtigt; die ständige Aenderung der massgeblichen Parameter ist über-

---

255) vgl. FIEL, Las inversiones extranjeras, a.a.O., S. 29.
256) vgl. Fischer, a.a.O., S. 108, ferner Link, Mexiko, S. 160.

dies insbesondere im Falle der multinationalen Unternehmungen einer fruchtbaren Zusammenarbeit mit den staatlichen Organen entschieden abträglich.

In diesem Zusammenhang wird etwa die Forderung aufgestellt, ein erfolgreiches Engagement des Auslandskapitals verlange zunächst einmal erhebliche Aenderungen in der Grundeinstellung der Investoren[257], beispielsweise die "Vermeidung exzessiver Profite"[258] und mehr Verständnis für den gesellschaftlichen Wandlungsprozess. Dem kann entgegengehalten werden, dass die Auslandsinvestoren, selbst bei Vorhandensein dieser Grundeinstellung, vor allem dann nicht in der Lage sein werden, den notwendigen Beitrag zum Entwicklungsprozess zu leisten, wenn der Staat, wie das Beispiel Argentiniens zeigt, die Voraussetzungen zur wirtschaftlichen Tätigkeit laufend ändert und mitunter die Basis jeder privatwirtschaftlichen Tätigkeit angreift, nämlich das Rentabilitätsprinzip. Ohne Anerkennung dieses Prinzips wird der Zufluss privaten Auslandskapitals versiegen.

2. Internationale Organisationen

Nebst der privaten spielt immer mehr auch die öffentliche Auslandsverschuldung[259] als Finanzierungsquelle eine entscheidende Rolle, vor allem deshalb, weil sie praktisch die einzige Möglichkeit darstellt,

---

[257] vgl. Wolf Grabendorff, Lateinamerika - wohin? Informationen und Analysen, 2. A., München 1971, S. 138.

[258] Hemmer, a.a.O., S. 165, stellt dazu fest, dass man "bei der Beurteilung der mitunter hohen Gewinne, welche von den ausländischen Gesellschaften im Entwicklungsland erzielt und ins Heimatland der Investoren transferiert werden, ...geteilter Meinung sein" könne. "Verschiedene Autoren werden diese Gewinne vermutlich als Ausbeutung der Entwicklungsländer durch die internationalen Grosskonzerne werten. Ebenso lassen sie sich aber als Gegenleistung für die Bereitstellung unternehmerischer Fähigkeiten und technischen Wissens interpretieren, so dass sie in dieser Beziehung echte Faktoreinkommen darstellen. Da es für die Bewertung dieser unternehmerischen Gegenleistung keine objektiven Wertmassstäbe gibt, impliziert die Bestimmung einer "maximal vertretbaren" Gewinnhöhe offensichtlich Werturteile, die je nach der ideologischen Herkunft des Betrachters zu andern Ergebnissen führen wird. Anders ausgedrückt: Die Frage der "gerechten" Gewinnverteilung kann nicht beantwortet werden, so lange es keine objektiven Kriterien dafür gibt, wann eine Gewinnverteilung gerecht ist."

[259] Die öffentliche Auslandsverschuldung umfasst alle staatlichen und staatlich garantierten Verbindlichkeiten gegenüber dem Ausland mit einer Laufzeit von über einem Jahr; vgl. Fischer, a.a.O., S. 14.

langfristige Investitionskredite zu beschaffen[260]. Während anfänglich die Wertpapierausgabe als Finanzierungsform vorherrschte, versiegte diese Quelle nach dem Zusammenbruch der internationalen Finanzmärkte während der Weltwirtschaftskrise fast völlig. Erst seit 1960 gelang es Argentinien wieder, in bescheidenem Umfang öffentliche Anleihen auf ausländischen Kapitalmärkten unterzubringen. Nach 1955 trat neben die Direktinvestition die Form öffentlicher Entwicklungskredite[261].

Als Kapitalgeber traten in erster Linie internationale Organisationen auf, vorab die Weltbank und die Interamerikanische Entwicklungsbank. Daneben stellten auch einzelne Staaten und Bankenkonsortien langfristige Mittel zur Verfügung. Als Kapitalnehmer erschien meistens der Staat, welcher die Mittel über seine Banken (Banco Nacional de Desarrollo, Banco de la Nación Argentina, Banco de la Provincia de Buenos Aires etc.) entweder selbst verwendete oder sie mittels staatlicher Garantie an die Privatwirtschaft weiterleitete.

Die von der Weltbank zur Verfügung gestellte Kreditsumme betrug am 30. Juni 1972 rund 532 Mio. Dollar. Diese Mittel kommen zur Hauptsache dem Ausbau der Infrastruktur zugute[262]. Die International Finance Corporation (IFC), eine der Weltbank angeschlossene Investmentgesellschaft, hat zwischen 1960 und 1971 der argentinischen Privatwirtschaft Kredite im Wert von 39 Mio. Dollar gewährt. Unter den Kreditnehmern finden sich Unternehmungen der Stahlindustrie (Acindar und Dálmine Siderca), der Petrochemie (Pasa), der Zellulose- und Papierindustrie (Papelera Río Paraná und Celulosa Argentina) sowie der Zementindustrie (Calera Avellaneda)[263].

Die Interamerikanische Entwicklungsbank[264] hatte Ende 1972 in Argentinien Kredite im Wert von rund 648 Mio. Dollar ausstehend[265]. Unter

---

260) vgl. vorn, S. 289 ff.
261) vgl. Fischer, a.a.O., S. 15.
262) vgl. Weltbank, Jahresbericht 1972, Washington 1972, S. 136.
263) vgl. IFC, Jahresbericht 1972, Washington 1972, S. 38.
264) Die Schweiz figuriert nebst den Vereinigten Staaten, Westdeutschland und Japan als wichtigster Kapitalmarkt für die Beschaffung der Investitionsmittel dieser Bank. Ende 1972 hatte sie in der Schweiz für insgesamt 79,4 Mio. Dollar Anleihen plaziert (7 % der Anleihensschuld); vgl. BID, Informe anual 1972, Washington 1973, S.26.
265) vgl. ebenda, S. 75 ff.

den Darlehen zur Finanzierung von Infrastrukturvorhaben verdienen die folgenden Projekte besonders erwähnt zu werden[266]:

- 7 Mio. Dollar für die Wasser- und Energieversorgung sowie das Transportwesen in Buenos Aires, Zinssatz 6 %, Verfall 1983;

- 16,8 Mio. Dollar für den Ausbau der Elektrizitätsversorgung in Mar del Plata, Santiago del Estero und Mendoza, 6 1/2 %, 1982;

- 7,3 Mio. Dollar für den Ausbau der Getreidelagerungsfazilitäten in den wichtigsten Häfen, 6 1/2 %, 1982;

- 13,6 Mio. Dollar für den Ausbau der Verbindungsstrassen nach Chile und Bolivien sowie den Bau einer Brücke zwischen dem Chaco und Corrientes, 7 3/4 %, 1983;

- 21,7 Mio. Dollar für den Bau einer Erdgasleitung zwischen Neuquén und Bahía Blanca, 8 %, 1990;

- 26,9 Mio. Dollar für den Bau eines Verbindungskanals zwischen dem Hafen von Buenos Aires und dem Unterlauf des Paraná, 8 %, 1990;

- 20 Mio. Dollar für den Bau einer Erdgasleitung in Patagonien, 8 %, 1993;

- 50 Mio. Dollar für den Bau eines Wasserkraftwerkes am Río Futaleufú (Patagonien), 8 %, 1992;

- 80 Mio. Dollar für den Bau eines Wasserkraftwerkes in Salto Grande am Uruguay, 8 %, 1992.

Nebst diesen den ordentlichen Mitteln der Bank entstammenden Krediten erhielt Argentinien überdies Darlehen zu besonders günstigen Konditionen, z.B. für den Sozialwohnungsbau, den Ausbau der Universitäten sowie des Gesundheitsdienstes[267].

---

266) Es handelt sich ausnahmslos um Kredite mit einer Laufzeit von mehr als 10 Jahren; vgl. BID, Informe anual 1971 und 1972.
267) Diese Kredite wurden aus dem "Fondo para operaciones especiales" und dem "Fondo fiduciario de progreso social" gewährt. Die Zinssätze betragen 2 bis 4 % p.a.

Die Privatwirtschaft profitiert, mittels staatlichen Garantien, ebenfalls von den günstigen langfristigen Verschuldungsmöglichkeiten, welche die Bank anbietet:

- 17,3 Mio. Dollar an die Compañía Italo-Argentina de Electricidad für den Ausbau ihrer Elektrizitätserzeugung, 7 3/4 %, 1984;

- 2,5 Mio. Dollar an Carboclor Indústrias Químicas S.A. für den Bau einer petrochemischen Fabrik, 5 3/4 %, 1976;

- 5,5 Mio. Dollar an Propulsora Siderúrgica S.A. für den Bau eines Kaltwalzwerkes, 7 3/4 %, 1977.

Ferner stellte die Bank dem Banco Nacional de Desarrollo und dem Banco de la Nación Argentina namhafte Kredite zur Finanzierung von Investitionen im Industrie- und Landwirtschaftssektor sowie zur Exportfinanzierung zur Verfügung.

Weltbank und Interamerikanische Entwicklungsbank leisten Entscheidendes zur wirtschaftlichen Entwicklung Lateinamerikas. Nach Ansicht des Verfassers liegt ihr positiver Beitrag nebst dem Angebot langfristiger Verschuldung zu günstigen Bedingungen vor allem darin, dass ohne vorgängige ausführliche Projekt- und Rentabilitätsstudien keine Kredite erteilt werden. Die diesbezüglich sehr hohen Anforderungen garantieren, dass genehmigte Projekte effizient ausgeführt werden, m.a.W. kein Kapital verschleudert wird.

V. Aussenhandelspolitik

A. Protektionismus

Der von Argentinien im Laufe seiner wirtschaftlichen Entwicklung verfolgte Aussenhandelsprotektionismus verlief uneinheitlich. Als wichtigste wirtschaftspolitische Variable unterlag die Einfuhrpolitik in bezug auf Zielsetzung, Massnahmen und Wirkungen ständigen Aenderungen[268]. Sie wirkte sich deshalb vielfach nicht entwicklungsfördernd aus.

Bis 1930 diente die Zollpolitik ausschliesslich fiskalischen Zwecken. Hauptziel der damaligen Einfuhrpolitik war die Beschaffung ausreichender Staatseinnahmen; der Zollschutz für die einheimische Industrie mag in einzelnen Fällen, aber nicht gesamtwirtschaftlich, von Bedeutung gewesen sein[269]. Auch die Zahlungsbilanz bot keinen Anlass, mittels Zöllen die Importe einzuschränken.

Zwischen 1930 und dem Ende des II. Weltkrieges dagegen wurde ein einfuhrpolitisches Instrumentarium eingesetzt, welches vor allem den zunehmenden Zahlungsbilanzschwierigkeiten entgegenwirken sollte. Mittels direkter Kontrollen nichttarifarischer Natur (Devisenbewirtschaftung, Einfuhrlizenzen etc.) wurde versucht, den durch den Zusammenbruch der Weltmärkte verursachten Devisenmangel auszugleichen. Obgleich dank Importsubstitution einheimische Industrien entstanden, wurde die Einfuhrpolitik nicht gezielt als Mittel zur Industrialisierung eingesetzt.

Die damals im Sinne von Notmassnahmen getroffenen Einfuhrbeschränkungen erwiesen sich indessen nach dem II. Weltkrieg aus innenpolitischen Gründen als nicht reduzierbar, obwohl die Zahlungsbilanzsituation dies durchaus erlaubt hätte. Die Einfuhrlizenzpolitik wurde beibehalten und zum Teil gelockert; sie förderte zusammen mit einem System multipler Wechselkurse und einer populistischen Einkommenspolitik die Industrialisierung[270].

---

[268] vgl. dazu insbesondere Bohrisch und Minkner, a.a.O., S. 32 ff.; Roberto T. Alemann, La reforma arancelaria en la República Argentina, in: BID/INTAL, Hacia una tarifa común externa en América Latina, Buenos Aires 1969, S. 185 ff.; Santiago Macario, Proteccionismo e industrialización en América Latina, in: BID/INTAL, Tarifa común, a.a.O., S. 1 ff.
[269] vgl. Díaz Alejandro, Economic History, a.a.O., S. 277 ff.
[270] vgl. vorn, S. 59 ff.

Ab 1958 wurde das System multipler Wechselkurse fallen gelassen und durch einen einheitlichen freien Wechselkurs ersetzt. An die Stelle der nichttarifarischen Handelshindernisse, insbesondere der Einfuhrlizenzen, trat ein System von Importaufschlägen (recargos aduaneros), welches die bisher gültigen Einfuhrabgaben überlagerte. Die Zollbelastung erreichte für einzelne Non-essentials 605 %; für alle Warengruppen betrug sie im Durchschnitt für das Jahr 1960 53 %[271]. Rohstoffe, Kapitalgüter und Halbfabrikate waren verhältnismässig stark belastet, was die inländische Produktion erheblich verteuerte. Erst mit der Zollreform von 1967 wurde erstmals systematisch versucht, durch selektive Zollbelastung die Importsubstitution und damit die Industrialisierung zu fördern. Die einzelnen Einfuhrgüter wurden nach bestimmten Kriterien (Rohstoffe, Konsum- oder Kapitalgut, Verarbeitungsgrad, Produktion eines gleichen Guts oder eines Substituts im eigenen Land) in 16 verschiedene Belastungskategorien (früher 60) eingeteilt; die maximale Zollbelastung betrug 140 %[272]. 1970 wurde die Zollreform zum Teil rückgängig gemacht, es folgte die neuerliche Einführung der Devisenbewirtschaftung und eines Importlizenzsystems.

Die Tatsache, dass Argentiniens Einfuhrpolitik seit den Dreissigerjahren auf die Substitution von Importen hinausläuft, bedeutet nun nicht einen freiwilligen Entscheid zur Förderung der landeseigenen Industrie. Vielmehr ist dem Land anfänglich die Substitutionspolitik einerseits durch den chronischen Devisenmangel aufgezwungen worden. Anderseits vermochte sich der industrielle Sektor mit dem Hinweis auf die katastrophalen Folgen für ihre Existenz gegen eine Lockerung der Einfuhren mit Erfolg zu wehren. M.a.W. war es nicht die Importsubstitutionspolitik an sich, welche in vielen Industriezweigen zu ineffizienten Produktionsstrukturen führte, sondern der Umstand, dass es dem Protektionssystem nicht gelang, die noch junge Industrie so rasch als möglich in den Zustand der Reife zu lenken. Das argentinische Beispiel zeigt, dass einer Protektionspolitik langfristig kein Erfolg beschieden sein kann, wenn nicht ein System angewandt wird, welches die durch die Substitutionspolitik verursachten Kosten zu minimalisieren versucht[273].

---

271) vgl. R.T. **Alemann**, Reforma arancelaria, a.a.O., S. 193.
272) vgl. **Bohrisch** und **Minkner**, a.a.O., S. 35 f.
273) vgl. **Díaz Alejandro**, Economic History, a.a.O., S. 140.

Die gesamtwirtschaftlichen Kosten der durch die Einfuhrpolitik induzierten Industrialisierung sind nicht ohne weiteres quantifizierbar, doch darf aufgrund verschiedener Indikatoren angenommen werden, dass sie im Laufe der Zeit ein beträchtliches Ausmass erreicht haben[274]. Die wichtigsten Hinweise geben die im Vergleich zu industrialisierten Ländern hohen Produktionskosten, welche durch die Begrenztheit des Marktes, die fehlenden Skalenerträge und die damit verbundene ineffiziente Produktionsweise bestimmt sind. Durch die hohe Kapitalintensität in den wichtigsten Substitutionsindustrien entstanden, wie bereits erwähnt, verhältnismässig geringe Beschäftigungseffekte. Den protektionistischen Massnahmen fehlte in der Regel das selektive Moment, d.h. sie wurden ohne Rücksicht auf die Kosten der Endfabrikate gewährt. Die Abwesenheit der ausländischen Konkurrenz dank hohen Zöllen verhinderte produktivitätssteigernde Investitionen. Die hohen inländischen Produktionskosten hatten zur Folge, dass argentinische Manufakturen ohne beträchtliche Subventionen im Ausland nicht konkurrenzfähig waren.

Der restriktiven Einfuhrpolitik wirkte zumeist ein überbewerteter Wechselkurs entgegen[275], d.h. es entstand ein Nachfrageüberhang nach Importen. Festzuhalten verdient ferner die Tatsache, dass eine protektionistische Aussenhandelspolitik mittels hohen Zöllen in der Regel mit einer hohen Inflationsrate verbunden ist, wie das Beispiel Argentiniens, Brasiliens, Chiles und Uruguays veranschaulicht[276]. In diesen Ländern wird der Inflationsprozess wie folgt in Gang gesetzt: Ausgangspunkt bildet eine übermässige Ausweitung des internen Kreditvolumens bzw. ein Defizit des Staatshaushaltes. Es kommt zu einer steigenden Nachfrage nach Importen. Die Behörden haben nun prinzipiell zwei Möglichkeiten, die drohende Zahlungsbilanzkrise abzuwenden, nämlich entweder mehr zu exportieren oder weniger Devisen auszugeben, d.h. vermehrt Importe zu substituieren. In der Regel wird letzteres vorgezogen, weil,wie

---

274) vgl. R.T. Alemann, Reforma arancelaria, a.a.O., S. 186, ferner Claudio M. Loser, The Intensity of Trade Restrictions in Argentina 1939-68, Doctoral Dissertation (unpublished, mimeo.) of the University of Chicago, June 1971, S. 78.
275) vgl. Tabelle 54 im Anhang.
276) vgl. Elvio Baldinelli, Arancel externo, tipos de cambio y estabilidad monetaria, in. BID/INTAL, Tarifa común, a.a.O., S. 160 ff.

ein Funktionär der Weltbank treffend feststellt, "dies die einfachste
Lösung ist und am wenigsten Arbeit verursacht[277]." Sie entspricht
auch am ehesten der Forderung nach wirtschaftlicher Unabhängigkeit.

Hohe Zölle und Importkontingente stellen nicht nur Inflationsimpulse
dar, weil sie die Importe verteuern, sondern weil einerseits die Substitution von Einfuhren in den meisten Fällen mit einer unrationellen Produktionsweise infolge mangelnder technischer und kommerzieller Erfahrung verbunden ist[278], und weil anderseits der Substitutionsindustrie oftmals eine monopolartige Marktbeherrschung zukommt, die
dazu verleitet, die Preise noch höher anzusetzen als es bei wenigstens inländischer Konkurrenz der Fall wäre. Ferner kommt es durch die
Importsubstitution zu inflatorisch wirkenden sekundären Nachfragesteigerungen und -verschiebungen. Nebst der mit der Industrialisierung
auf engste verbundenen Urbanisierung und der daraus entspringenden
Nachfragesteigerungen nach Nahrungsmitteln[279] erhöht sich auch die
Nachfrage nach Produktionsgütern und nach Infrastruktureinrichtungen.
Ins Gewicht fallen dabei nicht nur die für die importsubstituierende Produktion notwendigen Anfangsinvestitionen, sondern ebenso sehr die Ausgaben für den Unterhalt der Anlagen sowie für die notwendigen Rohstoffe
und Zwischenprodukte, welche mindestens anfänglich noch eingeführt
werden müssen. Die Importsubstitution wirkt demnach zunächst nicht in
erster Linie angebotserweiternd, sondern äussert sich vielmehr in einer
nochmaligen Erhöhung und Verlagerung der Nachfrage nach Konsum-, Produktions- und Infrastrukturgütern. Die Binneninflation und die steigende Importnachfrage üben einen Druck auf die Währungsreserven und
den Wechselkurs aus. Abwertungen werden, da Import- und Devisenkontrollen meistens nur beschränkt wirksam sind, unvermeidlich.

Zusammenfassend ergibt sich also, dass die Schwierigkeiten im Industrialisierungsprozess Argentiniens vor allem dadurch entstanden sind, weil

---

[277] vgl. José A. Datas-Panero, La sustitución de las importaciones, in: Finanzas y Desarrollo, Washington D.C., No. 3/1971, S. 42.
[278] vgl. für das folgende Heinz B. Baumberger, Zur strukturalistischen These über das Inflationsproblem in Entwicklungsländern, in: Aussenwirtschaft (Zürich/St.Gallen), 24. Jg., Heft IV, Dezember 1969, S. 411 ff.
[279] Die steigende Nahrungsmittelnachfrage wirkt allein schon inflationär, weil das Angebot des Agrarsektors eine geringe Elastizität aufweist; vgl. ebenda, S. 412, ferner vorn, S. 139 ff.

die Aussenhandelspolitik sich im wesentlichen darauf ausrichtete, durch Importsubstitution Devisen zu sparen. Die andere Alternative, nämlich durch grössere Ausfuhren die Importkapazität zu erweitern und damit drohenden Zahlungsbilanzkrisen zuvorzukommen, wurde zumindest bis zu Beginn der Sechzigerjahre nie ernsthaft in Betracht gezogen.

B. Exportförderung

1. Uebersicht

Aus den bisherigen Ausführungen geht hervor, dass Argentinien während Jahrzehnten eine in ihrem Kern ausgesprochen exportfeindliche Industrialisierungsstrategie verfolgte. Dies veranlasste die Unternehmerschaft, sich vollständig auf den Inlandsmarkt zu konzentrieren und das Exportgeschäft lediglich im Falle von Ueberschüssen in Betracht zu ziehen. Erst seit 1962 kennt Argentinien staatliche Exportförderung, die jedoch fast ausschliesslich nur den nichttraditionellen Ausfuhren[280] zugute kommt. Damit soll eine Diversifikation der durch die Primärgüter bestimmten einseitigen Exportstruktur erreicht werden.

2. Exporthindernisse

a) Traditionelle Güter

Die landwirtschaftlichen Ausfuhren werden durch verschiedene Einflussgrössen begrenzt: Die von Jahr zu Jahr stark fluktuierende Produktion zeichnet sich durch eine geringe Angebotselastizität aus und unterliegt zudem den Schwankungen der Weltmarktpreise. Eine ständig hohe Binnennachfrage limitiert die exportierbaren Ueberschüsse. Unvorausshebare Witterungsbedingungen, wie z.B. längere Trockenperioden oder Ueberschwemmungen[281], und Seuchen aller Art können die Produktionsergebnisse

---

280) Zum Begriff der traditionellen und nichttraditionellen Exporte vgl. vorn, S. 127, Anmerkung 211.
281) vgl. vorn, S. 227.

einschneidend verringern. Als zentrales Hindernis erweist sich immer
wieder die staatliche Wechselkurspolitik, welche im Prinzip auf eine
Diskriminierung der traditionellen gegenüber den nichttraditionellen
Exporten hinausläuft. Ganz abgesehen davon, dass bei chronisch überbewerteter Währung das Exportgeschäft für die Landwirtschaft ohnehin keine
Produktionsanreize bietet, werden die Exporte des Primärsektors zusätzlich besteuert. Diese Exportsteuern, welche in der Regel nach einer
Abwertung am höchsten sind, dienen dazu, Einkommensumverteilungen vom
sekundären zum primären Sektor zu verhindern[282]. Die Inflation pflegt
die Lage der landwirtschaftlichen Produzenten noch zu verschärfen, indem die effektiven Produktionskosten zur Zeit der Ernte meistens geringer
sind als im Moment der Ausfuhr. M.a.W. können die Exporterlöse aufgrund der zwischen Ernte und neuer Anbauperiode eingetretenen Geldentwertung niedriger sein als die künftigen Anbaukosten.

b) Nichttraditionelle Güter

Das Haupthindernis für die Ausfuhr industriell hergestellter Güter bildet
die Produktionsstruktur, welche hohe Kosten verursacht, so dass diese
Güter auf ausländischen Märkten nicht konkurrenzfähig sein können.
Nichttraditionelle Exporte werden deshalb subventioniert. Wechselkursschwankungen und Inflation stellen ein kaum vorauszuberechnendes Risiko
dar, welches Exporte in Verlustgeschäfte umzuwandeln vermag. Im typischen Fall sind die Ausfuhren nach einer massiven Abwertung am konkurrenzfähigsten; bei anhaltender Inflation nimmt dieser Vorteil jedoch
infolge steigender Kosten rasch ab. Potentielle Exporteure werden vielfach allein deshalb daran gehindert, ihre Produkte ins Ausland zu verkaufen, weil das Eindringen in neue Märkte mit ihre Möglichkeiten übersteigenden hohen Kosten verbunden sein kann. Multinationale
Unternehmungen, welche aufgrund ihres Know-how und ihres Bekanntheitsgrades auf den Weltmärkten am ehesten in der Lage wären, die Risiken
und Kosten des Exportgeschäftes tief zu halten, untersagen ihren Tochter-

---

[282] vgl. auch vorn, S.139 ff., ferner o.V., El tipo de cambio neto
agropecuario, el caso del maíz, in: Anales de la Sociedad Rural
Argentina, año CVI, Marzo-Abril 1972, No. 3-4, S. 8 ff.: Hier
wird anhand von Mais gezeigt, dass der Devisenerlös des Produzenten zwischen 1959 und 1971 nach Abzug sämtlicher Ausfuhrsteuern und Gebühren auch bei unterbewerteter Währung stets geringer als der offizielle und der theoretische Gleichgewichtskurs
war.

gesellschaften in Argentinien oftmals, Märkte ausserhalb der Landesgrenzen zu beliefern[283]. Die den nichttraditionellen Exporten gewährten Vergünstigungen werden durch eine unübersichtliche und komplizierte Gesetzgebung geregelt. Der damit verbundene administrative Aufwand hält manche Unternehmer vom Exportgeschäft fern[284].

3. Vergünstigungen für nichttraditionelle Exporte

Der Staat bietet den Herstellern nichttraditioneller Güter die folgenden Exportvergünstigungen an[285]:

a) Vergünstigungen fiskalischer Art

- **Drawback** (Dekret Nr. 8.051/62). Hierbei handelt es sich um eine Rückvergütung jener Importabgaben und -steuern, welche auf den für die Herstellung des Exportgutes notwendigen Rohstoffen und Zwischenprodukten bezahlt worden sind. Die Abrechnung des Drawbacks erfolgt durch die Zollverwaltung, was in der Regel sehr zeitraubend ist.

- **Reintegro** (Dekret Nr. 3.255/71, 2.864/72). Beim Reintegro handelt es sich um die Rückvergütung der internen Steuern, welche das Exportgut belasten. Die Auszahlung erfolgt durch jene Bank, über welche das Exportgeschäft abgewickelt worden ist, und zwar in Form von Zertifikaten, welche an Zahlung anderer Steuerschulden geleistet werden können. Die Zahlung des Reintegros wird bei Eingang der Devisen fällig. Drawback und Reintegro können zusammen beansprucht werden.

- **Reembolso** (Dekret Nr. 3.255/71, 2.864/72). Der sogenannte Reembolso stellt eine Rückvergütung dar, welche als Alternative zu Drawback und Reintegro beansprucht werden kann. Der Reembolso wird bei Eingang der Devisen fällig. Die Auszahlung erfolgt durch eine rasche und einfache administrative Erledigung.

---

283) Die beiden Tochterunternehmungen von IBM und Olivetti bilden hievon eine erwähnenswerte Ausnahme, da sie den grössten Teil ihrer Produktion exportieren. Sie bestreiten einen wesentlichen Anteil der nichttraditionellen Ausfuhren.
284) vgl. "Trabas a la exportación: un mal conocido", in: El Cronista Comercial, 7.7.1972, S. 6.
285) vgl. AT, 16.7.1972.

Reintegro und Reembolso werden auf dem Ausfuhrwert der Ware berechnet. Die Berechnungssätze richten sich nach dem Verarbeitungsgrad des Gutes; sie betragen beim Reintegro 2 - 5 %, beim Reembolso 10 - 40 %. Derartige Vergünstigungen bilden allerdings nur dann einen Anreiz, wenn die monetären Verhältnisse stabil sind. Bei Inflation werden sie durch die Zeit, welche das Exportgeschäft vom Moment des Abschlusses bis zum Deviseneingang beansprucht, entwertet, so dass ihr kostensenkender Effekt gering bleibt. Hinzu kommen die administrativen Verzögerungen bei der Abrechnung.

- <u>Abzüge bei der Einkommenssteuer</u>. Gemäss Dekret Nr. 9.610/67 können jene Unternehmungen, welche unter dem Exportförderungsprogramm Ware ausführen, 10 % des FOB-Wertes ihrer Exporte von ihrem steuerbaren Einkommen abziehen. Die Rückvergütungen sind steuerfrei.

- <u>Zollfreie Einfuhr</u>. Gemäss Dekret Nr. 5.062/71 kann die Regierung auf speziellen Antrag hin die zollfreie Einfuhr von Waren gestatten, welche für den Export weiter verarbeitet werden.

b) <u>Vergünstigungen finanzieller Art</u>[286]

- <u>Exportfinanzierung</u>. Die Zentralbank bietet über die Handelsbanken ein komplexes Exportfinanzierungssystem an, wobei zum Teil Kredite internationaler Organisationen zur Verfügung stehen[287]. Es besteht die Möglichkeit, Exportkredite mit einer mehrjährigen Laufzeit zu erhalten; die Finanzierung erreicht 65 % bis 100 % FOB-Wertes. Exportierende Unternehmungen werden ausserdem bei der Bewilligung von Swapoperationen bevorzugt.

- <u>Exportversicherung</u>. Nichttraditionelle Exporte können die staatliche Exportversicherung beanspruchen.

---

286) vgl. The First National Bank of Boston, Promoción de exportaciones (Zusammenstellung der finanziellen Vergünstigungen der Zentralbank, Juli 1972).
287) vgl. vorn, S. 303 ff.

4. Perspektiven des Aussenhandels

Trotz der Kompliziertheit des Exportförderungssystems, der allgemeinen unstabilen Wirtschaftsentwicklung und vor allem des Wechselkursrisikos haben die nichttraditionellen Exporte seit 1960 stetig zugenommen, während die traditionellen Ausfuhren der Landwirtschaft volumen- wie wertmässigen beträchtlichen Schwankungen unterworfen waren. In diesem Zusammenhang stellt sich die bedeutsame Frage, ob es grundsätzlich sinnvoll ist, jene Güter, welche das Land vergleichsweise billig zu produzieren imstande ist, mit Exportsteuern zu belasten und gleichzeitig Manufakturexporte, bei welchen der komparative Kostenvorteil nicht besteht, mit einem kostspieligen Förderungssystem zu subventionieren[288]. Hier erweist sich das immer wieder vorgebrachte Argument gegen die Einkommensumverteilung als nicht stichhaltig. Vielmehr kann gerade eine durch Exporte induzierte Einkommensumverteilung zugunsten des Agrarsektors eine zusätzliche Nachfrage nach industriell hergestellten Gütern zur Folge haben. Unbedingte Voraussetzung dazu sind jedoch stabile wirtschaftliche Verhältnisse, damit der Agrarsektor seine Erlöse produktivitätssteigernd investiert, und ein "exportfreundlicher" Wechselkurs.

Der Aussenhandelspolitik muss deshalb in Zukunft eine neue Strategie zugrunde gelegt werden, welche auf der Erkenntnis fusst, dass Importsubstitution allein nicht zu einem befriedigendem Wachstum beiträgt. M.a. W. muss die Einsicht vorhanden sein, dass Industrialisierung um jeden Preis zu volkswirtschaftlichen Verlusten führt[289]. Folgende Programm-

---

288) vgl. o.V., Exportaciones y desarrollo económico, in: Anales de la Sociedad Rural Argentina, año CVI, Enero-Febrero 1972, No. 1-2, S. 8 ff.

289) Die Substitutionstheorie beruht fälschlicherweise auf der Annahme, dass ein Land durch Substitution von Importen sein Bruttoinlandprodukt zu einer Rate zu steigern in der Lage ist, welche den Zuwachs seiner Exporte übertrifft. Die Entwicklung des internationalen Handels zeigt aber klar, dass zwischen wirtschaftlichem Wachstum und steigenden Exporterlösen eine positive Korrelation besteht. Nach den Daten des Statistischen Jahrbuches der Vereinten Nationen weisen Länder mit den höchsten Wachstumsraten des BSP ebenso hohe Exportzuwachsraten auf. Umgekehrt ist Argentiniens sinkender Anteil am Welthandel mit einer unsteten wirtschaftlichen Entwicklung einher gegangen. Vgl. The Review of the River Plate, Vo. CXLIV, 1968, No. 3687, S. 417.

punkte müssten im Rahmen einer gesamtwirtschaftlichen Neuorientierung der Wirtschaftspolitik berücksichtigt werden:

- <u>Verzicht auf wirtschaftliche Autarkie</u>;

- Uebergang zu einer <u>selektiven Importsubstitutionspolitik</u>, welche die Expansion der traditionellen Wirtschaftszweige unterstützt[290];

- <u>Verzicht auf Exportsteuern</u> bei landwirtschaftlichen Gütern[291];

- Schaffung eines "<u>Exportbewusstseins</u>" innerhalb der Unternehmerschaft. Dazu ist zu bemerken, dass seit 1966 bereits beachtliche Erfolge erzielt worden sind, die allerdings zur Hauptsache privater Initiative zu verdanken waren. Hervorzuheben ist insbesondere die fruchtbare Tätigkeit der argentinischen Niederlassung der First National Bank of Boston. Sie beschränkt sich nicht darauf, die von der Zentralbank angebotenen fiskalischen und finanziellen Vergünstigungen zu vermitteln, sondern führt in Zusammenarbeit mit dem Interamerikanischen Zentrum für Exportförderung (CIPE, Centro Interamericano de Promoción de Exportaciones) Schulungskurse zwecks Vermittlung des für das Exportgeschäft unerlässlichen Wissens durch.

- <u>Ergänzung der bisherigen Exportförderungsmassnahmen</u>. Die Möglichkeiten des Staates, im Aussenhandel eine aktive Rolle zu spielen, beschränken sich nicht auf lediglich fiskalische und finanzielle Vergünstigungen. Vielmehr stehen ihm noch eine ganze Reihe von Einflussbereichen offen. So könnte beispielsweise durch die <u>Schaffung von Zollfreigebieten</u> der Aufbau spezieller Exportindustrien gefördert und beschleunigt werden. Ebenso fehlen in Argentinien eigentliche <u>Handelsgesellschaften</u> (Trading Companies), welche dank ihrer Spezialisierung als Vermittler zwischen Produzent und Auslandsmärkten in andern Ländern (beispielsweise in Ostasien) mit Erfolg zur Steigerung der Exporte beigetragen haben. Dank dieser Handelsgesellschaften wäre es vor allem Klein- und Mittelbetrieben möglich, ihre Güter im Ausland abzusetzen.

---

290) vgl. <u>Datas-Panero</u>, a.a.O., S. 39.
291) Dies wird allerdings nur dann möglich sein, wenn es dem Staat gelingt, die zur Bestreitung seiner Aufgaben gewichtige Einnahmequelle der Exportsteuern durch andere Abgaben zu ersetzen.

Ferner empfiehlt sich die Schaffung einer neutralen <u>Aussenhandelsberatungsstelle</u>, welche nicht nur den exportwilligen Unternehmem in bezug auf Marktforschung, Produktgestaltung, Qualitätskontrolle etc. zur Seite steht, sondern auch den Staat in der Formulierung seiner Aussenhandelspolitik berät sowie das Ausland auf Importgelegenheiten aus Argentinien aufmerksam macht. Mexiko verfügt z.B. seit einiger Zeit über eine derartige Institution, welche Wesentliches zur Hebung der Markttransparenz im Ausland beigetragen hat[292].

Die hier aufgezählten Möglichkeiten können indessen nur voll wirksam werden, wenn ein entsprechendes positives Investitionsklima vorherrscht und der Exportsektor in der Lage ist, seine Leistungen zu steigern. Den berüchtigten "Stop-and-go"-Zyklen der argentinischen Wirtschaft der Nachkriegsjahre muss Einhalt geboten werden. Ein inflationäres Klima verunmöglicht eine rationelle Planung, die Kosten- und Preisberechnung und erhöht das Investitionsrisiko. Die Aussenhandelspolitik muss deshalb die Beseitigung dieser Unsicherheitsfaktoren zum Ziele haben.

C. Argentiniens Stellung in der ALALC

Die Lateinamerikanische Freihandelsassoziation, welcher ausser den zentralamerikanischen Staaten sowie Guayana sämtliche Länder Lateinamerikas angehören, wurde im Jahre 1960 durch den Vertrag von Montevideo gegründet[293]. Sie setzte sich zum Ziel, innerhalb von 12 Jahren - also bis 1972 - sämtliche Zölle und Handelshindernisse innerhalb der Gemeinschaft abzuschaffen. Wiewohl anfänglich gewisse Erfolge zu verzeichnen waren, vermochte sich der Freihandelsgedanke aber nicht durchzusetzen. Ohne auf die einzelnen Etappen des Integrationsprozesses näher einzutreten, lässt sich das Scheitern der Integrationsbestrebungen auf die folgenden Ursachen zurückführen:

---

292) vgl. <u>Link</u>, Mexiko, a.a.O., S. 166.
293) Der Vertrag von Montevideo wurde zunächst nur von sieben Staaten unterzeichnet, nämlich Argentinien, Brasilien, Chile, Mexiko, Paraguay, Peru und Uruguay. 1961 erfolgte dann der Beitritt Ecuadors und Kolumbiens, 1966 jener Venezuelas und 1967 Boliviens; vgl. <u>OECEI</u>, Mercado ALALC, a.a.O., S. 351.

Der unterschiedliche Entwicklungsgrad der Signatarstaaten verhinderte das reibungslose Funktionieren eines ohnehin komplizierten Integrationsmechanismus. Der im Vertrag von Montevideo bekundete Wille zur wirtschaftlichen Zusammenarbeit blieb im wesentlichen ein Lippenbekenntnis: Seit 1960 haben sich Wirtschaftsnationalismus und Autarkiebestrebungen in Lateinamerika eher noch verschärft. In den gemäss Handelsvolumen wichtigsten Ländern der Zone[294] herrschen unstabile monetäre Verhältnisse. In der Frage der Beseitigung nichttarifarischer Handelsbeschränkungen sind nur geringe Fortschritte erzielt worden: diesbezüglich erwies sich Mexiko als besonders hartnäckiger Verhandlungspartner. Die ALALC krankt nicht nur an einer aufgeblähten Bürokratie; es fehlen ihr auch die notwendigen Entscheidungsbefugnisse, da sie lediglich eine intergouvernamentale Organisation darstellt, welche vollständig vom Willen der einzelnen Regierungen abhängt[295]. Die ALALC ist deshalb heute kaum mehr als ein Präferenzraum.

Trotz dieser schwerwiegenden Hindernisse, für welche keine unmittelbaren Aussichten auf Beseitigung bestehen, konnte die ALALC in bezug auf den intrazonalen Warenaustausch einen beachtenswerten Erfolg erzielen: Der Handel zwischen den Mitgliedstaaten hat sich zwischen 1960 und 1971 rund verdreifacht[296]. Seit der Gründung der Freihandelsassoziation hat Argentinien in dieser Beziehung stets eine führende Rolle gespielt. Rund ein Fünftel des argentinischen Aussenhandels wickelt sich über die ALALC-Länder ab: vom gesamten intrazonalen Handel entfällt nicht ganz ein Drittel auf Argentinien. Das Land hat bis 1972 von den rund 11.000 im Rahmen der sogenannten Länderlisten (Listas Nacionales)[297] gewährten

---

294) Argentinien, Brasilien und Chile, vgl. Tabelle 24 im Anhang.
295) Ein ehemaliger Generalsekretär der ALALC äusserte sich in einem dem Verfasser gewährten Interview mit schonungsloser Offenheit, indem er feststellte, dass die Organe der ALALC infolge mangelnder Entscheidungsbefugnis zu blossen "Debattierklubs" erniedrigt würden. Ohne die nach seiner Meinung dringend notwendige Umwandlung in eine supranationale Organisation seien auch in Zukunft keine wesentlichen Fortschritte zu erzielen. Gerade dagegen scheinen sich aber die meisten Mitgliedländer zu sträuben, vgl. Prebisch, Change and Development, a.a.O., S. 178 f.
296) vgl. Rodolfo Luegmayer, Estado actual y perspectivas del proceso de integración latinoamericana, Bern 1973 (Alocución pronunciada en la Asamblea General de la Cámara Latinoamericana de Comercio en Suiza), Anexo 1, S. 8.
297) Bei den in die Länderlisten aufgenommenen Gütern verpflichten sich die Vertragspartner, die Zollbelastung um jährlich durchschnittlich 8 % des gegenüber Drittländern geltenden Ansatzes zu senken. Einmal gewährte Konzessionen können unter gewissen Voraussetzungen zurückgezogen werden. Da sich der jährliche Zollabbau in dieser

Konzessionen deren 1.872 oder 17 % beigesteuert. Bei den seit der Gründung abgeschlossenen zwanzig sogenannten sektoralen Ergänzungsabkommen[298] sind deren 14 unter Mitwirkung Argentiniens zustande gekommen.

Das Freihandelsabkommen vermochte Argentiniens Industrialisierung bislang kaum wesentlich zu beeinflussen. Im Gegenteil; der Vertrag von Montevideo konnte nicht verhindern, dass in den drei wichtigsten Ländern, nämlich Argentinien, Brasilien und Mexiko in dieser Beziehung Doppelspurigkeiten vorkamen und damit einen unrationellen Kapitaleinsatz zur Folge hatten. Es sei in diesem Zusammenhang nur an die Automobilindustrie, die Stahlindustrie und die Petrochemie erinnert. Eine Harmonisierung der Industriepolitik im Raum der ALALC ist beim gegenwärtig relativ fortgeschrittenen Industrialisierungsgrad der wichtigsten Mitglieder nicht mehr zu erreichen[299]. Hingegen bestehen

---

(Fortsetzung)
Form als nicht realisierbar erwies, vereinbarten die Mitgliedländer im sogenannten Protokoll von Carácas (1969), sich eine zusätzliche Frist bis 1980 bei einer jährlichen Senkung der Zölle um durchschnittlich 2,9 % einzuräumen: vgl. OECEI, Mercado ALALC, a.a.O., S. 352. Im Gegensatz dazu sind die in der sogenannten Grundliste (Lista Común) enthaltenen Konzessionen unwiderruflich, d.h. sie können nicht zurückgezogen werden. Ursprünglich war beabsichtigt, die Grundlisten in dreijährigen Etappen um jene Produkte zu ergänzen, welche insgesamt 25 % bzw. 50 % bzw. 75 % des intrazonalen Handelsvolumens ausmachten, so dass nach Ablauf der vorgesehenen Frist von 12 Jahren mindestens 90 % des Handels von fiskalischen Beschränkungen befreit gewesen wäre. Dieses Programm liess sich jedoch nicht verwirklichen. In der Grundliste sind gegenwärtig nur etwa 175 Produkte enthalten, welche 25 % des intrazonalen Handelsvolumens darstellen (10 Güter, vor allem Rohstoffe, machen allein 20 % aus).

298) Die sektoralen Ergänzungsabkommen (Acuerdos de Complementación) sind spezifische Präferenzvereinbarungen, welche die einzelnen Mitgliedländer unter sich abschliessen können. Es handelt sich um jenen Integrationsmechanismus, welcher wohl am besten funktionieren dürfte. Diese Ergänzungsabkommen dienen vor allem der industriellen Integration: die Verhandlungen erfolgen auf der Stufe der Unternehmer, welche den einzelnen Regierungen den Abschluss eines sektoralen Ergänzungsabkommens vorschlagen können. Argentinien hat u.a. die folgenden Abkommen unterzeichnet: Rechnungsmaschinen und elektronische Systeme, chemische Industrie, Haushaltgeräte, Glas, Büromaschinen, phonographische Industrie, pharmazeutische Industrie, Petrochemie, Klimaanlagen und elektromechanische Geräte, photographische Industrie, Farbstoffe und Pigmente.

299) Einschränkend muss allerdings festgehalten werden, dass die im sogenannten Andenpakt zusammengeschlossenen Mitglieder der ALALC (Bolivien, Chile, Ecuador, Kolumbien, Peru und Venezuela) eine gemeinsame Industriepolitik formuliert haben und im Begriffe sind, diese auch zu verwirklichen. Es handelt sich um ein vielversprechendes Experiment, welches, sollte ihm Erfolg beschieden sein, der ALALC neue Impulse geben dürfte. Vgl. Luegmayer, a.a.O., S. 5 ff.

aussichtsreiche Möglichkeiten, die Integration Lateinamerikas über die Spezialisierung auf gewisse Produkte eines Industriezweiges zu fördern[300]. Gerade in kapitalintensiven Bereichen lassen sich Skalenerträge am ehesten über die Integration der Produktionssortimente erreichen, wie anhand der argentinischen Petrochemie und der Automobilindustrie gezeigt worden ist[301]. Dazu braucht es indessen Einsicht und Willen zur Zusammenarbeit auf drei Ebenen, nämlich auf der Ebene der Regierungen, der nationalen Industrien und der multinationalen Unternehmungen[302]. Auf der Regierungsebene muss das Austerity-Denken, welches bisher vielfach mit reinem Prestigedenken bzw. "Wettindustrialisieren" verbunden war[303], durch ein Integrationsdenken ersetzt werden. Insbesondere gilt festzuhalten, dass das vor allem psychologisch erstrangige Ziel der politischen und wirtschaftlichen Unabhängigkeit (vorab gegenüber den Vereinigten Staaten) sich durchaus auch auf der Basis einer Freihandelszone verwirklichen lässt[304]. Das lokale Unternehmertum macht sich oftmals durch eine integrationsfeindliche Haltung bemerkbar, weil noch manche Vorurteile gegenüber den Freihandelsbestrebungen bestehen[305]. Die multinationalen Konzerne schliesslich wehren sich gegen die Integration der Märkte, da sie befürchten, im einen oder andern Land bereits bestehende und gewinnbringende Produktionsstätten im Zuge der Rationalisierung schliessen zu müssen.

Die Probleme, welche sich im Zusammenhang mit der Integration Lateinamerikas stellen, sind äusserst komplex und vielschichtig und kurzfristig nicht lösbar. Nur wenn alle Beteiligten sich bemühen, ihren Beitrag zu einem positiven Integrationsklima zu leisten, sind Fortschritte möglich. Argentinien könnte, da es eine diversifizierte Produktionsstruktur im industriellen Sektor anzubieten vermag, durchaus in der Lage sein, wegweisende Initiativen zu ergreifen. Die nötige Bereitschaft dazu scheint allerdings noch nicht allenorts vorhanden zu sein.

---

300) vgl. Prebisch, Change and Development, a.a.O., S. 179.
301) vgl. vorn, S.195ff. und 200 ff.
302) vgl. Jack N. Behrman, The Role of International Companies in Latin American Integration, Lexington (Mass.)/Toronto/London 1972, S.110 ff.
303) Als Beispiel diene der Kampf um die Anerkennung als bedeutendste Industriemacht des Subkontinents, welcher zwischen Argentinien und Brasilien entbrannt ist; vgl. Lorenzo J. Sigaut, Argentina - Brasil, prejuicios y realidad, Buenos Aires 1972.
304) Allerdings müsste hierbei auf rein verteidigungspolitisch motivierte Industrialisierung verzichtet werden.
305) Der Unternehmer Lateinamerikas schätzt im allgemeinen die Konkurrenz nicht, am wenigsten die ausländische. Dies kommt daher, weil der Staat ihm mittels Privilegien zu einer Vorzugsstellung verholfen hat, die er bei vermehrter Konkurrenz einbüssen könnte.

D. Bedeutung Europas, speziell der Europäischen Gemeinschaften (EG)

In den dauerhaften ethnischen und kulturellen Beziehungen Argentiniens zu Europa liegt auch die auffallend starke Aussenhandelsverflechtung mit den Ländern der Alten Welt begründet[306]. Diese Tradition intensiver wirtschaftlicher Beziehungen zu Europa steht im Gegensatz zu andern lateinamerikanischen Ländern, deren Aussenhandel sich vorwiegend auf die Vereinigten Staaten ausgerichtet hat.

EG und EFTA nehmen nahezu die Hälfte sämtlicher argentinischen Exporte auf[307]. Die Ausfuhren nach den EG betrugen im Jahre 1970 695 Mio. Dollar, davon entfielen 37,2 Mio. Dollar auf nichttraditionelle Produkte[308]. Die europäischen Wirtschaftsblöcke bilden Argentiniens wichtigste Märkte für landwirtschaftliche Exporte, vor allem Fleisch. Das Land hat deshalb stets versucht, sich dieses Absatzgebiet mittels Handelsverträgen zu sichern.

Seit der Unterzeichnung der Römer Verträge hat sich der traditionelle europäische Agrarprotektionismus allerdings noch verstärkt und damit Argentiniens Verhandlungsposition geschwächt. Hinzu kommt der jüngste Beitritt Grossbritanniens. Es ist deshalb verständlich, weshalb sich Argentinien seit Beginn der Sechzigerjahre bemühte, mit den EG einen Handelsvertrag abzuschliessen. So ist nach rund zehnjährigen, zähen Verhandlungen ein Abkommen zustande gekommen, wobei die Verzögerungen hauptsächlich durch den Widerstand Frankreichs verursacht worden sind[309].

Das Abkommen, welches Argentinien als erstes Land Lateinamerikas im November 1971 mit den EG unterzeichnete, ist nichtpräferentieller Natur, so dass die Handelsvorteile, welche sich die Vertragspartner einräumen, auch Dritten gemäss der Meistbegünstigungsklausel zustehen[310]

---

306) vgl. vorn, S.130ff., ferner Leopoldo Tettamanti, Les relations de la République Argentine avec la Communauté économique européenne et l'Association européenne de libre échange, in: LAI (Hrsg.), Argentinien heute - Wirtschaft und Kultur, Zürich 1970, S. 107 ff.
307) vgl. Abb. 11, S. 132.
308) vgl. Subsecretaría de Comercio Exterior, Exportaciones argentinas clasificadas según grado de elaboración y tradicionalidad, años 1966/1970, Buenos Aires o.J., S. 5, ferner Tabelle 22 im Anhang.
309) vgl. AT, 14.11.1971.
310) vgl. ebenda.

Der Vertrag hat eine Laufzeit von drei Jahren, hernach kann er jährlich erneuert werden[311]. Das fundamentale Ziel des Vertragswerkes ist es, in einem institutionellen Rahmen die gegenseitigen Handelsbeziehungen im Hinblick auf eine wachsende Liberalisierung der Ein- und Ausfuhren zu verfeinern. Zu diesem Zweck ist eine Gemischte Kommission ins Leben gerufen worden, welche zur Aufgabe hat, die beidseitig auftauchenden Handelsprobleme, speziell in bezug auf landwirtschaftliche Güter, zu lösen. Auf argentinischer Seite können z.B. die Methode der Kontingentzuteilung bei Gefrierfleisch oder der Abschöpfungsmechanismus für gekühlte Spezialschnitte vorgebracht werden, die bislang nicht befriedigend ausgehandelt werden konnten. Demgegenüber können die EG ihre Handelswünsche zur Sprache bringen, wobei vor allem die periodisch auftretenden Importerschwernisse in Argentinien im Vordergrund stehen dürften[312].

In bezug auf Gefrierfleisch, welches die EG zu 60 % aus Argentinien beziehen, bringt der Vertrag eine Erhöhung des Kontingents von bisher jährlich 22.000 Tonnen um rund 4.000 Tonnen. Er verankert überdies die argentinische Forderung, dass die Aenderung der Abschöpfungssätze mindestens 30 Tage im voraus bekannt gegeben werden. Auf diese Weise werden die Exporteure aus Uebersee jenen der EG-Nachbarländer gleichgestellt[313].

Aller Voraussicht nach dürfte jedoch dieser Handelsvertrag an der grundsätzlichen Problematik in bezug auf Argentiniens landwirtschaftliche Exporte in die EG wenig ändern[314]: Die wichtigste Zielsetzung für die Agrarpolitik der EG ist die Stützung der landwirtschaftlichen Einkommen, d.h. eine Steigerung der Eigenproduktion zulasten der Agrareinfuhren. Typische Agrarausfuhrländer wie z.B. Argentinien kommen deshalb nur zum Zuge, wenn die Nachfrage die Binnenproduktion übersteigt. Für das weitaus kostengünstiger produzierende Argentinien hat diese Politik gewichtige binnenwirtschaftliche Konsequenzen: Sie erschwert die

---

311) vgl. Boletín de la Integración (Buenos Aires), año VI, Noviembre 1971, No. 71, S. 641 f.
312) vgl. ebenda, ferner AT, 14.11.1971.
313) vgl. ebenda.
314) vgl. für das folgende insbesondere Hermann <u>Sautter</u>, Konsequenzen der Agrarpolitik europäischer Industrieländer für Argentinien, Weltwirtschaftliche Studien Heft 15, Göttingen 1971, S. 135 ff.

dringend notwendige Stabilisierung der inländischen Erzeugerpreise,so dass bei der geringen Flexibilität der landwirtschaftlichen Produktionsstruktur sich die Exporte kurzfristig nicht maximieren lassen. Eine langfristige Produktionsplanung ist deshalb aufgrund der unsicheren Entwicklung der Auslandsmärkte nicht möglich. "Handelspolitische Bemühungen zur Verbesserung der argentinischen Exportchancen werden bei unveränderter agrarpolitischer Zielsetzung der Importländer kaum Erfolg haben. Eine Neuordnung der Agrarpolitik in den Importländern im Interesse der Agrarexportländer müsste vor allem auf eine Begrenzung des Produktionswachstums hinzielen. Solange diese nicht erreicht wird, sind die wirtschaftspolitischen Möglichkeiten in Argentinien eng begrenzt, die sich aus dem Agraraussenhandel ergebenden Probleme zu lösen "[315].

---

315) ders., a.a.O., S. 163.

VI. Sozialpsychologische Einflüsse: zum argentinischen Nationalcharakter

Argentiniens industrieller Aufstieg ist im Rahmen der vorliegenden Schrift zur Hauptsache nach volkswirtschaftlichen Kriterien beurteilt worden. Die unstete Entwicklung und die damit verbundenen Probleme aller Art liegen aber auch im Nichtwirtschaftlichen begründet; ausserökonomische Faktoren werden zuweilen sogar als Hauptursachen der permanenten politischen und wirtschaftlichen Krise Argentiniens genannt[316]. Abschliessend sollen deshalb die an anderer Stelle bereits gemachten Hinweise in bezug auf den argentinischen Nationalcharakter (z.B. mangelndes staatsbürgerliches Verantwortungsbewusstsein, Steuermoral, Caudillismus, Einflüsse der Immigration, der Erziehung etc.) ergänzt werden.

Argentiniens Gesellschaft ist als offen und mobil gekennzeichnet worden, eine direkte Folge der massiven Einwanderung. Daneben haben sich aber noch einige Charakterzüge aus der iberischen Kolonisation erhalten, beispielsweise der in ländlichen Gegenden, in Klein- und Mittelbetrieben sowie in Staat und Politik weitverbreitete <u>Personalismus</u>. Damit verbunden ist die Abneigung mancher führender Persönlichkeiten, welche in Staat und Wirtschaft eine Macht- oder Prestigeposition inne haben, Verantwortung und Aufgaben zu delegieren. Dies rührt zur Hauptsache daher, weil dem "Status", also dem "Sein", weitaus grössere Bedeutung beigemessen wird als dem "Tun", d.h. der Erfüllung einer bestimmten Funktion. Im unternehmerischen Bereich pflegt sich der Einzelne eher mit dem Besitzer bzw. seiner Familie und weniger mit der Unternehmung als unpersönlicher Kollektivorganisation zu identifizieren. Es mag deshalb nicht erstaunen, dass in Staat und Wirtschaft mehrheitlich ein autokratischer Führungsstil vorherrscht[317]. Die auffallende Betonung des sozialen Status steht in einem gewissen Widerspruch zu einer mobilen Gesellschaftsstruktur, ist indessen aufs engste mit der spanischen Tradition verbunden. So lassen "wohlklingende" Familiennamen Rück-

---

316) vgl. für das folgende insbesondere Tomás R. <u>Fillol</u>, Social Factors in Economic Development, The Argentine Case, Cambridge (Mass.)/London 1961; Julio <u>Mafud</u>, Psicología de la viveza criolla, 4. A., Buenos Aires 1971; Thomas F. <u>McGann</u>, Argentina The Divided Land, New York/Toronto/London/Melbourne 1966.
317) Im Bereich der Wirtschaft scheint allerdings das personalistische Element mit wachsender Grösse der Unternehmung an Bedeutung zu verlieren, da in zunehmendem Masse auch moderne Managementmethoden verwendet werden.

schlüsse zu auf ethnische Herkunft, politische Neigungen, wirtschaftliche Position, sozialen Status und Religion.

In der personalistischen und statusorientierten argentinischen Gesellschaft spielt der "Vivo" eine besondere Rolle. Mit "Vivo" wird eine Person bezeichnet, welche aufgrund ihrer Schlauheit, ihres Ideenreichtums und ihres opportunistischen, raschen Handelns nicht nur schadlos zu überleben, sondern auch rasch aufzusteigen in der Lage ist. Obwohl "Vivo" oft im negativen Sinn gebraucht wird, um anzudeuten, dass der "Erfolg" auf der Anwendung gewisser Kniffe und Schliche beruhe, werden die durch den "Vivo" angewendeten "Methoden" anerkannt und allgemein bewundert. Wenn den Argentiniern Flexibilität und Improvisationsgabe zuerkannt werden, so ist dies eine typische Fähigkeit der "Viveza criolla". Damit im Zusammenhang steht auch der latente Hang zur Korruption und zu illegaler Tätigkeit (z.B. Schmuggel).

Als einer direkten Folge der "Viveza" und des Personalismus ergibt sich das mangelnde staatsbürgerliche Verantwortungsbewusstsein weiter Kreise der Bevölkerung. Diese Haltung scheint in einer wachsenden Entfremdung begründet zu sein, verursacht einerseits durch die starke Ein- und Binnenwanderung, anderseits durch vernachlässigte zwischenmenschliche Beziehungen. Besonders deutlich wird diese Apathie im Falle von Buenos Aires: McGann spricht von einer "einsamen Masse"[318], Raúl Scalabrini Ortiz beschreibt den Porteño in seinem Buch "El hombre que está solo, y espera" (Der Mann, der allein ist, und wartet) als Menschen, der wartet und hofft, und zwar auf Glück oder auf einen einflussreichen Freund, der ihm weiterhilft[319]. Die abwartende Haltung ist in allen Bevölkerungsschichten verbreitet. Gegenüber dem Staat stets in der Defensive, ist der Argentinier dazu verurteilt, zu versuchen, aus der unmittelbaren Lage das Beste heraus zu holen.

Argentiniens Nationalcharakter zeichnet sich durch ein passives Wertorientierungsprofil der Gesellschaft aus. Gewisse traditionelle Kulturmerkmale vermögen das Aufkommen jener sozialen Beziehungen zu behindern, welche ermöglichen würden, den Individuen das Erreichen ge-

---

318) vgl. F. McGann, a.a.O., S. 102.
319) zit ebenda.

meinsamer Ziele und Interessen zu erleichtern. Argentinien scheint deshalb eher ein "Konglomerat von Personen" als eine organische Gemeinschaft zu sein. Die allgemeine Interessenlosigkeit ist die Folge der Ohnmacht des Einzelnen gegenüber dem staatlichen Handeln. Im Industrialisierungsprozess treten Apathie und Passivität als kritische Faktoren auf, welche die langfristigen Entwicklungsmöglichkeiten stark beschneiden. Zwischen Staat und Bevölkerung fehlt, und das ist ein grundlegender Mangel, eine adäquate gegenseitige Kommunikation. Die Erkenntnis, dass trotz Interessenpolarität in Zukunft eine geordnete Entwicklung nur auf der Basis des gegenseitigen Vertrauens und der Zusammenarbeit aller erwartet werden kann, muss von den Verantwortlichen über jegliche ideologische Zwistigkeiten gestellt werden. Der dazu notwendige Konsens dürfte allerdings kaum kurzfristig erreichbar sein.

VII. Zusammenfassung und Ausblick

A. Zusammenfassung

Die Darlegungen des 4. Kapitels über die Bestimmungsfaktoren der Industrialisierung Argentiniens lassen sich wie folgt zusammenfassen:

- Natürliche Gegebenheiten. Die auch heute noch hohe Ertragsfähigkeit der Pampa stellte die Grundlage der wirtschaftlichen Entwicklung Argentiniens dar. Das Potential der Pampa wird einerseits durch unvoraussehbare klimatische Einflüsse, anderseits aber durch zeitweise absichtliche wirtschaftspolitische Benachteiligung der Landwirtschaft begrenzt. Die mineralischen Rohstofflager sind im Vergleich zum übrigen Lateinamerika bescheiden und verunmöglichen deshalb vielfach eine wirtschaftliche Ausbeutung.

- Materielle Infrastruktur. Der Bau der Eisenbahnen lieferte das räumliche Gerüst für den industriellen Aufstieg. Die Ausrichtung des Schienennetzes auf Buenos Aires erhöhte aber die ohnehin beträchtlichen Standortvorteile (Zugang zum Meer) dieser Agglomeration, so dass das Landesinnere sich in der Folge nicht im gleichen Masse entwickeln konnte. Der Eisenbahnverkehr weist gegenwärtig in organisatorischer und betriebstechnischer Hinsicht zahlreiche Mängel auf. Infolge geringer Effizienz vermag er deshalb den besser ausgebauten Strassen- und Luftverkehr nicht in jedem Fall zu konkurrenzieren. Die fundamentale Aufgabe, das ganze Land durch ein leistungsfähiges Transportsystem zu erschliessen, wurde während manchen Jahren vernachlässigt. Im Energiesektor behinderte anfänglich eine ungenügende Elektrizitätsversorgung die industrielle Entwicklung. Dieser Mangel ist inzwischen dank umfangreichen Investitionen weitgehend behoben worden. Häufige Richtungswechsel in der staatlichen Erdölpolitik scheinen die angestrebte Selbstversorgung mit diesem Rohstoff zu gefährden. Hinzu kommt, dass die Erdölförderung in Argentinien aufgrund der besonderen geologischen Verhältnisse ohnehin bedeutend kostspieliger ist als in andern Ländern.

- Immaterielle Infrastruktur. Die unstabilen politischen Verhältnisse bildeten das Haupthindernis einer geordneten wirtschaftlichen Entwicklung Argentiniens. Die Mängel konzentrieren sich einerseits auf

Unzulänglichkeiten des institutionellen Systems; anderseits liegen sie aber im fehlenden staatsbürgerlichen Verantwortungsbewusstsein des Einzelnen begründet. Eine Folge dieser chronisch unstabilen Verhältnisse wird beispielsweise in der Gesetzgebung sichtbar: Die hier untersuchten Bereiche Industrieförderung und Auslandskapital werden von einer Flut von Vorschriften geregelt, welche nicht nur von kaum abschätzbarer Dauer, sondern vielfach auch materiell wiedersprüchlich sind. Der unzulängliche normative Rahmen bremst die industrielle Entwicklung und erschwert die Verwirklichung wirtschaftspolitischer Ziele. Die Rechtswirklichkeit steht oft in krassem Widerspruch zu den ordnungspolitischen Grundsätzen der Verfassung; die Rechtsunsicherheit beeinträchtigt das Wirtschaftsleben. Das Erziehungssystem, obwohl einst zu den fortschrittlichsten Lateinamerikas zählend, hat mit den sich ständig wandelnden Anforderungen der Gesellschaft und der Wirtschaft nicht Schritt gehalten. Reformen sind deshalb auf sämtlichen Stufen dringend notwendig, wobei der systematischen Berufsbildung besondere Beachtung geschenkt werden muss.

- Geld- und Kapitalmarkt. Der Kreditmarkt vermochte bislang nur in ungenügender Form die für die Industrialisierung besonders wichtigen langfristigen Mittel zur Verfügung zu stellen. Hauptgrund bildete die Inflation: Sie verhinderte das Sparen und förderte unproduktive Investitionen. Die staatliche Kreditpolitik liess einen "grauen Kapitalmarkt" entstehen, der konjunkturpolitischen Massnahmen des Staates weitgehend entzogen ist. Der Privatwirtschaft erwachsen durch die Unzulänglichkeiten des Geld- und Kreditmarktes beträchtliche Finanzierungsprobleme, deren Kosten sich in den Preisen für Güter und Dienstleistungen niederschlagen. Die langfristigen Verschuldungsmöglichkeiten über das Bankensystem sind begrenzt. Die Nachfrage nach Investitionskapital zu günstigen Konditionen konnte bisher teilweise durch internationale Organisationen gedeckt werden, wobei der Staat als Kreditnehmer dominierte. Der positive Einfluss des privaten Auslandskapitals auf die industrielle Entwicklung wird allgemein anerkannt. Doch scheint sein Beitrag aufgrund der unstabilen politischen Verhältnisse und des damit verbundenen hohen Investitionsrisikos nicht in jedem Fall befriedigt zu haben.

- Aussenhandelspolitik. Der traditionelle argentinische Protektionismus vermochte der Industrialisierung wohl namhafte Impulse zu verleihen, liess jedoch, rückblickend auf die vergangenen vierzig Jahre, eine kostspielige und ineffiziente Produktionsstruktur entstehen. Die andere Alternative, nämlich statt Devisen zu sparen, durch vermehrte Ausfuhren Devisen zu schaffen, ist bis zu Beginn der Sechzigerjahre nie ernsthaft in Betracht gezogen worden. Zahlungsbilanzschwierigkeiten infolge ungenügender Importkapazität haben deshalb die industrielle Entwicklung immer wieder behindert. Auch heute noch sind die <u>Exportförderungsmassnahmen</u> des Staates kaum in der Lage, dieses Problem zu lösen, da die landwirtschaftlichen Exporte nicht nur keine Vergünstigungen geniessen, sondern im Gegenteil noch besteuert werden. Die ALALC, de facto lediglich ein Präferenzraum und keine echte Freihandelszone, vermochte bislang in Argentinien, aber auch in Brasilien und Mexiko, keinen nennenswerten Beitrag im Hinblick auf eine gemeinsame Industriepolitik zu leisten. Eine industrielle Integration dürfte demzufolge bestenfalls noch auf der Sortimentsebene der einzelnen Industriezweige möglich sein.

- <u>Nationalcharakter</u>. Der argentinische Nationalcharakter, Ausdruck einerseits des spanischen Erbes und der Einwanderung, anderseits einer Polarisierung zwischen Staat und Bevölkerung, scheint eine wichtige Quelle der politischen Instabilität zu sein. Ausgeprägter Individualismus und mangelhafter Gemeinschaftssinn haben eine harmonische wirtschaftliche Entwicklung behindert.

B. Ausblick

Das Ergebnis der vorliegenden Schrift lässt sich wie folgt zusammenfassen: Es ist Argentinien wohl gelungen, sich einen Platz unter den westlichen Industrieländern zu erobern, wenn man das vielfältige Angebot an lokal hergestellten industriellen Erzeugnissen in Betracht zieht. Die entscheidende Frage ist jedoch, ob für diesen Platz nicht ein zu hoher Preis bezahlt worden ist. Nach dem bisher Gesagten lässt sich diese Frage unschwer bejahen: Argentinien ist ein industrialisiertes Land, dessen Produktionsstruktur indessen schwerwiegende qualitative Mängel aufweist. In Zukunft geht es deshalb nicht in erster Linie darum, die vorhandene industrielle Basis durch neue Industriezweige zu erweitern, sondern die bestehenden strukturellen Mängel zu beseitigen.

Die Zukunft der wirtschaftlichen Entwicklung Argentiniens hängt zunächst von den Möglichkeiten ab, die verschiedenen politischen Kräfte zu einer gemeinsamen Aktion zu bewegen. Die Chancen, in relativ kurzer Zeit unter Beachtung der verfassungsmässig garantierten demokratischen Prinzipien eine politische Konsolidierung zu erreichen, scheinen allerdings gering zu sein. Da es grundsätzlich darum geht, die Einstellung jedes Einzelnen gegenüber dem Staat auf eine Basis des positiven Vertrauens in die Zukunft zu stellen, dürfte eine konstruktive Mitarbeit aller Beteiligten am ehesten über ein erfolgversprechendes Wirtschaftsprogramm erreicht werden. Dabei gilt es zu beachten, dass eine kurzfristige Stabilisierung der argentinischen Wirtschaft mittels konsequenter Bekämpfung der Inflation kaum ohne Rezessionserscheinungen möglich sein wird. Nach den bisherigen Erfahrungen scheiterte die Inflationsbekämpfung meistens am fehlenden Willen, die unvermeidlichen Opfer im Hinblick auf eine langfristig stabilere Entwicklung auf sich zu nehmen. Es scheint, als ob hier das brasilianische Modell der "korrigierten Inflation" am ehesten in der Lage wäre, die voraussehbaren Konfliktsituationen zu dämpfen. Dabei muss das Schwergewicht auf einer umfassenden Sanierung des Staatshaushaltes liegen.

Die vorliegende Arbeit führt zur Erkenntnis, dass eine <u>Aenderung der bisherigen Entwicklungsstrategie</u> zwecks Normalisierung der wirtschaftlichen Verhältnisse von fundamentaler Bedeutung ist. Hauptursache der bisherigen wirtschaftlichen Schwierigkeiten war stets der <u>Aussenhandelsengpass</u>. Die künftige industrielle Entwicklung in Argentinien hängt, da sich die Importe nicht mehr komprimieren lassen, von einer wachsenden Exportausweitung ab. Dies wird allerdings nur dann möglich sein, wenn die Rolle der Landwirtschaft als dynamischer Faktor des Industrialisierungsprozesses anerkannt wird[320]. Unter anderem heisst das:

- <u>Verzicht auf Industrialisierung um jeden Preis</u>. Die Industrialisierung übt in Lateinamerika die Funktion eines Statussymbols aus; Argentinien bildet hierbei keine Ausnahme. Die Industrialisierung darf nicht Selbstzweck sein, sondern soll zu einem gesamtwirtschaftlich

---

[320] vgl. Emil <u>Küng</u>, Agricultural vs. Industrial Development in LDCs, in: Inter Economics, Monthly Review of International Trade and Development (Hamburg), No. 6, June 1972, S. 177 ff.

ausgeglichenen Wachstum führen. Der Verzicht auf wirtschaftliche Autarkie, d.h. die Reduktion der Importsubstitution auf ein vernünftiges Mass, ist deshalb unerlässlich.

- <u>Spezialisierung im Exportsektor</u>. Argentinien weist in den Wirtschaftszweigen, welche landwirtschaftliche Rohstoffe verarbeiten, gegenüber andern Ländern beträchtliche komparative Vorteile auf. Nebst einer vorbehaltlosen Förderung der Gütererzeugung im Primärsektor muss deshalb den nachgelagerten Verarbeitungsstufen besondere Beachtung geschenkt werden. In den kapitalintensiven Bereichen der verarbeitenden Industrie (z.B. Petrochemie und Stahl) ist im Rahmen der ALALC eine Spezialisierung auf Sortimentsebene anzustreben. Von Exportsteuern in der Landwirtschaft zur Abschöpfung von Abwertungsgewinnen ist ebenfalls abzusehen, es sei denn, sie würden zur direkten Steigerung der landwirtschaftlichen Ertragskraft in den Primärsektor zurückgeleitet. Exportsubventionen sollten nur jenen Gütern zugute kommen, bei denen langfristig die Aussicht besteht, durch wachsende Exporte Skalenerträge zu erwirtschaften. Sie müssten überdies zeitlich begrenzt werden, um produktivitätssteigernde Investitionen anzuregen.

Der notwendige Vorzeichenwechsel im Entwicklungskonzept zielt auf eine <u>Steigerung der Effizienz der industriellen Produktion</u> ab. Die Ertragskraft der Wirtschaft muss durch produktivitätssteigernde Investitionen gehoben werden. Ein gradueller Abbau der Schutzzölle ist ein geeignetes Mittel, den Konkurrenzdruck zu erhöhen. Die durch den Strukturveränderungsprozess entstehenden Beschäftigungsprobleme müssen im Rahmen einer landesweiten <u>Erziehungs- und Berufsbildungspolitik</u> gelöst werden. Die Förderung arbeitsintensiver Produktionszweige, z.B. das noch unausgeschöpfte wirtschaftliche Potential des Fremdenverkehrs, stehen dabei im Vordergrund.

Aus Gründen der nationalen Verteidigung und Sicherheit sowie der politischen und wirtschaftlichen Unabhängigkeit übt der Staat heute in übertriebenem Masse Unternehmerfunktionen aus, die seine Fähigkeiten angesichts seines immanenten Beharrungsvermögens übersteigen. Ganz abgesehen davon, dass der potentielle "Feind" im Innern, d.h. die passive Haltung weiter Teile der Bevölkerung gegenüber der staatlichen Aktivität, weitaus gefährlicher erscheint als eine Bedrohung von aussen, lässt sich die Kontrolle über Wirtschaftszweige wie z.B. Erdöl, Petrochemie oder Hüttenindustrie auch ohne direkte Beeinflussung der Produktion durch den Staat bewerkstelligen. Es scheint deshalb angebracht, dass der Staat in Zukunft seine Anstrengungen auf jene Sektoren konzentriert, in welchen er aufgrund seiner institutionellen Zielsetzung dem privaten Sektor überlegen ist.

Die hier vorgeschlagenen Aenderungen in der Entwicklungsstrategie bilden kein wirtschaftspolitisches Neuland; sie sind auch nicht vollständig. Es handelt sich vielmehr um prüfenswerte Alternativen, welche sich zur Korrektur der Produktionsstruktur Argentiniens aufdrängen. Das beachtliche Wirtschaftspotential dieses Landes lässt sich nur optimal zum Wohle seiner Bevölkerung einsetzen, wenn es in den nächsten Jahrzehnten gelingt, den durch Protektionismus ineffizient gewordenen industriellen Sektor zu modernisieren und entsprechend der arbeitsteiligen Weltwirtschaft in einen spezialisierten und exportorientierten Sektor umzuwandeln. Auch wenn die politischen Voraussetzungen im gegenwärtigen Zeitpunkt noch nicht vorhanden zu sein scheinen, geben die menschlichen und unternehmerischen Fähigkeiten der argentinischen Bevölkerung doch zur berechtigten Hoffnung Anlass, dass das Ziel der besseren Lebensbedingungen für alle bei entsprechender politischer Motivierung nicht unerreichbar ist.

ANHANG

Tabelle 1:

Lateinamerika: Bevölkerung (Mitte 1970), Pro-Kopf-Einkommen (1970) und durchschnittliche jährliche Wachstumsraten (1960 - 1970)

	Bevölkerung (in 1000)	Bruttosozialprodukt pro Kopf, in US-$	Wachstumsraten in % Bevölkerung	Wachstumsraten in % BSP pro Kopf
Argentinien	23.212	1.160	1.5	2.5
Bolivien	4.931	180	2.6	2.5
Brasilien	92.764	420	2.9	2.4
Chile	9.780	720	2.3	1.6
Costa Rica	1.727	560	3.3	3.2
Dominik. Republik	4.068	350	3.0	0.5
Ecuador	6.093	290	3.4	1.7
El Salvador	3.534	300	3.7	1.7
Guatemala	5.190	360	3.1	2.0
Haiti	4.867	110	2.0	(0.9)
Honduras	2.520	280	3.3	1.8
Jamaica	1.888	670	1.6	3.5
Kolumbien	21.632	340	3.2	1.7
Mexiko	50.670	670	3.5	3.7
Nicaragua	1.984	430	3.5	2.8
Panama	1.464	730	3.3	4.2
Paraguay	2.379	260	3.1	1.3
Peru	13.586	450	3.1	1.4
Uruguay	2.886	820	1.3	(0.4)
Venezuela	10.399	980	3.5	2.3
Zum Vergleich:				
USA	204.800	4.760	1.2	3.2
Kanada	21.406	3.700	1.8	3.6
Italien	53.667	1.760	0.8	4.6
Spanien	33.645	1.020	1.1	6.1
Schweiz	6.281	3.320	1.5	2.5
BRD	61.560	2.930	1.0	3.5
Australien	12.552	2.820	2.0	3.1
Neuseeland	2.816	2.700	1.7	2.1

Quelle: World Bank Atlas, Washington D.C. 1972.

Tabelle 2:

Lateinamerika: Indikatoren der Industrialisierung

Land	Bevölkerung (in Mio.)	Brutto-Inlandprodukt (in Mia. US-Dollar)	BIP pro Kopf (US-Dollar)	Produktion des sekundären Sektors (in % des BIP)	Industrielle Produktion (in % des BIP)	Industrielle Produktion (in % der Prod. des sekundären Sektors)	Sekundärer Sektor (in % der Gesamtbevölkerung)	Industrieller Sektor (in % der Gesamtbevölkerung)	Sekundärer Sektor (in % der Gesamtbeschäftigung)	Industrieller Sektor (in % der Gesamtbeschäftigung)
Argentinien	22	17.4	778	41	34[1]	83	12	9	32	25
Brasilien	81	18.6	230	27[2]	...	...	5	3	15	9
Chile	9	4.3	493	44	26	60	9	6	28	18
Ecuador	5	1.0	200	25	17	68	6	5	19	15
Kolumbien	18	5.7	315	26	18	69	6	4	19	13
Mexiko	43	18.8	441	36[2]	29	81	6	4	19	14
Paraguay	2	0.4	207	18	16	89	6	5	19	15
Peru	12	3.0	253	26	17	65	6	4	19	13
Uruguay	3	1.5	559	30	24[1]	80	11	8	28	21
Venezuela	9	7.9	917	43	12	28	7	4	21	12

1) inkl. Bergbau
2) exkl. Elektrizität, Gas, Wasser

Quelle: R.B. Sutcliffe: Industry and Development, London/Reading (Mass.)/Sydney/Manila 1971, S. 19 ff.

Tabelle 3 :
Argentinien: Entwicklung des Bruttoinlandprodukts[1] ab 1900
(konstante Preise von 1960, in Mio. Pesos)

Jahr	Wert	Veränderung[2]
1900	1.126	
1910	2.276	7.3
1920	2.679	1.6
1930	4.224	4.6
1935	4.527	1.4
1940	5.094	2.4
1945	5.883	2.9
1950	7.487	4.9
51	7.779	3.9
52	7.387	(5.0)
53	7.789	5.4
54	8.101	4.0
1955	8.685	7.2
56	8.926	2.8
57	9.379	5.1
58	9.973	6.3
59	9.319	(6.6)
1960	10.063	8.0
61	10.778	7.1
62	10.597	(1.7)
63	10.345	(2.4)
64	11.442	10.6
1965	12.469	9.9
66	12.559	0.7
67	12.871	2.5
68	13.465	4.6
69	14.602	8.4
1970	15.246	4.4
71	15.814	3.7
72[3]	16.454	4.0

Durchschnittliche jährliche Wachstumsraten: 1900 - 1972: 3.8%
                                              1950 - 1972: 3.6%
                                              1960 - 1972: 4.2%

1) zu Marktpreisen

2) bis 1950: durchschnittliche jährliche
   Wachstumsrate in der Periode;
   ab 1951: jährliche Wachstumsrate

3) provisorisch

Quelle: Verfasser, aufgrund von Daten des BCRA, publiziert i :
         Organización Techint Boletín informativo No. 183, Julio -
         Septiembre 1971, S. 29, sowie Tabelle 8.

Tabelle 3a:

Argentinien: Anteil am Bruttoinlandprodukt zu Marktpreisen
(nach Provinzen, in %)

	1946	1953	1960	1965
Bundeshauptstadt und Provinz Buenos Aires	61.9	58.7	57.0	62.9
Catamarca	0.3	0.4	0.5	0.3
Córdoba	6.9	7.8	9.2	7.4
Corrientes	1.4	1.7	1.4	1.4
Chaco	1.3	1.5	1.3	1.6
Entre Ríos	2.9	3.1	2.6	2.2
Formosa	0.3	0.4	0.4	0.4
Jujuy	0.6	0.8	0.9	0.6
La Pampa	0.9	1.1	1.5	1.0
La Rioja	0.3	1.3	1.4	0.2
Mendoza	3.9	4.0	3.4	3.9
Misiones	0.8	0.9	0.9	0.8
Neuquén	0.3	0.3	0.6	0.4
Patagonien (Chubut, Santa Cruz, Tierra del Fuego)	1.3	1.2	2.1	1.9
Río Negro	0.8	1.1	1.0	0.9
Salta	1.1	1.5	1.4	0.9
San Juan	1.2	1.2	1.4	1.2
San Luis	0.5	0.6	0.5	0.5
Santa Fé	9.9	9.8	10.6	9.3
Santiago del Estero	1.0	1.0	1.1	0.7
Tucumán	2.4	2.6	1.8	1.5

Quellen: SIMA, Indices económicos para la dirección de empresas 1971, Tabelle R 203-b, aufgrund von Daten des CONADE (für 1946, 1953 und 1960);

SIMA, Atlas del Mercado argentino 1972, Buenos Aires 1972, S. XXI (für 1965).

Tabelle 4:

Argentinien: Regionale Verteilung des Bruttoinlandproduktes pro Kopf der Bevölkerung

Provinz	BIP / Einwohner in % des Gesamtdurchschnitts		
	1953	1958	1959
Tierra del Fuego	247	265	324
Santa Cruz	200	215	234
Chubut	139	137	144
Gross-Buenos Aires	138	135	127
Río Negro	135	118	94
Rest Provinz Buenos Aires	119	114	126
La Pampa	101	104	134
Mendoza	98	107	95
Santa Fé	89	90	98
Jujuy	73	80	76
Córdoba	71	70	81
San Juan	66	100	73
Chaco	65	62	61
Tucumán	64	75	62
Neuquén	63	58	56
Entre Ríos	63	58	65
Formosa	59	44	45
Salta	58	54	60
San Luis	52	51	59
Misiones	47	36	31
Corrientes	46	49	47
La Rioja	41	46	42
Santiago del Estero	40	37	34
Catamarca	35	42	40

Quelle: Naciones Unidas, El desarrollo económico y la distribución del ingreso en la Argentina, Nueva York 1968, S. 234/235.

Tabelle 4a:

Argentinien: Entwicklung des Bruttoinlandprodukts pro Kopf der Bevölkerung (zu Marktpreisen und in konstanten Pesos von 1960)

Jahr	Pesos	Veränderung %[1]
1900	248	
1910	344	3.3
1920	302	(1.3)
1930	355	1.6
1935	347	(0.5)
1940	360	0.7
1945	382	1.2
1950	416	1.7
51	423	1.7
52	388	(8.3)
53	407	4.9
54	415	2.0
1955	435	4.8
56	434	-
57	449	3.5
58	473	5.3
59	438	(7.4)
1960	465	6.2
61	492	5.8
62	477	(3.0)
63	454	(4.8)
64	485	6.8
1965	525	8.2
66	519	(1.1)
67	524	1.0
68	542	3.4
69	571	5.4
1970	591	3.5

Durchschnittliche jährliche Wachstumsrate:

   1900 - 1970: 1.2%
   1900 - 1950: 1.0%
   1950 - 1970: 1.8%
   1960 - 1970: 2.4%

[1] 1900 - 1950: Durchschnittliche jährliche Wachstumsrate in der Periode
   ab 1951: jährliche Wachstumsrate

Quelle: Verfasser, aufgrund von Daten des BCRA, publiziert in: Organización Techint, Boletín informativo No. 180, Nov.-Dic. 1970, S. 15.

Tabelle 4b:

Argentinien: Entwicklung des Bruttosozialprodukts pro Kopf der Bevölkerung (in US-Dollars)

1960	606.3
1965	686.5
1966	845.9
1967	779.7
1968	866.3
1969	996.2
1970	1.056.8
1971	928.9
1972*	1.160.0

* Schätzung der Weltbank, Washington D.C.

Quelle: Consejo Técnico de Inversiones S.A., La Economía Argentina 1971, S. 147, aufgrund von Daten des BCRA

Tabelle 5:

Argentinien: Prozentuale Verwendung des Volkseinkommens (1950-1971)

Jahr	Konsum	Bruttoinvestition
1950	84.5	15.5
1955	84.5	15.5
1960	78.9	21.1
1965	78.6	21.4
1966	79.8	20.2
1967	79.9	20.1
1968	79.5	20.5
1969	78.4	21.6
1970	77.1	22.9
1971	76.1	23.9

Quelle: SIMA, Indices económicos para la dirección de empresas 1971, Tabelle 301-c-1, aufgrund von Daten des BCRA; Consejo Técnico de Inversiones S.A. La Economía Argentina 1971, S. 137.

Tabelle 6 :

Argentinien: Durchschnittliche Arbeitsleistung pro Arbeitskraft, 1960 - 1970 (in Pesos von 1960)

Sektor	1960	Durchschn. Zuwachsrate in %	1965	Durchschn. Zuwachsrate in %	1970
1. Landwirtschaft	2.006	2.1	2.227	1.0	2.345
2. Nicht-Landwirtschaft	2.114	2.4	2.376	0.8	2.470
2.1. Bergbau	4.323	4.2	5.322	3.6	6.355
2.2. Industrie u.Handwerk	2.714	4.9	3.445	1.5	3.703
a) Industrie	3.966	...	...	...	5.600
b) Handwerk	624	...	...	...	673
2.3. Bausektor	1.500	(2.2)	1.341	1.5	1.441
2.4. Grunddienstleistungen	2.207	4.3	2.726	1.9	3.051
2.5. Handel	2.555	1.3	2.720	(0.3)	2.704
2.6. Andere Dienstleistungen	1.286	(1.2)	1.210	(0.2)	1.197
a) Oeffentl. Dienstl.	1.549	(0.5)	1.508	(0.1)	1.496
b) Uebrige	1.105	(1.6)	1.017	(0.3)	1.002

Quelle: Internationales Arbeitsamt, Genf (ohne Angabe des Titels)

Tabelle 7 :

Argentinien: Zusammensetzung des Bruttoinlandprodukts (Kreislaufgrössen) 1965 - 1972, in Mio. Pesos von 1960 1)

	1965	1966	1967	1968	1969	1970	1971	1972[2]	%
Bruttoinlandprodukt zu Marktpreisen	12.469	12.559	12.871	13.465	14.602	15.246	15.814	16.454	100,0
+ Importe von Gütern und Dienstleistungen	1.164	1.119	1.137	1.173	1.477	1.472	1.596	1.461	8,9
= Angebot von Gütern und Dienstleistungen	13.633	13.678	14.008	14.638	16.079	16.718	17.410	17.915	108,9
./. Export von Gütern und Dienstleistungen	1.342	1.440	1.425	1.366	1.668	1.788	1.711	1.642	10,0
= Angebot an Gütern und Dienstleistungen im Inland	12.291	12.238	12.583	13.272	14.411	14.930	15.699	16.273	98,9
Zusammensetzung des Totals an Güter und Dienstleistungen: Privater Konsum	8.948	9.020	9.250	9.642	10.332	10.596	10.840	10.900	67,0
+ Oeffentl. Konsum	911	961	974	981	992	990	987	960	5,9
= Gesamter Konsum	9.859	9.981	10.224	10.623	11.324	11.586	11.827	11.860	72,9
+ Bruttoinvestitionen	2.432	2.257	2.359	2.649	3.087	3.344	3.872	4.413	27,0
= Gesamte inländische Nachfrage	12.291	12.238	12.583	13.272	14.411	14.930	15.699	16.273	98,9
Prozentuale Zuwachsraten des BIP gegenüber dem Vorjahr		0,7	2,5	4,6	8,6	3,6	5,1	3,7	

1) 1 arg. Peso zum Wert von 1960 = US-$ 1.21 = Sfr. 5.20 = DM 4.54
2) provisorisch

Quellen: Memoria del BCRA año 1970, S. 66, 136; FIEL, Indicadores de coyuntura, No. 85, Marzo 1973, S. 27/28.

Tabelle 8 :
Argentinien: Bruttoinlandprodukt zu konstanten Preisen (1960) 1961-1972 (in Mio. Pesos)

	1961	1962	1963	1964	1965	1966	1967	1968	1969	1970	1971	1972*
1.Landwirtschaft Forstwirtschaft Fischerei	1.527	1.588	1.619	1.732	1.835	1.766	1.842	1.770	1.849	1.939	1.847	1.766
2.Bergbau	134	151	151	153	159	168	188	212	233	245	263	268
3.Verarbeitende Industrie	3.166	2.992	2.870	3.408	3.879	3.915	3.967	4.241	4.735	4.934	5.295	5.697
4.Elektrizität, Gas,Wasser	138	157	166	183	211	227	244	264	288	319	350	382
5.Bauindustrie	391	352	330	351	354	381	428	504	541	616	617	644
6.Gross- und Kleinhandel, Hotels, Restaurants	1.945	1.868	1.719	1.876	2.068	2.060	2.080	2.194	2.438	2.524	2.641	2.754
7.Transport- und Fernmeldewesen	778	750	731	810	885	885	893	941	1.009	1.054	1.079	1.106
8.Banken,Versicherungen, Immobilien	378	388	394	400	415	427	439	458	481	488	507	523
9.Uebrige Dienstleistungen	1.451	1.495	1.532	1.586	1.650	1.710	1.750	1.795	1.849	1.888	1.936	1.986
BIP zu Faktorenkosten	9.909	9.741	9.512	10.500	11.456	11.540	11.832	12.378	13.423	14.007	14.535	15.124
+ Steuern ./. Subventionen	869	856	833	922	1.013	1.019	1.039	1.087	1.179	1.239	1.279	1.331
BIP zu Marktpreisen	10.778	10.597	10.345	11.422	12.469	12.559	12.871	13.465	14.602	15.246	15.814	16.455

* provisorisch
Quelle: BCRA, Origen del producto y distribución del ingreso años 1950-1969, Suplemento al Boletín estadístico No. 1, Buenos Aires 1971; FIEL, Indicadores de coyuntura, No. 85, Marzo 1973, S. 27.

Tabelle 8a :

Argentinien: Prozentuale Zusammensetzung des Bruttoinlandprodukts[1] nach Produktionszweigen 1961-1972

	1961	1962	1963	1964	1965	1966	1967	1968	1969	1970	1971	1972
1. Landwirtschaft Forstwirtschaft Fischerei	15.4	16.3	17.0	16.5	16.0	15.3	15.6	14.3	13.8	13.8	12.7	11.7
2. Bergbau	1.3	1.6	1.6	1.5	1.4	1.5	1.6	1.7	1.7	1.7	1.8	1.8
3. Verarbeitende Industrie	32.0	30.7	30.2	32.5	33.7	33.8	33.5	34.3	35.3	35.3	36.4	37.6
4. Elektrizität, Gas, Wasser	1.4	1.6	1.7	1.7	1.8	2.0	2.1	2.1	2.1	2.3	2.4	2.5
5. Bauindustrie	3.9	3.6	3.5	3.3	3.1	3.3	3.6	4.1	4.0	4.4	4.3	4.3
6. Gross- und Kleinhandel, Hotels, Restaurants	19.6	19.2	18.1	17.9	18.2	17.9	17.6	17.7	18.2	18.0	18.2	18.2
7. Transport- und Fernmeldewesen	7.9	7.7	7.7	7.7	7.8	7.7	7.5	7.6	7.5	7.5	7.4	7.3
8. Banken, Versicherungen, Immobilien	3.8	4.0	4.1	3.8	3.6	3.7	3.7	3.7	3.6	3.5	3.5	3.5
9. Uebrige Dienstleistungen	14.6	15.3	16.1	15.1	14.4	14.8	14.8	14.5	13.8	13.5	13.3	13.1

1) Zu Faktorenkosten, konstante Werte von 1960

Quelle: Tabelle 8

Tabelle 9 : Argentinien: Zahlungsbilanz 1962 - 1971 (in Mio. Dollar)

		1962	1963	1964	1965	1966	1967	1968	1969	1970	1971[1]
I.	Warenverkehr	(140,5)	384,8	331,1	293,0	468,9	369,0	198,7	36,0	79,1	(129,1)
	1. Exporte	1.216,0	1.365,5	1.410,5	1.488,0	1.593,2	1.464,5	1.367,9	1.612,1	1.773,2	1.740,3
	2. Importe	1.356,5	980,7	1.077,4	1.195,0	1.124,3	1.095,5	1.169,2	1.576,1	1.694,1	1.869,4
II.	Dienstleistungen[2]	(127,5)	(150,8)	(297,2)	((98,3)	(252,9)	(233,9)	(243,3)	(258,0)	(234,8)	(257,6)
III.	Einseitige Uebertragungen	(4,8)	(0,2)	(2,3)	(12,4)	(3,2)	(3,0)	(4,0)	(4,3)	(3,2)	(3,4)
IV.	Kapitalbewegungen[3]	(47,3)	(84,4)	(19,3)	(143,4)	(170,7)	283,9	214,3	116,6	413,7	(189,5)
	1. Privater Sektor	(31,4)	(85,4)	(37,1)	(172,3)	(181,8)	272,3	177,7	(0,5)	328,8	(331,5)
	a) langfristig	297,9	157,7	2,0	4,5	(105,5)	4,2	27,3	57,0	143,6	66,1
	b) kurzfristig	(329,3)	(243,1)	(39,1)	(176,8)	(76,3)	268,1	150,4	(57,5)	185,2	(397,6)
	2. Oeffentlicher Sektor	(14,9)	(1,3)	3,1	15,6	13,7	(1,2)	64,7	106,0	82,8	128,4
	a) Provinzen u.Gemeinden	-	-	0,1	1,3	20,2	(1,5)	(0,5)	0,7	5,3	3,1
	b) Bundesregierung	(14,9)	(1,3)	3,0	14,3	(6,5)	0,3	65,2	105,3	77,5	125,3
	3. Banken	(0,1)	2,3	14,7	13,3	(2,6)	12,8	(28,1)	11,1	2,1	13,6
V.	Irrtümer,Auslassungen	(6,6)	6,5	1,9	1,0	(18,4)	(0,2)	(6,2)	(1,6)	5,1	19,2
	Ueberschuss (Defizit) der Zahlungsbilanz	(326,7)	155,9	16,2	39,9	23,7	415,8	159,5	(111,3)	259,9	(560,4)
VI.	Verwendung des Ueberschusses bzw. Deckung des Defizits										
	1. Zunahme (Abnahme) der Reserven	(340,3)	142,2	(111,5)	15,7	(4,7)	479,8	57,3	(259,9)	185,0	(384,6)
	2. Kompensation durch[4]										
	a) Zentralbank	33,6	30,5	182,2	111,2	102,3	(125,9)	17,7	83,2	91,4	(64,7)
	b) Bundesregierung[4]	(20,0)	(16,8)	(54,5)	(87,0)	(73,9)	60,9	84,5	67,2	42,3	(66,3)
	3. Sonderziehungsrechte[4]	-	-	-	-	-	-	-	-	(58,8)	(47,1)
	4. Wechselkursveränderungen[4]	-	-	-	-	-	1,0	-	(1,8)	-	2,3

1) Provisorisch
2) inkl. Einnahmen/Ausgaben aus Investitionen
3) Ausgaben (-)
4) Einnahmen (-), Ausgaben (+)
Anmerkung: Negative Zahlen in Klammern

Quellen: Ministerio de Economía y Trabajo, Informe económico, 4° Trim. 1970, S. 58; BCRA, Memoria anual 1971, Buenos Aires 1972, S. 49.

Tabelle 9a:

Argentinien: Entwicklung der Währungsreserven 1961 - 1971 (in Mio. US-$)

	1961	1962	1963	1964	1965	1966	1967	1968	1969	1970	1971
1. Gold	189,6	60,6	77,6	71,0	65,9	83,7	83,7	108,7	134,7	139,7	89,7
2. Devisen	368,4	161,9	297,7	201,0	235,4	212,9	674,7	628,4	321,3	429,6	171,7
3. Internationaler Währungsfonds	-	-	-	-	-	-	18,0	96,6	117,8	130,2	110,0
4. Sonderziehungsrechte	-	-	-	-	-	-	-	-	-	59,3	2,8
Total	558,0	222,5	375,3	272,0	301,3	296,6	776,4	833,7	573,8	758,8	374,2
5. Terminverpflichtungen	(564,9)*	(99,3)*	(355,5)*	(280,0)*	(300,8)*	(315,7)*	(36,2)*	(34,5)	(91,2)	(171,1)	(485,1)
Nettoposition	(6,9)	123,2	19,8	(8,0)	0,5	(19,1)	740,2	799,2	482,6	587,7	(110,9)

* nicht publizierte Daten des BCRA

Quelle: Boletín estadístico del BCRA, Febrero 1972, S. 54
Ministerio de Economía y Trabajo, Informe Económico, IV. Trim. 1970, S. 58.

Tabelle 10:

Das Marktpotential Lateinamerikas

	Markt- grösse %	Markt- intensi- tät a)	Markt- wachs- tum b)
Argentinien	15.80	2.12	36
Bolivien	0.85	0.33	13
Brasilien	29.56	0.85	56
Chile	3.84	1.24	33
Ecuador	1.24	0.45	72
Mexiko	20.17	1.16	49
Kolumbien	6.44	0.77	42
Paraguay	0.38	0.32	44
Peru	3.48	0.67	25
Uruguay	1.28	1.39	5
Venezuela	6.19	1.73	33
Total ALALC	88.93	1.05	42
davon Anden-Gruppe	15.48	0.73	36
Total Zentralamerikanischer Markt	3.09	0.46	66
Rest (inkl. Kuba)	9.58	1.03	41
TOTAL LATEINAMERIKA	100.00	1.00	43

a) Ergiebigkeit des Marktes bzw. Grad der Kaufkraft, welche das betreffende Land in sich vereinigt. Der lateinamerikanische Durchschnitt ist gleich 1.00.

b) Stellt die durchschnittliche Wachstumsrate verschiedener Indikatoren der letzten fünf Jahre dar.

Quelle: Business Latin America (New York), 21.12.1972, S. 403.

Tabelle 10a:

Indikatoren des Lebensstandards in Argentinien, Brasilien und Mexiko

	Telephon-anschlüsse pro 1000 Einwohner (1969)	Zeitungen pro 1000 Einwohner (1969)	Bevölke-rung pro Arzt (1969)	Ernährung Kalorien pro Kopf und Tag (1964/66)	Energie-konsum pro Kopf, kg Kohle-Equi-valente
Argentinien	73	128	540	3.170	1.544
Brasilien	19	37	2.410	2.700	481
Mexiko	27	116	1.850	2.620	1.044

Quelle: United Nations, Handbook of International Trade and Statistics, New York 1972, S. 274/275.

	Bestand an Personen-wagen (1.1.1971) ('000)	Personen-wagen auf 1000 Ein-wohner	Bestand an Fernsehge-räten (1971) ('000)	Fernseh-geräte auf 1000 Einwohner	Stahlkonsum pro Kopf, kg (1970)
Argentinien	1.457	62	3.000	127	139
Brasilien	2.235	23	6.500	68	64
Mexiko	1.234	24	2.500	49	82

Quelle: Business Latin America (New York), 21.12.1972, S. 404/405.

Tabelle 10b:

Argentinien: Einkommenselastizitäten verschiedener Güter

	Elastizität
Lebensmittel	0,502
Wohnung	0,746
Auto	2,481
Schuhe	0,673
Dauerhafte Konsumgüter	2,120
- Liegenschaften (Häuser)	3,431
- Grundstücke	2,681
- Möbel	2,586
- Kühlschränke, Waschmaschinen	1,435
- Fernsehgeräte	1,619
- Radio, Staubsauger	1,263
- Airconditioner	2,356

Quelle: Alain de Janvry, Empirical Analisis of Consumer Behavior, an Application to Argentina, BA 1968, zit. bei Arturo Carlos Meyer, Los flujos financieros del sector hogares en la Argentina, BA 1972, S. 68.

Tabelle 11:

Argentinien: Wachstumsraten des Reallohnes und des Bruttoinlandprodukts

Jahr	Nominallohn 1960=100	Lebenshaltungskosten 1960=100	Reallohn 1960=100	Zuwachsrate Reallohn	Zuwachsrate BIP
1948	6,955	5,233	132,906		
1949	8,906	6,860	129,825	− 2,3	− 4,6
1950	11,578	8,613	134,440	3,5	1,5
1951	12,383	11,771	105,199	− 21,8	4,1
52	16,667	16,328	102,076	− 3,0	− 6,4
53	16,667	16,978	98,168	− 3,8	7,1
54	20,526	17,622	116,479	18,6	3,8
55	20,526	19,792	103,708	− 11,0	6,9
1956	27,947	22,446	124,508	20,0	1,6
57	27,947	27,995	99,828	− 19,8	5,5
58	52,290	36,836	141,953	42,2	7,2
59	79,686	78,717	101,231	− 28,7	− 5,8
60	100,0	100,0	100,000	− 1,3	8,0
1961	126,3	113,7	111,028	11,1	7,0
62	155,3	145,7	106,589	− 3,8	− 1,9
63	194,1	180,7	107,415	0,8	− 3,5
64	256,3	220,7	116,014	8,0	8,0
65	348,2	283,8	122,692	5,7	7,8
1966	464,3	374,3	124,045	1,1	1,0
67	602,0	483,7	124,457	0,3	2,2
68	629,7	562,1	112,026	− 10,0	4,7
69	692,5	604,7	114,519	2,2	6,6
70	815,7	686,9	118,751	3,7	4,8

Quelle: Juan Carlos de Pablo, Desocupación, salario real y políticas de reactivación,
in: Desarrollo Económico, Vol. 11, No. 42-44,
Buenos Aires, Julio 1971 - Marzo 1972, S. 256,
(zusammengestellt aufgrund von Daten des INDEC und des BCRA).

Tabelle 12 :

Lateinamerika: Einkommensverteilung

Einkommensgruppen	% der Gesamteinkommen	durchschnittl. Einkommen (Durchschnitt der Region = 100)	durchschnittl. Einkommen pro Einwohner a) (in US-$)
1 (1 - 20 %)	3.1	15.5	60
2 (21 - 50 %)	10.3	34.0	130
3 (51 - 80 %)	24.1	80.0	310
4 (81 - 95 %)	29.2	195.0	750
5 (96 - 100%)	33.4	670.0	2.600

a) Diese Werte entsprechen dem Jahr 1965, ausgedrückt in US-$ von 1960.

Quelle: Naciones Unidas, La distribución del ingreso en América Latina, Nueva York 1970, S. 33.

Tabelle 12a:

Argentinien: Verteilung der persönlichen Einkommen der Haushalte (1961)

Pesos von	bis	Anzahl	Fälle %	% akk.	Mio. Pesos	Wert %	% akk.
	39.000	90.536	1,60	1,60	2.317,9	0,28	0,28
39.001	45.500	89.711	1,59	3,19	3.808,9	0,41	0,69
45.501	52.000	173.894	3,08	6,27	8.504,6	0,92	1,61
52.001	65.000	403.430	7,14	13,41	23.760,0	2,57	4,18
65.001	78.000	627.037	11,09	24,50	45.413,4	4,91	9,09
78.001	104.000	1.330.576	23,54	48,04	120.668,9	13,04	22,13
104.001	130.000	968.283	17,13	65,17	113.175,5	12,23	34,36
130.001	162.500	689.468	12,20	77,30	101.112,5	10,93	45,29
162.501	260.000	732.277	12,96	90,26	149.439,4	16,15	61,44
260.001	390.000	255.373	4,52	94,78	80.939,3	8,75	70,19
390.001	520.000	101.934	1,83	96,61	45.088,8	4,87	75,06
520.001	800.000	97.230	1,73	98,34	62.212,5	6,72	81,78
800.001	1.200.000	44.187	0,79	99,13	44.187,3	4,78	86,56
1.200.001	und mehr	48.004	0,87	100,00	102.134,8	13,44	100,00
		5.652.200	100,00		925.143,5	100,00	

Anmerkung: 1 US-Dollar = Pesos 83,10; Pesos 100.-- = US-Dollar 1.20.

Quelle: SIMA, Indices económicos para la dirección de empresas 1971, Tabelle 210-1, zit.nach: Estudio CONADE-CEPAL sobre la distribución del ingreso en la Argentina.

Tabelle 12b:

Argentinien: Jahreseinkommen der Bevölkerung in städtischen Verhältnissen[1], 1963

Einkommensschicht (in Pesos von 1963)[2]	Anzahl Familien in 1000	%	% akk.	Wert der Einkommen Mio. Pesos	%	% akk.	Einkommen pro Familie Pesos	N.I.Ø = 100%
bis 50.000	59,1	1,7	1,7	2.281,3	0,3	0,3	38.615	15,3
50.001 − 70.000	117,6	3,4	5,1	7.246,0	0,8	1,1	61.608	24,4
70.001 − 100.000	305,1	8,7	13,8	26.278,9	3,0	4,1	86.119	34,1
100.001 − 150.000	745,3	21,2	35,0	93.540,5	10,6	14,7	125.516	49,7
150.001 − 200.000	661,8	18,8	53,8	116.680,1	13,2	27,9	176.312	69,9
200.001 − 275.000	657,4	18,7	72,5	153.956,7	17,4	45,3	234.174	92,8
275.001 − 350.000	330,6	9,4	81,9	102.897,6	11,6	56,9	311.286	123,4
350.001 − 500.000	336,0	9,6	91,5	136.772,1	15,4	72,3	407.011	161,3
500.001 − 750.000	188,1	5,4	96,9	112.791,3	12,7	85,0	599.718	257,7
über 750.000	113,3	3,1	100,0	134.206,2	15,0	100,0	1.187.751	470,8
Total	3.514,3	100,0	−	886.650,7	100,0	−	−	−
Durchschnitt pro Familie	−	−	−	−	−	−	252.303	100,0

1) Agglomerationen über 10.000 Einwohner
2) 1 US-Dollar = Pesos 139; 100 Pesos = US-Dollar 0.72

Quelle: SIMA, Atlas del mercado argentino 1972, Buenos Aires 1972, Tabelle 7

Tabelle 12c:

Argentinien: Verteilung der persönlichen Jahreseinkommen der Haushalte, 1961

Einkommensgruppe	Wertmässiger Anteil am Gesamteinkommen %	% akk.	Durchschnittseinkommen[a] in Dollar	Einkommensindex (Landesdurchschnitt = 100)
1. Einkommenszehntel	2,9	–	740	29
2. "	4,1	7,0	1.030	41
3. "	4,8	11,8	1.220	48
4. "	5,5	17,3	1.370	55
5. "	6,1	23,4	1.520	61
6. "	7,0	30,4	1.750	70
7. "	8,0	38,4	2.020	80
8. "	9,6	48,0	2.430	96
9. "	12,9	60,9	3.250	129
10. "	39,1	100,0	9.840	391
Oberste 5 Prozent	29,4	–	14.800	588
Oberstes Prozent	14,5	–	36.500	1.450

a) Schätzung aufgrund eines Wechselkurses von 1 US-Dollar = 65 Pesos.

Quelle: Naciones Unidas, El desarrollo económico y la distribución del ingreso en la Argentina, Nueva York 1968, Tabelle 5, S. 52.

Tabelle 12d:

Argentinien: Einkommensbezüger (Haushalte) in % jeder Gruppe, nach Wirtschaftszweigen sowie Lohnempfänger und Unternehmer, 1961

Einkommens-gruppen (Zehntel)	Land- und Forstwirt-schaft, Fischerei	Bergbau, Elektri-zität, Gas, Wasser	Bauwirt-schaft	Lohnempfänger		Oeffentl. Verwaltung und Dienst-leistungen	Haus-dienst	Subtotal	Land- und Forstwirt-schaft, Fischerei
				Handel, Finanzen	Transport, Lager, Kommunika-tionswesen				
1.	35,1	5,9	6,9	0,3	0,4	7,2	5,9	61,6	18,3
2.	16,2	23,0	14,2	1,9	4,3	10,7	2,3	72,5	7,4
3.	14,6	26,6	9,6	3,4	7,6	14,6	0,5	76,9	6,2
4.	8,2	28,5	8,0	3,9	10,4	17,1	0,3	76,2	3,9
5.	2,4	27,9	7,7	6,6	11,2	15,3	0,2	71,2	3,6
6.	1,2	30,4	4,3	6,2	11,9	21,2	0,1	75,2	5,8
7.	0,8	27,6	4,0	7,4	9,4	14,3	0,1	63,4	8,4
8.	–	28,1	2,5	6,1	10,2	14,4	–	61,3	8,7
9.	–	22,4	1,5	7,7	6,8	17,4	–	55,7	9,4
10.	–	7,4	0,7	7,4	2,2	7,8	–	25,3	12,4
Oberste 5%	–	4,7	0,6	6,4	1,1	4,4	–	17,1	12,0
Oberstes 1%	–	2,4	0,6	5,0	0,1	1,0	–	9,0	17,9
Total	7,9	22,7	6,0	5,1	7,4	14,0	0,9	63,9	8,4

Quelle: Naciones Unidas, El desarrollo económico y la distribución del ingreso en la Argentina, Nueva York 1968, Tabelle 6, S. 56.

	Unternehmer						
Bergbau, Bauwirt- schaft, Industrie	Handel	Transport, Lager	Dienst- leistun- gen	Freie Berufe	Subtotal	Pensionierte	Rentner
8,9	–	–	3,5	0,3	31,1	7,3	–
2,0	0,3	–	3,2	2,8	15,6	11,9	–
2,3	0,7	0,1	1,8	2,2	13,3	9,8	–
2,2	3,8	0,1	1,5	4,4	15,9	7,9	0,1
3,5	7,2	0,2	1,6	7,0	23,1	5,7	0,1
1,0	5,7	0,4	1,3	5,5	19,6	5,1	0,2
1,7	5,6	0,7	1,5	13,1	31,0	5,5	0,2
2,5	11,8	1,2	1,4	5,5	31,2	7,3	0,3
5,1	7,5	2,9	0,8	11,2	36,9	6,5	0,9
14,0	17,1	2,7	1,2	16,8	68,3	2,9	2,9
19,0	24,8	6,6	1,6	14,1	78,1	1,2	3,6
28,7	26,6	2,2	1,2	9,2	85,8	–	5,2
4,3	6,0	1,3	1,8	6,9	28,6	7,0	0,5

Tabelle 12e:
Argentinien: Entwicklung der Haushalteinkommen nach Wirtschaftszweigen und Empfänger 1949 - 1965

	1949			1953			1961			1965		
	% der Haushalte	% der persönl. chen Einkommen	Einkommensindex (Landesdurch- schnitt = 100)	% der Haushalte	% der persönl. chen Einkommen	Einkommensindex (Landesdurch- schnitt = 100)	% der Haus- halte	% der persönl. chen Einkommen	Einkommensindex (Landesdurch- schnitt = 100)	% der Haus- halte	% der persönl. chen Einkommen	Einkommensindex (Landesdurch- schnitt = 100)
Lohnempfänger	70,2	51,3	73	67,3	50,2	75	63,9	47,2	74	61,9	46,8	76
- Landwirtschaft, Fischerei	12,5	3,8	30	11,4	5,0	44	7,9	3,1	40	7,4	3,1	42
- Industrie, Bergbau, Elektrizität, Gas, Wasser	23,0	17,5	76	21,8	16,3	75	22,7	17,4	77	20,1	17,7	88
- Bauwirtschaft	6,6	4,7	71	6,2	3,8	60	5,9	3,5	58	6,1	3,5	57
- Handel, Finanzen	5,8	6,4	110	5,5	6,4	115	5,1	5,8	114	5,3	5,5	104
- Transport, Lager, Kommunikation	7,2	6,4	89	7,3	6,0	81	7,4	5,7	77	7,6	5,5	72
- Oeffentl. Verwaltung und andere Dienstleistungen	15,1	12,5	83	15,1	12,7	84	14,9	11,7	79	15,4	11,5	75
Unternehmer	27,2	42,5	156	28,8	43,0	150	28,6	46,2	161	29,8	46,8	157
- Landwirtschaft, Fischerei	10,1	10,4	103	9,6	14,1	147	8,4	9,8	116	8,7	12,0	138
- Industrie, Bauwirtschaft, Bergbau	3,8	9,7	255	3,9	8,0	201	4,3	10,5	244	4,5	10,4	231
- Handel	4,6	9,3	202	5,4	7,2	135	6,3	12,5	204	6,3	10,6	168
- Transport, Lager	1,6	2,4	150	1,5	2,5	168	1,4	2,8	214	1,4	3,4	243
- Dienstleistungen	{7,1	{10,7	{151	1,4	2,2	162	1,8	1,5	82	{8,9	{10,4	{117
- Freie Berufe				7,0	9,0	128	6,8	9,4	137			
Pensionierte	2,1	1,9	91	3,4	2,7	82	7,0	4,9	70	7,8	5,0	64
Rentner	0,5	4,3	930	0,5	4,1	890	0,5	1,7	385	0,5	1,4	280

Quelle: Naciones Unidas, El desarrollo económico y la distribución del ingreso en la Argentina, Nueva York 1968, Tabelle 29, S. 120/121.

Tabelle 12f:

Argentinien: Verwendung des persönlichen Jahreseinkommens der Haushalte nach Einkommensschichten, in Pesos von 1963 und in % der Totalausgaben

Einkommensschicht Pesos von 1963 1)	Lebensmittel	Kleidung	Dauerhafte Konsumgüter	Private Dienstleistungen	Oeffentliche Dienstleistungen	Andere Ausgaben
bis 50.000	58,3	8,2	—	3,7	7,4	22,4
50.001 - 70.000	59,4	7,7	2,7	5,2	6,6	18,4
70.001 - 100.000	57,3	7,8	2,8	5,5	6,9	19,7
100.001 - 150.000	55,1	9,1	5,2	6,2	7,5	16,9
150.001 - 200.000	48,8	10,2	9,3	6,8	7,4	17,5
200.001 - 275.000	46,1	10,1	11,2	8,9	7,5	16,2
275.001 - 350.000	44,7	11,3	11,1	10,1	7,1	15,7
350.001 - 500.000	37,8	10,8	15,5	12,1	6,7	17,1
500.001 - 750.000	33,5	11,3	19,6	15,3	6,0	14,3
über 750.000	25,2	9,8	28,3	19,6	5,8	11,3

1) 1 US-Dollar = Pesos 139, 100 Pesos = US-Dollar 0,72.

Quelle: Jorge Quargnolo, Atlas des potencial argentino, Buenos Aires 1972, apéndice estadístico, S. 15, Tabelle No. 22.

Tabelle 13 :

Argentinien: Verteilung der Sparsumme und der Ausgaben für dauerhafte Konsumgüter (1969)

% der Haushalte	% der Sparsumme	% der Ausgaben für dauerhafte Konsumgüter
53,75	0,07	18,08
18,71	11,17	16,39
9,41	12,36	10,09
9,56	17,93	17,83
5,35	22,63	13,77
3,22	35,84	23,84
100,00	100,00	100,00

Quelle: Arturo Carlos Meyer, Los flujos financieros del sector hogares en la Argentina, Buenos Aires 1972, S. 72.

Tabelle 14:

Argentinien: Bruttoinvestition 1950 - 1972, in Mio. Pesos von 1960

	1950	1955	1960	1961	1962	1963	1964
1. Bauten	762	750	900	966	906	854	825
a) öffentliche	231	198	356	392	316	325	514
b) private	531	552	544	574	590	529	311
2. Ausrüstung	557	716	1.309	1.537	1.442	1.143	1.250
a) Transport	78	131	415	522	498	359	487
b) Maschinen	374	456	753	868	813	658	763
c) Reparaturen	105	129	141	147	131	126	
3. Veränderung der Lagerbestände	(152)	85	65	(37)	(99)	(64)	191
4. Bruttoinvestition	1.167	1.551	2.274	2.466	2.249	1.933	2.267
Veränderung %		32,9	46,6	7,6	(8,8)	(14,1)	17,2

1) provisorische Zahlen

Quellen: CONADE, Distribución del ingreso y cuentas nacionales en la Argentina, Buenos Aires 1965, Bd. III, S. 20/21.

Boletín estadístico del BCRA, verschiedene Nummern,
Organización Techint, Boletín informativo No. 186, Abril-Junio 1972, S. 11,
FIEL, Indicadores de Coyuntura, No. 85, Marzo 1973, S. 28.

1965	1966	1967	1968	1969	1970	1971	1972[1]
854	903	980	1.141	1.256	1.391	1.429	1.453
568	618	636	716	788	852	822	763
286	285	344	425	468	540	607	690
1.314	1.336	1.370	1.501	1.798	1.894	2.085	2.320
555	510	524	550	634	631	709	772
759	826	846	951	1.171	1.263	1.376	1.548
264	18	9	7	25	59	358	635
2.432	2.257	2.359	2.649	3.087	3.344	3.872	4.413
7,3	(7,2)	4,5	12,3	16,5	8,3	15,8	14,0

Tabelle 14a:

Argentinien: Bruttoinvestition zu laufenden Preisen, in Mio. Pesos

	1967		1968		1969	
	privat	öffentlich	privat	öffentlich	privat	öffentlich
1. Bauten	3.451	1.938	4.269	2.576	5.010	3.112
2. Produktionsgüter	3.733	1.591	4.883	1.263	5.566	2.030
a) Transport	1.905		2.109		2.416	
b) Maschinen etc.	3.419		4.087		5.180	
3. Bruttoinvestition	7.184	3.529	9.152	3.839	10.576	5.142
TOTAL	10.713		13.041		15.718	
4. Ersatzinvestitionen*	3.547		4.129		4.824	
5. Nettoinvestition*	7.166		8.912		10.894	
6. Prozentualer Anteil öffentliche und private Investitionen						
a) an den Bruttoinvestitionen	67	33	70	30	67	33
b) am BIP	12	6	13	6	13	6

* Schätzung des BCRA

Quelle: Verfasser, aufgrund von Daten des BCRA.

Tabelle 14b:

Argentinien: Entwicklung des Kapitalkoeffizienten 1960 – 1970

	zu laufenden Preisen (in Mio. Pesos)			zu konstanten Preisen von 1960 (in Mio. Pesos)		
	Bruttosozial-produkt	Brutto-investition	Kapital-koeffizient	Bruttosozial-produkt	Brutto-investition	Kapital-koeffizient
1960	10.016	2.176	0.9	10.016	2.176	2.8
61	11.913	2.625	1.4	10.714	2.412	3.5
62	14.767	3.181	1.1	10.397	2.161	(6.8)
63	18.454	3.148	0.9	10.255	1.674	(11.8)
64	25.655	4.822	0.7	11.429	2.007	1.7
65	36.043	6.985	0.7	12.474	2.432	2.3
66	44.900	7.990	0.9	12.475	2.257	-
67	58.707	10.706	0.8	12.734	2.359	9.1
68	68.315	13.079	1.3	13.272	2.649	4.9
69	79.823	15.657	1.4	14.919	3.087	1.9
1970	95.238	18.867	1.2	15.229	3.344	10.8

Durchschnittlicher Kapitalkoeffizient 1960 – 1970: 5.1.

Quelle: Verfasser, aufgrund von Daten des BCRA, Boletín estadístico, (verschiedene Nummern).

Tabelle 15 :

Argentinien: Struktur der Kapitalimporte 1880-1970

Periode	Quelle	wichtigstes Herkunftsland	häufigste Finanzierungsform	Hauptverwendungsbereich
1880-1914	privater Sektor	Grossbritannien	Wertpapierausgabe	Infrastruktur
1915-1929	privater Sektor	USA	Wertpapierausgabe	Infrastruktur
1930-1945	privater Sektor	USA	Direktinvestition	inlandsorientierte Leichtindustrie
1946-1954	----------------- Kapitalimporte unbedeutend ---------------			
1955-1970	privater und öffentlicher Sektor	USA	Direktinvestition und Kredite	inlandsorientierte Schwerindustrie und Infrastruktur

Quelle: Peter W. Fischer, Der Einfluss des Auslandkapitals auf die wirtschaftliche Entwicklung Argentiniens 1880-1964, Göttingen 1970, S. 4 f., 32 f.

Tabelle 15a:

Argentinien: Offiziell registrierte Kapitalimporte 1958-1971 (in 1.000 Dollar)

Jahr	Gesetz Nr. 14.780	Dekret Nr. 5.339/63	Dekret Nr. 3.113/64	Dekret Nr. 1.756/68	Dekret Nr. 4.271/69 (Petro-chemie)	Dekret Nr. 2.102/69 (Operativo Tucumán)	Verschiedene	TOTAL
1958	12.897	-	-	-	-	-	-	12.897
1959	220.011	-	-	-	-	-	-	220.011
1960	122.178	-	-	-	-	-	-	122.178
1961	133.641	-	-	-	-	-	-	133.641
1962	104.752	-	-	-	-	-	3.097[1]	107.849
1963	66.076	641	-	-	-	-	28.547[2]	95.264
1964	33.813	6.706	2.378	-	-	-	-	42.897
1965	6.830	10.354	7.882	-	-	-	-	25.066
1966	2.525	20.436	-	-	-	-	15.704[3]	38.665
1967	13.136	42.991	13.631	-	-	-	9.406[3]	79.164
1968	31.519	70.614	36.817	4.854	-	-	5.969[3]	149.773
1969	56.428	92.451	7.278	34.604	-	4.249	-	195.010
1970	-	29.978	1.854	11.739	23.424	12.536	2.748[3]	82.279
1971	-	23.822	55.580	6.772	9.333	15.074	13.008[3]	123.589
TOTAL	803.806	297.993	125.420	57.969	32.757	31.859	78.479	1.428.283

1) Dekret Nr. 5.039/61
2) Dekret Nr. 6.130, 9.477, 11.324 und 8.141 (1961)
3) Gesetz Nr. 16.690 u.a.

Quelle: Verfasser, aufgrund von Daten der Dirección Nacional de Promoción Industrial.

Tabelle 16:

Argentinien: Oeffentlicher Finanzhaushalt 1963 - 1969 (in Mio. Pesos zu laufenden Preisen)

Einnahmen	1963[1]	1964[2]	1965	1966	1967	1968[9]	1969[9]
Einkommenssteuern	194	246	458	637	944	932	972
Vermögenssteuern	71	40	48	86	389	354	262
Andere direkte Steuern[4]	12	12	19	27	86	49	53
Zölle[3]	48	74	100	48	51	40	49
Andere Abgaben im Aussenhandel[5]	247	399	535	665	1.365	1.675	1.068
Verkaufssteuern	154	192	268	567	666	1.032	972
Andere indirekte Steuern[6]	161	288	441	555	774	1.060	1.435
Einnahmen aus öffentlichen Unternehmungen	48	62	79	101	176	225	262
Uebrige Einnahmen	695	977	1.270	1.524	2.081	3.068	3.820
TOTAL	1.630	2.290	3.218	4.210	6.532	8.435	8.893

Ausgaben	1963[1]	1964[2]	1965	1966	1967	1968[9]	1969[9]
Zinsendienst	129	240	202	245	259	299	237
Laufende Ueberweisungen	104	87	136	177	287	...	...
Erziehung	277	522	601	819	1.029	1.330	1.520
Gesundheitswesen	178	405	498	610	478	1.275	1.143
Andere Sozialdienste[7]	71	111	134	180	232	3.635	3.727
Landwirtschaft	57	450	548	967	1.035	1.129	1.413
Transport, Verbindungswesen	305	459	556	1.028	1.371	1.204	1.521
Zentrale Administration	230	527	647	962	1.354		
Verteidigung	392	154	182	246	316		
Andere laufende Ausgaben[8]	88	18	41	47	125		
Investitionen in Gebäude	8	97	126	152	242	698	644
Strassen und Brücken	-	24	27	45	112		
Elektrizitätsversorgung	19	396	250	500	1.092		
Andere Kapitalausgaben	407						
TOTAL	2.265	3.488	3.948	5.978	7.932	9.570	10.205
Saldo: Ueberschuss (Defizit)	(635)	(1.198)	(730)	(1.768)	(1.400)	(1.135)	(1.312)
Defizit in % der Ausgaben	28	34	18	30	18	12	13
Oeffentliche Schuld: Inland	1.849	2.916	3.139	4.091	4.617	5.800	...
Ausland (Mio. US-Dollar)	141	159	259	311	305	303	...

1) Abschluss 31.10.63
2) 14 Monate: 1.11.63 bis 31.12.64
3) hauptsächlich auf Importen
4) Steuern auf Spielgewinnen
5) Zollaufschläge auf Importen und Exporten

6) Stempelsteuer etc.
7) Sozialversicherung
8) Spitäler, Schulen, sozialer Wohnungsbau
9) Schätzung

Anmerkung: Die Angaben für 1967 - 1969 sind nicht ohne weiteres mit vorangegangenen Daten vergleichbar.

Quelle: United Nations, Statistical Yearbook 1969, New York 1970, Tabelle 191, S. 617.

Tabelle 16a:

Argentinien: Voranschlag der Zentralverwaltung, Zusammensetzung in %

	1968[1]	1969[2]	1970[3]	1971[4]	1972[5]
1. **Einnahmen**					
a) laufende	91	87	89	88,0	86,7
– Direkte Steuern	14	14	19	15,9	13,9
– Indirekte Steuern	30	33	32	32,0	33,9
– Zölle	20	13	13	16,5	17,0
– Sozialversicherung	1	1	1	0,9	1,4
– Gebühren	5	6	6	5,8	5,7
– Andere	1	20	18	16,9	14,8
b) aus Kapitalverkehr	9	13	11	12,0	13,3
– Fondo Nacional de Inversiones	6	9	7	6,3	8,7
– Kredite	2	2	1	2,9	4,0
– Rückzahlung Darlehen	–	–	–	0,1	0,1
– Andere	1	2	3	2,7	0,5
2. **Ausgaben**					
a) laufende	67	63	64	62,4	63,4
– Personal	38	37	39	37,2	33,4
– Güter und Dienstleistungen	12	14	12	11,4	9,6
– Zinsen der öffentlichen Schuld	3	2	3	2,8	2,8
– Subventionen an öffentl. Sektor	7	4	5	4,7	11,7
– Subventionen an Privatsektor	7	6	5	6,3	5,9
b) aus Kapitalverkehr	33	37	36	37,6	36,6
– Güter	4	4	5	3,1	2,5
– Oeffentliche Bauten	13	16	14	16,9	13,1
– Finanzwerte	2	7	6	5,4	4,9
– Amortisation der öffentl. Schuld	5	4	3	2,9	5,6
– Subventionen an öffentl. Sektor	8	6	7	8,2	9,2
– Subventionen an Privatsektor	1	–	1	1,1	1,3

Quelle: 1) Gesetz No. 17.579
2) " " " 18.031
3) " " " 18.555
4) " " " 18.881
5) " " " 19.407

Tabelle 16b:

Argentinien: Zweck der Staatsausgaben gemäss Voranschlag 1968 - 1973
(in %)

	1968[1]	1969[2]	1970[3]	1971[4]	1972[5]	1973[6]
Administration	8	10	7	9,9	14,2	14,5
Verteidigung	12	15	14	14,4	14,8	10,0
Sicherheit	4	4	5	4,1	3,6	3,1
Gesundheit	6	7	7	6,2	5,4	4,8
Kultur, Erziehung, Wissenschaft	14	15	14	15,0	15,2	12,4
Wirtschaftliche Entwicklung	37	36	37	35,8	32,2	33,7
Soziale Wohlfahrt	7	4	8	8,6	7,4	8,6
Uebrige	4	3	2	0,3	0,2	1,7
Oeffentliche Schuld	8	6	6	5,7	7,0	11,2
	100	100	100	100,0	100,0	100,0

Quellen: 1) Gesetz No. 17.579
2) " " 18.031
3) " " 18.555
4) " " 18.881
5) " " 19.407
6) " " 20.066

Tabelle 17:

Argentinien: Entwicklung der Zahlungen des Staates an öffentliche Unternehmungen (in Mio. Pesos) 1965-1970

	1965	1966	1967	1968	1969	1970
I. Defizitdeckung	538	668	578	400	396	271
Ferrocarriles Argentinos	396	543	513	347	326	246
Flota Fluvial	4	8	22	10	19	3
Subterráneos de Buenos Aires	3	3	6	4	1	6
E.L.M.A.	4	7	19	4	13	-
Aerolíneas Argentinas	12	15	14	15	26	4
Andere	119	92	13	20	11	12
II. Investitionen und Kursdifferenzen	263	306	368	527	532	590
Ferrocarriles Argentinos	181	233	221	457	439	503
Flota Fluvial	4	6	4	7	1	3
Subterráneos de Buenos Aires	7	-	11	9	16	15
E.L.M.A.	15	15	13	14	18	20
Aerolíneas Argentinas	10	-	59	35	24	33
Y.P.F.	-	-	30	-	-	-
Gas del Estado	-	-	24	-	30	1
Agua y Energía Eléctrica	-	-	-	5	3	12
Andere	46	52	6	-	1	2
III. TOTAL (I + II)	801	974	955	927	928	861
Ferrocarriles Argentinos	577	776	734	804	765	749
Flota Fluvial	8	14	26	17	20	6
Subterráneos de Buenos Aires	10	3	17	14	17	21
E.L.M.A.	19	22	32	17	32	20
Aerolíneas Argentinas	22	15	73	50	50	38
Y.P.F.	14	30	30	-	1	-
Gas del Estado	-	-	24	16	39	5
Agua y Energía Eléctrica	-	-	-	5	3	15
Andere	151	114	19	4	1	7

Quelle: Ministerio de Hacienda y Finanzas, Informe económico, II. Trim. 1971, S. 88.

Tabelle 18:
Argentinien: Externe Verschuldung der öffentlichen Hand per 30.4.1971, in Mio. US-Dollars

A. Nach Schuldnern

	Kapital	Zinsen	Total
I. In freien Devisen	2.237,8	665,9	2.903,7
1. Oeffentliche Dienste	1.145,3	278,1	1.423,4
a) Bundesregierung	1.070,2	263,9	1.334,1
- Zentrale Administration	830,1	181,5	1.011,6
- Dezentralisierte Organismen	240,1	82,3	322,4
b) Provinzregierungen	69,6	12,7	82,3
c) Städtische Verwaltungen	5,4	1,6	7,0
2. Staatliche Unternehmungen	596,8	197,7	794,5
3. Unternehmungen mit staatlicher Beteiligung	428,4	177,6	606,0
4. Banken	67,4	12,5	79,9
a) Zentralbank	20,5	0,6	21,1
b) Uebrige staatliche Banken	46,9	11,9	58,8
II. In bilateralen Devisen	2,0	0,1	2,1
1. Staatliche Unternehmungen	2,0	0,1	2,1
TOTAL	2.239,8	666,0	2.905,8

B. Nach Kreditgebern

	Kapital	Zinsen	Total
I. In freien Devisen	2.237,8	665,9	2.903,7
1. Internationale Organisationen	284,3	128,2	412,5
a) Weltbank	201,1	93,9	295,0
b) Interamerikanische Entwicklungsbank	83,2	34,3	117,5
2. Oeffentliche Institutionen	165,6	42,2	207,8
a) USA	87,0	11,7	98,7
b) BRD	62,5	29,6	92,1
c) Italien	5,7	0,3	6,0
d) andere Länder	10,3	0,7	11,0
3. Banken	533,8	134,8	668,6
a) USA	329,4	78,2	407,6
b) Grossbritannien	109,0	30,7	139,7
c) BRD	58,1	17,5	75,6
d) andere Länder	37,2	8,5	45,7
4. Inhaber von Staatspapieren	220,9	58,3	279,2
a) Schweiz	90,9	19,6	110,5
b) BRD	79,2	28,3	107,5
c) USA	50,0	10,4	60,4
d) andere Länder	0,7	-	0,7

		Kapital	Zinsen	Total
	5. Lieferantenkredite privater Unternehmungen	<u>1.033,4</u>	<u>302,3</u>	<u>1.135,7</u>
	a) Italien	244,2	98,7	342,8
	b) BRD	217,9	69,1	287,0
	c) USA	233,8	50,8	284,6
	d) Grossbritanien	92,3	23,5	115,8
	e) Frankreich	90,0	17,6	107,6
	f) Spanien	57,7	19,1	76,8
	g) Holland	24,7	6,7	31,4
	h) Japan	24,6	5,8	30,4
	i) andere Länder	48,2	11,1	59,3
II.	<u>In bilateralen Devisen</u>	2,0 ===	0,1 ===	2,1 ===
	1. Lieferantenkredite privater Unternehmungen	<u>2,0</u>	<u>0,1</u>	<u>2,1</u>
	a) Sowjetunion	1,9	0,1	2,0
	b) Spanien	0,1	-	0,1
TOTAL		2.239,8	666,0	2.905,8

Quelle: BCRA

Tabelle 19 :

Argentinien: Aussenhandel, aufgeteilt nach Gütergruppen 1963 - 1970   (in Mio US-Dollar)

	1963	1964	1965	1966	1967	1968	1969	1970
A. Importe								
1. Kapitalgüter	372,0	208,9	154,6	202,9	217,7	257,5	332,4	364,5
2. Rohstoffe und Halbfabrikate	527,6	752,8	882,9	764,5	738,8	778,9	1.074,2	1.158,9
3. Brennstoffe, Schmiermittel	57,4	83,7	115,3	108,5	93,5	84,5	101,1	79,5
4. Konsumgüter	23,7	31,8	45,8	48,8	45,5	48,3	68,4	81,8
a) dauerhafte	7,1	10,9	12,4	22,6	21,0	18,7	29,3	28,9
b) nicht dauerhafte	16,6	20,9	33,4	25,8	24,5	29,6	39,1	52,9
TOTAL	980,7	1.077,2	1.198,6	1.124,3	1.095,5	1.169,2	1.576,1	1.684,6
B. Exporte								
1. Rohstoffe u. Halbfabrikate	901,7	1.028,0	1.068,1	1.162,2	988,8	900,4	1.039,5	1.190,8
2. Konsumgüter	451,1	367,1	410,6	415,7	453,7	440,5	536,0	536,2
a) dauerhafte	5,2	12,3	11,0	12,4	13,4	16,9	24,0	24,8
b) nicht dauerhafte	445,9	354,8	399,6	403,3	440,3	423,6	512,0	511,4
3. Kapitalgüter	12,3	15,3	14,7	15,3	22,0	27,0	36,6	48,0
TOTAL	1.365,1	1.410,4	1.493,4	1.593,2	1.464,5	1.367,9	1.612,1	1.773,2
C. Saldo	384,4	333,2	294,9	468,9	369,0	198,7	36,0	88,6

Quelle: Ministerio de Hacienda y Finanzas, Informe económico, II. Trim. 1971, S. 26.

Tabelle 20:
Argentinien: Aussenhandel, aufgeteilt nach den wichtigsten Produkten 1963 - 1970 (in Mio. US-Dollar)

Exporte	1963	1964	1965	1966	1967	1968	1969	1970	%
Rindfleisch	203,0	224,3	228,3	241,9	202,8	149,9	235,4	239,7	13,5
Mais	126,5	168,0	153,6	200,7	223,5	139,8	194,6	270,5	15,3
Weizen	116,4	242,2	372,6	279,6	122,1	139,0	138,5	125,9	7,1
Fleischprodukte [1]	96,2	69,5	64,7	102,6	126,0	141,8	151,5	152,7	8,6
Häute und Felle	73,8	54,0	47,6	76,0	67,6	56,1	67,9	66,9	3,8
Sorghum	21,1	26,1	6,8	36,7	22,4	22,6	53,8	80,2	4,5
Schafwolle roh	121,5	90,3	75,2	87,3	62,4	62,8	52,7	47,7	2,7
Pflanzenöle (ohne Leinöl)	68,8	65,0	76,3	67,4	68,7	59,3	51,1	66,9	3,8
Aepfel und Birnen	38,6	25,0	34,9	31,0	44,3	49,1	48,9	51,7	2,9
Schafwolle gewaschen	11,9	13,9	5,2	5,8	8,2	5,9	7,3	6,3	0,3
Lebendvieh	32,9	24,5	23,9	26,0	42,0	34,9	32,7	37,9	2,1
Getreidenebenprodukte	25,5	26,2	25,4	25,9	28,6	31,9	30,5	31,0	1,7
Leinöl	41,6	50,7	46,7	20,9	35,1	14,5	30,2	31,3	1,7
Pferdefleisch	8,4	19,7	17,8	21,8	22,6	25,6	27,2	28,2	1,6
Leder, gegerbt	3,4	3,6	2,4	5,9	7,1	13,1	26,0	32,1	1,8
Bücher, Drucksachen	2,9	9,8	8,9	10,2	11,1	13,7	17,4	12,3	0,7
Rechnungsmaschinen	0,9	5,8	6,4	7,2	12,2	10,4	13,1	16,8	0,9
Autozubehör u.-Ersatzteile, Motoren	0,5	1,6	1,0	3,6	6,8	7,8	9,1	8,2	0,4
Quebrachoextrakt	12,9	15,6	16,1	16,1	15,9	18,0	18,9	15,4	0,8
Schaffleisch	13,2	7,4	11,8	18,4	20,6	13,2	15,1	14,9	0,8
Baumwollfasern	19,8	2,8	1,4	5,0	8,7	1,4	0,5	24,7	1,4
Rest	325,0	264,0	265,9	303,2	305,8	363,1	389,7	411,4	23,5
TOTAL	1.365,1	1.410,0	1.493,4	1.593,2	1.464,5	1.367,9	1.612,1	1.773,2	100,0

[1] Konserven, Fleischextrakt, Innereien

Quelle: Ministerio de Hacienda y Finanzas, Informe económico, II. Trim. 1971, S. 26/27.

Tabelle 20a :

Argentinien: Aussenhandel, aufgeteilt nach den wichtigsten Produkten 1963 - 1970 (in Mio. US-Dollar)

	1963	1964	1965	1966	1967	1968	1969	1970	%
Importe									
Rohöl und Derivate	57,4	83,7	115,3	110,2	95,2	85,6	106,7	81,6	4,6
Chemikalien	77,1	114,9	135,0	133,4	150,4	160,7	184,6	213,8	12,0
Holz	45,8	67,7	87,8	56,2	48,2	62,7	79,3	110,9	6,3
Papier, Zellulose	32,1	37,8	49,6	91,3	77,4	85,9	104,1	72,0	4,1
Roheisen, Eisen, Stahl	157,1	226,5	298,9	138,2	143,9	132,9	216,4	249,0	14,0
Kupfer				30,6	21,5	25,6	42,5	39,9	2,3
Aluminium				20,5	17,4	22,6	33,1	35,6	2,0
Maschinen und Apparate	481,1	339,3	277,1	203,9	215,9	272,8	368,3	417,7	23,6
Transportmaterial	...	...	...	90,1	87,9	80,7	100,5	89,3	5,0
Rest	850,6	869,9	963,7	874,4	857,8	929,5	1.235,5	1.309,8	77,8
	130,1	207,3	234,7	249,9	237,7	239,7	340,6	374,8	22,2
TOTAL	980,7	1.077,2	1.198,4	1.124,3	1.095,5	1.169,2	1.576,1	1.684,6	100,0

Anmerkung: Ab 1966 übernahm Argentinien das System der Brüsseler Zollnomenklatur, so dass die vorangehenden Aussenhandelsstatistiken mit den Zahlen seit 1966 nicht unbedingt vergleichbar sind (Gesetz No. 16.686 von 1965).

Quelle: INDEC, Intercambio comercial argentino (verschiedene Jahrgänge).

Tabelle 21 :
Argentinien: Exporte traditioneller und nichttraditioneller Art 1966 - 1970, in Mio. US-Dollar und in %

	1966	%	1967	%	1968	%	1969	%	1970	%
Primärgüter	1.187,7	74,5	1.002,9	68,5	873,5	63,9	1.042,6	64,7	1.139,1	64,2
Industriell verarbeitete Güter traditioneller Art	310,5	19,7	353,5	24,3	337,1	24,8	360,2	22,3	390,9	22,1
Industriell verarbeitete Güter nichttraditioneller Art	95,0	5,8	108,1	7,2	157,3	11,3	209,3	13,0	243,2	13,7
TOTAL	1.593,2	100,0	1.464,5	100,0	1.367,9	100,0	1.612,1	100,0	1.773,2	100,0

Anmerkung: Bei nichttraditionellen Produkten handelt es sich um Güter, welche erstmals seit 1960 exportiert werden.

Quelle: Subsecretaría de Comercio Exterior, Exportaciones argentinas clasificadas según grado de elaboración y tradicionalidad, años 1966 / 1970, Buenos Aires o.J., S. 2 ff. aufgrund von Daten des INDEC.

Tabelle 22:

Argentinien: Aussenhandel, geographische Verteilung 1963 - 1970 (in Mio. US-Dollar)

	1963	1964	1965	1966	1967	1968	1969	1970
A. Importe								
USA	241,6	255,5	272,9	256,7	249,9	269,9	345,7	418,5
EWG	295,8	303,4	271,1	266,8	270,1	275,6	383,3	474,7
EFTA	134,8	142,2	136,5	127,8	125,3	154,1	181,3	181,8
ALALC	125,8	208,1	302,7	252,3	253,6	275,3	366,0	372,2
Japan	47,1	23,5	44,1	32,2	41,4	41,6	65,1	84,9
Kanada	38,8	27,3	30,4	28,1	26,8	34,9	61,2	49,3
übrige Länder	96,8	117,2	140,8	160,4	128,4	117,8	173,5	103,2
TOTAL	980,7	1.077,2	1.198,5	1.124,3	1.095,5	1.169,2	1.576,1	1.684,6
B. Exporte								
USA	150,0	90,5	93,2	122,9	119,2	157,3	140,2	155,2
EWG	569,7	614,3	603,6	608,8	608,3	505,3	588,8	695,0
EFTA	235,7	195,5	191,6	189,9	173,9	131,3	190,3	164,7
ALALC	197,5	235,1	246,7	254,6	283,7	338,1	364,3	365,8
Japan	38,8	40,8	32,4	37,4	33,9	29,1	72,1	109,3
Kanada	6,6	4,7	5,8	3,9	3,6	4,8	6,6	6,6
übrige Länder	166,8	229,5	321,1	375,7	241,9	201,7	249,8	276,6
TOTAL	1.365,1	1.410,4	1.494,4	1.593,2	1.464,5	1.367,9	1.612,1	1.773,2

Quelle: Ministerio de Hacienda y Finanzas, Informe económico, II. Trim. 1971, S. 40/41.

Tabelle 23:

Argentinien: Die zehn wichtigsten Handelspartner 1970 (in Mio. US-Dollar und in %)

	Importe		Exporte		TOTAL	
	Wert	%	Wert	%	Wert	%
USA	418,5	24,8	155,2	8,8	573,7	16,6
BRD	185,5	11,0	104,7	5,9	290,2	8,4
Brasilien	183,7	10,9	138,6	7,8	322,3	9,3
Italien	121,7	7,2	270,9	15,3	392,6	11,4
Grossbritannien	92,5	5,5	122,7	6,9	215,2	6,2
Japan	84,9	5,0	109,3	6,2	194,2	5,6
Chile	75,4	4,5	91,5	5,1	166,9	4,8
Frankreich	113,5	6,7	63,9	3,6	177,4	5,1
Spanien	33,1	2,1	79,6	4,5	112,7	3,3
Holland	32,6	1,9	183,9	10,4	216,5	6,3
Summe der zehn Länder	1.341,4	79,6	1.320,3	74,5	2.661,7	77,0
Gesamter Aussenhandel	1.684,5	100,0	1.773,2	100,0	3.457,7	100,0

Quelle: Ministerio de Hacienda y Finanzas, Informe económico, II. Trim. 1971, S. 40/41.

Tabelle 24:

Lateinamerika: Intrazonaler Handel der ALALC-Länder, 1969 (in Mio. US-Dollar)

	Exporte	Importe	Gesamtvolumen	Anteil in %
Argentinien	370	384	754	30,1
Bolivien	12	24	36	1,4
Brasilien	248	280	528	21,1
Chile	114	218	332	13,2
Ecuador	27	36	63	2,5
Kolumbien	58	61	119	4,7
Mexiko	87	52	139	5,6
Paraguay	19	17	36	1,4
Peru	58	107	165	6,6
Uruguay	31	58	89	3,6
Venezuela	182	64	246	9,8
TOTAL ALALC	1.206	1.301	2.507	100,0

Quelle: OECEI, Mercado ALALC, fundamentos macroeconómicos para su evaluación, Buenos Aires 1971, Tabelle 46, S. 92.

Tabelle 25 :

Argentinien: Aussenhandel mit der nicht erweiterten EG 1962 - 1971 (in Mio. US-Dollar, in % der gesamten Ein- bzw. Ausfuhr)

Jahr	Bundesrepublik Deutschland				Frankreich				Italien			
	Importe	%	Exporte	%	Importe	%	Exporte	%	Importe	%	Exporte	%
1962	185,8	13,6	121,1	10,0	67,7	5,0	58,9	4,8	120,6	8,9	140,2	11,5
1963	106,4	10,8	93,6	6,9	38,9	4,0	59,0	4,3	127,5	13,0	213,3	15,6
1964	107,1	9,9	110,3	7,8	50,2	4,7	66,4	4,7	113,4	10,5	245,0	17,4
1965	110,4	9,2	99,2	6,6	46,4	3,9	55,5	3,7	79,9	6,7	238,8	16,0
1966	108,4	9,6	87,9	5,5	38,6	3,4	46,2	2,9	85,7	7,6	260,5	16,4
1967	112,0	10,2	79,3	5,4	35,2	3,2	53,4	3,6	79,3	7,2	228,7	15,6
1968	127,5	10,9	66,5	4,9	41,1	3,5	45,3	3,3	74,1	6,3	197,5	14,4
1969	173,7	11,0	73,5	4,6	51,3	3,3	60,9	3,8	105,9	6,7	229,5	14,2
1970	185,5	11,0	104,7	5,9	63,5	3,8	69,9	3,9	121,7	7,2	270,9	15,3
1971	218,1	11,7	114,9	6,6	56,8	3,0	73,2	4,2	119,5	6,4	260,6	15,0

Quelle: Ministerio de Hacienda y Finanzas, Informe económico, II. Trim. 1971, Tabelle 25, S. 40/41, aufgrund von Daten der INDEC.

	Belgien			Holland			Luxemburg		
Importe	%	Exporte	%	Importe	%	Exporte	%	Importe	%	Exporte	%
19,6	1,4	58,2	4,8	18,1	1,3	170,1	14,0	0,3	–	–	–
11,1	1,1	58,8	4,3	11,7	1,2	146,0	10,7	0,2	–	–	–
12,7	1,2	53,5	3,8	19,8	1,8	139,1	9,9	0,2	–	–	–
14,6	1,2	49,0	3,3	18,9	1,6	161,1	10,8	0,9	–	–	–
11,8	1,0	55,3	3,5	22,2	2,0	152,9	9,6	0,1	–	–	–
21,9	2,0	61,7	4,2	21,7	2,0	185,2	12,6	–	–	–	–
12,3	1,0	60,1	4,4	20,3	1,7	135,9	9,9	0,3	–	–	–
19,7	1,2	55,6	3,4	32,5	2,1	169,3	10,5	0,2	–	–	–
21,4	1,3	65,6	3,7	32,6	1,9	183,9	10,4	–	–	–	–
27,5	1,5	58,7	3,4	33,3	1,8	159,4	9,2	...	...	...	...

Tabelle 26:
Der schweizerisch-argentinische Aussenhandel 1967 - 1971
(in Millionen Schweizer Franken)

Einfuhr (Argentinien als Herstellerland)	1967	1968	1969	1970	1971
Fleisch	60,0	48,8	63,7	71,5	61,8
Därme	0,7	0,8	0,4	0,7	0,5
Frischobst	4,3	5,3	5,2	2,7	3,3
Weizen	13,1	1,9	8,0	2,2	0,3
Hafer	13,0	11,5	8,2	6,8	2,1
Mais	12,2	6,5	10,4	8,5	6,8
Hirse	1,3	2,7	7,7	1,8	2,3
Erdnussöl	-	0,2	0,1	11,3	11,1
Oelkuchenmehl	5,5	1,3	1,2	1,8	5,1
Rohtabak	0,8	0,8	0,9	0,7	1,0
Wolle, roh	1,6	0,6	0,2	1,9	1,8
Häute, Felle, Leder	2,9	1,2	2,1	1,5	1,1
Chemische Grundstoffe u. Verbindungen	0,7	0,3	0,7	1,6	0,7
Anderes	6,2	4,5	3,7	6,2	12,9
TOTAL	122,0	86,4	113,3	119,2	110,8

Ausfuhr (Argentinien als Verbrauchsland)	1967	1968	1969	1970	1971
Nichtelektrische Maschinen	14,9	42,2	42,8	48,2	58,2
Elektrische Maschinen u. Apparate	3,2	22,3	11,5	10,7	10,1
Optische u. feinmechanische Geräte	3,3	4,7	5,6	7,6	6,7
Uhren	37,2	43,1	54,2	54,3	37,0
Metallwaren	1,5	1,7	2,5	4,4	4,5
Autobusse, Lastwagen etc.	-	0,1	1,9	10,3	1,4
Farbstoffe	7,9	10,1	9,4	8,9	9,8
Pharmazeutika	4,9	6,3	8,3	8,6	8,6
Chemikalien, andere	27,0	26,6	35,8	40,2	42,0
Waffen und Munition	-	-	4,9	9,9	4,7
Anderes	5,5	5,6	7,0	6,3	7,4
TOTAL	105,4	162,7	184,1	209,4	190,6
Saldo	(16,6)	76,3	70,8	90,2	79,8

Quelle: Schweizerische Aussenhandelsstatistik, Jahresbericht, Bezugs- und Absatzländer, Erster Teil 1971, o.O.o.J., S. 203 f.

Tabelle 27 :

Argentinien: Struktur des landwirtschaftlichen Grundbesitzes: Fläche (1960)
(in 1000 ha, in %)

	TOTAL		bis 25 ha		über 25 ha bis 200 ha		über 200 ha bis 1000 ha		über 1000 ha bis 5000 ha		über 5000 ha	
	Fläche	%	Fläche	%	Fläche	%	Fläche	%	Fläche	%	Fläche	%
TOTAL	175.142,5	100,0	1.759,5	1,0	16.488,4	9,4	26.544,6	15,2	48.014,1	27,4	82.335,9	47,0
Pampa	61.125,2	100,0	535,4	0,9	10.805,4	17,7	18.084,9	29,6	18.908,4	30,9	12.791,1	20,9
Buenos Aires	26.654,2	100,0	292,2	1,1	4.221,0	15,9	9.256,3	34,7	9.013,0	33,8	3.871,7	14,5
Córdoba	11.754,3	100,0	101,5	0,9	2.943,8	25,0	4.543,7	38,7	2.542,5	21,6	1.622,8	13,8
La Pampa	11.362,8	100,0	11,8	0,1	404,6	3,5	1.659,4	14,6	4.348,1	38,3	4.938,9	43,5
Santa Fé	11.353,9	100,0	129,9	1,1	3.236,0	28,5	2.625,5	23,1	3.004,8	26,5	2.357,7	20,8
Cuyo	16.614,4	100,0	224,5	1,4	584,5	3,5	1.358,2	8,2	3.775,4	22,7	10.671,8	64,2
Mendoza	8.770,2	100,0	159,1	1,8	203,4	2,3	347,2	4,0	1.998,6	22,8	6.062,5	69,1
San Juan	2.105,5	100,0	48,4	2,3	80,1	3,8	59,4	2,8	72,2	3,4	1.845,4	87,7
San Luis	5.738,1	100,0	17,0	0,3	301,0	5,2	951,6	16,6	1.704,6	29,7	2.763,9	48,2
Mesopotamien	13.773,4	100,0	427,4	3,1	2.372,7	17,2	2.601,5	18,9	4.062,0	29,5	4.309,8	31,3
Corrientes	6.208,2	100,0	106,3	1,7	453,1	7,3	894,8	14,4	2.030,0	32,7	2.724,0	43,9
Entre Ríos	6.585,6	100,0	104,1	1,6	1.618,5	24,6	1.633,3	24,8	1.938,7	29,4	1.291,0	19,6
Misiones	979,6	100,0	217,0	22,2	301,1	30,7	73,4	7,5	93,3	9,5	294,8	30,1
Chaco	14.462,6	100,0	287,2	2,0	1.914,6	13,2	2.005,0	13,9	5.543,1	38,3	4.712,7	32,6
Chaco	5.055,9	100,0	105,2	2,1	1.312,1	26,0	664,1	13,1	1.606,3	31,8	1.368,2	27,0
Formosa	4.992,1	100,0	60,5	1,2	146,4	2,9	402,0	8,1	2.687,5	53,8	1.695,7	34,0
Santiago del Estero	4.414,6	100,0	121,5	2,8	456,1	10,3	938,9	21,3	1.249,2	28,3	1.648,8	37,3
Nordwesten	13.299,3	100,0	214,4	1,6	611,2	4,6	1.774,4	11,1	3.987,7	30,0	7.011,6	52,7
Catamarca	1.434,0	100,0	30,2	2,1	84,2	5,9	203,2	14,2	568,7	39,6	547,7	38,2
La Rioja	1.342,5	100,0	18,1	1,3	53,6	4,0	152,8	11,4	396,8	29,6	721,2	53,7
Jujuy	2.118,7	100,0	21,6	1,0	118,7	5,6	377,4	17,8	792,8	37,4	808,6	38,2
Salta	6.689,3	100,0	26,6	0,4	115,5	1,7	498,8	7,5	1.856,6	27,7	4.191,8	62,7
Tucumán	1.714,8	100,0	118,3	6,9	239,2	14,0	242,2	14,1	372,8	21,7	742,3	43,3
Patagonien	55.867,6	100,0	70,6	0,1	200,0	0,4	1.020,6	1,8	11.737,5	21,0	42.838,9	76,7
Chubut	18.230,5	100,0	12,4	0,1	62,3	0,3	301,0	1,7	5.179,9	28,4	12.674,9	69,5
Neuquén	3.392,1	100,0	12,8	0,4	62,0	1,8	394,2	11,6	972,8	28,7	1.950,3	57,5
Río Negro	12.097,4	100,0	44,4	0,4	72,7	0,6	316,8	2,6	5.018,5	41,5	6.645,0	54,9
Santa Cruz	21.130,1	100,0	1,0	-	3,0	-	7,8	-	545,9	2,6	20.572,4	97,4
Tierra del Fuego	1.017,5	100,0	-	-	-	-	0,8	0,1	20,4	2,0	996,3	97,9

Anmerkung: Obige Zoneneinteilung entspricht nicht den Entwicklungszonen des CONADE.

Quelle: OECEI, Argentina económica y financiera, Buenos Aires 1966, S. 111, aufgrund von Daten der Landwirtschaftszählung 1960.

Tabelle 27a:

Argentinien: Struktur des landwirtschaftlichen Grundbesitzes: Anzahl Betriebe, 1960 (in %)

	TOTAL Anzahl	%	bis 25 ha Anzahl	%	25 bis 200 ha Anzahl	%	200 bis 1000 ha Anzahl	%	1000 bis 5000 ha Anzahl	%	über 5000 ha Anzahl	%	keine Angaben Anzahl	%
TOTAL	471.756	100,0	181.404	38,4	186.258	39,5	63.153	13,4	20.697	4,4	5.661	1,2	14.583	3,1
Pampa	218.474	100,0	47.748	21,8	113.013	51,7	45.067	20,6	8.867	4,1	1.236	0,6	2.543	1,2
Buenos Aires	101.493	100,0	26.794	26,4	46.443	45,8	21.932	21,6	4.476	4,4	449	0,4	1.399	1,4
Córdoba	50.492	100,0	8.886	17,6	27.214	53,9	12.534	24,9	1.273	2,5	173	0,3	412	0,8
La Pampa	10.222	100,0	1.006	9,8	3.254	31,8	3.768	36,9	1.715	16,8	434	4,3	45	0,4
Santa Fé	56.267	100,0	11.062	19,7	36.102	64,2	6.833	12,1	1.403	2,5	180	0,3	687	1,2
Cuyo	44.770	100,0	31.399	70,1	7.699	17,2	2.759	6,2	1.437	3,2	536	1,2	940	2,1
Mendoza	25.843	100,0	20.670	80,0	3.220	12,5	626	2,4	655	2,5	322	1,2	350	1,4
San Juan	10.798	100,0	9.079	84,1	1.228	11,4	151	1,4	34	0,3	19	0,2	287	2,6
San Luis	8.129	100,0	1.650	20,3	3.251	40,0	1.982	24,4	748	9,2	195	2,4	303	3,7
Mesopotamien	73.149	100,0	31.946	43,7	31.404	43,0	6.179	8,4	1.900	2,6	411	0,5	1.309	1,8
Corrientes	21.153	100,0	11.315	53,5	5.919	28,0	1.886	8,9	920	4,4	261	1,2	852	4,0
Entre Ríos	32.676	100,0	7.530	23,0	19.600	60,0	4.097	12,5	930	2,9	132	0,4	387	1,2
Misiones	19.320	100,0	13.101	67,8	5.885	30,5	196	1,0	50	0,2	18	0,1	70	0,4
Chaco	66.157	100,0	29.893	45,2	23.534	35,6	4.308	6,5	2.560	3,9	348	0,5	5.514	8,3
Chaco	26.853	100,0	7.950	29,6	15.961	59,4	1.510	5,6	748	2,8	80	0,3	604	2,3
Formosa	11.158	100,0	6.179	55,4	2.111	18,9	745	6,7	1.273	11,4	135	1,2	715	6,4
Santiago del Estero	28.146	100,0	15.764	56,0	5.462	19,4	2.053	7,3	539	1,9	133	0,5	4.195	14,9
Nordwesten	48.661	100,0	32.908	67,6	8.139	16,7	2.962	6,1	1.680	3,5	394	0,8	2.578	5,3
Catamarca	7.789	100,0	5.761	74,0	1.070	13,7	400	5,1	238	3,1	44	0,6	276	3,5
Jujuy	5.802	100,0	2.787	48,0	1.388	23,9	764	13,2	330	5,7	41	0,7	492	8,5
La Rioja	6.583	100,0	4.407	66,9	638	9,7	315	4,8	167	2,5	43	0,7	1.013	15,4
Salta	7.509	100,0	3.700	49,3	1.362	18,1	909	12,1	770	10,3	205	2,7	563	7,5
Tucumán	20.978	100,0	16.253	77,5	3.681	17,6	574	2,7	175	0,8	61	0,3	234	1,1
Patagonien	20.545	100,0	7.510	36,6	2.469	12,0	1.878	9,1	4.253	20,7	2.736	13,3	1.699	8,3
Chubut	5.514	100,0	1.035	18,8	823	14,9	539	9,8	1.793	32,5	960	17,4	364	6,6
Neuquén	4.079	100,0	1.668	40,9	626	15,3	755	18,5	397	9,7	100	2,5	533	3,1
Río Negro	9.411	100,0	4.702	50,0	977	10,4	565	6,0	1.906	20,2	509	5,4	752	8,0
Santa Cruz	1.489	100,0	105	7,1	43	2,9	18	1,2	152	10,2	1.123	75,4	48	3,2
Tierra del Fuego	52	100,0	-	-	-	-	1	1,9	5	9,6	44	84,7	2	3,8

Anmerkung: Obige Zoneneinteilung entspricht nicht den Entwicklungszonen des CONADE.

Quelle: OECEI, Argentina económica y financiera, Buenos Aires 1966, S. 110, aufgrund von Daten der Landwirtschaftszählung 1960.

Tabelle 27b:

Argentinien: Struktur des landwirtschaftlichen Grundbesitzes: Betriebsformen (1960)

Provinz	Anzahl Betriebe	Gesamtfläche in 1000 ha	bewirtschaftet durch Eigentümer in 1000 ha	%	bewirtschaftet durch Pacht in 1000 ha	%	übrige Bewirtschaftungsformen 1) in 1000 ha	%
Buenos Aires	101.493	26.654,1	16.407,9	61,6	7.200,8	27,0	3.045,6	11,4
Catamarca	7.789	1.434,0	952,1	66,4	93,7	9,8	388,2	23,8
Córdoba	50.492	11.754,3	7.611,5	64,8	2.671,4	22,7	1.471,4	12,5
Corrientes	21.153	6.208,2	4.599,9	74,1	603,0	9,7	1.005,3	16,2
Chaco	26.853	5.055,9	2.336,9	46,2	247,0	4,9	2.472,0	48,9
Chubut	5.514	18.230,5	7.774,5	42,6	359,5	2,0	10.096,5	55,4
Entre Ríos	32.676	6.585,6	4.563,9	69,3	1.263,2	19,2	758,5	11,5
Formosa	11.158	4.992,1	790,2	15,8	172,5	3,5	4.029,4	80,7
Jujuy	5.802	2.118,7	898,1	42,4	112,4	5,3	1.108,2	52,3
La Pampa	10.222	11.362,8	6.859,7	60,4	2.435,8	21,4	2.067,3	18,2
La Rioja	6.583	1.342,5	988,6	73,6	60,0	4,5	293,9	21,9
Mendoza	25.843	8.770,8	4.148,8	47,3	2.089,5	23,8	2.533,2	28,9
Misiones	19.320	979,6	725,4	74,0	8,5	0,9	245,7	25,1
Neuquén	4.079	3.392,2	1.545,7	45,6	209,0	6,2	1.637,5	48,2
Río Negro	9.411	12.097,4	3.999,0	33,0	849,1	7,0	7.249,3	60,0
Salta	7.509	6.689,4	4.298,6	64,4	939,4	14,1	1.451,4	21,5
San Juan	10.798	2.105,5	1.932,6	91,8	35,9	1,7	137,0	6,5
San Luis	8.129	5.738,1	4.156,8	72,4	409,0	7,1	1.172,3	20,5
Santa Cruz	1.489	21.130,1	15.738,6	74,5	222,4	1,1	5.169,1	24,4
Santa Fé	56.267	11.359,9	7.922,0	69,8	2.204,5	19,4	1.227,4	10,8
Santiago del Estero	28.146	4.414,7	2.598,7	58,9	419,1	9,5	1.396,9	31,6
Tierra del Fuego	52	1.017,5	985,4	96,8	13,7	1,3	18,4	1,9
Tucumán	20.976	1.714,8	1.374,2	80,1	59,6	3,5	281,0	16,4
TOTAL	471.756	175.142,6	103.219,1	58,9	22.679,3	12,9	49.244,2	28,2

1) z.B. Fiskalland, Gratisnutzung

Quelle: Censo Nacional Agropecuario 1960, Tomo I, Tabelle 1, S. 1.

Tabelle 28:

Argentinien: Verwendung des landwirtschaftlichen Bodens

Nutzungsart	1000 Hektaren	%
Saisonale Kulturen	12.270,8	7,0
Ganzjahreskulturen	1.205,1	0,7
Weiden, bepflanzt mit Futtergetreide (z.B. Luzerne)	13.947,1	7,9
Natürliche Weiden, Steppen	110.406,2	63,0
Wälder	21.839,0	12,5
ungenutzte Fläche	15.474,4	8,9
TOTAL	175.142,6	100,0

Quelle: Jorge Quargnolo, Atlas del potencial argentino, Buenos Aires 1972, apendice estadístico, Tabelle 25, S. 16, aufgrund von Daten des Censo Agropecuario Nacional 1960.

Tabelle 28a :

Argentinien: Verwendung des landwirtschaftlich nutzbaren Bodens (nach Entwicklungsregionen des CONADE bzw. Provinzen)

	Fläche in 1000 ha	Nutzung in % Ackerbau u.a. Kulturen	Viehwirtschaft	Rinder in 1000	Schafe in 1000
A. Nach Entwicklungsregionen					
Patagonien	40.378,0	-	91,5	108,1	13.414,8
Comahue	33.785,9	8,5	73,8	4.760,5	14.244,4
Cuyo	10.876,4	3,0	65,8	214,8	420,5
Zentrum	18.834,9	13,2	66,3	7.261,7	1.641,3
Nordwesten	16.371,5	3,8	44,5	1.747,7	1.669,0
Nordosten	20.917,7	5,5	57,7	6.060,4	2.469,7
Pampa	33.625,3	17,8	69,1	23.069,0	14.574,7
Gross-Buenos Aires	352,9	12,4	74,3	298,3	22,2
B. Nach Provinzen					
Buenos Aires	26.654,1	19,3	72,0	17.517,8	19.044,5
Catamarca	1.134,0	1,2	67,9	151,4	132,4
Córdoba	11.754,3	19,7	63,4	6.195,7	1.218,4
Corrientes	6.208,2	3,4	73,8	2.887,9	2.169,7
Chaco	5.055,9	10,7	43,4	1.094,3	155,9
Chubut	18.230,5	0,1	92,4	85,7	5.661,6
Entre Ríos	6.585,6	13,8	59,7	3.424,7	2.182,8
Formosa	4.992,1	1,5	54,0	1.058,7	73,0
Jujuy	2.118,7	2,8	63,2	91,4	458,9
La Pampa	11.362,8	9,9	62,0	1.961,6	3.553,9
La Rioja	1.342,5	9,9	68,7	169,4	65,7
Mendoza	8.770,8	3,0	69,4	184,4	361,0
Misiones	979,6	20,9	19,4	130,9	6,5
Neuquén	3.392,2	0,3	89,6	131,3	680,7
Río Negro	12.097,4	0,4	86,0	140,1	3.131,7
Salta	6.689,4	1,9	36,4	593,9	335,6
San Juan	2.105,5	2,9	50,4	30,3	59,6
San Luis	5.738,1	2,7	71,5	896,6	357,2
Santa Cruz	21.130,1	-	91,3	18,3	7.037,3
Santa Fé	11.353,9	15,6	63,2	5.841,1	312,5
Santiago del Estero	4.414,7	2,7	45,9	676,7	641,4
Tierra del Fuego	1.017,5	-	77,7	4,1	715,9
Tucumán	1.714,8	16,9	28,9	234,4	100,7
TOTAL	175.142,6	7,7	71,0	43.520,5	48.456,7

Quelle: Jorge Quargnolo, Atlas del potencial argentino, Buenos Aires 1972, apendice estadístico, Tabelle 24, S. 16, aufgrund von Daten der Landwirtschaftszählung 1960.

Tabelle 29 :

Durchschnittliche Hektarerträge einiger landwirtschaftlicher Güter in verschiedenen Ländern, 1971 (Kilo pro Hektar)

	Weizen	Mais	Sorghum	Reis	Zucker[1]	Baumwolle	Tabak
Argentinien	1.390	2.440	2.000	3.730	506	240	910
Brasilien	1.030	1.460	-	1.400	462	210	1.000
Mexiko	2.680	1.190	2.500	2.550	623	780	1.840
USA	2.280	5.450	3.380	5.200	921	490	2.350
Kanada	1.830	5.090	...	-	-	-	2.530
Italien	2.550	4.780	2.960	5.100	-	230	1.800
Schweiz	3.580	6.080	-	-	-	-	2.720
BRD	4.620	5.110	-	-	-	-	2.260
Südafrika	1.120	1.430	1.370	...	652	200	760
Indien	1.300	1.200	470	1.710	485	140	790
Japan	2.650	3.000	1.140	5.250	627	...	2.280
Australien	1.180	2.910	2.280	7.380	639	590	1.760

	Kartoffeln	Aepfel[2]	Weintrauben[2][3]	Orangen[2]	Soja
Argentinien	11.000	424	2.250	1.203	1.620
Brasilien	7.200	15	330	3.400	1.320
Mexiko	11.400	170	20	1.020	2.000
USA	25.700	2.791	1.667	7.900	1.850
Kanada	19.500	378	54	-	1.880
Italien	13.700	1.719	10.120	1.774	2.130
Schweiz	32.000	430	165	-	-
Frankreich	24.200	2.886	11.104	6	-
BRD	27.400	1.887	1.266	-	-
Israel	26.000	60	37	900	-
Australien	17.000	452	341	275	750

1) Zuckerrohr
2) Produktion in 1.000 Tonnen
3) 1970

Anmerkung: Die Daten sind zum Teil Schätzungen der FAO.

Quelle: FAO, Production Yearbook, Vol. 25, Rom 1972

Tabelle 29a:

Argentinien: Produktion, Konsum und Export von Mais 1950/51 - 1972/73

Ernte	Produktion in 1000 to	Lagerbestand vom Vorjahr in 1000 to	Export in 1000 to	geschätzter Konsum inkl. Saatgut in 1000 to	neuer Lagerbestand in 1000 to	Ertrag pro Hektare kg
1950/51	2.670	91	480	1.973	308	1.558
51/52	2.040	308	633	1.591	124	1.425
52/53	3.550	124	1.150	2.434	90	1.507
53/54	4.450	90	2.050	2.426	64	1.843
54/55	2.566	64	268	2.193	149	1.367
55/56	3.870	149	1.206	2.701	112	1.727
56/57	2.698	112	793	1.860	158	1.378
57/58	4.806	158	2.093	2.767	104	1.963
58/59	4.932	104	2.728	2.833	275	2.089
59/60	4.108	275	2.068	2.291	24	1.701
1960/61	4.850	24	1.838	2.749	15	1.767
61/62	5.220	15	2.889	2.329	21	1.894
62/63	4.360	21	2.590	1.725	60	1.648
63/64	5.350	60	3.442	1.950	24	1.801
64/65	5.140	24	2.688	2.451	25	1.678
65/66	7.040	25	4.022	3.023	14	2.105
66/67	8.510	14	4.128	4.364	33	2.466
67/68	6.560	33	3.442	3.138	12	1.942
68/69	6.860	12	3.953	2.969	8	1.929
69/70	9.360	8	5.463	3.896	...	2.324
1970/71	9.930	...	6.000	3.900	...	2.442
71/72	5.860	...	...	...	...	1.320
72/73	9.600	...	...	...	...	...

Anmerkung: Bei den Zahlen ab 1969/70 handelt es sich um Schätzungen.

Quelle: Daten der Junta Nacional de Granos (Staatliche Getreidekommission) verwendet in: CONADE, Resumen del diagnóstico del sector agropecuario, Buenos Aires 1968, Tomo II, Tabelle D.3; INDEC, Boletín de Estadística, verschiedene Ausgaben; Ministerio de Hacienda y Finanzas, Informe económico, II. Trim. 1971; Junta Nacional de Granos, Boletín mensual, No. 75, Septiembre 1969, S. 8; U.S. Department of Agriculture, Argentina: Growth Potential of the Grain and Livestock Sectors, Washington, May 1972, S. 113; La Nación, 9.8.1972, S. 20; AT, 15.3.1973.

Tabelle 29b :

Argentinien: Produktion, Konsum und Export von Weizen 1950/51 - 1972/73

Ernte	Produktion in 1000 to	Lagerbestand vom Vorjahr in 1000 to	Export in 1000 to	geschätzter Konsum inkl. Saatgut, in 1000 to	neuer Lagerbestand in 1000 to	Ertrag pro Hektare kg
1950/51	6.796	609	2.585	2.218	702	1.106
51/52	2.100	702	118	2.674	218	766
52/53	7.634	218	2.248	4.095	1.509	1.368
53/54	6.200	1.509	2.967	3.133	1.609	1.241
54/55	7.690	1.609	3.560	3.531	2.208	1.408
55/56	5.250	2.208	2.628	3.604	1.226	1.293
56/57	7.100	1.226	2.701	4.071	1.554	1.317
57/58	5.810	1.554	1.974	3.969	1.421	1.322
58/59	6.720	1.421	2.628	4.107	1.405	1.282
59/60	5.837	1.405	2.432	3.618	1.192	1.333
1960/61	4.200	1.192	1.083	3.546	764	1.160
61/62	5.725	764	2.730	3.516	243	1.295
62/63	5.700	243	1.856	3.584	504	1.522
63/64	8.940	504	3.483	3.748	2.213	1.575
64/65	11.260	2.213	6.403	3.729	3.340	1.835
65/66	6.079	3.340	5.539	3.705	175	1.281
66/67	6.247	175	2.202	4.109	245	1.198
67/68	7.320	245	2.262	4.329	1.008	1.260
68/69	5.740	1.008	2.461	4.368	312	983
69/70	7.020	312	2.266	4.289	777	1.352
1970/71	4.750	777	700	4.050	277	1.275
71/72	5.440	277	...	...	...	1.267
72/73	8.100	...	...	...	...	...

Anmerkung: Bei den Zahlen ab 1969/70 handelt es sich um Schätzungen.

Quelle: Daten der Junta Nacional de Granos (Staatliche Getreidekommission) verwendet in: CONADE, Resumen del diagnóstico del sector agropecuario, Buenos Aires 1968, Tomo II, Tabelle D. 3; INDEC, Boletín de Estadística, verschiedene Ausgaben; Ministerio de Hacienda y Finanzas, Informe económico, II. Trim. 1971; Junta Nacional de Granos, Boletín mensual, No. 75, Septiembre 1969, S. 8; U.S. Department of Agriculture, Argentina: Growth Potential of the Grain and Livestock Sectors, Washington, May 1972, S. 113; La Nación, 9.8.1972, S. 20; AT, 15.3.1973.

Tabelle 30 :
Argentinien: Produktion, Konsum und Export von Rindfleisch 1950-1972

Jahr	Produktion in 1000 to	Schlacht-rate 1) %	Konsum in 1000 to	%	Export in 1000 to	%	Pro-Kopf-Konsum kg
1950-54 [2)]	1.858,4	20	1.573,9	84,7	284,5	15,3	90,8
1955-59 [2)]	2.313,5	25	1.760,0	76,1	553,5	23,9	93,2
1960	1.892,8	25	1.507,9	79,7	384,9	20,3	75,7
61	2.145,1	24	1.749,0	81,5	396,1	18,5	86,4
62	2.378,8	28	1.833,6	77,1	545,2	22,9	89,2
63	2.605,3	32	1.873,7	71,9	731,6	28,1	89,7
64	2.019,2	...	1.434,7	71,0	584,5	29,0	67,6
65	1.995,0	19	1.493,0	74,8	502,0	25,2	69,3
66	2.387,0	23	1.801,0	75,5	586,0	24,5	79,3
67	2.570,0	24	1.890,0	73,5	680,0	26,5	82,1
68	2.561,3	25	1.953,9	76,3	607,4	23,7	86,6
69	2.882,9	29	2.115,0	73,4	767,9	26,6	92,3
1970	2.624,0	26	1.956,0	74,5	668,0	25,5	84,0
71	2.017,0	...	1.523,0	75,5	494,0	24,5	64,5
72	2.203,0	...	1.495,0	67,9	708,0	32,1	62,0 [3)]

1) in % des Viehbestandes (Schätzungen)
2) Durchschnitt der 5 Jahre
3) Schätzung des Verfassers

Quellen: Daten der Junta Nacional de Carnes (Staatliche Fleischkommission) verwendet in: CONADE, Resumen del diagnóstico del sector agropecuario, Buenos Aires 1968, Tomo II, Tabelle D. 4; U.S. Department of Agriculture Argentina: Growth Potential of the Grain and Livestock Sectors, Washington May 1972, S. 115; AT, 28.1.1973; JNC, Boletín semanal, No. 36, 26.5.1972, S. 30.

Tabelle 31 :

Argentinien: Verbrauch von Agrochemikalien, 1960 - 1970 (in Tonnen)

		1960	1965	1970
1. a)	Insektizide,	1.532	7.385	7.780
	lokal	1.109	5.560	4.625
	importiert	423	1.825	3.155
b)	Fungizide	2.236	4.417	4.697
	lokal	2.026	3.580	3.005
	importiert	210	837	1.692
c)	Herbizide	1.052	2.126	6.157
	lokal	880	1.765	5.210
	importiert	172	361	947
d)	Total	4.820	13.928	18.634
	lokal	4.015	10.905	12.840
	importiert	805	3.023	5.794
2. Kunstdünger		16.000	46.600	74.400

Quelle: The Review of the River Plate, Vol. CLIII, No. 3842,
January 10, 1973, S. 20, aufgrund von Daten des
Ministerio de Agricultura y Ganadería (Landwirtschars-
ministerium) und des INTA (Staatliches Institut für
Landwirtschaftstechnologie).

Tabelle 31a :

Argentinien: Geschätzter Düngerverbrauch, 1968

Kultur	gedüngte Fläche in 1000 Hektaren	in % der gesamten Aussaat
1. Intensivkulturen		
Zuckerrohr	110	60.0
Tabak	20	32.0
Weinreben	75	26.0
Aepfel und Birnen	30	40.0
Zitrusfrüchte	32	25.0
Andere Früchte	10	20.0
Kartoffeln	5	33.0
Zwiebeln	15	66.0
Andere Gemüse	30	25.0
2. Extensivkulturen		
Weizen	60	1.0
Mais	10	0.2
Weideland	50	0.6

Quelle: CONADE, Plan Nacional de Desarrollo 1970-74, Proyecto de la Secretaría, Vol. 3, Sector agropecuario, Buenos Aires 1970, S. 59, zit. in: U.S. Department of Agriculture, Argentina: Growth Potential of the Grain and Livestock Sectors, Washington, May 1972, S. 42.

Tabelle 31b :

Kosten für Dünger in verschiedenen Ländern, ausgedrückt in Kilo Dünger, welche zum Preis einer Tonne Weizen erworben werden können.

Land	Stickstoff (N)	Phosphate (P_2O_5)	Kalium (K_2O)
Argentinien	174	187	300
USA	249	299	561
Australien	299	488	543
Italien	462	647	1.059

Quelle: Wie Tabelle 31a , S. 61.

Tabelle 31c:

Argentinien: Kapazität und Auslastung in der Landwirtschaftsmaschinen-industrie, 1968

Gerät	Anzahl Hersteller	Jahreskapazität, Einheiten	Produktion pro Jahr	Auslastung %
Traktoren	4	22.000	9.800	45
Erntemaschinen	19	3.500	1.600	46
Sämaschinen	63	12.000	7.200	60
Pflüge	66	18.000	6.000	33
Eggen	54	10.000	8.000	80
Trockner	10	700	350	50
Silos	38	20.000	6.000	30
Spritzgeräte	40	10.000	8.000	80
Melkmaschinen	5	2.500	1.250	50

Quelle: Wie Tabelle 31a, S. 57.

Tabelle 31d:

Anschaffungspreis für einen Traktor in verschiedenen Ländern, ausgedrückt in Dollar, Weizen (Tonnen) und Rindvieh (Stück)[1]

Land	Dollar	Weizen	Rindvieh
Argentinien	6.165	143.3	31.5
USA	4.495	74.9	9.2
Bundesrepublik Deutschland	4.247	39.3	6.1
Australien	4.048	64.3	...

1) Argentinien: Preise von 1969
   übrige Länder: Preise von 1965

Quelle: Wie Tabelle 31a, S. 61.

Tabelle 32 :

Argentinien: Terms of Trade für die Landwirtschaft, 1959 - 1969
(1959-61 = 100)

Jahr	$\dfrac{\text{Preis der Inputs}}{\text{Preis für Weizen}} \times 100$	$\dfrac{\text{Preis der Inputs}}{\text{Preis für Vieh}} \times 100$
1959	122	94
1960	95	97
1961	82	110
1962	76	115
1963	69	101
1964	77	74
1965	115	81
1966	107	108
1967	93	115
1968	101	116
1969	103	125

Quelle: Secretaría de Estado de Agricultura y Ganadería, Evolución de precios de insumos agropecuarios relativos a carne vacuna, trigo, 1959-69, Buenos Aires 1970 (Vervielfältigt).

Tabelle 33:
Argentinien: Entwicklung des Produktionsvolumens 1961 - 1970 (Indexbasis 1960 = 100)

	1961	1962	1963	1964	1965	1966	1967	1968	1969	1970
TOTAL	107,1	105,3	102,8	113,5	123,9	124,8	127,9	133,8	144,4	150,3
1. Landwirtschaft, Forstwirtschaft, Fischerei	99,3	103,4	105,4	112,7	119,4	114,9	119,9	115,2	120,0	121,8
2. Bergbau	130,8	147,3	146,8	149,5	155,1	163,7	183,5	206,2	216,5	237,9
3. Verarbeitende Industrie	110,0	103,9	98,7	118,4	134,8	136,0	137,9	147,4	163,7	172,0
- Nahrungsmittel	105,3	109,9	112,0	114,5	122,9	130,5	136,1	140,3	145,8	...
- Textil	102,3	83,1	78,5	95,2	109,6	106,4	105,5	111,2	115,9	...
- Holz	118,6	110,4	100,8	115,7	129,9	137,2	126,7	135,8	144,1	...
- Papier, Druck	117,9	108,6	104,3	116,1	138,9	146,0	139,3	149,5	160,8	...
- Chemie inkl. Derivate Petrochemie	113,3	113,8	112,8	136,3	156,7	159,8	162,2	175,8	202,6	...
- Metall (Roh)	120,4	111,0	114,1	159,2	180,2	166,9	171,5	206,9	230,5	...
- Metall, Maschinen, Einrichtungen	113,9	105,7	96,0	124,8	145,2	143,6	144,6	153,8	181,8	...
4. Elektrizität, Gas, Wasser	120,0	136,7	144,8	159,3	183,5	197,9	212,6	229,8	252,7	274,4
5. Bauindustrie	105,8	95,2	89,3	94,9	95,7	103,1	115,7	136,3	146,4	166,6
- privat	...	...	...	...	112,8	125,2	135,0	154,3	162,8	...
- öffentlich	...	...	...	...	77,4	79,4	95,0	116,9	128,7	...
6. Handel	111,2	106,8	98,1	107,2	118,2	117,8	118,9	125,4	138,4	141,2
- Grosshandel	114,8	109,6	94,6	105,6	116,1	113,6	114,0	121,5	137,3	...
- Detailhandel	109,6	105,1	100,9	109,4	122,2	123,5	125,3	131,7	144,4	...
7. Transport- und Fernmeldewesen	106,6	102,7	100,1	110,9	121,1	121,1	122,3	128,9	136,2	142,2
8. Banken, Versicherungen	103,1	106,0	107,7	109,3	113,4	116,8	119,9	125,1	131,3	136,3
9. Uebrige Dienstleistungen	103,5	106,6	109,3	113,2	117,7	122,0	124,8	128,0	131,6	135,3

Quelle: BCRA, Origen del producto y distribución del ingreso, años 1950 - 1969, Buenos Aires, Enero 1971, S. 33; Boletín Estadístico del BCRA, Febrero 1972.

Tabelle 33a :

Argentinien: Entwicklung des Wertzuwachses im industriellen Sektor 1960 - 1970
(in Mio. Pesos zu konstanten Preisen von 1960)

	1960	1961	1962	1963	1964	1965	1966	1967	1968	1969	1970
Konsumgüter	1.203	1.267	1.185	1.168	1.281	1.430	1.467	1.486	1.551	1.621	1.648
Nahrungsmittel, Getränke, Tabak	575	605	632	644	658	706	750	782	806	838	837
Textil, Bekleidung, Leder	505	517	420	396	481	554	538	533	562	586	597
Papier, Druck, Verlagswesen	123	145	133	128	142	170	179	171	183	197	214
Zwischenprodukte	479	546	543	534	641	736	753	757	820	938	1.051
Holz und Holz- produkte	57	67	62	57	65	74	78	72	77	82	82
Chemikalien, Erdöl, Gummi, Kunststoffe, etc.	422	479	481	477	576	662	675	685	743	856	969
Kapitalgüter	1.049	1.200	1.119	1.029	1.327	1.542	1.525	1.546	1.689	1.959	2.073
Nicht-metallische Minerale	122	136	133	118	129	155	166	173	201	216	225
Grundmetalle	117	141	130	139	187	211	196	201	242	270	309
Metallische Güter, Maschinen, Einrich- tungen	810	923	856	778	1.011	1.176	1.163	1.172	1.246	1.473	1.539
Uebrige	147	153	144	139	159	171	170	179	181	192	177
TOTAL	2.878	3.166	2.991	2.870	3.408	3.879	3.915	3.968	4.241	4.710	4.949

Quelle: Für 1960 - 1969: wie Tabelle 8 ; für 1970: noch nicht publizierte Berechnungen der Zentralbank.

Tabelle 33b:

Argentinien: Struktur des Wertzuwachses im industriellen Sektor
1960 - 1970, in %

	1960	1966	1970
Konsumgüter	41.8	37.5	33.3
Nahrungsmittel, Getränke, Tabak	20.0	19.2	16.9
Textil, Bekleidung, Leder	17.5	13.7	12.0
Papier, Druck, Verlagswesen	4.3	4.6	4.4
Zwischenprodukte	16.7	19.2	21.2
Holz und Holzprodukte	2.0	2.0	1.6
Chemikalien, Erdöl, Gummi, Kunststoffe etc.	14.7	17.2	19.6
Kapitalgüter	36.4	38.9	41.9
Nichtmetallische Minerale	4.2	4.2	4.6
Grundmetalle	4.1	5.0	6.2
Metallische Güter, Maschinen, Einrichtungen	28.1	29.7	31.1
Uebrige	5.1	4.4	3.6
TOTAL	100.0	100.0	100.0

Quelle: Für 1960 - 1969: wie Tabelle 33a ; für 1970: noch nicht publizierte Berechnungen der Zentralbank.

Tabelle 33c:
Argentinien: Die 100 umsatzgrössten Konzerne und Unternehmungen (ohne Banken und Versicherungen)

Rang	Unternehmung/Konzern	Branche	Kapital	Umsatz 1971 Mio. Pesos
1	Yacimientos Petrolíferos Fiscales (YPF)	Erdöl	Staat	3.300,0
2	Bunge & Born (Konzern)	Industrie/Handel	Argentinien	1.747,7
3	FIAT (Konzern)	Kraftwagen	Italien	1.428,7
4	Shell	Erdöl	Holland/England	1.071,1
5	SEGBA	Elektrizität	Staat	991,9
6	ENTel	Verbindungen	Staat	945,0
7	ESSO	Erdöl	USA	911,7
8	Ferrocarriles Argentinos	Eisenbahnen	Staat	910,0
9	Ford	Kraftwagen	USA	863,6
10	SOMISA	Stahl	Staat	820,0
11	Techint (Konzern)	Stahl/Metall	Argentinien/Italien	816,2
12	Gas del Estado	Gas	Staat	793,7
13	General Motors	Kraftwagen	USA	627,0
14	CAP	Fleisch	Staat	600,4
15	La Plata Cereal (Konzern)	Industrie/Getreide	Schweiz	582,0
16	Nobleza	Zigaretten	England	580,2
17	IKA-Renault	Kraftwagen	Frankreich/Argentinien	562,4
18	Agua y Energía Eléctrica	Elektrizität, Bewässerung	Staat	531,5
19	Compañía Continental	Getreide/Industrie	Frankreich/Argentinien	503,7
20	Safrar (Peugeot)	Kraftwagen	Frankreich	501,2
21	Aerolíneas Argentinas	Lufttransport	Staat	417,6
22	Acindar	Stahl	Argentinien	378,3
23	Chrysler-Fevre	Kraftwagen	USA/Argentinien	359,7
24	Mercedes-Benz	Kraftwagen	Deutschland	355,1
25	CIAE (Konzern)	Elektrizität/Erdöl, Handel	Schweiz/Argentinien	351,0

26	Alpargatas	Textil	Argentinien	331,7
27	Imparciales/Particulares	Zigaretten	Argentinien/Deutschland	330,8
28	Good Year	Autoreifen	USA	326,3
29	Fabricaciones Militares (Konz.)	Chemie, Metall	Staat	323,0
30	Ducilo	Chemie	USA	307,2
31	Celulosa Argentina	Papier	Argentinien	302,4
32	Pirelli	Gummi, Kabel	Italien/Argentinien	299,7
33	SanCor (Genossenschaft)	Milch	Argentinien	291,7
34	Siam di Tella (Konzern)	Metall	Argentinien/Staat	284,3
35	Duperial	Chemie	England	283,3
36	Tornquist (Konzern)	Industrie	Argentinien/Luxemburg	279,7
37	ELMA	Schiffahrt	Staat	272,8
38	Cargill (Insa)	Tierfutter	USA	269,8
39	Standard Electric	Verbindungsmaterial	USA	268,4
40	Olivetti	Büromaschinen	Italien	261,1
41	Massalin & Celasco	Zigaretten	USA	258,4
42	Loma Negra	Zement	Argentinien	251,3
43	Santa Rosa	Stahl	Frankreich/Argentinien	244,3
44	Firestone	Autoreifen	USA	237,3
45	Sasetru	Nahrungsmittel	Argentinien	236,4
46	Nestlé	Nahrungsmittel	Schweiz	232,2
47	Philips	Metallindustrie	Holland	231,5
48	Refinerías de Maíz	Tierfutter	USA	211,3
49	IBM	Büromaschinen	USA	206,8
50	Citroën	Kraftwagen	Frankreich	206,6
51	Gurmendi	Stahl	Argentinien	200,0
52	Giol	Wein	Staat	200,0
53	SADE	Bau	Argentinien/Italien/USA	187,7
54	Siemens	Verbindungsmaterial	Deutschland	185,8
55	Piccardo	Zigaretten	Argentinien	184,4
56	Ledesma	Zucker, Papier	Argentinien	182,1
57	FATE	Autoreifen	Argentinien	180,5

58	Frigoríficos Argentinos (FASA)	Fleisch	Argentinien	174,9
59	Lever	Chemie	England	170,7
60	Coca Cola	Getränke	USA	168,0
61	Terrabusi	Nahrungsmittel	Argentinien	167,0
62	Cities Service	Erdöl	USA	166,7
63	Bemberg (Konzern)	Getränke, Yerba	Argentinien/Frankreich	163,4
64	Camea	Aluminium	Frankreich	162,9
65	John Deere	Traktoren	USA	158,5
66	La Isaura	Erdöl	Argentinien	150,0
67	PASA	Petrochemie	USA	144,3
68	DECA	Traktoren	Deutschland/Argentinien	143,5
69	Platense Neumáticos	Autoreifen	Argentinien	136,8
70	Petroquímica Sudamericana	Kunstfasern	Argentinien/Holland	136,7
71	Unión Carbide	Chemie	USA	136,6
72	Minetti	Weizenmühle	Argentinien	135,4
73	Deltec (Konzern)	Fleisch/Zucker	USA/Argentinien	133,8
74	Química Hoechst (Konzern)	Chemie	Deutschland/Argentinien	130,0
75	Bagley	Nahrungsmittel	Argentinien	129,3
76	EPEC (Córdoba)	Elektrizität	Staat	127,2
77	Peñaflor	Wein	Argentinien	125,8
78	Ciba-Geigy (Konzern)	Chemie	Schweiz	123,7
79	Cristalería Rigolleau	Glas	USA/Argentinien	122,8
80	Sudamtex	Textil	USA	122,2
81	DEBA (Provinz Buenos Aires)	Elektrizität	Staat	120,0
82	Clarín	Zeitungsverlag	Argentinien	113,2
83	Pepsi Cola	Getränke	USA	113,0
84	Garovaglio & Zorraquín	Zuckerhandel	Argentinien	112,0
85	Hierromat	Metallindustrie	Argentinien	109,0
86	Compañía Argentina de Cemento Portland	Zement	Argentinien	105,5
87	Jabón Federal	Seife	Argentinien	105,3
88	Gillette	Rasierklingen	USA	104,4

89	Hiram Walker	Getränke	England	104,3
90	San Martín del Tabacal	Zucker	Argentinien	104,0
91	Noel	Nahrungsmittel	Argentinien	100,3
92	Bonafide	Nahrungsmittel	Argentinien	97,2
93	Schcolnik	Papier	Argentinien	97,0
94	Cinzano	Getränke	Italien	95,6
95	Perkins	Motoren	Argentinien	95,5
96	Corcemar	Zement	USA	90,1
97	Eaton Ejes	Autoachsen	USA	88,5
98	Anglo-Ciabasa (Konzern)	Fleisch, Chemie	England	86,9
99	Flota Fluvial	Flussschiffahrt	Staat	84,6
100	Odol	Kosmetik	Argentinien	82,3

Quelle: Argentinisches Tageblatt, Sonderbeilage zum Tag der Industrie, 2.9.1972, S. 4, aufgrund von Erhebungen der Zeitschrift MERCADO sowie des Banco de Galicia y Río de la Plata.

Tabelle 34 :

Argentinien: Transportvolumen 1950 - 1969

Jahr	Total Mio. Tonnen	Eisenbahnen Mio. to	%	Flussschiffahrt Küstenschiffahrt Mio. to	%	Strassentransport Mio. to	%	Rohrleitungen Mio. to	%
1950-54[1]	201,8	31,4	16	10,7	5	159,5	79	0,1	-
1955-59[1]	225,3	27,1	12	15,6	7	182,1	81	0,4	-
1960-64[1]	244,7	20,5	8	25,0	10	196,2	81	3,0	1
1965	285,6	23,4	8	28,9	10	226,3	80	7,0	2
1966	280,9	22,0	8	30,4	11	220,1	78	8,4	3
1967	283,9	16,8	6	31,0	11	226,9	80	9,2	3
1968	293,9	19,8	7	31,4	11	231,6	79	10,7	3
1969	306,0	20,9	7	35,0	11	237,7	78	12,3	4

1) Durchschnitt der Periode

Quelle: OECEI; ADEFA, aufgrund von Daten des CONADE.

Tabelle 35:

Argentinien: Erdölproduktion (in 1000 m3) 1930 - 1972

Jahr	Produktion von Rohöl	Importe Rohöl	Importe Derivate	Exporte	geschätzter Konsum	Selbstversorgungsgrad %
1930	1.457	644	1.327	-	3.428	43
1940	3.295	602	1.508	-	5.402	61
1950	3.730	3.559	2.755	-	10.044	37
1958	5.667	7.555	2.744	-	15.966	35
1959	7.087	5.944	2.807	-	15.838	45
1960	10.153	3.684	1.990	-	15.827	64
1961	13.421	2.082	1.819	75	17.247	78
1962	15.614	1.216	1.768	884	17.714	88
1963	15.444	949	714	855	16.252	95
1964	15.942	1.708	1.593	525	18.718	85
1965	15.625	4.203	1.037	897	19.968	78
1966	16.656	4.124	501	1.296	19.985	83
1967	18.232	2.916	278	812	20.614	88
1968	19.948	2.351	762	1.306	21.755	92
1969	20.681	2.664	1.632	155	25.132	82
1970	22.802	1.683	948	175	25.608	89
1971*	24.564	2.540	...	...	...	...
1972*	25.190	1.735	...	...	...	...

* La Nación (Ed. aerea), 12.2.1973, S. 7.

Quelle: Consejo Técnico de Inversiones S.A., La Economía Argentina 1971, S. 155, aufgrund von Daten der Secretaría de Estado de Energía.

Tabelle 35a:

Argentinien: Mineralienproduktion 1960 - 1969 (in Tonnen)

	1960	1964	1969
Industriemetalle			
Blei	34.679	33.911	56.087
Zink	66.365	45.261	63.109
Mangan	48.453	37.268	36.511
Eisenerz	135.097	94.501	299.281
Zinn	930	1.960	6.135
Kupfer	4.300	6.564	9.947
Uranium	1.792	21.757	35.756
Wolfram	749	55	282
Beryll	659	189	518
Nichtmetalle			
Schwefel	27.826	22.307	34.579
Kohle	175.101	332.000	521.620
Aluminiumsulfat	7.385	12.716	6.242

Quellen: OECEI, Argentina económica y financiera, Buenos Aires 1966, S. 163 ff.; Secretaría de Estado de Minería, Estadística minera de la República Argentina año 1969, Buenos Aires 1971; Subsecretaría de Energía, Anuario estadístico 1960-1965 und 1966-1970, Buenos Aires o.J.

Tabelle 36 :

Argentinien: Produktion von Naturgas (in Mio. m3) 1960 - 1972

Jahr	Mio m3	Prozentualer Anteil von YPF
1960	3.575	94,5
1961	4.909	96,7
1962	6.173	97,7
1963	5.947	97,6
1964	6.586	97,9
1965	6.236	97,9
1966	5.963	98,1
1967	6.468	98,3
1968	7.065	98,5
1969	7.007	98,7
1970	7.665	98,9
1971*	5.226	...
1972*	5.997	...

* La Nación (Ed. aerea), 12.2.1973, S. 7.

Quelle: Ministerio de Obras y Servicios Públicos, Subsecretaría de Energí
Anuario estadístico 1960/65 und 1966/70.

Tabelle 37 :

Argentinien: Kapazität zur Erzeugung elektrischer Energie (in 1000 kW)

Jahr	TOTAL			Kraftwerke im öffentlichen Dienst			Eigenkapazität Privater		
	Total	Thermisch	Hydraulisch	Total	Thermisch	Hydraulisch	Total	Thermisch	Hydraulisch
1950	1.346	1.303	43	1.346	1.303	43	...	...	...
1955	1.623	1.525	98	1.623	1.525	98	...	...	...
1960	3.474	3.134	340	2.287	1.970	317	1.187	1.164	23
1965	5.432	5.065	367	3.754	3.410	344	1.678	1.655	23
1966	5.480	5.062	418	3.789	3.395	394	1.691	1.667	24
1967	5.554	5.121	433	3.853	3.444	409	1.701	1.677	24
1968	5.860	5.315	545	4.118	3.598	520	1.742	1.717	25
1969	6.367	5.758	609	4.572	3.988	584	1.795	1.770	25
1970	6.690	6.081	609	4.861	4.277	584	1.829	1.804	25
1971*	7.083	6.374	709	5.253	4.569	684	1.830	1.805	25

* Schätzung

Anmerkung: Die Eigenkapazität Privater wurde erstmals 1960 statistisch erfasst.

Quelle: Ministerio de Obras y Servicios Públicos, Secretaría de Energía.

Tabelle 37a:

Argentinien: Produktion von elektrischer Energie (in Mio. kWh)

Jahr	TOTAL Total	TOTAL Thermisch	TOTAL Hydraulisch	Kraftwerke im öffentlichen Dienst Total	Kraftwerke im öffentlichen Dienst Thermisch	Kraftwerke im öffentlichen Dienst Hydraulisch	Eigenproduktion Privater Total	Eigenproduktion Privater Thermisch	Eigenproduktion Privater Hydraulisch
1960	10.459	9.532	927	7.864	6.994	870	2.595	2.538	57
1965	14.964	13.741	1.223	11.137	9.981	1.156	3.814	3.747	67
1966	15.400	14.190	1.210	11.655	10.510	1.145	3.745	3.680	65
1967	16.520	15.267	1.253	12.420	11.232	1.188	4.100	4.035	65
1968	17.871	16.413	1.458	13.471	12.013	1.458	4.400	4.400	–
1969	19.706	18.424	1.282	15.256	13.974	1.282	4.450	4.450	–
1970	21.600	20.047	1.553	16.823	15.331	1.492	4.777	4.716	61
1971	23.653	22.183	1.470	18.653	17.183	1.470	5.000[1]	...	...

1) Schätzung

Quellen: 1960 – 1969 : OECEI, Mercado ALALC, fundamentos macroeconómicos para su evaluación, S. 123.
1970 – 1971 : Ministerio de Obras y Servicios Públicos, Subsecretaría de Energía, Anuario estadístico 1969, Boletín mensual Dic. 1971.

Tabelle 38:

Argentinien: Textilproduktion 1950 - 1970 (in Tonnen)

Jahr	TOTAL	Wolle	Baumwolle	synthetische Fasern
1950	75.617	41	75.576	-
1955	105.003	39	94.464	10.500
1960	107.645	18	95.627	12.000
1965	130.458	61	97.797	32.600
1966	124.703	58	94.245	30.400
1967	113.981	61	83.800	30.100
1968	113.340	68	83.372	29.900
1969	122.431	58	87.873	34.500
1970	117.908	55	84.653	33.200

Quelle: CIDIE, La Economía Argentina, Treinta años en cifras, Buenos Aires 1971, S. 36, aufgrund von Daten des INDEC.

Tabelle 38a:

Lateinamerika: Produktivitätsindex für Baumwollgewebe, in Metern pro Arbeitskraft/Stunde

Lateinamerika, angenommener normaler Standard	100
Argentinien	33
Bolivien	34
Brasilien	30
Chile	43
Kolumbien	107
Peru	54
Uruguay	31
USA	289
Japan	112

Quelle: United Nations, The Process of Industrial Development in Latin America, New York 1966, S. 95.

Tabelle 38b:

Lateinamerika: Auslastungsgrad der installierten Kapazitäten in der Textilindustrie

	Baumwolle		Wolle	
	Spinnerei	Weberei	Spinnerei	Weberei
Argentinien	55.9	55.1	34.5	26.5
Bolivien	65.5	58.0	56.6	36.0
Brasilien	85.3	76.7	74.5	53.0
Kolumbien	104.6	103.8	68.8	66.0
Peru	75.0	60.0	60.0	49.0
Uruguay	76.3	73.1	63.3	50.3

Quelle: United Nations, The Process of Industrial Development in Latin America, New York 1966, S. 94.

Tabelle 39 :

Argentinien: Produktion der Hüttenindustrie 1956 - 1972 (in 1000 Tonnen)

	1956	1960	1965	1966	1967	1968	1969	1970	1971	1972
Roheisen	28,8	180,7	663,2	520,1	600,5	573,6	588,3	815,1	872,7	854,6
Rohstahl	202,5	277,1	1348,4	1265,6	1327,6	1555,7	1690,1	1859,0	1954,8	2105,5
Stahlbarren	178,6	147,5	1010,0	877,2	1003,3	1160,3	1228,7	1324,0	1576,5	...
Walzprodukte	617,0	773,1	1542,8	1274,2	1348,2	1778,1	2001,4	2029,1	2097,6	2702,2

Quelle: Dirección General de Fabricaciones Militares; CIS, Memoria 1971,
        für 1972: Análisis, Año XII, No. 619, 23.1.73, S. 31, aufgrund von Daten des CIS.

Tabelle 39a:

Argentinien: Aussenhandel der Hüttenindustrie 1960 – 1971 (in Mio. Dollar und in % des gesamten Aussenhandels)

Jahr	IMPORTE					EXPORTE			
	Eisenerz	Eisen und Stahl 1)	Maschinen und Fahrzeuge 2)	TOTAL	% der Gesamtimporte	Eisen und Stahl 1)	Maschinen und Fahrzeuge 2)	TOTAL	% der Gesamtexp.
1960	6	186	545	737	54	2	4	6	1
1965	14	188	298	500	42	8	16	24	2
1966	10	138	308	456	41	11	21	32	2
1967	12	144	317	473	43	15	29	44	3
1968	9	133	364	506	43	29	38	67	5
1969	6	242	486	734	47	29	54	83	5
1970	10	268	528	806	48	38	65	103	7
1971 3)	23	253	627	903	48	42	83	125	7

1) Kapitel 73 der Zollnomenklatur.
2) Kapitel 82 und 83 sowie Sektion XVI und XVII der Zollnomenklatur.
3) Schätzung.

Quelle: INDEC und DGFM, zitiert bei CIS, Memoria 1971, Tab. 16.

Tabelle 39b:

Argentinien: Kapazität für Stahlproduktion, 1971 und 1975
(in 1000 Tonnen/Jahr)

Integrierte Unternehmungen	1971	1975
SOMISA[1]	1.100	2.800
Propulsora Siderúrgica	-	1.360
Altos Hornos Zapla[1]	153	330
	1.253	4.490
Halbintegrierte Unternehmungen		
Dálmine Siderca	300	300
Gurmendi	75	300
Santa Rosa	187	215
Acindar	155	155
Aceros Bragado	135	135
Tamet	100	110
La Cantábrica	85	100
Aceros Ohler[1]	50	55
Cura Hermanos	25	50
Andere	40	40
	1.152	1.460
TOTAL	2.405	5.950

1) Staatliche Unternehmungen

Quelle: Dirección General de Fabricaciones Militares.

Tabelle 39c:

Argentinien: Kapazität der Walzwerke, 1971 und 1975
(in 1000 Tonnen pro Jahr)

	1971	1975
Integrierte Unternehmungen	**1.980**	**2.755**
SOMISA[1]	1.550	1.550
Propulsora Siderúrgica	350	1.000
Altos Hornos Zapla[1]	80	205
Halbintegrierte Unternehmungen	**1.105**	**1.679**
Acindar	440	750
Dálmine Siderca	145	176
Santa Rosa	170	170
Cura Hermanos	60	130
La Cantábrica	101	120
Aceros Bragado	-	120
Tamet	66	90
Lucini	63	63
Aceros Ohler[1]	60	60
Reine Walzwerke	**568**	**568**
Gurmendi	240	240
Clima	328	328
TOTAL	3.653	5.002

1) Staatliche Unternehmungen

Quelle: Dirección General de Fabricaciones Militares.

Tabelle 40 :

Argentinien: Produktionsmengen der wichtigsten Chemikalien, 1960 - 1970 (in 1000 Tonnen)

Produkt	1960	1965	1966	1967	1968	1969	1970	Geschätzter Konsum 1970	Kapazität (to) 1970	Anzahl Hersteller
Chlor	32,0	59,6	56,3	54,0	56,9	77,0	83,3	62,3[1]	88,0	8
Zink	19,0	24,8	21,0	23,4	21,1	25,4	31,0	36,0	31,8	4
Schwefelsäure	133,7	161,5	143,3	156,0	161,0	188,8	195,5	195,5[2]	276,0	10
Salzsäure	9,2	32,0	30,8	28,8	32,3	32,8	43,6	29,0[2]	50,0	9
Phosphorsäure	0,8	2,8	3,4	3,7	4,0	5,4	6,5	6,6	24,0	1
Salpetersäure	3,4	3,6	3,3	2,3	3,4	6,5	7,1	7,1	15,0	2
Ammoniak	..	5,2	5,4	5,9	24,4	38,1	52,0	52,0	77,0	3
Natriumhydroxid	36,4	67,8	64,0	61,4	64,7	87,5	94,7	107,5	100,0	8
Borax	-	11,6	13,6	12,3	17,6	17,3	22,4	8,5	33,0	3
Kalziumkarbid	-	48,6	57,3	43,8	44,0	63,5	63,3	63,3	3)	3
Benzol	1,3	20,4	25,1	32,0	40,5	40,0	41,0	41,0	98,0[4]	2
Toluol	1,9	3,7	7,6	9,8	10,8	11,6	13,3	13,3	98,0[4]	3
Aethylen	-	21,8	25,8	29,3	32,2	36,1	39,9	39,9	47,0	2
Butadien	-	-	11,8	20,7	24,3	30,0	27,5	23,0	34,7	1
Styrol	-	1,9	8,7	14,9	18,9	23,5	23,4	25,9	35,0	1
Methanol	4,0	9,7	21,4	24,9	29,1	28,0	27,8	20,8	31,5	2
Aethanol	-	136,1	145,2	117,8	99,4	84,5	93,8	92,6	5)	21
Glyzerin	4,0	5,5	5,8	6,0	5,7	6,0	5,4	5,2	21,2	14
Formaldehyd	8,8	18,6	19,3	18,6	21,9	26,3	28,1	27,1	38,0	2
Phenol	-	4,4	4,3	4,5	5,6	6,6	6,4	6,6	8,5	1
Phtalsäureanhydrid	2,1	7,4	6,6	7,7	7,3	8,4	9,5	9,7	11,0	2
Harnstoff	-	-	-	-	15,5	36,7	51,8	33,8	55,0	1
Polyvinilchlorid (PVC)	2,2	17,1	17,7	17,2	15,2	25,5	26,3	28,3	28,0	3
Polyaethylen	-	18,7	20,3	21,2	22,8	26,3	29,6	39,0	31,5	2
Polystyrol	5,0	11,0	10,0	9,4	12,4	15,5	17,0	14,9	26,5	5
Styrolbutadienkautschuk	-	3,9	10,4	17,1	22,6	37,3	37,2	23,1	43,0	1
Kienruss	-	14,5	18,2	20,5	22,0	25,5	25,1	22,8	30,0	1
Quebrachoextrakt	126,3	108,4	112,6	121,8	125,5	120,4	93,1	18,3	180,0	6

1) Der Unterschied zwischen Produktion und geschätztem Konsum entspricht der vernichteten bzw. zur Salzsäureproduktion verwendeten Menge.
2) Der Unterschied zwischen Produktion und geschätztem Konsum entspricht der neutralisierten Menge.
3) 475 Mio. kWh/Jahr
4) 98.000 Tonnen BTX
5) 300 Mio. Liter/Jahr

Anmerkung: Wo nichts anderes vermerkt ist, entspricht der Unterschied zwischen der Produktion von 1970 und dem geschätzten Konsum dem Import bzw. Export des betreffenden Produkts.

Quelle: Cámara de la Industria Química, Perfiles de la Industria Química, Buenos Aires 1971.

Tabelle 41 :

Argentinien: Verhältnis zwischen Betriebsgrösse und geschätzten Produktionskosten einiger petrochemischer Produkte

Produkt	Argentinien		Weltmarkt	
	Vorgesehene Kapazität in 1000 Jato*	Kosten US-cts/lb	Kapazität in 1000 Jato	Kosten US-cts/lb
Aethylen	200 (200)	4,5 - 5,5	400 - 600	4
Aethylenoxyd	14 (14)		100	
Polypropylen	20 (15)	38 - 45		21 - 24
Acrylnitril	30 (15)	41 - 50		15 - 17
Phenol	20 (35)	16 - 18		8 - 9

* Die erste Zahl bezieht sich auf die Betriebsgrösse, für welche die Produktionskosten geschätzt worden sind; die Zahl in Klammer: geplante Betriebsgrösse.

Quelle: T.G. Krenkel und R.A. Haring, Perspectivas sobre las posibilidades del uso de propileno en la Argentina, 2º Congreso Nacional de Petroquímica, Octubre 1970 (Vervielfältigung); ferner Carlos C. Zárate, Desarrollo de la industria petroquímica argentina, Buenos Aires 1969, Abschnitt 7 (Vervielfältigung).

Tabelle 42 :

ALALC: Automobilindustrie, Produktion[1]) 1959 - 1972

Jahr	Produktion					Montage			
	Argentinien	Brasilien	Mexiko	Chile	Kolumbien	Peru	Uruguay	Venezuela	TOTAL
1959	32.952	96.114	51.118	632	-	-	-	-	180.816
1960	89.338	133.041	49.807	2.317	-	-	-	10.334	248.837
1961	136.188	145.584	62.563	3.939	-	-	-	11.787	360.061
1962	129.880	191.194	66.637	6.615	-	-	-	11.666	405.992
1963	104.899	174.191	69.135	7.939	-	-	-	22.198	378.362
1964	166.483	183.707	90.752	7.797	-	2.824	2.330	41.291	492.360
1965	194.536	185.187	97.395	8.570	-	13.170	1.226	66.681	556.419
1966	179.453	224.574	114.521	7.096	1.604	13.170	-	57.559	597.977
1967	175.318	225.362	126.991	13.157	2.407	17.414	1.248	53.554	615.451
1968	180.976	279.564	146.781	18.042	4.124	10.119	101	57.178	696.885
1969	218.590	353.694	165.811	22.069	9.546	16.860	2.712	72.171	841.453
1970	219.599	416.040	192.841	24.591	17.652	14.456	5.371	69.976	960.486
1971	253.630	516.067	210.833	23.470	22.806	16.639	7.019	67.125	1.117.599

1) Personenwagen, Nutzfahrzeuge für Güter- und Personentransport.

Quellen: El Cronista Comercial, 19.6.72, S. 9; The Review of the River Plate, Vol. CLIII, No. 3847, 28.2.73, S. 278.

Tabelle 42a:

Durchschnittliche jährliche Wachstumsraten der Automobilproduktion in Argentinien, Brasilien und Mexiko, 1959 - 1971 (in %)

	Argentinien	Brasilien	Mexiko
1959 - 1965	34,4	11,6	11,3
1967 - 1971	9,6	23,0	13,5
1959 - 1971	18,5	15,0	12,5

Quelle: Verfasser, errechnet aufgrund von Tabelle 42.

Tabelle 42b:

Produktionsergebnisse der argentinischen Automobilfabriken (in Einheiten), 1968 - 1972

	1972	1971	1970	1969	1968
Fiat Concord S.A.	63.746	61.079	50.707	49.492	41.280
Ford Motor Argentina S.A.	50.502	44.490	30.745	36.083	27.230
Ika-Renault S.A.	40.466	38.694	32.573	34.332	38.017
General Motors Argentina S.A.	27.235	31.953	32.788	30.433	22.361
SAFRAR-Peugeot	24.092	28.578	25.897	20.639	17.335
Chrysler Fevre Argentina S.A.	28.186	17.363	14.046	17.858	12.380
Citroen Argentina S.A.	18.198	15.823	18.332	15.280	12.012
IME (früher DINFIA)	7.291	7.200	7.002	7.653	5.141
Mercedes Benz Argentina S.A.	8.533	8.056	7.274	5.762	4.127
Ind. Automotriz Santa Fé S.A.	-	-	-	1.001	1.093
DECA	344	394	235	54	-
TOTAL	268.593	253.630	219.599	218.587	180.976

Quelle: Deutsche Ueberseeische Bank, Wirtschaftsbericht Lateinamerika, April 1973, S. 17.

Tabelle 43:

Argentinien: Produktion von dauerhaften Konsumgütern (1960 - 1971) (Einheiten)

Jahr	Nähmaschinen	Waschmaschinen	Kühlschränke	Fernsehgeräte	Kochherde u. Durchlauferhitzer
1960	141.602	103.775	201.028	124.996	310.583
1961	142.647	90.360	185.782	202.309	394.644
1962	83.954	72.442	133.163	118.214	219.757
1963	46.417	65.650	128.188	74.807	313.572
1964	54.423	97.122	148.891	129.155	458.993
1965	83.605	102.714	181.779	179.653	544.049
1966	66.072	106.276	134.159	158.759	522.091
1967	58.516	105.742	149.859	154.601	456.835
1968	62.074	143.483	222.076	168.003	500.747
1969	65.801	151.587	223.649	181.373	584.071
1970	57.189	157.000	236.500	193.600	568.700
1971	54.609	178.000	273.700	216.400	685.300

Quellen: INDEC ADEFA, zit. in: Panorama de la Economía, Vol. VI, No. 43, 2° Trim. 1970, S. 277; FIEL, Indicadores de coyuntura, No. 85, Marzo 1973, S. 49.

Tabelle 44 :

Argentinien: Industrielle Ballung bzw. geographische Verteilung der Industrie

	Betriebe (30.4.64)	%	Beschäftigte (30.4.64)	%	Löhne u. Gehälter 1963, in Mio.Pesos	%	Produktionswert 1963, in Mio.Pesos	%
A. Nach Entwicklungsregionen								
Patagonien	1.072	0,7	7.995	0,6	7,86	0,5	70,3	0,6
Comahue	6.514	4,5	40.225	3,0	34,74	2,4	226,9	1,9
Cuyo	7.909	5,5	60.195	4,6	44,65	3,0	492,6	4,2
Zentrum	16.910	11,7	105.835	8,0	101,18	6,9	781,9	6,6
Nordwesten	4.947	3,4	52.670	4,0	64,71	5,1	545,2	4,6
Nordosten	6.252	4,3	44.652	3,4	33,27	2,3	329,1	2,8
Pampa	38.236	26,3	292.819	22,1	298,50	20,4	2.757,4	23,2
Gross-Buenos Aires	63.146	43,6	719.343	54,3	880,32	60,1	6.656,4	56,1
B. Nach Provinzen								
Bundeshauptstadt	30.626	21,1	350.680	26,5	406,58	27,7	3.019,9	25,5
Buenos Aires	54.334	37,5	531.465	40,1	651,75	44,5	5.220,2	44,0
-Gross-Buenos Aires	31.878	22,0	363.868	27,5	469,64	32,0	3.598,2	30,3
-Rest	22.456	15,5	167.597	12,7	182,11	12,5	1.621,9	13,7
Catamarca	409	0,3	2.443	0,2	1,07	—	5,2	—
Córdoba	15.748	10,9	99.231	7,5	96,99	6,6	758,1	6,4
Corrientes	1.212	0,8	9.733	0,7	7,55	0,5	82,9	0,7
Chaco	1.876	1,3	14.583	1,1	12,51	0,9	134,8	1,1
Chubut	752	0,5	5.771	0,4	5,88	0,4	61,6	0,5
Entre Rios	3.314	2,3	30.330	2,3	21,99	1,5	189,4	1,6
Formosa	474	0,3	2.884	0,2	1,82	0,1	11,7	0,1
Jujuy	535	0,4	8.377	0,6	11,66	0,8	24,4	0,2
La Pampa	1.266	0,9	4.785	0,4	3,17	0,2	20,5	0,2
La Rioja	407	0,3	2.116	0,1	0,85	—	7,3	—
Mendoza	6.244	4,3	49.217	3,7	38,49	2,6	419,6	3,5
Misiones	2.026	1,4	12.728	1,0	6,45	0,4	54,2	0,5
Neuquén	270	0,2	2.780	0,2	2,35	0,2	17,2	0,1
Rio Negro	1.347	0,9	10.075	0,8	7,27	0,5	52,6	0,4
Salta	1.254	0,9	10.180	0,8	10,20	0,7	166,0	1,4

San Juan	1.656	1,1	10.978	0,8	6,16	0,4	73,0	0,6
San Luis	755	0,5	4.488	0,3	3,35	0,2	16,5	0,1
Santa Cruz	258	0,2	1.634	0,1	1,31	0,1	5,4	-
Santa Fé	17.303	11,9	126.996	9,6	125,19	8,5	1.166,4	9,8
Santiago del Estero	796	0,5	5.083	0,4	3,18	0,2	20,0	0,2
Tierra del Fuego	62	-	590	-	0,67	-	3,3	-
Tucumán	1.953	1,3	26.587	2,0	38,60	2,6	259,6	2,2
TOTAL	144.986	100,0	1.323.734	100,0	1.465,22	100,0	11.859,8	100,0

Quelle: Jorge Quargnolo, Atlas del potencial argentino, Buenos Aires 1972, apendice estadístico, Tabelle 38, S. 22, aufgrund von INDEC, Censo nacional económico 1964.

Tabelle 45 :

Argentinien: Tourismus, Herkunft (Nationalität) der Touristen (in 1.000), 1960-1970

	1960	1961	1962	1963	1964	1965	1966	1967	1968	1969	1970	%
1. Amerika	280,9	274,2	205,9	219,7	255,9	277,0	291,1	344,4	439,3	543,7	638,6	89,3
a) Brasilien	17,7	18,2	15,7	15,1	17,9	22,5	28,0	38,6	55,9	46,4	44,9	6,3
b) Chile	80,5	79,2	42,1	32,8	36,0	38,5	44,0	68,7	85,7	107,1	137,3	19,2
c) Uruguay	103,2	91,5	76,8	102,6	118,8	115,9	109,2	124,3	163,2	248,0	297,3	41,6
d) USA	28,9	27,2	25,3	27,2	29,6	34,8	35,1	42,5	53,4	50,0	44,0	6,2
2. Europa	36,2	39,4	36,9	36,3	40,0	41,9	49,0	47,5	53,7	63,3	67,3	9,4
a) BRD	6,3	7,5	7,2	6,8	7,5	7,6	8,2	8,0	10,0	11,6	12,8	1,8
b) Grossbritannien	3,6	4,1	3,9	4,9	5,6	5,8	5,7	5,6	6,9	7,4	8,1	1,1
c) Italien	6,5	7,4	6,6	6,4	7,2	7,7	10,5	8,6	9,7	12,5	12,8	1,8
3. Rest	3,3	4,1	6,0	4,5	5,9	6,2	6,8	7,2	8,3	7,9	9,4	1,3
TOTAL	320,4	317,7	248,8	261,1	301,8	325,1	346,9	399,1	501,3	614,9	715,3	100,0
Veränderung, in %		(0,9)	(21,7)	4,9	15,6	7,7	6,7	15,0	25,6	22,7	16,3	

Quelle: BCRA, Ingreso y egreso de viajeros en la Argentina, Buenos Aires, Marzo 1972, S. 33.

Tabelle 45a:

Argentinien: Tourismus und Zahlungsbilanz, 1960-1970 (in Mio. Dollar)

Jahr	Einnahmen (a)	Ausgaben (b)	Differenz (c)	(b) ./. (a)
1960	36,2	75,1	(38,9)	2,07
1961	35,6	80,1	(44,5)	2,25
1962	26,7	76,5	(49,8)	2,87
1963	26,2	71,5	(45,3)	2,73
1964	29,6	99,7	(70,1)	3,37
1965	33,0	111,5	(78,5)	3,38
1966	38,0	116,5	(78,5)	3,07
1967	47,2	124,3	(77,1)	2,63
1968	62,6	131,9	(69,3)	2,11
1969	68,4	131,8	(63,4)	1,93
1970	73,5	129,7	(56,2)	1,76

Quelle: BCRA, Ingreso y egreso de viajeros en la Argentina, Buenos Aires, Marzo 1972, S. 27.

Tabelle 46 :

Argentinien: Bankdarlehen nach Sektoren, 1965-1971 (in Mio. Pesos und %)

Jahr	Landwirt-schaft	Industrie	Handel	Bauwirt-schaft 1)	Elektrizität, Gas, Wasser	Oeffentl. Dienst-leistungen u. Verwal-tung 2)	Transport, Finanzen, private Dienst-leistungen	Personal-darlehen	TOTAL
1965	898 24,5	1.291 35,2	497 13,5	591 16,1	40 1,1	67 1,8	203 5,5	77 2,3	3.664 100,0
1966	1.192 25,0	1.636 34,1	618 13,0	794 16,5	82 1,7	103 2,2	240 5,1	120 2,4	4.785 100,0
1967	1.392 21,8	2.271 35,5	852 13,3	1.147 18,0	90 1,5	116 1,8	336 5,3	177 2,8	6.384 100,0
1968	2.077 20,5	3.249 32,0	1.297 12,8	1.588 15,6	151 1,5	800 7,9	530 5,2	434 4,5	10.126 100,0
1969	2.687 17,8	4.451 29,5	1.904 12,6	2.374 15,7	158 1,0	1.595 10,6	918 6,1	962 6,7	15.049 100,0
1970	2.942 16,4	5.072 28,4	2.153 12,0	3.188 17,9	150 0,8	1.782 10,0	1.212 6,8	1.356 7,8	17.855 100,0
1971	3.564 15,2	6.479 27,6	2.628 11,3	4.241 18,1	221 0,9	2.129 9,1	1.456 6,2	2.728 11,6	23.446 100,0

1) Einschliesslich Hypothekardarlehen.
2) Ohne Produktionsbetriebe des Staates, da diese in den übrigen Rubriken enthalten sind.

Quelle: Política y Economía, No. 16, Julio 1972, S. 23, aufgrund von Daten des BCRA.

Tabelle 46a :

Aufteilung der Bankkredite nach Wirtschaftssektoren in der Bundeshauptstadt und einigen wichtigen Provinzen, in %, berechnet für 1971

	Bundes-hauptstadt	Gross-Buenos Aires	Rest der Prov. Buenos Aires	Córdoba	Santa Fé	Entre Ríos	TOTAL
Landwirtschaft	4,0	2,9	38,5	32,3	33,2	48,7	17,3
Verarbeitende Industrie	42,1	40,3	9,6	17,0	26,3	11,8	32,1
Bauwirtschaft	4,7	4,3	4,9	6,2	3,1	3,0	4,7
Handel	9,8	21,3	17,6	17,2	14,9	14,4	12,9
Dienstleistungen und Finanzen	23,6	14,3	12,1	8,2	7,6	5,7	17,0
Uebrige Bereiche	15,8	16,9	17,3	19,1	14,9	16,4	16,0
TOTAL	100,0	100,0	100,0	100,0	100,0	100,0	100,0

Quelle: Consejo Técnico de Inversiones S.A., La Economía Argentina 1971, S. 77, aufgrund von Daten des BCRA.

Tabelle 46b :

Argentinien: Die monetäre Entwicklung (in Mio. Pesos, per 31.12.)

	1960	1961	1962	1963	1964	1965	1966	1967	1968	1969	1970	1971*
Entstehung der Mittel												
- Gold u. Devisen	324	184	(124)	115	40	156	150	1.132	1.111	416	1.297	(398)
- Oeffentlicher Sektor, Darlehen, Vorschüsse	1.215	1.328	1.621	2.259	3.468	4.555	5.919	7.287	7.974	8.736	9.880	13.789
- Privater Sektor, Darlehen, Vorschüsse	1.769	2.320	2.544	2.879	3.754	4.691	6.262	8.178	11.795	14.888	17.886	25.825
TOTAL Entstehung	3.308	3.832	4.041	5.253	7.262	9.404	12.331	6.597	20.880	24.040	29.063	39.216
Verwendung der Mittel												
- Oeffentliche Depositen	439	411	350	456	706	1.065	1.312	2.366	2.802	3.178	3.580	4.489
- Verschiedene Konten	482	619	639	734	811	1.027	1.408	1.663	1.744	2.347	2.815	3.547
SUB-TOTAL	921	1.030	989	1.190	1.517	2.092	2.720	4.029	4.546	5.525	6.395	8.036
- Termindepositen	601	748	855	1.235	1.789	2.337	2.894	3.852	5.284	6.284	7.990	11.555
- Zahlungsmittel Privater (Liquidität 1.Grades)	1.786	2.054	2.197	2.828	3.956	4.975	6.717	8.716	11.050	12.231	14.678	19.625
- Liquidität 2. Grades	2.387	2.802	3.052	4.063	5.745	7.312	9.611	2.568	16.334	18.515	22.668	31.180
TOTAL Verwendung	3.308	3.832	4.041	5.253	7.262	9.404	12.331	6.597	20.880	24.040	29.063	39.216

* provisorische Zahlen

Quelle: Consejo Técnico de Inversiones S.A., La Economía Argentina 1971, S. 75, aufgrund von Angaben des BCRA.

Tabelle 46c: Argentinien: Umsätze der Börse von Buenos Aires, 1961-1972, in Mio. Pesos zum Nominal- und Kurswert

Jahr	Staatstitel nominal	Staatstitel effektiv	Private Titel nominal	Private Titel effektiv	TOTAL nominal	TOTAL effektiv	Kurswert in Mio. US-Dollar 1)
1961	21,0	20,4	133,3	309,2	154,3	329,6	398,0
1962	13,7	13,0	129,5	154,3	143,2	167,3	144,2
1963	49,5	39,9	253,0	287,1	302,5	327,0	235,3
1964	37,0	31,8	265,4	337,1	302,4	368,9	261,6
1965	35,2	37,5	151,0	153,6	186,2	191,1	111,4
1966	28,5	38,8	123,6	104,6	152,1	143,4	68,5
1967	45,8	87,7	215,4	237,5	261,2	325,2	97,6
1968	121,2	164,3	148,7	152,0	269,9	316,3	90,4
1969	284,1	329,6	228,3	267,7	512,4	597,3	170,7
1970	341,7	406,8	256,5	228,0	598,2	634,8	167,4
1971	519,2	670,7	302,3	318,5	821,5	989,2	218,7
1972	611,5	935,5	285,6	313,7	897,1	1.249,2	125,2

1) Berechnet aufgrund von Tabelle 54 (Kurs für Finanztransaktionen)

Quelle: BCRA, Boletín estadístico (verschiedene Jahrgänge).

Tabelle 46d:

Argentinien: Spar- bzw. Investitionsüberhang nach Sektoren
1961 - 1971, in Mio. Pesos

Jahr	Privatsektor[1]	öffentliche Hand	Bankensystem[2]	externer Sektor
1961	(305)[3]	(274)	96	483
1962	382	(747)	55	310
1963	819	(553)	66	(332)
1964	758	(837)	125	(46)
1965	939	(732)	99	(306)
1966	1.463	(1.031)	91	(523)
1967	232	309	56	(597)
1968	452	(779)	348	(21)
1969	256	(877)	351	782
1970	227	(1.325)	312	786
1971	2.036	(4.483)	497	1.950

1) inklusive das Ausser-Banken-System (mercado extrabancario).
2) Zentralbank, Handelsbanken, Hypothekarbanken etc.
3) Investitionsüberhang in Klammern.

Quelle: Jahresberichte der Zentralbank, 1962 - 1971.

Tabelle 47 : Argentinien: Wachstum der Bevölkerung 1914 – 1970 (in 1000 Einwohner, Veränderung in %)

	1914	1947	%	1955	%	1960	%	1965	%	1970	%
TOTAL	7.885	15.884	101,5	18.893	18,9	20.011	5,9	21.644	8,2	23.364	7,9
Bundeshauptstadt[1]	1.576	2.981	89,1	2.748	(7,8)	2.967	8,0	2.970	0,1	2.972	–
Buenos Aires[2]	2.067	4.274	106,8	6.453	57,0	6.766	4,9	7.734	14,3	8.775	13,5
Catamarca	101	147	45,5	162	10,2	168	3,7	170	1,2	172	1,2
Córdoba	736	1.498	102,4	1.654	10,4	1.754	6,0	1.907	8,7	2.061	8,1
Corrientes	347	525	51,3	505	(3,8)	533	5,5	549	3,0	564	2,7
Chaco	46	431	837,0	505	17,2	543	7,5	555	2,2	567	2,2
Chubut	23	92	300,0	136	47,8	142	4,4	165	16,2	190	15,2
Entre Ríos	425	787	85,2	746	(5,2)	805	7,9	809	0,5	812	0,4
Formosa	19	114	500,0	171	50,0	179	4,7	205	14,5	235	14,6
Jujuy	78	167	114,1	228	36,5	242	6,1	271	12,0	302	11,4
La Pampa	101	170	68,3	146	(14,1)	159	8,9	166	4,4	172	3,6
La Rioja	80	111	38,8	120	8,1	128	6,6	132	3,1	136	3,0
Mendoza	276	588	113,0	785	33,5	824	5,0	898	9,0	973	8,4
Misiones	54	246	355,5	375	52,4	362	(3,5)	402	11,0	443	10,2
Neuquén	29	87	200,0	105	20,7	110	4,8	131	19,1	155	18,3
Río Negro	42	134	219,0	183	36,6	193	5,5	226	17,1	263	16,4
Salta	142	291	104,9	393	35,0	413	5,1	461	11,6	510	10,6
San Juan	119	261	119,3	334	28,0	352	5,4	369	4,8	384	4,1
San Luis	116	166	43,1	162	(2,4)	174	7,4	179	2,9	184	2,8
Santa Cruz	10	43	330,0	50	16,3	53	6,0	67	26,4	84	25,4
Santa Fé	900	1.703	89,2	1.743	2,3	1.885	8,1	2.012	6,7	2.136	6,2
Santiago del Estero	262	480	83,2	442	(7,9)	477	7,9	486	1,9	495	1,9
Tucumán	333	593	78,1	739	24,6	774	4,7	770	(0,5)	766	(0,5)
Tierra del Fuego	3	5	66,6	7	28,6	8	14,3	10	25,0	13	30,0

1) ohne Vororte.
2) inkl. Vororte der Bundeshauptstadt.

Anmerkung: Negative Veränderung in Klammern.

Quelle: INDEC, Censo nacional de población, familias y viviendas 1970, resultados provisionales, Buenos Aires 1971.

Tabelle 47a: Argentinien: Räumliche Verteilung der Bevölkerung 1914-1970

	Fläche		Anteil Bevölkerung in %				Anzahl Ballungszentren mit über 50.000 Einwohnern			
	in km²	in %	1970	1960	1947	1914	1970	1960	1947	1914
TOTAL	2.766.889	100,0	100,0	100,0	100,0	100,0	29	19	16	7
Bundeshauptstadt[2])	200	1)	12,7	14,8	18,8	20,0	1	1	1	1
Buenos Aires	307.804	11,1	37,5	33,8	26,9	26,2	8	4	3	1
-Gross-Buenos Aires[2])	3.680	0,1	23,0	18,8	11,0	5,8	-	-	-	-
-Rest	304.124	11,0	14,5	15,0	15,9	20,4	8	4	3	1
Catamarca	99.818	3,6	0,7	0,8	0,9	1,3	1	-	-	-
Córdoba	168.766	6,1	8,8	8,8	9,4	9,3	2	2	1	1
Corrientes	88.199	3,2	2,4	2,7	3,3	4,4	1	1	1	1
Chaco	99.633	3,6	2,4	2,7	2,7	0,6	1	1	1	-
Chubut	224.686	8,1	0,8	0,7	0,4	0,3	1	-	-	-
Entre Ríos	76.216	2,7	3,5	4,0	5,0	5,4	2	2	2	-
Formosa	72.066	2,6	1,0	0,9	0,7	0,2	1	-	-	-
Jujuy	53.219	1,9	1,3	1,2	1,0	1,0	1	-	-	-
La Pampa	143.440	5,2	0,7	0,8	1,1	1,3	-	-	-	-
La Rioja	92.331	3,3	0,6	0,6	0,7	1,0	-	-	-	-
Mendoza	150.839	5,4	4,2	4,1	3,7	3,5	1	1	1	-
Misiones	29.801	1,1	1,9	1,8	1,6	0,7	1	1	-	-
Neuquén	94.078	3,4	0,7	0,5	0,5	0,4	1	-	-	-
Río Negro	203.013	7,3	1,1	1,0	0,8	0,5	1	1	-	-
Salta	154.775	5,6	2,2	2,1	1,8	1,8	1	1	1	1
San Juan	86.137	3,1	1,6	1,8	1,6	1,5	1	1	1	-
San Luis	76.748	2,8	0,8	0,9	1,0	1,5	-	-	-	-
Santa Cruz	243.943	8,8	0,4	0,3	0,2	0,1	-	-	-	-
Santa Fé	133.007	4,8	9,2	9,4	10,7	11,4	2	2	2	2
Santiago del Estero	135.254	4,9	2,1	2,4	3,0	3,3	1	1	1	-
Tucumán	22.524	0,8	3,3	3,9	3,7	4,2	1	1	1	1
Tierra del Fuego	20.392	0,7	0,1	0,1	1)	1)	-	-	-	-

1) weniger als 0,1 % 2) Die Bundeshauptstadt mit ihren Vororten (Gross-Buenos Aires) werden als einziges Ballungszentrum betrachtet.

Quelle: Wie Tabelle 47

Tabelle 47b:
Bevölkerungsstruktur nach der Volkszahlung 1960

Altersgruppen	%	Total	Männlich	Weiblich
TOTAL	100,0	20.010.539	10.005.897	10.004.642
0 – 4	10,6	2.130.570	1.078.868	1.051.702
5 – 9	10,4	2.076.364	1.049.986	1.026.378
10 – 14	9,7	1.938.441	975.704	962.737
15 – 19	8,4	1.685.848	834.062	851.786
20 – 24	7,7	1.531.120	755.130	775.990
25 – 29	7,7	1.539.267	765.559	773.708
30 – 34	7,8	1.560.948	773.374	787.574
35 – 39	7,2	1.443.534	721.351	722.183
40 – 44	6,1	1.216.394	607.657	609.337
45 – 49	5,9	1.180.237	591.456	588.781
50 – 54	5,1	1.019.039	521.173	497.866
55 – 59	4,3	855.910	442.786	413.124
60 – 64	3,3	656.253	330.433	325.820
65 – 69	2,3	472.744	236.908	235.836
70 – 74	1,6	332.445	160.203	172.242
75 – 79	0,9	184.673	85.011	99.662
80 – 84	0,4	87.532	37.101	50.431
85 und mehr	0,3	50.329	18.565	31.964
Alter unbekannt	0,3	48.691	21.170	27.521

Quelle: INDEC, Proyección quinquenal de la población 1965 – 2000, Buenos Aires o.J., S. 7.

Tabelle 47c :

Mutmassliche Bevölkerungsentwicklung 1975 - 2000, nach Altersgruppen, in 1000 Einwohnern

Altersgruppen	1975	1980	1985	1990	1995	2000
TOTAL	25.983	27.854	29.810	31.848	34.010	36.323
0 - 4	2.738	2.953	3.149	3.345	3.567	3.820
5 - 9	2.522	2.723	2.938	3.132	3.328	3.550
10 - 14	2.321	2.516	2.716	2.930	3.124	3.320
15 - 19	2.224	2.313	2.508	2.707	2.920	3.113
20 - 24	2.145	2.210	2.299	2.492	2.691	2.902
25 - 29	1.953	2.128	2.192	2.281	2.472	2.670
30 - 34	1.734	1.935	2.108	2.172	2.261	2.450
35 - 39	1.605	1.717	1.916	2.088	2.152	2.240
40 - 44	1.570	1.581	1.692	1.889	2.058	2.122
45 - 49	1.549	1.534	1.547	1.656	1.850	2.016
50 - 54	1.397	1.493	1.480	1.493	1.600	1.788
55 - 59	1.132	1.322	1.414	1.403	1.418	1.521
60 - 64	1.000	1.043	1.220	1.306	1.298	1.313
65 - 69	819	883	924	1.082	1.161	1.155
70 - 74	600	680	736	774	909	977
75 - 79	374	453	516	562	595	700
80 - 84	193	238	290	333	365	390
85 und mehr	107	132	165	203	241	276

Quelle: Wie Tabelle 47b

Tabelle 48:

Argentinien: Bevölkerung, Anteil der Ausländer (nach Provinzen, in 1000 Einwohnern und %)

	1970			1960			1947			1914		
	Total	Ausländer[1]	%	Total	Ausländer[1]	%	Total	Ausländer[1]	%	Total	Ausländer[1]	%
TOTAL	23.364	2.181	9,3	20.011	2.604	13,0	15.894	2.436	15,3	7.885	2.358	29,9
Bundeshauptstadt	2.972	529	17,8	2.967	680	22,9	2.981	821	27,5	1.576	778	49,4
Buenos Aires	8.775	1.021	11,6	6.766	1.116	16,5	4.274	781	18,3	2.067	704	34,1
-Gross Buenos Aires	5.380	778	14,5	3.772	793	21,0	1.741	431	24,8	458	192	41,9
-Rest	3.395	243	7,2	2.994	323	10,8	2.533	350	13,8	1.609	512	31,8
Catamarca	172	1	0,6	168	2	1,2	147	2	1,3	101	2	2
Córdoba	2.061	82	4,0	1.754	113	6,5	1.498	136	9,1	736	150	20,4
Corrientes	564	8	1,4	533	11	2,1	525	14	2,7	347	24	6,9
Chaco	567	21	3,7	543	32	5,9	431	42	9,7	46	10	21,7
Chubut	190	28	14,7	142	28	19,7	92	18	19,6	23	11	47,8
Entre Ríos	812	15	1,8	805	26	3,2	787	42	5,3	425	73	17,2
Formosa	235	36	15,5	179	40	22,3	114	33	28,9	19	9	47,4
Jujuy	302	38	12,5	242	45	18,6	167	31	18,7	78	17	21,8
La Pampa	172	8	4,6	159	13	8,2	170	23	13,5	101	37	36,6
La Rioja	136	1	0,8	128	2	1,5	111	2	1,8	80	2	2,5
Mendoza	973	61	6,3	824	79	9,6	588	69	11,7	276	88	31,9
Misiones	443	73	16,5	362	82	22,7	246	65	26,3	54	20	37,0
Neuquén	155	15	9,6	110	14	12,7	87	12	13,8	29	13	44,8
Río Negro	263	40	15,2	193	38	19,7	134	23	17,1	42	15	35,7
Salta	510	26	5,1	413	38	9,2	291	24	8,2	142	12	8,5
San Juan	384	15	3,9	352	20	5,7	261	17	6,5	119	16	13,5
San Luis	184	3	1,7	174	5	3,0	166	5	3,0	116	10	8,6
Santa Cruz	84	24	28,6	53	20	37,8	43	17	39,5	10	7	70,0
Santa Fé	2.136	115	5,4	1.885	169	9,0	1.703	223	13,1	900	316	35,1
Santiago del Estero	495	3	0,6	477	6	1,3	480	9	1,9	262	9	3,4
Tucumán	766	13	1,7	774	21	2,7	593	24	4,0	333	33	9,9
Tierra del Fuego	13	5	38,5	8	4	50,0	5	3	60,0	3	2	66,6

1) Im Ausland geborene Personen.

Quelle: Wie Tabelle 47

Tabelle 49 :

Argentinien: Ethnische Zusammensetzung der Einwanderer in der Periode 1857 - 1940

Nationalität	Einwanderer	Auswanderer	Saldo
Italiener	2.967.988	1.493.181	1.474.807
Spanier	2.080.011	934.247	1.145.764
Polen	180.348	22.313	158.035
Ottomanen (Türken etc.)	173.779	65.402	108.377
Franzosen	239.251	134.147	105.104
Russen	177.285	73.267	104.018
Oesterreich-Ungaren	111.478	47.435	64.052
Deutsche	152.437	90.984	61.453
Jugoslawen	48.009	13.867	34.142
Portugiesen	64.599	30.638	33.961
Schweizer	_43.870_	_18.920_	_24.950_
Belgier	25.636	8.471	17.165
Engländer	74.788	58.847	15.941
Dänen	17.690	7.646	10.044
Holländer	10.222	5.755	4.467
Schweden	6.591	2.210	4.381
Amerikaner	11.978	9.259	2.719
Andere	222.761	119.552	103.209
TOTAL	6.608.730	3.136.141	3.472.589

Quelle: Carl C. Taylor, Rural Life in Argentina, Baton Rouge 1948, Tabelle XIII, S. 97.

Tabelle 49a :

Argentinien: Berufsstand der Einwanderer, 1857 - 1941 (in %)

	1857-70	1871-90	1891-1910	1911-24	1857-1941
Landwirte	48.4	49.6	35.2	19.7	32.9
Taglöhner	9.8	9.2	19.2	26.8	17.4
Dienstpersonal	0.3	1.5	6.6	5.3	4.3
Kaufleute	0.5	2.0	3.3	4.7	3.6
Textilfachleute, Weber	-	0.1	2.3	1.9	1.4
Maurer	1.5	1.5	1.2	1.5	1.4
Schreiner, Zimmerleute	0.3	1.3	1.1	1.2	1.2
Seeleute	0.1	0.6	0.9	0.9	0.9
Schuhmacher	0.2	0.7	0.8	0.8	0.8
Schneider	0.2	0.5	0.7	0.7	0.7
Mechaniker, Schmiede	0.1	0.3	0.4	1.0	1.2
Andere Berufe	2.1	0.5	1.4	1.1	6.4
Ohne Beruf und Beschäftigung	36.5	32.2	26.9	34.4	27.8

Quelle: Wie Tabelle 49, S. 103

Tabelle 50 :

Argentinien: Verstädterung gemäss Volkszählung von 1960

	Einwohner (in 1000)	% städtisch	% vom Total
Gross-Buenos Aires	6.739,0	45,7	33,7
Städte:			
über 100.000 Einw.[1]	2.767,5	18,7	13,8
30.000 - 100.000 "[1]	1.607,4	10,9	8,0
10.000 - 30.000 "	1.588,0	10,8	7,9
2.000 - 10.000 "	2.056,4	13,9	10,3
Total städtische Bevölkerung	14.578,3	100,0	73,8
Total ländliche Bevölkerung	5.252,2		26,2
Gesamtbevölkerung	20.010,5		100,0

Quelle: SIMA, Indices económicos para la dirección de empresas, 1971, Tabelle 150-1.

1) ohne Gross-Buenos-Aires

Tabelle 50a :

Argentinien: Mutmassliche Entwicklung der Verstädterung

	1970	1975	1980
Anteil städtischer Bevölkerung am Gesamttotal, in %	77,6	79,7	81,5

Quelle: Naciones Unidas, Estudio económico de America Latina 1968, Nueva York 1969, S. 43.

Tabelle 51 :

Alphabetisierungsgrad der Bevölkerung über 14 Jahre, gemäss
Volkszählung 1960 (in %)

Altersgruppen	TOTAL	Alphabeten	Analphabeten	Unbekannt
TOTAL	100,0	91,0	8,5	0,5
14 - 29 Jahre	100,0	94,6	5,0	0,4
30 - 49 Jahre	100,0	92,5	7,1	0,4
über 50 Jahre	100,0	84,0	15,4	0,6
Alter unbekannt	100,0	60,8	14,2	25,0

Quelle: SIMA, Indices económicos para la dirección de empresas,
1971, Tabelle 130-1.

Tabelle 51a :

Argentinien: Erziehungsstand der Bevölkerung, Primar- und Mittelschule, 1967

	7 Primarschuljahre besucht % 1)	abgeschlossene Mittelschule (4 - 6 Jahre) % 1)
TOTAL	42,3	11,7
Bundeshauptstadt	71,3	13,4
Buenos Aires	58,8	11,6
Catamarca	29,6	11,6
Córdoba	47,3	10,6
Corrientes	18,2	12,8
Chaco	19,5	9,6
Chubut	33,9	9,9
Entre Ríos	33,9	11,7
Formosa	22,0	10,7
Jujuy	23,9	8,5
La Pampa	43,3	12,4
La Rioja	37,1	10,8
Mendoza	44,2	10,0
Misiones	19,5	11,9
Neuquén	20,8	9,8
Río Negro	27,3	9,9
Salta	26,5	10,0
San Juan	38,1	10,3
San Luis	29,7	12,4
Santa Cruz	42,5	8,0
Santa Fé	51,4	12,0
Santiago del Estero	18,6	12,1
Tierra del Fuego	36,3	7,2
Tucumán	34,5	9,7

1) Bezugsbasis: Anzahl Schüler der entsprechenden Stufe im Jahre 1967.

Quelle: Ministerio de Cultura y Educación, Argentina: La educación en cifras 1961-1970, Buenos Aires 1971,

Primarschulstufe: Tab. IV. 30
Mittelschulstufe: Tab. V. 16, V. 48-57.

Tabelle 51b :

Argentinien: Erziehungsstand der Bevölkerung, Hochschulstufe, 1967

Fakultät	Anzahl Immatrikulierte	%	Absolventen mit akademischem Titel	in % der Immatrikulierten
Medizin	31.781	13,2	2.563	8,0
Zahnheilkunde	5.167	2,1	599	11,6
Pharmazeutik und Biochemie	9.154	3,8	747	8,2
Medizinische Hilfsberufe	3.804	1,6	877	23,0
Agronomie und Veterinärmedizin	8.929	3,7	333	3,7
Ingenieurberufe	30.698	12,8	1.663	5,4
Architektur	12.229	5,1	490	4,0
Naturwissenschaften	8.959	3,7	582	6,5
Recht, Soziologie	41.371	17,2	2.628	6,4
Wirtschaftswissenschaften	59.247	24,6	1.729	2,9
Philosophie, Sprachen	27.540	11,4	1.644	6,0
Kunst und Musik	1.570	0,8	99	6,3
TOTAL	240.458	100,0	13.954	5,8

Quelle: Wie Tabelle 51a , (Tab. VI.I.5, VI.I.8).

Tabelle 52 : Argentinien: Beschäftigungsstruktur (in 1000 Beschäftigten und in % des Totals)

	1950	%	1955	%	1960	%	1965	%	1969	%
1. Landwirtschaft, Forstwirtschaft, Fischerei	980,9	19,3	1.091,0	20,2	984,6	17,4	1.003,1	16,9	1.056,3	16,3
2. Bergbau	28,4	0,6	36,5	0,7	39,6	0,7	46,9	0,8	52,3	0,8
3. Verarbeitende Industrie	1.415,2	27,9	1.459,5	26,9	1.506,1	26,6	1.544,0	26,0	1.631,3	25,4
4. Elektrizität, Gas, Wasser	47,4	0,9	54,1	1,0	68,0	1,2	79,5	1,3	78,1	1,2
5. Bauindustrie	316,7	6,3	313,3	5,8	388,1	6,9	386,3	6,5	570,6	8,9
6. Gross- und Kleinhandel, Hotels, Restaurants	530,2	10,5	634,4	11,7	670,3	11,8	702,0	11,8	737,6	11,4
7. Transportwesen, Fernmeldewesen	389,0	7,6	425,4	7,8	474,6	8,4	485,7	8,2	509,4	7,9
8. Banken, Versicherungen, Liegenschaftenverwaltungen	71,0	1,4	81,8	1,5	102,3	1,8	122,3	2,1	141,0	2,2
9. Uebrige Dienstleistungen	1.293,2	25,5	1.325,3	24,4	1.427,8	25,2	1.567,7	26,4	1.669,7	25,9
TOTAL	5.072,0	100	5.421,3	100	5.661,4	100	5.937,5	100	6.446,4	100

Quelle: CIDIE, La economía argentina, treinta años en cifras, Buenos Aires 1971, S. 16, aufgrund von Daten des BCRA.

Tabelle 52a :

Argentinien: Entwicklung der Beschäftigung im sekundären Sektor, 1960 - 1969 (in 1.000)

Branche	1960	1969	Veränderung %
Bergbau	**39,5**	**52,3**	**32,4**
- Kohle	4,0	2,7	(32,5)
- Erdöl und Erdgas	17,7	20,9	18,0
- Uebrige	17,8	28,7	61,2
Verarbeitende Industrie	**1.506,1**	**1.631,3**	**8,3**
- Nahrungsmittel und Getränke	286,5	305,9	6,8
- Tabak	7,6	7,4	(2,6)
- Textil	153,7	156,0	1,5
- Konfektion, Schuhe	85,7	89,8	4,8
- Holz, Kork	38,6	50,8	31,6
- Möbel	24,7	27,0	9,3
- Papier, Karton	24,2	23,5	(2,9)
- Druck, Verlagswesen	40,6	67,2	65,5
- Leder, Felle	12,4	16,1	29,8
- Gummi	18,7	16,6	(11,2)
- Chemie	78,0	78,9	1,2
- Erdölderivate	14,6	18,1	24,0
- Nichtmetallische Minerale	74,0	88,7	19,9
- Metalle	151,6	194,8	28,5
- Maschinen, Fahrzeuge	269,2	235,1	(12,7)
- Elektroindustrie	51,7	68,3	32,1
- Verschiedene	174,3	187,2	7,4
Elektrizität, Gas, Wasser	**67,7**	**78,1**	**15,4**
Bauwirtschaft	**388,1**	**570,6**	**47,0**
TOTAL	2.001,4	2.332,3	16,5

Anmerkung: Negative Veränderung in Klammer.

Quelle: Wie Tabelle 8.

Tabelle 53 :

Argentinien: Personalbestand der öffentlichen Verwaltung (Stichtag 1. Mai)

	1965	1966	1967	1968	1969
Zentralverwaltung	206.011	205.280	201.172	202.213	254.689[1]
Provinzen und dezentralisierte Bereiche	238.520	245.267	251.087	257.728	203.476
Staatsbetriebe	301.572	311.715	308.231	289.896	278.178
Sicherheit und Verteidigung	33.577[2]	33.414	34.707	35.299	37.068
TOTAL	779.680	795.676	795.197	785.136	773.411

1) Ab 4. Quartal 1968 inbegriffen: Personal des Consejo Nacional de Educación, d.h. Personal der staatlichen Schulen und Universitäten (vorher enthalten unter "dezentralisierte Bereiche").

2) Personal der Prefectura Marítima Nacional (Grenzschutz an Gewässern), Bundespolizei und zivile Angehörige der Gendarmería Nacional (übriger Grenzschutz).

Quelle: SIMA, Indices económicos para la dirección de empresas, 1971, Tabelle 145-1.

Tabelle 54:

Entwicklung des Dollarkurses 1947 – 1971 (Jährlicher Durchschnitt, in Pesos/US-Dollar)

	Offizieller Kurs Verkauf (für Importe)	Offizieller Kurs Kauf (für Exporte)	Offizieller Kurs Verkauf (Finanztransaktionen)	Parallelmarkt (bzw. freier oder Schwarzmarkt)	Theoretische Gleichgewichtsparität
1947	0,042	0,034	0,042	0,045	0,040
48	0,042	0,034	0,045	0,070	0,048
49	0,048	0,034	0,062	0,117	0,063
1950	0,066	0,039	0,107	0,160	0,070
51	0,075	0,050	0,130	0,240	0,101
52	0,075	0,050	0,130	0,223	0,132
53	0,075	0,050	0,140	0,223	0,137
54	0,075	0,050	0,140	0,253	0,145
1955	0,101	0,069	0,147	0,305	0,163
56	0,180	0,180	0,180	0,355	0,192
57	0,180	0,180	0,180	0,400	0,237
58	0,180	0,180	0,180	0,501	0,388
59	0,806	0,806	0,759	0,798	0,764
1960	0,828	0,828	0,828	0,828	0,772
61	0,831	0,831	0,828	0,829	0,898
62	1,156	1,160	1,160	1,160	1,273
63	1,386	1,386	1,390	1,387	1,588
64	1,410	1,410	1,410	1,572	1,860
1965	1,716	1,716	1,716	2,440	2,308
66	2,094	2,094	2,094	2,420	2,496
67	3,335	3,335	3,335	3,390	3,119
68	3,500	3,500	3,500	3,350	3,346
69	3,500	3,500	3,500	3,511	3,420
1970	3,792	3,792	3,792	3,860	3,370
1971	4,521	4,521	4,523	6,140	5,110

Anmerkung: Die theoretische Gleichgewichtsparität (nach Techint) errechnet sich auf der Grundlage des freien Dollarkurses von 1937 unter Verwendung des Koeffizienten der Grosshandelsindices Argentiniens und der Vereinigten Staaten.

Quelle: Organización Techint, Boletín Informativo No. 184, Oct.-Dic. 1971, S. 49 ff.

Tabelle 55 :

Jährliche prozentuale Veränderung der Lebenshaltungskosten (A) und des Wechselkurses (B) in einigen Ländern Lateinamerikas (1951 - 1967, Jahresendwerte)

	Argentinien		Brasilien		Chile		Kolumbien		Mexiko		Peru		Uruguay	
	A	B	A	B	A	B	A	B	A	B	A	B	A	B
1951	51	53	11	0	23	0	(4)	27	18	0	7	2	20	0
1952	20	0	25	0	12	0	2	(3)	8	1	7	2	11	0
1953	(1)	1	16	122	56	83	14	0	(5)	45	9	28	9	6
1954	16	2	23	29	71	82	1	0	12	0	5	(4)	17	0
1955	8	4	17	49	84	52	2	0	17	0	4	0	9	11
1956	16	113	27	25	37	81	7	0	(2)	0	6	0	6	84
1957	26	46	15	13	17	26	24	138	14	0	7	0	18	0
1958	50	20	23	45	32	44	7	21	8	0	9	29	20	0
1959	102	158	42	54	33	6	5	(11)	0	0	20	13	46	169
1960	12	(1)	32	10	5	0	6	5	8	0	9	(3)	27	39
1961	19	3	44	54	8	0	5	0	(2)	0	(1)	0	10	0
1962	30	61	62	32	28	56	6	34	2	0	7	10	11	45
1963	28	(1)	82	66	45	31	45	0	0	0	0	0	0	23
1964	18	13	85	115	39	26	2	0	3	0	12	0	35	0
1965	38	25	41	9	26	29	16	50	4	0	15	0	88	242
1966	30	31	46	0	17	26	14	0	5	0	9	0	50	19
1967	27	41	27	22	21	32	7	17	3	0	19	44	111a)	119
Durchschnitt 1951-1967	27	28	35	36	31	31	9	13	5	2	9	6	29	32
Index Ende 1967 (Ende 1950 = 100)	5.980	6.640	15.700	18.900	10.200	9.630	424	775	237	145	424	259	7.410	11.500

Anmerkung: Negative Zahlen in Klammer.

a) Oktober 1966 - Oktober 1967.

Quelle: Ian Little, Tibor Scitovsky und Maurice Scott, Industry and Trade in Some Developing Countries, London/New York/Toronto 1970, Tabelle A.9.1, S. 468.

Tabelle 55a :

Argentinien: Entwicklung des offiziellen Lebenskostenindex (1960 = 100) für die Bundeshauptstadt und Umgebung, 1940 - 1971

Jahr	Index[1]	Veränderung	Index[2]	Veränderung
1940	2,6			
1945	3,5	34,6		
1950	8,6	145,7		
1955	19,8	130,2		
1960	100,0	405,0	105,2	
1961	113,7	13,7	122,4	16,3
1962	145,7	28,1	160,0	30,7
1963	180,7	24,0	198,1	23,8
1964	220,7	22,2	234,0	18,1
1965	283,8	28,6	323,4	38,2
1966	374,3	31,9	420,2	29,9
1967	483,7	29,1	535,1	27,3
1968	562,1	16,4	586,3	9,6
1969	604,7	7,8	625,4	6,7
1970	686,9	13,6	761,3	21,7
1971	925,3	34,7	1.059,2	39,1

1) Jahresdurchschnittswerte

2) Dezember jeden Jahres

Quelle: CIDIE, La economía argentina, 30 años en cifras, cuaderno No. 2, Buenos Aires 1971, S. 12/13, aufgrund von Daten des INDEC.
Organización Techint, Boletín informativo No. 184, Oct.-Dic.

Tabelle 55b:

Argentinien: Zusammensetzung des Warenkorbs verschiedener Lebenskostenindices, prozentuale Gewichtung

	IDEA[1] (1966)	The Review of the River Plate[2]	INDEC[3] (1960)
Lebensmittel und Getränke	21,509	53,0	59,2
Wohnung	19,277	3,6	5,1
Auto	17,749	–	–
Kleidung	10,960	25,8	18,7
Allg. Ausgaben	8,828		11,0
Dienstleistungen	7,862		–
Dauerhafte Konsumgüter	7,323	17,6	–
Lektüre, Erholung	3,136		2,0
Erziehung	2,107		1,5
Transport	1,249		2,5
TOTAL	100,000	100,0	100,0

Quellen:

1) IDEA, Instituto para el desarrollo de ejecutivos en la Argentina, Indice de Costo de Vida No. 23, Diciembre 1971, S. 4 (spezieller Index für Führungskräfte).

2) The Review of the River Plate

3) Offizieller Lebenskostenindex des INDEC, zitiert in: Jorge Quargnolo, Atlas del potencial argentino, Buenos Aires 1972, Apéndice estadístico, S. 15, Tab. 21.